자바스크립트 완벽 가이드

JavaScript: The Definitive Guide 7E

by David Flanagan

Authorized Korean translation of the English edition of JavaScript: The Definitive Guide 7E
ISBN 9781491952023 ⓒ 2020 David Flanagan

Korean language edition copyright ⓒ 2022 Insight Press.

This translation is published and sold by permission of O'Reilly media, Inc., which owns or controls all rights to publish and sell the same.

자바스크립트 완벽 가이드

초판 1쇄 발행 2022년 3월 31일 **2쇄 발행** 2023년 5월 29일 **지은이** 데이비드 플래너건 **옮긴이** 한선용 **펴낸이** 한기성 **펴낸곳** (주)도서출판인사이트 **편집** 나수지 **영업마케팅** 김진불 **제작·관리** 이유현, 박미경 **용지** 월드페이퍼 **출력·인쇄** 예림인쇄 **제본** 예림바인딩 **등록번호** 제2002-000049호 **등록일자** 2002년 2월 19일 **주소** 서울특별시 마포구 연남로5길 19-5 **전화** 02-322-5143 **팩스** 02-3143-5579 **이메일** insight@insightbook.co.kr **ISBN** 978-89-6626-346-2 책값은 뒤표지에 있습니다. 잘못 만들어진 책은 바꾸어 드립니다. 이 책의 정오표는 https://blog.insightbook.co.kr에서 확인하실 수 있습니다.

자바스크립트
완벽 가이드

JavaScript: The Definitive Guide 7/E

데이비드 플래너건 지음 | **한선용** 옮김

인사이트

차례

8장 함수   211

9장 클래스   255

16장 노드와 서버 사이드 자바스크립트   647

17장 자바스크립트 도구와 확장   713

추천사

"이 책에는 당신이 자바스크립트에 대해 알지 못했던 모든 것이 담겨 있습니다. 자바스크립트 코드의 품질과 생산성을 한 단계 끌어올리십시오. 자바스크립트라는 복잡하고 변덕스러운 언어에 대한 데이비드의 지식은 놀라운 수준이며, 그 지식이 《자바스크립트 완벽 가이드》에서 빛을 발합니다."

— 샤르크 니들링(Schalk Neethling), MDN 웹 문서 선임 프론트엔드 엔지니어

"데이비드 플래너건은 여러분을 자바스크립트 언어와 그 생태계로 편안하게 안내합니다."

— 사라 와크스(Sarah Wachs), 프론트엔드 개발자이자 우먼 후 코드 베를린에서 근무

"새로운 기능을 통해 자바스크립트 코드 생산성을 높이길 원하는 개발자라면 이 자세하고 완벽한 책을 통해 많은 것을 얻을 수 있습니다."

— 브라이언 슬레튼(Brian Sletten), 보사추 컨설팅 대표

옮긴이의 글

웹의 언어로 자리를 굳힌 자바스크립트의 중요성을 말하는 건 이제 불필요한 잔소리가 될 것 같습니다. 2008년부터 웹 관련 업무에 종사하며 꽤 많은 자바스크립트 관련 책을 읽고 번역한 경험이 있지만, 웹 언어인 자바스크립트의 중요성을 말하는 것만큼이나 《자바스크립트 완벽 가이드》의 훌륭함을 말하는 것 역시 불필요한 잔소리가 아닐까 하는 생각이 듭니다.

한 권의 책을 세상에 내는 일도 결코 쉽지 않은데, 무려 7판에 이르도록 한 분야의 책을 개정하며 내놓는다는 것 자체가 웬만한 사람은 할 수 없는 일인 듯합니다. 저자가 자바스크립트라는 언어에 가진 열정이나 고집스런 장인 정신이 7판이라는 한 단어로 충분히 표현된다고 생각합니다.

그런 장인 정신이 책 곳곳에 녹아 있어 설명이 충분하면서도 장황하지 않아 이해하기 편했고, 결코 짧지 않은 분량에 꽤 많은 예제가 수록됐는데도 오류를 거의 찾을 수 없었습니다. 예제에 달린 주석까지 깔끔하게 줄 맞춤이 된 것을 보고는 감탄을 넘어 헛웃음이 나오더군요. 가능하기만 하면 2006년으로 돌아가 웹 관련 일을 좀 더 일찍 시작해서, 이 책을 5판부터 번역할 수 있었다면 좋았을 텐데 하는 생각도 들었습니다.

초보 개발자도 어렵지 않게 이해할 수 있는 충분한 설명에, 자바스크립트 경험이 풍부한 개발자도 흥미를 느낄 만한 고급 예제도 다수 수록되어 있습니다. 이 책에서 단 하나 아쉬웠던 점이라면 초보자를 넘어 중급 개발자로 발돋움하는 정도의 위치에 있는 독자가 흥미를 느낄 만한 적당한 수준의 예제가 상대적으로 적다는 느낌입니다. 하지만 인터넷 시대이기에 충분한 예제들이 사방에 널려 있으니 흠이라고 할 수는 없을 것 같습니다.

책을 선택해 주신 독자 여러분께 감사드리고, 좋은 책을 맡겨 주신 인사이트에 감사드립니다. 역자의 숱한 실수와 딱딱한 번역을 찾아내고 다듬어 주신 나수지 편집자님께 감사합니다. 저자의 훌륭한 원고에 편집자님의 수고를 거쳤는데도 책에 오류가 있다면 그건 물론 역자의 실수입니다.

　마지막으로, 모든 일에 대해 부모님께 감사드립니다.

— 한선용

서문

이 책은 웹 브라우저와 노드에서 구현한 자바스크립트 언어와 자바스크립트 API에 관한 책입니다. 프로그래밍 경험이 어느 정도 있으면서 자바스크립트를 배우고 싶은 독자, 또는 자바스크립트를 이미 사용하고 있지만 더 깊이 이해하고 완전히 마스터하고 싶은 독자를 위해 이 책을 썼습니다. 이 책을 쓰면서 가진 목표는 자바스크립트 언어를 포괄적이고 완벽하게 문서화하고, 자바스크립트 프로그램에서 사용할 수 있는 가장 중요한 클라이언트 및 서버 사이드 API를 자세히 소개하는 것이었습니다. 따라서 이 책은 이렇게 길고 자세할 수밖에 없었습니다. 독자 여러분이 이 책을 읽는 데 들인 시간을 더 높은 프로그래밍 생산성이라는 형태로 보상받길 바랍니다.

이 책의 이전 판에는 상세한 참조 섹션이 포함되어 있었습니다. 하지만 이제는 최신 참조 문서를 온라인에서 쉽고 빠르게 찾을 수 있으므로, 굳이 참조 섹션을 책에 실을 이유는 없다고 생각합니다. 책을 읽다가 코어 자바스크립트 또는 클라이언트 사이드 자바스크립트에 대해 찾아보고 싶다면 MDN 웹사이트(*https://developer.mozilla.org*)를 추천합니다. 서버 사이드 노드 API에 궁금한 것이 있다면 노드 참조 문서(*https://nodejs.org/api*)를 추천합니다.

일러두기

이 책에서는 다음과 같은 표기가 사용되었습니다.

이탤릭체
이메일 주소, URL은 이 형태로 표기합니다.

볼드체
강조하고자 하는 내용, 처음 등장한 용어입니다.

고정폭 글꼴

자바스크립트 코드, CSS, HTML 코드는 전부 이렇게 표기하며, 프로그램을 만들 때 일반적으로 문자 그대로 입력하는 것은 모두 이 형태입니다. 또한 파일 이름이나 경로도 이 형태로 표기합니다.

고정폭 글꼴 이탤릭체

자바스크립트 문법을 설명할 때 가끔 사용합니다.

고정폭 글꼴 볼드체

명령어, 기타 사용자가 문자 그대로 입력해야 하는 텍스트에 사용합니다.

> ☑ 일반적인 노트입니다.

> ❗ 경고 또는 주의 표시입니다.

예제 코드 사용하기

보조 자료(코드 예제, 연습문제 등)는 *https://oreil.ly/javascript_defgd7*에서 다운로드할 수 있습니다.

이 책은 여러분이 일을 완수하도록 돕는 데 목적을 두고 있습니다. 일반적인 경우 이 책에 있는 코드는 여러분이 작성한 프로그램과 문서에서 사용할 수 있습니다. 코드의 대부분을 복제하는 것이 아니라면 허락을 받기 위해 따로 연락하지 않아도 됩니다. 예를 들면, 이 책에 나온 코드 일부분을 프로그램에 사용하는 건 허락을 구하지 않아도 된다는 뜻입니다. 하지만 이 책에서 발췌한 예제를 팔거나 재배포하는 행동은 허가를 받아야 합니다. 반면 이 책을 인용해서 질문에 답하거나, 예제의 코드를 인용하는 경우에는 허가가 필요 없습니다. 많은 양의 예제 코드를 이 책에서 가져다가 여러분 제품의 문서에 포함시키는 것은 허가가 필요합니다.

저작자 표시를 해 주면 감사하나, 필수는 아닙니다. 저작자 표시는 제목, 저자, 출판사, ISBN을 포함하면 됩니다. 예: "JavaScript: The Definitive Guide, Seventh Edition, by David Flanagan (O'Reilly). Copyright 2020 David Flanagan, 978-1-491-95202-3."

만약 예제 코드를 사용할 때 공정 사용 범위나 방금 설명한 허가 범위를 벗어났다고 생각한다면, *permissions@oreilly.com*으로 연락 주기 바랍니다.

감사의 말

많은 사람들이 이 책의 집필을 도왔습니다. 일정을 관리해 주고 매번 데드라인을 넘겨도 참아 준 편집자 안젤라 루피노(Angela Rufino)에게 감사합니다. 기술 리뷰를 맡아 준 브라이언 슬레튼, 엘리자베스 롭슨(Elisabeth Robson), 이선 플래너건(Ethan Flanagan), 막시밀리아노 퍼트맨(Maximiliano Firtman), 사라 와크스, 샤르크 니들링에게도 감사합니다. 이들의 의견과 제안 덕분에 책이 더 좋아졌습니다.

O'Reilly의 편집 팀은 늘 그렇듯 훌륭하게 일을 완수했습니다. 업무를 총괄한 크리스틴 브라운(Kristen Brown), 최종 편집을 담당한 데보라 베이커(Deborah Baker), 그림을 담당한 레베카 데마레스트(Rebecca Demarest), 인덱스를 만든 쥬디 맥컨빌(Judy McConville)에게 감사합니다.

책의 이전 판에서 도움을 준 편집자, 리뷰어, 공헌자들은 다음과 같습니다(알파벳순). Andrew Schulman, Angelo Sirigos, Aristotle Pagaltzis, Brendan Eich, Christian Heilmann, Dan Shafer, Dave C. Mitchell, Deb Cameron, Douglas Crockford, Dr. Tankred Hirschmann, Dylan Schiemann, Frank Willison, Geoff Stearns, Herman Venter, Jay Hodges, Jeff Yates, Joseph Kesselman, Ken Cooper, Larry Sullivan, Lynn Rollins, Neil Berkman, Mike Loukides, Nick Thompson, Norris Boyd, Paula Ferguson, Peter-Paul Koch, Philippe Le Hegaret, Raffaele Cecco, Richard Yaker, Sanders Kleinfeld, Scott Furman, Scott Isaacs, Shon Katzenberger, Terry Allen, Todd Ditchendorf, Vidur Apparao, Waldemar Horwat, and Zachary Kessin.

7판을 집필하는 동안 밤늦게까지 가족과 함께하지 못한 날이 많았습니다. 빈 자리를 지켜 준 가족에게 사랑과 감사를 보냅니다.

— 2020년 3월, 데이비드 플래너건

1장

JavaScript The Definitive Guide

자바스크립트 소개

자바스크립트는 웹의 프로그래밍 언어입니다. 웹사이트의 절대 다수가 자바스크립트를 사용하며, 데스크톱과 태블릿, 스마트폰에서 동작하는 최신 웹 브라우저는 모두 자바스크립트 인터프리터를 내장하고 있습니다. 이에 힘입어 자바스크립트는 역사상 가장 널리 퍼진 프로그래밍 언어가 됐습니다. 최근 10년 사이 노드(Node.js)는 자바스크립트를 웹 브라우저 바깥으로 끌어냈고, 노드가 극적으로 성공하여 자바스크립트는 이제 소프트웨어 개발자 사이에서 가장 많이 사용됩니다. 자바스크립트가 처음이든, 이미 전문적으로 사용하고 있든 이 책은 여러분이 자바스크립트를 마스터하도록 도울 것입니다.

이미 다른 프로그래밍 언어에 익숙하다면, 자바스크립트가 객체 지향, 함수형 프로그래밍 스타일에 적합한 고수준의 동적인 인터프리터 언어라는 사실을 아는 것이 도움될 것입니다. 자바스크립트 변수에는 타입이 없습니다. 이런 문법은 어느 정도 자바에서 차용한 것이 맞지만, 이를 제외하면 두 언어 사이에는 별 관련이 없습니다. 자바스크립트의 일급 함수라는 개념은 스킴(Scheme)에서 가져왔고, 프로토타입에 기반한 상속은 유명하지 않은 언어 셀프(Self)에서 가져왔습니다. 하지만 자바스크립트를 배우기 위해 이 두 언어를 알아야 하는 것은 아니며, 이 용어에 익숙할 필요도 없습니다.

'자바스크립트'라는 이름은 오해의 소지가 있습니다. 문법이 피상적으로 비슷하다는 점을 제외하면 자바스크립트는 자바와 완전히 다릅니다. 자바스크립트는 스크립트 언어라는 뿌리를 벗어나 전문적인 소프트웨어 공학, 거대한 프로젝트에 걸맞는 빈틈없고 효율적인 범용 언어로 진화했습니다.

> ### 🗃️ 자바스크립트: 이름, 버전, 모드
>
> 자바스크립트는 웹 초기에 넷스케이프에서 만들었는데, 엄밀히 말하면 '자바스크립트'는 넷스케이프(현 모질라)에서 사용하는 언어를 위해 선 마이크로시스템즈(현 오라클)에서 등록한 상표입니다. 넷스케이프는 이 언어를 표준화하기 위해 ECMA에 제출했는데, 상표권 문제 때문에 표준화된 언어는 'ECMAScript'라는 괴상한 이름을 갖게 됐습니다. 하지만 모두가 이 언어를 자바스크립트라고 부릅니다. 이 책에서는 ECMAScript라는 이름과 그 약어 'ES'를 표준과 그 버전을 말할 때만 사용합니다.
>
> 2010년대에는 ECMAScript 표준의 5 버전을 대부분의 웹 브라우저에서 지원했습니다. 이 책은 최소한 ES5와 호환되도록 하고, 그 전 버전에 대해서는 설명하지 않습니다. 2015년에 발표된 ES6는 클래스와 모듈 문법을 포함해 중요한 기능을 새로 도입했습니다. 자바스크립트는 이에 힘입어 스크립트 언어에서 대규모 소프트웨어에도 적합한 범용 언어로 거듭났습니다. ECMAScript 명세는 ES6를 마지막으로, 버전 번호 대신 년도를 사용하기로 결정했으므로, 이제는 ES2016, ES2017, ES2018, ES2019, ES2020 같은 식으로 구분합니다.
>
> 자바스크립트가 발전함에 따라 언어 설계자들은 초기(ES5 전) 버전의 결함을 수정하려고 했습니다. 그러나 하위 호환성 유지 문제 때문에 결함이 심각하더라도 제거할 수 없는 구식 기능이 있습니다. ES5 이후 버전에서는 초기 버전의 실수를 대부분 해결한 **스트릭트 모드**를 사용할 수 있습니다. 스트릭트 모드는 5.6.3절에서 설명할 `"use strict"` 지시자를 사용합니다. 이 절에서는 구형 자바스크립트와 스트릭트 모드의 차이에 대해서도 설명합니다. ES6 이후에는 새로운 기능을 사용할 때 묵시적으로 스트릭트 모드에 진입하는 경우가 잦습니다. 예를 들어 ES6의 `class` 키워드를 사용하거나 ES6 모듈을 사용하면 해당 클래스와 모듈 내부의 코드는 자동으로 스트릭트 모드로 동작합니다. 이런 코드 안에서는 결함있는 구식 기능은 사용할 수 없습니다. 이 책에서는 자바스크립트의 구식 기능을 설명하긴 하지만, 스트릭트 모드에서 사용할 수 없다는 점을 함께 지적합니다.

유용한 언어가 되려면 입출력 같은 기본적인 부분을 담당하는 플랫폼 또는 표준 라이브러리가 반드시 있어야 합니다. 자바스크립트 코어에는 숫자, 텍스트, 배열, 세트, 맵 등을 다루는 최소한의 API가 정의되어 있지만 입출력에 관한 부분은 정의되어 있지 않습니다. 입출력, 네트워크, 스토리지, 그리고 그래픽 같은 좀 더 발전된 기능은 자바스크립트가 임베드된 '호스트 환경'이 담당합니다.

원래 자바스크립트의 호스트 환경은 웹 브라우저였고 현재도 자바스크립트 코드 대부분의 실행 환경은 웹 브라우저입니다. 웹 브라우저 환경은 자바스크립트 코드에서 사용자의 마우스와 키보드 입력을 받고 HTTP 요청을 보내도록 허용하며, 사용자에게 HTML과 CSS를 표시하는 것 역시 허용합니다.

2010년에 자바스크립트 코드에 다른 호스트 환경이 등장했습니다. 노드는 자바스크립트가 웹 브라우저 API를 벗어나 운영 체제 전체에 접근해 파일을 읽고 쓰고, 네트워크를 통해 데이터를 송수신하고, HTTP 요청을 보내고 받을 수 있게 만들었습니다. 노드는 웹 서버에 널리 쓰일 뿐만 아니라, 셸 스크립트를 대체하는 단순한 유틸리티 스크립트를 만들 때도 편리하게 사용할 수 있습니다.

이 책 대부분은 자바스크립트 언어 자체에 초점을 맞춥니다. 11장에서는 자바스크립트 표준 라이브러리를, 15장에서는 웹 브라우저 호스트 환경을, 16장에서는 노드 호스트 환경을 설명합니다.

이 책은 저수준의 기본적인 부분을 먼저 다루고, 그 위에 더 고급이고 추상화된 기능을 설명합니다. 각 장은 순서에 따라 읽도록 되어 있지만, 프로그래밍 언어는 순서대로 읽기만 한다고 배울 수 있는 것이 아니며 순서대로 설명하기도 어렵습니다. 각 기능은 다른 기능과 관련이 있으며 책에서도 관련 내용을 찾아 앞뒤로 이동해야 할 때가 있습니다. 이 장은 소개 목적이므로 이어질 장을 이해하는 데 필수적인 핵심 기능을 간단히 훑어 나가기만 합니다. 이미 자바스크립트에 익숙한 독자는 이 장을 건너뛰어도 큰 문제는 없습니다. (이 장을 마치기 전에 예제 1-1을 읽어 보면 흥미로울 것입니다.)

1.1 자바스크립트 탐험

프로그래밍 언어를 새로 배울 때는 책에 나온 예제를 직접 작성해 보고 수정해 보고 반복하면서 얼마나 이해했는지 테스트하는 것이 중요합니다. 예제를 따라 하기 위해서는 자바스크립트 인터프리터가 필요합니다.

자바스크립트 코드를 작성하는 가장 쉬운 방법은 웹 브라우저에서 개발자 도구를 열고(F12, Ctrl+Shift+I, Command+Option+I) 콘솔 탭을 클릭하는 것입니다. 이 탭에 코드를 입력하고 결과를 볼 수 있습니다. 브라우저 개발자 도구는 보통 브라우저 창의 아래쪽이나 오른쪽에 붙어 있지만, 그림 1-1처럼 별도의 창으로 분리할 수 있습니다. 대개는 이렇게 분리하는 것이 더 편합니다.

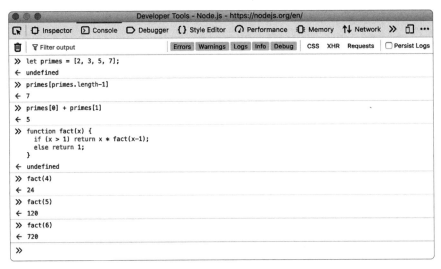

그림 1-1 파이어폭스 개발자 도구의 자바스크립트 콘솔

*https://nodejs.org*에서 노드를 내려받아 설치해도 자바스크립트 코드를 작성할 수 있습니다. 노드를 설치한 다음 터미널 창을 열고 node라고 입력하면 다음과 같이 대화형 자바스크립트 세션을 사용할 수 있습니다.

```
$ node
Welcome to Node.js v12.13.0.
Type ".help" for more information.
> .help
.break     Sometimes you get stuck, this gets you out
.clear     Alias for .break
.editor    Enter editor mode
.exit      Exit the repl
.help      Print this help message
.load      Load JS from a file into the REPL session
.save      Save all evaluated commands in this REPL session to a file

Press ^C to abort current expression, ^D to exit the repl
> let x = 2, y = 3;
undefined
> x + y
5
> (x === 2) && (y === 3)
true
> (x > 3) || (y < 3)
false
```

1.2 Hello World

좀 더 길고 복잡한 코드를 테스트하기 시작하면 이렇게 행 단위로 작성하는 대화형 환경은 적합하지 않으며, 텍스트 에디터에서 코드를 작성하는 편이 더 편리합니다. 텍스트 에디터에서 작성한 코드를 복사해 자바스크립트 콘솔이나 노드 세션에 붙여 넣을 수 있습니다. 아니면 코드를 파일에 저장하고(자바스크립트 코드의 확장자는 전통적으로 .js입니다) 그 파일을 다음과 같이 노드에서 실행할 수도 있습니다.

```
$ node snippet.js
```

노드를 대화형 환경이 아닌 상태에서 사용하면 코드 결과가 자동으로 출력되지는 않으니 직접 출력해야 합니다. console.log() 함수를 통해 터미널 창이나 브라우저 개발자 도구 콘솔에서 텍스트를 비롯한 기타 자바스크립트 값을 출력할 수 있습니다. 예를 들어 다음과 같이 hello.js 파일을 만들었다고 합시다.

```
console.log("Hello World!");
```

그리고 node hello.js로 이 파일을 실행하면 'Hello World!'가 출력되는 것을 볼 수 있습니다.

웹 브라우저의 자바스크립트 콘솔에서 메시지를 보려면 다음과 같이 hello.html 파일을 만드십시오.

```
<script src="hello.js"></script>
```

그리고 웹 브라우저에서 다음과 같이 file:// URL을 사용해 hello.html을 불러오면 됩니다.

```
file:///Users/username/javascript/hello.html
```

개발자 도구를 열면 콘솔에 있는 메시지를 볼 수 있습니다.

1.3 자바스크립트 여행

이 절은 코드 예제를 통해 자바스크립트 언어를 간단히 둘러봅니다. 1장을 마치면 자바스크립트를 가장 기본적인 수준부터 살펴봅니다. 2장에서는 자바스크립트 주석, 세미콜론, 유니코드 문자셋 같은 것을 설명합니다. 3장에서는 좀 더 흥미로운 주제인 변수, 변수에 할당할 수 있는 값을 설명합니다.

다음은 2장과 3장의 핵심을 보여 주는 코드 샘플입니다.

```javascript
// 이중 슬래시 뒤에 오는 내용은 모두 주석입니다.
// 주석은 자바스크립트 코드에 대한 설명이니 주의 깊게 읽으십시오.

// 변수는 값을 나타내는 이름입니다.
// 변수는 let 키워드로 선언합니다.
let x;                   // x라는 변수를 선언합니다.

// = 기호를 써서 변수에 값을 할당할 수 있습니다.
x = 0;                   // 이제 변수 x의 값은 0입니다.
x                        // => 0: 변수는 그 값으로 평가됩니다.

// 자바스크립트는 여러 가지 값 타입을 지원합니다.
x = 1;                   // 숫자
x = 0.01;                // 숫자는 정수일 수도, 실수일 수도 있습니다.
x = "hello world";       // 큰따옴표에 감싸인 문자열
x = 'JavaScript';        // 작은따옴표도 문자열을 감쌀 수 있습니다.
x = true;                // 불 값
x = false;               // 다른 불 값
x = null;                // null은 '값이 없다'는 뜻의 특별한 값입니다.
x = undefined;           // undefined도 null처럼 또 다른 특별한 값입니다.
```

위 예제에서는 소개하지 않았지만 객체와 배열도 자바스크립트 프로그램에서 사용할 수 있는 아주 중요한 **타입**입니다. 객체와 배열은 6장과 7장의 주제이지만, 매우 중요하기 때문에 그 전에도 여러 번 보게 될 것입니다.

```javascript
// 자바스크립트에서 가장 중요한 데이터 타입은 객체입니다.
// 객체는 이름-값 쌍의 집합, 또는 문자열과 값의 연결입니다.
let book = {             // 객체는 중괄호로 감싸 표현합니다.
    topic: "JavaScript", // "topic" 프로퍼티의 값은 "JavaScript"입니다.
    edition: 7           // "edition" 프로퍼티의 값은 7입니다.
};                       // 이 중괄호는 객체의 끝을 나타냅니다.

// 객체의 프로퍼티는 . 또는 []로 접근합니다.
book.topic               // => "JavaScript"
book["edition"]          // => 7: 프로퍼티 값에 접근하는 다른 방법
book.author = "Flanagan"; // 할당을 통해 프로퍼티를 새로 만듭니다.
book.contents = {};      // {}는 프로퍼티가 없는 빈 객체입니다.

// ?를 통한 조건부 접근(ES2020)
book.contents?.ch01?.sect1  // => undefined: book.contents에는
                         //    ch01 프로퍼티가 없습니다.

// 자바스크립트는 배열, 즉 숫자로 인덱스된 리스트 역시 지원합니다.
let primes = [2, 3, 5, 7];  // 값이 4개 있는 배열입니다. [와 ]로 감쌉니다.
```

```
primes[0]                  // => 2: 배열의 첫 요소(index 0)
primes.length              // => 4: 배열의 요소 개수
primes[primes.length-1]    // => 7: 배열의 마지막 요소
primes[4] = 9;             // 할당을 통해 요소를 새로 만듭니다.
primes[4] = 11;            // 할당을 통해 요소의 값을 바꿉니다.
let empty = [];            // []는 요소가 없는 빈 배열입니다.
empty.length               // => 0: 빈 배열의 요소 개수

// 배열과 객체에 다른 배열과 객체를 담을 수 있습니다.
let points = [             // 요소가 2개 있는 배열
    {x: 0, y: 0},          // 각 요소는 객체입니다.
    {x: 1, y: 1}
];
let data = {               // 프로퍼티가 2개 있는 객체
    trial1: [[1,2], [3,4]], // 각 프로퍼티 값은 배열입니다.
    trial2: [[2,3], [4,5]]  // 배열의 요소는 배열입니다.
};
```

> ### 📦 코드 예제의 주석 문법
>
> 위 예제에서 주석 일부는 화살표(=>)로 시작합니다. 이 표시는 주석 앞에 있는 코드의 결과가 이 값이라는 뜻이며, 웹 브라우저 콘솔 같은 대화형 환경을 책에서 비슷하게 표현하려는 시도입니다.
>
> 또한 // => 주석은 일종의 **어서션**(assertion)이기도 하며, 필자는 주석에 표시한 값이 맞는지 테스트하는 도구를 만들었습니다. 이런 도구도 사용했으니 코드 오류가 그만큼 줄었기를 바랍니다.
>
> 주석/어서션에는 두 가지 스타일이 있습니다. a == 42 같은 형태의 주석이 있다면 이 주석은 해당 코드를 실행한 뒤 변수 a의 값이 42일 것이라는 뜻입니다. // 뒤에 에러 이름이 나온다면 이 주석 앞에 있는 코드가 예외를 일으킨다는 뜻이며, 느낌표 뒤에 있는 주석은 대개 어떤 예외인지 설명합니다.
>
> 책 전체에서 이런 형태의 주석을 보게 될 것입니다.

배열 요소를 대괄호 안에 나열하거나 중괄호 안에서 객체 프로퍼티 이름과 값을 연결한 것을 **초기화 표현식**(initializer expression)이라 부르며, 4장에서 설명합니다. 자바스크립트에서 표현식이란 어떤 값으로 평가(evaluate)되는 구절입니다. 예를 들어 객체 프로퍼티나 배열 요소에 접근하기 위해 사용한 .이나 []는 표현식입니다.

자바스크립트에서 표현식을 만들 때 가장 많이 쓰는 방법은 **연산자**입니다.

```
// 연산자는 값(피연산자)을 조작해 새 값을 만듭니다.
// 가장 간단한 연산자는 산술 연산자입니다.
3 + 2                      // => 5: 더하기
3 - 2                      // => 1: 빼기
3 * 2                      // => 6: 곱하기
3 / 2                      // => 1.5: 나누기
points[1].x - points[0].x  // => 1: 연산자를 더 복잡하게 써도 됩니다.
"3" + "2"                  // => "32": +는 숫자는 더하고 문자열은 병합합니다.

// 자바스크립트에는 단축 산술 연산자도 몇 가지 있습니다.
let count = 0;             // 변수를 정의합니다.
count++;                   // 변수의 값을 1 증가시킵니다.
count--;                   // 변수의 값을 1 감소시킵니다.
count += 2;                // 2를 더합니다. count = count + 2;와 같습니다.
count *= 3;                // 3을 곱합니다. count = count * 3;과 같습니다.
count                      // => 6: 변수 이름 역시 표현식입니다.

// 일치 연산자, 관계 연산자는 두 값이 동등한지, 동등하지 않은지, 어느 쪽이 큰지
// 등을 검사합니다. 이들은 true나 false로 평가됩니다.
let x = 2, y = 3;          // 여기서 = 기호는 할당 연산입니다. 비교가 아닙니다.
x === y                    // => false: x와 y가 일치(===)하지 않습니다.
x !== y                    // => true: x와 y가 불일치(!==)합니다.
x < y                      // => true: x는 y 미만(<)입니다.
x <= y                     // => true: x는 y 이하(<=)입니다.
x > y                      // => false: x는 y를 초과(>)하지 않습니다.
x >= y                     // => false: x는 y 이상(>=)이 아닙니다.
"two" === "three"          // => false: 서로 다른 문자열입니다.
"two" > "three"            // => true: "tw"는 알파벳순으로 "th"보다 나중에 옵니다.
false === (x > y)          // => true: false는 false와 일치합니다.

// 논리 연산자는 불 값을 조합하거나 부정합니다.
(x === 2) && (y === 3)     // => true: 둘 다 true입니다. &&는 AND와 같은 뜻입니다.
(x > 3) || (y < 3)         // => false: 어느 쪽도 true가 아닙니다.
                           //           ||는 OR과 같은 뜻입니다.
!(x === y)                 // => true: !는 불 값을 부정합니다.
```

자바스크립트에서 표현식이 구절이라면 문(statement)은 문장입니다. 문은 5장의 주제입니다. 간단히 말하자면 표현식은 값을 계산할 뿐 다른 일은 하지 않습니다. 표현식은 프로그램의 상태를 어떤 형태로도 바꾸지 않습니다. 반면 문은 값을 갖지는 않지만 프로그램의 상태를 바꿉니다. 위 예제에서 변수 선언과 할당문을 봤습니다. 문에는 또한 조건과 루프 같은 제어문도 포함되어 있습니다. 제어문 예제는 함수 다음에 살펴보겠습니다.

함수(function)는 한 번 정의하면 몇 번이고 호출할 수 있는, 이름이 있고 매개변수를 받을 수 있는 자바스크립트 코드 블록입니다. 함수는 8장에서 자세히 설명하

지만, 객체나 배열과 마찬가지로 그 전에도 여러 번 마주칠 것입니다. 간단한 예제를 보십시오.

```javascript
// 함수는 매개변수를 받는 자바스크립트 코드 블록이며 이를 실행할 수 있습니다.
function plus1(x) {        // 매개변수 "x"를 받는 함수 "plus1"을 정의합니다.
    return x + 1;          // 넘겨받은 값보다 1이 더 큰 값을 반환합니다.
}                          // 함수는 중괄호로 감쌉니다.

plus1(y)                   // => 4: y는 3이므로 이 호출은 3 + 1을 반환합니다.

let square = function(x) { // 함수는 값이며 변수에 할당할 수 있습니다.
    return x * x;          // 함수의 값을 계산합니다.
};                         // 세미콜론은 할당이 끝났음을 나타냅니다.

square(plus1(y))           // => 16: 표현식 하나에서 두 함수를 호출했습니다.
```

ES6 이후에는 함수를 정의하는 단축 문법이 존재합니다. =>은 함수 인자(argument) 리스트를 함수 바디에서 분리하며 이 문법으로 정의한 함수를 **화살표 함수**라고 부릅니다. 화살표 함수는 이름 없는 함수를 다른 함수에 인자로 전달할 때 가장 자주 사용됩니다. 위 예제는 다음과 같이 화살표 함수로 고쳐 쓸 수 있습니다.

```javascript
const plus1 = x => x + 1;  // 입력된 x는 x + 1로 출력됩니다.
const square = x => x * x; // 입력된 x는 x * x로 출력됩니다.
plus1(y)                   // => 4: 호출 방법은 똑같습니다.
square(plus1(y))           // => 16
```

객체와 함께 사용하는 함수를 메서드라고 부릅니다.

```javascript
// 객체 프로퍼티로 할당된 함수를 메서드라고 부릅니다.
// 자바스크립트의 객체는 모두(배열도 포함하여) 메서드를 갖습니다.
let a = [];                // 빈 배열을 만듭니다.
a.push(1,2,3);             // push() 메서드는 배열에 요소를 추가합니다.
a.reverse();               // 요소 순서를 거꾸로 만드는 메서드입니다.

// 직접 메서드를 만들 수도 있습니다. "this" 키워드는 메서드를 정의하는 대상 객체이며
// 여기서는 앞에서 만든 points 배열을 가리킵니다.
points.dist = function() { // 점 사이의 거리를 계산하는 메서드를 정의합니다.
    let p1 = this[0];      // 대상 배열의 첫 번째 요소입니다.
    let p2 = this[1];      // "this" 객체의 두 번째 요소입니다.
    let a = p2.x-p1.x;     // x좌표상의 거리입니다.
    let b = p2.y-p1.y;     // y좌표상의 거리입니다.
    return Math.sqrt(a*a + // 피타고라스 정리
                b*b);      // Math.sqrt()는 제곱근을 계산합니다.
};
points.dist()              // => Math.sqrt(2): 두 지점 사이의 거리입니다.
```

자바스크립트에서 자주 사용하는 제어문을 바디로 사용하는 함수를 몇 가지 예로 들겠습니다.

```javascript
// 자바스크립트 제어문은 C, C++, 자바 등의 언어와 비슷한 문법을 사용합니다.
function abs(x) {          // 절댓값을 계산하는 함수
    if (x >= 0) {          // if 문은...
        return x;          // 비교 결과가 true이면 이 코드를 실행합니다.
    }                      // if 절의 끝입니다.
    else {                 // 선택 사항인 else 절은
        return -x;         // 비교 결과가 false일 때 실행됩니다.
    }                      // 절에 문이 하나뿐이면 중괄호를 생략해도 됩니다.
}                          // return 문은 if/else 절 안에 있습니다.
abs(-10) === abs(10)       // => true

function sum(array) {      // 배열 요소의 합을 계산합니다.
    let sum = 0;           // 초깃값 0으로 시작합니다.
    for(let x of array) {  // 배열을 순회하며 각 요소를 x에 할당합니다.
        sum += x;          // 요소 값을 sum에 더합니다.
    }                      // 루프의 끝입니다.
    return sum;            // sum을 반환합니다.
}
sum(primes)               // => 28: 다섯 소수의 합(2 + 3 + 5 + 7 + 11)입니다.

function factorial(n) {    // 팩토리얼을 계산하는 함수입니다.
    let product = 1;       // 초깃값 1로 시작합니다.
    while(n > 1) {         // () 안의 표현식이 true이면 {} 안의 문을 반복 실행합니다.
        product *= n;      // product = product * n;과 같습니다.
        n--;               // n = n - 1과 같습니다.
    }                      // 루프의 끝입니다.
    return product;        // product를 반환합니다.
}
factorial(4)              // => 24: 1 * 4 * 3 * 2

function factorial2(n) {   // 다른 루프를 사용하는 버전입니다.
    let i, product = 1;    // 초깃값 1로 시작합니다.
    for(i=2; i <= n; i++)  // 2로 시작한 i가 n에 도달할 때까지 계속 1씩 증가시킵니다.
        product *= i;      // 그와 함께 이 문을 반복 실행합니다.
                           // 한 줄짜리 루프에는 중괄호를 생략해도 됩니다.
    return product;        // 팩토리얼을 반환합니다.
}
factorial2(5)             // => 120: 1 * 2 * 3 * 4 * 5
```

자바스크립트는 객체 지향 프로그래밍 스타일을 지원하기는 하지만 '고전적인' 객체 지향 프로그래밍 언어와는 상당히 다릅니다. 9장에서 많은 예제를 통해 자바스크립트의 객체 지향 프로그래밍을 설명합니다. 다음은 자바스크립트 클래스를 써서 2차원 지점을 표현하는 아주 간단한 예제입니다. 이 클래스의 인스턴스인 객체

에는 원점으로부터의 거리를 계산하는 distance() 메서드 하나만 있습니다.

```
class Point {                    // 클래스 이름은 보통 대문자로 시작합니다.
    constructor(x, y) {          // 새 인스턴스를 초기화하는 생성자 함수입니다.
        this.x = x;              // this는 지금 초기화되는 새 객체입니다.
        this.y = y;              // 함수에 전달된 인자를 객체의 프로퍼티로 저장합니다.
    }                            // 생성자 함수는 값을 반환할 필요가 없습니다.

    distance() {                     // 원점과 지점 사이의 거리를 계산하는 메서드
        return Math.sqrt(            // x² + y²의 제곱근을 반환합니다.
            this.x * this.x +        // this는 distance 메서드를 호출하는 Point 객체입니다.
            this.y * this.y
        );
    }
}

// Point() 생성자 함수와 new 키워드를 써서 Point 객체를 만듭니다.
let p = new Point(1, 1);    // (1, 1) 지점

// Point 객체 p에서 메서드를 사용합니다.
p.distance()                    // => Math.SQRT(2)
```

자바스크립트의 기본적인 문법과 기능에 관한 소개는 여기까지입니다. 이후에는 다음과 같이 독립적인 장이 이어지며, 순서에 상관없이 학습해도 좋습니다.

10장 모듈

파일이나 스크립트에 담긴 자바스크립트 코드에서 다른 파일이나 스크립트에서 정의한 자바스크립트 함수나 클래스를 사용하는 법을 설명합니다.

11장 자바스크립트 표준 라이브러리

모든 자바스크립트 프로그램에서 사용할 수 있는 내장 함수와 클래스를 설명합니다. 맵이나 세트 같은 중요한 데이터 구조, 텍스트 패턴 매치에 사용하는 정규 표현식 클래스, 자바스크립트 데이터 구조를 직렬화하는 함수 등을 설명합니다.

12장 이터레이터와 제너레이터

for/of 루프가 동작하는 방법, 직접 만든 클래스를 for/of와 함께 사용하는 방법을 설명합니다. 제너레이터 함수와 yield 문도 함께 설명합니다.

13장 비동기 자바스크립트

자바스크립트의 비동기 프로그래밍을 자세히 설명합니다. 콜백, 이벤트, 프라미스 기반 API, async와 await 키워드가 이 장의 주제입니다. 코어 자바스크립트는

비동기가 아니지만 웹 브라우저와 노드는 기본적으로 비동기입니다. 이 장에서 이들 API를 다루는 법을 배웁니다.

14장 메타프로그래밍

다른 자바스크립트 프로그래머가 사용할 수 있는 코드 라이브러리를 만드는 데 관심이 있다면 이 장에서 설명하는 자바스크립트의 고급 기능이 도움이 될 것입니다.

15장 웹 브라우저의 자바스크립트

웹 브라우저 호스트 환경을 소개하고 웹 브라우저가 자바스크립트 코드를 실행하는 방법, 웹 브라우저에서 정의하는 API 중 가장 중요한 것들을 설명합니다. 이 장은 이 책에서 가장 깁니다.

16장 노드와 서버 사이드 자바스크립트

노드 호스트 환경을 소개하고 반드시 이해해야 할 가장 중요한 기본 프로그래밍 모델과 데이터 구조, API에 대해 설명합니다.

17장 자바스크립트 도구와 확장

이 장에서 소개하는 도구와 확장은 폭넓게 사용되며, 더 생산적인 프로그래머가 되도록 도와줍니다.

1.4 예제: 글자 빈도 히스토그램

짧지만 간단하지는 않은 자바스크립트 프로그램을 소개하며 이 장을 끝내겠습니다. 예제 1-1은 표준 입력에서 텍스트를 읽고 텍스트에서 글자 빈도 히스토그램을 만들어 출력하는 노드 프로그램입니다. 다음과 같이 이 프로그램을 실행해 소스 코드 자체의 글자 빈도를 분석할 수 있습니다.

```
$ node charfreq.js < charfreq.js
T: ########### 11.22%
E: ########## 10.15%
R: ####### 6.68%
S: ###### 6.44%
A: ###### 6.16%
N: ###### 5.81%
O: ##### 5.45%
I: ##### 4.54%
```

```
H: #### 4.07%
C: ### 3.36%
L: ### 3.20%
U: ### 3.08%
/: ### 2.88%
```

이 예제는 실무에서 자바스크립트를 어떻게 사용하는지 설명할 의도로 만들었으며, 자바스크립트의 고급 기능을 많이 사용합니다. 코드 전체를 지금 당장 이해할 필요는 없습니다. 여기서 소개하는 기능은 이 책 전체에 걸쳐 하나씩 설명할 것입니다.

예제 1-1 자바스크립트를 사용한 글자 빈도 히스토그램

```
/**
 * 이 노드 프로그램은 표준 입력을 받아 그 텍스트에 각 글자가 나타나는 빈도를 계산한 다음
 * 가장 많이 나타난 글자를 히스토그램으로 표현합니다.
 * 이 프로그램을 실행하려면 노드 12 이상이 필요합니다.
 *
 * 유닉스 계열 운영 체제에서는 이 프로그램을 다음과 같이 실행할 수 있습니다.
 *    node charfreq.js < corpus.txt
 */

// 이 클래스는 맵을 확장합니다. get() 메서드는 키가 맵에 존재하지 않을 때
// null 대신 지정된 값을 반환합니다.
class DefaultMap extends Map {
    constructor(defaultValue) {
        super();                             // 슈퍼클래스 생성자를 호출합니다.
        this.defaultValue = defaultValue;    // 기본 값을 기억합니다.
    }

    get(key) {
        if (this.has(key)) {                 // 맵에 이미 키가 있다면
            return super.get(key);           // 슈퍼클래스에서 그 값을 가져와 반환합니다.
        }
        else {
            return this.defaultValue;        // 그런 키가 없으면 기본 값을 반환합니다.
        }
    }
}

// 이 클래스는 글자 빈도 히스토그램을 표시합니다.
class Histogram {
    constructor() {
        this.letterCounts = new DefaultMap(0);  // 글자의 등장 횟수를 기록합니다.
        this.totalLetters = 0;                  // 전체 글자 수입니다.
    }
```

```javascript
        // 텍스트를 받아 히스토그램을 업데이트합니다.
        add(text) {
            // 텍스트에서 공백을 제거하고 대문자로 변환합니다.
            text = text.replace(/\s/g, "").toUpperCase();
            // 텍스트의 글자들을 순회합니다.
            for(let character of text) {
                let count = this.letterCounts.get(character);   // 이전 횟수를 가져옵니다.
                this.letterCounts.set(character, count+1);      // 1을 더합니다.
                this.totalLetters++;
            }
        }

        // 히스토그램을 ASCII 그래프로 표현합니다.
        toString() {
            // 맵을 [key,value] 배열로 변환합니다.
            let entries = [...this.letterCounts];

            // 배열을 횟수, 알파벳순으로 정렬합니다.
            entries.sort((a,b) => {                  // 정렬 순서를 정의하는 함수
                if (a[1] === b[1]) {                 // 횟수가 같으면
                    return a[0] < b[0] ? -1 : 1;     // 알파벳순으로 정렬합니다.
                } else {                             // 횟수가 다르면
                    return b[1] - a[1];              // 큰 것이 앞으로 옵니다.
                }
            });

            // 횟수를 퍼센트로 변환합니다.
            for(let entry of entries) {
                entry[1] = entry[1] / this.totalLetters*100;
            }

            // 1% 미만인 글자는 버립니다.
            entries = entries.filter(entry => entry[1] >= 1);

            // 이제 각 항목을 글자의 나열로 변환합니다.
            let lines = entries.map(
                ([l,n]) => `${l}: ${"#".repeat(Math.round(n))} ${n.toFixed(2)}%`
            );

            // 각 행을 줄바꿈 문자로 구분해 병합한 문자열을 반환합니다.
            return lines.join("\n");
        }
    }

// 이 비동기(프라미스를 반환하는) 함수는 히스토그램 객체를 만들고,
// 표준 입력에서 텍스트 덩어리들을 비동기적으로 읽어서 그 덩어리들을 히스토그램에 추가합니다.
// 스트림의 끝에 도달하면 이 히스토그램을 반환합니다.
async function histogramFromStdin() {
    process.stdin.setEncoding("utf-8");   // 바이트가 아닌 유니코드 문자열로 읽습니다.
```

```
        let histogram = new Histogram();
        for await (let chunk of process.stdin) {
            histogram.add(chunk);
        }
        return histogram;
}

// 이 마지막 행이 프로그램의 메인 바디입니다.
// 표준 입력에서 히스토그램 객체를 만들고 히스토그램을 출력합니다.
histogramFromStdin().then(histogram => { console.log(histogram.toString()); });
```

1.5 요약

이 책은 자바스크립트를 바닥부터 설명합니다. 주석, 식별자, 변수, 타입 같은 저수준의 세부 사항에서 출발해 표현식, 문, 객체, 함수로 넘어가고, 다시 클래스와 모듈 같은 고수준의 추상화된 언어 구조를 설명한다는 뜻입니다. 필자는 책의 제목에 쓴 '완벽'이라는 단어를 진지하게 생각합니다. 2장부터는 매우 상세하게 설명하므로 처음에는 부담스럽게 느껴질 수도 있습니다. 하지만 자바스크립트를 완벽히 마스터하려면 이 정도로 상세한 설명이 필요하며, 시간을 충분히 들여 처음부터 끝까지 읽길 권합니다. 하지만 처음부터 무조건 끝까지 완독할 필요는 없습니다. 어떤 절의 내용이 너무 어렵다면 그냥 건너뛰어도 됩니다. 자바스크립트 전체에 대한 지식이 쌓이면 다시 돌아와서 세부 사항을 마스터해도 됩니다.

2장

JavaScript The Definitive Guide

어휘 구조

프로그래밍 언어의 어휘 구조는 그 언어로 프로그램을 작성할 때 지켜야 할 기본적인 규칙의 집합입니다. 변수 이름은 어떻게 지어야 하는지, 주석은 어떻게 만드는지, 문과 문을 어떻게 구분하는지 등을 결정하는 가장 기본적인 문법을 말합니다. 이 장은 자바스크립트의 어휘 구조를 설명합니다. 내용은 다음과 같습니다.

- 대소문자 구분, 스페이스, 줄바꿈
- 주석
- 리터럴
- 식별자와 예약어
- 유니코드
- 선택 사항인 세미콜론

2.1 자바스크립트 프로그램의 텍스트

자바스크립트는 대소문자를 구별합니다. 키워드, 변수, 함수 이름, 기타 **식별자**(identifier)를 쓸 때 대소문자를 일관적으로 써야 한다는 뜻입니다. 예를 들어 while 키워드는 반드시 'while'이라고 써야지, 'While'이나 'WHILE'이라고 써서는 안 됩니다. 마찬가지로 online, Online, OnLine, ONLINE은 모두 다른 변수 이름으로 간주합니다.

자바스크립트는 토큰 사이의 공백을 무시합니다. 대부분의 경우 자바스크립트는 줄바꿈 역시 무시합니다(2.6절에서 예외를 설명합니다). 프로그램에서 공백과 줄바꿈을 마음대로 쓸 수 있으므로 코드를 읽고 이해하기 쉽도록 여러분에게 잘 맞고 일관적인 형식으로 쓸 수 있습니다.

자바스크립트는 일반적인 스페이스 문자(\u0020) 외에 탭, ASCII 제어 문자, 다양한 유니코드 스페이스 문자를 모두 공백으로 인식합니다. 자바스크립트는 뉴라인, 캐리지 리턴, 캐리지 리턴/라인 피드를 모두 줄바꿈 문자[1]로 인식합니다.

2.2 주석

자바스크립트는 두 가지 스타일의 주석을 지원합니다. //와 행 끝 사이의 텍스트는 모두 주석으로 취급하여 무시합니다. /*와 */ 사이에 있는 텍스트 역시 주석으로 취급합니다. 이 주석은 여러 행에 걸쳐 쓸 수 있지만 중첩은 불가능합니다. 다음은 모두 올바른 자바스크립트 주석입니다.

```
// 한 줄 주석입니다.

/* 이것도 주석입니다. */   // 또 다른 주석 표기 방식입니다.

/*
 * 여러 줄 주석입니다. 각 행의 맨 앞에 있는 * 문자는
 * 꼭 써야 하는 건 아니지만 그럴듯해 보입니다.
 */
```

2.3 리터럴

리터럴(literal)은 프로그램 안에 직접 쓴 데이터 값입니다. 다음은 모두 리터럴입니다.

```
12              // 숫자 12
1.2             // 숫자 1.2
"hello world"   // 문자열
'Hi'            // 다른 문자열
true            // 불 값
```

---

1 (옮긴이) 캐리지 리턴(CR)과 라인 피드(LF)는 타자기에서 유래한 용어입니다. 타자기에서 요즘 쓰는 프로그램의 엔터 키와 같은 효과를 내려면 글자 뭉치(캐리지)를 맨 앞으로 옮기는(리턴) 작업과 동시에 종이를 한 줄 밀어 올리는(라인 피드) 작업이 필요했습니다.
터미널에서 줄바꿈을 할 때도 이와 비슷한 방식으로 줄바꿈 문자를 전송하는 방식을 쓰는데, 메모리가 매우 부족했던 초기 컴퓨팅 환경에서 개발된 유닉스 계열은 LF 문자 하나를 줄바꿈 문자로 사용했습니다. MS-DOS는 CR과 LF를 합친 시퀀스를 줄바꿈 문자로 사용했고, 이 관습은 윈도우로 이어졌습니다.

```
false            // 다른 불 값
null             // 객체가 존재하지 않음
```

숫자와 문자열 리터럴은 3장에서 자세히 설명합니다.

2.4 식별자와 예약어

식별자는 이름입니다. 자바스크립트에서 식별자는 상수, 변수, 프로퍼티, 함수, 클래스의 이름에 사용하고 일부 루프의 라벨로도 사용합니다. 자바스크립트의 식별자는 반드시 글자(알파벳 사용을 권합니다), 밑줄(_), 달러 기호($)로 시작해야 합니다. 그 뒤에는 글자, 숫자, 밑줄, 달러 기호를 쓸 수 있습니다(첫 자리에 숫자를 허용하지 않는 이유는 자바스크립트에서 식별자와 숫자를 쉽게 구별하기 위해서입니다). 다음은 모두 유효한 식별자입니다.

```
i
my_variable_name
v13
_dummy
$str
```

다른 언어와 마찬가지로 자바스크립트도 특정 식별자를 언어 자체에서 사용하도록 예약합니다. 이들 '예약어'는 일반적인 식별자로 사용할 수 없습니다.

2.4.1 예약어

다음 단어는 모두 자바스크립트의 일부분입니다. 이들 중 상당수(if, while, for 등)는 예약된 키워드이므로 상수, 변수, 함수, 클래스의 이름으로 사용할 수 없습니다(객체의 프로퍼티 이름으로는 쓸 수 있습니다). 나머지 일부(from, of, get, set 등)는 제한적인 컨텍스트에서 문법적 모호함 없이 사용되므로 식별자로 써도 문제는 없습니다. let 같은 키워드는 하위 호환성을 위해 완전히 예약어로 분리할 수 없으므로, 식별자로 사용할 수 있는 경우와 사용할 수 없는 경우를 나누는 복잡한 규칙이 존재합니다. 예를 들어 let을 클래스 외부에서 var를 사용해 선언했다면 변수 이름으로 사용할 수 있지만, 클래스 내부에서 선언하거나 const로 선언할 수는 없습니다. 가장 쉬운 방법은 이들을 모두 식별자로 사용하지 않는 것입니다. 단, from, set, target은 사용해도 안전하며 이미 많이 사용되고 있습니다.

```
as        const      export     get        null       target     void
async     continue   extends    if         of         this       while
await     debugger   false      import     return     throw      with
break     default    finally    in         set        true       yield
case      delete     for        instanceof static     try
catch     do         from       let        super      typeof
class     else       function   new        switch     var
```

지금은 사용되지 않지만 미래 버전에서 사용될 수도 있으므로 제한되는 키워드도 있습니다.

```
enum    implements    interface    package    private    protected    public
```

스트릭트 모드에서는 arguments와 eval은 식별자로 사용할 수 없습니다. 그냥 식별자로 쓸 수 없다고 생각하는 것이 현명합니다.

2.5 유니코드

자바스크립트 프로그램은 유니코드 문자셋으로 작성됩니다. 유니코드 문자는 모두 문자열이나 주석에 사용할 수 있습니다. 수정할 때 편리하도록 식별자에는 AS-CII 글자와 숫자만 쓰는 것이 일반적입니다. 하지만 이것은 관습일 뿐이며, 자바스크립트 자체는 식별자에 유니코드 글자, 숫자, 상형 문자를 모두 허용합니다(이모지는 허용하지 않습니다). 따라서 다음과 같이 수학 기호나 영어가 아닌 언어에서 쓰는 문자를 상수나 변수에 쓸 수 있습니다.

```
const π = 3.14;
const sí = true;
```

2.5.1 유니코드 이스케이프 시퀀스

컴퓨터 하드웨어와 소프트웨어 중에는 유니코드 문자 전체를 정확히 표시, 입력, 처리하지 못하는 것도 있습니다. 자바스크립트는 구형 기술을 사용하는 프로그래머와 시스템을 지원하기 위해 ASCII 문자만으로 유니코드 문자를 표현하는 이스케이프 시퀀스(escape sequence)를 정의합니다. 유니코드 이스케이프는 \u 문자로 시작하고 그 뒤에 정확히 네 개의 16진수 숫자(0-9, A-F)를 쓰거나, 1~6개의 16진수 숫자를 중괄호 안에 쓰는 형태입니다. 유니코드 이스케이프는 자바스크립트 문자열 리터럴, 정규 표현식 리터럴, 식별자에 사용할 수 있습니다(키워드에는 사용하지 않습니다). 예를 들어 é 문자의 유니코드 이스케이프는 \u00E9이며, 이 문자는 다음과 같이 세 가지 방법으로 변수 이름에 쓸 수 있습니다.

```
let café = 1;   // 유니코드 문자로 변수를 정의했습니다.
caf\u00e9       // => 1; 이스케이프 시퀀스로 그 변수에 접근했습니다.
caf\u{E9}      // => 1; 다른 형태의 이스케이프 시퀀스
```

자바스크립트 초기 버전은 숫자 네 개를 쓰는 이스케이프 시퀀스만 지원했습니다. ES6에서는 이모지처럼 16비트 이상이 필요한 유니코드 코드 포인트를 더 잘 지원하기 위해 중괄호 문법을 도입했습니다.

```
console.log("\u{1F600}");   // 웃는 얼굴 이모지를 출력합니다.
```

주석에 유니코드 이스케이프를 쓸 수 있긴 하지만, 주석은 무시되므로 그냥 ASCII 문자로 취급할 뿐 유니코드로 해석하지 않습니다.

2.5.2 유니코드 정규화

자바스크립트 프로그램에 ASCII 문자가 아닌 문자를 사용할 때는 유니코드에 그 문자를 인코딩 방법이 하나 이상 있음을 반드시 인지해야 합니다. 예를 들어 é 문자는 단일 유니코드 문자 \u00E9로 인코딩할 수도 있고, 일반적인 ASCII 문자 e 다음에 악센트 조합 기호 \u0301을 붙여서 인코딩할 수도 있습니다. 이 두 가지 인코딩은 일반적으로 텍스트 에디터에는 똑같이 표시되지만, 이진 인코딩이 달라 자바스크립트는 이 둘을 다른 것으로 간주하므로 아주 혼란스러운 문제가 생길 수 있습니다.

```
const café = 1;   // "caf\u{e9}"라는 상수
const café = 2;   // "cafe\u{301}"라는 다른 상수
café              // => 1: 이 상수의 값은 1입니다.
café              // => 2: 눈으로는 구별할 수 없지만 다른 상수이고 값도 다릅니다.
```

유니코드 표준에는 모든 문자에 대해 선호하는 인코딩이 정해져 있고, 텍스트를 비교에 적합한 정식(canonical) 형태[2]로 변환하는 정규화 과정도 정해져 있습니다. 자

---

2 (옮긴이) 예를 들어 전화번호를 서로 비교한다고 할 때, 010-1234-5678이라고 입력한 번호와 010123
   45678이라고 입력한 번호는 같은 번호로 간주해야 합니다. 따라서 두 번호를 비교하려면 010-1234-
   5678에서 하이픈을 제거해 같은 정식(canonical) 형태로 통일해야 하고, 이런 과정을 정규화라고도
   부릅니다.

바스크립트는 해석하고 있는 소스 코드가 이미 정규화를 마친 상태라고 가정하여, 스스로 정규화를 수행하지는 않습니다. 자바스크립트 프로그램에서 유니코드 문자를 쓸 계획이라면 에디터나 다른 도구에서 소스 코드를 유니코드 정규화해서 서로 다르지만 눈으로는 구분할 수 없는 식별자가 생기지 않게 해야 합니다.

2.6 선택 사항인 세미콜론

다른 프로그래밍 언어와 마찬가지로 자바스크립트 역시 세미콜론(;)을 사용해 문(5장 참고)을 구분합니다. 세미콜론은 코드의 의미를 명확히 하는 데 중요한 역할을 합니다. 구분자가 없다면 어떤 문의 끝과 다음 문의 시작을 구분하기가 쉽지 않습니다. 자바스크립트에서 두 문 사이에 줄바꿈이 있을 때는 대부분 세미콜론을 생략해도 됩니다. 프로그램의 끝에서도 생략할 수 있고, 그다음 토큰이 닫는 중괄호(})일 때도 생략할 수 있습니다. 세미콜론이 반드시 필요하지 않은 경우라도 세미콜론을 써서 문이 끝났음을 명확히 표시하는 프로그래머가 많고, 이 책에서도 그 관습을 따릅니다. 반대로 세미콜론을 가능한 한 생략하며 꼭 필요할 때만 쓰는 사람도 있습니다. 어떤 스타일을 택하든, 선택 사항인 세미콜론에 대해 이해해야 할 세부 사항이 몇 가지 있습니다.

다음 코드를 보십시오. 두 문 사이에 줄바꿈이 있으므로 첫 번째 세미콜론은 생략해도 됩니다.

```
a = 3;
b = 4;
```

하지만 다음과 같이 쓸 때 첫 번째 세미콜론을 생략해서는 안 됩니다.

```
a = 3; b = 4;
```

자바스크립트가 줄바꿈을 전부 세미콜론으로 취급하지는 않습니다. 자바스크립트가 줄바꿈을 세미콜론으로 취급하는 경우는 묵시적인 세미콜론을 추가하지 않고서는 코드를 분석할 수 없을 때입니다. 좀 더 공식적으로 말하자면(잠시 후에 세 가지 예외를 설명합니다), 자바스크립트는 줄바꿈 다음에 오는 공백 아닌 문자를 현재 문에 이어진다고 판단할 수 없을 때 줄바꿈을 세미콜론으로 취급합니다. 다음 코드를 보십시오.

```
let a
a
=
3
console.log(a)
```

자바스크립트는 위 코드를 다음과 같이 해석합니다.

```
let a; a = 3; console.log(a);
```

자바스크립트는 세미콜론 없이 let a a라는 코드를 분석할 수 없으므로 첫 번째 줄바꿈을 세미콜론으로 취급합니다. 두 번째 a는 a;라는 문으로 해석할 수도 있지만, a = 3;라는 더 긴 문으로 분석을 계속할 수 있으므로 두 번째 줄바꿈은 세미콜론으로 취급하지 않습니다.

이렇게 문을 종료하는 규칙은 때로 의외의 결과를 부를 수 있습니다. 다음 코드는 뉴라인으로 구분된 문 두 개로 보입니다.

```
let y = x + f
(a+b).toString()
```

하지만 두 번째 행의 괄호는 첫 번째 행 마지막의 f와 이어져 f()로 해석될 여지가 있습니다. 실제로 자바스크립트는 위 코드를 다음과 같이 해석합니다.

```
let y = x + f(a+b).toString();
```

아마 이 결과는 코드를 만든 사람이 의도한 결과는 아니었을 것입니다. 두 개의 문으로 동작하기 위해서는 명시적인 세미콜론이 필요합니다.

일반적으로 문이 (, [, /, +로 시작한다면 그 문은 이전 문이 계속되는 것으로 해석될 가능성이 있습니다. 현실적으로 문이 /나 +로 시작하는 경우는 거의 없지만, 자바스크립트 프로그래밍 스타일에 따라서는 (나 [로 시작할 가능성이 없지 않습니다. 프로그래머 중에는 방어적인 목적으로 이런 문 앞에 세미콜론을 삽입해, 설령 그 앞의 문을 수정해서 세미콜론이 사라지더라도 정확히 동작하도록 하는 사람도 있습니다.

```
let x = 0                          // 세미콜론을 생략했습니다.
;[x,x+1,x+2].forEach(console.log) // 방어적 세미콜론으로 이 문을 앞의 문과 분리합니다.
```

자바스크립트가 두 번째 행을 첫 번째 행의 연속이라고 분석할 수 없을 경우 줄바꿈을 세미콜론으로 해석한다는 규칙에는 세 가지 예외가 있습니다. 첫 번째 예외는 return, throw, yield, break, continue 문과 관련이 있습니다(5장 참고). 이들은 종종 독립적으로 사용되지만, 가끔 이 뒤에 식별자나 표현식이 올 때가 있습니다. 이 단어들 사이에(다른 토큰 앞에) 줄바꿈이 일어난다면, 자바스크립트는 항상 그 줄바꿈을 세미콜론으로 해석합니다. 예를 들어 다음을 보십시오.

```
return
true;
```

자바스크립트는 다음과 같이 해석합니다.

```
return; true;
```

하지만 아마 의도는 다음과 같았을 것입니다.

```
return true;
```

따라서 return, break, continue 다음에 어떤 표현식을 쓴다면, 그 사이에 줄바꿈이 들어가서는 안 됩니다. 줄바꿈이 들어간다면 코드의 의도가 모호해지고 디버그하기도 어렵습니다.

두 번째 예외는 ++와 -- 연산자(4.8절)입니다. 이 연산자들은 전위 연산자로도, 후위 연산자로도 사용할 수 있습니다. 이들을 후위 연산자로 사용한다면 반드시 적용할 표현식과 같은 행에 써야 합니다. 세 번째 예외는 화살표 함수입니다. =>는 반드시 매개변수 리스트와 같은 행에 있어야 합니다.

2.7 요약

이 장에서는 자바스크립트 프로그램을 작성하는 방법을 가장 저수준에서 살펴봤습니다. 다음 장에서는 한 단계 올라가 자바스크립트 프로그램의 기본 단위인 기본 (primitive) 타입과 값(숫자, 문자열 등)에 대해 알아봅시다.

3장

J a v a S c r i p t   T h e   D e f i n i t i v e   G u i d e

타입, 값, 변수

컴퓨터 프로그램은 숫자 3.14나 텍스트 'Hello World' 같은 값을 조작하며 동작합니다. 프로그래밍 언어에서 표현하고 조작할 수 있는 값의 종류를 타입이라 부르며, 어떤 타입을 지원하는지가 프로그래밍 언어의 가장 기본적인 특징을 이룹니다. 프로그램에서 값을 나중에 사용하기 위해 유지하려면 변수에 값을 할당(저장)합니다. 변수에는 이름이 있으며 프로그램은 변수 이름을 통해 값을 참조합니다. 변수가 동작하는 방법 역시 프로그래밍 언어의 기본적인 특징 중 하나입니다. 이 장에서는 자바스크립트의 타입, 값, 변수에 대해 설명합니다. 먼저 개요와 정의를 살펴봅시다.

3.1 개요와 정의

자바스크립트 타입은 기본 타입과 객체 타입 둘로 나뉩니다. 자바스크립트의 기본 타입에는 숫자, 문자열, 불(boolean) 타입이 있습니다. 이 장에서는 상당한 지면을 할애하여 숫자(3.2절)와 문자열(3.3절) 타입에 대해 자세히 설명합니다. 불 타입은 3.4절에서 설명합니다.

 자바스크립트의 특별한 값인 null과 undefined는 기본 값이지만 숫자나 문자열, 불에 속하지 않습니다. 각 값은 일반적으로 그 타입 자체로 취급해도 무방합니다. 3.5절에서 null과 undefined에 대해 더 설명합니다. ES6에서는 특별한 목적을 가진 새 타입인 심벌(Symbol)을 추가했습니다. 심벌의 목적은 하위 호환성을 해치지 않으면서 언어의 확장을 정의하는 것입니다. 심벌은 3.6절에서 간단히 설명합니다.

자바스크립트에서 숫자, 문자열, 불, 심벌, null, undefined 중 어느 것에도 속하지 않는 값은 모두 객체입니다. 객체는 객체 타입의 멤버이며 **프로퍼티**의 집합입니다. 각 프로퍼티에는 이름과 값이 있고, 이 값은 기본 값일 수도 있고 다른 객체일 수도 있습니다. 아주 특별한 객체인 전역 객체를 3.7절에서 설명하긴 하지만, 6장에서 객체를 더 광범위하고 자세하게 설명합니다.

일반적인 자바스크립트 객체는 이름 붙은 값의 순서 없는 집합입니다. 자바스크립트에는 특별한 객체인 배열도 있습니다. 배열은 값의 순서 있는 집합이며 각 값은 숫자로 표현됩니다(이름은 없습니다). 자바스크립트에는 배열에 적용되는 특별한 문법이 있으며, 배열은 일반적인 객체와 구별되는 특별한 동작 방식을 가집니다. 배열은 7장에서 설명합니다.

자바스크립트에는 기본적인 객체와 배열 외에도 유용한 객체 타입이 많습니다. Set 객체는 값의 집합입니다. Map 객체는 키와 값의 연결입니다. 형식화 배열은 바이트 배열과 다른 이진 데이터를 연결합니다. RegExp 타입은 텍스트 패턴입니다. 이 타입을 이용해 문자열에서 정교한 매칭, 검색, 대체 동작을 할 수 있습니다. Date 타입은 날짜와 시간을 표현하며 간단한 날짜 계산도 할 수 있습니다. Error 타입과 그 하위 타입은 자바스크립트 코드 실행 중에 일어날 수 있는 에러를 가리킵니다. 이들은 모두 11장에서 설명합니다.

자바스크립트의 함수와 클래스는 그저 문법의 일부분이라고 볼 수는 없는데, 이점이 다른 정적 언어와의 차이점입니다. 자바스크립트의 함수와 클래스는 그 자체가 값이므로 프로그램에서 조작할 수 있습니다. 기본 값이 아닌 다른 값과 마찬가지로 함수와 클래스도 특별한 객체입니다. 함수와 클래스는 각각 8장과 9장에서 설명합니다.

자바스크립트 인터프리터는 자동으로 가비지 컬렉션을 수행해 메모리를 관리합니다. 따라서 자바스크립트 프로그래머는 일반적으로 객체나 다른 값을 직접 파괴하거나 할당을 해제할 필요는 없습니다. 프로그램에서 어떤 값을 더는 참조하지 않게 되면 인터프리터는 그 값을 다시 사용할 수 없음을 인식하고 그 값이 차지하고 있던 메모리를 자동으로 다시 확보합니다. 물론 자바스크립트에서도 가끔 필요 이상으로 값이 참조 가능한 상태로 남아 있어, 메모리를 회수할 수 없게 될 때가 있으므로 프로그래머가 신경 써야 합니다.

자바스크립트는 객체 지향 프로그래밍 스타일을 지원합니다. 대략적으로 말하자면, 함수가 다양한 타입의 값을 다루는 것이 아니라 객체(타입 자체)에 그 값을 다

루는 메서드를 정의합니다. 예를 들어 배열 a의 요소를 정렬할 때 a를 sort() 함수
에 전달하지 않습니다. 대신 다음과 같이 a의 sort() 메서드를 호출합니다.

```
a.sort();        // sort(a)의 객체 지향 버전
```

메서드는 9장에서 다룹니다. 엄밀히 말해 자바스크립트에서는 오직 객체만 메서드
를 가질 수 있습니다. 하지만 숫자, 문자열, 불, 심벌도 마치 메서드가 있는 것처럼
동작합니다. 자바스크립트에서 메서드를 호출할 수 없는 값은 null과 undefined뿐
입니다.

  자바스크립트의 객체 타입은 **가변**(mutable)이며 기본 타입은 **불변**(immutable)
입니다. 가변 타입의 값은 바뀔 수 있습니다. 자바스크립트 프로그램은 객체 프로
퍼티와 배열 요소의 값을 바꿀 수 있습니다. 숫자, 불, 심벌, null, undefined는 불변
입니다. 3을 2로 바꿀 수 없는 것처럼 말입니다. 문자열을 문자의 배열로 생각하면
바꿀 수 있다고 생각할 수 있습니다. 하지만 자바스크립트의 문자열은 불변입니다.
인덱스를 통해 문자열에 들어있는 텍스트에 접근할 수는 있지만, 기존 문자열의 텍
스트를 바꿀 방법은 없습니다. 가변 값과 불변 값의 차이는 3.8절에서 더 자세히 설
명합니다.

  자바스크립트는 값의 타입을 자유롭게 변환합니다. 예를 들어 프로그램에서 문
자열이 와야 할 곳에 숫자를 쓰면 자바스크립트는 자동으로 그 숫자를 문자열로 변
환합니다. 또한 불이 와야 할 곳에 불이 아닌 값이 들어갈 때도 자바스크립트는 타
입을 적절하게 변환합니다. 값 변환 규칙은 3.9절에서 설명합니다. 자바스크립트
의 값 변환 규칙은 동등성의 정의에 영향을 미치며, 동등 연산자(==)는 3.9.1절에서
설명하는 규칙에 따라 타입을 변환합니다. (동등 연산자는 권장하지 않습니다. 타
입을 변환하지 않는 일치 연산자(===)를 권장합니다. 4.9.1절에서 두 연산자에 대
해 더 설명합니다.)

  프로그램에서는 상수와 변수의 이름을 통해 값을 참조합니다. 상수는 const로 선
언하고 변수는 let으로 선언합니다(오래된 자바스크립트 코드에서는 var를 사용합
니다). 자바스크립트의 상수와 변수에는 '타입이 없습니다'. 선언할 때 어떤 값이 할
당되는지 명시하지 않습니다. 변수 선언과 할당에 대해서는 3.10절에서 설명합니다.

  긴 소개를 읽으며 깨달았겠지만 이 장은 자바스크립트에서 데이터를 어떻게 표
현하고 조작하는지 기본적인 사항을 자세히 설명합니다. 이제 자바스크립트의 숫
자와 텍스트에 대해 알아봅시다.

3.2 숫자

자바스크립트의 숫자 타입인 Number는 정수와 함께 실수를 대략적으로 표현합니다. 자바스크립트는 IEEE 754 표준에서 정의하는 64비트 부동 소수점 형식[1]을 사용해 숫자를 표현합니다. 이에 따라 최대 $\pm 1.7976931348623157 \times 10^{308}$, 최소 $\pm 5 \times 10^{-324}$ 범위의 숫자를 표현할 수 있습니다.

자바스크립트 숫자 형식은 $-9,007,199,254,740,992(-2^{53})$ 이상, $9,007,199,254,740,992(2^{53})$ 이하 범위의 정수를 정확히 표현할 수 있습니다. 이보다 큰 정수 값을 사용하면 정확도가 떨어질 수 있습니다. 하지만 배열 인덱싱이나 4장에서 설명할 비트 연산자 등 일부 자바스크립트 연산은 32비트 정수를 사용합니다. 여기서 언급한 것보다 큰 정수를 사용해야 한다면 3.2.5절을 보십시오.

자바스크립트 프로그램에 직접 기입한 숫자를 **숫자 리터럴**이라 부릅니다. 자바스크립트는 다양한 숫자 리터럴 형식을 지원하며 이어지는 절에서 이를 설명합니다. 숫자 리터럴 앞에 마이너스 기호를 붙여 음수로 만들 수 있습니다.

3.2.1 정수 리터럴

자바스크립트 프로그램에서 10진 정수는 연속된 숫자로 표현합니다. 예를 들어 다음을 보십시오.

```
0
3
10000000
```

자바스크립트는 10진 정수 리터럴뿐 아니라 16진수 값도 인식합니다. 16진수 리터럴은 0x 또는 0X로 시작하며 그 뒤에 16진수 숫자를 씁니다. 16진수 숫자는 0부터 9까지의 숫자나 a(A)부터 f(F)까지의 문자이며, 문자는 10부터 15까지를 나타냅니다. 다음은 16진수 정수 리터럴 예제입니다.

```
0xff       // => 255: (15*16 + 15)
0xBADCAFE  // => 195939070
```

ES6 이후 버전에서는 다음과 같이 0b(0B)를 앞에 붙여 2진수, 0o(0O)를 앞에 붙여 8

---

[1] 이 형식은 자바와 C++를 포함해 대부분의 최신 프로그래밍 언어에서 double 타입이라 부르는 형식입니다.

진수로 정수를 표현할 수 있습니다.

```
0b10101  // => 21:  (1*16 + 0*8 + 1*4 + 0*2 + 1*1)
0o377    // => 255:  (3*64 + 7*8 + 7*1)
```

3.2.2 부동 소수점 리터럴

부동 소수점 리터럴에는 소수점이 포함될 수 있습니다. 즉, 실수의 전통적 문법을 사용합니다. 값은 정수 부분, 소수점, 소수점 아래 부분을 순서대로 씁니다.

부동 소수점 리터럴은 지수 표기법으로도 표현할 수 있습니다. 이 표기법은 실수 다음에 e(E)를 쓰고 그 뒤에 선택 사항인 플러스 또는 마이너스 기호, 마지막으로 지수를 나타내는 정수를 쓰는 형식입니다. 이 표기법은 실수에 10의 지수 승을 곱하는 방식으로 표현합니다.

즉, 이 문법은 다음과 같습니다.

[*digits*][.*digits*][(E|e)[(+|-)]*digits*]

예를 들어 다음을 보십시오.

```
3.14
2345.6789
.333333333333333333
6.02e23       // 6.02 × 10²³
1.4738223E-32 // 1.4738223 × 10⁻³²
```

$$6.02e23 \quad // \; 6.02 \times 10^{23}$$
$$1.4738223E\text{-}32 \quad // \; 1.4738223 \times 10^{-32}$$

🔲 숫자 리터럴의 구분자

다음과 같이 숫자 리터럴 안에 밑줄을 써서 리터럴을 읽기 쉽게 나눠 쓸 수 있습니다.

```
let billion = 1_000_000_000;    // 밑줄을 천 단위 구분자로 썼습니다.
let bytes = 0x89_AB_CD_EF;       // 바이트 구분자로 썼습니다.
let bits = 0b0001_1101_0111;     // 4비트 구분자로 썼습니다.
let fraction = 0.123_456_789;    // 소수점 아래 부분에도 쓸 수 있습니다.
```

이 글을 쓰는 2020년 초반 기준으로 숫자 리터럴의 밑줄은 자바스크립트의 일부로 정식 표준화되지는 않았습니다. 하지만 이 표기법은 표준화 과정이 상당히 진척되어 있으며 주요 브라우저와 노드 모두 지원합니다.

3.2.3 자바스크립트의 산술 연산

자바스크립트는 산술 연산자를 통해 숫자를 조작합니다. 산술 연산자에는 덧셈의 +, 뺄셈의 −, 곱셈의 *, 나눗셈의 /, 나머지의 %가 있습니다. ES2016에서 지수의 ** 가 추가됐습니다. 이들을 포함해 연산자에 대해서는 4장에서 설명합니다.

이런 기본 산술 연산자 외에도 자바스크립트는 Math 객체의 프로퍼티로 정의된 함수와 상수를 통해 더 복잡한 수학 계산을 지원합니다.

```
Math.pow(2,53)            // => 9007199254740992: 2의 53승
Math.round(.6)            // => 1.0: 가장 가까운 정수로 반올림
Math.ceil(.6)             // => 1.0: 정수로 올림
Math.floor(.6)            // => 0.0: 정수로 내림
Math.abs(-5)              // => 5: 절댓값
Math.max(x,y,z)           // 인자 중 가장 큰 것을 반환합니다.
Math.min(x,y,z)           // 가장 작은 인자를 반환합니다.
Math.random()             // 0 이상 1.0 미만의 랜덤한 숫자 x
Math.PI                   // π: 원주율
Math.E                    // e: 자연 로그의 밑
Math.sqrt(3)              // => 3**0.5: 3의 제곱근
Math.pow(3, 1/3)          // => 3**(1/3): 3의 세제곱근
Math.sin(0)               // 삼각함수. Math.cos, Math.atan 등도 있습니다.
Math.log(10)              // 10의 자연 로그
Math.log(100)/Math.LN10   // 100의 상용 로그
Math.log(512)/Math.LN2    // 512의 이진 로그
Math.exp(3)               // Math.E의 세제곱
```

ES6에서 Math 객체에 함수가 더 추가됐습니다.

```
Math.cbrt(27)     // => 3: 세제곱근
Math.hypot(3, 4)  // => 5: 인자의 제곱의 합의 제곱근
Math.log10(100)   // => 2: 상용 로그
Math.log2(1024)   // => 10: 이진 로그
Math.log1p(x)     // 1+x의 자연 로그. x가 아주 작아야 정확합니다.
Math.expm1(x)     // Math.exp(x)-1: Math.log1p()의 역
Math.sign(x)      // 인자의 부호에 따라 -1, 0, 1을 반환합니다.
Math.imul(2,3)    // => 6: C 언어의 방식을 차용한 32비트 정수의 곱셈[2]
Math.clz32(0xf)   // => 28: 32비트 정수에서 맨 앞의 0비트 개수
Math.trunc(3.9)   // => 3: 소수점 아래를 잘라 내어 정수로 변환합니다.
```

---

2 (옮긴이) 함수 imul에 일반적인 자바스크립트 부동 소수점 숫자를 사용하면 성능이 떨어집니다. 성 능이 떨어지는 주된 이유는 곱셈을 위해 부동 소수점 숫자를 정수로 변환하고, 결과를 다시 부동 소 수점 숫자로 변환하는 비용 때문입니다. imul이 존재하는 이유는(아직까지는), JIST 최적화기에서 자바스크립트 내부에서 정수를 좀 더 쉽게 구현할 수 있도록 돕는 AsmJS 단 하나 때문입니다. 현재 브라우저에서 Math.imul을 사용해 성능이 개선될 수 있는 부분은 내부적으로 정수로 저장된(AsmJS 에서만 가능합니다) 숫자를 곱하는 경우뿐입니다. 영문판 MDN(*https://developer.mozilla.org/en-US/ docs/Web/JavaScript/Reference/Global_Objects/Math/imul*)을 참고했습니다.

```
Math.fround(x)    // 가장 가까운 32비트 부동 소수점 숫자로 반올림합니다.
Math.sinh(x)      // 하이퍼볼릭 사인. Math.cosh(), Math.tanh()도 있습니다.
Math.asinh(x)     // 하이퍼볼릭 아크사인. Math.acosh(), Math.atanh()도 있습니다.
```

자바스크립트는 산술 연산 과정에 0으로 나누거나 오버플로, 언더플로가 발생해도 에러를 일으키지 않습니다. 계산 결과가 자바스크립트가 표현할 수 있는 가장 큰 숫자보다 큰 경우(오버플로)에는 특별한 값 Infinity를 반환합니다. 마찬가지로, 음수의 절댓값이 자바스크립트가 표현할 수 있는 가장 큰 음수의 절댓값보다 크다면 결과는 음의 무한대인 -Infinity입니다. 무한한 값에 다른 숫자를 더하거나, 빼거나, 곱하거나, 나누더라도 결과는 여전히 무한한 값입니다(부호는 바뀔 수 있습니다).

언더플로는 계산 결과가 자바스크립트가 표현할 수 있는 가장 작은 숫자보다도 0에 가까울 때 일어납니다. 자바스크립트는 이런 경우 0을 반환합니다. 음수에서 언더플로가 일어나면 자바스크립트는 '음의 0'이라는 특별한 값을 반환합니다. 이 값은 일반적인 0과 거의 완전히 같으며, 자바스크립트 프로그래머가 여기에 신경 쓸 필요는 거의 없습니다.

자바스크립트에서는 0으로 나눠도 에러가 일어나지 않습니다. 무한대 또는 음의 무한대를 반환할 뿐입니다. 여기엔 한 가지 예외가 있는데, 0을 0으로 나누는 경우는 정의되어 있지 않으므로 이 결과는 특별한 값 NaN(숫자가 아님)입니다. 무한대를 무한대로 나누거나, 음수의 제곱근을 구하려 하거나, 숫자가 아니고 숫자로 변환할 수도 없는 피연산자에 산술 연산자를 적용하려 할 때도 NaN이 반환됩니다.

자바스크립트의 Infinity와 NaN은 전역 상수이며 이들은 Number 객체의 프로퍼티로도 존재합니다.

```
Infinity                    // 표현하기엔 너무 큰 양수
Number.POSITIVE_INFINITY    // 같은 값
1/0                         // => Infinity
Number.MAX_VALUE * 2        // => Infinity; 오버플로

-Infinity                   // 표현하기엔 절댓값이 너무 큰 음수
Number.NEGATIVE_INFINITY    // 같은 값
-1/0                        // => -Infinity
-Number.MAX_VALUE * 2       // => -Infinity

NaN                         // 숫자가 아닌 값
Number.NaN                  // NaN과 같은 값이며 표현만 다릅니다.
0/0                         // => NaN
Infinity/Infinity           // => NaN
```

```
Number.MIN_VALUE/2        // => 0: 언더플로
-Number.MIN_VALUE/2       // => -0: 음의 0
-1/Infinity               // => -0: 음의 0
-0

// 다음 Number 프로퍼티는 ES6에서 정의했습니다.
Number.parseInt()         // 전역 함수 parseInt()와 같습니다.
Number.parseFloat()       // 전역 함수 parseFloat()와 같습니다.
Number.isNaN(x)           // x는 NaN인가?
Number.isFinite(x)        // x는 유한한 숫자인가?
Number.isInteger(x)       // x는 정수인가?
Number.isSafeInteger(x)   // x는 -(2**53)보다 크고 2**53보다 작은 정수인가?
Number.MIN_SAFE_INTEGER   // => -(2**53 - 1)
Number.MAX_SAFE_INTEGER   // => 2**53 - 1
Number.EPSILON            // => 2**-52: 숫자를 구별할 수 있는 가장 작은 차이
```

NaN 값은 자기 자신을 포함해 어떤 값과도 같지 않다는 특징이 있습니다. 즉 x 변수의 값이 NaN인지 알아보기 위해 x === NaN 같은 표현식을 쓸 수 없습니다. x != x 또는 Number.isNaN(x)을 써야 합니다. 이 두 표현식은 x가 전역 상수 NaN과 같은 값일 때만 true를 반환합니다.

전역 함수 isNaN()은 Number.isNaN()과 비슷합니다. 이 함수는 인자가 NaN이거나, 숫자가 아니면서 숫자로 변환할 수도 없는 값일 때 true를 반환합니다. Number.isFinite() 함수는 인자가 NaN, Infinity, -Infinity가 아닐 때 true를 반환합니다. 전역 함수 isFinite()는 인자가 유한한 숫자이거나 유한한 숫자로 변환할 수 있을 때 true를 반환합니다.

음의 0은 통상적인 값은 아닙니다. 이 값은 일치 연산자(===)로 양의 0과 비교해도 true를 반환하므로 두 값에 차이가 없다고 해도 무방하지만, 다음과 같이 제수(분모)로 사용될 때는 예외입니다.

```
let zero = 0;         // 일반적인 0
let negz = -0;        // 음의 0
zero === negz         // => true: 0과 음의 0은 일치합니다.
1/zero === 1/negz     // => false: Infinity와 -Infinity는 일치하지 않습니다.
```

3.2.4 이진 부동 소수점 숫자와 반올림 오류

실수는 무한히 많지만, 자바스크립트의 부동 소수점 형식으로 정확히 표현할 수 있는 숫자는 유한합니다(정확히 18,437,736,874,454,810,627개입니다). 따라서 자바스크립트로 실수를 다룰 때 실제 숫자의 근삿값으로 표현될 때가 자주 있습니다.

　　자바스크립트를 비롯해 최신 프로그래밍 언어에서 사용하는 IEEE 754 부동 소수점 표현은 이진 표현이며 1/2, 1/8, 1/1024 같은 분수는 정확히 표현할 수 있습니다. 불행히도 우리가 가장 자주, 특히 재무 계산을 할 때 가장 자주 사용하는 분수는 1/10, 1/100 같은 숫자입니다. 이진 부동 소수점 표현은 0.1 같은 단순한 숫자를 정확히 표현하지 못합니다.

　　자바스크립트 숫자는 대단히 정밀한 편이며 0.1을 아주 가깝게 표현합니다. 하지만 가까울 뿐 완전히 정확한 것은 아니기 때문에 문제가 생길 수 있습니다. 다음 예제를 보십시오.

```
let x = .3 - .2;    // 0.3 빼기 0.2
let y = .2 - .1;    // 0.2 빼기 0.1
x === y             // => false: 두 값은 같지 않습니다!
x === .1            // => false: 0.3 - 0.2는 0.1과 같지 않습니다.
y === .1            // => true: 0.2 - 0.1은 0.1입니다.
```

반올림 오류 때문에 0.3과 0.2의 차이의 근삿값은 0.2와 0.1의 차이의 근삿값과 같지 않습니다. 이 문제가 자바스크립트만의 문제는 아님을 이해하는 것이 중요합니다. 이 문제는 이진 부동 소수점 숫자를 사용하는 프로그래밍 언어에서 모두 발생합니다. 또한 이 코드의 x와 y는 서로 아주 가깝고, 정확한 값(0.1)에도 마찬가지로 아주 가깝습니다. 계산된 값은 웬만하면 목적에 알맞게 사용할 수 있을 만큼 정확하지만, 일치 여부를 비교할 때는 문제가 발생합니다.

　　부동 소수점 근삿값 때문에 프로그램에 문제가 생긴다면 정수로 변환하는 것을 고려해 보십시오. 예를 들어 돈을 계산할 때 0.1달러 대신 10센트로 계산하는 것입니다.

3.2.5 BigInt로 임의 정확도를 부여한 정수

BigInt는 ES2020에서 정의한 자바스크립트의 최신 기능 중 하나입니다. 2020년 초반 기준으로 이 타입은 크롬, 파이어폭스, 엣지, 노드에서 지원하며 사파리는 14버전부터 지원합니다. 이름에서 짐작할 수 있듯 BigInt는 값이 정수인 숫자 타입입니다. 이 타입은 다른 프로그래밍 언어나 API와의 호환에 필요한 64비트 정수를 표현하기 위해 추가됐습니다. BigInt 값은 수천 자리, 심지어 수백만 자리까지 커질 수 있는데 이렇게 큰 숫자를 다뤄야 할 일은 그리 많지는 않을 것입니다. 참고로 BigInt는 타이밍 공격을 방지할 수 없으므로 암호화에는 사용할 수 없습니다.

BigInt 리터럴은 연속된 숫자 다음에 소문자 n을 붙인 형식입니다. BigInt는 기본적으로 10진수지만 0b, 0o, 0x를 앞에 붙여 이진, 8진, 16진수 BigInt를 만들 수 있습니다.

```
1234n                  // 그렇게 크지는 않은 BigInt 리터럴
0b111111n              // 이진 BigInt
0o7777n                // 8진 BigInt
0x8000000000000000n    // => 2n**63n: 64비트 정수
```

BigInt() 함수를 써서 일반적인 자바스크립트 숫자나 문자열을 BigInt로 변환할 수 있습니다.

```
BigInt(Number.MAX_SAFE_INTEGER)      // => 9007199254740991n
let string = "1" + "0".repeat(100);  // 1 뒤에 0이 100개 있습니다.
BigInt(string)                       // => 10n**100n: 1구골
```

BigInt 값의 산술 연산은 일반적인 자바스크립트 숫자의 산술 연산과 비슷하지만, 나눗셈을 할 때 나머지를 버린다는 점이 다릅니다.

```
1000n + 2000n          // => 3000n
3000n - 2000n          // => 1000n
2000n * 3000n          // => 6000000n
3000n / 997n           // => 3n: 몫은 3입니다.
3000n % 997n           // => 9n: 나머지는 9입니다.
(2n ** 131071n) - 1n   // 39457 자리의 메르센 소수(Mersenne prime)[3]
```

BigInt에 +, -, *, /, %, ** 같은 표준 연산자를 쓸 수 있긴 하지만, BigInt 피연산자와 일반적인 숫자 피연산자를 섞어 쓸 수는 없습니다. 처음에는 혼란스러울 수 있지만 그럴 만한 이유가 있습니다. 어떤 숫자 타입이 다른 숫자 타입보다 더 광범위(general)하다면 피연산자가 섞였을 때 더 광범위한 타입의 값을 반환하도록 산술 연산을 정의하기는 쉽습니다. 하지만 이 경우는 어느 타입도 다른 타입에 비해 더 광범위하지 않습니다. BigInt는 대단히 큰 값을 표현할 수 있으므로 이런 면에서는 일반적인 숫자보다 더 광범위하다고 말할 수 있겠지만, BigInt는 단지 정수만 표현할 수 있으므로 이런 면에서는 일반적인 자바스크립트 숫자가 더 광범위하다고 말할 수도 있습니다. 이는 결론이 날 수 없는 문제이므로, 자바스크립트는 한 발 물러서서 산술 연산자의 피연산자를 섞어 쓸 수 없도록 규정했습니다.

---

3 (옮긴이) $2^n - 1$ 꼴의 수 중에서 소수인 것을 말합니다.

반면 비교 연산자는 피연산자를 섞어도 괜찮습니다(단, 3.9.1절에서 ==와 ===의 차이를 확인하십시오).

```
1 < 2n     // => true
2 > 1n     // => true
0 == 0n    // => true
0 === 0n   // => false: ===는 타입까지 같은지 체크합니다.
```

4.8.3절에서 설명할 비트 연산자도 BigInt를 피연산자로 받을 수 있습니다. 하지만 Math 객체의 함수에는 BigInt 피연산자를 받을 수 있는 것이 없습니다.

3.2.6 날짜와 시간

자바스크립트의 Date 클래스는 날짜와 시간에 대응하는 숫자를 표현하고 조작합니다. Date는 객체이지만, **타임스탬프**인 숫자 표현 역시 가지고 있으므로 1970년 1월 1일로부터 몇 밀리초가 지났는지 등을 계산할 수 있습니다.

```
let timestamp = Date.now();       // 현재 시간을 타임스탬프(숫자) 형식으로 표시합니다.
let now = new Date();             // 현재 시간을 Date 객체로 표시합니다.
let ms = now.getTime();           // 밀리초 타임스탬프로 변환합니다.
let iso = now.toISOString();      // 표준 형식의 문자열로 변환합니다.
```

Date 클래스와 메서드는 11.4절에서 설명합니다. 3.9.3절에서 자바스크립트 타입 변환을 자세히 설명할 때 Date 객체가 다시 등장합니다.

3.3 텍스트

자바스크립트에서 텍스트를 표현하는 타입은 **문자열**입니다. 문자열은 16비트 값이 순서에 따라 이어진 형태이며, 기본 값이므로 불변입니다. 각 값은 일반적으로 유니코드 문자입니다. 문자열의 길이(length)는 그 문자열에 포함된 16비트 값의 개수입니다. 자바스크립트 문자열과 그 배열 형태의 위치(인덱스)는 0에서 시작합니다. 첫 번째 16비트 값은 0번 위치, 두 번째는 1번 위치 등으로 이어집니다. **빈 문자열**은 길이가 0인 문자열입니다. 자바스크립트에 문자 하나를 나타내는 타입이 따로 있지는 않습니다. 16비트 값 하나를 표현하려면 그냥 길이가 1인 문자열을 쓰면 됩니다.

> **📦 문자, 코드 포인트, 자바스크립트 문자열**
>
> 자바스크립트는 유니코드 문자셋의 UTF-16 인코딩을 사용하며 자바스크립트 문자열은 부호 없는 16비트 값의 연속입니다. 가장 널리 사용되는 유니코드 문자('기본 다국어 플레인' 문자)의 코드 포인트는 16비트 이내이므로 문자열 요소 하나로 표현할 수 있습니다. 코드 포인트가 16비트를 넘는 유니코드 문자는 16비트 값 두 개를 연속으로 쓰는 UTF-16 규칙('써로게이트 페어(surrogate pair)')으로 인코드합니다. 즉, 길이가 2인(16비트 값 두 개인) 자바스크립트 문자열이 유니코드 문자 하나를 나타냅니다.
>
> ```
> let euro = "€";
> let love = "♥";
> euro.length  // => 1: 이 문자는 16비트 요소 하나입니다.
> love.length  // => 2: ♥의 UTF-16 인코딩은 \ud83d\udc99입니다.
> ```
>
> 자바스크립트의 문자열 메서드는 대부분 문자가 아니라 16비트 값 단위로 동작합니다. 문자열 메서드는 써로게이트 페어를 특별 취급하지 않습니다. 따로 정규화하지도 않고, 심지어 문자열이 정확한 UTF-16 형식인지 검사하지도 않습니다.
>
> 하지만 ES6에서 문자열은 **이터러블**(iterable)이고, 문자열에 for/of 루프나 ... 연산자를 사용하면 16비트 값이 아닌 실제 문자를 순회합니다.

3.3.1 문자열 리터럴

자바스크립트 프로그램에 문자열을 사용할 때는 그 문자열을 앞뒤가 맞는 작은따옴표('), 큰따옴표("), 백틱(`) 쌍으로 묶으면 됩니다. 작은따옴표로 감싼 문자열 안에 큰따옴표나 백틱을 쓸 수 있습니다. 큰따옴표나 백틱으로 감싼 문자열도 비슷합니다. 문자열 리터럴 예제를 보십시오.

```
""  // 빈 문자열: 문자가 들어 있지 않습니다.
'testing'
"3.14"
'name="myform"'
"Wouldn't you prefer O'Reilly's book?"
"τ is the ratio of a circle's circumference to its radius"
`"She said 'hi'", he said.`
```

백틱으로 감싼 문자열은 ES6 기능이며 문자열 리터럴 안에 자바스크립트 표현식을 넣을 수 있습니다. 이 문법을 보간(interpolation)이라고도 하며 3.3.4절에서 설명합니다.

　자바스크립트 최초 버전은 문자열 리터럴을 단 한 줄에만 쓸 수 있게 규정했으므로 코드에서 긴 문자열을 표현하기 위해 + 연산자로 문자열을 합치는 경우가 많았습니다. ES5부터는 각 행의 마지막에 역슬래시(\)를 써서 문자열 리터럴을 여러 행으로 구분할 수 있습니다. 이 표기법을 사용할 경우, 역슬래시나 줄 끝 문자는 문자열 리터럴에 포함되지 않습니다. 작은따옴표나 큰따옴표로 감싼 문자열 리터럴 안에 뉴라인 문자를 써야 할 때는 문자 시퀀스 \n(다음 절에서 설명합니다)을 쓰십시오. ES6 백틱 문법 역시 문자열을 여러 행으로 나누어 쓸 수 있는데, 이 경우에는 줄 끝 문자가 문자열 리터럴에 포함됩니다.

```
// 두 행을 한 행으로 표현했습니다.
'two\nlines'

// 한 행을 세 행으로 나눠 썼습니다.
"one\
 long\
 line"

// 두 행 문자열을 두 행에 나눠 썼습니다.
`이 행의 마지막에 있는 줄바꿈 문자는
있는 그대로 문자열의 일부입니다`
```

작은따옴표로 문자열을 감쌀 때는 can't나 O'Reilly's 같은 영어의 단축 표현 또는 소유격을 주의해야 합니다. 아포스트로피는 작은따옴표와 같으므로 작은따옴표로 감싼 문자열 안에 아포스트로피를 쓸 때는 반드시 역슬래시로 이스케이프해야 합니다. 이스케이프는 다음 절에서 설명합니다.

　클라이언트 사이드 자바스크립트 프로그래밍에서는 자바스크립트 코드에 HTML 문자열이 들어갈 수 있고, HTML 안에 자바스크립트 코드가 들어갈 수 있습니다. 자바스크립트와 마찬가지로 HTML도 문자열에 작은따옴표와 큰따옴표를 모두 쓸 수 있습니다. 따라서 자바스크립트와 HTML을 섞어 쓸 때는 따옴표를 구분하는 규칙을 정해 두는 게 좋습니다. 다음 예제에서는 자바스크립트 표현식 안에서 문자열 Thank you를 작은따옴표로 감쌌고, 다시 HTML 이벤트 핸들러 속성에서 이 표현식을 큰따옴표로 감쌌습니다.

```
<button onclick="alert('Thank you')">Click Me</button>
```

3.3.2 문자열 리터럴 안의 이스케이프 시퀀스

자바스크립트 문자열에서 역슬래시(\)는 특별한 의미를 갖습니다. 역슬래시는 그 다음 문자와 조합해서 일반적인 방법으로는 문자열에 표시할 수 없는 문자를 표현 합니다. 예를 들어 \n은 뉴라인 문자를 표현하는 **이스케이프 시퀀스**입니다.

다른 예로는 앞에서 언급했던 작은따옴표(아포스트로피)를 이스케이프하는 \'가 있습니다. 이 이스케이프 시퀀스는 작은따옴표로 감싼 문자열 리터럴에 아포스트 로피를 써야 할 때 유용합니다. 이스케이프 시퀀스라는 말은 역슬래시를 써서 작은 따옴표로 감싸인 문자의 일반적인 해석 방법을 벗어난다(이스케이프한다)는 의미 입니다. 작은따옴표를 역슬래시와 조합하면 문자열의 끝을 나타내는 구분자라는 해석에서 벗어나 아포스트로피로 기능합니다.

```
'You\'re right, it can\'t be a quote'
```

표 3-1은 자바스크립트 이스케이프 시퀀스와 그 시퀀스가 표현하는 문자 리스트입 니다. 이 중 마지막 세 가지 이스케이프 시퀀스는 범용적이며 그 뒤에 유니코드 문

시퀀스	표현하는 문자
\0	NUL 문자 (\u0000)
\b	백스페이스 (\u0008)
\t	탭 (\u0009)
\n	뉴라인 (\u000A)
\v	세로 탭 (\u000B)
\f	폼 피드 (\u000C)
\r	캐리지 리턴 (\u000D)
\"	큰따옴표 (\u0022)
\'	작은따옴표(아포스트로피) (\u0027)
\\	역슬래시 (\u005C)
\xnn	16진수 숫자 두 개 nn으로 표현하는 유니코드 문자
\unnnn	16진수 숫자 네 개 nnnn으로 표현하는 유니코드 문자
\u{n}	코드 포인트 n으로 표현하는 유니코드 문자. 여기서 n은 0에서 10FFFF 범위에 있는 16진수 숫자 입니다(ES6).

표 3-1 자바스크립트 이스케이프 시퀀스

자 코드를 16진수 숫자로 써서 어떤 문자든 표현할 수 있습니다. 예를 들어 \xA9는 저작권 기호인데, 16진수 숫자 A9가 유니코드 인코딩을 나타냅니다. 마찬가지로 \u 이스케이프도 임의의 유니코드 문자를 표현합니다. 이 뒤에는 16진수 숫자를 네 개 쓰거나, 중괄호 안에 16진수 숫자를 1~6개 쓰는 두 가지 형식이 있습니다. 예를 들어 \u03c0은 π 문자이고, \u{1f600}은 웃는 얼굴 이모지입니다.

표 3-1에 없는 문자 앞에 역슬래시를 쓰면 그 역슬래시는 무시됩니다. 예를 들어 \#은 #과 마찬가지입니다. 물론 자바스크립트의 미래 버전에서 새로운 이스케이프 시퀀스를 추가할 가능성은 있습니다. 마지막으로, 앞서 언급했듯이 ES5부터는 줄바꿈 앞에 역슬래시를 삽입해 문자열 리터럴을 여러 행으로 나눠 쓰는 표기법을 허용합니다.

3.3.3 문자열 다루기

자바스크립트에는 문자열을 '병합(연결)'하는 기능이 내장되어 있습니다. + 연산자를 숫자와 함께 쓰면 이 연산자는 숫자를 더합니다. + 연산자를 문자열에 쓰면 두 번째 문자열을 첫 번째 문자열 뒤에 이어 붙입니다. 예를 들어 다음을 보십시오.

```
let msg = "Hello, " + "world";    // 문자열 "Hello, world"
let greeting = "Welcome to my blog," + " " + name;
```

문자열을 비교할 때는 일치 연산자 ===와 불일치 연산자 !==가 표준입니다. 두 문자열이 정확히 같은 16비트 값의 연속으로 이루어졌을 때에만 일치합니다. 문자열은 <, <=, >, >= 연산자로 비교할 수도 있습니다. 문자열 비교는 16비트 값을 비교하는 방식으로 이루어집니다. 지역 특성을 감안한 문자열 비교와 정렬에 대해서는 11.7.3절에서 설명합니다.

문자열의 길이, 즉 그 안에 포함된 16비트 값의 개수는 length 프로퍼티로 알 수 있습니다.

```
s.length
```

자바스크립트에는 length 프로퍼티 외에도 다양한 문자열 API가 있습니다.

```
let s = "Hello, world"; // 이 텍스트를 예제에 사용합니다.

// 문자열의 일부를 가져옵니다.
s.substring(1,4)          // => "ell": 두 번째, 세 번째, 네 번째 문자
```

```
s.slice(1,4)            // => "ell": 같은 결과입니다.
s.slice(-3)             // => "rld": 마지막 세 문자
s.split(", ")           // => ["Hello", "world"] 구분자를 기준으로 나눕니다.

// 문자열 검색
s.indexOf("l")          // => 2: l이 처음 나타나는 위치
s.indexOf("l", 3)       // => 3: 3번 문자부터 시작해 l이 처음 나타나는 위치
s.indexOf("zz")         // => -1: s에는 zz라는 문자열이 들어 있지 않습니다.
s.lastIndexOf("l")      // => 10: l이 마지막으로 나타나는 위치

// 불을 반환하는 검색 함수는 ES6에서 추가됐습니다.
s.startsWith("Hell")    // => true: s는 Hell로 시작합니다.
s.endsWith("!")         // => false: s는 !로 끝나지 않습니다.
s.includes("or")        // => true: s에는 or이 들어 있습니다.

// 문자열을 변경합니다.
s.replace("llo", "ya")  // => "Heya, world"
s.toLowerCase()         // => "hello, world"
s.toUpperCase()         // => "HELLO, WORLD"
s.normalize()           // 유니코드 NFC 정규화는 ES6에서 추가됐습니다.
s.normalize("NFD")      // NFD 정규화. NFKC, NFKD도 있습니다.

// 문자열의 각 16비트 문자를 검사합니다.
s.charAt(0)             // => "H": 첫 번째 문자
s.charAt(s.length-1)    // => "d": 마지막 문자
s.charCodeAt(0)         // => 72: 주어진 위치의 16비트 숫자
s.codePointAt(0)        // => 72: 16비트보다 큰 코드 포인트에서 동작하는 ES6 기능

// 패딩 함수는 ES2017에서 추가됐습니다.
"x".padStart(3)         // => "  x": 왼쪽에 스페이스를 세 개 더합니다.
"x".padEnd(3)           // => "x  ": 오른쪽에 스페이스를 세 개 더합니다.
"x".padStart(3, "*")    // => "**x": *를 왼쪽에 붙여 길이를 3에 맞춥니다.
"x".padEnd(3, "-")      // => "x--": -를 오른쪽에 붙여 길이를 3에 맞춥니다.

// 공백 제거. trim()은 ES5, 나머지는 ES2019 기능입니다.
" test ".trim()         // => "test": 앞뒤 공백을 제거합니다.
" test ".trimStart()    // => "test ": 왼쪽 공백을 제거합니다. trimLeft도 있습니다.
" test ".trimEnd()      // => " test": 오른쪽의 공백을 제거합니다. trimRight도 있습니다.

// 그 외의 문자열 메서드
s.concat("!")           // => "Hello, world!": + 연산자를 쓰는 게 더 간단합니다.
"<>".repeat(5)          //=> "<><><><><>": n번 복사합니다. ES6에서 추가됐습니다.
```

자바스크립트의 문자열은 불변이라는 사실을 잊지 마십시오. replace()나 toUpper Case() 같은 메서드는 기존 문자열을 수정하는 것이 아니라 새 문자열을 반환합니다.

문자열은 읽기 전용 배열로 취급할 수도 있으며, 다음과 같이 charAt() 메서드 대

신 대괄호를 써서 문자열의 개별 문자(16비트 값)에 접근할 수 있습니다.

```
let s = "hello, world";
s[0]                    // => "h"
s[s.length-1]           // => "d"
```

3.3.4 템플릿 리터럴

ES6부터는 백틱으로 감싼 문자열 리터럴을 사용할 수 있습니다.

```
let s = `hello world`;
```

하지만 이것은 일반적인 문자열 리터럴 문법과는 다르게, 임의의 자바스크립트 표현식을 넣을 수 있는 **템플릿 리터럴**입니다. 백틱으로 둘러싼 문자열 리터럴의 최종 값은 그 안에 포함된 표현식을 평가해서 그 표현식의 값을 문자열로 변환한 다음, 변환된 문자열을 백틱 안에 들어 있는 리터럴 문자와 결합한 값으로 결정됩니다.

```
let name = "Bill";
let greeting = `Hello ${ name }.`;  // greeting == "Hello Bill."
```

${와 짝을 이루는 } 안에 있는 것은 모두 자바스크립트 표현식으로 해석됩니다. 중괄호 밖에 있는 것은 모두 일반적인 문자열 리터럴 텍스트입니다. 중괄호 안의 표현식을 평가하고 문자열로 변환한 후 템플릿에 삽입할 때 달러 기호와 중괄호, 그 안에 있는 것을 대체합니다.

템플릿 리터럴 안에 쓸 수 있는 표현식 개수에는 제한이 없습니다. 일반적인 문자열에 쓸 수 있는 이스케이프 문자는 전부 쓸 수 있고, 특별한 이스케이프 없이 몇 행에 걸쳐 써도 무방합니다. 다음 템플릿 리터럴에는 자바스크립트 표현식 네 개, 유니코드 이스케이프 시퀀스 하나, 최소 네 개의 뉴라인이 들어갑니다(표현식 값에도 뉴라인이 들어갈 수 있으므로).

```
let errorMessage = `\
\u2718 Test failure at ${filename}:${linenumber}:
${exception.message}
Stack trace:
${exception.stack}
`;
```

위 예제의 첫 번째 행 마지막에 있는 역슬래시는 줄바꿈 문자를 이스케이프하므로 결과 문자열은 줄바꿈 없이 유니코드 ✘ 문자(\u2718)로 시작합니다.

태그된 템플릿 리터럴

템플릿 리터럴에는 강력하지만 잘 사용되지 않는 기능이 하나 있습니다. 여는 백틱 바로 앞에 함수 이름(태그)이 있으면 템플릿 리터럴의 텍스트와 표현식 값이 함수에 전달됩니다. 그리고 이 '태그된 템플릿 리터럴'의 값이 함수의 반환 값입니다. 이 기능은 예를 들어 HTML이나 SQL을 텍스트에 붙이기 전에 이스케이프하는 용도로 사용할 수 있습니다.

ES6에는 내장된 태그 함수 String.raw()가 있습니다. 이 함수는 역슬래시 이스케이프를 처리하지 않고 백틱 안의 텍스트를 반환합니다.

```
`\n`.length           // => 1: 이 문자열에는 뉴라인 문자 하나만 있습니다.
String.raw`\n`.length  // => 2: 역슬래시 문자와 n
```

태그된 템플릿 리터럴의 태그 부분이 함수임에도 불구하고 괄호 없이 호출된 것을 보십시오. 여기에서는 백틱 문자가 여닫는 괄호를 대신했습니다.

템플릿 태그 함수를 자유롭게 정의할 수 있다는 것은 자바스크립트의 강력한 기능 중 하나입니다. 이런 함수는 문자열을 반환할 필요가 없으며, 마치 새로운 리터럴 문법을 정의하는 것처럼 생성자로 사용할 수도 있습니다. 14.5절에서 이에 관한 예제를 보겠습니다.

3.3.5 패턴 매칭

자바스크립트에는 문자열 내부의 패턴을 정의하고 매칭하는 **정규 표현식**(RegExp)이라는 데이터 타입이 있습니다. RegExp는 사실 자바스크립트의 기본적인 데이터 타입은 아니지만, 숫자나 문자열과 마찬가지로 리터럴 문법이 있으므로 기본적인 데이터 타입처럼 보이기도 합니다. 정규 표현식 리터럴 문법은 복잡하며 그 API 역시 간단하지는 않습니다. 정규 표현식은 11.3절에서 설명합니다. 하지만 RegExp는 매우 강력하고 텍스트 처리에 자주 사용되므로 이 절에서 간단히 개요를 설명하겠습니다.

정규 표현식 리터럴은 슬래시 한 쌍 사이에 텍스트를 쓰는 형태입니다. 두 번째 슬래시 뒤에도 글자 하나 이상 쓸 수 있으며 이 글자는 패턴의 의미를 수정합니다. 예를 들어 다음을 보십시오.

```
/^HTML/;          // 문자열의 시작 부분에 있는 H T M L에 일치합니다.
/[1-9][0-9]*/;    // 0이 아닌 숫자가 하나 있어야 하고 그 뒤의 숫자는 제한이 없습니다.
/\bjavascript\b/i; // javascript가 한 단어로 들어가야 하고 대소문자를 구분하지 않습니다.
```

RegExp 객체에는 유용한 메서드가 많이 있고, 문자열 역시 RegExp 인자를 받는 메서드가 있습니다. 예를 들어 다음을 보십시오.

```
let text = "testing: 1, 2, 3";    // 샘플 텍스트
let pattern = /\d+/g;             // 연속된 숫자 전체에 일치합니다.
pattern.test(text)               // => true: 패턴에 맞는 것이 있습니다.
text.search(pattern)             // => 9: 첫 번째로 일치하는 부분의 위치
text.match(pattern)              // => ["1", "2", "3"]: 일치하는 부분이 모두 포함된 배열
text.replace(pattern, "#")       // => "testing: #, #, #"
text.split(/\D+/)                // => ["","1","2","3"]: 숫자 아닌 것에서 나눕니다.
```

3.4 불 값

불 값은 참 또는 거짓을 표현합니다. 이 타입에는 단 두 가지 값만 존재합니다. 바로 예약어인 true와 false입니다.

불 값은 일반적으로 비교 결과를 나타냅니다. 예를 들어 다음을 보십시오.

```
a === 4
```

이 코드는 변수 a의 값이 숫자 4와 일치하는지 검사합니다. 일치한다면 이 비교 결과는 불 값 true입니다. a가 4와 일치하지 않는다면 비교 결과는 false입니다.

불 값은 제어문에서 자주 사용됩니다. 예를 들어 if/else 문은 불 값이 true일 때 한 가지 행동을 취하고, 값이 false일 때 다른 행동을 취합니다. 보통은 불 값을 반환하는 비교 표현식과 그 결과를 사용하는 문을 조합해 씁니다. 즉, 다음과 같은 형태입니다.

```
if (a === 4) {
    b = b + 1;
} else {
    a = a + 1;
}
```

이 코드는 a가 4와 일치하는지 검사합니다. 일치한다면 b에 1을 더하고, 일치하지 않는다면 a에 1을 더합니다.

3.9절에서 다시 살펴보겠지만 자바스크립트 값은 모두 불 값으로 변환될 수 있습니다. 다음 값은 모두 false로 변환되며, 따라서 false처럼 동작합니다.

```
undefined
null
0
-0
NaN
""   // 빈 문자열
```

객체와 배열을 포함해 다른 값은 모두 true로 변환되며 true처럼 동작합니다. false, 그리고 false로 변환되는 여섯 가지 값을 묶어서 false 같은(falsy) 값이라고 부르고, 나머지 값을 true 같은(truthy) 값이라 부릅니다. 자바스크립트에서 불 값을 예상하는 곳에서 false 같은 값은 false처럼 동작하고 true 같은 값은 true처럼 동작합니다.

예를 들어 변수 o는 객체 또는 null 값이 할당된다고 합시다. 다음과 같이 o가 null인지 명시적으로 확인하는 if 문을 쓸 수 있습니다.

```
if (o !== null) ...
```

일치 연산자는 o와 null을 비교해 true나 false로 평가합니다. null은 false 같은 값이며 객체는 true 같은 값이라는 점을 이용해 다음과 같이 비교를 생략할 수도 있습니다.

```
if (o) ...
```

첫 번째 예제는 o가 null이 아닐 때만 if의 바디가 실행됩니다. 두 번째 예제는 그 정도로 엄격하지는 않습니다. o가 false, 또는 false 같은 값이 아니면 if의 바디가 실행됩니다. 어느 if 문이 적절한지는 여러분의 프로그램에서 o에 어떤 값이 할당된다고 예상하느냐에 따라 다릅니다. null과 0과 ""를 구분해야 한다면 첫 번째 예제처럼 명시적으로 비교해야 합니다.

불 값에는 "true"나 "false" 문자열로 변환할 수 있는 toString() 메서드가 있지만 그 외에 유용한 메서드는 없습니다.

API는 단순한 편이지만 세 가지 중요한 불 연산자가 있습니다. && 연산자는 불 AND 연산을 수행합니다. 이 연산자는 두 피연산자가 모두 true 같은 값일 때만 true로 평가되며, 그 외의 경우는 모두 false로 평가됩니다. || 연산자는 불 OR 연산을 수행합니다. 두 피연산자 중 하나 또는 모두가 true 같은 값이면 true로 평가되고, 두 피연산자가 모두 false 같은 값이면 false로 평가됩니다. 마지막으로 단

항 ! 연산자는 불 NOT 연산을 수행합니다. 이 연산자는 피연산자가 false 같은 값이면 true로, 피연산자가 true 같은 값이면 false로 평가됩니다. 예를 들어 다음을 보십시오.

```
if ((x === 0 && y === 0) || !(z === 0)) {
    // x와 y가 모두 0이거나, z가 0이 아닐 때
}
```

이들 연산자에 대해서는 4.10절에서 자세히 설명합니다.

3.5 null과 undefined

null은 값이 없음을 나타낼 때 사용하는 특별한 값입니다. null에 typeof 연산자를 사용하면 문자열 "object"를 반환하는데, 이로 미루어 null은 '객체가 없다'는 것을 나타내는 특별한 객체 값이라고 볼 수 있습니다. 하지만 현실에서 null은 해당 타입의 유일한 멤버로 인식되며, 객체뿐 아니라 숫자나 문자열에도 '값이 없다'는 의미로 사용될 수 있습니다. 대부분의 프로그래밍 언어에 NULL, nil, None 등 자바스크립트의 null과 동등한 값이 있습니다.

자바스크립트에는 값이 없음을 나타내는 값이 하나 더 있습니다. undefined 값은 좀 다른 의미에서 값이 없음을 나타냅니다. 이 값은 초기화되지 않은 변수의 값이며 존재하지 않는 객체 프로퍼티나 배열 요소에 접근했을 때 반환되는 값입니다. 또한 값을 명시적으로 반환하지 않는 함수의 반환 값이며, 전달되지 않은 인자의 값이기도 합니다. undefined는 미리 정의된 전역 상수이며 그 값은 undefined로 초기화됩니다. (undefined는 null 같은 키워드는 아니지만 현실적으로 중요한 사항은 아닙니다.) undefined에 typeof 연산자를 적용하면 문자열 "undefined"를 반환합니다. undefined 역시 특별한 타입이고 멤버는 그 하나뿐이라는 뜻입니다.

차이는 있지만 null과 undefined는 모두 값이 없다는 뜻이고 서로 바꿔 쓸 수 있을 때가 많습니다. 동등 연산자 ==는 두 값이 동등하다고 간주합니다. 일치 연산자 ===는 두 값을 구분합니다. 둘 다 false 같은 값이므로 불 값을 써야 하는 곳에서는 false로 동작합니다. null과 undefined는 모두 프로퍼티나 메서드가 없습니다. 점 연산자나 대괄호를 써서 이들 값에 접근하려 하면 TypeError가 일어납니다.

이 책에서는 undefined를 시스템 레벨이고 예측되지 않았거나 에러 비슷한 상황에서 값이 없는 것이라 간주하고, 반대로 null은 프로그램 레벨이고 정상적이거나 예측된 상황에서 값이 없는 것이라 간주합니다. 이 책에서는 가능한 한 null이나 undefined를 쓰지 않으려 하지만, 이들 중 하나를 변수나 프로퍼티에 할당하거나 함수와 주고받아야 한다면 보통 null을 사용합니다. 반대로 null을 완전히 피하고 undefined만 사용하려 하는 사람도 있습니다.

3.6 심벌

심벌(Symbol)은 문자열이 아닌 프로퍼티 이름으로 ES6에서 추가됐습니다. 심벌을 이해하기 위해서는 자바스크립트의 객체 타입이 프로퍼티의 순서 없는 집합이며 각 프로퍼티에 이름과 값이 있다는 것을 이해해야 합니다. 프로퍼티 이름은 일반적으로 문자열입니다(ES6 전에는 오로지 문자열이었습니다). 하지만 ES6 이후에는 심벌 역시 문자열과 같은 목적으로 사용할 수 있습니다.

```
let strname = "string name";      // 프로퍼티 이름에 문자열을 썼습니다.
let symname = Symbol("propname");  // 프로퍼티 이름에 심벌을 썼습니다.
typeof strname                     // => "string": strname은 문자열입니다.
typeof symname                     // => "symbol": symname은 심벌입니다.
let o = {};                        // 새 객체를 생성합니다.
o[strname] = 1;                    // 문자열 이름으로 프로퍼티를 정의합니다.
o[symname] = 2;                    // 심벌 이름으로 프로퍼티를 정의합니다.
o[strname]                         // => 1: 이름이 문자열인 프로퍼티에 접근합니다.
o[symname]                         // => 2: 이름이 심벌인 프로퍼티에 접근합니다.
```

심벌 타입에는 리터럴 문법이 없습니다. 심벌 값을 가져올 때는 Symbol() 함수를 호출합니다. 이 함수는 절대 같은 값을 반환하지 않습니다. 같은 인자로 호출하더라도 다른 값을 반환합니다. Symbol()을 호출해 심벌 값을 얻었다면 객체의 기존 프로퍼티를 같은 이름으로 덮어 쓸 염려 없이 그 값을 프로퍼티 이름으로 추가할 수 있다는 뜻입니다. 마찬가지로 심벌인 프로퍼티 이름을 사용하고 그 심벌을 공유하지 않는다면 프로그램의 다른 모듈에서 실수로 여러분의 프로퍼티를 덮어 쓸 일이 없다는 뜻이기도 합니다.

　심벌은 사실 자바스크립트 언어를 확장하는 메커니즘입니다. ES6에서 for/of 루프(5.4.4절)와 이터러블 객체(12장)를 도입했을 때 클래스가 자기 자신을 이터러블로 만들 수 있는 표준 메서드를 정의해야 했습니다. 하지만 특정 문자열 이름을 이터레이터 메서드로 표준화하면 기존 코드가 깨지는 것을 피할 수 없었기에 심벌 이름을 도입한 것입니다. 12장에서 보겠지만, Symbol.iterator는 객체를 이터러블로 만드는 메서드 이름으로 쓸 수 있는 심벌 값입니다.

　Symbol() 함수는 선택 사항인 인자로 문자열을 받고 고유한 심벌 값을 반환합니다. 문자열 인자를 전달하면 그 문자열은 심벌의 toString() 메서드 결과에 포함됩니다. 하지만 같은 문자열을 전달해 Symbol()을 다시 호출하더라도 그 결과는 완전히 다른 값입니다.

```
let s = Symbol("sym_x");
s.toString()              // => "Symbol(sym_x)"
```

심벌 인스턴스에서 흥미로운 메서드는 toString() 하나뿐입니다. 하지만 알아 둬야 할 심벌 관련 함수가 두 개 있습니다. 심벌을 쓸 때 그 심벌을 여러분의 코드에만 쓸 수 있도록 비공개로 두어 다른 코드의 프로퍼티와 충돌하지 않게 하고 싶을 때가 있을 겁니다. 반대로, 다른 코드에서도 쓸 수 있도록 심벌을 정의하고 공유하고 싶을 수도 있습니다. 후자는 아마 앞에서 언급한 Symbol.iterator 메커니즘 같은 일종의 확장을 만들어 다른 코드에서도 사용할 수 있도록 하는 것과 같습니다.

　자바스크립트는 후자에 대응할 수 있도록 전역 심벌 레지스트리를 정의했습니다. Symbol.for() 함수는 문자열 인자를 받고 그 문자열과 연관된 심벌 값을 반환합니다. 그 문자열과 연관된 심벌이 존재하지 않으면 새 심벌을 생성해 반환하고, 존재하면 기존 심벌을 반환합니다. 즉 Symbol.for() 함수는 Symbol() 함수와 완전히 다릅니다. Symbol()은 절대 같은 값을 반환하지 않지만, Symbol.for()는 같은 문자열로 호출했을 때 항상 같은 값을 반환합니다. Symbol.for()에 전달된 문자열은 반환된 심벌의 toString() 결과에 나타납니다. 반환된 심벌에 Symbol.keyFor()를 호출해도 해당 문자열을 얻을 수 있습니다.

```
let s = Symbol.for("shared");
let t = Symbol.for("shared");
s === t          // => true
s.toString()     // => "Symbol(shared)"
Symbol.keyFor(t) // => "shared"
```

3.7 전역 객체

지금까지 자바스크립트의 기본 타입과 값에 대해 설명했습니다. 객체, 배열, 함수 등의 객체 타입은 별도의 장에서 설명합니다. 하지만 지금 반드시 설명해야 할 아주 중요한 객체가 있습니다. 전역 객체는 일반적인 자바스크립트 객체지만 아주 중요한 목적에 쓰입니다. 이 객체의 프로퍼티는 전역으로 정의된 식별자이며 모든 자바스크립트 프로그램에서 사용할 수 있습니다. 자바스크립트 인터프리터를 시작할 때마다(또는 웹 브라우저가 새 페이지를 로드할 때마다) 다음과 같은 프로퍼티를 가진 새 전역 객체를 생성합니다.

- undefined, Infinity, NaN 같은 전역 상수
- isNaN(), parseInt()(3.9.2절), eval()(4.12절) 같은 전역 함수
- Date(), RegExp(), String(), Object(), Array()(3.9.2절) 같은 생성자 함수
- Math와 JSON(6.8절) 같은 전역 객체

전역 객체의 초기 프로퍼티는 예약어가 아니지만 예약어로 간주해야 합니다. 이 장에서 이미 전역 프로퍼티 일부를 설명했습니다. 나머지는 책을 진행하면서 설명합니다.

노드의 전역 객체에는 이름이 global인 프로퍼티가 있으며 그 값은 전역 객체 자체입니다. 따라서 노드 프로그램에서는 항상 global이라는 이름으로 전역 객체를 참조할 수 있습니다.

웹 브라우저에서는 Window 객체가 모든 자바스크립트 코드의 전역 객체입니다. 이 전역 Window 객체에는 자신을 참조하는 window 프로퍼티가 있으므로 이 프로퍼티를 통해 전역 객체를 참조할 수 있습니다. Window 객체에는 핵심 전역 프로퍼티가 정의되어 있고, 해당 웹 브라우저와 클라이언트 사이드 자바스크립트에 밀접한 전역 변수도 몇 가지 정의되어 있습니다. 웹 워커 스레드(15.13절)의 전역 객체는 다릅니다. 워커의 코드는 self로 전역 객체를 참조합니다.

마지막으로, ES2020에서 정의한 globalThis는 어떤 환경에서든 전역 객체를 참조하는 표준입니다. 2020년 초반 기준으로 최신 브라우저 전체와 노드에서 globalThis를 지원합니다.

3.8 불변인 기본 값과 가변인 객체 참조

자바스크립트에서 undefined, null, 불, 숫자, 문자열 같은 기본 값과 객체(배열, 함수) 사이에는 아주 기본적인 차이가 있습니다. 기본 값은 불변입니다. 기본 값을 '변경'하는 방법은 없습니다. 숫자와 불에서는 이 사실이 명백해 보입니다. 3을 2로 바꾼다는 건 상식에 어긋나니까요. 하지만 문자열에서는 그만큼 명백하지는 않습

니다. 문자열은 문자의 배열이므로 특정 인덱스의 문자를 바꿀 수 있다고 생각할 수도 있습니다. 하지만 자바스크립트는 이를 허용하지 않으며, 몇몇 메서드가 수정된 문자열을 반환하는 것처럼 보이지만 사실 새 문자열 값을 반환하는 겁니다. 예를 들어 다음을 보십시오.

```
let s = "hello";    // 소문자 텍스트로 시작합니다.
s.toUpperCase();    // HELLO를 반환하지만 s는 그대로입니다.
s                   // => "hello": 원래 문자열은 변하지 않았습니다.
```

기본 값은 또한 값으로 비교합니다. 두 값이 일치하려면 값이 같아야 합니다. 숫자, 불, null, undefined에 대해서는 같은 말을 반복하는 것처럼 들릴 겁니다. 이들은 비교할 다른 방법이 없으니까요. 하지만 이번에도, 문자열에서는 그렇게 명백하지만은 않습니다. 두 개의 문자열 값을 비교할 때 자바스크립트는 두 문자열의 길이가 같고 각 인덱스마다 같은 문자가 있어야 같은 것으로 취급합니다. 객체는 기본 값과는 다릅니다. 먼저, 객체는 가변이므로 값을 바꿀 수 있습니다.

```
let o = { x: 1 };   // 이 객체로 시작합니다.
o.x = 2;            // 프로퍼티 값을 바꿔 객체를 변경합니다.
o.y = 3;            // 새 프로퍼티를 추가하여 다시 변경합니다.

let a = [1,2,3];    // 배열 역시 가변입니다.
a[0] = 0;           // 배열 요소의 값을 바꿉니다.
a[3] = 4;           // 배열에 새 요소를 추가합니다.
```

객체는 값으로 비교하지 않습니다. 두 객체의 프로퍼티와 값이 같다고 해서 같은 객체는 아닙니다. 또한 두 배열에 같은 요소가 같은 순서로 존재한다 해도 둘이 같은 배열은 아닙니다.

```
let o = {x: 1}, p = {x: 1};   // 프로퍼티가 같은 두 객체
o === p                       // => false: 별개의 객체가 일치할 수는 없습니다.
let a = [], b = [];           // 별개인 두 빈 배열
a === b                       // => false: 별개의 배열이 일치할 수는 없습니다.
```

객체를 기본 타입과 구별하기 위해 참조 타입이라 부를 때도 있습니다. 이 용어는 객체 값은 참조이며, 객체는 참조로 비교한다는 뜻입니다. 두 객체 값이 같다는 말은 오직 두 값이 같은 객체를 참조할 때에만 성립합니다.

```
let a = [];    // 변수 a는 빈 배열을 가리킵니다.
let b = a;     // 이제 변수 b도 같은 배열을 가리킵니다.
```

```
b[0] = 1;        // b가 참조하는 배열을 변경합니다.
a[0]             // => 1: 바뀐 부분은 변수 a를 통해서도 보입니다.
a === b          // => true: a와 b는 같은 객체를 참조하므로 같은 값입니다.
```

이 코드에서 볼 수 있듯 객체나 배열을 변수에 할당하는 것은 참조를 할당하는 겁니다. 객체나 배열을 변수에 할당한다고 해서 객체의 사본이 새로 생기는 것은 아닙니다. 객체나 배열의 사본을 만들기 위해서는 반드시 객체 프로퍼티나 배열 요소를 직접 복사해야 합니다. 다음 예제는 5.4.3절에서 설명할 for 루프를 사용하는 방법입니다.

```
let a = ["a","b","c"];          // 복사할 배열
let b = [];                     // 복사해 넣을 대상
for(let i = 0; i < a.length; i++) { // a의 각 인덱스에 대해
    b[i] = a[i];                // a의 요소를 b에 복사합니다.
}
let c = Array.from(b);          // ES6에서는 Array.from()으로 배열을 복사할 수 있
습니다.
```

마찬가지로, 별개의 객체나 배열을 비교할 때는 양쪽의 프로퍼티나 요소를 비교해야 합니다. 다음 코드는 배열을 비교하는 함수입니다.

```
function equalArrays(a, b) {
    if (a === b) return true;               // 같은 배열을 참조한다면 일치합니다.
    if (a.length !== b.length) return false; // 크기가 다르다면 일치하지 않습니다.
    for(let i = 0; i < a.length; i++) {     // 요소를 순회합니다.
        if (a[i] !== b[i]) return false;    // 어느 하나라도 다르다면 일치하지 않습니다.
    }
    return true;                            // 모두 같다면 일치합니다.
}
```

3.9 타입 변환

자바스크립트는 값의 타입을 강제하지 않습니다. 불에 대해 설명하면서 예를 본 적이 있습니다. 자바스크립트가 불 값을 예상하는 곳이라 해도 아무 타입이나 써도 됩니다. 자바스크립트가 필요에 맞게 값을 변환합니다. true 같은 값은 true로, false 같은 값은 false로 변환합니다. 다른 타입에서도 마찬가지입니다. 자바스크립트가 문자열을 예상한다면, 그 자리에 있는 값은 무엇이든 문자열로 변환됩니다. 자바스크립트가 숫자를 예상한다면 그 자리에 있는 값을 숫자로 변환하려 시도하고, 변환이 성공적이지 않다면 NaN으로 바꿉니다.

몇 가지 예제입니다.

```
10 + " objects"     // => "10 objects": 숫자 10이 문자열로 변환됩니다.
"7" * "4"           // => 28: 두 문자열을 모두 숫자로 변환
let n = 1 - "x";    // n == NaN; 문자열 x는 숫자로 변환할 수 없습니다.
n + " objects"      // => "NaN objects": NaN은 문자열 "NaN"으로 변환됩니다.
```

표 3-2에 자바스크립트가 값의 타입을 어떻게 변환하는지 정리했습니다. 변환 과정이 생소해 보이는 것을 볼드체로 표시했습니다. 빈 셀은 변환이 필요하지 않으므로 변환되지 않는다는 뜻입니다.

값	문자열로	숫자로	불 값으로
undefined	"undefined"	NaN	false
null	"null"	**0**	false
true	"true"	**1**	
false	"false"	**0**	
"" (빈 문자열)		**0**	**false**
"1.2" (숫자)		1.2	true
"one" (문자열)		NaN	true
0	"0"		**false**
-0	"0"		**false**
1 (0이 아닌 유한한 숫자)	"1"		true
Infinity	"Infinity"		true
-Infinity	"-Infinity"		true
NaN	"NaN"		**false**
{} (객체)	3.9.3절 참고	3.9.3절 참고	true
[] (빈 배열)	""	**0**	true
[9] (숫자 요소 하나)	"9"	**9**	true
['a'] (임의의 배열)	join() 메서드를 사용	NaN	true
function(){} (임의의 함수)	3.9.3절 참고	NaN	true

표 3-2 자바스크립트 타입 변환

기본 값에서 기본 값으로 변환하는 것은 비교적 단순합니다. 불 값으로 변환하는 것은 3.4절에서 설명했습니다. 문자열로 변환하는 과정은 모든 기본 값에 잘 정의되어 있습니다. 숫자로 변환하는 것은 조금 더 어렵습니다. 숫자로 인식할 수 있는 문자열은 그 숫자로 변환됩니다. 앞뒤에 스페이스는 허용되지만, 숫자 리터럴이 아닌 문자가 앞뒤에 있다면 이 문자열은 NaN으로 변환됩니다. true가 1로, false와 빈 문자열이 0으로 변환되는 등 일부는 의외일 수도 있습니다.

객체를 기본 값으로 변환하는 것은 좀 더 복잡하며 3.9.3절에서 설명합니다.

3.9.1 변환과 일치

자바스크립트에는 두 값이 같은지 테스트하는 연산자가 두 개 있습니다. 일치 연산자 ===는 두 피연산자가 다른 타입이면 같지 않다고 판단하며, 동등 연산자 ==를 선택하는 것보다 거의 항상 더 좋습니다. 하지만 자바스크립트는 타입 변환이 엄격하지 않으므로 좀 더 관대한 기준을 가진 동등 연산자도 정의했습니다. 예를 들어 다음은 모두 true입니다.

```
null == undefined // => true: 두 값을 같은 것으로 취급합니다.
"0" == 0          // => true: 비교하기 전에 문자열을 숫자로 변환합니다.
0 == false        // => true: 비교하기 전에 불 값을 숫자로 변환합니다.
"0" == false      // => true: 비교하기 전에 두 피연산자를 모두 0으로 변환합니다.
```

동등 연산자로 두 값을 비교할 때 피연산자를 어떻게 변환하는지는 4.9.1절에서 정확히 설명합니다.

하지만 값을 다른 타입으로 변환할 수 있다 해도 두 값이 무조건 동등하지는 않습니다. 예를 들어 불 값을 예상하는 곳에 undefined를 사용하면 이 값은 false로 변환됩니다. 하지만 그렇다고 undefined가 false와 동등한(==) 것은 아닙니다. 자바스크립트 연산자와 문은 다양한 타입의 값을 예상하고 이에 맞게 타입을 변환합니다. if 문은 undefined를 false로 변환하지만, 동등 연산자는 절대 피연산자를 불 값으로 변환하지 않습니다.

3.9.2 명시적 변환

자바스크립트 자동으로 타입을 변환하기는 하지만 때때로 직접 변환해야 할 때도 있습니다. 값을 명시적으로 변환해야 코드가 읽기 쉬워진다고 생각하는 사람도 있습니다.

명시적으로 타입을 변환하는 가장 단순한 방법은 Boolean(), Number(), String() 함수입니다.

```
Number("3")    // => 3
String(false)  // => "false": false.toString()도 같습니다.
Boolean([])    // => true
```

null과 undefined를 제외한 모든 값에 toString() 메서드가 있으며, 이 메서드의 결과는 보통 String() 함수가 반환하는 값과 같습니다.

참고로 Boolean(), Number(), String() 함수는 모두 new와 함께 호출해서 생성자로 사용할 수 있습니다. 이런 식으로 사용하면 기본 불, 숫자, 문자열 값과 똑같이 동작하는 '래퍼' 객체를 얻습니다. 이런 래퍼 객체는 자바스크립트의 초창기에 잠시 사용되었지만, 지금은 이를 사용할 이유가 없습니다.

묵시적인 타입 변환을 수행하는 자바스크립트 연산자를 타입 변환을 목적으로 쓸 때도 있습니다. + 연산자의 피연산자 중 하나가 문자열이면 다른 피연산자도 문자열로 변환됩니다. 단항 + 연산자는 피연산자를 숫자로 변환합니다. 단항 ! 연산자는 피연산자를 불로 변환한 후 다시 부정합니다. 이런 사실을 바탕으로 관용구처럼 쓰이는 타입 변환이 몇 가지 있습니다.

```
x + ""   // => String(x)
+x       // => Number(x)
x-0      // => Number(x)
!!x      // => Boolean(x): !가 두 개입니다.
```

컴퓨터 프로그램에서는 숫자 형식을 맞추거나 분석하는 작업을 자주 합니다. 자바스크립트에도 숫자를 문자열로, 문자열을 숫자로 정교하게 변환하는 함수와 메서드가 있습니다.

Number 클래스의 toString() 메서드는 선택적으로 기수를 인자로 받습니다. 인자를 생략하면 10진수로 변환합니다. 2 이상 36 이하의 기수를 넘겨서 그에 맞게 변환할 수도 있습니다. 예를 들어 다음을 보십시오.

```
let n = 17;
let binary = "0b" + n.toString(2);  // binary == "0b10001"
let octal = "0o" + n.toString(8);   // octal == "0o21"
let hex = "0x" + n.toString(16);    // hex == "0x11"
```

재무나 과학 데이터를 다룰 때 숫자를 문자열로 변환해서 소수점 앞뒤에 몇 자리를 쓸지, 지수 표기법을 사용할지 등을 결정하고 싶을 때가 있을 겁니다. Number 클래스에는 이런 작업을 위해 숫자를 문자열로 변환하는 세 가지 메서드가 있습니다. toFixed()는 숫자를 문자열로 변환할 때 소수점 아래 몇 자리를 표시할지 지정할 수 있습니다. 이 메서드는 지수 표기법을 사용하지 않습니다. toExponential()은 지수 표기법을 사용해서 숫자를 문자열로 변환합니다. 소수점 앞에는 숫자 하나가 오며, 소수점 아래에는 지정된 자릿수만큼 숫자가 표시됩니다(즉, 유효 숫자는 인자보다 한 자리 더 큽니다). toPrecision()은 지정하는 유효 숫자에 따라 숫자를 문자열로 변환합니다. 지정한 유효 숫자가 작아서 숫자의 정수 부분을 정확히 표시할 수 없을 때는 지수 표기법을 사용합니다. 이 세 가지 메서드는 반올림을 하거나 0을 덧붙입니다. 다음 예제를 보십시오.

```
let n = 123456.789;
n.toFixed(0)            // => "123457"
n.toFixed(2)            // => "123456.79"
n.toFixed(5)            // => "123456.78900"
n.toExponential(1)      // => "1.2e+5"
n.toExponential(3)      // => "1.235e+5"
n.toPrecision(4)        // => "1.235e+5"
n.toPrecision(7)        // => "123456.8"
n.toPrecision(10)       // => "123456.7890"
```

이 세 가지 메서드 외에도 Intl.NumberFormat 클래스에는 더 범용적인 숫자 형식 메서드가 있습니다. 11.7.1절에서 자세히 설명합니다.

Number() 함수는 문자열을 정수나 부동 소수점 리터럴로 변환 시도합니다. 이 함수는 10진 정수에만 동작하며, 리터럴의 일부가 아닌 문자는 모두 무시합니다. 전역 함수 parseInt()와 parseFloat()는 좀 더 유연하게 동작합니다. parseInt()는 오직 정수 부분만 유지하지만 parseFloat()는 정수와 부동 소수점 숫자를 모두 유지합니다. 문자열이 0x나 0X로 시작할 경우 parseInt()는 이 문자열을 16진수로 해석합니다. parseInt()와 parseFloat()는 모두 시작 부분의 공백은 무시하고 숫자를 최대한 해석한 뒤 숫자가 아닌 문자가 등장하면 그 뒤는 모두 무시합니다. 공백이 아닌 첫 번째 문자가 유효한 숫자 리터럴이 아니라면 두 함수 모두 NaN을 반환합니다.

```
parseInt("3 blind mice")     // => 3
parseFloat(" 3.14 meters")   // => 3.14
parseInt("-12.34")           // => -12
parseInt("0xFF")             // => 255
parseInt("0xff")             // => 255
```

```
parseInt("-0XFF")        // => -255
parseFloat(".1")         // => 0.1
parseInt("0.1")          // => 0
parseInt(".1")           // => NaN: 정수는 .로 시작할 수 없습니다.
parseFloat("$72.47")     // => NaN: 숫자는 $로 시작할 수 없습니다.
```

parseInt()는 선택 사항인 두 번째 인자로 기수를 받습니다. 기수는 2 이상 36 이하 범위여야 합니다. 예를 들어 다음을 보십시오.

```
parseInt("11", 2)    // => 3: (1*2 + 1)
parseInt("ff", 16)   // => 255: (15*16 + 15)
parseInt("zz", 36)   // => 1295: (35*36 + 35)
parseInt("077", 8)   // => 63: (7*8 + 7)
parseInt("077", 10)  // => 77: (7*10 + 7)
```

3.9.3 객체를 기본 값으로 변환

지금까지는 어떤 타입의 값을 다른 타입으로 직접 변환하는 방법을 설명했고, 기본 타입을 다른 기본 타입으로 묵시적으로 변환하는 방법을 설명했습니다. 이 절은 자바스크립트가 객체를 기본 값으로 변환할 때 사용하는 복잡한 규칙을 설명합니다. 길고 모호하게 느껴질 수 있습니다. 이 장을 읽는 게 처음이라면 우선은 3.10절로 건너뛰어도 무방합니다.

자바스크립트가 객체를 기본 값으로 변환하는 규칙이 복잡한 이유 중 하나는 일부 객체는 여러 가지 기본 값으로 표현될 수 있다는 점입니다. 예를 들어 Date 객체는 문자열로도, 숫자인 타임스탬프로도 표현할 수 있습니다. 자바스크립트 명세에는 객체를 기본 값으로 변환하는 세 가지 기본적인 알고리즘이 정의되어 있습니다.

문자열 선호

이 알고리즘은 기본 값을 반환할 때 문자열로 변환할 수 있다면 문자열 값을 우선합니다.

숫자 선호

이 알고리즘은 기본 값을 반환할 때 숫자로 변환할 수 있다면 숫자 값을 우선합니다.

선호 없음

이 알고리즘은 어떤 기본 타입을 선호하는지 정해 놓지 않았으며 클래스에서 변환 방법을 정의할 수 있습니다. 자바스크립트에 내장된 타입 중 Date를 제외한 모든 타입이 이 알고리즘에 숫자 선호를 적용합니다. Date 클래스는 이 알고리즘에 문자열 선호를 적용합니다.

객체를 기본 타입으로 변환하는 알고리즘은 이 절 후반에서 설명합니다. 먼저 자바스크립트에서 알고리즘을 어떻게 사용하는지부터 알아봅시다.

객체를 불로 변환

객체를 불로 변환하는 것은 쉽습니다. 객체는 모두 true로 변환됩니다. 이 변환에는 알고리즘이 적용되지 않으며, 문자 그대로 모든 객체에 적용됩니다. 빈 배열, 심지어 래퍼 객체 new Boolean(false) 역시 true입니다.

객체를 문자열로 변환

객체를 문자열로 변환해야 할 때 자바스크립트는 먼저 문자열 선호 알고리즘을 사용해 기본 값으로 변환한 다음, 필요하다면 표 3-2(51페이지 참고)의 규칙에 따라 그 기본 값을 문자열로 변환합니다.

문자열 인자를 예상하는 내장 함수에 객체를 전달할 때, String()을 변환 함수로 호출할 때, 템플릿 리터럴(3.3.4절)에 객체를 사용할 때 등이 이런 변환에 해당됩니다.

객체를 숫자로 변환

객체를 숫자로 변환해야 할 때 자바스크립트는 먼저 숫자 선호 알고리즘에 따라 기본 값으로 변환한 다음, 필요하다면 표 3-2의 규칙에 따라 그 기본 값을 숫자로 변환합니다.

숫자 인자를 예상하는 자바스크립트의 내장 함수와 메서드가 객체를 받았을 때 이 방법을 써서 숫자로 변환합니다. 또한 숫자 피연산자를 예상하는 연산자 대부분 역시 이 방법을 사용합니다. 단, 예외가 있습니다.

특별한 케이스인 연산자 변환

연산자는 4장에서 자세히 설명합니다. 여기서는 앞에서 설명한 기본적인 변환 방식을 따르지 않는 예외 사항에 대해 설명합니다.

+ 연산자는 자바스크립트에서 숫자를 더하고 문자열을 병합합니다. + 연산자의 피연산자 중 하나가 객체라면 자바스크립트는 해당 피연산자를 선호 없음 알고리즘에 따라 기본 값으로 변환합니다. 알고리즘을 적용해서 두 개의 기본 값이 남으면 타입을 체크합니다. 피연산자 중 하나라도 문자열이면 다른 하나도 문자열로 변환한 다음 병합합니다. 피연산자 모두 문자열이 아니라면 둘 다 숫자로 변환한 다음 더합니다.

==, != 연산자는 타입 변환을 허용합니다. 피연산자 중 하나가 객체이고 다른 하나가 기본 값이라면 선호 없음 알고리즘을 써서 객체를 기본 값으로 변환한 다음 비교합니다.

마지막으로, 관계 연산자 <, <=, >, >=는 피연산자의 순서를 비교하며 숫자와 문자열을 비교할 수 있습니다. 피연산자 중 하나가 객체라면 숫자 선호 알고리즘을 통해 기본 값으로 변환합니다. 하지만 객체를 숫자로 변환하는 경우와는 달리 여기서 숫자 선호 알고리즘이 반환하는 기본 값은 숫자로 변환되지 않습니다.

Date 객체의 숫자 표현은 <와 >로 비교할 수 있는 것이 당연하지만 문자열 표현은 그렇지 않습니다. Date 객체에서 선호 없음 알고리즘은 문자열로 변환하므로, 자바스크립트가 이들 관계 연산자에 대해 숫자 선호 알고리즘을 사용한다는 것은 Date 객체의 순서를 비교할 수 있다는 뜻입니다.

toString()과 valueOf() 메서드

모든 객체는 기본 값으로 변환할 때 사용하는 두 가지 변환 메서드를 상속합니다. 문자열 선호, 숫자 선호, 선호 없음 알고리즘을 설명하기 전에 먼저 이 메서드를 설명해야 합니다.

첫 번째 메서드인 toString()은 객체의 문자열 표현을 반환합니다. 기본인 toString() 메서드는 그리 유용한 값을 반환하지는 않습니다(14.4.3절에서는 유용하게 사용됩니다).

```
({x: 1, y: 2}).toString()          // => "[object Object]"
```

대부분의 클래스에는 해당 클래스에 더 알맞는 toString() 메서드가 정의되어 있습니다. 예를 들어 배열 클래스의 toString() 메서드는 각 요소를 문자열로 변환하고 이들을 콤마로 연결해 반환합니다. 함수의 toString() 메서드는 사용자 정의 함수에 따라 자바스크립트 소스 코드를 문자열로 변환해서 반환합니다. Date 클래스의

toString() 메서드는 사람이 읽기 쉽고 자바스크립트에서 분석할 수 있는 날짜와 시간 문자열을 반환합니다. RegExp 클래스의 toString() 메서드는 RegExp 리터럴과 비슷한 문자열을 반환합니다.

```
[1,2,3].toString()                 // => "1,2,3"
(function(x) { f(x); }).toString() // => "function(x) { f(x); }"
/\d+/g.toString()                  // => "/\\d+/g"
let d = new Date(2020,0,1);
d.toString()  // => "Wed Jan 01 2020 00:00:00 GMT+0900 (GMT+09:00)"
```

다음은 valueOf()입니다. 이 메서드가 하는 일은 toString()만큼 명확히 정의되진 않았습니다. 이 메서드는 객체를 표현하는 기본 값이 존재한다면 그 값으로 객체를 변환합니다. 하지만 객체는 복합된 형태이며 대부분의 객체는 단일한 기본 값으로 표현하는 것이 불가능합니다. 따라서 기본 valueOf() 메서드는 기본 값이 아니라 객체 자체를 반환합니다. 문자열, 숫자, 불의 래퍼 클래스의 valueOf() 메서드는 그냥 그 기본 값을 반환합니다. 배열, 함수, 정규 표현식은 기본 메서드를 상속합니다. 이들 타입의 인스턴스에서 valueOf()를 호출하면 객체 자체를 반환합니다. Date 클래스의 valueOf() 메서드는 날짜를 내부적으로 저장하는 형식인, 1970년 1월 1일로부터 경과된 밀리초를 반환합니다.

```
let d = new Date(2010, 0, 1);  // 2010년 1월 1일
d.valueOf()                    // => 1262271600000
```

객체에서 기본 값으로 변환하는 알고리즘

toString()과 valueOf() 메서드를 알아봤으니 객체를 기본 값으로 변환하는 세 가지 알고리즘이 어떻게 동작하는지 대략 설명할 수 있습니다(자세한 정의는 14.4.7을 참고하십시오).

- 문자열 선호 알고리즘은 먼저 toString() 메서드를 시도합니다. 이 메서드가 정의되어 있고 기본 값을 반환한다면 자바스크립트는 그 값을 사용합니다. 설령 그 기본 값이 문자열이 아니더라도 그대로 사용합니다. toString()이 존재하지 않거나 객체를 반환한다면 자바스크립트는 valueOf() 메서드를 시도합니다. 이 메서드가 존재하고 기본 값을 반환한다면 자바스크립트는 그 값을 사용합니다. 그렇지 않다면 TypeError가 일어납니다.

- 숫자 선호 알고리즘도 문자열 선호 알고리즘과 비슷하지만, valueOf()를 먼저 시도하고 toString()을 두 번째로 시도한다는 점이 다릅니다.
- 선호 없음 알고리즘은 변환하는 객체의 클래스에 따라 다르게 동작합니다. 객체가 Date 객체일 경우 문자열 선호 알고리즘을 사용합니다. 그 외의 객체에서는 숫자 선호 알고리즘을 사용합니다.

여기서 설명한 규칙은 자바스크립트 내장 타입과 여러분이 정의하는 클래스의 기본 규칙입니다. 14.4.7절에서 여러분이 정의하는 클래스에 객체를 기본 값으로 변환하는 알고리즘을 직접 정의하는 방법을 설명합니다.

다음 주제로 넘어가기 전에, 숫자 선호 알고리즘이 빈 배열을 숫자 0으로 변환하고 요소가 단 하나 있는 배열도 숫자로 변환하는 이유를 알아보겠습니다.

```
Number([])     // => 0: 예상한 대로입니다.
Number([99])   // => 99: 설마?
```

객체를 숫자로 변환할 때는 먼저 숫자 선호 알고리즘을 써서 객체를 기본 값으로 변환하고, 그 결과인 기본 값을 숫자로 변환합니다. 숫자 선호 알고리즘은 먼저 valueOf()를 시도하고 실패할 경우 toString()을 시도합니다. 하지만 배열은 기본 valueOf() 메서드를 상속하는데, 이 메서드는 기본 값을 반환하지 않습니다. 따라서 배열을 숫자로 변환하려 하면 결국 toString() 메서드를 호출하게 됩니다. 빈 배열은 빈 문자열로 변환됩니다. 그리고 빈 문자열은 숫자 0으로 변환됩니다. 요소가 하나뿐인 배열은 그 요소가 변환되는 것과 같은 문자열로 변환됩니다. 배열 요소가 숫자 하나뿐이라면 그 숫자가 먼저 문자열로 변환되고, 다시 숫자로 변환됩니다.

3.10 변수 선언과 할당

이름 또는 식별자를 사용해 값을 표현하는 것은 컴퓨터 프로그래밍의 가장 기본적인 기술 중 하나입니다. 값에 이름을 부여하면 프로그램에서 그 값을 참조하고 사용할 수 있습니다. 이런 과정을 일반적으로 **변수**에 값을 할당한다고 말합니다. 변수라는 용어는 새로운 값을 할당할 수 있음을 암시합니다. 즉, 프로그램이 실행됨에 따라 변수에 연결된 값이 바뀔 수 있습니다. 값에 이름을 영구히 할당할 때는 변수 대신 **상수**라고 부릅니다.

자바스크립트 프로그램에서 변수나 상수를 쓰기 전에 반드시 선언을 먼저 해야 합니다. ES6 이후에는 let과 const 키워드를 사용해 변수를 선언합니다. ES6 전에는 var을 사용해 변수를 선언했는데, 이 키워드는 특이한 부분이 있으며 3.10.2절에서 설명합니다.

3.10.1 let과 const를 사용한 선언

최신 자바스크립트(ES6 이후)에서는 다음과 같이 let 키워드를 사용해 변수를 선언합니다.

```
let i;
let sum;
```

다음과 같이 let 문 하나에 변수 여럿을 선언할 수도 있습니다.

```
let i, sum;
```

가능하면 다음과 같이 변수를 선언할 때 초깃값을 할당하는 것이 좋은 프로그래밍 습관입니다.

```
let message = "hello";
let i = 0, j = 0, k = 0;
let x = 2, y = x*x; // 직전에 선언한 변수를 이용해 초기화할 수도 있습니다.
```

let 문에서 변수에 초깃값을 할당하지 않으면 값을 할당할 때까지 undefined로 남습니다.

상수를 선언할 때는 const를 사용합니다. const는 let과 거의 비슷하지만, 선언할 때 반드시 값을 할당해 초기화해야 한다는 점이 다릅니다.

```
const H0 = 74;          // 허블 상수 (km/s/Mpc)
const C = 299792.458;   // 진공에서의 광속 (km/s)
const AU = 1.496E8;     // 태양까지의 거리를 나타내는 천문학 단위 (km)
```

이름에서 짐작할 수 있듯 상수의 값은 바꿀 수 없습니다. 상수의 값을 바꾸려 하면 TypeError가 일어납니다.

반드시 지켜야 하는 건 아니지만, 상수를 선언할 때는 H0나 HTTP_NOT_FOUND처럼 전부 대문자를 써서 변수와 구별하는 관습이 있습니다.

✅ **const를 써야 할 때**

const 키워드의 사용에 대해서는 두 가지 의견이 있습니다. 첫 번째는 위에서 예로 든 물리적 상수나 프로그램의 버전 번호, 파일 타입을 식별할 때 사용하는 바이트 시퀀스처럼 기본적으로 바뀌지 않는 값에만 const를 써야 한다는 의견입니다. 다른 의견은 그동안 변수라고 묶어서 부른 많은 것들이 프로그램이 실행되는 동안 실제로 바뀌지는 않는다는 점에 주목합니다. 이 의견에 따르면 일단 모든 것을 const로 선언한 다음, 실제로 값을 바꿔야 한다고 인식했을 때 let 선언으로 바꿔야 합니다. 이 방법을 따르면 의도하지 않았는데 변수의 값을 바꾸는 실수 때문에 생기는 버그를 예방할 수 있습니다.

요약하면, 첫 번째는 바뀌어서는 안 되는 값에만 const를 사용합니다. 두 번째는 바뀌지 않을 것으로 생각되는 모든 값에 const를 사용합니다. 필자는 개인적으로 전자를 따릅니다.

5장에서 for, for/in, for/of 루프에 대해 배웁니다. 이들 루프에는 루프를 반복할 때마다 새 값을 할당받는 루프 변수가 있습니다. 자바스크립트에서는 루프 문법 자체의 일부로 루프 변수를 선언할 수 있도록 허용합니다. 이곳에도 보통 let을 사용합니다.

```
for(let i = 0, len = data.length; i < len; i++) console.log(data[i]);
for(let datum of data) console.log(datum);
for(let property in object) console.log(property);
```

의외라고 생각할 수도 있겠지만, for/in과 for/of 루프의 루프 '변수'를 선언할 때도 const를 사용할 수 있습니다. 루프 바디에서 새 값을 할당하지만 않는다면 말입니다. 이런 경우 const 선언은 루프의 반복 주기 안에서는 값이 바뀌지 않는다는 의미를 가질 뿐입니다.

```
for(const datum of data) console.log(datum);
for(const property in object) console.log(property);
```

변수와 상수 스코프

변수의 **스코프**(scope)는 프로그램 소스 코드에서 해당 변수가 정의된 영역입니다. let과 const로 선언한 변수와 상수는 블록 스코프를 가집니다. 이 말은 let이나 const 문이 존재하는 블록 안에서만 해당 변수와 상수가 유효하다는 뜻입니다. 자바스크립트의 클래스와 함수 정의는 블록이고, if/else 문, while 루프, for 루프 등의 바디 역시 블록입니다. 대략적으로 말해 중괄호 안에서 변수나 상수를 선언하면 그 중괄호가 변수와 상수가 정의된 영역입니다(물론 실제로 선언하는 let이나

const 문보다 먼저 변수나 상수를 참조할 수는 없습니다). for, for/in, for/of 루프의 일부로 선언된 변수와 상수는 엄밀히 말해 중괄호 바깥에 존재할 수 있긴 하지만 그 스코프는 루프 바디입니다.

선언이 어떤 코드 블록에도 속하지 않고 최상위 레벨에 있을 경우 이를 전역 변수 또는 상수라고 부르며, 이들은 전역 스코프를 가집니다. 노드와 클라이언트 사이드 자바스크립트 모듈(10장)에서 전역 변수의 스코프는 그 변수가 정의된 파일입니다. 하지만 전통적인 클라이언트 사이드 자바스크립트에서 전역 변수의 스코프는 그 변수가 정의된 HTML 문서입니다. 즉, <script>에서 전역 변수나 상수를 선언하면 그 변수나 상수는 해당 문서의 <script> 요소 전체(적어도 let이나 const 문이 실행된 이후에 있는 스크립트 전체)에 존재합니다.

반복 선언

같은 스코프에서 같은 이름으로 let이나 const 선언을 하나 이상 사용하는 것은 문법 에러입니다. 피해야 하는 일이긴 하지만, 중첩된 스코프에서 같은 이름의 변수를 선언하는 것은 가능합니다.

```
const x = 1;        // x를 전역 상수로 선언합니다.
if (x === 1) {
    let x = 2;      // 블록 안에서 다시 선언할 수 있습니다.
    console.log(x); // 2
}
console.log(x);     // 1: 지금은 전역 스코프에 있습니다.
let x = 3;          // 에러. x를 다시 선언하려 하는 것은 문법 에러입니다.
```

선언과 타입

C나 자바처럼 정적 타입을 사용하는 언어에 익숙하다면 변수 선언의 주된 목적이 그 변수에 할당할 수 있는 값의 타입을 정하는 것이라고 생각할 수도 있습니다. 하지만 이미 본 것처럼 자바스크립트의 변수 선언에서 타입을 지정하지는 않습니다.[4] 자바스크립트의 변수는 어떤 타입의 값이든 가질 수 있습니다. 예를 들어 자바스크립트에서는 변수에 숫자를 할당한 다음 다시 문자열을 할당하는 것도 가능합니다(일반적으로 좋은 프로그래밍 스타일은 아닙니다).

---

4 타입스크립트나 플로(17.8절)처럼 let x: number = 0; 같은 문법을 써서 변수를 선언할 때 타입을 지정할 수 있는 자바스크립트 확장도 존재합니다.

```
let i = 10;
i = "ten";
```

3.10.2 var를 사용한 변수 선언

ES6 전의 자바스크립트에서는 변수를 선언하는 방법이 var 키워드 하나뿐이었으며 상수를 선언하는 방법은 없었습니다. var의 문법은 let과 똑같습니다.

```
var x;
var data = [], count = data.length;
for(var i = 0; i < count; i++) console.log(data[i]);
```

var와 let의 문법이 같긴 하지만 중요한 차이가 있습니다.

- var로 선언한 변수는 블록 스코프를 갖지 않습니다. 이 변수는 얼마나 깊이 중첩 됐든 관계없이 포함하는 함수 바디를 스코프로 가집니다.
- 함수 바디 바깥에서 var를 사용하면 전역 변수로 선언됩니다. 하지만 var로 선 언된 전역 변수와 let으로 선언된 전역 변수에는 중요한 차이가 있습니다. var 로 선언된 전역 변수는 전역 객체(3.7절)의 프로퍼티로 존재합니다. 전역 객 체는 globalThis로 참조할 수 있습니다. 따라서 함수 바깥에서 var x = 2;는 globalThis.x = 2;와 같은 의미입니다. 하지만 이는 그렇게 명백하지는 않은데, var로 선언된 전역 변수는 delete 연산자(4.13.4절)로 삭제할 수 없기 때문입니 다. let과 const로 선언한 전역 변수와 상수는 전역 객체의 프로퍼티가 아닙니다.
- let 선언과는 달리 var는 같은 변수를 몇 번이고 선언할 수 있습니다. var 변수 는 블록 스코프가 아니라 함수 스코프를 가지므로, 이런 식으로 다시 선언하는 일이 실제로 자주 있습니다. 변수 i는 정수 값에 자주 사용되며, 특히 for 루프의 인덱스 변수로 자주 사용됩니다. for 루프를 여러 개 쓰는 함수에서는 각 루프가 for(var i = 0; ...로 시작하는 일이 흔합니다. var 변수의 스코프는 루프 바디 가 아니므로 각 루프에서 같은 변수를 다시 선언하고 다시 초기화해도 별 문제 는 없습니다.
- var 선언에서 가장 생소한 특징은 **호이스팅**(끌어올림)이라는 기능입니다. var 로 변수를 선언하면 이 선언문은 함수의 맨 위로 끌어올려집니다. 변수의 초기 화는 코드상의 위치에 그대로 존재하지만 정의만 함수 맨 위로 올라가는 것입니 다. 따라서 var로 선언한 변수는 함수 어디에서든 에러 없이 사용할 수 있습니

다. 초기화 코드가 실행되기 전이라면 변수의 값이 undefined일 수는 있지만, 초기화하기 전에 사용한다고 해서 에러가 발생하지는 않습니다. 이런 특징은 버그의 원인이 될 수 있으며, ES6 이후에 let으로 수정한 중요한 결점 중 하나입니다. let으로 변수를 선언하면 undefined 값이 나타나고 끝나는 게 아니라 실제로 에러가 일어납니다.

✅ **선언되지 않은 변수 사용**

스트릭트 모드(5.6.3절)에서는 선언되지 않은 변수를 사용하려 하면 코드 실행 시점에서 참조 에러(reference error)가 일어납니다. 스트릭트 모드가 아니라면 let, const, var로 선언하지 않은 이름에 값을 할당하려 해도 에러가 일어나지 않으며 전역 변수가 생성되기만 합니다. 함수나 블록 내부가 얼마나 깊이 중첩됐든 상관없이 전역이며, 이는 분명 의도한 바가 아닐 겁니다. 이런 동작은 버그의 원인이 될 수 있고, 스트릭트 모드를 사용하는 가장 큰 이유 중 하나입니다.

이렇게 실수로 생성된 전역 변수는 var로 선언한 전역 변수와 마찬가지로 전역 객체의 프로퍼티가 됩니다. 하지만 정상적인 var 선언으로 만들어진 프로퍼티와 달리, 이런 '실수' 프로퍼티는 delete 연산자로 삭제할 수 있습니다(4.13.4절).

3.10.3 분해 할당

ES6에서는 선언과 할당을 합친 일종의 복합 문법을 도입했으며 이를 **분해 할당**(destructuring assignment)이라고 부릅니다. 분해 할당에서 할당 연산자의 오른쪽에 있는 값은 배열이나 객체 같은, 구조적인 값이며 왼쪽에 있는 값은 하나 이상의 변수 이름이며 배열이나 객체 리터럴 문법을 씁니다. 분해 할당이 일어나면 오른쪽 값에서 하나 이상의 값을 추출(분해)해서 왼쪽에 있는 변수에 할당합니다. 분해 할당은 const, let, var 선언문의 일부로 변수를 초기화하기 위해 사용하는 경우가 대부분이지만 일반적인 할당 표현식에서도 사용할 수 있습니다(후자의 경우는 변수가 이미 선언되어 있어야 합니다). 8.3.5절에서 보겠지만, 분해 할당은 함수의 매개변수를 정의할 때도 사용할 수 있습니다.

배열을 사용한 단순한 분해 할당 예제입니다.

```
let [x,y] = [1,2];   // let x=1, y=2와 같습니다.
[x,y] = [x+1,y+1];   // x = x + 1, y = y + 1과 같습니다.
[x,y] = [y,x];       // 두 변수의 값을 바꿉니다.
[x,y]                // => [3,2]: 값을 증가시킨 후 서로 바꿨습니다.
```

분해 할당을 활용하면 배열을 반환하는 함수를 아주 쉽게 사용할 수 있습니다.

```
// [x,y] 좌표를 [r,theta] 극좌표로 변환합니다.
function toPolar(x, y) {
    return [Math.sqrt(x*x+y*y), Math.atan2(y,x)];
}

// 극좌표를 카르테시안 좌표로 변환합니다.
function toCartesian(r, theta) {
    return [r*Math.cos(theta), r*Math.sin(theta)];
}

let [r,theta] = toPolar(1.0, 1.0);  // r == Math.sqrt(2); theta == Math.PI/4
let [x,y] = toCartesian(r,theta);   // [x, y] == [1.0, 1,0]
```

for 루프 문법의 일부로 변수와 상수를 선언할 수 있다는 것은 이미 봤습니다. 루프에서도 분해 할당을 사용할 수 있습니다. 다음 코드는 객체의 프로퍼티 전체의 이름-값 쌍을 순회하며 분해 할당을 통해 각 쌍을 요소가 두 개 있는 배열에서 개별 변수로 변환합니다.

```
let o = { x: 1, y: 2 }; // 순회할 객체
for(const [name, value] of Object.entries(o)) {
    console.log(name, value); // "x 1", "y 2"
}
```

분해 할당에서 왼쪽에 있는 변수 숫자와 오른쪽에 있는 값 숫자가 꼭 일치할 필요는 없습니다. 왼쪽의 변수가 남으면 undefined가 할당되고, 오른쪽의 값이 남으면 무시됩니다. 왼쪽의 변수 리스트에 콤마를 추가로 넣어서 값 일부를 무시할 수도 있습니다.

```
let [x,y] = [1];     // x == 1; y == undefined
[x,y] = [1,2,3];     // x == 1; y == 2
[,x,,y] = [1,2,3,4]; // x == 2; y == 4
```

다음과 같이 마지막 변수 이름 앞에 점 세 개(...)를 써서 배열을 분해하고 남은 값을 변수 하나에 모을 수 있습니다.

```
let [x, ...y] = [1,2,3,4];  // y == [2,3,4]
```

8.3.2절에서 점 세 개를 다시 볼 겁니다. 거기서는 남은 함수 인자를 배열 하나에 모으는 목적으로 사용합니다.

분해 할당은 중첩된 배열에도 사용할 수 있습니다. 이런 경우 왼쪽은 중첩된 배열 리터럴 형태여야 합니다.

```
let [a, [b, c]] = [1, [2,2.5], 3]; // a == 1; b == 2; c == 2.5
```

배열 분해에 꼭 배열만 써야 되는 건 아닙니다. 분해 할당의 오른쪽에는 이터러블 객체(12장 참고)면 무엇이든 쓸 수 있습니다. 즉, for/of 루프(5.4.4절)에 사용할 수 있는 객체는 분해 할당 역시 가능합니다.

```
let [first, ...rest] = "Hello"; // first == "H"; rest == ["e","l","l","o"]
```

객체도 분해 할당할 수 있습니다. 이런 경우 왼쪽은 객체 리터럴처럼 중괄호 안에 변수 이름을 콤마로 구분한 형태여야 합니다.

```
let transparent = {r: 0.0, g: 0.0, b: 0.0, a: 1.0};  // RGBA 색깔
let {r, g, b} = transparent;  // r == 0.0; g == 0.0; b == 0.0
```

다음 예제는 Math 객체의 함수를 변수에 복사합니다. 삼각함수 계산을 아주 많이 수행하는 코드라면 이런 과정을 통해 코드를 단순화할 수 있습니다.

```
// const sin=Math.sin, cos=Math.cos, tan=Math.tan과 같습니다.
const {sin, cos, tan} = Math;
```

Math 객체에는 분해를 통해 개별 변수에 할당된 것 외에도 프로퍼티가 많이 있습니다. 이름이 없는 것은 모두 무시됩니다. 위 예제의 왼쪽에 Math의 프로퍼티 이름이 아닌 변수가 더 있었다면 그 변수에는 undefined가 할당됐을 겁니다.

객체를 분해하는 예제에서 변수 이름은 분해하는 객체의 프로퍼티 이름과 일치하게 정했습니다. 이렇게 하면 문법이 단순하고 이해하기 쉽지만, 꼭 이렇게 해야만 하는 건 아닙니다. 객체 분해 할당의 왼쪽에 있는 각 식별자에는 다음과 같이 콜론(:)으로 구분한 식별자 쌍을 쓸 수 있습니다. 이 쌍의 첫 번째는 분해하는 객체의 프로퍼티 이름이고, 두 번째는 그 프로퍼티의 값을 할당받을 변수 이름입니다.

```
// const cosine = Math.cos, tangent = Math.tan과 같습니다.
const { cos: cosine, tan: tangent } = Math;
```

필자는 위 예제와 같이 변수 이름과 프로퍼티 이름이 서로 다른 객체 분해 문법은 너무 복잡해서 유용하게 쓰긴 어렵다고 생각하고, 이런 식으로 사용하는 것은 피하

는 편입니다. 이 문법을 사용하려면 프로퍼티 이름이 항상 왼쪽이라고 기억하면 됩니다. 객체 리터럴이든, 분해 할당의 왼쪽이든 말입니다.

분해 할당은 다음과 같이 중첩된 객체, 객체의 배열, 배열의 객체 등에도 사용할 수 있습니다.

```
let points = [{x: 1, y: 2}, {x: 3, y: 4}];     // 좌표 객체가 두 개 있는 배열
let [{x: x1, y: y1}, {x: x2, y: y2}] = points; // 변수 네 개로 분해했습니다.
(x1 === 1 && y1 === 2 && x2 === 3 && y2 === 4) // => true
```

다음과 같이 배열로 이루어진 객체 역시 분해할 수 있습니다.

```
let points = { p1: [1,2], p2: [3,4] };         // 배열 두 개가 있는 객체
let { p1: [x1, y1], p2: [x2, y2] } = points;   // 변수 네 개로 분해했습니다.
(x1 === 1 && y1 === 2 && x2 === 3 && y2 === 4) // => true
```

이렇게 복잡한 분해 문법은 작성하기도, 이해하기도 어려울 수 있습니다. `let x1 = points.p1[0];`처럼 전통적이고 명시적인 할당이 더 나을 수도 있습니다.

> **복잡한 분해 할당의 이해**
>
> 코드에서 사용하는 분해 할당이 복잡하고 이해하기 어렵다면 규칙성을 발견해서 좀 더 쉽게 이해할 수도 있습니다. 값이 하나뿐인 일반적인 할당부터 생각해 봅시다. 할당이 끝나면 변수 이름을 표현식처럼 쓸 수 있습니다. 이 변수 이름은 할당된 값으로 평가됩니다. 분해 할당에서도 마찬가지입니다. 분해 할당의 왼쪽은 배열 리터럴(6.2.1절)이나 객체 리터럴(6.10절)과 비슷한 형태입니다. 할당이 끝나면 그 왼쪽은 유효한 배열 리터럴이나 객체 리터럴처럼 동작합니다. 그 왼쪽을 다음과 같이 다른 할당 표현식의 오른쪽에 써 보면 분해 할당을 정확히 만들었는지 확인할 수 있습니다.
>
> ```
> // 분해 할당으로 시작합니다.
> let points = [{x: 1, y: 2}, {x: 3, y: 4}];
> let [{x: x1, y: y1}, {x: x2, y: y2}] = points;
>
> // 할당을 뒤집어 문법을 체크할 수 있습니다.
> let points2 = [{x: x1, y: y1}, {x: x2, y: y2}];
> points2           // => [{x: 1, y: 2}, {x: 3, y: 4}]
> ```

3.11 요약

이 장에서 기억해야 할 핵심은 다음과 같습니다.

- 자바스크립트에서 숫자와 문자열을 만들고 조작하는 법
- 자바스크립트법의 다른 기본 타입인 불, 심벌, `null`, `undefined`를 다루는 법
- 불변인 기본 타입과 가변인 참조 타입의 차이
- 자바스크립트가 묵시적으로 타입을 변환하는 과정, 그리고 프로그램에서 직접 변환하는 법
- 상수와 변수를 선언하고 초기화하는 법(분해 할당 포함), 선언하는 변수와 상수의 어휘적 스코프

4장

J a v a S c r i p t   T h e   D e f i n i t i v e   G u i d e

표현식과 연산자

이 장은 자바스크립트 표현식과 그 구성 요소인 연산자에 대해 설명합니다. 자바스 크립트에서 표현식이란 어떤 값으로 평가(evaluate)되는 구절입니다. 프로그램에 포함된 상수도 아주 단순하지만 표현식입니다. 변수 이름 역시 표현식이며 그 변수에 할당된 값으로 평가됩니다. 복잡한 표현식은 더 단순한 표현식의 조합으로 구성됩니다. 예를 들어 배열에 접근하는 표현식은 배열로 평가되는 표현식 다음에 여는 대괄호가 있고, 그다음에는 정수로 평가되는 표현식이 있고, 마지막으로 닫는 대괄호가 있는 형태입니다. 이 새롭고 더 복잡한 표현식은 배열의 지정된 인덱스에 저장된 값으로 평가됩니다. 마찬가지로 함수 호출 표현식은 함수 객체로 평가되는 표현식이 있고 그 함수의 인자로 사용되는 0개 이상의 표현식이 이어지는 형태입니다.

단순한 표현식을 조합해 복잡한 표현식을 만들 때는 대부분 연산자를 사용합니다. 연산자는 피연산자(보통 두 개)의 값을 어떤 형태로 조합해 새 값으로 평가합니다. 곱셈 연산자 *가 간단한 예입니다. x * y라는 표현식은 x의 값에 y의 값을 곱한 결과로 평가됩니다. 값으로 '평가'된다 대신 연산자가 값을 '반환'한다고 단순화해서 표현할 때도 있습니다.

이 장에서는 자바스크립트의 연산자 전체를 설명하고, 배열 인덱스나 함수 호출처럼 연산자를 사용하지 않는 표현식에 대해서도 설명합니다. C 언어 스타일의 문법을 사용하는 다른 프로그래밍 언어에 이미 익숙하다면 자바스크립트의 표현식과 연산자 문법 대부분에 이미 익숙할 겁니다.

4.1 기본 표현식

가장 단순한 표현식을 기본 표현식이라 부릅니다. 이는 단독으로 존재하며 자신보다 더 단순한 표현식을 포함하지 않습니다. 자바스크립트의 기본 표현식은 상수나 리터럴 값, 일부 키워드, 변수 참조가 있습니다.

리터럴은 문자 그대로 쓰는 값입니다. 리터럴은 다음과 같은 형태입니다.

```
1.23        // 숫자 리터럴
"hello"     // 문자열 리터럴
/pattern/   // 정규 표현식 리터럴
```

자바스크립트의 숫자 리터럴 문법은 3.2절에서 설명했습니다. 문자열 리터럴은 3.3절에서 설명했습니다. 정규 표현식 리터럴 문법은 3.3.5절에서 소개했고 11.3절에서 더 자세히 설명합니다.

자바스크립트 예약어 중에도 기본 표현식이 있습니다.

```
true        // 불 true로 평가됩니다.
false       // 불 false로 평가됩니다.
null        // null로 평가됩니다.
this        // '현재' 객체로 평가됩니다.
```

true, false, null에 대해서는 3.4절, 3.5절에서 배웠습니다. this는 다른 키워드와 달리 일정한 값이 아니며 프로그램에서 사용한 위치에 따라 다른 값으로 평가됩니다. this 키워드는 객체 지향 프로그래밍에서 사용됩니다. 메서드 바디에서 this는 해당 메서드를 호출한 객체로 평가됩니다. 4.5절, 8장(특히 8.2.2절), 9장에서 this에 대해 더 설명합니다.

마지막으로 기본 표현식의 세 번째 유형은 변수, 상수, 전역 객체의 프로퍼티에 대한 참조 형태입니다.

```
i           // 변수 i의 값으로 평가됩니다.
sum         // 변수 sum의 값으로 평가됩니다.
undefined   // 전역 객체의 "undefined" 프로퍼티 값
```

자바스크립트는 프로그램에 있는 식별자를 변수, 상수, 또는 전역 객체의 프로퍼티라고 가정하고 그 값을 찾습니다. 그런 이름의 변수가 존재하지 않는다면 존재하지 않는 변수를 평가하려는 시도이므로 ReferenceError가 일어납니다.

4.2 객체와 배열 초기화 표현식

객체와 배열의 초기화 표현식(initializer)은 그 값이 새로 생성된 객체나 배열인 표현식입니다. 이런 초기화 표현식을 객체 리터럴이나 배열 리터럴이라고 부르기도 합니다. 하지만 리터럴과 달리 초기화 표현식은 프로퍼티와 요소 값을 지정하는 다양한 하위 표현식으로 구성되므로 기본 표현식은 아닙니다. 배열 초기화 표현식의 문법이 조금 더 단순하므로 먼저 살펴보겠습니다.

배열 초기화 표현식은 대괄호 안에 콤마로 구분된 리스트를 쓰는 형태의 표현식입니다. 배열 초기화 표현식의 값은 새로 생성된 배열입니다. 새 배열의 요소는 콤마로 구분된 표현식들의 값으로 초기화됩니다.

```
[]          // 빈 배열. 대괄호 안에 표현식이 없으면 요소가 없다는 의미입니다.
[1+2,3+4]   // 요소가 두 개인 배열. 첫 번째는 3이고 두 번째는 7입니다.
```

배열 초기화 표현식 내부의 요소 표현식 역시 배열 초기화 표현식이 될 수 있습니다. 즉, 이 표현식은 중첩된 배열을 반환합니다.

```
let matrix = [[1,2,3], [4,5,6], [7,8,9]];
```

배열 초기화 표현식 내의 요소 표현식은 배열 초기화 표현식을 평가할 때마다 평가됩니다. 즉, 배열 초기화 표현식을 평가할 때마다 결과가 달라질 수도 있습니다.

배열 리터럴에서 콤마 사이의 값을 생략하면 정의되지 않은 요소가 그 자리에 들어갑니다. 예를 들어 다음 배열은 요소가 다섯 개 있는데 그중 세 개는 정의되지 않았습니다.

```
let sparseArray = [1,,,,5];
```

배열 초기화 표현식 내부의 마지막 표현식 다음에 콤마가 단 하나 있으면 정의되지 않은 요소가 만들어지지는 않습니다. 하지만 그 마지막 표현식 다음의 인덱스로 배열에 접근하는 표현식은 undefined로 평가됩니다.

객체 초기화 표현식은 배열 초기화 표현식과 비슷하지만, 대괄호 대신 중괄호를 쓰고 각 하위 표현식은 프로퍼티 이름과 콜론(:)으로 시작한다는 점이 다릅니다.

```
let p = { x: 2.3, y: -1.2 };  // 프로퍼티가 두 개 있는 객체
let q = {};                   // 프로퍼티가 없는 빈 객체
q.x = 2.3; q.y = -1.2;        // 이제 q의 프로퍼티는 p의 프로퍼티와 같습니다.
```

ES6 이후에는 객체 리터럴 문법의 기능이 훨씬 풍부해졌습니다(6.10절). 객체 리터럴은 중첩할 수 있습니다. 예를 들어 다음을 보십시오.

```
let rectangle = {
    upperLeft: { x: 2, y: 2 },
    lowerRight: { x: 4, y: 5 }
};
```

객체와 배열 초기화 표현식은 6장과 7장에서 다시 설명합니다.

4.3 함수 정의 표현식

함수 정의 표현식은 함수를 정의하며 그 값은 함수입니다. 객체 초기화 표현식을 '객체 리터럴'이라고 부르기도 하니, 같은 방식으로 함수 정의 표현식을 '함수 리터럴'이라고 부를 수도 있습니다. 함수 정의 표현식은 일반적으로 function 키워드로 시작하고 괄호 안에 0개 이상의 식별자(매개변수 이름)을 쓴 다음, 중괄호 안에 자바스크립트 코드(함수 바디)를 쓰는 형태입니다. 예를 들어 다음을 보십시오.

```
// 이 함수는 전달받은 값의 제곱을 반환합니다.
let square = function(x) { return x * x; };
```

함수 정의 표현식에 함수 이름을 쓸 수도 있습니다. 함수는 함수 선언을 써서 정의할 수도 있습니다. ES6 이후에서는 함수 표현식을 간결한 '화살표 함수' 문법으로 쓸 수 있습니다. 함수 정의에 대해서는 8장에서 자세히 설명합니다.

4.4 프로퍼티 접근 표현식

프로퍼티 접근 표현식은 객체 프로퍼티나 배열 요소의 값으로 평가됩니다. 자바스크립트에는 두 가지 프로퍼티 접근 문법이 있습니다.

```
expression . identifier
expression [ expression ]
```

첫 번째 스타일은 표현식 뒤에 마침표를 쓰고 그 뒤에 식별자를 쓰는 겁니다. 표현식은 객체를 나타내고 식별자는 원하는 프로퍼티 이름입니다. 두 번째 스타일은 표현식(객체나 배열) 뒤에 대괄호를 쓰고 그 안에 다른 표현식을 쓰는 형태입니다. 두 번째 표현식은 프로퍼티 이름이나 배열 요소 인덱스입니다. 다음 예제를 보십시오.

```
let o = {x: 1, y: {z: 3}};   // 예제 객체
let a = [o, 4, [5, 6]];      // 객체를 담고 있는 예제 배열
o.x                          // => 1: 표현식 o의 프로퍼티 x
o.y.z                        // => 3: 표현식 o.y의 프로퍼티 z
o["x"]                       // => 1: 객체 o의 프로퍼티 x
a[1]                         // => 4: 표현식 a의 인덱스 1에 있는 요소
a[2]["1"]                    // => 6: 표현식 a[2]의 인덱스 1에 있는 요소
a[0].x                       // => 1: 표현식 a[0]의 프로퍼티 x
```

어떤 스타일의 프로퍼티 접근 표현식을 쓰든 .이나 [앞에 있는 표현식을 첫 번째로 평가합니다. 그 값이 null이나 undefined이면 이 둘은 프로퍼티를 가질 수 없는 값이므로 표현식은 TypeError를 일으킵니다. 객체 표현식 다음에 점과 식별자가 있으면 그 식별자가 이름인 프로퍼티를 찾고, 그 프로퍼티의 값이 표현식의 전체적인 값이 됩니다. 객체 표현식 다음에 대괄호가 있고 그 안에 다른 표현식이 있으면 두 번째 표현식을 평가하고 문자열로 변환합니다. 표현식의 전체적인 값은 그 문자열이 이름인 프로퍼티의 값이 됩니다. 어느 쪽이든, 그런 이름의 프로퍼티가 존재하지 않는다면 프로퍼티 접근 표현식의 값은 undefined입니다.

.식별자 문법이 더 간결하긴 하지만, 접근하고자 하는 이름이 유효한 식별자이고 그 이름을 알고 있을 때만 사용할 수 있습니다. 프로퍼티 이름에 스페이스나 구두점이 들어 있거나, 숫자인 경우(배열)에는 반드시 대괄호 표기법을 써야 합니다. 프로퍼티 이름이 고정되어 있지 않고 계산 결과일 때도 대괄호를 사용합니다(6.3.1절 예제 참고).

객체와 프로퍼티는 6장에서, 배열과 요소에 대해서는 7장에서 자세히 설명합니다.

4.4.1 조건부 프로퍼티 접근

ES2020에서 새로운 프로퍼티 접근 표현식 두 가지를 추가했습니다.

```
expression ?. identifier
expression ?.[ expression ]
```

자바스크립트에서 프로퍼티를 가질 수 없는 값은 null과 undefined뿐입니다. 마침표나 대괄호를 사용하는 일반적인 프로퍼티 접근 표현식에서는 왼쪽에 있는 표현식이 null이나 undefined로 평가될 때 TypeError가 일어납니다. ?.과 ?.[] 문법을 사용해 이런 에러를 막을 수 있습니다.

a?.b라는 표현식에 대해 먼저 알아봅시다. a가 null이거나 undefined라면 이 표현식은 프로퍼티 b에 접근하려는 시도 없이 undefined로 평가됩니다. a가 다른 값이라면 a?.b는 a.b처럼 평가됩니다(a에 b 프로퍼티가 없으면 undefined로 평가됩니다).

이런 형태의 프로퍼티 접근 표현식을 때때로 '옵션 체인'이라고 부릅니다. 다음과 같이 더 긴 프로퍼티 접근 표현식 '체인' 형태에 들어갈 수 있기 때문입니다.

```
let a = { b: null };
a.b?.c.d   // => undefined
```

a는 객체이므로 a.b는 유효한 프로퍼티 접근 표현식입니다. 하지만 a.b의 값은 null이므로 a.b.c는 TypeError를 일으킵니다. . 대신 ?.을 사용하면 TypeError가 일어나지 않고 a.b?.c는 undefined로 평가됩니다. 따라서 (a.b?.c).d는 TypeError를 일으킵니다. 값이 undefined인 프로퍼티에 접근하는 표현식이기 때문입니다. 하지만 a.b?.c.d(괄호 없는 형태)는 undefined로 평가되며 에러를 일으키지 않습니다. 이것이 옵션 체인에서 아주 중요한 부분입니다. 이는 ?.을 사용한 프로퍼티 접근이 '단축 평가'이기 때문입니다. ?.의 왼쪽에 있는 하위 표현식이 null이나 undefined로 평가되면 더는 프로퍼티에 접근하려 시도하지 않고 전체 표현식을 즉시 undefined로 평가합니다.

물론 a.b가 객체이고 그 객체에 c 프로퍼티가 없다면 a.b?.c.d는 이번에도 TypeError를 일으키므로 다시 조건부 프로퍼티 접근이 필요합니다.

```
let a = { b: {} };
a.b?.c?.d // => undefined
```

[] 대신 ?.[]를 사용하는 조건부 프로퍼티 접근도 있습니다. a?.[b][c] 표현식에서 a의 값이 null이나 undefined라면 전체 표현식이 즉시 undefined로 평가되며 b와 c 하위 표현식은 평가되지 않습니다. b와 c 표현식에 다른 부수적인 효과가 있더라도 a가 정의되지 않은 경우에는 나타나지 않습니다.

```
let a;            // 변수 초기화를 깜빡했습니다.
let index = 0;
try {
    a[index++]; // TypeError가 일어납니다.
} catch(e) {
    index         // => 1: index는 TypeError가 일어나기 전에 증가했습니다.
}
```

```
a?.[index++]    // => undefined: a가 정의되지 않았습니다.
index           // => 1: ?.[]는 단축 평가이므로 index는 증가하지 않았습니다.
a[index++]      // TypeError. 정의되지 않은 것에서 인덱스를 찾을 수 없습니다.
```

?.와 ?.[]를 사용하는 조건부 프로퍼티 접근은 자바스크립트의 최신 기능입니다.
2020년 초반 기준으로 주요 브라우저 대부분의 안정 버전이나 베타 버전에서 이 새
문법을 지원합니다.

4.5 호출 표현식

호출 표현식은 함수나 메서드를 호출(실행)하는 문법입니다. 이 표현식은 호출할
함수로 평가되는 함수 표현식으로 시작합니다. 함수 표현식 다음에 여는 괄호를 쓰
고, 콤마로 구분된 0개 이상의 함수 인자 표현식 리스트를 쓰고, 닫는 괄호로 끝납
니다. 몇 가지 예제입니다.

```
f(0)            // f는 함수 표현식이고 0은 인자 표현식입니다.
Math.max(x,y,z) // Math.max는 함수이고 x, y, z는 인자입니다.
a.sort()        // a.sort는 함수이고 인자는 없습니다.
```

호출 표현식을 평가할 때는 첫 번째로 함수 표현식을 평가하고, 그다음으로 함수
인자 표현식을 평가해 인자 값 리스트를 만듭니다. 함수 표현식의 값이 함수가 아
니라면 TypeError가 일어납니다. 그리고 인자 값을 함수를 정의할 때 지정된 함수
매개변수(parameter)에 순서대로 할당한 다음, 함수 바디를 실행합니다. 함수가
return 문을 사용해 값을 반환한다면 그 값이 호출 표현식의 값입니다. 그렇지 않
다면 호출 표현식의 값은 undefined입니다. 함수 인자 표현식 개수가 함수 매개변
수의 개수와 일치하지 않을 때 어떻게 되는지 등을 포함해 함수 호출에 대해서는 8
장에서 설명합니다.

호출 표현식 맨 앞에 있는 표현식이 프로퍼티 접근 표현식이라면 이 호출은 **메서
드 호출**이라고도 합니다. 메서드 호출에서 프로퍼티 접근 대상인 객체 또는 배열은
함수 바디가 실행되는 동안 this 키워드의 값이 됩니다. 이를 통해 함수(이렇게 호
출했을 때는 메서드라 부릅니다)가 자신이 속한 객체에 작용하는 객체 지향 프로
그래밍 패러다임을 자바스크립트에서도 사용할 수 있습니다. 자세한 내용은 9장을
보십시오.

4.5.1 조건부 호출

ES2020에서는 () 대신 ?.()를 통해 함수를 호출할 수 있습니다. 일반적으로 함수를 호출할 때 괄호 왼쪽의 표현식이 null이나 undefined, 기타 함수가 아닌 것으로 평가될 때는 TypeError가 일어납니다. ?.() 호출 문법을 사용하면 ?. 왼쪽에 있는 표현식이 null이나 undefined로 평가될 때는 호출 표현식 전체를 undefined로 평가하며 예외는 일어나지 않습니다.

배열에는 sort() 메서드가 있고 이 메서드는 배열 요소의 정렬 순서를 정의하는 함수 인자를 선택 사항으로 받을 수 있습니다. ES2019 이전에는 sort()처럼 선택 사항인 함수 인자를 받는 메서드를 작성할 때는 일반적으로 다음과 같이 if 문을 써서 선택 사항인 인자가 전달됐는지 확인해야 했습니다.

```
function square(x, log) {  // 두 번째 인자는 선택 사항인 함수입니다.
    if (log) {             // 선택 사항인 함수 인자를 받았습니다.
        log(x);            // 호출합니다.
    }
    return x * x;          // 인자의 제곱을 반환합니다.
}
```

ES2020의 조건부 호출 문법을 쓰면 ?.()를 사용해 함수를 호출하기만 하면 됩니다. 호출할 값이 존재할 때만 호출하며 에러는 일어나지 않습니다.

```
function square(x, log) {  // 두 번째 인자는 선택 사항인 함수입니다.
    log?.(x);              // 함수를 받았으면 호출합니다.
    return x * x;          // 인자의 제곱을 반환합니다.
}
```

하지만 ?.()는 왼쪽에 있는 것이 null이나 undefined인지만 체크한다는 점을 기억해야 합니다. 이 연산자는 값이 실제로 함수인지까지 체크하지는 않습니다. 따라서 이 예제의 square() 함수에, 예를 들어 숫자 두 개를 전달한다면 여전히 예외가 일어날 겁니다.

조건부 프로퍼티 접근 표현식(4.4.1절)과 마찬가지로 ?.()를 사용한 함수 호출 역시 단축 평가입니다. ?. 왼쪽에 있는 값이 null이나 undefined라면 괄호 안에 있는 함수 인자 표현식은 평가되지 않습니다.

```
let f = null, x = 0;
try {
    f(x++); // f가 null이면 TypeError가 일어납니다.
```

```
} catch(e) {
    x          // => 1: x는 예외가 일어나기 전에 증가했습니다.
}
f?.(x++)      // => undefined: f는 null이지만 예외가 일어나지는 않습니다.
x             // => 1: 단축 평가이므로 x는 증가하지 않았습니다.
```

?.()를 사용하는 조건부 호출 표현식은 메서드에서도 함수와 똑같이 동작합니다. 하지만 메서드 호출에는 반드시 프로퍼티 접근이 수반되므로, 잠시 시간을 들여 다음 표현식들의 차이를 확실히 이해하고 넘어가는 것이 좋습니다.

```
o.m()        // 일반적인 프로퍼티 접근, 일반적인 호출
o?.m()       // 조건부 프로퍼티 접근, 일반적인 호출
o.m?.()      // 일반적인 프로퍼티 접근, 조건부 호출
```

첫 번째 표현식에서 o는 반드시 객체여야 하고, m 프로퍼티가 있어야 하며, 그 프로퍼티의 값도 반드시 함수여야 합니다. 두 번째 표현식에서 o가 null이나 undefined라면 전체 표현식은 undefined로 평가됩니다. o가 null이나 undefined가 아니라면 반드시 m 프로퍼티가 있어야 하고 그 값은 반드시 함수여야 합니다. 그리고 세 번째 표현식에서 o는 반드시 null이나 undefined가 아니어야 합니다. o에 m 프로퍼티가 없거나 그 프로퍼티 값이 null이라면 전체 표현식이 undefined로 평가됩니다.

　?.()를 사용하는 조건부 호출도 자바스크립트의 최신 기능 중 하나입니다. 2020년 1월 기준으로 주요 브라우저의 안정 버전이나 베타 버전에서 이 문법을 지원합니다.

4.6 객체 생성 표현식

객체 생성 표현식은 객체를 생성하고 함수(생성자)를 호출해 객체 프로퍼티를 초기화합니다. 객체 생성 표현식은 호출 표현식과 같지만, 그 앞에 new 키워드를 붙인다는 점이 다릅니다.

```
new Object()
new Point(2,3)
```

객체 생성 표현식에서 생성자 함수에 전달할 인자가 없다면 다음과 같이 빈 괄호는 생략할 수 있습니다.

```
new Object
new Date
```

객체 생성 표현식의 값은 새로 생성된 객체입니다. 생성자는 9장에서 자세히 설명합니다.

4.7 연산자 개요

연산자는 산술 표현식, 비교 표현식, 논리 표현식, 할당 표현식 등에 사용됩니다. 간편하게 찾아볼 수 있도록 표 4-1에 연산자를 정리했습니다.

대부분의 연산자는 +나 =처럼 부호로 표현됩니다. 물론 delete나 instanceof 같은 키워드 연산자도 있습니다. 키워드 연산자도 부호로 표현된 것과 마찬가지로 일반적인 연산자이며 단지 문법이 덜 간결할 뿐입니다.

표 4-1은 연산자 우선순위에 따라 배치했습니다. 앞에 있는 연산자는 뒤에 있는 연산자보다 우선순위가 높습니다. 굵은 가로선으로 구분한 것은 연산자 우선순위가 다르다는 뜻입니다. A로 표시한 열은 연산자 결합성(associativity)을 나타냅니다. L은 왼쪽에서 오른쪽, R은 오른쪽에서 왼쪽을 뜻합니다. N으로 표시한 열은 피연산자 개수입니다. 타입이라고 표시한 열은 피연산자와 결과(화살표 뒤)의 타입을 뜻합니다. 표 다음에 이어지는 하위 절은 우선순위, 결합성, 피연산자 타입에 대해 설명합니다. 연산자 자체는 그 후에 개별적으로 설명합니다.

연산자	동작	A	N	타입
++	전위(후위) 증가	R	1	lval→num
--	전위(후위) 감소	R	1	lval→num
-	숫자의 부호를 변경	R	1	num→num
+	숫자로 변환	R	1	any→num
~	비트를 반대로	R	1	int→int
!	불 값을 반대로	R	1	bool→bool
delete	프로퍼티 제거	R	1	lval→bool
typeof	피연산자의 타입을 반환	R	1	any→str
void	undefined 값을 반환	R	1	any→undef
**	지수	R	2	num,num→num
*, /, %	곱셈, 나눗셈, 나머지	L	2	num,num→num

+, –	덧셈, 뺄셈	L	2	num,num→num
+	문자열 병합	L	2	str,str→str
<<	왼쪽 시프트	L	2	int,int→int
>>	부호 붙은 오른쪽 시프트	L	2	int,int→int
>>>	0으로 채우는 오른쪽 시프트	L	2	int,int→int
<, <=, >, >=	숫자로 비교	L	2	num,num→bool
<, <=, >, >=	문자열을 알파벳 순서로 비교	L	2	str,str→bool
instanceof	객체 클래스 체크	L	2	obj,func→bool
in	프로퍼티가 존재하는지 체크	L	2	any,obj→bool
==	동등성 체크	L	2	any,any→bool
!=	비동등성 체크	L	2	any,any→bool
===	일치 체크	L	2	any,any→bool
!==	불일치 체크	L	2	any,any→bool
&	비트 AND	L	2	int,int→int
^	비트 XOR	L	2	int,int→int
|	비트 OR	L	2	int,int→int
&&	논리 AND	L	2	any,any→any
||	논리 OR	L	2	any,any→any
??	첫 번째로 정의된 피연산자 선택	L	2	any,any→any
?:	두 번째 또는 세 번째 피연산자 선택	R	3	bool,any,any→any
=	변수나 프로퍼티에 할당	R	2	lval,any→any
**=, *=, /=, %=, +=, -=, &=, ^=, |=, <<=, >>=, >>>=	연산 후 할당	R	2	lval,any→any
,	첫 번째 피연산자를 버리고 두 번째를 반환	L	2	any,any→any

표 4-1 자바스크립트 연산자

4.7.1 피연산자 개수

연산자는 예상하는 피연산자 개수(항(arity))를 기준으로 분류할 수 있습니다. 곱셈 연산자 *처럼 자바스크립트 연산자 대부분은 표현식 두 개를 조합해 하나로 만드는 2항 연산자입니다. 즉, 피연산자 두 개를 받습니다. 자바스크립트는 표현식 하나를 다른 표현식으로 변환하는 단항 연산자 역시 지원합니다. -x 표현식의 - 연산자는 피연산자 x의 부호를 바꾸는 단항 연산자입니다. 마지막으로 자바스크립트에는 3항 연산자가 하나 있습니다. ?:는 조건 연산자라고도 부르며 표현식 세 개를 하나로 바꿉니다.

4.7.2 피연산자와 결과 타입

값의 타입에 관계없이 동작하는 연산자도 있지만, 대부분은 피연산자가 특정 타입일 것으로 간주하며 특정 타입의 값을 반환합니다. 표 4-1의 타입 열에 연산자의 피연산자 타입(화살표 앞)과 결과 타입(화살표 뒤)이 정리되어 있습니다.

자바스크립트 연산자는 필요에 따라 피연산자의 타입을 변환(3.9절)합니다. 곱셈 연산자 *는 피연산자가 숫자일 거라고 예상하지만, 표현식 "3" * "5"는 유효한 표현식입니다. 자바스크립트가 피연산자를 숫자로 변환할 수 있기 때문입니다. 이 표현식의 값은 물론 문자열 "15"가 아니라 숫자 15입니다. 자바스크립트 값은 모두 true 같은 값 또는 false 같은 값이므로 불 타입의 피연산자를 예상하는 연산자는 어떤 타입의 피연산자라도 받을 수 있습니다.

피연산자 타입에 따라 다르게 동작하는 연산자도 있습니다. 가장 눈에 띄는 것은 + 연산자입니다. 이 연산자는 피연산자가 숫자이면 더하고, 문자열이면 병합합니다. 마찬가지로, < 같은 비교 연산자는 피연산자 타입에 따라 숫자 순서로도, 알파벳 순서로도 비교할 수 있습니다. 연산자가 어떤 타입을 예상하는지, 타입을 어떻게 변환하는지는 개별 연산자를 다루며 설명합니다.

표 4-1의 할당 연산자를 포함한 일부 연산자에 피연산자가 lval 타입을 예상한다고 표기했습니다. **왼쪽 값**(lvalue)은 '할당 표현식의 왼쪽에 나타날 수 있는 표현식'을 가리키는 오래된 용어입니다. 자바스크립트에서는 변수, 객체 프로퍼티, 배열 요소가 왼쪽 값에 해당합니다.

4.7.3 연산자와 부수 효과

2 * 3 같은 단순한 표현식을 평가하는 것은 프로그램의 상태에 어떤 영향도 미치지 않으며 이후의 연산은 이 평가에 영향받지 않습니다. 하지만 일부 표현식에는 이후의 평가 결과에 영향을 미치는 **부수 효과**(side effect)가 있습니다. 할당 연산자

가 가장 명백한 예입니다. 변수나 프로퍼티에 값을 할당하면 해당 변수나 프로퍼티를 사용하는 모든 표현식에 영향을 미칩니다. 증가 연산자 ++와 감소 연산자 -- 역시 묵시적으로 할당의 역할을 하므로 비슷한 영향이 있습니다. delete 연산자 역시 부수 효과가 있습니다. 프로퍼티를 삭제하는 것은 해당 프로퍼티에 undefined를 할당하는 것과 비슷합니다(완전히 같지는 않지만).

다른 자바스크립트 연산자에는 부수 효과가 없습니다. 함수나 생성자 바디에 부수 효과가 있는 연산자를 사용한다면 해당 함수 호출이나 객체 생성 표현식에도 부수 효과가 있습니다.

4.7.4 연산자 우선순위

표 4-1은 연산자를 우선순위에 따라 정렬했고, 우선순위가 같은 그룹은 굵은 가로선으로 묶었습니다. 연산자 우선순위는 동작 순서를 결정합니다. 우선순위가 높은 연산자(위쪽에 있는 연산자)는 우선순위가 낮은 연산자(아래쪽에 있는 연산자)보다 먼저 실행됩니다.

다음 표현식을 보십시오.

```
w = x + y*z;
```

곱셈 연산자 *가 덧셈 연산자 +보다 우선순위가 높으므로 곱셈이 덧셈보다 먼저 이루어집니다. 또한 할당 연산자 =의 우선순위가 가장 낮으므로 할당은 오른쪽의 동작이 모두 끝난 후에 이루어집니다.

괄호를 사용해서 연산자 우선순위를 덮어 쓸 수 있습니다. 앞의 예제에서 덧셈을 첫 번째로 수행하고 싶다면 다음과 같이 수정합니다.

```
w = (x + y)*z;
```

표 4-1에 열거한 어떤 연산자보다도 프로퍼티 접근과 호출 표현식의 우선순위가 더 높습니다. 다음 표현식을 보십시오.

```
// my에는 functions라는 프로퍼티가 있고 그 값은
// 함수의 배열입니다. 번호가 x인 함수를 호출하면서 인자 y를 전달하고,
// 반환되는 값의 타입을 구합니다.
typeof my.functions[x](y)
```

typeof 연산자는 우선순위가 가장 높은 연산자 중 하나이지만, typeof 동작은 프로

퍼티 접근, 배열 인덱스, 함수 호출 다음에 이루어집니다. 이들은 모두 연산자보다 우선순위가 높습니다.

현실에서 연산자 우선순위가 불확실하다면 가장 단순한 방법은 괄호를 사용해서 순서를 명시적으로 정하는 겁니다. 중요한 규칙은 이겁니다. 곱셈과 나눗셈은 덧셈과 뺄셈보다 우선순위가 높습니다. 그리고 할당은 우선순위가 아주 낮으며 거의 항상 마지막에 수행됩니다.

자바스크립트에 새 연산자가 추가될 때 항상 이 우선순위 규칙을 따르는 것은 아닙니다. ?? 연산자(4.13.2절)는 표 4-1에서 ||나 &&보다 우선순위가 낮은 것으로 표시되어 있지만 사실 이들 사이의 상대적 우선순위는 아직 정의되지 않았으며, ES2020은 ??를 &&나 ||와 함께 사용할 때 명시적으로 괄호를 사용할 것을 요구합니다. 마찬가지로 새 연산자 **와 단항 부정(−) 연산자의 우선순위는 아직 명확히 정의되지 않았으므로 지수 연산자와 부정 연산자를 함께 사용할 때는 반드시 괄호를 써야 합니다.

4.7.5 연산자 결합성

표 4-1에서 A열은 연산자의 **결합성**을 나타냅니다. L은 왼쪽에서 오른쪽으로 연산하는 좌결합성, R은 오른쪽에서 왼쪽으로 연산하는 우결합성을 나타냅니다. 연산자의 결합성은 우선순위가 같은 동작을 수행할 때의 순서입니다. 예를 들어 뺄셈 연산자는 좌결합성입니다.

```
w = x - y - z;
```

따라서 위 코드는 다음 코드와 같습니다.

```
w = ((x - y) - z);
```

반면 다음 표현식을 보십시오.

```
y = a ** b ** c;
x = ~y;
w = x = y = z;
q = a?b:c?d:e?f:g;
```

위 표현식들은 다음 표현식과 동등합니다.

```
y = (a ** (b ** c));
x = ~(-y);
w = (x = (y = z));
q = a?b:(c?d:(e?f:g));
```

지수, 단항, 할당, 조건(3항) 연산자는 오른쪽에서 왼쪽으로 수행하기 때문입니다.

4.7.6 평가 순서

연산자 우선순위와 연관성은 복잡한 표현식에서 어떤 순서로 동작이 수행되는지는 지정하지만, 하위 표현식이 평가되는 순서는 지정하지 않습니다. 자바스크립트는 항상 표현식을 왼쪽에서 오른쪽으로 평가합니다. 예를 들어 w = x + y * z 표현식 에서는 하위 표현식 w를 첫 번째 평가하고, 그 다음 x, y, z를 순서대로 평가합니다. 그런 다음 y와 z의 값을 곱하고, x의 값을 더한 다음 표현식 w에서 지정한 변수나 프로퍼티에 할당합니다. 표현식에 괄호를 추가해서 곱셈, 덧셈, 할당 순서를 바꿀 수는 있지만 왼쪽에서 오른쪽으로 진행하는 평가 순서를 바꿀 수는 없습니다.

평가 순서는 평가하는 표현식의 값에 다른 표현식의 값에 영향을 미치는 부수 효과가 있을 때에만 의미가 있습니다. 표현식 x가 표현식 z에서 사용하는 변수를 증가시킨 다면, z보다 x를 먼저 평가한다는 사실이 중요합니다.

4.8 산술 표현식

이 절은 산술 연산을 비롯해 피연산자의 숫자를 조작하는 연산자에 관해 설명합니다. 지수, 곱셈, 나눗셈, 뺄셈 연산자는 단순하므로 먼저 설명합니다. 덧셈 연산자는 문자열 병합을 수행할 수 있고 조금 특별한 타입 변환 규칙이 있으므로 하위 절에서 따로 설명합니다. 단항 연산자와 비트 연산자 역시 하위 절에서 따로 설명합니다.

따로 설명하는 예외를 제외하면 대부분의 산술 연산자는 BigInt(3.2.5절)와 일반적인 숫자에 똑같이 사용할 수 있으며, 피연산자 타입을 섞지만 않으면 됩니다.

기본 산술 연산자에는 **(지수), *(곱셈), /(나눗셈), %(나머지), +(덧셈), –(뺄셈)이 있습니다. 이미 언급했듯 + 연산자는 별도의 하위 절에서 따로 설명합니다. 나머지 다섯 기본 연산자는 피연산자를 평가해서 필요하다면 숫자로 변환한 다음 제곱, 곱, 몫, 나머지, 차이를 계산합니다. 숫자가 아니며 숫자로 변환할 수도 없는 피연산자는 NaN 값으로 변환됩니다. 피연산자 중 하나가 NaN이거나 NaN으로 변환된다면 연산 결과는 (거의) 항상 NaN입니다.

** 연산자는 *, /, %보다 우선순위가 높으며, 세 연산자는 다시 +, –보다 우선순위가 높습니다. 다른 연산자와 달리 **는 오른쪽에서 왼쪽으로 동작하므로 2**2**3은 4**3이 아니라 2**8과 같습니다. –3**2 같은 표현식에는 태생적인 모호함이 있습니다. 단항 마이너스와 지수의 우선순위 관계에 따라, 이 표현식은 (–3)**2이 될 수도 있고 –(3**2)가 될 수도 있습니다. 언어에 따라 해석 방법이 다릅니다. 자바스크립트는 둘 중 하나를 택하지 않고, 그저 괄호를 생략하면 문법 에러를 일으킨다는 해결책을 택했습니다. 따라서 이런 표현식을 모호하게 쓸 가능성은 없습니다. **는 ES2016에서 추가된 자바스크립트의 최신 산술 연산자입니다. 자바스크립트의 최초 버전에서부터 있었던 Math.pow() 함수가 **와 정확히 같은 동작을 수행합니다.

/ 연산자는 첫 번째 피연산자를 두 번째 피연산자로 나눕니다. 정수와 부동 소수점 숫자를 구분하는 프로그래밍 언어에 익숙하다면 정수를 다른 정수로 나눈 결과는 당연히 정수라고 생각할 수도 있습니다. 하지만 자바스크립트에서는 모든 숫자가 부동 소수점이므로 나눗셈의 결과 역시 항상 부동 소수점입니다. 5/2은 2가 아니라 2.5입니다. 0으로 나누면 양의 무한대 또는 음의 무한대이고, 0을 0으로 나누면 NaN입니다. 어떤 계산도 에러를 일으키지 않습니다.

% 연산자는 첫 번째 피연산자를 두 번째 피연산자로 나눈 나머지입니다. 결과의 부호는 첫 번째 피연산자를 따릅니다. 예를 들어 5 % 2는 1이고, –5 % 2는 –1입니다.

나머지 연산자는 일반적으로 정수 피연산자를 받긴 하지만, 부동 소수점 값도 사용할 수 있습니다. 예를 들어 6.5 % 2.1는 0.2입니다.

4.8.1 + 연산자

2항 연산자 +는 숫자 피연산자는 더하고 문자열 피연산자는 병합합니다.

```
1 + 2                     // => 3
"hello" + " " + "there"   // => "hello there"
"1" + "2"                 // => "12"
```

피연산자가 모두 숫자거나 모두 문자열이라면 + 연산자가 어떻게 동작할지 명백히 알 수 있습니다. 하지만 두 타입이 일치하지 않는다면 타입 변환이 필요하고, 어느 쪽에 우선권이 있는지 정해야 합니다. + 연산자의 변환 규칙은 문자열 병합에 우선순위가 있습니다. 피연산자 중 하나가 문자열, 또는 문자열로 변환할 수 있는 객체라면 다른 피연산자를 문자열로 변환하고 둘을 병합합니다. 두 피연산자 모두 문자열로 판단할 수 없을 때에만 덧셈을 수행합니다.

엄밀히 말해, + 연산자는 다음과 같이 동작합니다.

- 피연산자 중 하나가 객체라면 3.9.3절에서 설명한 객체에서 기본 값으로 변환하는 알고리즘을 사용해 기본 값으로 변환합니다. Date 객체는 toString() 메서드를 호출하며 다른 객체는 valueOf() 메서드(그 메서드가 기본 값을 반환한다면)를 호출합니다. 하지만 대부분의 객체에서 valueOf() 메서드는 그리 유용하지 않으므로 대개는 toString()이 호출됩니다.
- 객체에서 기본 값으로 변환하고 난 뒤 피연산자 중 하나가 문자열이면 다른 하나를 문자열로 변환한 다음 병합합니다.
- 둘 다 문자열이 아니라면 숫자(또는 NaN)로 변환한 후 더합니다.

다음 예제를 보십시오.

```
1 + 2          // => 3: 덧셈
"1" + "2"      // => "12": 병합
"1" + 2        // => "12": 숫자를 문자열로 변환한 후 병합
1 + {}         // => "1[object Object]": 객체를 문자열로 변환한 후 병합
true + true    // => 2: 불 값을 숫자로 변환한 후 덧셈
2 + null       // => 2: null을 0으로 변환한 후 덧셈
2 + undefined  // => NaN: undefined를 NaN으로 변환한 후 덧셈
```

마지막으로 중요한 점은, + 연산자의 피연산자가 문자열과 숫자일 때 그 연관성은 명확하지 않습니다. 즉, 동작 순서에 따라 결과가 달라질 수 있습니다.

예를 들어 다음을 보십시오.

```
1 + 2 + " blind mice"    // => "3 blind mice"
1 + (2 + " blind mice")  // => "12 blind mice"
```

첫 번째 행에는 괄호가 없고 + 연산자의 결합성은 왼쪽에서 오른쪽이므로 먼저 두 숫자를 더한 다음 그 합에 문자열을 병합합니다. 두 번째 행에서는 괄호 때문에 순서가 달라졌습니다. 숫자 2와 문자열을 병합해서 문자열을 얻고, 다시 숫자 1과 새 문자열을 병합해 결과를 얻습니다.

4.8.2 단항 산술 연산자

단항 연산자는 피연산자 하나의 값을 바꿔 새 값을 얻습니다. 자바스크립트에서 단항 연산자는 모두 우선순위가 높으며 전부 오른쪽에서 왼쪽으로 연산을 수행합니다. 이 절에서 설명하는 단항 산술 연산자(+, -, ++, --)는 모두 필요하다면 피연산자를 숫자로 변환합니다. +, -는 단항 연산자로도, 2항 연산자로도 사용됩니다.

단항 산술 연산자는 다음과 같습니다.

단항 플러스(+)

단항 플러스 연산자는 피연산자를 숫자(또는 NaN)로 변환한 값을 반환합니다. 이미 숫자인 피연산자에 적용한다면 아무 일도 하지 않습니다. BigInt 값은 일반적인 숫자로 변환할 수 없으므로 단항 플러스 연산자를 사용할 수 없습니다.

단항 마이너스(-)

-를 단항 연산자로 사용하면 필요한 경우 피연산자를 숫자로 변환한 다음 부호를 바꿉니다.

증가(++)

++ 연산자는 피연산자에 1을 더하며, 그 피연산자는 반드시 왼쪽 값(변수, 객체 프로퍼티, 배열 요소)이어야 합니다. 이 연산자는 피연산자를 숫자로 변환하고 1을 더한 다음 증가된 값을 다시 피연산자에 할당합니다.

++ 연산자의 반환 값은 피연산자와 연산자의 위치 관계에 따라 다릅니다. 피연산자의 앞에 있을 때 이를 전위 증가 연산자라 부릅니다. 이 연산자는 피연산자의 값에 1을 더한 다음, 그 값으로 평가됩니다. 피연산자의 뒤에 있을 때 이를 후위 증가 연산자라 부릅니다. 이 연산자는 피연산자의 값에 1을 더하긴 하지만, 더하기 전의 값으로 평가됩니다. 다음 두 행의 차이를 보십시오.

```
let i = 1, j = ++i;    // i와 j는 모두 2입니다.
let n = 1, m = n++;    // n은 2이고 m은 1입니다.
```

표현식 x++가 항상 x=x+1과 같은 건 아닙니다. ++ 연산자는 절대 문자열 병합을 수행하지 않습니다. 이 연산자는 항상 피연산자를 숫자로 변환해서 1을 더합니다. x가 문자열 "1"이라면 ++x는 숫자 2지만, x+1은 문자열 "11"입니다.

또, 자바스크립트의 자동 세미콜론 삽입 기능 때문에 후위 증가 연산자와 피연산자 사이에서 줄을 바꿀 수는 없습니다. 줄을 바꾸면 자바스크립트는 피연산자를 그 자체로 하나의 문으로 취급하고 그 뒤에 세미콜론을 삽입합니다.

이 연산자는 전위든 후위든 for 루프(5.4.3절)에서 카운터를 1 증가시키는 목적으로 가장 많이 사용됩니다.

감소(--)

-- 연산자는 피연산자가 왼쪽 값이라고 예상합니다. 이 연산자는 피연산자의 값을 숫자로 변환한 뒤 1을 빼고 다시 피연산자에 할당합니다. ++ 연산자와 마찬가지로 -- 연산자의 반환 값은 피연산자와의 위치 관계에 따라 다릅니다. 피연산자 앞에 있을 때는 피연산자의 값에서 1을 빼고 그 값을 반환합니다. 피연산자의 뒤에 있을 때는 피연산자의 값에서 1을 빼는 건 마찬가지지만 '1을 빼기 전'의 값을 반환합니다. 피연산자 뒤에 사용했을 때는 피연산자와 연산자 사이에 줄바꿈을 쓸 수 없습니다.

4.8.3 비트 연산자

비트 연산자는 숫자의 이진 표현의 비트를 대상으로 저수준 조작을 수행합니다. 비트 연산자가 전통적인 의미의 산술 연산을 수행하지는 않지만, 숫자 피연산자를 받고 숫자 값을 반환하므로 산술 연산자로 분류합니다. 비트 연산자 중 네 가지는 피연산자의 개별 비트를 대상으로, 마치 각 비트가 불 값인 것처럼(1은 true, 0은 false) 불 연산을 수행합니다. 나머지 세 비트 연산자는 비트를 왼쪽이나 오른쪽으로 이동(shift)합니다. 이들 연산자는 자바스크립트 프로그래밍에서 널리 쓰이는 연산자는 아닙니다. 음수의 2의 보수를 포함해 정수의 이진 표현에 익숙하지 않다면 이 절은 건너뛰어도 좋습니다.

비트 연산자는 피연산자에 정수 값을 예상하며, 이 값이 64비트 부동 소수점 값이 아니라 32비트 정수인 것처럼 동작합니다. 이들 연산자는 필요하다면 피연산자를 숫자로 변환하고, 그 숫자 값에서 소수 부분과 32번째 이후의 비트를 모두 버려서 32비트 정수로 강제 변환(coerce)합니다. 시프트 연산자의 오른쪽 피연산자는 0 이상 31 이하여야 합니다. 시프트 연산자는 이 피연산자를 부호 없는 32비트 정수로 변환한 다음 다섯 번째를 넘어가는 비트를 모두 버려서 적절한 범위의 숫자로 만듭니다. 놀랍게도, NaN, Infinity, -Infinity에 시프트 연산자를 적용한 결과는 모두 0입니다.

>>>를 제외한 비트 연산자는 일반적인 숫자와 BigInt(3.2.5절) 피연산자에 모두 사용할 수 있습니다.

비트 AND(&)

& 연산자는 피연산자인 정수의 각 비트에 불 AND 연산을 수행합니다. 두 피연산자에 모두 대응하는 비트가 있어야 결과 비트도 채워집니다. 예를 들어 0x1234 & 0x00FF는 0x0034로 평가됩니다.[1]

비트 OR(|)

| 연산자는 피연산자인 정수의 각 비트에 불 OR 연산을 수행합니다. 두 피연산자 중 하나라도 대응하는 비트가 있으면 결과 비트가 채워집니다. 예를 들어 0x1234 | 0x00FF는 0x12FF로 평가됩니다.

비트 XOR(^)

^ 연산자는 정수인 피연산자의 각 비트에 불 XOR 연산을 수행합니다. XOR은 첫 번째 피연산자가 true거나 두 번째 피연산자가 true인 것은 가능하지만 둘 다 true인 것은 안 된다는 뜻입니다. 두 피연산자 중 한쪽에만 대응하는 비트가 있어야 결과 비트가 채워집니다. 예를 들어 0xFF00 ^ 0xF0F0는 0x0FF0로 평가됩니다.

---

[1] (옮긴이) 연산은 다음과 같이 이루어집니다. AND 연산이므로 양쪽 비트가 모두 1일 때만 결과가 1 이고 나머지 비트는 전부 0입니다. 2진수로 변환하는 것이 익숙하지 않다면 구글에서 0x1234 to binary라고 검색하시면 바로 나옵니다. 2의 보수는 *https://www.exploringbinary.com/twos-complement-converter/*에서 쉽게 계산할 수 있습니다.

```
1 0010 0011 0100  // 0x1234
      1111 1111  // 0x00FF
─────────────────
      0011 0100  // 0x0034
```

다른 예제는 이렇게 연산합니다.

```
   1 0010 0011 0100  // 0x1234        1111 1111 0000 0000  // 0xFF00
         1111 1111  // 0x00FF         1111 0000 1111 0000  // 0xF0F0
OR ─────────────────           XOR ─────────────────────────
   1 0010 1111 1111  // 0x12FF        0000 1111 1111 0000  // 0x0FF0

    0000 0000 0000 0000 0000 0000 0000 1111  // 0x0F
NOT ───────────────────────────────────────
    1111 1111 1111 1111 1111 1111 1111 0000  // 0xFFFFFFF0

    00111  // 7
<< 2 ──────
    11100  // 28

    0111  // 7          1111 1000  // -7 (2의 보수)
>> 1 ──────        >> 1 ──────────
    0011  // 3          1111 1001  // -4

     1111 1111 1111 1111 1111 1111 1111 1111  // -1
>>> 4 ───────────────────────────────────────
     0000 1111 1111 1111 1111 1111 1111 1111  // 0x0FFFFFFF
```

비트 NOT(~)

~ 연산자는 정수 피연산자 하나만 받는 단항 연산자입니다. 이 연산자는 피연산자의 비트를 모두 거꾸로 뒤집습니다. 자바스크립트에서 부호 붙은 정수를 표현하는 방법 때문에, 값에 ~ 연산자를 적용한 결과는 피연산자의 부호를 바꾸고 1을 뺀 것과 동등합니다. 예를 들어 ~0x0F는 0xFFFFFFF0(−16)과 같습니다.

왼쪽 시프트(<<)

<< 연산자는 첫 번째 피연산자의 비트를 모두 두 번째 피연산자 값만큼 왼쪽으로 이동합니다. 따라서 두 번째 피연산자의 값은 0 이상 31 이하입니다. a << 1에서 a의 첫 번째 비트는 결과의 두 번째 비트가 되고, a의 두 번째 비트는 결과의 세 번째 비트가 되는 식입니다. 가장 왼쪽에 있던 비트는 버리고, 새로 생긴 마지막 자리에는 0을 씁니다. 값을 왼쪽 한 자리 이동하면 2를 곱하는 것과 같고, 두 자리 이동하면 4를 곱하는 것과 같습니다. 예를 들어 7 << 2는 28입니다.

부호 붙은 오른쪽 시프트(>>)

>> 연산자는 첫 번째 피연산자의 모든 비트를 두 번째 피연산자의 숫자(0 이상 31 이하 정수)만큼 오른쪽으로 이동합니다. 오른쪽으로 밀려난 비트는 버립니다. 첫 번째 피연산자에 채워지는 비트는 피연산자의 부호를 유지할 수 있도록 부호 비트로 채웁니다. 첫 번째 피연산자가 양수이면 결과는 이동하는 만큼 0으로 채우고, 첫 번째 피연산자가 음수이면 결과는 이동하는 만큼 1로 채웁니다. 양수 값을 오른쪽으로 한 자리 이동하는 것은 2로 나누고 나머지를 버리는 것과 같고, 오른쪽으로 두 자리 이동하는 것은 4로 나누고 나머지를 버리는 것과 같고, 그런 식입니다. 예를 들어 7 >> 1은 3이지만, −7 >> 1은 −4입니다.

0으로 채우는 오른쪽 시프트(>>>)

>>> 연산자는 >> 연산자와 비슷하지만 첫 번째 피연산자의 부호와 관계없이 항상 0으로 채운다는 점이 다릅니다. 이 연산자는 부호 붙은 32비트 값을 부호 없는 정수처럼 취급할 때 유용합니다. 예를 들어 −1 >> 4는 −1, −1 >>> 4는 0x0FFFFFFF입니다. 이 연산자는 BigInt 값과 함께 사용할 수 없는 유일한 비트 연산자입니다. BigInt 타입은 32비트 정수가 부호 비트를 바꿔서 음수를 표현하는 것과는 다른 방식으로 음수를 표현하기 때문입니다. 이 연산자는 2의 보수 표현을 사용하는 타입에만 사용할 수 있습니다.

4.9 관계 표현식

이 절은 자바스크립트의 관계 연산자에 대해 설명합니다. 관계 연산자는 두 값 사이의 관계('동등하다', '~보다 작다', '~의 프로퍼티')를 나타내며, 그런 관계에 따라 false 또는 true를 반환합니다. 관계 표현식은 항상 불 값으로 평가되며, 이 값은 보통 if, while, for 같은 제어문(5장)에 사용됩니다. 이어지는 하위 절은 일치 연산자와 불일치 연산자, 비교 연산자, in과 instanceof 연산자에 대해 설명합니다.

4.9.1 일치와 불일치 연산자

==과 === 연산자는 두 값이 같은지 체크하며, 서로 다른 기준을 사용합니다. 숫자, 문자열, 객체 등 어떤 피연산자든 받을 수 있으며, 피연산자가 같을 때는 true를 반환하고 같지 않을 때는 false를 반환합니다. === 연산자를 일치 연산자라 부르며, 엄격한 정의에 따라 두 피연산자가 '완전히' 일치하는지 체크합니다. == 연산자는 동등 연산자라 부르며, 값을 비교할 때 타입 변환을 허용하므로 두 피연산자가 '같다고 볼 수 있는지' 체크합니다.

!=와 !== 연산자는 정반대입니다. != 비동등 연산자는 두 피연산자가 == 비교에 따라 동등하다 볼 수 있으면 false를 반환하고, 그렇지 않으면 true를 반환합니다. !== 불일치 연산자는 두 피연산자가 === 비교에 따라 완전히 일치할 때 false를 반환하고 그렇지 않으면 true를 반환합니다. 4.10절에서 보겠지만 ! 연산자는 불 NOT 연산을 수행합니다. 이걸 기억하면 !=과 !==가 각각 '동등하다고 볼 수 없다', '일치하지 않는다'는 뜻임을 기억하기 쉬울 겁니다.

> **📦 =, ==, === 연산자**
>
> 자바스크립트는 =, ==, === 연산자를 지원합니다. 할당, 동등, 일치 연산자의 차이를 이해하고 정확한 연산자를 선택하십시오. 무심코 이 셋을 모두 'a와 b가 같다'고 읽을 수 있겠지만 이들은 모두 다른 의미가 있습니다.
>
> == 연산자는 자바스크립트의 구형 기능이며 많은 버그를 낳는 것으로 악명이 높습니다. 되도록이면 == 대신 ===을, != 대신 !==을 사용해야 합니다.

3.8절에서 언급했듯 자바스크립트 객체는 값이 아니라 참조로 비교합니다. 객체는 자기 자신과 같지만, 다른 어떤 객체와도 같지 않습니다. 별개의 두 객체가 프로퍼

티 숫자도 같고, 이름과 값까지 같다 하더라도 둘은 다른 객체입니다. 마찬가지로, 두 배열이 같은 요소를 같은 순서로 포함하고 있어도 서로 다른 배열입니다.

일치

일치 연산자 ===는 먼저 피연산자를 평가한 다음, 두 값을 다음과 같이 비교하되, 타입 변환은 수행하지 않습니다.

- 두 값이 다른 타입이면 같은 값이 아닙니다.
- 두 값이 모두 null이거나 모두 undefined이면 같은 값입니다.
- 두 값이 모두 불 값 true거나 불 값 false이면 같은 값입니다.
- 두 값 중 하나라도 NaN이면 같은 값이 아닙니다. 의아할 수 있지만, NaN은 자기 자신을 포함해 어떤 값과도 같지 않습니다. 값 x가 NaN인지 체크하려면 x !== x 를 쓰거나 전역 함수 isNaN()을 쓰십시오.
- 두 값이 모두 숫자이고 값이 같다면 같은 값입니다. 하나가 0이고 다른 하나가 -0이라면 역시 같은 값입니다.
- 두 값이 모두 문자열이고 같은 위치에 정확히 같은 16비트 값을 포함한다면(3.3 절 참고) 같은 값입니다. 문자열의 길이나 내용이 다르다면 같은 값이 아닙니다. 두 문자열의 의미가 같고 눈으로 보기에 같더라도 내부 표현인 16비트 값은 서로 다를 수 있습니다. 자바스크립트는 유니코드 정규화를 수행하지 않으므로 이런 문자열은 ===에서도, == 연산자에서도 다르다고 판단합니다.
- 두 값이 같은 객체, 배열, 함수를 참조한다면 같은 값입니다. 다른 객체를 참조한다면 같은 값이 아닙니다. 설령 두 객체의 프로퍼티가 일치한다 해도 같은 값이 아닙니다.

동등성과 타입 변환

동등 연산자 ==는 일치 연산자에 비해 덜 엄격합니다. 두 피연산자가 같은 타입이 아니라면 이 연산자는 타입을 변환한 뒤 다음과 같이 비교를 시도합니다.

- 두 값이 같은 타입이라면 위에서 설명한 대로 일치하는지 체크합니다. 두 값이 일치한다면 같은 값입니다. 일치하지 않는다면 같은 값이 아닙니다.

- 두 값이 같은 타입이 아니더라도 == 연산자는 두 값이 같다고 판단할 수 있습니다. 동등 연산자는 다음 규칙과 타입 변환을 통해 같은 값인지 체크합니다.
  - 하나가 null이고 다른 하나가 undefined이면 같은 값입니다.
  - 하나가 숫자이고 다른 하나가 문자열이라면 문자열을 숫자로 변환하고, 변환된 값을 사용해 다시 비교합니다.
  - 값 중 하나가 true면 1로 변환한 후 다시 비교합니다. 값 중 하나가 false이면 0으로 변환한 후 다시 비교합니다.
  - 값 중 하나가 객체이고 다른 값이 숫자나 문자열이면 3.9.3절에서 설명한 알고리즘에 따라 객체를 기본 값으로 변환한 후 다시 비교합니다. 객체는 toString() 메서드 또는 valueOf() 메서드를 통해 기본 값으로 변환됩니다. 코어 자바스크립트의 내장 클래스는 toString() 변환보다 먼저 valueOf() 변환을 시도하는데, Date 클래스는 예외이며 이 클래스는 toString() 변환을 사용합니다.
  - 그 외에는 모두 다른 값입니다.

다음 예제를 보십시오.

```
"1" == true  // => true
```

이 표현식은 true로 평가됩니다. 표현식 양쪽은 완전히 다른 값으로 보이지만 같다고 볼 수 있다는 뜻입니다. 불 값 true를 먼저 숫자로 변환한 후 다시 비교합니다. 다음에는 문자열 "1"을 숫자 1로 변환합니다. 두 값은 이제 같은 값이므로 true를 반환합니다.

4.9.2 비교 연산자
비교 연산자는 다음과 같이 피연산자의 순서(숫자 또는 알파벳)를 비교합니다.

미만(<)

< 연산자는 첫 번째 피연산자가 두 번째 피연산자보다 작으면 true를, 그렇지 않으면 false를 반환합니다.

초과(>)

> 연산자는 첫 번째 피연산자가 두 번째 피연산자보다 크면 true, 그렇지 않으면

false를 반환합니다.

이하(<=)

<= 연산자는 첫 번째 피연산자가 두 번째 피연산자보다 작거나 같으면 true, 그렇지 않으면 false를 반환합니다.

이상(>=)

>= 연산자는 첫 번째 피연산자가 두 번째 피연산자보다 크거나 같으면 true, 그렇지 않으면 false를 반환합니다.

이들 비교 연산자는 피연산자의 타입을 가리지 않습니다. 하지만 비교는 숫자와 문자열에 대해서만 가능하므로, 피연산자는 숫자나 문자열로 변환됩니다.

비교와 변환은 다음과 같이 이루어집니다.

- 피연산자 중 하나가 객체로 평가되면 그 객체를 3.9.3절에서 설명한 대로 기본 값으로 변환합니다. valueOf() 메서드가 기본 값을 반환하면 그 값을 사용합니다. 그렇지 않다면 toString() 메서드의 반환 값을 사용합니다.
- 객체를 기본 값으로 변환한 후, 두 피연산자가 모두 문자열이라면 두 문자열을 알파벳 순서로 비교합니다. 여기서 '알파벳 순서'란 문자열을 구성하는 16비트 유니코드 값의 숫자 순서입니다.
- 객체를 기본 값으로 변환한 결과, 문자열이 아닌 피연산자가 있다면 두 피연산자를 숫자로 변환한 후 비교합니다. 0과 −0은 같은 값으로 간주합니다. Infinity는 자기 자신을 제외한 어떤 값보다 크고, −Infinity는 자기 자신을 제외한 어떤 값보다 작습니다. 두 피연산자 중 하나라도 NaN이거나 NaN으로 변환된다면 비교 연산자는 항상 false를 반환합니다. 산술 연산자는 BigInt 값과 일반적인 숫자를 섞어 쓸 수 없지만, 비교 연산자는 숫자와 BigInt의 비교를 허용합니다.

자바스크립트 문자열은 16비트 정수의 연속이며 문자열 비교는 사실 두 문자열을 구성하는 값의 비교입니다. 인코딩 숫자의 순서는 유니코드에서 정의하며 특정 언어나 지역에서 상식으로 받아들이는 순서와 다를 수 있습니다. 문자열 비교는 대소문자를 구별하며, ASCII 대문자는 모두 ASCII 소문자보다 '작습니다'. 이 규칙 때문에 혼란스러운 결과가 생길 수 있습니다. 예를 들어 < 연산자는 문자열 "Zoo"를 문자열 "aardvark"보다 작다고 판단합니다.

문자열 비교 알고리즘이 필요할 때는 String.localeCompare() 메서드를 고려해 보십시오. 이 메서드는 해당 지역의 상식에 맞는 알파벳 순서를 판단 기준에 포함합니다. 대소문자를 가리지 않고 비교한다면 String.toLowerCase()나 String .toUpperCase()를 사용해 전부 소문자 또는 대문자로 통일하여 비교할 수 있습니다. 11.7.3절에서 설명할 Intl.Collator 클래스를 사용하면 좀 더 상식적인 문자열 비교 결과를 얻을 수 있습니다.

+ 연산자와 비교 연산자는 모두 피연산자가 숫자냐 문자열이냐에 따라 다르게 동작합니다. +는 문자열을 선호합니다. 즉, 피연산자 중 하나라도 문자열이라면 병합하려 합니다. 반대로 비교 연산자는 숫자를 선호하며, 두 피연산자가 모두 문자열일 때만 문자열 비교를 수행합니다.

```
1 + 2        // => 3: 덧셈
"1" + "2"    // => "12": 병합
"1" + 2      // => "12": 2는 "2"로 변환됩니다.
11 < 3       // => false: 숫자 비교
"11" < "3"   // => true: 문자열 비교
"11" < 3     // => false: 숫자 비교. "11"은 11로 변환됩니다.
"one" < 3    // => false: 숫자 비교. "one"은 NaN으로 변환됩니다.
```

마지막으로, <=와 >= 연산자는 두 값이 '같은지' 판단할 때 일치 연산자의 기준을 적용하지 않습니다. 사실 <= 연산자는 '보다 크지 않다'로 정의됐으며, 마찬가지로 >= 연산자는 '보다 작지 않다'로 정의됐습니다. 한 가지 예외는 피연산자 중 하나가 NaN이거나 NaN으로 변환되는 경우인데, 이때는 네 가지 비교 연산자가 모두 false를 반환합니다.

4.9.3 in 연산자

in 연산자는 왼쪽 피연산자가 문자열, 심벌, 문자열로 변환될 수 있는 값이라고 예상합니다. 오른쪽 피연산자는 객체라고 예상합니다. 이 연산자는 왼쪽 피연산자가 오른쪽 객체의 프로퍼티 이름일 경우 true를 반환합니다. 예를 들어 다음을 보십시오.

```
let point = {x: 1, y: 1};  // 객체를 정의합니다.
"x" in point               // => true: 객체에는 "x"라는 프로퍼티가 있습니다.
"z" in point               // => false: 객체에는 "z"라는 프로퍼티가 없습니다.
"toString" in point        // => true: 객체는 toString 메서드를 상속합니다.
```

```
let data = [7,8,9];        // 프로퍼티(인덱스) 0, 1, 2가 있는 배열
"0" in data                // => true: 배열에 요소(인덱스) "0"이 있습니다.
1 in data                  // => true: 숫자는 문자열로 변환되며 요소(인덱스) "1"이 있습니다.
3 in data                  // => false: 요소(인덱스) "3"은 없습니다.
```

4.9.4 instanceof 연산자

instanceof 연산자는 왼쪽 피연산자가 객체, 오른쪽 피연산자는 객체의 클래스라고 예상합니다. 이 연산자는 왼쪽에 있는 객체가 오른쪽에 있는 클래스의 인스턴스라면 true, 그렇지 않다면 false를 반환합니다. 9장에서 자바스크립트 클래스는 초기화 기능이 있는 생성자 함수를 통해 정의되는 객체임을 설명할 겁니다. 따라서 instanceof의 오른쪽 피연산자는 함수여야 합니다. 다음 예제를 보십시오.

```
let d = new Date();  // Date() 생성자로 객체를 생성합니다.
d instanceof Date    // => true: d는 Date()를 통해 생성됐습니다.
d instanceof Object  // => true: 객체는 모두 Object의 인스턴스입니다.
d instanceof Number  // => false: d는 Number 객체가 아닙니다.
let a = [1, 2, 3];   // 배열 리터럴 문법으로 배열을 생성합니다.
a instanceof Array   // => true: a는 배열입니다.
a instanceof Object  // => true: 배열은 모두 객체입니다.
a instanceof RegExp  // => false: 배열은 정규 표현식이 아닙니다.
```

객체는 모두 Object의 인스턴스입니다. instanceof는 객체가 클래스의 인스턴스인지 판단할 때 '슈퍼클래스'를 감안합니다. instanceof는 왼쪽 피연산자가 객체가 아니라면 false를 반환합니다. 오른쪽 피연산자가 객체의 클래스가 아니라면 TypeError가 일어납니다.

instanceof 연산자가 어떻게 동작하는지 이해하려면 반드시 '프로토타입 체인'을 이해해야 합니다. 프로토타입 체인은 자바스크립트의 상속 메커니즘이며 6.3.2절에서 설명합니다. 자바스크립트는 o instanceof f라는 표현식을 평가할 때 먼저 f.prototype을 평가한 후 o의 프로토타입 체인에서 그 값을 찾습니다. 그런 값을 찾으면 o는 f의 인스턴스(서브클래스)이며 연산자는 true를 반환합니다. o의 프로토타입 체인에 f.prototype이 존재하지 않으면 o는 f의 인스턴스가 아니고, instanceof는 false를 반환합니다.

4.10 논리 표현식

논리 연산자 &&, ||, !는 불 연산을 수행합니다. 이 연산자는 관계 표현식 두 개를 결합하여 더 복잡한 표현식으로 만드는 형태로 사용될 때가 많습니다. 이 연산자들은 이어지는 하위 절에서 나누어 설명합니다. 논리 연산자를 완전히 이해하려면 3.4절에서 소개한 true 같은 값, false 같은 값 개념을 이해하고 있어야 합니다.

4.10.1 불 AND (&&)

&& 연산자는 세 가지 용도로 사용합니다. 가장 단순한 경우 &&를 불 피연산자와 함께 사용하면 두 값에서 불 AND 연산을 수행합니다. 첫 번째 피연산자와 두 번째 피연산자가 모두 true일 때만 true를 반환합니다. 피연산자 중 하나라도 false이면 false를 반환합니다.

&&는 두 관계 표현식을 연결하는 용도로도 자주 사용합니다.

```
x === 0 && y === 0   // x와 y가 모두 0일 때만 true
```

관계 표현식은 항상 true 또는 false로 평가되므로 이렇게 사용한 && 연산자 자체도 true나 false를 반환합니다. 관계 연산자는 &&나 ||보다 우선순위가 높으므로 이런 표현식에는 괄호가 필요하지 않습니다.

&&는 피연산자가 불 값을 가질 것을 요구하지 않습니다. 자바스크립트 값은 모두 true 같은 값 또는 false 같은 값으로 해석할 수 있음을 상기하십시오(3.4절에서 자세히 설명했지만 false 같은 값에는 false, null, undefined, 0, -0, NaN, ""가 있습니다. 다른 값은 객체를 포함해서 모두 true 같은 값입니다). &&의 두 번째 용도는 true 같은 값과 false 같은 값 사이에서 불 AND 연산자로 사용된 경우입니다. 두 피연산자가 모두 true 같은 값이면 연산자 역시 true 같은 값을 반환합니다. 그렇지 않다면 false 같은 값을 반환합니다. 자바스크립트에서는 불 값이 올 자리에 true 같은 값이나 false 같은 값이 와도 상관없으므로, &&가 true 같은 값이나 false 같은 값을 반환하더라도 문제되지는 않습니다.

필자는 'true 같은 값'이나 'false 같은 값'이라고 표현했을 뿐 정확히 어떤 값을 반환한다고는 표현하지 않았습니다. 이것이 &&가 사용되는 세 번째 경우입니다. 이 연산자는 먼저 왼쪽에 있는 첫 번째 피연산자를 평가합니다. 왼쪽에 있는 값이 false 같은 값이면 전체 표현식의 값 역시 반드시 false 같은 값이므로, &&는 단순히 왼쪽에 있는 값을 반환하며 오른쪽에 있는 표현식을 평가하려 하지도 않습니다.

반면 왼쪽에 있는 값이 true 같은 값이면 표현식의 전체적인 값은 오른쪽에 있는 값입니다. 오른쪽에 있는 값이 true 같은 값이면 전체적인 값도 반드시 true 같은 값이며, 오른쪽에 있는 값이 false 같은 값이면 전체적인 값 역시 반드시 false 같은 값입니다. 따라서 왼쪽에 있는 값이 true 같은 값이면 && 연산자는 오른쪽에 있는 값을 평가한 후 반환합니다.

```
let o = {x: 1};
let p = null;
o && o.x      // => 1: o는 true 같은 값이므로 o.x의 값을 반환합니다.
p && p.x      // => null: p는 false 같은 값이므로 그대로 반환하며 p.x는 평가하지 않습니다.
```

&&는 오른쪽에 있는 피연산자를 평가할 수도, 그렇지 않을 수도 있다는 점을 이해하는 것이 중요합니다. 이 예제에서 변수 p는 null이므로 표현식 p.x를 평가했다면 TypeError가 일어났을 겁니다. 하지만 p.x는 p가 null이나 undefined가 아니라 true 같은 값일 때만 평가됩니다.

&&의 이런 동작 방식을 단축 평가(short circuit)라고 부르며, 코드를 조건부로 실행하려 할 때 사용하기도 합니다. 예를 들어 다음 두 행의 효과는 동등합니다.

```
if (a === b) stop();    // a === b일 때만 stop()을 호출합니다.
(a === b) && stop();    // 똑같이 동작합니다.
```

일반적으로, 부수 효과가 있는 표현식(할당, 증가, 감소, 함수 호출)을 &&의 오른쪽에 쓸 때는 반드시 주의해야 합니다. 이런 부수 효과가 일어날지 여부는 왼쪽의 값에 따라 다릅니다.

이 연산자는 다소 복잡하게 동작하긴 하지만, true 같은 값과 false 같은 값을 피연산자로 받는 단순한 불 연산자로 사용할 때가 가장 많습니다.

4.10.2 불 OR (||)

|| 연산자는 두 피연산자에 대해 불 OR 연산을 수행합니다. 두 피연산자 중 하나라도 true 같은 값이면 이 연산자는 true 같은 값을 반환합니다. 두 피연산자가 모두 false 같은 값이면 연산자 역시 false 같은 값을 반환합니다.

|| 연산자는 대개 단순한 불 OR 연산자로 사용되긴 하지만, && 연산자와 마찬가지로 복잡한 동작 방식을 가지고 있습니다. 이 연산자는 먼저 왼쪽에 있는 첫 번째

피연산자를 평가합니다. 첫 번째 피연산자의 값이 true 같은 값이면 단축 평가가 일어나서 오른쪽에 있는 표현식은 평가하지 않고 바로 true 같은 값을 반환합니다. 반면 첫 번째 피연산자의 값이 false 같은 값이면 || 연산자는 두 번째 피연산자를 평가하고 그 값을 표현식의 값으로 반환합니다.

오른쪽에 있는 표현식이 평가되지 않을 수도 있다는 사실을 의도적으로 활용하지 않는 한, && 연산자와 마찬가지로 이 연산자의 오른쪽에도 부수 효과가 있는 피연산자는 피하는 것이 좋습니다.

이 연산자는 몇 가지 변수 중에서 첫 번째로 등장하는 true 같은 값을 선택하려 할 때 자주 사용합니다.

```
// maxWidth가 true 같은 값이면 그걸 사용합니다. 그렇지 않다면
// preferences 객체에서 값을 찾습니다. 그 역시 true 같은 값이 아니면 상수 리터럴을 사용합니다.
let max = maxWidth || preferences.maxWidth || 500;
```

maxWidth의 유효한 값에 0이 포함되어 있다면 이 코드는 정확히 동작하지 않을 수 있습니다. 0은 false 같은 값이기 때문입니다. 이 경우 4.13.2절에서 살펴볼 ?? 연산자가 대안이 될 수 있습니다.

ES5 이전에는 이런 관용적 표현을 함수 매개변수에 기본 값을 설정하는 용도로 자주 사용했습니다.

```
// o의 프로퍼티를 p에 복사한 후 p를 반환합니다.
function copy(o, p) {
    p = p || {};  // p 객체가 전달되지 않았으면 새로 생성한 객체를 사용합니다.
    // 함수 바디
}
```

ES6 이후에는 이런 편법을 사용할 필요가 없습니다. function copy(o, p={}) { ... } 같은 문법으로 함수 정의 자체에서 함수 매개변수에 기본 값을 설정할 수 있기 때문입니다.

4.10.3 불 NOT (!)

! 연산자는 단항 연산자이므로 단일한 피연산자 앞에 사용합니다. 이 연산자의 목적은 피연산자의 불 값을 부정하는(반대로 정하는) 것입니다. 예를 들어 x가 true 같은 값이면 !x는 false로 평가됩니다. x가 false 같은 값이면 !x는 true입니다.

&&나 || 연산자와는 달리 ! 연산자는 3장에서 설명한 규칙에 따라 피연산자를 불

값으로 변환한 다음 부정합니다. 따라서 !는 항상 true 또는 false를 반환하며, !!x 처럼 이 연산자를 두 번 적용하면 값 x를 그와 동등한 불 값으로 변환할 수 있습니다(3.9.2절 참고).

!는 단항 연산자이므로 우선순위가 높고 피연산자와 단단히 결합됩니다. p && q 같은 표현식을 부정하고 싶다면 !(p && q)처럼 괄호를 써야 합니다. 불 대수학의 두 명제를 자바스크립트 문법으로 표현할 수 있다는 점을 알고 넘어가는 것도 좋겠습니다.

```
// 드 모르간의 법칙
!(p && q) === (!p || !q)  // => true: p와 q의 값이 어떻든 관계없습니다.
!(p || q) === (!p && !q)  // => true: p와 q의 값이 어떻든 관계없습니다.
```

4.11 할당 표현식

자바스크립트는 = 연산자를 사용해 변수나 프로퍼티에 값을 할당합니다. 예를 들어 다음을 보십시오.

```
i = 0;     // 변수 i에 0을 할당합니다.
o.x = 1;   // 객체 o의 x 프로퍼티에 1을 할당합니다.
```

= 연산자는 왼쪽 피연산자가 왼쪽 값, 즉 변수나 객체 프로퍼티 또는 배열 요소일 것으로 예상합니다. 오른쪽 피연산자는 어떤 타입이든, 어떤 값이든 상관없습니다. 할당 표현식의 값은 오른쪽 피연산자의 값입니다. = 연산자는 오른쪽에 있는 값을 왼쪽에 있는 변수나 프로퍼티에 할당하므로 나중에 그 변수나 프로퍼티를 참조할 때 지금 할당한 값으로 평가됩니다.

할당 표현식은 보통 아주 단순하지만, 때때로 할당 표현식의 값을 더 큰 표현식의 일부분으로 사용할 때가 있습니다. 예를 들어 다음과 같이 표현식 하나에서 값을 할당하는 동시에 테스트할 수 있습니다.

```
(a = b) === 0
```

이런 코드를 실제로 사용하려면 =와 === 연산자의 차이를 명확히 이해하고 있어야 합니다. =의 우선순위는 아주 낮다는 점을 기억하십시오. 할당 표현식의 값을 더 큰 표현식에 사용하고자 할 때는 보통 괄호가 필요합니다.

할당 연산자의 결합성은 오른쪽에서 왼쪽입니다. 즉, 표현식 하나에 할당 연산자

가 여럿 존재한다면 이들은 오른쪽에서 왼쪽으로 평가합니다. 따라서 다음과 같은
코드를 써서 값 하나를 여러 변수에 할당할 수 있습니다.

```
i = j = k = 0;        // 세 변수를 모두 0으로 초기화합니다.
```

4.11.1 할당과 연산

자바스크립트는 일반적인 = 할당 연산자 외에도 할당 연산자와 다른 연산자를 결
합한 단축 표현을 지원합니다. 예를 들어 += 연산자는 덧셈과 할당을 동시에 수행
합니다.

```
total += salesTax;
```

위 코드는 다음과 동등합니다.

```
total = total + salesTax;
```

예상했겠지만 += 연산자는 숫자와 문자열에 대해 동작합니다. 피연산자가 숫자이
면 덧셈과 할당을, 피연산자가 문자열이면 병합과 할당을 수행합니다.

비슷한 연산자로 -=, *=, &= 등이 있습니다. 표 4-2에 이를 정리했습니다.

연산자	예제	동등한 표현식
+=	a += b	a = a + b
-=	a -= b	a = a - b
*=	a *= b	a = a * b
/=	a /= b	a = a / b
%=	a %= b	a = a % b
**=	a **= b	a = a ** b
<<=	a <<= b	a = a << b
>>=	a >>= b	a = a >> b
>>>=	a >>>= b	a = a >>> b
&=	a &= b	a = a & b
|=	a |= b	a = a | b
^=	a ^= b	a = a ^ b

표 4-2 단축 할당 연산자

```
a op= b
```

대부분의 경우, 위와 같은 표현식에서 op가 연산자라고 할 때 다음 표현식과 동등합니다.

```
a = a op b
```

전자에서 표현식 a는 한 번 평가됩니다. 후자에서는 두 번 평가됩니다. 두 표현이 다른 경우는 a에 함수 호출이나 증가 연산자 같은 부수 효과가 있을 때뿐입니다. 예를 들어 다음 두 할당 표현식은 동등하지 않습니다.

```
data[i++] *= 2;
data[i++] = data[i++] * 2;
```

4.12 평가 표현식

인터프리터 언어가 대부분 그렇지만, 자바스크립트 역시 문자열을 자바스크립트 소스 코드로 해석하고 평가해서 값을 얻을 수 있습니다. 자바스크립트에서는 전역 함수 eval()이 그 역할을 담당합니다.

```
eval("3+2")    // => 5
```

동적으로 문자열을 평가해 소스 코드로 바꾸는 것은 지나치게 강력한 기능이며, 현실에서는 (거의) 절대 필요하지 않습니다. 만약 eval()을 사용하고 있다면, 정말로 필요해서 사용하고 있는지 심사숙고해야 합니다. 특히 eval()은 보안 허점을 만듭니다. 사용자가 입력한 문자열을 eval()에 전달해서는 절대 안 됩니다. 자바스크립트처럼 복잡한 언어에서는 사용자 입력을 eval()에 전달해도 안전할지 검사하는 건 불가능합니다. 이런 보안 문제 때문에 일부 웹 서버는 HTTP 콘텐츠 보안 정책(Content-Security-Policy) 헤더를 통해 웹사이트 전체에서 eval()을 비활성화하기도 합니다.

이어지는 하위 절은 eval()의 기본적인 사용법에 대해 설명하고, 부작용이 좀 덜하도록 제한된 두 가지 버전을 설명합니다.

> **eval()은 함수일까요, 연산자일까요?**
>
> eval()은 함수입니다. 하지만 사실 연산자로 보는 게 맞기에 연산자를 설명하는 이 장에 포함했습니다. 자바스크립트의 초기 버전에서 eval() 함수를 정의했지만, 그 후 언어 설계자와 인터프리터 제작자들이 이 함수에 계속해서 제한을 가해 점점 더 연산자에 가깝게 만들었습니다. 최신 자바스크립트 인터프리터는 코드 분석과 최적화를 아주 많이 수행합니다. 일반적으로 어떤 함수가 eval()을 호출한다면 인터프리터는 해당 함수를 최적화할 수 없습니다. eval()을 함수로 정의할 때 발생하는 문제는 다음과 같이 다른 이름을 붙일 수 있다는 겁니다.
>
> ```
> let f = eval;
> let g = f;
> ```
>
> 만약 이런 코드를 허용한다면 인터프리터는 어떤 함수가 eval()을 호출하는지 확신할 수 없고, 따라서 적극적으로 최적화할 수 없게 됩니다. 이 문제는 eval()이 연산자이고 예약어였다면 발생하지 않았을 문제입니다. 4.12.2절과 4.12.3절에서 eval()을 더 연산자처럼 만든 제한에 대해 설명하겠습니다.

4.12.1 eval()

eval()은 인자를 하나 받습니다. 문자열이 아닌 값을 전달하면 그 값을 반환합니다. 문자열을 전달하면 그 문자열을 자바스크립트 코드로 분석할 수 있는지 시도하고, 실패하면 SyntaxError를 일으킵니다. 문자열을 성공적으로 분석하면 그 코드를 평가하고 해당 문자열의 마지막 표현식 또는 문의 값을 반환하며, 마지막 표현식이나 문에 값이 없다면 undefined를 반환합니다. 평가한 문자열이 예외를 일으키면 그 예외는 eval()을 호출한 호출자로부터 거슬러 올라갑니다.

이런 형태로 eval()을 호출했을 때의 핵심은 eval()이 자신을 호출한 코드의 변수 환경을 사용한다는 점입니다. 즉, eval()은 로컬 코드와 같은 방법으로 변수의 값을 검색하고 새로운 변수와 함수를 정의합니다. 함수가 로컬 변수 x를 정의하고 eval("x")를 호출한다면 이 함수는 로컬 변수의 값을 얻습니다. eval("x=1")이라고 호출한다면 로컬 변수의 값이 바뀝니다. 그리고 eval("var y = 3;")이라고 호출한다면 새 로컬 변수 y가 선언됩니다. 반면, 평가하는 문자열이 let이나 const를 사용한다면 해당 변수나 상수는 평가 컨텍스트에 종속되며 호출하는 환경에는 정의되지 않습니다.

함수는 다음과 같이 로컬 함수를 선언할 수 있습니다.

```
eval("function f() { return x+1; }");
```

물론 최상위 코드에서 eval()을 호출한다면 eval()은 전역 변수와 전역 함수에서 동작합니다.

eval()에 전달하는 코드 문자열은 반드시 그 자체로 문법에 맞아야 합니다. 코드 일부를 eval()에 복사해서 붙여 넣을 수는 없습니다. 예를 들어, eval("return;")이라고 해 봐야 아무 의미도 없습니다. return은 함수 안에서만 사용할 수 있으며, 평가된 문자열이 호출하는 함수와 같은 변수 환경을 사용한다고 해서 함수의 일부가 되는 것은 아닙니다. 그 자체로 독립된 스크립트가 될 수 있는 문자열만(x=0처럼 아주 짧은 것이라도) eval()에 전달할 수 있습니다. 그렇지 않다면 eval()은 Syntax Error를 일으킵니다.

4.12.2 전역 eval()

eval()은 로컬 변수를 엉망으로 만들어서 자바스크립트 최적화기를 곤란하게 만듭니다. 따라서 인터프리터는 eval()을 호출하는 함수에 대해서는 적극적으로 최적화하지 않습니다. 하지만 스크립트에서 eval()에 대한 별칭을 정의하고 그 함수를 다른 이름으로 호출한다면 자바스크립트 인터프리터는 어떻게 대응해야 할까요? 자바스크립트 명세는 eval()을 'eval'이 아닌 다른 이름으로 호출했을 경우 해당 문자열이 최상위 전역 코드인 것처럼 평가해야 한다고 정의합니다. 평가된 코드에서 전역 변수나 전역 함수를 새로 정의할 수 있고 전역 변수의 값을 바꿀 수도 있지만, 호출하는 함수의 로컬 변수는 아무것도 사용하거나 바꿀 수 없으므로 로컬 최적화를 방해할 수는 없게 됩니다.

eval() 함수의 '직접 호출'은 eval이라는 이름을 있는 그대로 사용하는 표현식으로 호출하는 것입니다. eval()을 직접 호출하면 호출하는 컨텍스트의 변수 환경을 사용합니다. 간접 호출, 즉 직접 호출이 아닌 다른 어떤 형태로 호출한다면 전역 객체를 변수 환경으로 사용하며 로컬 변수나 함수를 읽거나, 쓰거나, 정의할 수 없습니다. 직접 호출과 간접 호출 모두 var를 통해서만 새 변수를 정의할 수 있습니다. 평가된 문자열 안에서 let이나 const를 사용하면 해당 평가에 종속되는 변수와 상수를 생성할 뿐, 호출 환경이나 전역 환경에 영향을 끼치지 않습니다.

다음 코드를 보십시오.

```javascript
const geval = eval;                  // 전역 eval에 다른 이름을 사용합니다.
let x = "global", y = "global";      // 전역 변수 두 개
function f() {                        // 이 함수는 로컬에서 eval을 사용합니다.
    let x = "local";                 // 로컬 변수를 정의합니다.
    eval("x += 'changed';");         // 직접 호출을 통해 로컬 변수를 수정합니다.
    return x;                         // 변경된 로컬 변수를 반환합니다.
}
function g() {                        // 이 함수는 전역 eval을 사용합니다.
    let y = "local";                 // 로컬 변수
    geval("y += 'changed';");        // 간접 호출이므로 전역 변수에 접근합니다.
    return y;                         // 변경되지 않은 로컬 변수를 반환합니다.
}
console.log(f(), x); // 로컬 변수가 변경됐습니다. "localchanged global"
console.log(g(), y); // 전역 변수가 변경됐습니다. "local globalchanged"
```

간접 호출을 통해 전역 eval()을 사용하는 것은 단순히 최적화를 위해 우회하는 것만은 아닙니다. 사실 이것은 코드 문자열을 독립적 최상위 스크립트처럼 실행할 수 있는 대단히 유용한 기능입니다. 이 절 초반에 언급했듯 정말로 코드 문자열을 평가해야 할 필요는 거의 없습니다. 하지만 꼭 필요하다면, 로컬보다는 전역 eval()을 사용하게 될 겁니다.

4.12.3 스트릭트 eval()

스트릭트 모드(5.6.3절)는 eval() 함수를 더 제한하고, 'eval'이라는 식별자의 사용역시 제한합니다. 스트릭트 모드 코드에서 eval()을 호출하거나 코드 문자열 자체가 "use strict" 지시자로 시작하는 것으로 평가된다면 해당 eval()은 비공개 변수환경에서 로컬로 동작합니다. 즉, 스트릭트 모드에서는 평가된 코드가 로컬 변수를검색하거나 변경할 수는 있지만, 로컬 스코프에서 변수나 함수를 새로 정의할 수는없습니다.

또한 스트릭트 모드는 'eval'을 예약어처럼 만들어서 eval()을 더 연산자에 가깝게 바꿉니다. 스트릭트 모드에서는 eval() 함수를 새 값으로 덮어 쓸 수 없습니다.또한 'eval'이라는 이름으로 변수나 함수, 함수 매개변수를 선언할 수 없고 블록을캐치(catch)할 수 없습니다.

4.13 기타 연산자

지금까지 설명한 것 외에도 다양한 연산자가 있습니다.

4.13.1 조건 연산자 (?:)

조건 연산자는 자바스크립트에서 유일한 3항 연산자(피연산자 세 개)이며, 실제로 3항 연산자라고 불리기도 합니다. 이 연산자는 ?:로 표기하긴 하지만, 이 형태를 그대로 사용하지는 않습니다. 피연산자 세 개 중 첫 번째는 ? 앞에 있고, 두 번째는 ? 과 : 사이에 있으며, 세 번째는 : 다음에 있습니다. 다음과 같이 사용합니다.

```
x > 0 ? x : -x       // x의 절댓값
```

조건 연산자는 피연산자 타입을 가리지 않습니다. 첫 번째 피연산자는 불로 평가하고 해석합니다. 첫 번째 피연산자의 값이 true 같은 값이면 두 번째 피연산자를 평가하고 그 값을 반환합니다. 그렇지 않다면 세 번째 피연산자를 평가하고 그 값을 반환합니다. 두 번째와 세 번째 피연산자 중 단 하나만 평가하며, 둘 다 평가하는 경우는 절대 없습니다.

if 문(5.3.1절)으로 비슷한 결과를 얻을 수 있지만, ?: 연산자를 쓰면 더 간결할 때가 많습니다. 다음은 userName 변수가 true 같은 값이면 그 값을 사용하고, 아니면 기본 값을 사용합니다. 이런 방식이 조건 연산자의 전형적인 사용 방법입니다.

```
greeting = "hello " + (username ? username : "there");
```

위 코드는 다음 if 문과 동등하지만 더 간결합니다.

```
greeting = "hello ";
if (username) {
    greeting += username;
} else {
    greeting += "there";
}
```

4.13.2 null 병합 연산자 (??)

null 병합 연산자(first-define operator) ??는 정의된 첫 번째 피연산자로 평가됩니다. 왼쪽 피연산자가 null이나 undefined가 아니면 그 값을 반환합니다. 그렇지 않다면 오른쪽 피연산자의 값을 반환합니다. &&나 || 연산자와 마찬가지로 ?? 역시 단

축 평가입니다. 즉, 첫 번째 피연산자가 null이나 undefined로 평가될 때만 두 번째 피연산자를 반환합니다. 표현식 a에 부수 효과가 없다면 a ?? b는 다음 코드와 동등합니다.

```
(a !== null && a !== undefined) ? a : b
```

??는 첫 번째 true 같은 값이 아닌, '정의된' 첫 번째 피연산자가 필요할 때 ||(4.10.2절)를 대체할 수 있는 유용한 연산자입니다. ||는 명목상 논리 OR 연산자이긴 하지만, 다음과 같이 첫 번째 true 같은 값을 원할 때도 관용적으로 사용합니다.

```
// maxWidth가 true 같은 값이면 그걸 사용합니다. 그렇지 않다면
// preferences 객체에서 값을 찾습니다. 그 역시 true 같은 값이 아니면 상수 리터럴을 사용합니다.
let max = maxWidth || preferences.maxWidth || 500;
```

이런 관용적 표현에서 문제는 어떤 환경에서는 0이나 빈 문자열, false가 유효한 값임에도 불구하고 모두 false 같은 값으로 취급된다는 겁니다. 예를 들어 위 코드에서 maxWidth가 0이면 그 값은 무시됩니다. 하지만 || 연산자를 ??로 바꾼다면 다음과 같이 0 역시 유효한 값으로 사용할 수 있습니다.

```
// maxWidth가 정의됐으면 그 값을 사용합니다. 그렇지 않다면
// preferences 객체에서 값을 찾습니다. 그 역시 정의되지 않았다면 상수 리터럴을 사용합니다.
let max = maxWidth ?? preferences.maxWidth ?? 500;
```

첫 번째 피연산자가 false 같은 값일 때 ??가 어떻게 동작하는지 보여 주는 예제를 몇 가지 더 준비했습니다. 피연산자가 false 같은 값이더라도 정의된 값이기만 하면 ??는 그 값을 반환합니다. 첫 번째 피연산자가 null이나 undefined일 때만 오른쪽 피연산자를 평가하고 반환합니다.

```
let options = { timeout: 0, title: "", verbose: false, n: null };
options.timeout ?? 1000     // => 0: 객체에 정의된 대로
options.title ?? "Untitled" // => "": 객체에 정의된 대로
options.verbose ?? true     // => false: 객체에 정의된 대로
options.quiet ?? false      // => false: quiet 프로퍼티가 정의되지 않았으므로 오른쪽 값
options.n ?? 10             // => 10: 프로퍼티가 null이므로 오른쪽 값
```

위 예제에서 ?? 대신 ||를 사용했다면 timeout, title, verbose 표현식의 값은 달라졌을 겁니다.

　?? 연산자는 &&나 || 연산자와 비슷하긴 하지만 우선순위 관계는 명확하지 않습

니다. ?? 연산자를 이들과 같은 표현식에서 사용한다면 반드시 명시적으로 괄호를 써서 어떤 연산이 첫 번째인지 지정해야 합니다.

```
(a ?? b) || c    // ?? => ||
a ?? (b || c)    // || => ??
a ?? b || c      // SyntaxError: 괄호가 없습니다.
```

?? 연산자는 ES2020에서 정의했으며 2020년 초반 기준으로 모든 주요 브라우저의 현재 버전 또는 베타 버전에서 지원합니다. 이 연산자의 공식 명칭은 nullish co-alescing(null을 병합하는) 연산자이지만, 필자는 그 이름 대신 first-defined(첫 번째 정의된)라는 이름을 사용합니다. 이 연산자는 피연산자 중 하나를 선택할 뿐 '병합'하지는 않는다고 생각하기 때문입니다.[2]

4.13.3 typeof 연산자

typeof는 단항 연산자이며 피연산자의 타입을 가리지 않습니다. 값은 피연산자의 타입을 나타내는 문자열입니다. 표 4-3에 모든 자바스크립트 값에 대해 typeof 연산자가 반환하는 값을 정리했습니다.

x	typeof x
undefined	"undefined"
null	"object"
true 또는 false	"boolean"
숫자 또는 NaN	"number"
BigInt 전체	"bigint"
문자열 전체	"string"
심벌 전체	"symbol"
함수 전체	"function"
함수가 아닌 객체 전체	"object"

표 4-3 typeof 연산자가 반환하는 값

---

2 (옮긴이) 이 책에 사용된 표현은 first-defined입니다. 역자 또한 이 이름이 ?? 연산자의 동작 방식을 더 잘 표현한다고 생각하지만, 불행히도 이런 의미에 맞는 간결한 한글 표현을 찾지 못했습니다. 또한 MDN에서 null 병합 연산자라는 용어를 사용하고 있으므로 null 병합 연산자라고 번역했습니다.

typeof 연산자는 다음과 같은 형태로 사용합니다.

```
// 값이 문자열이면 작은따옴표로 감싸고 그렇지 않다면 문자열로 변환합니다.
(typeof value === "string") ? "'" + value + "'" : value.toString()
```

typeof는 피연산자의 값이 null일 때 "object"를 반환합니다. null과 객체를 구별하고 싶다면 직접 테스트해야 합니다.

자바스크립트 함수는 일종의 객체이긴 하지만, typeof 연산자는 함수가 반환 값을 달리할 만큼 독특하다고 판단합니다.

typeof는 함수가 아닌 객체 전체와 배열을 뭉뚱그려 "object"라고 평가하므로, 이 연산자는 객체와 기본 타입을 구별하는 용도로밖에는 사용할 수 없습니다. 객체 클래스를 구별하려면 instanceof 연산자(4.9.4절), class 속성(14.4.3절), constructor 프로퍼티(9.2.2절과 14.3절) 등 다른 방법을 사용해야 합니다.

4.13.4 delete 연산자

delete는 피연산자로 지정된 객체 프로퍼티나 배열 요소를 삭제하는 단항 연산자입니다. 할당, 증가, 감소 연산자와 마찬가지로 delete는 일반적으로 프로퍼티를 삭제한다는 부수 효과를 목적으로 사용하며 반환되는 값을 기대하고 사용하지는 않습니다. 몇 가지 예제입니다.

```
let o = { x: 1, y: 2}; // 이 객체로 시작합니다.
delete o.x;            // 프로퍼티 중 하나를 삭제합니다.
"x" in o               // => false: 그 프로퍼티는 이제 존재하지 않습니다.

let a = [1,2,3];       // 이 배열로 시작합니다.
delete a[2];           // 배열의 마지막 요소를 삭제합니다.
2 in a                 // => false: 인덱스 2에 해당하는 요소는 이제 존재하지 않습니다.
a.length               // => 3: 하지만 배열 길이는 바뀌지 않습니다.
```

삭제된 배열 요소나 프로퍼티에 단순히 undefined 값이 할당되는 것은 아닙니다. 프로퍼티를 삭제하면 해당 프로퍼티가 더는 존재하지 않습니다. 존재하지 않는 프로퍼티를 읽으려 해도 undefined를 반환하는 것은 마찬가지이지만, 4.9.3절에서 설명한 in 연산자로 프로퍼티가 실제 존재하는지 확인할 수 있습니다. 배열 요소를 삭제하면 그 자리에 '구멍'이 생기지만 배열 길이가 달라지지는 않습니다. 결과적으로 성긴 배열(7.3절)이 남습니다.

delete는 피연산자가 프로퍼티 또는 인덱스라고 예상합니다. 피연산자가 그런 값이 아니라면 이 연산자는 아무 행동도 취하지 않고 true를 반환합니다. 그렇지 않으면 delete는 지정된 프로퍼티 또는 인덱스를 삭제하려고 시도합니다. 지정된 프로퍼티 또는 인덱스를 성공적으로 삭제하면 true를 반환합니다. 하지만 모든 프로퍼티를 삭제할 수 있는 것은 아닙니다. 14.1절에서 설명할 변경 불가 프로퍼티는 삭제할 수 없습니다.

스트릭트 모드에서 delete에 피연산자로 변수, 함수, 함수 매개변수 같은 유효하지 않은(unqualified) 식별자를 넘기면 SyntaxError가 일어납니다. 스트릭트 모드에서 delete 연산자는 피연산자가 프로퍼티 접근 표현식(4.4절)일 때만 동작합니다. 스트릭트 모드에서 delete를 통해 변경 불가(따라서 삭제도 불가능한) 프로퍼티를 삭제하려 하면 TypeError가 일어납니다. 일반 모드에서는 예외가 일어나지 않고 그저 false를 반환해서 해당 피연산자를 삭제할 수 없었다고 알립니다.

몇 가지 예제를 더 보십시오.

```
let o = {x: 1, y: 2};
delete o.x;   // 객체 프로퍼티 중 하나를 삭제하고 true를 반환합니다.
typeof o.x;   // 프로퍼티가 존재하지 않으므로 "undefined"를 반환합니다.
delete o.x;   // 존재하지 않는 프로퍼티를 삭제하려 하지만 true를 반환합니다.
delete 1;     // 아무 의미가 없지만 여전히 true를 반환합니다.

// 삭제할 수 없으므로 false를 반환합니다. 스트릭트 모드에서는 SyntaxError를 일으킵니다.
delete o;

// 삭제할 수 없는 프로퍼티이므로 false를 반환합니다. 스트릭트 모드에서는 TypeError를 일으킵니다.
delete Object.prototype;
```

delete 연산자는 6.4절에서 다시 설명할 겁니다.

4.13.5 await 연산자

await는 자바스크립트의 비동기 프로그래밍을 더 자연스럽게 사용하기 위해 ES2017에서 도입했습니다. 이 연산자를 제대로 이해하려면 13장을 읽어야 합니다. 하지만 간단히 설명하자면, await는 비동기 연산을 나타내는 프라미스 객체를 피연산자로 예상하고, 프로그램이 마치 그 비동기 연산이 끝나길 기다리는 것처럼 동작합니다. 하지만 실제로 기다리지는 않고 넘어가며 다른 비동기 동작도 동시에 일어날 수 있습니다. await 연산자의 값은 프라미스 객체가 어떻게 이행됐는지 나타내는 값입니다. 중요한 것은 await는 오직 async 키워드로 선언된 비동기 함수 안에서만 동작한다는 사실입니다. 자세한 내용은 13장에서 설명합니다.

4.13.6 void 연산자

void는 단항 연산자이며 피연산자 타입을 가리지 않습니다. 이 연산자는 좀 이상하게 동작하며 자주 사용되지는 않습니다. void는 피연산자를 평가한 후 그 값을 버리고 undefined를 반환합니다. 피연산자의 값이 버려지므로, void 연산자는 피연산자에 부수 효과가 있을 때에만 의미가 있습니다.

void 연산자는 매우 모호해서 실질적인 사용 방법을 제시하기 어렵습니다. 굳이 예를 들자면 아무것도 반환하지 않는 함수를 정의하면서 화살표 함수 단축 문법 (8.1.3절)을 사용하는데, 이 함수의 바디가 단 하나의 표현식이며 이를 평가해야 하는 경우일 겁니다. 표현식을 평가하는 이유가 오직 그 부수 효과 때문이며 그 값을 반환할 필요는 없다고 하면 사실 함수 바디를 중괄호로 감싸는 것이 가장 단순한 방법입니다. 하지만 다음과 같이 void 연산자를 써도 가능하긴 합니다.

```
let counter = 0;
const increment = () => void counter++;
increment()    // => undefined
counter        // => 1
```

4.13.7 콤마 연산자 (,)

콤마 연산자는 2항 연산자이며 피연산자의 타입을 가리지 않습니다. 이 연산자는 왼쪽 피연산자를 평가하고, 오른쪽 피연산자를 평가한 후 오른쪽 피연산자의 값을 반환합니다.

```
i=0, j=1, k=2;
```

따라서 위 코드는 2로 평가되며, 기본적으로 다음 코드와 동등합니다.

```
i = 0; j = 1; k = 2;
```

왼쪽 표현식을 항상 평가하기는 하지만 그 값은 버리므로, 콤마 연산자를 사용하는 의미가 있으려면 왼쪽 표현식에 부수 효과가 있어야 합니다. 콤마 연산자를 흔히 쓰는 상황은 다음과 같이 for 루프(5.4.3절) 안에 루프 변수가 여러 개 있을 때뿐입니다.

```
// 첫 번째 콤마는 let 문의 일부입니다.
// 두 번째 콤마는 콤마 연산자입니다. 이 연산자를 써서
// 표현식 하나를 예상하는 문(for 루프)에 표현식 두 개(i++과 j--)를 넣을 수 있습니다.
```

```
for(let i=0,j=10; i < j; i++,j--) {
    console.log(i+j);
}
```

4.14 요약

이 장에서는 여러 가지를 설명했고, 그중에는 자바스크립트를 공부하면서 다시 참고할 만한 주제가 많이 있습니다. 하지만 그중에서도 기억할 만한 핵심을 추린다면 다음과 같습니다.

- 표현식은 자바스크립트 프로그램의 구절(phrase)과 같습니다.
- 표현식은 모두 자바스크립트 값으로 평가될 수 있습니다.
- 표현식에는 값으로 평가되는 것 외에도 변수 할당 같은 부수 효과가 있을 수 있습니다.
- 리터럴, 변수 참조, 프로퍼티 접근 같은 단순한 표현식을 연산자로 묶어서 더 큰 표현식으로 만들 수 있습니다.
- 자바스크립트 연산자는 크게 산술 연산, 비교, 불, 논리, 할당, 비트 조작 연산자로 나눌 수 있으며, 이외에도 조건 연산자를 비롯해 기타 연산자가 더 있습니다.
- 자바스크립트의 + 연산자는 숫자를 더할 때나 문자열을 병합할 때 사용할 수 있습니다.
- 논리 연산자 &&와 ||에는 때에 따라 피연산자 중 하나만 평가하는 특별한 '단축 평가' 방식이 있습니다. 자바스크립트의 관용적 표현 중에는 이 연산자의 특별한 동작 방식을 이해해야 알 수 있는 것들이 있습니다.

5장

문

4장에서 표현식을 자바스크립트의 구절이라고 설명했습니다. 같은 비유로 문은 자바스크립트의 문장이나 명령어라고 할 수 있습니다. 영어 문장이 마침표로 끝나는 것과 마찬가지로 자바스크립트 문은 세미콜론(2.6절)으로 끝납니다. 표현식은 '평가'를 통해 값으로 바뀌지만, 문은 '실행'을 통해 어떤 동작을 수행합니다.

동작을 수행하는 방법에는 부수 효과가 있는 표현식을 평가하는 것도 포함됩니다. 할당이나 함수 호출처럼 부수 효과가 있는 표현식은 그 자체로 문이 될 수 있으며, 이렇게 사용한 표현식을 **표현문**(expression statement)이라고 부릅니다. 비슷한 종류로 변수를 선언하거나 함수를 정의하는 **선언문**(declaration statement)이 있습니다.

자바스크립트 프로그램은 실행할 문의 모음에 지나지 않습니다. 자바스크립트 인터프리터는 기본적으로 이런 문들을 작성된 순서대로 실행합니다. 동작을 수행하는 방법 중에는 기본 실행 순서를 바꾸는 것도 있습니다. 자바스크립트에는 이를 가능하게 하는 다양한 **제어문**(control structure)이 있습니다.

조건문

if나 switch처럼 자바스크립트 인터프리터가 표현식의 값에 따라 다른 문을 실행하거나 실행하지 않게 하는 문입니다.

루프

while이나 for처럼 다른 문을 반복적으로 실행하는 문입니다.

점프

> break, return, throw는 인터프리터가 프로그램의 다른 부분으로 건너뛰게 하는
> 문입니다.

이어지는 절은 자바스크립트 문과 그 문법에 대해 설명합니다. 이 장 마지막에 있
는 표 5-1에 문법을 간추렸습니다. 자바스크립트 프로그램은 간단히 말해 세미콜론
으로 구분된 문의 모음에 불과하므로, 자바스크립트 문에 익숙해지면 프로그램을
만들 수 있습니다.

5.1 표현문

자바스크립트에서 가장 단순한 문은 부수 효과가 있는 표현식입니다. 이런 문은
4장에서 소개했습니다. 할당문은 표현문의 주요 카테고리 중 하나입니다. 예를 들
어 다음을 보십시오.

```
greeting = "Hello " + name;
i *= 3;
```

증가와 감소 연산자 ++와 --는 할당문과 관련 있습니다. 이들은 할당을 수행한 것
처럼 변수의 값을 바꾸는 부수 효과가 있습니다.

```
counter++;
```

delete 연산자에는 객체 프로퍼티를 삭제하는 중요한 부수 효과가 있습니다. 따라
서 이 연산자는 다른 표현식의 일부로 사용되기보다는 거의 항상 하나의 문으로 사
용됩니다.

```
delete o.x;
```

함수 호출도 표현문의 주요 카테고리 중 하나입니다. 예를 들어 다음을 보십시오.

```
console.log(debugMessage);
displaySpinner();  // 웹 앱에서 스피너를 표시하는 가상의 함수
```

함수 호출은 표현식이지만 프로그램의 상태나 호스트 환경에 영향을 미치는 부수
효과가 있으며, 여기서는 문으로 사용했습니다. 함수에 부수 효과가 없다면 더 큰

표현식이나 할당문의 일부가 아닌 한 호출할 의미가 없습니다. 예를 들어 다음과 같이 코사인을 계산하고 그 결과를 그냥 버릴 이유는 없을 것입니다.

```
Math.cos(x);
```

하지만 값을 계산하고 나중에 사용하도록 변수에 할당할 수는 있습니다.

```
cx = Math.cos(x);
```

이 예제의 각 행을 모두 세미콜론으로 종료했다는 사실을 참고하십시오.

5.2 복합문과 빈 문

표현식 여러 개를 하나로 묶는 콤마 연산자(4.13.7절)와 마찬가지로 **문 블록**은 문 여러 개를 묶어 **복합문**으로 만듭니다. 문 블록은 그저 문 여러 개를 중괄호로 묶은 것입니다. 따라서 다음 코드는 문이 하나인 것처럼 동작하며, 자바스크립트에서 문 하나를 예상하는 곳이라면 어디든 쓸 수 있습니다.

```
{
    x = Math.PI;
    cx = Math.cos(x);
    console.log("cos(π) = " + cx);
}
```

문 블록에 대해 언급할 것이 조금 있습니다. 첫 번째로, 블록은 세미콜론으로 끝나지 않습니다. 블록 안에 있는 기본 문은 세미콜론으로 끝나지만 블록 자체는 그렇지 않습니다. 두 번째로, 블록에 들어 있는 행은 자신을 감싼 중괄호를 기준으로 들여 씁니다. 필수는 아니지만 이렇게 하면 코드를 읽고 이해하기 쉬워집니다.

표현식이 하위 표현식으로 구성될 수 있듯 문 역시 하위 문으로 구성될 수 있습니다. 자바스크립트 문법은 공식적으로 단일 하위 문을 허용합니다. 예를 들어 while 루프 문법은 루프 바디로 기능하는 단일한 문을 포함합니다. 문 블록을 사용하면 허용되는 하위 문 하나에 문 여러 개를 넣을 수 있습니다.

복합문은 자바스크립트가 문 하나를 예상하는 곳에 문 여러 개를 넣을 때 사용합니다. **빈 문**은 반대입니다. 문이 있을 것으로 예상되는 곳에 문을 쓰지 않을 수도 있습니다. 빈 문은 다음과 같이 작성합니다.

```
;
```

자바스크립트 인터프리터는 빈 문을 실행할 때 아무 일도 하지 않습니다. 빈 문은 빈 바디를 갖는 루프를 만들고자 할 때 유용합니다. 다음 for 루프를 보십시오 (5.4.3절 참고).

```
// 배열 a를 초기화합니다.
for(let i = 0; i < a.length; a[i++] = 0) ;
```

이 루프가 하는 일은 전부 a[i++] = 0 표현식에 들어 있으므로 루프 바디는 필요하지 않습니다. 하지만 자바스크립트 문법은 루프 바디 안에 문이 있을 것을 요구하므로 세미콜론 하나만 써서 빈 문을 만들었습니다.

하지만 for 루프, while 루프, if 문의 닫는 괄호 다음에 실수로 세미콜론을 쓰면 찾기 힘든 버그가 생길 수 있습니다. 예를 들어 다음 코드는 아마 개발자의 의도와는 다를 것입니다.

```
if ((a === 0) || (b === 0));   // 이런! 이 행은 아무 일도 하지 않습니다.
    o = null;                  // 그리고 이 행은 조건과 상관없이 항상 실행됩니다.
```

의도적으로 빈 문을 사용할 때는 목적을 가지고 그렇게 했다는 것이 명확하도록 주석을 쓰는 것이 좋습니다. 예를 들어 다음을 보십시오.

```
for(let i = 0; i < a.length; a[i++] = 0) /* 의도적으로 비움. */ ;
```

5.3 조건문

조건문은 지정된 표현식의 값에 따라 다른 문을 실행하기도, 실행하지 않기도 합니다. 이런 문은 코드에서 어떤 것을 결정하는 부분이며, 때때로 '분기점(branch)'이라 부르기도 합니다. 코드가 인도하는 경로를 따라 자바스크립트 인터프리터가 움직인다고 상상하면, 조건문은 코드가 두 개 이상의 경로로 갈라지는 분기점이며 인터프리터는 반드시 그 경로 중 하나를 선택해야 합니다.

다음 하위 절은 자바스크립트의 기본 조건문인 if/else 문을 설명하며, 좀 더 복잡한 다중 분기문인 switch에 대해서도 설명합니다.

5.3.1 if

if 문은 자바스크립트가 조건에 따라 문을 실행할 수 있게 하는 기본적인 제어문입니다. 이 문의 형태는 두 가지입니다.

```
if (expression)
    statement
```

첫 번째로, 위와 같은 형태에서는 expression(표현식)을 평가합니다. 결괏값이 true 같은 값이면 statement(문)을 실행합니다. expression이 false 같은 값이면 state ment를 실행하지 않습니다(true 같은 값과 false 같은 값은 3.4절 참고). 예를 들어 다음을 보십시오.

```
if (username == null)       // username이 null 또는 undefined이면
    username = "John Doe";   // 정의합니다.
```

아니면

```
// username이 null, undefined, false, 0, "", NaN 중 하나이면 새 값을 할당합니다.
if (!username) username = "John Doe";
```

expression을 둘러싼 괄호는 if 문 문법의 일부입니다.

자바스크립트 문법은 if 키워드와 괄호로 둘러싼 표현식 뒤에 문 하나만 있어야 한다고 규정하지만, 문 블록을 써서 여러 문을 하나로 모을 수 있습니다. 따라서 if 문은 다음과 같이 쓸 수도 있습니다.

```
if (!address) {
    address = "";
    message = "Please specify a mailing address.";
}
```

if 문의 두 번째 형태는 expression이 false로 평가될 때 실행하는 else 절입니다. 문법은 다음과 같습니다.

```
if (expression)
    statement1
else
    statement2
```

이런 형태는 expression이 true 같은 값이면 statement1을 실행하고, false 같은 값 이면 statement2를 실행합니다. 예를 들어 다음을 보십시오.

```
if (n === 1)
    console.log("You have 1 new message.");
else
    console.log(`You have ${n} new messages.`);
```

else 절과 함께 if 문을 중첩해 쓸 때는 else 절이 적절한 if 문과 연결되도록 주의해야 합니다. 다음 예제를 보십시오.[1]

```
i = j = 1;
k = 2;
if (i === j)
    if (j === k)
        console.log("i equals k");
else
    console.log("i doesn't equal j");    // 틀렸습니다.
```

이 예제에서 내부의 if 문은 외부의 if 문에 속하는 것이므로 문 '하나'가 되어야 합니다. 하지만 들여쓰기라는 힌트를 제외하면 else가 어떤 if에 대응하는지 명확하지 않습니다. 그리고 이 예제의 들여쓰기는 틀렸습니다. 자바스크립트 인터프리터는 위 예제를 다음과 같이 해석합니다.

```
if (i === j) {
    if (j === k)
        console.log("i equals k");
    else
        console.log("i doesn't equal j");    // 이런!
}
```

대부분의 프로그래밍 언어와 마찬가지로 자바스크립트의 규칙은 기본적으로 else 절을 가장 가까운 if 문의 일부로 해석합니다. 이 예제를 더 명확하게 써서 읽고, 이해하고, 관리하고, 디버그하기 쉽게 하려면 다음과 같이 중괄호를 써야 합니다.

```
if (i === j) {
    if (j === k) {
        console.log("i equals k");
    }
} else {   // 중괄호의 위치로 어떤 차이가 생기는지 보십시오.
    console.log("i doesn't equal j");
}
```

---

1 (옮긴이) 이 예제는 노드에서 실행하면 문법 오류가 발생합니다. 브라우저 콘솔에서는 저자의 의도대로 실행되므로 수정하지 않았습니다.

많은 프로그래머가 if와 else 문의(while 루프 같은 다른 복합문도 마찬가지로) 바디를 중괄호로 감싸는 습관을 갖고 있습니다. 이런 습관을 유지하면 방금 설명한 문제를 피할 수 있습니다. 여러분 역시 이런 습관을 들이길 권합니다. 하지만 이 책은 종이에 인쇄되는 책이고, 필자는 코드 예제를 가능한 간결하게 만드는 데 더 집중해야 하므로 항상 중괄호를 쓸 수는 없는 점을 양해해 주십시오.

5.3.2 else if

if/else 문은 표현식을 평가하고 그 결과에 따라 두 코드 중 하나를 실행합니다. 하지만 선택지가 여럿이라면 어떻게 해야 할까요? else if 문이 그런 방법 중 하나입니다. 엄밀히 말해 else if는 자바스크립트 문이 아니지만 if/else 문을 반복해 사용해야 할 때 흔히 쓰는 관용적 표현입니다.

```
if (n === 1) {
    // 코드 블록 #1을 실행합니다.
} else if (n === 2) {
    // 코드 블록 #2를 실행합니다.
} else if (n === 3) {
    // 코드 블록 #3을 실행합니다.
} else {
    // 전부 실패하면 블록 #4를 실행합니다.
}
```

이 코드에 특별할 것은 없습니다. 그저 if 문을 연달아 썼고, 각 if가 이전 문의 else 절의 일부일 뿐입니다. 다음 코드는 문법적으로 동등하지만, 이렇게 쓰는 것보다는 else if를 쓰는 편이 읽기 쉽습니다.

```
if (n === 1) {
    // 코드 블록 #1을 실행합니다.
}
else {
    if (n === 2) {
        // 코드 블록 #2를 실행합니다.
    }
    else {
        if (n === 3) {
            // 코드 블록 #3을 실행합니다.
        }
        else {
            // 전부 실패하면 블록 #4를 실행합니다.
        }
    }
}
```

5.3.3 switch

if 문은 프로그램 실행 흐름에 분기점을 만들고, else if를 써서 분기점을 여럿 만들 수 있습니다. 하지만 모든 분기점이 같은 표현식의 값에 좌우된다면 else if가 최선의 선택은 아닙니다. 똑같은 표현식을 여러 if 문이 반복해 평가하는 것은 낭비입니다.

switch 문으로 똑같은 상황에 대응할 수 있습니다. switch 문은 switch 키워드 뒤에 괄호로 둘러싼 표현식을 쓰고 그 뒤에 중괄호로 감싼 코드 블록을 쓰는 형태입니다.

```
switch(expression) {

    statements
}
```

switch 문의 정확한 문법은 이보다 복잡합니다. 코드 블록 곳곳에 case 키워드를 쓰고 그 뒤에 표현식과 콜론을 붙일 수 있습니다. switch 문이 실행되면 먼저 expression의 값을 계산한 후, case 라벨의 표현식 중에서 expression과 같은 값으로 평가되는 것을 찾습니다. 이때 '같은' 값은 === 연산자를 기준으로 판단합니다. 일치하는 것을 찾으면 해당 case의 코드 블록을 실행하기 시작합니다. 일치하는 case를 찾지 못하면 default: 라벨을 찾습니다. default: 라벨조차 없으면 switch 문은 코드 블록 전체를 건너뜁니다.

switch는 말로 설명하기는 상당히 어렵지만, 예제를 보면 훨씬 명확히 알 수 있습니다. 다음 switch 문은 이전 절에서 if/else 문을 반복한 것과 동등합니다.

```
switch(n) {
case 1:                          // n === 1이면 여기서 시작합니다.
    // 코드 블록 #1을 실행합니다.
    break;                       // 여기서 멈춥니다.
case 2:                          // n === 2이면 여기서 시작합니다.
    // 코드 블록 #2를 실행합니다.
    break;                       // 여기서 멈춥니다.
case 3:                          // n === 3이면 여기서 시작합니다.
    // 코드 블록 #3을 실행합니다.
    break;                       // 여기서 멈춥니다.
default:                         // 전부 실패하면...
    // 코드 블록 #4를 실행합니다.
    break;                       // 여기서 멈춥니다.
}
```

이 코드에서는 각 case의 마지막에 break 키워드를 썼습니다. break 문은 이 장에서 다시 설명하겠지만, 인터프리터가 switch 문의 끝으로 빠져나가서 이어지는 문을 실행하게 하는 명령입니다. switch 문의 case 절은 코드의 **출발점**을 지정할 뿐, 어디서 끝나는지는 지정하지 않습니다. break 문이 없다면 switch 문은 expression의 값과 일치하는 case 라벨을 찾아 코드를 실행한 다음, 블록의 끝에 다다를 때까지 실행을 계속합니다. 아주 가끔은 이렇게 case 라벨에서 계속 실행하는 것이 유용할 때가 있지만, case 절마다 break 문으로 끝내야 하는 경우가 99%입니다. 하지만 함수 안에서 switch를 쓸 때는 break 문 대신 return 문을 써도 됩니다. 어느 쪽이든 switch 문을 종료하므로 다음 case로 넘어가지 않습니다.

다음은 switch 문의 좀 더 현실적인 예제입니다. 이 문은 값을 그 타입에 따라 문자열로 변환합니다.

```
function convert(x) {
    switch(typeof x) {
    case "number":              // 숫자를 16진수로 변환합니다.
        return x.toString(16);
    case "string":              // 문자열을 따옴표로 감싸 반환합니다.
        return '"' + x + '"';
    default:                    // 다른 타입은 일반적인 방법으로 변환합니다.
        return String(x);
    }
}
```

앞의 두 예제에서는 case 키워드 다음에 숫자와 문자열 리터럴을 썼습니다. switch 문은 대부분 이런 식으로 사용하지만, ECMAScript 표준은 각 case 다음에 임의의 표현식을 허용합니다.

switch 문은 switch 키워드 다음에 있는 표현식을 가장 먼저 평가하고, 그다음에는 일치하는 값을 찾을 때까지 case 표현식을 순서대로 평가합니다.[2] 일치하는 케이스를 찾을 때는 동등 연산자 ==가 아니라 일치 연산자 ===을 사용하므로, 표현식은 반드시 타입 변환을 거치지 않고 일치해야 합니다.

switch 문을 실행할 때마다 case 표현식 전체가 평가되는 것은 아니므로 case 표현식에는 함수 호출이나 할당처럼 부수 효과가 있는 것은 피해야 합니다. 가장 안

---

2 자바스크립트의 case 표현식은 런타임에 평가되므로 C나 C++, 자바의 switch 문에 비해 비효율적입니다. C나 C++ 등의 언어에서는 case 표현식이 반드시 컴파일 시점에서 같은 타입의 상수여야 하고, switch 문을 매우 효율적인 점프 테이블로 컴파일할 때가 많습니다.

전한 방법은 case 표현식에 일정한 표현식만 쓰는 겁니다.

앞에서 설명했듯 case 표현식 중 switch 표현식과 일치하는 것이 없으면 switch 문은 default: 라벨의 바디를 실행합니다. default: 라벨도 없으면 switch 문은 바디 전체를 건너뜁니다. 앞에서 제시한 예제에는 case 라벨이 모두 끝난 뒤 switch 바디의 마지막에 default: 라벨을 썼습니다. 이 위치가 논리적이고 합당하긴 하지만, 사실 default 문은 바디 안 어디에든 쓸 수 있습니다.

5.4 반복문

앞서 조건문을 이해하기 위해 자바스크립트 인터프리터가 소스 코드를 따라 분기하는 경로를 따라간다고 언급했습니다. 반복문은 경로를 자기 자신 쪽으로 구부려 코드 일부를 반복하는 문이며 루프라고 하기도 합니다. 자바스크립트에는 while, do/while, for, for/of(변형인 for/await), for/in 다섯 가지 루프가 있습니다. 이어지는 하위 절에서 각 루프를 차례대로 설명합니다. 루프는 모두 배열 요소를 순회할 때 쓸 수 있습니다. 7.6절에서 이런 형태의 루프를 자세히 설명하고, Array 클래스에서 정의하는 특별한 루프 메서드도 함께 설명합니다.

5.4.1 while

if 문이 자바스크립트의 기본 조건문인 것과 마찬가지로 while 문은 자바스크립트의 기본 루프입니다. 문법은 다음과 같습니다.

```
while (expression)
    statement
```

while 문을 실행하면 인터프리터는 먼저 expression을 평가합니다. 표현식의 값이 false 같은 값이면 인터프리터는 루프 바디를 건너뛰고 다음 문으로 이동합니다. 반면 expression이 true 같은 값이면 인터프리터는 statement를 실행하고, 루프 맨 위로 올라가 expression을 평가하길 반복합니다. 달리 말하자면 인터프리터는 expression이 true 같은 값인 동안(while) statement를 반복적으로 실행한다고 할 수 있습니다. while(true)로 무한 루프를 만들 수도 있습니다.

보통 자바스크립트가 정확히 같은 동작을 무한 반복하길 원하지는 않습니다. 거의 모든 경우에 루프를 반복(iteration)할 때마다 하나 이상의 변수가 변합니다. 변수가 바뀌므로 statement를 실행하는 구체적인 동작이 매번 바뀔 수 있습니다. 또한 바뀌는 변수가 expression에 포함되어 있다면 그 표현식의 값 역시 루프를 반복할 때마다 바뀔 것입니다. 이 점이 중요합니다. 그렇지 않다면 true 같은 값으로 시작한 표현식이 절대 바뀌지 않으며, 따라서 루프 역시 절대 끝나지 않을 겁니다. 다음은 0부터 9까지의 숫자를 출력하는 while 루프 예제입니다.[3]

```
let count = 0;
while(count < 10) {
    console.log(count);
    count++;
}
```

이 예제에서 count 변수는 0으로 시작하고 루프 바디를 실행할 때마다 1씩 증가합니다. 루프를 10회 실행하면 count가 더 이상 10보다 작지 않으므로 표현식은 false로 바뀌고, 인터프리터는 while 문을 끝내고 프로그램의 다음 문으로 이동합니다. 대부분의 루프에 count 같은 카운터 변수가 있습니다. 루프 카운터에는 대개 i, j, k 같은 이름을 사용하지만, 코드를 이해하기 쉽게 하려면 더 의미 있는 이름을 사용하는 것이 좋을 수도 있습니다.

5.4.2 do/while

do/while 루프는 while 루프와 비슷하지만 루프 표현식이 루프 맨 위가 아니라 맨 아래에서 평가된다는 점이 다릅니다. 따라서 루프 바디는 항상 최소 한 번은 실행됩니다. 문법은 다음과 같습니다.

```
do
    statement
while (expression);
```

do/while 루프는 while에 비해 자주 사용되지는 않습니다. 사실 루프 바디를 최소한 번은 실행해야 하는 상황이 그리 많지는 않습니다. 다음은 do/while 루프 예제입니다.

```
function printArray(a) {
    let len = a.length, i = 0;
```

---

3 (옮긴이) 예제를 실행하면 마지막에 9가 한 번 더 출력됩니다. 이는 예제의 문제가 아니라, while 표현식이 최종적으로 9로 평가되므로 그 결과를 출력하는 겁니다.

```
    if (len === 0) {
        console.log("Empty Array");
    } else {
        do {
            console.log(a[i]);
        } while(++i < len);
    }
}
```

do/while 루프와 일반적인 while 루프 문법에는 두 가지 차이가 있습니다. 첫 번째로 do/while 루프는 루프 시작을 알리는 do 키워드와 루프의 끝을 알리고 조건을 평가하는 while 키워드가 모두 있어야 한다는 점입니다. 두 번째는, do/while 루프는 반드시 항상 세미콜론으로 끝나야 합니다. while 루프는 루프 바디를 중괄호로 감싼 경우에는 세미콜론이 필요하지 않습니다.

5.4.3 for

for 문이 제공하는 루프 구조가 while 문보다 편리할 때가 많습니다. for 문은 널리 쓰이는 패턴을 갖는 루프를 단순화합니다. 대부분의 루프에는 어떤 형태로든 카운터 변수가 있습니다. 이 변수는 루프 시작 전에 초기화되고 루프가 반복될 때마다 테스트됩니다. 마지막으로 루프 바디 끝에서 카운터 변수를 다시 테스트하기 직전에 증가시키거나 다른 방식으로 업데이트합니다. 이런 루프에서 초기화, 테스트, 업데이트는 필수불가결한 동작입니다. for 문은 이 세 가지 동작을 표현식 하나로 묶고, 이들을 루프 문법에 명시적으로 포함합니다.

```
for(initialize ; test ; increment)
    statement
```

initialize, test, increment는 세미콜론으로 구분하며 각각 루프 변수의 초기화, 테스트, 증가를 담당합니다. 이들을 루프의 첫 번째 행에 모음으로써 for 루프가 무엇을 하는지 이해하기 쉽고, 루프 변수의 초기화나 증가를 잊어버리는 실수를 방지할 수 있습니다.

for 루프를 설명하는 가장 단순한 방법은 동등한 while 루프와 비교하는 겁니다.[4]

---

4 5.5.3절에서 continue 문을 살펴볼 때 이 while 루프가 for 루프와 완전히 동등하지는 않음을 알게 될 겁니다.

```
initialize;
while(test) {
    statement
    increment;
}
```

달리 말해 initialize 표현식은 루프를 시작하기 전 한 번 평가합니다. 이 표현식이 의미가 있으려면 반드시 부수 효과(주로 할당)가 있어야 합니다. 자바스크립트는 initialize에 변수 선언문을 허용하므로 루프 카운터를 선언하면서 동시에 초기화할 수 있습니다. test 표현식은 매 반복 전에 평가되며 루프 바디를 실행할지를 결정합니다. test가 true 같은 값으로 평가되면 루프 바디의 statement를 실행합니다. 마지막으로 increment 표현식을 평가합니다. 이 표현식 역시 부수 효과가 있어야 의미가 있습니다. 일반적으로 할당 표현식이나 ++, -- 연산자를 사용합니다.

다음과 같이 for 루프를 써서 0부터 9까지의 숫자를 출력할 수 있습니다. 이 예제를 앞의 절에서 사용한 while 루프와 비교해 보십시오.

```
for(let count = 0; count < 10; count++) {
    console.log(count);
}
```

물론 루프는 이런 간단한 예제보다 훨씬 복잡해질 수 있고, 루프의 각 반복마다 변수가 여럿 변할 수도 있습니다. 자바스크립트에서 콤마 연산자가 이런 상황에서 가장 널리 쓰입니다. 콤마 연산자를 쓰면 여러 개의 초기화와 증가 표현식을 표현식 하나로 묶어 for 루프에 사용할 수 있습니다.

```
let i, j, sum = 0;
for(i = 0, j = 10 ; i < 10 ; i++, j--) {
    sum += i * j;
}
```

지금까지 살펴본 루프 예제의 루프 변수는 모두 숫자였습니다. 루프 변수는 대부분 숫자를 사용하지만 꼭 그래야 하는 것은 아닙니다. 다음 코드는 for 루프를 써서 연결된 리스트 데이터 구조를 이동하며 리스트의 마지막 객체(next 프로퍼티가 없는 첫 번째 객체)를 반환합니다.

```
function tail(o) {                          // 연결된 리스트 o의 마지막을 반환합니다.
    for(; o.next; o = o.next) /* 비움 */ ;   // o.next가 true 같은 값이면 반복합니다.
    return o;
}
```

이 코드에는 initialize 표현식이 없습니다. for 루프의 세 가지 표현식은 전부 생략할 수 있지만 세미콜론은 필수입니다. test 표현식을 생략하면 루프는 무한히 반복하며, for(;;)는 while(true)처럼 무한 루프를 만듭니다.

5.4.4 for/of

for/of는 ES6에서 정의한 새 반복문입니다. 이 루프는 for 키워드를 사용하긴 하지만 일반적인 for 루프와는 완전히 다릅니다. 5.4.5절에서 설명할 for/in 루프와도 완전히 다릅니다.

for/of 루프는 이터러블(iterable) 객체에서 동작합니다. 이터러블이 정확히 어떤 객체인지는 12장에서 설명하겠지만, 일단 이 장에서는 배열, 문자열, 세트, 맵이 이터러블이라는 것만 알면 됩니다. 이들은 for/of 루프로 순회할 수 있는 일종의 연속체(sequence) 또는 일련의 요소입니다.

예를 들어, 다음 코드는 for/of를 써서 숫자 배열을 순회하며 그 합을 구합니다.

```
let data = [1, 2, 3, 4, 5, 6, 7, 8, 9], sum = 0;
for(let element of data) {
    sum += element;
}
sum        // => 45
```

피상적으로 보면 이 문법은 일반적인 for 루프와 비슷해 보입니다. for 키워드를 쓰고, 그 뒤에 이 루프가 하는 일을 괄호로 묶어서 표현했습니다. 여기서 괄호 안에는 변수 선언(이미 선언된 변수의 경우에는 그 이름)이 있고, of 키워드가 있고, 그 뒤에는 data 배열처럼 이터러블 객체로 평가되는 표현식이 있습니다. 다른 루프와 마찬가지로 for/of 루프 바디는 괄호 뒤에 있으며 일반적으로 중괄호로 감쌉니다.

이 코드에서 루프 바디는 data 배열의 각 요소에 대해 한 번씩 실행됩니다. 루프 바디를 실행하기 전, 배열의 다음 요소가 element 변수에 할당됩니다. 배열 요소는 첫 번째에서 시작해 마지막으로 순회합니다.

배열은 '동적으로' 순회합니다. 즉 반복 중간에 배열 자체에 변화가 발생한다면 반복 결과가 바뀌기도 합니다. 만약 위 코드의 루프 바디에 data.push(sum)라는 행을 추가한다면, 절대 배열의 마지막 요소에 도달할 수 없으므로 무한 루프가 만들어집니다.

for/of와 객체

객체는 (기본적으로) 이터러블이 아닙니다. 일반적인 객체에 for/of를 사용하려 하면 런타임에 TypeError가 일어납니다.

```
let o = { x: 1, y: 2, z: 3 };
for(let element of o) { // o는 이터러블이 아니므로 TypeError가 일어납니다.
    console.log(element);
}
```

객체의 프로퍼티를 순회하고 싶다면 5.4.5절에서 소개할 for/in 루프를 사용하거나, Object.keys() 메서드에 for/of를 사용해야 합니다.

```
let o = { x: 1, y: 2, z: 3 };
let keys = "";
for(let k of Object.keys(o)) {
    keys += k;
}
keys  // => "xyz"
```

Object.keys()는 객체의 프로퍼티 이름으로 이루어진 배열을 반환하며 배열은 for/of를 사용할 수 있는 이터러블입니다. 이렇게 객체의 키를 순회하는 것은 동적이지 않습니다. 루프 바디 안에서 객체 o를 변경해도 결과가 달라지지 않습니다. 객체의 키가 필요하지 않다면 다음과 같이 값을 순회할 수도 있습니다.

```
let sum = 0;
for(let v of Object.values(o)) {
    sum += v;
}
sum // => 6
```

객체 프로퍼티의 키와 값이 모두 필요하다면 다음과 같이 Object.entries()와 분해 할당을 통해 for/of를 사용할 수 있습니다.

```
let pairs = "";
for(let [k, v] of Object.entries(o)) {
    pairs += k + v;
}
pairs  // => "x1y2z3"
```

Object.entries()는 배열의 배열을 반환합니다. 그 내부 배열은 객체의 프로퍼티에 대응하는 키-값 쌍입니다. 위 예제에서는 분해 할당을 써서 내부 배열을 두 개의 변수로 나눴습니다.

for/of와 문자열

ES6 이후에는 문자열을 다음과 같이 문자 단위로 순회할 수 있습니다.

```
let frequency = {};
for(let letter of "mississippi") {
    if (frequency[letter]) {
        frequency[letter]++;
    } else {
        frequency[letter] = 1;
    }
}
frequency    // => {m: 1, i: 4, s: 4, p: 2}
```

문자열은 UTF-16 문자가 아니라 유니코드 코드 포인트로 순회합니다. 문자열 "I❤🐈"의 length는 5입니다. 이모지 문자 두 개가 UTF-16 문자 두 개로 이루어져 있기 때문입니다. 하지만 이 문자열을 for/of로 순회하면 루프 바디는 코드 포인트 "I", "❤", "🐈"에 대해 한 번씩, 총 세 번 실행됩니다.

for/of와 세트, 맵

ES6에 내장된 Set와 Map 클래스는 이터러블입니다. 세트를 for/of로 순회하면 루프 바디는 세트의 각 요소에 대해 한 번씩 실행됩니다. 이를 사용해 문자열에서 각 단어를 중복 없이 출력할 수 있습니다.

```
let text = "Na na na na na na na na Batman!";
let wordSet = new Set(text.split(" "));
let unique = [];
for(let word of wordSet) {
    unique.push(word);
}
unique // => ["Na", "na", "Batman!"]
```

Map 객체의 이터레이터는 키나 값이 아닌 키-값 쌍을 순회합니다. 반복할 때마다 이터레이터는 첫 번째 요소가 키, 두 번째 요소가 키에 대응하는 값인 배열을 반환합니다. m이라는 맵에 대해 다음과 같이 키-값 쌍을 순회할 수 있습니다.

```
let m = new Map([[1, "one"]]);
for(let [key, value] of m) {
    key    // => 1
    value  // => "one"
}
```

for/await를 사용한 비동기 순회

ES2018은 비동기 이터레이터라는 새로운 이터레이터를 도입하면서 비동기 이터레이터와 함께 동작하도록 for/of 루프를 변형한 for/await 루프를 도입했습니다.

for/await 루프를 이해하기 위해서는 12장과 13장을 읽어야 하지만, 우선 코드는 다음과 같은 형태입니다.

```
// 스트림에서 비동기적으로 덩어리를 읽고 출력합니다.
async function printStream(stream) {
    for await (let chunk of stream) {
        console.log(chunk);
    }
}
```

5.4.5 for/in

for/in 루프는 of 키워드가 in으로 바뀐 점을 제외하면 for/of 루프와 거의 비슷합니다. for/of 루프는 of 다음에 이터러블 객체가 와야 하지만 for/in 루프는 in 다음에 어떤 객체든 쓸 수 있습니다. for/of 루프는 ES6에서 새로 도입했지만 for/in는 자바스크립트 초창기부터 존재했습니다.

for/in 문은 지정된 객체의 프로퍼티 이름을 순회합니다. 문법은 다음과 같습니다.

```
for (variable in object)
    statement
```

variable에는 일반적으로 변수 이름이 들어가지만 변수 선언이 될 수도 있고 할당 표현식에서 왼쪽에 올 수 있는 것은 무엇이든 가능합니다. object는 객체로 평가되는 표현식입니다. 다른 문과 마찬가지로 statement는 루프 바디 구실을 하는 문 또는 문 블록입니다.

for/in 루프는 다음과 같이 사용할 수 있습니다.

```
for(let p in o) {        // o의 프로퍼티 이름을 변수 p에 할당합니다.
    console.log(o[p]); // 각 프로퍼티 값을 출력합니다.
}
```

자바스크립트 인터프리터는 for/in 문을 실행할 때 첫 번째로 object 표현식을 평가합니다. 그 표현식이 null이나 undefined로 평가되면 인터프리터는 루프를 건너뛰고 다음 문으로 이동합니다. 그렇지 않으면 인터프리터는 객체의 열거 가능한 (enumerable) 프로퍼티 각각에 한 번씩 루프 바디를 실행합니다. 하지만 각 반복에 앞서 인터프리터는 variable 표현식을 평가하고 그 변수에 프로퍼티 이름(문자열 값)을 할당합니다.

for/in 루프의 variable은 왼쪽 값으로 평가될 수만 있다면 어떤 표현식을 써도 됩니다. 이 표현식은 루프를 반복할 때마다 평가되므로 매번 다른 값이 될 수도 있습니다. 예를 들어 다음과 같은 코드를 써서 객체 프로퍼티 이름을 배열에 복사할 수 있습니다.

```
let o = { x: 1, y: 2, z: 3 };
let a = [], i = 0;
for(a[i++] in o) {} // 빈 것이 맞습니다.
a                   // => ['x', 'y', 'z']
```

자바스크립트 배열은 좀 특별한 종류의 객체이며 배열 인덱스는 for/in 루프에서 열거할 수 있는 객체 프로퍼티입니다. 예를 들어 다음 코드를 앞의 코드와 함께 사용하면 배열 인덱스 0, 1, 2에 해당하는 요소를 열거합니다.

```
for(let i in a) console.log(a[i]);
```

필자는 코드를 작성할 때 배열을 대상으로 for/of를 써야 하는데 실수로 for/in을 써서 버그를 만드는 일이 가끔 있습니다. 배열을 대상으로 작업할 때는 거의 항상 for/in이 아니라 for/of가 맞는 루프입니다.

for/in 루프는 실제로 객체의 프로퍼티 전체를 열거하지는 않습니다. 우선 이름이 심벌인 프로퍼티는 열거하지 않습니다. 이름이 문자열인 프로퍼티 중에서도 **열거 가능**(14.1절)한 프로퍼티만 순회합니다. 자바스크립트에서 정의하는 내장 메서드는 열거 가능하지 않습니다. 모든 객체에 toString() 메서드가 있지만 for/in 루프는 toString 프로퍼티를 열거 대상으로 간주하지 않습니다. 내장 객체에는 내장 메서드 외에도 열거 불가능한 프로퍼티가 많습니다. 여러분이 직접 정의한 프로퍼티와 메서드는 기본적으로 열거 가능합니다. 14.1절에서 이들을 열거 불가로 전환하는 방법을 설명합니다.

열거 가능한 상속된(6.3.2절) 프로퍼티 역시 for/in 루프의 순회 대상에 속합니다. 따라서 모든 객체에서 상속하는 프로퍼티를 정의하고 for/in 루프를 사용한다면 결과가 예상과 다를 수 있습니다. 이 때문에 많은 프로그래머가 for/in 루프 대신 Object.keys()와 for/of 루프를 조합하길 선호합니다.

for/in 루프의 바디에서 아직 열거되지 않은 프로퍼티를 삭제한다면 그 프로퍼티는 순회 대상에서 빠집니다. 루프 바디에서 객체에 새 프로퍼티를 정의한다면 그 프로퍼티는 순회 대상에 있을 수도 있고 없을 수도 있습니다. for/in이 객체 프로퍼티를 열거하는 순서는 6.6.1절에서 설명합니다.

5.5 점프 문

자바스크립트 문에는 **점프 문**이라는 카테고리도 있습니다. 이름에서 짐작할 수 있듯 이들은 자바스크립트 인터프리터가 소스 코드의 다른 위치로 이동하게 합니다. break 문은 인터프리터를 루프를 비롯한 다른 문의 끝으로 이동시킵니다. continue 문은 루프 바디의 나머지를 생략하고 루프 맨 위로 돌아가 새 반복을 시작하게 합니다. 자바스크립트는 문에 라벨, 즉 이름을 붙일 수 있게 허용하는데 break와 continue은 이 라벨을 인식할 수 있습니다.

return 문은 인터프리터가 함수에서 빠져나와 호출자에게 함수 호출 값을 전달하게 합니다. yield 문은 제너레이터 함수에서 사용하는 return 비슷한 문입니다. throw 문은 예외를 일으키는(던지는) 문이며 예외 처리를 담당하는 try/catch/finally 문과 함께 사용하도록 설계됐습니다. throw는 좀 복잡한 종류의 점프 문입니다. 예외가 일어나면 인터프리터는 가장 가까운 예외 핸들러로 점프하는데, 핸들러는 동일한 함수 안에 있을 수도 있고 콜 스택을 거슬러 올라가 호출자에 있을 수도 있습니다.

각 점프 문은 이어지는 절에서 설명합니다.

5.5.1 라벨 붙은 문

어떤 문이든 그 앞에 다음과 같이 식별자와 콜론을 붙여서 라벨을 만들 수 있습니다.

identifier: *statement*

문에 라벨을 붙이는 것은 프로그램 다른 곳에서 참조할 수 있는 이름을 짓는 것과 같습니다. 어떤 문에든 라벨을 붙일 수 있지만, 루프나 조건문처럼 바디가 있는 문에 라벨을 붙여야 유용하게 사용할 수 있습니다. 루프에 이름을 붙이면 루프 바디 안에서 break와 continue 문을 사용해 루프를 빠져나가거나 루프 맨 위로 점프해 다음 반복으로 넘어갈 수 있습니다. 자바스크립트에서 문 라벨을 이용하는 문은 break와 continue뿐이며 이들은 다음 하위 절에서 설명합니다. 다음은 while 루프에 라벨을 붙이고 continue 문에서 그 라벨을 사용하는 예제입니다.

```
mainloop: while(token !== null) {
    // 코드는 생략했습니다.
    continue mainloop;  // 이 루프의 다음 반복으로 건너뜁니다.
    // 코드는 생략했습니다.
}
```

문의 라벨에 사용하는 identifier는 유효한 자바스크립트 식별자라면 예약어를 제외한 무엇이든 사용할 수 있습니다. 라벨의 네임스페이스는 변수나 함수의 네임스페이스와는 다르므로, 같은 식별자를 문 라벨에 쓰고 다시 변수와 함수의 이름에 쓸 수도 있습니다. 문 라벨이 정의되는 영역은 해당 라벨이 적용되는 문(물론 그 하위 문을 포함)뿐입니다. 문에는 자신을 포함한 문과 같은 라벨을 붙일 수 없지만, 중첩되지 않은 두 문에는 같은 라벨을 붙일 수 있습니다. 라벨 붙은 문을 모아서 다시 라벨을 붙일 수도 있습니다. 즉 모든 문은 여러 개의 라벨을 가질 수 있습니다.

5.5.2 break

break 문은 단독으로 사용하면 자신을 포함하고 있는 가장 가까운 루프 또는 switch 문을 즉시 빠져나갑니다. 문법은 단순합니다.

```
break;
```

이런 형태의 break 문은 루프나 switch 문을 빠져나가므로 빠져나갈 문 안에 있어야만 유효합니다.

break 문의 예제는 switch 문에서 이미 봤습니다. 루프에서는 일반적으로 어떤 이유로든 루프를 더 진행할 필요가 없을 때 일찍 끝내는 용도로 사용합니다. 루프의 종료 조건이 복잡하다면 표현식 하나에 전부 넣으려고 하기보다는 조건을 만족할 때 break 문으로 빠져나가는 쪽이 쉬울 때가 많습니다. 다음 코드는 배열에서 특정 값을 검색합니다. 이 루프는 배열의 끝에 도달하면 일반적인 방법으로 종료하지만, 원하는 것을 찾으면 break 문으로 종료합니다.

```
for(let i = 0; i < a.length; i++) {
    if (a[i] === target) break;
}
```

break 키워드 다음에 문 라벨(콜론 없이 식별자만)을 붙일 수 있습니다.

```
break labelname;
```

break 문에 라벨을 사용하면 해당 라벨이 붙은 문을 종료합니다. break를 포함하는 문에 라벨이 없을 때 이렇게 라벨을 쓰면 문법 에러가 일어납니다. break 문을 이런 형태로 사용했을 때 라벨이 꼭 루프나 switch 문이어야 하는 건 아닙니다. break 문은 자신을 둘러싼 문이면 어떤 형태든 '빠져나갈' 수 있습니다. 그저 이름을 붙이기 위해 중괄호를 썼을 뿐인 문 블록에서도 빠져나갈 수 있습니다.

break 키워드와 라벨 사이에는 뉴라인이 들어갈 수 없습니다. 자바스크립트에서 생략된 세미콜론을 자동으로 삽입하려 하므로, break 키워드와 라벨 사이에 줄바꿈을 삽입하면 자바스크립트는 break 키워드를 라벨 없이 사용한 형태라고 간주하고 줄바꿈 위치에 세미콜론을 삽입합니다(2.6절 참고).

break 문에 라벨을 사용하는 경우는 탈출하려는 문이 가장 가까운 루프나 switch 문이 아닐 때입니다. 다음 코드를 보십시오.

```
let matrix = getData();  // 숫자로 구성된 2차원 배열을 만듭니다.
// 행렬에 포함된 숫자를 모두 더합니다.
let sum = 0, success = false;
// 에러가 발생했을 때 빠져나갈 수 있도록 라벨 붙은 문으로 시작합니다.
computeSum: if (matrix) {
    for(let x = 0; x < matrix.length; x++) {
        let row = matrix[x];
        if (!row) break computeSum;
        for(let y = 0; y < row.length; y++) {
            let cell = row[y];
            if (isNaN(cell)) break computeSum;
            sum += cell;
        }
    }
    success = true;
}
```

```
// break 문은 여기로 점프합니다. 만약 success의 값이 false인 상태로 여기 도달했다면
// 전달한 행렬에 뭔가 문제가 있는 것입니다.
// 문제가 없다면 sum은 행렬에 포함된 모든 셀의 합입니다.
```

마지막으로 알아둘 것은, break 문은 라벨 여부와 관계없이 함수 바깥으로 제어권을 넘길 수 없습니다. 스트릭트 모드에서는 함수 정의에 라벨을 붙일 수 없고, 스트릭트 모드가 아니더라도 break 문은 함수 정의에 붙은 라벨을 '볼' 수 없기 때문입니다.[5]

5.5.3 continue

continue 문은 break 문과 비슷합니다. 루프 안에서 continue를 사용하면 루프의 다음 반복으로 넘어갑니다. continue 문의 문법은 break 문만큼 단순합니다.

```
continue;
```

continue 문과 라벨을 함께 사용할 수도 있습니다.

```
continue labelname;
```

continue 문은 라벨이 있든 없든 루프 바디 안에서만 사용할 수 있습니다. 다른 곳에서 사용하면 문법 에러가 일어납니다.

---

5 (옮긴이) 저자의 설명이 약간 부족해 보여 보충합니다. 먼저 다음 코드를 보십시오.

```
somelabel: function normal () {
    somelabel: {
        console.log('normal')
        break somelabel;
        console.log('something wrong')
    }
    console.log('break cannot break function')
}
normal()
```

실행하면 "normal"과 "break cannot break function"이 보입니다. break 문이 함수를 빠져나갈 수 있었다면 "break cannot break function"은 출력되지 않았을 겁니다. 그렇다면 함수와 문 블록에 서로 다른 라벨을 쓰면 어떻게 될까요?

```
outlabel: function serror () {
    inlabel: {
        console.log('normal')
        break outlabel;       // SyntaxError: undefined label 'outlabel'
        console.log('something wrong')
    }
    console.log('break cannot break function')
}
```

에러가 일어납니다. break 문은 함수 외부에 있는 라벨을 볼 수 없습니다.

인터프리터는 continue 문을 만나면 루프의 현재 반복을 멈추고 다음 반복으로 넘어갑니다. 따라서 루프 타입에 따라 결과가 다를 수 있습니다.

- while 루프에서는 expression(표현식)을 루프 맨 위에서 다시 평가하고, true이면 루프 바디를 맨 위에서부터 실행합니다.
- do/while 루프에서는 루프 맨 아래까지 건너뛴 다음, 루프 조건을 다시 평가한 후 맨 위부터 재시작합니다.
- for 루프에서는 increment(증가) 표현식을 평가하고 다시 test(테스트) 표현식을 평가해서 반복을 재개할지 결정합니다.
- for/of와 for/in 루프에서는 다음 값 또는 프로퍼티 이름이 variable(변수)에 할당됩니다.

continue 문이 while과 for 루프에서 다르게 동작하는 것을 보십시오. while 루프에서는 조건으로 바로 넘어가지만, for 루프에서는 먼저 increment 표현식을 평가한 다음 조건으로 넘어갑니다. 앞에서 for 루프가 while 루프와 '동등하게' 동작한다는 표현을 썼습니다. 하지만 continue 문이 두 루프에서 다르게 동작하므로, for 루프로 while 루프를 완벽하게 흉내 내는 것은 불가능합니다.

다음 예제는 에러가 일어났을 때 라벨을 쓰지 않은 continue 문으로 루프의 현재 반복을 건너뛰는 방법을 보여 줍니다.

```
for(let i = 0; i < data.length; i++) {
    if (!data[i]) continue;   // 정의되지 않은 데이터는 처리할 수 없습니다.
    total += data[i];
}
```

break 문과 마찬가지로 continue 문에도 라벨을 붙여서, 중첩된 루프에서 가장 가까운 루프가 아닌 다른 루프를 재시작할 수 있습니다. 또한 break 문과 마찬가지로 continue 문과 라벨 사이에는 줄바꿈을 쓸 수 없습니다.

5.5.4 return

함수 호출은 표현식이고, 표현식은 모두 값이 있다는 설명을 기억하십시오. return 문은 그 함수 호출의 값을 지정합니다. return 문의 문법은 다음과 같습니다.

```
return expression;
```

return 문은 함수 바디 안에만 쓸 수 있습니다. 다른 곳에 사용하면 문법 에러가 일어납니다. return 문이 실행되면 return 문을 포함한 함수는 expression의 값을 호출자에게 반환합니다. 예를 들어 다음을 보십시오.

```
function square(x) { return x*x; } // return 문이 있는 함수
square(2)                          // => 4
```

return 문이 없는 함수 호출은 함수 바디의 각 문을 차례대로 실행한 다음 호출자에게 돌아갑니다. 이런 경우 호출 표현식은 undefined로 평가됩니다. return 문은 보통 함수의 마지막에 사용하곤 하지만 꼭 마지막에만 써야 하는 것은 아닙니다. 함수는 return 문을 실행하는 즉시 호출자에게 돌아가며 함수 바디 안에 있는 다른 문은 무시합니다.

return 문을 expression 없이 사용해도 호출자에게 undefined를 반환합니다. 예를 들어 다음을 보십시오.

```
function displayObject(o) {
    // 인자가 null이나 undefined이면 즉시 종료됩니다.
    if (!o) return;
    // 함수의 나머지 부분
}
```

2.6절에서 설명한 자바스크립트의 자동 세미콜론 삽입 때문에 return 키워드와 그 뒤의 표현식 사이에는 줄바꿈을 삽입할 수 없습니다.

5.5.5 yield

yield 문은 return 문과 아주 비슷하지만, 12.3절에서 설명할 ES6 제너레이터 함수 안에서만 사용되며 실제로 제어권을 넘기지 않고 다음 값만 넘길 때 사용됩니다.

```
// 일정 범위의 정수를 전달하는 제너레이터 함수
function* range(from, to) {
    for(let i = from; i <= to; i++) {
        yield i;
    }
}
```

yield를 이해하기 위해서는 반드시 이터레이터와 제너레이터를 이해해야 하며 이들은 12장에서 설명합니다. 여기서 yield를 언급한 이유는 빼놓고 넘어가는 느낌

을 주지 않기 위해서입니다. 엄밀히 말해 yield는 문이라기보다는 연산자에 가깝습니다. 12.4.2절에서 설명합니다.

5.5.6 throw

예외(exception)는 예외적인 조건이나 에러가 일어났다는 신호입니다. 예외를 일으키는(throw) 것은 그런 에러나 예외적 조건이 일어났다는 신호를 보내는 것입니다. 예외를 캐치하는(catch) 것은 처리, 즉 그 예외를 복구하기 위해 필요하거나 적절한 동작을 수행하는 것입니다. 자바스크립트에서 예외는 런타임 에러가 일어났을 때, 그리고 프로그램에서 직접 throw 문을 통해 일으켰을 때 발생합니다. 예외는 다음 절에서 설명할 try/catch/finally 문에서 캐치합니다.

throw 문의 문법은 다음과 같습니다.

```
throw expression;
```

expression은 어떤 타입의 값으로든 평가될 수 있습니다. 에러 코드로 숫자를 보낼 수도 있고 사람이 읽기 쉬운 에러 메시지를 보낼 수도 있습니다. 자바스크립트 인터프리터는 에러를 일으킬 때 Error 클래스와 그 서브클래스를 사용하며, 프로그램에서도 이들을 이용할 수 있습니다. Error 객체에는 에러 타입을 나타내는 name 프로퍼티, 생성자 함수에 전달될 문자열을 담은 message 프로퍼티가 있습니다. 다음은 유효하지 않은 인자를 받았을 때 Error 객체를 보내는 함수 예제입니다.

```javascript
function factorial(x) {
    // 인자가 유효하지 않으면 예외를 일으킵니다.
    if (x < 0) throw new Error("x must not be negative");
    // 그렇지 않다면 정상적으로 값을 계산해 반환합니다.
    let f;
    for(f = 1; x > 1; f *= x, x--) /* 의도적으로 비움. */ ;
    return f;
}
factorial(4)    // => 24
```

예외가 일어나면 자바스크립트 인터프리터는 즉시 프로그램 실행을 멈추고 가장 가까운 예외 핸들러로 점프합니다. 예외 핸들러는 다음 절에서 설명할 try/catch/finally 문의 catch 절을 사용합니다. 예외를 일으킨 코드 블록에 연결된 catch 절이 없다면 인터프리터는 다음으로 가장 가까운 코드 블록에 예외 핸들러가 있는지 검색합니다. 이 과정을 핸들러를 찾을 때까지 반복합니다. try/catch/finally 문이 없는 함수에서 예외가 일어나면 예외는 해당 함수를 호출한 코드까지 올라갑니다. 이런 식으로 예외는 자바스크립트 메서드와 콜 스택을 계속 거슬러 올라갑니다. 끝까지 예외 핸들러를 찾지 못한다면 예외를 에러로 간주하고 사용자에게 보고합니다.

5.5.7 try/catch/finally

try/catch/finally 문은 자바스크립트의 예외 처리 메커니즘입니다. try 절은 처리하려 하는 예외가 담긴 코드 블록입니다. try 블록 다음에는 catch 절이 있으며, try 블록에서 예외가 일어나면 catch 절이 호출됩니다. catch 절 다음에는 finally 블록이 있습니다. 이 절은 try 블록에서 무슨 일이 일어났든 관계없이 실행되는 일종의 정리 코드입니다. catch와 finally 블록은 모두 선택 사항이지만 try 블록 뒤에 둘 중 하나는 반드시 써야 합니다. try, catch, finally 블록은 모두 중괄호에 둘러싸여 있습니다. 이 중괄호는 문법의 일부분이며 절대 생략할 수 없습니다. 해당 절이 문 하나로 끝난다고 해도 중괄호를 써야 합니다.

다음 코드는 try/catch/finally 문의 문법과 목적을 설명합니다.

```
try {
    // 문제가 없을 경우 일반적으로 이 코드는 블록 위쪽에서
    // 아래쪽으로 실행됩니다. 하지만 이 코드는 때때로 예외를 일으킬 수 있는데,
    // throw 문을 통해 예외를 직접 일으키거나 예외를 일으키는
    // 메서드를 호출해서 간접적으로 일으킵니다.
}
catch(e) {
    // 이 블록의 문은 try 블록에서 예외를 일으켰을 때만 실행됩니다.
    // 이 문은 로컬 변수 e를 사용할 수 있으며 이 변수는
    // Error 객체 또는 전달받은 값을 참조합니다
    // 이 블록은 예외를 처리할 수도 있고,
    // 아무 일도 하지 않고 무시할 수도 있으며,
    // throw를 통해 다시 예외를 일으킬 수도 있습니다.
}
finally {
    // 이 블록은 try 블록에서 무슨 일이 있었든 항상 실행됩니다.
    // 경우의 수는 다음과 같습니다
    //    1) 정상적으로 try 블록의 끝에 도달한 경우
    //    2) break, continue, return 문을 통해 try 블록을 빠져나가는 경우
    //    3) 위 catch 절에서 처리한 예외 때문에 try 블록이 종료된 경우
    //    4) 예외가 캐치되지 않고 계속 전파되는 경우
}
```

catch 키워드 뒤에는 일반적으로 괄호 안에 식별자를 씁니다. 이 식별자는 함수 매개변수와 비슷합니다. 예외를 캐치하면 그 예외와 연결된 값(예를 들어 Error 객체)이 이 매개변수에 할당됩니다. catch 절이 받은 식별자는 블록 스코프이므로 catch 블록 안에만 존재합니다.

다음은 try/catch 문의 좀 더 현실적인 예제입니다. 앞의 절에서 정의한 factorial() 함수를 사용하며, 입출력에는 클라이언트 사이드 자바스크립트 함수인 prompt()와 alert()를 사용합니다.

```
try {
    // 사용자에게 숫자 입력을 요구합니다.
    let n = Number(prompt("Please enter a positive integer", ""));
    // 입력이 유효한 숫자라고 가정하고 그 팩토리얼을 계산합니다.
    let f = factorial(n);
    // 결과를 표시합니다.
    alert(n + "! = " + f);
}
catch(ex) {        // 사용자의 입력이 유효하지 않다면 실행됩니다.
    alert(ex);  // 사용자에게 에러에 대해 알립니다.
}
```

이 예제는 finally 절 없이 try/catch 문을 사용했습니다. finally는 catch만큼 자주 사용되지는 않지만 특정 상황에서는 유용할 수 있습니다. 하지만 finally 절에 대해서는 설명이 더 필요합니다. finally 절은 try 블록의 코드가 어떻게 끝났든 관계없이, 일부분이라도 실행되면 항상 실행됩니다. 이 절은 일반적으로 try 절의 코드 이후를 정리하는 목적으로 사용합니다.

일반적인 경우라면 자바스크립트 인터프리터가 try 블록의 끝까지 진행한 후 finally 블록으로 넘어가서 필요한 정리 작업을 수행합니다. 인터프리터가 return, continue, break 문 때문에 try 블록을 중단하고 벗어난다면 다음 목적지로 이동하기 전에 finally 블록을 먼저 실행합니다.

try 블록에서 예외가 일어났고 그에 연결된 catch 블록이 있다면 인터프리터는 먼저 catch 블록을 실행한 다음 finally 블록을 실행합니다. 예외를 처리할 catch 블록이 없다면 인터프리터는 먼저 finally 블록을 실행하고, 가장 가까운 catch 절로 점프합니다.

finally 블록 자체에 return, continue, break, throw 문이 있거나 예외를 일으키는 함수를 호출한다면 인터프리터는 대기시켜 둔 점프를 취소하고 finally 블록을 따라 점프합니다. 예를 들어 finally 절에서 예외를 일으키면 그 예외는 처리 중이 던 예외를 모두 무시하고 우선권을 갖습니다. finally 절에 return 문이 포함되어 있으면 처리 중이던 예외가 완전히 처리되지 않았더라도 함수 실행을 종료합니다.

catch 절 없이 try와 finally만 사용할 수도 있습니다. 이런 경우 finally 블록은 try 블록에서 무슨 일이 있었든 관계없이 실행되는 정리 코드입니다. continue 문 의 동작 방식 차이 때문에 while 루프로 for 루프를 완전히 흉내 낼 수는 없다고 했 었습니다. try/finally 문을 사용하면 for 루프처럼 동작하며 continue 문도 정확 히 처리하는 while 루프를 만들 수 있습니다.

```javascript
// for(initialize; test; increment) 바디를 흉내 내었습니다.
initialize;
while( test ) {
    try { body; }
    finally { increment; }
}
```

하지만 body에 break 문이 들어있다면 종료 전에 increment가 한 번 더 실행되므로 조금 다르게 동작합니다. 따라서 finally 절을 사용하더라도 while 루프로 for 루 프를 완전히 흉내 내는 것은 불가능합니다.

📦 단순 catch 절

이따금 catch 절을 예외를 감지하고 전파를 막을 목적으로만 사용하고 싶을 뿐 예외의 타입이나 값에는 관심이 없을 때도 있습니다. 이런 경우 ES2019 이후에는 괄호와 식별자를 생략하고 catch 키워드만 쓸 수 있습니다. 다음 예제를 보십시오.

```javascript
// JSON.parse()를 실행하지만 에러를 일으키지 않고 undefined를 반환합니다.
function parseJSON(s) {
    try {
        return JSON.parse(s);
    } catch {
        // 뭔가 문제가 있지만 신경 쓰지 않습니다.
        return undefined;
    }
}
```

5.6 기타 문

이 절에서는 with, debugger, "use strict" 문을 설명합니다.

5.6.1 with

with 문은 지정된 객체의 프로퍼티가 해당 블록의 스코프 안에 있는 변수인 것처럼 코드 블록을 실행합니다. 문법은 다음과 같습니다.

```
with (object)
    statement
```

이 문은 object(객체)의 프로퍼티를 사용해 임시 스코프를 만들고, 그 스코프 안에서 statement(문)을 실행합니다.

스트릭트 모드에서는 with 문을 금지합니다(5.6.3절). 스트릭트 모드가 아니더라도 이 문은 폐기된 것으로 간주하고 사용하지 않아야 합니다. with를 사용하는 자바스크립트 코드는 최적화하기 어려우며 with 문을 사용하지 않는 동등한 코드에 비해 상당히 느리게 동작합니다.

with 문을 사용하는 이유는 깊이 중첩된 객체 계층 구조에서 타이핑을 줄이기 위해서입니다. 예를 들어 클라이언트 자바스크립트에서 HTML 폼의 요소에 접근하기 위해 다음과 같은 표현식을 써야 한다고 가정합시다.

```
document.forms[0].address.value
```

이런 표현식을 자주 써야 한다면 다음과 같이 with 문을 써서 폼 객체의 프로퍼티를 변수처럼 취급할 수 있습니다.

```
with(document.forms[0]) {
    // 폼 요소에 직접 접근합니다. 예를 들어 다음을 보십시오.
    name.value = "";
    address.value = "";
    email.value = "";
}
```

폼 프로퍼티 이름마다 앞에 document.forms[0]를 붙일 필요가 없으니 확실히 타이핑이 줄기는 합니다. 하지만 다음과 같이 with 문을 없애고 고쳐 쓰는 것도 마찬가지로 간단합니다.

```
let f = document.forms[0];
f.name.value = "";
f.address.value = "";
f.email.value = "";
```

with 문 안에서 const, let, var를 사용해 변수나 상수를 선언하면 일반적으로 변수
가 생성될 뿐 지정된 객체에 새 프로퍼티가 생기지는 않습니다.

5.6.2 debugger

debugger 문은 일반적으로는 아무 일도 하지 않습니다. 하지만 디버거 프로그램이
존재하고 실행 중이라면 실행 환경에 따라서는 일종의 디버깅 동작을 수행할 수 있
습니다(필수는 아닙니다). 현실적으로 이 문은 일종의 중단점 기능을 해서 자바스
크립트 코드 실행을 멈춥니다. 그러면 디버거에서 변수 값을 출력하거나 콜 스택을
살펴볼 수 있습니다. 예를 들어 f() 함수에 정의되지 않은 인자를 넘겨서 예외가 일
어났는데, 어디에서 호출했는지 알 수 없다고 합시다. 다음과 같이 f()를 수정하면
이런 문제의 디버깅이 조금 더 쉬워질 수 있습니다.

```
function f(o) {
  if (o === undefined) debugger;   // 디버깅이 목적인 행
  ...                              // 함수 바디 나머지
}
```

이렇게 수정한 후 인자 없이 f()를 호출하면 실행이 중단되므로 디버거를 써서 콜
스택을 살펴보고 어디서 부정확하게 호출했는지 알아볼 수 있습니다.

이렇게만 한다고 자동으로 디버거가 실행되는 것은 아닙니다. 하지만 웹 브라우
저에서 개발자 도구를 열어 본다면 이 문이 중단점 역할을 하고 있을 겁니다.

5.6.3 "use strict"

"use strict"는 ES5에서 도입한 **지시자**(directive)입니다. 지시자는 문이 아니지만,
"use strict"는 이 장에서 설명할 만큼 문과 가깝습니다. "use strict" 지시자와
일반적인 문 사이에는 다음과 같은 중요한 차이가 있습니다.

- 이 지시자에는 아무런 키워드도 없습니다. 지시자는 특별한 문자열 리터럴로 구
  성된 표현문입니다(따옴표 종류는 중요하지 않습니다).

- 이 지시자는 스크립트나 함수 바디의 맨 처음에만 존재할 수 있고 이 앞에 실제 문이 있어서는 안 됩니다.

"use strict" 지시자는 이후의 코드가 스트릭트 코드, 즉 스트릭트 모드를 따르는 코드라는 선언입니다. 스크립트에 "use strict" 지시자가 있다면 이 스크립트의 최상위 코드(함수가 아닌)는 스트릭트 코드입니다. 스트릭트 코드 안에서 정의했거나, "use strict" 지시자가 포함된 함수 바디는 스트릭트 코드입니다. eval()을 스트릭트 코드에서 호출했거나 전달된 문자열에 "use strict" 지시자가 들어 있다면 해당 문자열은 스트릭트 코드로 평가됩니다. 이렇게 명시적으로 지시자를 사용하지 않더라도, class 바디(9장)나 ES6 모듈(10.3절) 안에 있는 코드는 자동으로 스트릭트 코드가 됩니다. 즉 모듈로 작성한 자바스크립트 코드는 자동으로 스트릭트 모드를 따르며, 그 안에 "use strict" 지시자를 사용할 필요는 없습니다.

스트릭트 코드는 스트릭트 모드에서 실행됩니다. 스트릭트 모드는 자바스크립트의 중요한 결함을 수정하고 더 강력히 에러를 체크하며 보안을 강화한 것입니다. 스트릭트 모드가 기본 값은 아니므로 결함이 있는 구형 기능을 사용하는 오래된 자바스크립트 코드도 여전히 정확하게 실행됩니다. 스트릭트 모드와 일반 모드의 차이는 다음과 같습니다. 이 중에서 처음 세 가지가 특히 중요합니다.

- 스트릭트 모드에서는 with 문을 허용하지 않습니다.

- 스트릭트 모드에서는 반드시 모든 변수를 선언해야 합니다. 선언된 변수, 함수, 함수 매개변수, catch 절 매개변수, 전역 객체의 프로퍼티가 아닌 식별자에 값을 할당하려 하면 ReferenceError가 일어납니다. 일반 모드에서는 전역 객체에 새 프로퍼티를 추가하는 방식으로 묵시적으로 전역 변수를 선언합니다.

- 스트릭트 모드에서는 메서드가 아니라 함수로 호출된 함수의 this 값은 undefined입니다. 일반 모드에서 함수로서 호출된 함수의 this는 항상 전역 객체입니다. 또한 스트릭트 모드에서 함수를 call()이나 apply()(8.7.4절)로 호출하면 해당 함수의 this 값은 call()이나 apply()에 전달된 첫 번째 인자입니다. 일반 모드에서는 null이나 undefined 값이 전역 객체로 대체되며 객체가 아닌 값은 객체로 변환됩니다.

- 스트릭트 모드에서는 읽기 전용인 프로퍼티에 할당하려 하거나 확장 불가능한 객체에 새 프로퍼티를 생성하려 하면 TypeError가 일어납니다. 일반 모드에서는

예외를 일으키지 않고 조용히 실패합니다.

- 스트릭트 모드에서는 eval()에 전달된 코드는 호출자의 스코프에 변수를 선언 하거나 함수를 정의할 수 없습니다. 대신 eval()을 위해 새로 생성된 스코프에 변수나 함수가 생성됩니다. 이 스코프는 eval()이 종료될 때 함께 종료됩니다.

- 스트릭트 모드에서 함수의 Arguments 객체(8.3.3절)는 함수에 전달된 값을 정적 으로 복사해 유지합니다. 일반 모드에서 Arguments 객체는 배열 요소와 이름 붙 은 함수 매개변수가 같은 값을 참조하는 '마술 같은' 동작 방식을 가집니다.

- 스트릭트 모드에서는 delete 연산자 뒤에 변수, 함수, 함수 매개변수 등 유효하 지 않은 식별자를 사용할 때 SyntaxError가 일어납니다. 일반 모드에서 delete 표현식을 이런 식으로 사용하면 아무 일도 일어나지 않고 false로 평가됩니다.

- 스트릭트 모드에서는 변경 불가인(non-configurable) 프로퍼티를 삭제하려 하 면 TypeError가 일어납니다. 일반 모드에서는 시도가 실패하고 delete 표현식은 false로 평가됩니다.

- 스트릭트 모드에서는 객체 리터럴을 써서 두 개 이상의 프로퍼티를 같은 이름으 로 정의하려 하면 SyntaxError가 일어납니다. 일반 모드에서는 에러가 일어나지 않습니다.

- 스트릭트 모드에서는 함수 선언에서 같은 이름의 매개변수가 두 개 이상 있으면 SyntaxError가 일어납니다. 일반 모드에서는 에러가 일어나지 않습니다.

- 스트릭트 모드에서는 8진수 정수 리터럴(0으로 시작하되 그 뒤에 x가 없는 리터 럴)이 허용되지 않습니다. 일반 모드에서는 일부 실행 환경에서 8진수 리터럴을 허용합니다.

- 스트릭트 모드에서는 eval과 arguments 식별자가 키워드로 취급되며 그 값을 바 꿀 수 없습니다. 이 식별자에 값을 할당할 수 없고, 변수로 선언할 수 없고, 함수 이름이나 함수 매개변수 이름으로 사용할 수 없으며, catch 블록의 식별자로 사 용할 수 없습니다.

- 스트릭트 모드에서는 콜 스택을 살펴보는 기능이 제한됩니다. arguments.caller 와 arguments.callee는 모두 스트릭트 모드 함수에서 TypeError를 일으킵니다. 스트릭트 모드 함수의 caller와 arguments 프로퍼티를 읽으려 해도 TypeError가

일어납니다. 일부 실행 환경에서는 이들 비표준 프로퍼티를 일반 함수에 정의하기도 합니다.

5.7 선언

const, let, var, function, class, import, export 키워드는 엄밀히 말해 문이 아니지만 문과 매우 비슷하며, 이 책에서는 이들을 비공식적으로 문이라고 부르므로 이 장에서 언급할 필요가 있습니다.

이 키워드들은 문이라기보다는 선언이라고 표현해야 더 정확합니다. 이 장 초반에서 문을 가리켜 '동작을 수행'한다고 했습니다. 선언은 새 값을 정의하고 이름을 부여해서 나중에 참조할 수 있게 합니다. 선언 자체로 많은 일이 일어나는 것은 아니지만 값에 이름을 부여한다는 것은 프로그램에 속한 문의 의미가 바뀐다는 것이므로 중요합니다.

프로그램이 실행되면 그 프로그램의 표현식이 평가되고 그 프로그램의 문이 실행됩니다. 선언은 같은 방식으로 실행되는 것은 아니지만 프로그램 자체의 구조를 정의합니다. 선언은 프로그램에서 코드 실행을 시작하기 전에 처리하는 부분이라고 생각할 수도 있습니다.

자바스크립트의 선언은 상수, 변수, 함수, 클래스를 정의하고 모듈에서 값을 가져오고, 내보낼 때 사용합니다. 다음 하위 절은 그런 선언의 예제를 간단히 소개합니다. 이들은 모두 책의 다른 부분에서 훨씬 자세히 설명합니다.

5.7.1 const, let, var

const, let, var는 모두 3.10절에서 설명했습니다. ES6 이후 const는 상수를, let은 변수를 선언합니다. ES6 전에는 var 키워드가 변수를 선언하는 유일한 방법이었고 상수를 선언할 방법은 없었습니다. var로 선언한 변수는 포함하는 블록이 아니라 함수를 스코프로 가집니다. 이 때문에 버그가 많이 발생했고, 최신 자바스크립트에서 let 대신 var를 써야 하는 경우는 거의 없습니다.

```
const TAU = 2*Math.PI;
let radius = 3;
var circumference = TAU * radius;
```

5.7.2 함수

function 선언은 함수를 정의할 때 사용하며 8장에서 자세히 설명합니다. 4.3절에서도 function을 사용했는데 그때는 함수 선언이 아니라 함수 표현식의 일부분으로 사용했습니다. 함수 선언은 다음과 같은 형태입니다.

```javascript
function area(radius) {
    return Math.PI * radius * radius;
}
```

함수 선언은 함수 객체를 생성하고 이를 지정된 이름(이 예제에서는 area)에 할당합니다. 프로그램의 다른 곳에서 이 이름을 사용해 함수를 참조하고 그 코드를 실행할 수 있습니다. 함수 선언은 어떤 블록에 있든 해당 블록의 코드보다 먼저 처리되며, 함수 이름은 그 블록을 통틀어 함수 객체에 묶입니다. 함수를 선언하는 것을 '호이스팅된다(끌어올려진다)'라고 표현하는데, 함수 선언은 어떤 스코프에서 정의됐던 항상 그 맨 위에 있는 것처럼 처리하기 때문입니다. 결과적으로 함수를 선언하는 코드보다 앞에 있는 코드에서 그 함수를 호출할 수 있습니다.

12.3절에서 **제너레이터**라는 특별한 종류의 함수에 대해 설명합니다. 제너레이터 선언은 function 키워드를 사용하는 것은 마찬가지이지만 그 뒤에 별표(*)를 붙입니다. 13.3절에서 비동기 함수에 대해 설명하는데, 역시 function 키워드를 사용해 선언하지만 그 앞에 async 키워드가 붙습니다.

5.7.3 클래스

ES6 이후에는 class 선언으로 새 클래스를 생성하고 이름을 붙입니다. 클래스는 9장에서 자세히 설명합니다. 클래스 선언은 다음과 같은 형태입니다.

```javascript
class Circle {
    constructor(radius) { this.r = radius; }
    area() { return Math.PI * this.r * this.r; }
    circumference() { return 2 * Math.PI * this.r; }
}
```

함수와 달리 클래스 선언은 끌어올려지지 않으며, 위와 같이 선언한 클래스는 선언하기 전에는 사용할 수 없습니다.

5.7.4 가져오기와 내보내기

import와 export 선언은 다른 모듈에서 정의한 값을 사용할 수 있게 합니다. 모듈은 자바스크립트 코드로 구성된 파일이며 독자적인 전역 네임스페이스를 갖고, 다른 모듈에 완전히 독립적입니다. 한 모듈에서 정의한 값(함수나 클래스)을 다른 모듈에서 사용하는 방법은 정의한 모듈에서 export로 값을 내보내고, 사용할 모듈에서 import로 가져오는 방법밖에 없습니다. 모듈은 10장에서 설명하며 import와 export는 10.3절에서 자세히 설명합니다.

　import 지시자는 다른 모듈에서 하나 이상의 값을 가져오고, 현재 모듈에서 사용할 이름을 부여합니다. import 지시자는 몇 가지 형태로 사용할 수 있습니다. 다음 예제를 보십시오.

```
import Circle from './geometry/circle.js';
import { PI, TAU } from './geometry/constants.js';
import { magnitude as hypotenuse } from './vectors/utils.js';
```

자바스크립트 모듈에 들어 있는 값은 비공개이며 명시적으로 내보내지 않는 한 다른 모듈에서 가져올 수 없습니다. export 지시자가 이를 내보내는 역할을 합니다. 이 지시자는 현재 모듈에서 정의한 하나 이상의 값을 내보내며, 따라서 다른 모듈에서 가져올 수 있다고 선언합니다. export 지시자는 import 지시자보다 더 다양한 형태를 사용합니다. 다음은 그중 하나입니다.

```
// geometry/constants.js
const PI = Math.PI;
const TAU = 2 * PI;
export { PI, TAU };
```

export 키워드는 때때로 다른 선언을 변경하여 상수, 변수, 함수, 클래스를 정의하는 동시에 내보내는 일종의 복합 선언을 만들 수 있습니다. 그리고 모듈에서 내보내는 값이 단 하나뿐일 때는 일반적으로 export default를 사용합니다.

```
export const TAU = 2 * Math.PI;
export function magnitude(x,y) { return Math.sqrt(x*x + y*y); }
export default class Circle { /* 클래스 선언은 생략합니다. */ }
```

5.8 자바스크립트 문 요약

이 장에서는 자바스크립트의 문을 소개했습니다. 각 문을 표 5-1에 간추립니다.

문	목적
break	가장 안쪽 루프나 switch, 또는 감싸고 있는 이름 붙은 문에서 빠져나옵니다.
case	switch 안의 문에 라벨을 붙입니다.
class	클래스를 선언합니다.
const	하나 이상의 상수를 선언하고 초기화합니다.
continue	가장 안쪽의 루프 또는 이름 붙은 루프의 다음 반복을 시작합니다.
debugger	디버거 중단점
default	switch의 기본 문에 붙이는 라벨
do/while	while 루프와 비슷한 루프
export	다른 모듈에서 가져올 수 있는 값을 선언합니다.
for	사용하기 쉬운 루프
for/await	비동기 이터레이터의 값을 비동기적으로 순회합니다.
for/in	객체의 프로퍼티 이름을 열거합니다.
for/of	배열 같은 이터러블 객체의 값을 열거합니다.
function	함수를 선언합니다.
if/else	조건에 따라 문을 실행합니다.
import	다른 모듈에서 정의한 값의 이름을 선언합니다.
label	문에 break와 continue에서 사용할 이름을 붙입니다.
let	하나 이상의 블록 스코프 변수를 선언하고 초기화합니다(새 문법).
return	함수에서 값을 반환합니다.
switch	case 또는 default: 라벨로 분기하는 다중 분기점
throw	예외를 일으킵니다.
try/catch/finally	예외를 처리하고 코드를 정리합니다.
"use strict"	스크립트나 함수에 스트릭트 모드 제한을 적용합니다.
var	하나 이상의 변수를 선언하고 초기화합니다(구 문법).
while	기본적인 루프

with	스코프 체인을 확장합니다(스트릭트 모드에서는 금지).
yield	순회할 값을 전달합니다. 제너레이터 함수에서만 사용할 수 있습니다.

표 5-1 자바스크립트 문 문법

6장

JavaScript The Definitive Guide

객체

객체는 자바스크립트의 가장 기본적인 데이터 타입이며 이미 살펴본 적이 있습니다. 객체는 자바스크립트에서 대단히 중요하므로 객체가 어떻게 동작하는지 반드시 자세히 이해해야 합니다. 이 장은 객체에 대한 공식적인 개요부터 시작해 객체 생성, 검색, 설정, 삭제, 테스트, 프로퍼티 열거에 대해 설명합니다. 프로퍼티에 중점을 둔 내용이 끝나면 다음에는 객체를 확장하고, 직렬화하고, 중요한 메서드를 정의하는 방법을 살펴봅니다. 마지막으로 ES6에서 도입한 새로운 객체 리터럴 문법과 그 최신 버전에 대해 길게 다루면서 이 장을 마칩니다.

6.1 객체 소개

객체는 복합된 값입니다. 객체는 여러 가지 값(기본 값이나 다른 객체)을 모아서 이름을 통해 값을 저장하고 가져올 수 있게 합니다. 객체는 프로퍼티의 순서 없는 집합이며 각 프로퍼티에는 이름과 값이 있습니다. 프로퍼티 이름은 보통 문자열이므로(6.10.3절에서 설명하겠지만 프로퍼티 이름은 심벌일 수도 있습니다) 객체가 문자열에 값을 연결한다고 볼 수도 있습니다. 이렇게 문자열과 값을 연결하는 동작을 표현하는 이름은 다양합니다. 다른 언어에서 기본적인 데이터 구조를 '해시', '해시 테이블', '딕셔너리', '연관 배열' 같은 이름으로 부르는 데 이미 익숙할 수도 있습니다. 하지만 객체는 단순히 문자열과 값을 연결한 것이 아닙니다. 자바스크립트 객체는 자신만의 프로퍼티를 가지는 것 외에도, '프로토타입'으로 불리는 다른 객체에서 프로퍼티를 상속하기도 합니다. 객체의 메서드는 일반적으로 상속된 프로퍼티이며 이 '프로토타입 상속'이 자바스크립트의 중요한 기능입니다.

자바스크립트 객체는 동적이기 때문에 일반적으로 프로퍼티를 추가하거나 삭제할 수 있지만, 정적인 객체를 흉내 낼 수도 있고 정적 타입을 사용하는 언어의 구조역시 사용할 수 있습니다. (문자열-값 연결에서 값 부분을 무시한다면) 객체를 문자열 세트를 표현하는 데 사용할 수도 있습니다.

자바스크립트에서 문자열, 숫자, 심벌, true, false, null, undefined가 아닌 값은전부 객체입니다. 또한 문자열, 숫자, 불은 객체가 아니지만 불변인 객체처럼 행동할 수도 있습니다.

3.8절에서 객체는 가변이며 값이 아닌 참조로 조작한다고 설명했습니다. 변수 x가 객체를 참조하고 let y = x;라는 코드를 실행한다면 변수 y는 그 객체의 사본이아니라 같은 객체를 참조합니다. 변수 y를 통해 객체를 수정하면 그 결과는 변수 x에도 똑같이 적용됩니다.

객체를 통해 하는 일은 생성, 검색, 삭제, 테스트, 프로퍼티 열거로 나눌 수 있습니다. 이런 기본적인 동작은 이 장 초반에서 설명합니다. 이어지는 절은 더 고급 주제에 관해 설명합니다.

프로퍼티에는 이름과 값이 있습니다. 프로퍼티 이름에는 빈 문자열과 심벌을 포함해 어떤 문자열이든 쓸 수 있지만, 같은 이름의 프로퍼티는 존재할 수 없습니다. 값은 타입을 가리지 않는 자바스크립트 값이며 게터(getter)나 세터(setter), 또는 둘다가 될 수도 있습니다. 게터와 세터 함수에 대해서는 6.10.6절에서 설명합니다.

객체에서 직접 정의한 프로퍼티와 프로토타입 객체에서 상속한 프로퍼티를 구별하는 것이 중요할 때도 있습니다. 자바스크립트에서는 상속되지 않은 프로퍼티를가리켜 **자체 프로퍼티**(own property)라고 부릅니다.

모든 프로퍼티에는 이름과 값 외에도 다음과 같은 세 가지 프로퍼티 속성이 있습니다.

- **쓰기 가능**(writable) 속성은 프로퍼티에 값을 설정할 수 있는지 없는지를 나타냅니다.
- **열거 가능**(enumerable) 속성은 for/in 루프에 프로퍼티 이름을 반환할지 안 할지를 나타냅니다.
- **변경 가능**(configurable) 속성은 프로퍼티를 삭제할 수 있는지 없는지, 속성을바꿀 수 있는지 없는지를 나타냅니다.

자바스크립트 내장 객체의 프로퍼티 중 상당수는 읽기 전용이거나 열거 불가이거나 변경 불가입니다. 여러분이 직접 만드는 객체의 프로퍼티는 기본적으로 쓰기 가능, 열거 가능, 변경 가능입니다. 14.1절에서 객체의 프로퍼티 속성을 바꾸는 방법을 설명합니다.

6.2 객체 생성

객체를 생성할 때는 객체 리터럴, new 키워드 또는 `Object.create()` 함수를 사용합니다. 이어지는 하위 절에서 각 방법을 설명합니다.

6.2.1 객체 리터럴

객체를 생성하는 가장 쉬운 방법은 객체 리터럴입니다. **객체 리터럴**의 가장 단순한 형태는 콜론으로 구분한 이름: 값 쌍을 콤마로 구분해 중괄호로 감싼 형태입니다. 프로퍼티 이름은 자바스크립트 식별자 또는 문자열 리터럴이고, 빈 문자열도 허용합니다. 프로퍼티 값은 자바스크립트 표현식이면 무엇이든 가능합니다. 이 표현식의 값은 기본 값이든 객체 값이든 프로퍼티 값이 됩니다. 다음 예제를 보십시오.

```
let empty = {};                          // 프로퍼티가 없는 객체
let point = { x: 0, y: 0 };              // 숫자 프로퍼티 두 개
let p2 = { x: point.x, y: point.y+1 };   // 좀 더 복잡한 값
let book = {
    "main title": "JavaScript",          // 이 프로퍼티 이름에는 스페이스와 하이픈이
    "sub-title": "The Definitive Guide", // 들어 있으므로 문자열 리터럴을 썼습니다.
    for: "all audiences",                // for는 예약어이지만 따옴표를 쓰지 않았습니다.
    author: {                            // 이 프로퍼티의 값은
        firstname: "David",              // 객체입니다.
        surname: "Flanagan"
    }
};
```

객체 리터럴의 마지막 프로퍼티 뒤에 콤마를 쓸 수 있습니다. 이렇게 마지막에 콤마를 남겨 두면 나중에 객체 리터럴에 프로퍼티를 추가할 때 문법 에러를 초래할 가능성이 줄어들기 때문에 이런 스타일을 권장하는 사람도 있습니다.

객체 리터럴을 평가할 때마다 새 객체가 만들어집니다. 각 프로퍼티의 값 역시 리터럴을 평가할 때마다 평가됩니다. 따라서 객체 리터럴 자체가 바뀌지 않더라도 반복적으로 호출되는 함수나 루프 바디 안에 있다면 새 객체를 여러 개 만들 수 있

으며, 이 객체들의 프로퍼티 값 역시 매번 달라질 수 있습니다.

여기서 사용한 객체 리터럴은 자바스크립트 초기 버전부터 유효했던 단순한 문법만 썼습니다. 자바스크립트 최근 버전은 다양한 객체 리터럴 기능을 도입했으며 이들은 6.10절에서 설명합니다.

6.2.2 new

new 연산자는 새 객체를 생성하고 초기화합니다. new 키워드 뒤에는 반드시 함수 호출이 있어야 합니다. 이런 형태로 사용하는 함수를 생성자라고 부르고, 새로 생성된 객체를 초기화하는 목적으로 사용합니다. 자바스크립트의 내장 타입에도 생성자가 있습니다. 예를 들어 다음을 보십시오.

```
let o = new Object();   // 빈 객체를 만듭니다. {}와 같습니다.
let a = new Array();    // 빈 배열을 만듭니다. []와 같습니다.
let d = new Date();     // 현재 시간을 나타내는 Date 객체를 만듭니다.
let r = new Map();      // 키와 값을 연결하는 Map 객체를 만듭니다.
```

이런 내장 생성자 외에도 직접 생성자 함수를 만들어 객체를 초기화하는 데 쓸 수 있습니다. 방법은 9장에서 설명합니다.

6.2.3 프로토타입

객체를 생성하는 세 번째 방법을 설명하기 전에 반드시 프로토타입에 대해 잠시 살펴봐야 합니다. 자바스크립트 객체 거의 대부분은 자신과 연결된 두 번째 객체를 갖습니다. 여기서 두 번째 객체를 프로토타입이라 부르며, 첫 번째 객체는 프로토타입에서 프로퍼티를 상속합니다.

객체 리터럴을 사용해 생성한 객체는 모두 같은 프로토타입 객체를 갖습니다. 그리고 이 프로토타입 객체는 Object.prototype이라는 코드로 참조할 수 있습니다. new 키워드와 생성자를 사용해 만든 객체는 생성자 함수의 prototype 프로퍼티 값을 자신의 프로토타입으로 사용합니다. 따라서 new Object()로 생성한 객체는 {}로 생성한 객체와 마찬가지로 Object.prototype에서 상속합니다. 마찬가지로, new Array()를 사용해 생성된 객체의 프로토타입은 Array.prototype이며, new Date()를 사용해 생성한 객체의 프로토타입은 Date.prototype입니다. 자바스크립트를 처음 배울 때는 이런 부분이 혼란스러울 수 있습니다. 기억할 것은 거의 모든 객체에 프로토타입이 있지만, prototype 프로퍼티가 있는 객체는 비교적 적다는 겁니다.

prototype 프로퍼티를 갖는 객체가 다른 객체의 프로토타입을 정의합니다.

Object.prototype은 프로토타입이 없는 드문 객체 중 하나입니다. 이 객체는 어떤 프로퍼티도 상속하지 않습니다. 다른 프로토타입 객체는 일반적인 객체이며 역시 프로토타입이 있습니다. 내장 생성자 대부분에(대부분의 사용자 정의 생성자 역시) Object.prototype에서 상속하는 프로토타입이 있습니다. 예를 들어 Date.prototype은 Object.prototype에서 프로퍼티를 상속하므로 new Date()로 생성한 Date 객체는 Date.prototype과 Object.prototype 양쪽에서 프로퍼티를 상속합니다. 이렇게 이어지는 프로토타입 객체 사이의 연결을 **프로토타입 체인**이라 부릅니다.

프로퍼티 상속이 어떻게 이루어지는지는 6.3.2절에서 설명합니다. 9장에서 프로토타입과 생성자 사이의 관계를 더 자세히 설명합니다. 생성자 함수를 작성해서 객체의 '클래스'를 정의하고 prototype 프로퍼티를 설정하는 방법을 설명합니다. 생성자에서 '인스턴스'를 만들어 프로토타입 객체를 사용할 수 있습니다. 객체의 프로토타입을 검색하고 변경하는 방법은 14.3절에서 설명합니다.

6.2.4 Object.create()

Object.create()는 첫 번째 인자를 프로토타입 삼아 새 객체를 생성합니다.

```
let o1 = Object.create({x: 1, y: 2});    // o1은 x와 y 프로퍼티를 상속합니다.
o1.x + o1.y                              // => 3
```

인자로 null을 전달해 프로토타입이 없는 객체를 생성할 수도 있지만, 이렇게 생성된 객체는 아무것도 상속하지 않으며 toString() 같은 기본 메서드조차 없습니다. 따라서 + 연산자와 함께 사용할 수도 없습니다.

```
let o2 = Object.create(null);           // o2는 프로퍼티나 메서드를 상속하지 않습니다.
```

{}나 new Object()가 반환하는 것처럼 일반적인 빈 객체를 만들고 싶을 때는 다음과 같이 Object.prototype을 전달합니다.

```
let o3 = Object.create(Object.prototype); // o3는 {}나 new Object()와 같습니다.
```

임의의 프로토타입을 사용해 새 객체를 만들 수 있는 것은 강력한 기능이므로, 이 장에서 Object.create()를 자주 사용합니다. Object.create()는 선택 사항으로 새 객체의 프로퍼티를 설명하는 두 번째 인자를 받을 수 있습니다. 이는 14.1절에서 설명할 고급 기능입니다.

Object.create()를 사용하는 목적 중 하나는 서드 파티 라이브러리에서 (악의적인 의도가 없더라도) 객체를 변경하는 사고를 막는 것입니다. 객체를 라이브러리 함수에 전달하지 않고 원래 객체를 상속하는 객체를 전달하면, 그 함수는 아무 문제 없이 상속된 값을 읽을 수 있습니다. 라이브러리에서 부주의하게 프로퍼티 값을 바꾸더라도 원래 객체에는 영향이 없습니다.

```
let o = { x: "don't change this value" };
library.function(Object.create(o));  // 의도치 않은 변경에 대한 방어
```

이런 일이 어떻게 가능한지 이해하려면 자바스크립트에서 프로퍼티를 검색하고 설정하는 방식을 이해해야 합니다. 다음 절에서 이에 관해 설명합니다.

6.3 프로퍼티 검색과 설정

프로퍼티 값에 접근할 때는 점(.)이나 대괄호([]) 연산자를 사용합니다. 이 연산자의 왼쪽은 값이 객체인 표현식이어야 합니다. 점 연산자를 사용한다면 오른쪽은 반드시 프로퍼티 이름인 단순한 식별자여야 합니다. 대괄호를 사용한다면 그 안에 있는 값은 원하는 프로퍼티 이름인 문자열로 평가되는 표현식이어야 합니다.

```
let author = book.author;       // book의 author 프로퍼티를 가져옵니다.
let name = author.surname;      // author의 surname 프로퍼티를 가져옵니다.
let title = book["main title"]; // book의 main title 프로퍼티를 가져옵니다.
```

프로퍼티를 생성하거나 설정할 때는 값을 가져올 때와 마찬가지로 점 또는 대괄호를 사용하고, 이들을 할당 표현식의 왼쪽에 써야 합니다.

```
book.edition = 7;                     // book에 edition 프로퍼티를 만듭니다.
book["main title"] = "ECMAScript";  // main title 프로퍼티를 변경합니다.
```

대괄호를 사용하면 그 안의 표현식이 반드시 문자열로 평가되어야 한다고 했습니다. 더 정확히 말해, 표현식은 반드시 문자열, 또는 문자열이나 심벌(6.10.3절)로 변환될 수 있는 값으로 평가되어야 합니다. 7장에서 대괄호 안에 숫자를 사용하는 일이 흔하다는 것을 알게 될 겁니다.

6.3.1 연관 배열인 객체

앞 절에서 살펴봤듯이 다음 두 표현식의 값은 같습니다.

```
object.property
object["property"]
```

첫 번째 문법은 C나 자바에서 정적 필드에 접근하는 것과 마찬가지로 점과 식별자를 사용했습니다. 두 번째 문법은 마치 숫자가 아닌 문자열로 인덱스된 배열에 접근하는 것처럼 대괄호 안에 문자열을 사용했습니다. 문자열을 인덱스로 사용하는 배열을 **연관 배열**(associative array)이라 부릅니다. 또는 해시(hash), 맵(map), 딕셔너리(dictionary)라고 부르기도 합니다. 자바스크립트 객체는 연관 배열입니다. 그것이 중요한 이유를 이 절에서 알아봅니다.

C, C++, 자바 등 타입이 고정된 언어에서는 객체의 프로퍼티 개수가 고정되어 있으며, 프로퍼티 이름 역시 반드시 미리 정의되어 있어야 합니다. 자바스크립트는 타입을 엄격하게 고정하지 않으므로 이런 규칙이 없습니다. 프로그램은 어떤 객체에든 프로퍼티를 얼마든지 생성할 수 있습니다. 하지만 점 연산자를 사용해 객체 프로퍼티에 접근할 때 프로퍼티 이름은 식별자로 표현됩니다. 식별자는 반드시 문자 그대로 프로그램에 입력해야 합니다. 식별자는 데이터 타입이 아니므로 프로그램에서 조작할 수 없습니다.

반면 대괄호 연산자로 객체 프로퍼티에 접근할 때는 프로퍼티 이름을 문자열로 표현합니다. 문자열은 자바스크립트 데이터 타입이므로 프로그램이 실행되는 동안 새로 생성할 수도 있고 조작할 수도 있습니다. 따라서 자바스크립트에서는 다음과 같은 코드를 사용할 수 있습니다.

```
let addr = "";
for(let i = 0; i < 4; i++) {
    addr += customer[`address${i}`] + "\n";
}
```

이 코드는 customer 객체의 address0, address1, address2, address3 프로퍼티를 읽어 병합합니다.

간단한 예제지만, 이 코드는 문자열 표현식을 대괄호 안에 사용해 프로퍼티에 접근하는 방식이 얼마나 유용한지 보여 줍니다. 이 코드는 점 표기법으로 고쳐 쓸 수 있지만, 대괄호 표기법만 써야 하는 상황도 있습니다. 예를 들어 네트워크에서 사용자의 주식 투자 현황을 집계하는 프로그램을 작성한다고 가정해 봅시다. 사용자는 자신이 소유한 주식(stock) 이름과 보유량(share)을 프로그램에 입력합니다. 이 정보를 portfolio라는 객체에 담는다고 합시다. 그러면 객체의 프로퍼티 하나는 주식 하나에 대응할 겁니다. 프로퍼티 이름은 주식 이름이고, 프로퍼티 값은 해당 주식 보유량입니다. 따라서 사용자가 IBM 주식을 50주 갖고 있다면 `portfolio.ibm` 프로퍼티의 값은 50입니다.

이 프로그램에는 다음과 같이 포트폴리오에 주식을 추가하는 함수가 있을 겁니다.

```javascript
function addstock(portfolio, stockname, shares) {
    portfolio[stockname] = shares;
}
```

사용자가 주식 이름을 런타임에 입력하므로 프로퍼티 이름을 미리 알 수는 없습니다. 프로그램을 만들 때 프로퍼티 이름을 알지 못하기 때문에 점 연산자를 써서는 portfolio 객체의 프로퍼티에 접근할 수 없습니다. 하지만 대괄호 연산자는 정적이고 반드시 프로그램에 있는 그대로 써야 하는 식별자가 아니라, 동적이고 런타임에 바꿀 수 있는 문자열 값을 사용하므로 이런 상황에도 쓸 수 있습니다.

5장에서 for/in 루프를 설명했습니다. 이 문은 연관 배열과 함께 사용할 때 더 강력합니다. 포트폴리오 전체 값을 합산할 때는 다음과 같은 코드를 쓰면 됩니다.

```javascript
function computeValue(portfolio) {
    let total = 0.0;
    for(let stock in portfolio) {      // portfolio의 각 stock에 대해
        let shares = portfolio[stock]; // 보유량을 가져옵니다.
        let price = getQuote(stock);   // 주식 가격을 알아봅니다.
        total += shares * price;       // total에 주식 가격을 합산합니다.
    }
    return total;                      // 전체 값을 반환합니다.
}
```

자바스크립트 객체는 이 예제처럼 연관 배열로 사용할 때가 많으므로 어떻게 동작하는지 이해하는 것이 중요합니다. 하지만 ES6 이후에는 이런 상황에서 일반 객체를 쓰기보다 11.1.2절에서 설명할 Map 클래스를 쓰면 더 좋을 때가 많습니다.

6.3.2 상속

자바스크립트 객체에는 자체 프로퍼티도 있고, 프로토타입 객체에서 상속하는 프로퍼티도 있습니다. 이를 이해하려면 프로퍼티 접근에 대해 더 자세히 알아봐야 합니다. 이 절의 예제는 지정된 프로토타입을 가지고 `Object.create()` 함수를 써서 객체를 생성합니다. 하지만 9장에서는 `new` 키워드로 클래스 인스턴스를 생성할 때마다 프로토타입 객체에서 프로퍼티를 상속하는 객체가 생성되는 경우를 다룹니다.

객체 o의 x 프로퍼티를 가져온다고 합시다. o에 x라는 자체 프로퍼티가 없다면 o의 프로토타입 객체[1]에서 x 프로퍼티를 검색합니다. 프로토타입 객체에도 자체 프로퍼티 x는 없지만 프로토타입이 있다면, 이번에는 프로토타입의 프로토타입에서 해당 프로퍼티를 검색합니다. x 프로퍼티를 찾거나, 프로토타입이 `null`인 객체에 도달할 때까지 검색을 계속합니다. 객체의 `prototype` 속성은 자신이 어디에서 프로퍼티를 상속했는지 나타내는 체인을 형성합니다.

```
let o = {};              // o는 Object.prototype에서 객체 메서드를 상속합니다.
o.x = 1;                 // 이제 자체 프로퍼티 x가 생겼습니다.
let p = Object.create(o); // p는 o와 Object.prototype에서 프로퍼티를 상속합니다.
p.y = 2;                 // 자체 프로퍼티 y가 생겼습니다.
let q = Object.create(p); // q는 p, o, Object.prototype에서 프로퍼티를 상속하며
q.z = 3;                 // 자체 프로퍼티 z가 생겼습니다.
let f = q.toString();    // toString은 Object.prototype에서 상속했습니다.
q.x + q.y                // => 3; x와 y는 o와 p에서 상속했습니다.
```

이제 객체 o의 x 프로퍼티에 값을 할당한다고 합시다. o에 이미 자체(상속되지 않은) x 프로퍼티가 있다면 그 할당은 기존 프로퍼티의 값을 바꿉니다. 그렇지 않다면 객체 o에 x 프로퍼티를 새로 만들고 거기에 할당합니다. o에 상속된 프로퍼티 x가 있었다면, 상속된 프로퍼티는 이제 새로 생성된 자체 프로퍼티에 '가려집니다'.

프로퍼티 할당은 프로토타입 체인을 검색해 할당이 허용되는지 확인합니다. 예를 들어 o가 읽기 전용인 x 프로퍼티를 상속한다면 할당은 허용되지 않습니다 (6.3.3절 참고). 하지만 할당이 허용된다면 항상 원래 객체에 프로퍼티를 생성하거나 설정할 뿐, 프로토타입 체인에 존재하는 객체는 절대 수정하지 않습니다. 프로

---

1 앞에서 설명했듯 거의 모든 객체에 프로토타입이 있지만, 이 중 대부분은 prototype이라는 프로퍼티가 없습니다. 자바스크립트의 상속은 프로토타입 객체에 직접적으로 접근할 수 없더라도 동작합니다. 방법은 14.3절에서 설명합니다.

퍼티를 검색할 때는 상속을 감안하지만 설정할 때는 그렇지 않으므로 상속된 프로퍼티도 덮어 쓸 수 있습니다.

```
let unitcircle = { r: 1 };        // 상속할 객체
let c = Object.create(unitcircle); // c는 프로퍼티 r을 상속합니다.
c.x = 1; c.y = 1;                 // c에 자체 프로퍼티 두 개를 정의합니다.
c.r = 2;                         // c가 상속한 프로퍼티를 덮어 씁니다.
unitcircle.r                     // => 1: 프로토타입은 영향받지 않습니다.
```

프로퍼티 할당은 실패하거나, 아니면 원래 객체에 프로퍼티를 생성 또는 설정한다는 규칙에는 한 가지 예외가 있습니다. o가 x 프로퍼티를 상속하고 그 프로퍼티가 세터 메서드(6.10.6절)가 있는 접근자 프로퍼티라면 o에 x 프로퍼티를 새로 만드는 대신 세터 메서드를 호출합니다. 하지만 세터 메서드는 객체 o에 호출되는 것이지 해당 프로퍼티를 정의한 프로토타입 객체에 호출되는 것이 아니므로, 세터 메서드가 프로퍼티를 변경하더라도 o에 변화가 있을 뿐 프로토타입 체인은 변하지 않습니다.

6.3.3 프로퍼티 접근 에러

프로퍼티 접근 표현식이 항상 값을 반환하거나 설정하는 것은 아닙니다. 이 절은 프로퍼티를 검색하거나 설정할 때 주의해야 할 부분에 대해 설명합니다.

존재하지 않는 프로퍼티를 검색하는 것은 에러가 아닙니다. o의 자체 프로퍼티나 상속된 프로퍼티에서 x 프로퍼티를 찾지 못한다면 프로퍼티 접근 표현식 o.x는 undefined로 평가됩니다. book 객체에 subtitle이 아니라 sub-title 프로퍼티가 있다고 합시다.

```
book.subtitle     // => undefined: 프로퍼티가 존재하지 않습니다.
```

하지만 존재하지 않는 객체의 프로퍼티를 검색하려 하는 것은 에러입니다. null과 undefined에는 프로퍼티가 없고 이런 값에서 프로퍼티를 검색하려 하는 것은 에러입니다. 앞의 예제를 계속 사용해 봅시다.

```
let len = book.subtitle.length; // TypeError: undefined에는
                                // length 프로퍼티가 없습니다.
```

프로퍼티 접근 표현식은 점 연산자의 왼쪽이 null이나 undefined이면 실패합니다.

따라서 book.author.surname 같은 표현식을 만들 때 book과 book.author가 실제로 정의됐는지 확신할 수 없다면 주의해야 합니다. 이런 문제에 대응하는 방법은 두 가지입니다.

```
// 장황하지만 명시적인 방법
let surname = undefined;
if (book) {
    if (book.author) {
        surname = book.author.surname;
    }
}

// surname, null, undefined 중 하나를 가져오는 간결하고 관용적인 방법
surname = book && book.author && book.author.surname;
```

이 관용적 표현식이 TypeError를 방지하는 원리가 이해되지 않는다면 4.10.1절에서 설명한 && 연산자의 단축 평가를 다시 읽어 보십시오.

4.4.1절에서 설명했듯 ES2020에서 지원하는 조건부 프로퍼티 접근 연산자 ?.을 사용하면 앞의 할당 표현식을 다음과 같이 고쳐 쓸 수 있습니다.

```
let surname = book?.author?.surname;
```

null이나 undefined의 프로퍼티를 설정하려 해도 TypeError가 일어납니다. 다른 값에 프로퍼티를 설정하려 해도 항상 성공하는 것은 아닙니다. 읽기 전용인 프로퍼티일 수도 있고, 객체가 프로퍼티 추가를 허용하지 않을 수도 있습니다. 스트릭트 모드에서는 프로퍼티를 설정하려다 실패하면 TypeError가 일어납니다. 스트릭트 모드가 아니라면 보통 조용히 실패합니다.

프로퍼티 할당이 언제 성공하고 언제 실패하는지 정하는 규칙은 직관적이긴 하지만 간결하게 설명하기는 어렵습니다. 객체 o에 프로퍼티 p를 설정하려는 시도는 다음과 같은 상황에 실패합니다.

- o에 자체 프로퍼티 p가 있고 읽기 전용일 때: 읽기 전용 프로퍼티의 값은 바꿀 수 없습니다.
- o에 상속된 프로퍼티 p가 있고 읽기 전용일 때: 상속된 읽기 전용 프로퍼티를 같은 이름의 자체 프로퍼티로 가릴 수 없습니다.
- o에 자체 프로퍼티 p가 없으며 세터 메서드로 프로퍼티 p를 상속하지 않고 o의

확장 가능(extensible) 속성(14.2절)이 false일 때: p는 o에 존재하지 않고 호출할 세터 메서드도 없으므로 p를 o에 추가해야 하지만, o는 확장 불가이므로 새 프로퍼티를 정의할 수 없습니다.

6.4 프로퍼티 삭제

delete 연산자(4.13.4절)는 객체에서 프로퍼티를 삭제합니다. 피연산자는 프로퍼티 접근 표현식이어야 합니다. 값을 삭제하는 것이 아니라 프로퍼티 자체를 삭제합니다.

```
delete book.author;          // 이제 book에는 author 프로퍼티가 없습니다.
delete book["main title"];   // 이제는 "main title" 역시 없습니다.
```

delete 연산자는 자체 프로퍼티만 삭제할 뿐 상속된 프로퍼티는 삭제하지 않습니다. 상속된 프로퍼티를 삭제하려면 반드시 해당 프로퍼티를 정의한 프로토타입 객체에서 삭제해야 합니다. 이렇게 하면 해당 프로토타입을 상속한 객체 전체에 영향을 미칩니다.

delete 표현식은 삭제에 성공했을 때, 또는 존재하지 않는 프로퍼티 삭제를 시도하는 등 효과가 없었을 때 true로 평가됩니다. delete는 프로퍼티 접근 표현식이 아닌 표현식을 사용했을 때도 (아무 의미 없지만) true로 평가됩니다.

```
let o = {x: 1};   // o에는 자체 프로퍼티 x가 있고 toString을 상속합니다.
delete o.x        // => true: 프로퍼티 x를 삭제합니다.
delete o.x        // => true: x가 존재하지 않으므로 아무 일도 일어나지 않지만
                  //          어쨌든 true입니다.
delete o.toString // => true: toString은 자체 프로퍼티가 아니므로 아무 일도 일어나지
                  //          않지만 어쨌든 true입니다.
delete 1          // => true: 의미 없지만 true입니다.
```

delete는 변경 가능 속성이 false인 프로퍼티는 제거하지 않습니다. 내장 객체의 일부 프로퍼티, 변수 선언이나 함수 선언으로 생성된 전역 객체의 프로퍼티는 변경 불가입니다. 스트릭트 모드에서는 변경 불가인 프로퍼티를 삭제하려 하면 TypeError가 일어납니다. 일반 모드에서는 에러가 일어나지 않고 false로 평가됩니다.

```
// 다음은 일반 모드의 결과이며 스트릭트 모드에서는 모두 TypeError를 일으킵니다.
delete Object.prototype // => false: 프로퍼티가 변경 불가입니다.
var x = 1;              // 전역 변수를 선언합니다.
```

```
delete globalThis.x    // => false: 이 프로퍼티는 삭제할 수 없습니다.
function f() {}         // 전역 함수를 선언합니다.
delete globalThis.f    // => false: 이 프로퍼티 역시 삭제할 수 없습니다.
```

일반 모드에서 전역 객체의 변경 가능 프로퍼티를 삭제할 때는 다음과 같이 전역 객체에 대한 참조를 생략하고 delete 연산자 뒤에 프로퍼티 이름을 써도 됩니다.

```
globalThis.x = 1;      // 변경 가능한 전역 프로퍼티를 생성합니다. (let이나 var는 불가능)
delete x               // => true: 이 프로퍼티는 삭제할 수 있습니다.
```

하지만 스트릭트 모드에서 delete에 x 같은 유효하지 않은 식별자를 피연산자로 쓰면 SyntaxError가 일어나므로 프로퍼티 접근도 명시적으로 해야 합니다.

```
delete x;              // 스트릭트 모드에서는 SyntaxError가 발생합니다.
delete globalThis.x;   // 명시적으로 전역 객체를 참조해야 동작합니다.
```

6.5 프로퍼티 테스트

자바스크립트 객체는 프로퍼티 집합으로 볼 수 있으며, 주어진 이름을 가진 프로퍼티가 객체에 존재하는지 확인해야 할 때가 있습니다. 이 경우 in 연산자, hasOwn Property(), propertyIsEnumerable() 메서드를 사용하거나 그냥 프로퍼티를 검색하면 됩니다. 다음 예제는 모두 프로퍼티 이름에 문자열을 사용했지만 심벌을 써도 무방합니다.

 in 연산자는 왼쪽에 프로퍼티 이름, 오른쪽에 객체를 예상합니다. 객체에 그런 이름을 가진 자체 프로퍼티나 상속된 프로퍼티가 있다면 true를 반환합니다.

```
let o = { x: 1 };
"x" in o        // => true: o에는 자체 프로퍼티 x가 있습니다.
"y" in o        // => false: o에는 프로퍼티 y가 없습니다.
"toString" in o  // => true: o는 toString을 상속합니다.
```

hasOwnProperty() 메서드는 객체에 주어진 이름을 가진 자체 프로퍼티가 있는지 테스트합니다. 상속된 프로퍼티에는 false를 반환합니다.

```
let o = { x: 1 };
o.hasOwnProperty("x")        // => true: o에는 자체 프로퍼티 x가 있습니다.
o.hasOwnProperty("y")        // => false: o에는 프로퍼티 y가 없습니다.
o.hasOwnProperty("toString") // => false: toString은 상속된 프로퍼티입니다.
```

propertyIsEnumerable()은 hasOwnProperty()를 더 제한한 버전입니다. 이 메서드는 지정된 프로퍼티가 자체 프로퍼티이며 **열거 가능** 속성이 true일 때만 true를 반환합니다. 일부 내장 프로퍼티는 열거 불가입니다. 일반적인 자바스크립트 코드로 생성한 프로퍼티는 모두 열거 가능이며 14.1절에서 열거 가능 프로퍼티를 열거 불가로 만드는 방법을 설명합니다.

```
let o = { x: 1 };
o.propertyIsEnumerable("x")  // => true: o에는 열거 가능 프로퍼티 x가 있습니다.
o.propertyIsEnumerable("toString")  // => false: 자체 프로퍼티가 아닙니다.
Object.prototype.propertyIsEnumerable("toString")  // => false: 열거 불가입니다.
```

in 연산자 대신 그냥 프로퍼티를 검색하고 !==을 써서 undefined가 아님을 확인하는 경우도 많습니다.

```
let o = { x: 1 };
o.x !== undefined          // => true: o에는 프로퍼티 x가 있습니다.
o.y !== undefined          // => false: o에는 프로퍼티 y가 없습니다.
o.toString !== undefined   // => true: o는 toString을 상속합니다.
```

in 연산자에는 앞에서 예로 든 단순 프로퍼티 접근으로는 불가능한 기능이 하나 더 있습니다. in은 존재하지 않는 프로퍼티와, 존재하지만 값이 undefined인 프로퍼티를 구분할 수 있습니다. 다음 예제를 보십시오.

```
let o = { x: undefined }; // 프로퍼티에 직접 undefined를 할당합니다.
o.x !== undefined          // => false: 프로퍼티가 존재하지만 정의되지 않았습니다.
o.y !== undefined          // => false: 프로퍼티가 존재하지도 않습니다.
"x" in o                   // => true: 프로퍼티가 존재합니다.
"y" in o                   // => false: 프로퍼티가 존재하지 않습니다.
delete o.x;                // 프로퍼티 x를 삭제합니다.
"x" in o                   // => false: 이제는 존재하지 않습니다.
```

6.6 프로퍼티 열거

객체의 프로퍼티 전체를 순회해야 할 때도 있습니다. 방법은 여러 가지입니다.

for/in 루프는 5.4.5절에서 설명했습니다. 이 루프는 지정된 객체의 상속 여부를 구분하지 않고 열거 가능 프로퍼티마다 그 이름을 루프 변수에 할당하면서 루프 바디를 실행합니다. 객체가 상속하는 내장 메서드는 열거 불가이지만, 여러분이 추가한 프로퍼티는 기본적으로 열거 가능입니다. 예를 들어 다음을 보십시오.

```
let o = {x: 1, y: 2, z: 3};          // 열거 가능한 자체 프로퍼티 세 개
o.propertyIsEnumerable("toString")   // => false: 열거 불가
for(let p in o) {                    // 프로퍼티를 순회합니다.
    console.log(p);                  // x, y, z를 출력하지만 toString은 아닙니다.
}
```

for/in에서 상속된 프로퍼티가 열거되는 것을 막을 때는 다음과 같이 루프 바디 안에서 명시적으로 체크합니다.

```
for(let p in o) {
    if (!o.hasOwnProperty(p)) continue;        // 상속된 프로퍼티는 건너뜁니다.
}

for(let p in o) {
    if (typeof o[p] === "function") continue;  // 메서드는 건너뜁니다.
}
```

for/in 루프를 사용하는 것보다는 객체의 프로퍼티 이름을 배열에 저장해서 for/of 루프를 사용하는 것이 더 쉬울 때가 많습니다. 프로퍼티 이름을 배열로 저장할 수 있는 함수는 네 가지입니다.

- Object.keys()는 객체의 열거 가능한 자체 프로퍼티 이름을 배열로 반환합니다. 이 메서드는 열거 불가 프로퍼티, 상속된 프로퍼티, 이름이 심벌인 프로퍼티(6.10.3절)는 내보내지 않습니다.
- Object.getOwnPropertyNames()는 Object.keys()와 비슷하지만, 이름이 문자열이기만 하면 열거 불가인 자체 프로퍼티 이름도 배열로 반환합니다.
- Object.getOwnPropertySymbols()는 열거 가능 여부를 따지지 않고 이름이 심벌인 자체 프로퍼티를 배열로 반환합니다.
- Reflect.ownKeys() 열거 가능 여부를 따지지 않고, 문자열인지 심벌인지도 구분하지 않고 자체 프로퍼티 이름은 전부 배열로 반환합니다.

Object.keys()와 for/of 루프를 사용한 예제는 6.7절에 있습니다.

6.6.1 프로퍼티 열거 순서

객체의 자체 프로퍼티를 열거하는 순서는 ES6에서 공식적으로 정의했습니다. Object.keys(), Object.getOwnPropertyNames(), Object.getOwnPropertySymbols(),

Reflect.ownKeys()와 JSON.stringify() 등 관련 메서드는 다음 순서에 따라 프로퍼티를 열거합니다. 또한 열거 불가 프로퍼티를 반환하는지, 프로퍼티 이름이 문자열인지 심벌인지에 따른 제한이 함께 적용됩니다.

- 이름이 음이 아닌 정수인 문자열 프로퍼티가 첫 번째로 나열되며 작은 수에서 큰 수 순으로 열거됩니다. 따라서 배열 및 배열 비슷한 객체의 프로퍼티도 순서대로 열거됩니다.
- 배열 인덱스와 비슷한 프로퍼티를 모두 열거한 다음에는 음수나 부동 소수점 숫자처럼 보이는 프로퍼티를 포함해 이름이 문자열인 프로퍼티를 열거합니다. 이 프로퍼티는 객체에 추가된 순서대로 열거됩니다. 객체 리터럴로 정의된 프로퍼티는 리터럴에 쓰인 순서를 따릅니다.
- 마지막으로, 이름이 심벌인 프로퍼티를 객체에 추가된 순서대로 열거합니다.

for/in 루프의 열거 순서는 이 열거 함수만큼 정확하게 정의되어 있지는 않지만, 대부분의 실행 환경에서 자체 프로퍼티를 앞서 설명한 순서대로 열거하고 프로토타입 체인을 따라 올라가면서 각 프로토타입 객체에 대해 열거 가능한 프로퍼티를 같은 순서로 열거합니다. 하지만 같은 이름의 프로퍼티가 이미 열거됐다면 열거하지 않으며, 이미 고려된 프로퍼티 중 같은 이름의 열거 불가 프로퍼티가 있었다면 열거하지 않습니다.

6.7 객체 확장

자바스크립트 프로그램에서 객체의 프로퍼티를 다른 객체에 복사하는 것은 흔한 일입니다. 다음과 같은 코드를 사용하면 쉽습니다.

```
let target = {x: 1}, source = {y: 2, z: 3};
for(let key of Object.keys(source)) {
    target[key] = source[key];
}
target  // => {x: 1, y: 2, z: 3}
```

하지만 이는 자주 이루어지는 일이므로, 여러 자바스크립트 프레임워크에서 이런 복사 동작을 수행하는 유틸리티 함수를 정의하는데, 그 이름은 대개 extend()입니다. ES6에서 이런 기능을 `Object.assign()`이라는 이름으로 자바스크립트 코어에 도입했습니다.

`Object.assign()`은 인자로 두 개 이상의 객체를 받습니다. 첫 번째 인자는 수정해서 반환할 대상 객체이지만, 두 번째 또는 그 이후의 인자는 소스 객체이므로 수정하지 않습니다. 각 소스 객체의 열거 가능한 자체 프로퍼티를(이름이 심벌인 것을 포함해) 대상 객체에 복사합니다. 복사할 때 소스 객체를 인자 순서대로 처리하는데, 첫 번째 소스 객체의 프로퍼티는 대상 객체에 있는 같은 이름의 프로퍼티를 덮어 쓰고, 두 번째 소스 객체가 있다면 그 객체의 프로퍼티가 첫 번째 소스 객체에 있는 같은 이름의 프로퍼티를 덮어 씁니다.

소스 객체에 게터 메서드가 있거나 대상 객체에 세터 메서드가 있다면 복사 도중에 이들이 호출되긴 하지만 메서드 자체를 복사하지는 않습니다.

프로퍼티를 객체에서 다른 객체로 복사하는 이유 중 하나는 소스 객체에 기본 값을 정의해 두고 대상 객체에 그런 이름이 존재하지 않는다면 복사해서 쓰려는 목적입니다. 아래와 같이 `Object.assign()`을 생각 없이 사용하면 원하는 결과를 얻지 못할 수 있습니다.

```
Object.assign(o, defaults);  // o를 전부 defaults로 덮어 씁니다.
```

다음과 같이 새 객체를 생성하고 기본 값을 복사한 다음, 이 기본 값을 o의 프로퍼티로 덮어 써야 의도에 맞습니다.

```
o = Object.assign({}, defaults, o);
```

이렇게 객체를 복사하고 덮어 쓰는 동작을 다음과 같이 분해 연산자 `...`으로 하는 방법을 6.10.4절에서 다시 살펴볼 겁니다.

```
o = {...defaults, ...o};
```

다음과 같이 존재하지 않는 프로퍼티만 복사하도록 `Object.assign()`을 변형해 사용하면 객체를 새로 만들어 복사해야 하는 부담을 줄일 수 있습니다.

```
// Object.assign()과 마찬가지이지만 기존 프로퍼티는 덮어 쓰지 않습니다.
// 심벌 프로퍼티를 복사하지 않는 것은 똑같습니다.
function merge(target, ...sources) {
    for(let source of sources) {
```

```
        for(let key of Object.keys(source)) {
            if (!(key in target)) { // Object.assign()과 다른 점입니다.
                target[key] = source[key];
            }
        }
    }
    return target;
}
Object.assign({x: 1}, {x: 2, y: 2}, {y: 3, z: 4})  // => {x: 2, y: 3, z: 4}
merge({x: 1}, {x: 2, y: 2}, {y: 3, z: 4})           // => {x: 1, y: 2, z: 4}
```

merge() 함수 같은 프로퍼티 조작 유틸리티는 만들기 쉽습니다. 예를 들어 re
strict() 함수를 만들어 다른 템플릿 객체에 존재하지 않는 프로퍼티를 삭제할 수
있습니다. 아니면 다른 객체에 존재하는 프로퍼티를 모두 제거하는 subtract() 함
수를 만들 수도 있습니다.

6.8 객체 직렬화

객체 **직렬화**(serialize)는 객체를 문자열로 변환하는 작업입니다. 이 문자열은 나
중에 다시 객체로 되돌릴 수 있습니다. JSON.stringify()와 JSON.parse()는 자바
스크립트 객체를 직렬화하고 되돌리는 함수입니다. 이 함수는 데이터 교환 형식인
JSON을 사용합니다. JSON은 '자바스크립트 객체 표기법(JavaScript Object Nota-
tion)'의 약어이며 문법은 자바스크립트의 객체와 배열 리터럴과 아주 비슷합니다.

```
let o = {x: 1, y: {z: [false, null, ""]}};  // 테스트 객체를 정의합니다.
let s = JSON.stringify(o);   // s == '{"x":1,"y":{"z":[false,null,""]}}'
let p = JSON.parse(s);       // p == {x: 1, y: {z: [false, null, ""]}}
```

JSON 문법은 자바스크립트 문법의 부분 집합이며 자바스크립트 값 전체를 표현하
지는 못합니다. 객체, 배열, 문자열, 유한한 숫자, true, false, null은 모두 지원되
고 직렬화와 복원이 가능합니다. NaN, Infinity, −Infinity는 null로 직렬화됩니
다. Date 객체는 ISO 형식 날짜 문자열로 직렬화되지만(Date.toJSON() 함수 참고),
JSON.parse()는 이 문자열을 그대로 문자열로 둘 뿐 Date 객체로 복원하지는 않습
니다. 함수, RegExp, Error 객체, undefined 값은 직렬화하거나 복원할 수 없습니다.
JSON.stringify()는 열거 가능한 자체 프로퍼티만 직렬화합니다. 프로퍼티 값을 직
렬화할 수 없다면 해당 프로퍼티는 결과 문자열에서 생략됩니다. JSON.stringify()

와 `JSON.parse()`는 모두 직렬화와 복원 방법을 지정하는 두 번째 인자를 선택 사항으로 받을 수 있습니다. 이 인자에는 직렬화에 포함할 프로퍼티 리스트, 직렬화에 사용할 값 등을 지정할 수 있습니다. 이들 함수는 11.6절에서 자세히 설명합니다.

6.9 객체 메서드

앞에서 설명했듯 명시적으로 프로토타입 없이 생성한 객체를 제외하면 자바스크립트 객체는 모두 `Object.prototype`에서 프로퍼티를 상속합니다. 이렇게 상속되는 프로퍼티는 대부분 메서드이며, 어디서든 사용할 수 있으므로 자바스크립트 프로그래머들이 특히 관심을 둡니다. 예를 들어 `hasOwnProperty()`와 `propertyIsEnumerable()` 메서드는 이미 살펴봤습니다. `Object.create()`와 `Object.keys()`처럼 `Object` 생성자에 정의된 정적 함수도 일부 설명했습니다. 이 절에서는 `Object.prototype`에 정의되긴 했지만 상황에 따라 좀 더 구체적으로 변형하도록 의도된 공용 메서드에 대해 설명합니다. 이어지는 절에서는 객체 하나에서 이런 메서드를 정의하는 예제를 살펴봅니다. 9장에서는 이런 메서드를 객체 클래스 전체에 사용할 수 있도록 정의하는 방법을 알아봅니다.

6.9.1 toString() 메서드

`toString()` 메서드에는 인자가 없습니다. 이 메서드는 호출한 객체의 값을 나타내는 문자열을 반환합니다. 자바스크립트는 객체를 문자열로 변환해야 할 때마다 이 메서드를 호출합니다. 예를 들어 + 연산자로 문자열과 객체를 병합하거나, 문자열을 예상하는 함수에 객체를 전달하는 상황 등이 있습니다.

기본 `toString()` 메서드는 별로 도움이 되진 않습니다(14.4.3절에서 보겠지만 객체의 클래스를 판단할 때는 유용합니다). 예를 들어 다음을 보십시오.

```
let s = { x: 1, y: 1 }.toString();  // s == "[object Object]"
```

기본 메서드에서 유용한 정보를 제공하지 않으므로 여러 클래스에서 자신만의 `toString()`을 정의하곤 합니다. 예를 들어 배열을 문자열로 변환하면 배열 요소 각각을 문자열로 변환한 리스트를 얻고, 함수를 문자열로 변환하면 소스 코드를 얻습니다. 다음과 같이 `toString()` 메서드를 직접 정의할 수 있습니다.

```
let point = {
    x: 1,
    y: 2,
    toString: function() { return `(${this.x}, ${this.y})`; }
};
String(point)     // => "(1, 2)": 문자열로 변환할 때 toString()을 호출합니다.
```

6.9.2 toLocaleString() 메서드

모든 객체에는 기본인 toString() 메서드 외에 toLocaleString() 메서드도 있습니다. 이 메서드의 목적은 지역에 맞는 문자열 표현을 반환하는 것입니다. 하지만 Object에 정의된 기본 toLocaleString() 메서드 자체에는 지역화 기능이 전혀 없고, 그저 toString()을 호출해 그 값을 반환하기만 합니다. Date와 숫자 클래스에는 숫자, 날짜, 시간을 지역의 관습에 맞게 표현하는 toLocaleString()이 있습니다. 배열의 toLocaleString() 메서드는 toString()과 거의 비슷하지만, 배열 요소를 변환할 때 toString() 메서드가 아니라 toLocaleString() 메서드를 호출한다는 점이 다릅니다. point 객체로도 비슷한 일을 할 수 있습니다.

```
let point = {
    x: 1000,
    y: 2000,
    toString: function() { return `(${this.x}, ${this.y})`; },
    toLocaleString: function() {
        return `(${this.x.toLocaleString()}, ${this.y.toLocaleString()})`;
    }
};
point.toString()        // => "(1000, 2000)"
point.toLocaleString()  // => "(1,000, 2,000)": 천 단위 구분자가 있습니다.
```

toLocaleString() 메서드를 작성하고 싶다면 11.7절에서 설명하는 국제화 클래스가 도움이 될 것입니다.

6.9.3 valueOf() 메서드

valueOf() 메서드는 toString() 메서드와 비슷하지만, 객체를 문자열이 아닌 다른 기본 타입, 보통은 숫자로 변환하려 할 때 호출합니다. 자바스크립트는 기본 값을 예상하는 곳에 객체를 사용하면 자동으로 이 메서드를 호출합니다. 기본 valueOf() 메서드는 별 도움이 되지 않지만 내장 클래스 중에 valueOf() 메서드를 따로 정의한 것도 있습니다. Date 클래스의 valueOf()는 날짜를 숫자로 변환하므로, Date 객

체는 <와 >를 사용해 시간 순서로 비교할 수 있습니다. point 객체로도 비슷한 일을
할 수 있습니다. 예를 들어 valueOf() 메서드가 원점으로부터 해당 지점까지의 거
리를 반환하도록 할 수 있습니다.

```
let point = {
    x: 3,
    y: 4,
    valueOf: function() { return Math.hypot(this.x, this.y); }
};
Number(point)  // => 5: 숫자로 변환할 때 valueOf()가 호출됩니다.
point > 4      // => true
point > 5      // => false
point < 6      // => true
```

6.9.4 toJSON() 메서드

Object.prototype에 실제로 toJSON() 메서드가 정의된 것은 아니지만, JSON.string
ify() 메서드는 직렬화할 객체에서 toJSON() 메서드를 검색합니다. 직렬화할 객체
에 이런 메서드가 존재하면 해당 메서드를 호출해 반환 값을 직렬화합니다. Date
클래스의 toJSON() 메서드는 직렬화 가능한 문자열 표현을 반환합니다. 물론 point
객체에도 같은 일을 할 수 있습니다.

```
let point = {
    x: 1,
    y: 2,
    toString: function() { return `(${this.x}, ${this.y})`; },
    toJSON: function() { return this.toString(); }
};
JSON.stringify([point])   // => '["(1, 2)"]'
```

6.10 확장된 객체 리터럴 문법

자바스크립트 최근 버전에서는 객체 리터럴 문법을 여러 가지 방법으로 확장했습
니다. 다음 하위 절은 이런 확장에 대해 설명합니다.

6.10.1 단축 프로퍼티

변수 x와 y에 값을 저장했고, 객체의 x와 y 프로퍼티에도 그 값을 할당하고 싶다고
합시다. 기본적인 객체 리터럴 문법을 사용하면 다음과 같이 똑같은 식별자를 두
번씩 써야 합니다.

```
let x = 1, y = 2;
let o = {
    x: x,
    y: y
};
```

ES6 이후에는 다음과 같이 콜론을 생략한 훨씬 간결한 문법을 쓸 수 있습니다.

```
let x = 1, y = 2;
let o = { x, y };
o.x + o.y  // => 3
```

6.10.2 계산된 프로퍼티 이름

특정 프로퍼티가 있는 객체를 만들어야 하는데, 프로퍼티 이름이 소스 코드에 문자 그대로 입력할 수 있는 컴파일 타임 상수가 아니라 변수에 저장되어 있거나 함수의 반환 값일 때가 있습니다. 이런 프로퍼티는 기본 객체 리터럴에 사용할 수 없습니다. 대신 다음과 같이 객체를 만들고 프로퍼티를 추가하는 과정이 필요합니다.

```
const PROPERTY_NAME = "p1";
function computePropertyName() { return "p" + 2; }

let o = {};
o[PROPERTY_NAME] = 1;
o[computePropertyName()] = 2;
```

계산된 프로퍼티(computed property)라는 ES6 기능을 사용하면 위 코드의 대괄호를 객체 리터럴 안에 넣을 수 있습니다.

```
const PROPERTY_NAME = "p1";
function computePropertyName() { return "p" + 2; }

let p = {
    [PROPERTY_NAME]: 1,
    [computePropertyName()]: 2
};

p.p1 + p.p2 // => 3
```

새 문법의 대괄호 안에는 임의의 자바스크립트 표현식이 들어갑니다. 표현식을 평가한 값을 프로퍼티 이름으로 사용하며, 필요하다면 문자열로 변환합니다.

계산된 프로퍼티를 쓰는 상황에서 특정 프로퍼티를 가진 객체를 전달받기를 예상하는 라이브러리 함수가 있고, 그 프로퍼티는 라이브러리 안에 상수로 정의되어 있다고 생각해 봅시다. 이 라이브러리에 전달할 객체를 생성하는 코드를 작성할 때 프로퍼티 이름을 직접 입력해도 되지만, 우선 오타를 낼 가능성이 있고 해당 라이브러리의 버전이 바뀌면서 요구하는 프로퍼티 이름이 바뀔 가능성도 있습니다. 프로퍼티 이름을 직접 입력하기보다는 계산된 프로퍼티 문법을 써서 라이브러리에서 정의하는 프로퍼티 이름 상수를 쓰는 편이 더 안전합니다.

6.10.3 프로퍼티 이름인 심벌

계산된 프로퍼티 문법을 통해 가능해진, 아주 중요한 객체 리터럴 기능이 있습니다. ES6 이후에는 프로퍼티 이름에 문자열이나 심벌을 쓸 수 있습니다. 심벌을 변수나 상수에 할당하면 계산된 프로퍼티 문법을 통해 그 심벌을 프로퍼티 이름으로 쓸 수 있습니다.

```
const extension = Symbol("my extension symbol");
let o = {
    [extension]: { /* 이 객체에 확장 데이터를 저장합니다. */ }
};
o[extension].x = 0; // o의 다른 프로퍼티와 충돌하지 않습니다.
```

3.6절에서 설명했듯 심벌은 불투명한 값입니다. 심벌은 프로퍼티 이름 이외에 다른 용도로 쓸 수 없습니다. 하지만 심벌은 다른 어떤 심벌과도 같지 않으므로 고유한 프로퍼티 이름을 만들 때 안성맞춤입니다. 팩토리 함수 Symbol()을 호출해서 새 심벌을 만드십시오. 심벌은 객체가 아니라 기본 값이므로, Symbol()은 new와 함께 호출되는 생성자 함수가 아닙니다. Symbol()이 반환하는 값은 다른 어떤 심벌과도, 다른 어떤 값과도 같지 않습니다. Symbol()에 문자열을 전달할 수 있는데, 이 문자열은 심벌을 문자열로 변환할 때 사용됩니다. 하지만 이 기능은 디버깅에만 도움이 됩니다. 같은 문자열을 인자로 삼아 심벌을 생성해도 그들은 서로 다른 심벌입니다.

심벌의 목적은 보안이 아니라 자바스크립트 객체가 사용할 수 있는 안전한 확장 메커니즘을 정의하는 것입니다. 여러분이 제어할 수 없는 서드 파티 코드에서 가져온 객체에 프로퍼티를 추가하고 싶지만, 추가한 프로퍼티가 이미 존재하는 프로퍼티와 충돌하지 않는다고 확신할 수 없을 때 프로퍼티 이름에 심벌을 사용하면 안전합니다. 이렇게 한다면 서드 파티 코드에서 여러분이 사용한 심벌 프로퍼티가 수정될 일도 없습니다. 물론 서드 파티 코드에서 `Object.getOwnPropertySymbols()`를 사용해 여러분이 추가한 심벌을 확인한다면 수정하거나 삭제할 수도 있습니다. 심벌을 보안 메커니즘에 사용할 수 없는 것은 이런 이유 때문입니다.

6.10.4 분해 연산자

ES2018 이후에는 객체 리터럴 안에서 분해 연산자 `...`를 사용해 기존 객체의 프로퍼티를 새 객체에 복사할 수 있습니다.

```
let position = { x: 0, y: 0 };
let dimensions = { width: 100, height: 75 };
let rect = { ...position, ...dimensions };
rect.x + rect.y + rect.width + rect.height  // => 175
```

이 코드에서 `position`과 `dimensions` 객체의 프로퍼티는 `rect` 객체 안으로 '분해'되어, 마치 그 안에 문자 그대로 작성됐던 것처럼 포함됩니다. 이 `...` 문법은 보통 분해 연산자라고 부르긴 하지만, 진정한 자바스크립트 연산자라고 볼 수는 없습니다. 사실 이것은 객체 리터럴 안에서만 사용할 수 있는 특별 문법입니다. 자바스크립트에서 점 세 개를 다른 목적으로 사용하는 경우도 있지만, 이런 식으로 객체를 다른 객체에 분산하는 용도로 사용하는 것은 객체 리터럴이 유일합니다.

분해되는 객체와 프로퍼티를 받는 객체 둘 다 같은 이름의 프로퍼티를 갖는다면 해당 프로퍼티의 값은 마지막에 오는 값이 됩니다.

```
let o = { x: 1 };
let p = { x: 0, ...o };
p.x    // => 1: 객체 o의 값이 초깃값을 덮어 씁니다.
let q = { ...o, x: 2 };
q.x    // => 2: 2라는 값이 o의 기존 값을 덮어 씁니다.
```

분해 연산자는 자체 프로퍼티만 분해할 뿐 상속된 프로퍼티에는 적용되지 않습니다.

```
let o = Object.create({x: 1});  // o는 프로퍼티 x를 상속합니다.
let p = { ...o };
p.x                             // => undefined
```

마지막으로 한 가지 언급할 것이 있습니다. 분해 연산자는 코드로 보면 그저 점 세 개일 뿐이지만, 자바스크립트 인터프리터가 이 때문에 상당히 많은 일을 하게 될 수도 있습니다. 객체에 프로퍼티가 n개 있으면 이 프로퍼티를 다른 객체로 분해하는 작업은 $O(n)$ 작업일 겁니다. 따라서 ...를 루프나 재귀 함수에 넣어 데이터를 큰 객체 하나에 누산한다면 n이 커질수록 비효율적인 $O(p^2)$ 알고리즘을 쓰게 되는 겁니다.[2]

6.10.5 단축 메서드

객체 프로퍼티로 정의된 함수를 메서드라 부릅니다(메서드는 8장과 9장에서 자세히 설명합니다). ES6 전에는 다음과 같이 객체의 다른 프로퍼티를 정의할 때처럼 객체 리터럴 안에 함수 정의 표현식을 써서 메서드를 정의했습니다.

```
let square = {
    area: function() { return this.side * this.side; },
    side: 10
};
square.area() // => 100
```

ES6에서는 객체 리터럴 문법에서(9장에서 설명할 클래스 정의 문법 역시) function 키워드와 콜론을 생략할 수 있으므로 다음과 같은 코드를 쓸 수 있습니다.

```
let square = {
    area() { return this.side * this.side; },
    side: 10
};
square.area()  // => 100
```

두 코드는 동등합니다. 둘 다 객체 리터럴에 area라는 프로퍼티 이름을 추가하고, 둘 다 이 프로퍼티에 지정된 함수를 할당합니다. 단축 문법을 사용하면 area()가 side 같은 데이터 프로퍼티가 아니라 메서드임을 명확히 알 수 있습니다.

이 단축 문법을 사용해 메서드를 작성할 때 프로퍼티 이름에는 객체 리터럴 안에 쓸 수 있다면 무엇이든 쓸 수 있습니다. 위에서 사용한 area 같은 일반적인 자바스크립트 식별자 외에도 문자열 리터럴, 계산된 프로퍼티 이름, 심벌 역시 사용할 수 있습니다.

---

2 (옮긴이) 본문의 $O(n)$은 Big-O Notation(빅 오 표기법)이라 부르며 데이터가 n만큼 증가할 때 알고리즘이 얼마나 복잡해지느냐를 나타냅니다. 조악하게 비유하자면, 데이터가 열 배가 됐을 때 $O(n^2)$은 열 배가 아니라 백 배로 복잡해집니다.

```
const METHOD_NAME = "m";
const symbol = Symbol();
let weirdMethods = {
    "method With Spaces"(x) { return x + 1; },
    [METHOD_NAME](x) { return x + 2; },
    [symbol](x) { return x + 3; }
};
weirdMethods["method With Spaces"](1)   // => 2
weirdMethods[METHOD_NAME](1)            // => 3
weirdMethods[symbol](1)                 // => 4
```

메서드 이름에 심벌을 사용한다고 의아할 필요는 없습니다. 객체를 for/of 루프에서 사용할 수 있도록 이터러블로 만들려면 반드시 심벌 이름 Symbol.iterator를 사용해 메서드를 정의해야 하고, 12장에서 예제로 살펴볼 것입니다.

6.10.6 프로퍼티 게터와 세터

이 장에서 설명한 객체 프로퍼티 대부분은 이름과 값이 있는 데이터 프로퍼티였습니다. 자바스크립트는 접근자 메서드 **게터**(getter)와 **세터**(setter)를 갖는 **접근자 프로퍼티**(accessor property) 역시 지원합니다.

　프로그램이 접근자 프로퍼티의 값을 검색하면 자바스크립트는 인자 없이 게터 메서드를 호출합니다. 이 메서드의 반환 값이 프로퍼티 접근 표현식의 값입니다. 프로그램에서 접근자 프로퍼티의 값을 설정하려 하면 자바스크립트는 세터 메서드를 호출하고 할당 표현식의 오른쪽 값을 인자로 전달합니다. 이 메서드가 프로퍼티 값 '세팅'을 담당합니다. 세터 메서드의 반환 값은 무시합니다.

　프로퍼티에 게터와 세터 메서드가 모두 있으면 해당 프로퍼티는 읽기와 쓰기가 모두 가능한 프로퍼티입니다. 게터 메서드 하나만 있다면 읽기 전용 프로퍼티입니다. 세터 메서드 하나만 있다면 쓰기 전용 프로퍼티이며(데이터 프로퍼티에서는 불가능합니다), 값을 읽으려 하면 항상 undefined로 평가됩니다.

　접근자 프로퍼티는 객체 리터럴 문법의 확장으로 정의할 수 있습니다. 다른 ES6 확장과 달리, 게터와 세터는 ES5에서 도입했습니다.

```
let o = {
    // 일반적인 데이터 프로퍼티
    dataProp: value,

    // 함수의 쌍으로 정의된 접근자 프로퍼티
    get accessorProp() { return this.dataProp; },
```

```
    set accessorProp(value) { this.dataProp = value; }
};
```

접근자 프로퍼티는 한 개 혹은 두 개의 메서드 형태로 정의되며 그 이름은 프로퍼티 이름과 같습니다. 이들은 앞에 get이나 set을 붙인다는 것 외에는 ES6 단축 문법으로 정의된 일반적인 메서드와 별로 달라 보이지 않습니다. 계산된 프로퍼티 이름 역시 쓸 수 있습니다. get이나 set 다음에 있는 프로퍼티 이름을 대괄호에 둘러싸인 표현식으로 바꾸기만 하면 됩니다.

앞에서 정의한 접근자 메서드는 단순히 데이터 프로퍼티의 값을 읽고 쓰기만 할 뿐이므로 전혀 의미가 없어 보입니다. 이번에는 2차원 카르테시안 지점을 나타내는 객체가 있다고 생각해 봅시다. 이 객체에는 지점의 x와 y좌표를 나타내는 데이터 프로퍼티가 있고, 이와 동등한 극좌표를 반환하는 접근자 프로퍼티가 있습니다.

```
let p = {
    // x와 y는 일반적인 데이터 프로퍼티입니다.
    x: 1.0,
    y: 1.0,

    // r은 게터와 세터가 있는, 읽고 쓸 수 있는 접근자 프로퍼티입니다.
    // 접근자 메서드 뒤에 콤마를 잊지 마십시오.
    get r() { return Math.hypot(this.x, this.y); },
    set r(newvalue) {
        let oldvalue = Math.hypot(this.x, this.y);
        let ratio = newvalue/oldvalue;
        this.x *= ratio;
        this.y *= ratio;
    },

    // theta는 게터만 있는 읽기 전용 접근자 프로퍼티입니다.
    get theta() { return Math.atan2(this.y, this.x); }
};
p.r     // => Math.SQRT2
p.theta // => Math.PI / 4
```

이 예제의 게터와 세터에 키워드 this를 썼습니다. 자바스크립트는 이 함수를 객체의 메서드로 호출하므로 함수 바디 안에서 this는 객체 p를 가리킵니다. 따라서 r 프로퍼티의 게터 메서드는 x와 y 프로퍼티를 각각 this.x와 this.y로 참조할 수 있습니다. 메서드와 this 키워드는 8.2.2절에서 더 자세히 설명합니다.

접근자 프로퍼티는 데이터 프로퍼티와 마찬가지로 상속됩니다. 따라서 위 예제의 객체 p를 다른 객체의 프로토타입으로 쓸 수 있습니다. 다음과 같이 r과 theta 프로퍼티를 상속하는 새 객체를 만들고 x와 y 프로퍼티만 설정할 수 있습니다.

```
let q = Object.create(p);    // 게터와 세터를 상속하는 새 객체
q.x = 3; q.y = 4;            // q의 데이터 프로퍼티를 설정합니다.
q.r                          // => 5: 상속된 접근자 프로퍼티가 동작합니다.
q.theta                      // => Math.atan2(4, 3)
```

위 코드는 접근자 프로퍼티를 써서 데이터 세트 하나를 가지고 카르테시안 좌표와 극좌표 두 가지를 표현하는 일종의 API를 만들었습니다. 접근자 프로퍼티를 사용하는 이유 중에는 프로퍼티에 쓸 때 유효성 검사를 하고, 읽을 때마다 다른 값을 반환하게 하는 것도 있습니다.

```
// 이 객체는 점점 증가하는 시리얼 번호를 만듭니다.
const serialnum = {
    // 이 데이터 프로퍼티에는 다음 시리얼 번호가 들어갑니다.
    // 프로퍼티 이름에 있는 _는 이 프로퍼티를 내부에서만 사용한다는 힌트입니다.
    _n: 0,

    // 현재 값을 증가시켜 반환합니다.
    get next() { return this._n++; },

    // n에 새 값을 할당하지만 현재 값보다 커야 합니다.
    set next(n) {
        if (n > this._n) this._n = n;
        else throw new Error("serial number can only be set to a larger
value");
    }
};
serialnum.next = 10;    // 시리얼 번호 시작을 정합니다.
serialnum.next          // => 10
serialnum.next          // => 11: 실행할 때마다 값이 달라집니다.
```

마지막으로, 게터 메서드를 사용해 '마술처럼' 동작하는 프로퍼티를 만들어 보겠습니다.

```
// 이 객체에는 무작위로 숫자를 반환하는 접근자 프로퍼티가 있습니다.
// 예를 들어 random.octet이라는 표현식은 평가할 때마다
// 0에서 255 사이의 숫자를 무작위로 내보냅니다
const random = {
    get octet() { return Math.floor(Math.random()*256); },
    get uint16() { return Math.floor(Math.random()*65536); },
    get int16() { return Math.floor(Math.random()*65536)-32768; }
};
```

6.11 요약

이 장에서는 자바스크립트 객체를 다음 주제에 따라 자세히 설명했습니다.

- 열거 가능, 자체 프로퍼티 같은 기본 객체 용어
- ES6 이후에 추가된 새 기능을 포함한 객체 리터럴 문법
- 객체의 프로퍼티를 읽고, 쓰고, 삭제하고, 열거하고, 확인하는 방법
- 자바스크립트에서 프로토타입 기반 상속이 동작하는 방법, `Object.create()`를 통해 다른 객체를 상속하는 객체를 만드는 방법
- `Object.assign()`을 통해 다른 객체로 프로퍼티를 복사하는 방법

기본 값이 아닌 자바스크립트 값은 모두 객체입니다. 배열과 함수 역시 객체이며, 7장과 8장에서 이 두 객체를 설명합니다.

7장

배열

이 장은 대부분의 프로그래밍 언어에서 기본적인 데이터 타입에 속하는 배열에 대해 설명합니다. **배열**은 값의 순서 있는 집합입니다. 각 값을 요소라고 부르며 각 요소에는 배열에서 차지하는 위치를 나타내는 숫자인 인덱스가 있습니다. 자바스크립트 배열에는 타입이 없습니다. 배열 요소는 어떤 타입이든 상관없고, 배열 하나에 여러 타입이 섞여 있어도 괜찮습니다. 배열 요소에 객체나 다른 배열을 써도 상관없으므로 객체로 이루어진 배열이나 배열로 이루어진 배열 같은 복잡한 데이터 구조를 만들 수도 있습니다. 자바스크립트 배열은 '0으로 시작'하는 32비트 인덱스를 사용합니다. 첫 번째 요소의 인덱스는 0이고, 인덱스는 최대 $4,294,967,294(2^{32}-2)$까지 커질 수 있으므로 배열에 담을 수 있는 요소의 수는 최대 4,294,967,295개입니다.

자바스크립트 배열은 동적입니다. 필요한 만큼 커지거나 작아질 수 있고, 배열을 생성할 때 고정된 크기를 선언하거나 크기가 변할 때 배열을 재할당할 필요가 없습니다. 자바스크립트는 성긴(sparse) 배열을 허용합니다. 즉 요소의 인덱스가 꼭 이어질 필요는 없고 그 사이에 갭이 있어도 됩니다. 자바스크립트 배열에는 모두 length 프로퍼티가 있습니다. 성기지 않은 배열에서 이 프로퍼티는 배열에 포함된 요소 숫자입니다. 성긴 배열의 length는 배열 내 가장 큰 인덱스보다 큽니다.

자바스크립트 배열은 객체의 특별한 형태입니다. 배열 인덱스는 프로퍼티 이름이 정수인 것과 별로 다르지 않습니다. 배열이 특별한 이유는 이 장에서 다시 설명합니다. 자바스크립트 실행 환경은 일반적으로 배열을 최적화하므로 숫자로 인덱스된 배열 요소는 일반적인 객체 프로퍼티보다 상당히 빠르게 접근할 수 있습니다.

배열은 Array.prototype에서 프로퍼티를 상속합니다. 이 프로토타입에는 7.8절에서 설명할 배열 조작 메서드가 많이 포함되어 있습니다. 이런 메서드는 대부분 배열뿐만 아니라 배열 비슷한 객체에서도 정확히 동작하는 범용 메서드입니다. 배열 비슷한 객체는 7.9절에서 설명합니다. 마지막으로 자바스크립트 문자열은 문자로 구성된 배열처럼 동작하며 7.10절에서 이에 관해 설명합니다.

ES6에서 형식화 배열(typed array)이라 뭉뚱그려 부르는 새로운 배열 클래스를 몇 가지 도입했습니다. 형식화 배열은 일반적인 배열과 달리 길이가 고정적이며 요소 타입도 숫자로 고정되어 있습니다. 형식화 배열은 아주 빠르고 이진 데이터에 바이트 수준에서 접근할 수 있습니다. 11.2절에서 설명합니다.

7.1 배열 생성

배열을 만드는 방법은 여러 가지입니다. 이어지는 하위 절에서 배열을 생성하는 방법을 설명합니다.

- 배열 리터럴
- 이터러블 객체에 분해 연산자 ... 적용
- Array() 생성자
- Array.of()와 Array.from() 팩토리 메서드

7.1.1 배열 리터럴

배열을 만드는 가장 단순한 방법은 배열 리터럴입니다. 배열 리터럴은 배열 요소를 대괄호 안에서 콤마로 구분한 리스트 형태입니다. 예를 들어 다음을 보십시오.

```
let empty = [];              // 요소가 없는 배열
let primes = [2, 3, 5, 7, 11];   // 숫자 요소가 다섯 개 있는 배열
let misc = [ 1.1, true, "a", ];  // 타입이 다른 요소가 세 개 있고 콤마로 끝난 배열
```

배열 리터럴에 상수를 쓸 필요는 없습니다. 다음과 같이 임의의 표현식을 써도 됩니다.

```
let base = 1024;
let table = [base, base+1, base+2, base+3];
```

배열 리터럴 안에 객체 리터럴이나 다른 배열 리터럴을 써도 됩니다.

```
let b = [[1, {x: 1, y: 2}], [2, {x: 3, y: 4}]];
```

배열 리터럴에 콤마를 연속해서 썼는데 그 사이에 값이 없으면 성긴 배열(7.3절)이 만들어집니다. 값을 생략한 위치에 실제로 배열 요소가 존재하지는 않지만 검색하면 undefined가 반환됩니다.

```
let count = [1,,3];   // 인덱스 0과 2에는 요소가 있지만 인덱스 1에는 요소가 없습니다.
let undefs = [,,];    // 요소가 없지만 길이가 2인 배열
```

배열 리터럴 문법은 마지막에 콤마를 허용하므로 [,,]의 길이는 3이 아니라 2입니다.

7.1.2 분해 연산자

ES6 이후에는 분해 연산자 ...를 써서 배열 리터럴 안에 다른 배열 요소를 넣을 수 있습니다.

```
let a = [1, 2, 3];
let b = [0, ...a, 4];  // b == [0, 1, 2, 3, 4]
```

세 개의 점은 배열 a를 '분해'해서 그 요소를 새로 생성하는 배열 리터럴 요소로 만듭니다. ...a 자리에 배열 a의 요소를 그대로 썼다고 생각하면 됩니다. 여기서 점 세 개를 분해 연산자라고 부르기는 하지만 특수한 경우에만 사용하므로 진정한 연산자라고 볼 수는 없습니다.

분해 연산자는 배열을 얕게(shallow) 복사할 때도 유용합니다.

```
let original = [1,2,3];
let copy = [...original];
copy[0] = 0;   // 사본을 수정해도 원본에는 영향이 없습니다.
original[0]    // => 1
```

분해 연산자는 모든 이터러블 객체에 동작합니다. 이터러블 객체는 for/of 루프의 대상이 될 수 있는 객체입니다. 5.4.4절에서 소개했고, 12장에서 자세히 설명합니다. 문자열 역시 이터러블이므로 다음과 같이 분해 연산자를 적용해 글자 하나하나의 배열로 바꿀 수 있습니다.

```
let digits = [..."0123456789ABCDEF"];
digits // => ["0","1","2","3","4","5","6","7","8","9","A","B","C","D","E","F"]
```

세트(11.1.1절) 역시 이터러블입니다. 배열에서 중복된 요소를 제거하고 싶을 때는 먼저 배열을 세트로 변환한 다음, 즉시 분해 연산자를 써서 배열로 되돌릴 수 있습니다.

```
let letters = [..."hello world"];
[...new Set(letters)]  // => ["h","e","l","o"," ","w","r","d"]
```

7.1.3 Array() 생성자

Array() 생성자를 써서 배열을 만들 수도 있습니다. 이 생성자는 다음과 같이 세 가지 방법으로 호출할 수 있습니다.

- 인자 없이 호출

  ```
  let a = new Array();
  ```

  이 방법은 요소 없는 빈 배열을 생성하며 배열 리터럴 []과 동등합니다.

- 배열 길이를 나타내는 숫자 인자 하나로 호출

  ```
  let a = new Array(10);
  ```

  이 방법은 지정된 길이를 가진 배열을 생성합니다. 배열 요소가 몇 개인지 미리 알고 있으면 이런 식으로 Array() 생성자를 사용할 수 있습니다. 아직 배열에 값을 저장하지 않았고 배열 인덱스 0, 1, … 등도 아직 정의하지 않았습니다.

- 배열 요소를 두 개 이상 쓰거나 숫자가 아닌 요소를 하나만 넘겨 호출

  ```
  let a = new Array(5, 4, 3, 2, 1, "testing, testing");
  ```

  이렇게 사용하면 생성자의 인자가 새 배열의 요소가 됩니다. Array() 생성자보다는 배열 리터럴이 거의 항상 더 단순합니다.

7.1.4 Array.of()

Array() 생성자를 숫자 인자 하나만 넘겨 호출하면 길이가 그 숫자인 배열이 생성됩니다. 숫자 인자가 하나 이상 있으면 이들 각각을 요소로 취급합니다. 따라서 Array() 생성자로는 숫자 요소가 하나만 있는 배열은 생성할 수 없습니다.

ES6의 `Array.of()` 함수는 이 문제를 해결합니다. 이 함수는 인자의 개수를 따지지 않고 각 인자를 새 배열의 요소로 사용합니다.

```
Array.of()       // => []; 인자가 없으므로 빈 배열
Array.of(10)     // => [10]; 숫자 인자 하나만 있어도 됩니다.
Array.of(1,2,3)  // => [1, 2, 3]
```

7.1.5 Array.from()

`Array.from` 역시 ES6에서 도입한 팩토리 메서드입니다. 이 메서드는 첫 번째 인자로 이터러블 객체나 배열 비슷한 객체를 받으며, 해당 객체의 요소로 새 배열을 만들어 반환합니다. `Array.from(iterable)`은 분해 연산자를 사용한 `[...iterable]`과 동등합니다. 다음과 같이 배열을 쉽게 복사할 수도 있습니다.

```
let copy = Array.from(original);
```

`Array.from()`이 중요한 이유는 배열 비슷한 객체를 진정한 배열로 바꾸는 방법이기 때문입니다. 배열 비슷한 객체란 숫자인 `length` 프로퍼티가 있고, 이름이 정수인 프로퍼티에 값이 저장된 객체를 말합니다. 클라이언트 사이드 자바스크립트에서 웹 브라우저 메서드 일부가 배열 비슷한 객체를 반환하므로, 먼저 이들을 배열로 변환하면 작업이 간단해질 때가 많습니다.

```
let truearray = Array.from(arraylike);
```

`Array.from()`은 선택 사항으로 두 번째 인자를 받습니다. 두 번째 인자로 함수를 전달하면, 새 배열을 생성할 때 소스 객체의 각 요소를 이 함수에 전달하고 반환 값을 배열에 저장합니다. 이 동작은 이 장에서 설명할 `map()` 메서드와 아주 비슷하지만, `Array.from()`으로 배열로 만든 다음 다시 `map()`을 써서 변환하기보다는 처음부터 콜백 함수를 써서 변환하는 것이 더 효율적입니다.

7.2 배열 요소 읽기와 쓰기

배열 요소에 접근할 때는 `[]` 연산자를 사용합니다. 대괄호 왼쪽에는 배열 참조가 있어야 합니다. 대괄호 안에는 양의 정수로 평가되는 표현식이 있어야 합니다. 이 문법은 배열 요소를 읽고 쓸 때 모두 사용할 수 있습니다. 다음은 모두 유효한 자바스크립트 문입니다.

```
let a = ["world"];     // 요소가 하나 있는 배열로 시작합니다.
let value = a[0];      // 인덱스 0을 읽습니다.
a[1] = 3.14;           // 인덱스 1에 씁니다.
let i = 2;
a[i] = 3;              // 인덱스 2에 씁니다.
a[i + 1] = "hello";    // 인덱스 3에 씁니다.
a[a[i]] = a[0];        // 인덱스 0과 2를 읽은 다음, 인덱스 3에 씁니다.
```

$2^{32}-1$보다 작은 양의 정수인 인덱스에 값을 할당하면 그 배열의 length 프로퍼티가 자동으로 바뀝니다. 예를 들어 앞 예제는 요소가 하나인 배열을 생성하고 인덱스 1, 2, 3에 값을 할당했습니다. 이에 따라 length 프로퍼티가 바뀌었습니다.

```
a.length        // => 4
```

배열은 특별하긴 하지만 결국 객체입니다. 배열 요소에 접근할 때 사용하는 대괄호는 객체 프로퍼티에 접근할 때 사용하는 대괄호와 마찬가지로 동작합니다. 자바스크립트는 숫자인 배열 인덱스를 문자열로 변환합니다. 즉 인덱스 1은 문자열 "1"이 되며, 이 문자열을 프로퍼티 이름으로 사용합니다. 인덱스를 숫자에서 문자열로 변환하는 것은 특별한 일은 아닙니다. 일반적인 객체에서도 똑같습니다.

```
let o = {};       // 일반적인 객체를 생성합니다.
o[1] = "one";     // 정수 인덱스를 붙입니다.
o["1"]            // => "one"; 프로퍼티 이름이 숫자이든 문자열이든 똑같습니다.
```

배열 인덱스와 객체 프로퍼티 이름을 명확히 구별하는 것이 좋습니다. 모든 인덱스는 프로퍼티 이름이 될 수 있지만, 프로퍼티 이름은 0 이상 $2^{23}-2$ 이하 범위에 속해야만 인덱스로 쓸 수 있습니다. 배열은 모두 객체이므로 어떤 프로퍼티든 만들 수 있습니다. 그리고 배열 인덱스인 프로퍼티를 사용하면, 배열에서 length 프로퍼티를 업데이트하는 특별한 동작을 합니다.

배열 인덱스에는 음수도, 정수 아닌 숫자도 쓸 수 있습니다. 이렇게 하면 숫자를 문자열로 변환하고 그 문자열을 프로퍼티 이름으로 사용합니다. 이런 프로퍼티는 이름이 양의 정수가 아니므로 배열 인덱스가 아니라 일반적인 객체 프로퍼티로 취급합니다. 마찬가지로, 양의 정수로 평가되는 문자열을 인덱스로 사용하면 객체 프로퍼티가 아니라 배열 인덱스로 취급합니다. 부동 소수점 숫자도 마찬가지입니다.

```
a[-1.23] = true;  // -1.23이라는 프로퍼티가 생깁니다.
a["1000"] = 0;    // 배열의 1001번째 요소입니다.
a[1.000] = 1;     // 배열 인덱스 1. a[1] = 1;과 같습니다.
```

배열 인덱스는 조금 특별한 타입의 객체 프로퍼티 이름일 뿐이므로 자바스크립트 배열에는 '경계 초과(out of bounds)' 에러는 일어나지 않습니다. 즉 객체에 존재하지 않는 프로퍼티를 검색해도 에러가 일어나지 않습니다. undefined를 반환할 뿐입니다. 배열도 마찬가지입니다.

```
let a = [true, false];   // 이 배열은 인덱스 0과 1에 요소가 있습니다.
a[2]                     // => undefined; 이 인덱스에는 요소가 없습니다.
a[-1]                    // => undefined; 이런 이름의 프로퍼티는 없습니다.
```

7.3 성긴 배열

성긴 배열은 인덱스가 연속적이지 않은 배열입니다. 일반적으로 배열의 length 프로퍼티는 배열에 포함된 요소의 개수입니다. 하지만 성긴 배열의 경우 length 프로퍼티의 값이 요소 개수보다 큽니다. 성긴 배열은 Array() 생성자를 사용하거나 현재 배열 length보다 큰 인덱스에 요소를 할당하면 만들어집니다.

```
let a = new Array(5);   // 요소가 없지만 a.length는 5입니다.
a = [];                 // 요소가 없고 length가 0인 배열
a[1000] = 0;            // 요소는 하나를 추가하지만 길이는 1001로 만드는 할당
```

delete 연산자를 사용해 성긴 배열을 만드는 방법도 있는데 나중에 설명합니다.

충분히 성긴 배열은 일반적으로 빽빽한 배열에 비해 좀 느리지만 메모리를 효율적으로 사용하는 방법으로 구현되며, 이런 배열에서 요소를 검색하는 시간은 일반적인 객체 프로퍼티 검색에 필요한 시간과 비슷합니다.

[1,,3]처럼 배열 리터럴에 콤마를 반복하면 성긴 배열이 만들어집니다. 생략된 요소는 존재하지 않습니다.

```
let a1 = [,];           // 이 배열은 요소가 없고 길이는 1입니다.
let a2 = [undefined];   // 이 배열에는 undefined 요소가 하나 있습니다.
0 in a1                 // => false: a1은 인덱스 0에 요소가 없습니다.
0 in a2                 // => true: a2는 인덱스 0에 undefined 값이 있습니다.
```

성긴 배열을 이해하는 것은 자바스크립트 배열의 본질을 이해하기 위해 중요합니다. 하지만 현실적으로 대부분의 자바스크립트 배열은 성기지 않은 배열입니다. 그리고 실제로 성긴 배열을 다뤄야 할 때가 있더라도, 아마 코드에서는 그 배열을 undefined 요소가 포함된 빽빽한 배열로 취급할 것입니다.

7.4 배열 길이

모든 배열에는 length 프로퍼티가 있으며 이 프로퍼티는 일반적인 자바스크립트 객체와 배열을 구분하는 특징입니다. 빽빽한 배열에서 length 프로퍼티는 배열에 포함된 요소 개수와 같습니다. 그 값은 배열에서 가장 큰 인덱스에 1을 더한 값입니다.

```
[].length              // => 0: 배열에 요소가 없습니다.
["a","b","c"].length   // => 3: 가장 큰 인덱스는 2이고 길이는 3입니다.
```

성긴 배열의 length 프로퍼티는 포함된 요소 개수보다 큽니다. 확실히 알 수 있는 것은 length가 가장 큰 인덱스보다 더 크다는 사실뿐입니다. 달리 말하자면 배열에는 length보다 크거나 같은 인덱스는 존재하지 않습니다. 이를 확실히 하기 위해 자바스크립트 배열에는 두 가지 특별한 동작이 있습니다. 하나는 이미 설명한 것처럼 배열의 현재 길이 이상인 i 인덱스에 값을 할당할 때 length 프로퍼티를 i + 1 로 갱신하는 동작입니다.

두 번째는 배열의 length 프로퍼티를 현재 값보다 작은 양의 정수 n으로 지정할 때 인덱스가 n 이상인 배열 요소는 모두 삭제하는 동작입니다.

```
a = [1,2,3,4,5];     // 요소가 다섯 개 있는 배열로 시작합니다.
a.length = 3;        // a는 이제 [1,2,3]입니다.
a.length = 0;        // 요소 전체를 삭제합니다. a는 []입니다.
a.length = 5;        // 길이는 5이지만 new Array(5)와 마찬가지로 요소는 없습니다.
```

length 프로퍼티를 현재 값보다 큰 값으로 설정할 수도 있습니다. 이렇게 해도 실제로 새 요소가 배열에 추가되는 것은 아니며 배열 마지막에 성긴 영역이 생길 뿐입니다.

7.5 배열 요소 추가와 삭제

배열에 요소를 추가하는 가장 단순한 방법은 이미 본 것처럼 새 인덱스에 값을 할당하는 방법입니다.

```
let a = [];        // 빈 배열로 시작합니다.
a[0] = "zero";     // 요소를 추가합니다.
a[1] = "one";
```

push() 메서드는 배열 마지막에 값을 추가합니다.

```
let a = [];              // 빈 배열로 시작합니다.
a.push("zero");          // 마지막에 값을 추가합니다. a = ["zero"]
a.push("one", "two");    // 값을 두 개 더 추가합니다. a = ["zero", "one", "two"]
```

push()는 a[a.length]에 값을 할당하는 것과 같습니다. 7.8절에서 설명할 unshift()
메서드를 써서 배열의 맨 앞에 값을 삽입하고 기존 요소를 뒤로 미는 것도 가능합
니다. pop() 메서드는 push()의 반대로 배열의 마지막 요소를 제거하고 그 값을 반
환하며 배열의 길이를 1만큼 줄입니다. shift() 메서드는 배열의 첫 번째 요소를 제
거해 반환하며 길이를 1만큼 줄이고 나머지 요소를 모두 앞으로 당깁니다. 이들 메
서드는 7.8절에서 더 설명합니다.

delete 연산자로 배열 요소를 삭제할 수 있습니다.

```
let a = [1,2,3];
delete a[2];    // a는 이제 인덱스 2에 요소가 없습니다.
2 in a          // => false: 배열 인덱스 2는 정의되지 않았습니다.
a.length        // => 3: delete는 배열 길이에 영향을 주지 않습니다.
```

배열 요소를 삭제하는 것은 그 요소에 undefined를 할당하는 것과 비슷합니다(완전
히 같지는 않습니다). 배열 요소에 delete를 사용하더라도 length 프로퍼티는 변하
지 않으며 빈 공간을 메우기 위해 요소가 이동하지도 않는다는 점을 기억하십시오.
배열에서 요소를 삭제하면 그 배열은 성긴 배열이 됩니다.

또한 앞에서 이미 본 것처럼 length 프로퍼티를 수정해서 배열의 맨 뒤에서부터
요소를 삭제할 수도 있습니다.

마지막으로, 배열 요소를 삽입, 삭제, 대체하는 범용 메서드인 splice()가 있습니
다. 이 메서드는 length 프로퍼티를 변경하고, 필요에 따라 배열 요소를 앞뒤로 움
직입니다. 7.8절에서 자세히 설명합니다.

7.6 배열 순회

ES6 이후 배열 요소나 이터러블 객체를 순회하는 가장 쉬운 방법은 5.4.4절에서 자
세히 설명한 for/of 루프입니다.

```
let letters = [..."Hello world"];  // 글자로 이루어진 배열
let string = "";
for(let letter of letters) {
```

```
        string += letter;
}
string   // => "Hello world"; 원래 텍스트를 다시 만들었습니다.
```

for/of 루프가 사용하는 내장 이터레이터는 오름차순으로 요소를 반환합니다. 성
긴 배열도 마찬가지이며 존재하지 않는 배열 요소에 대해서는 undefined를 반환합
니다.

배열에 for/of 루프를 적용할 때 각 요소의 인덱스가 필요하다면 다음과 같이
entries() 메서드와 분해 할당을 이용하면 됩니다.

```
let everyother = "";
for(let [index, letter] of letters.entries()) {
    if (index % 2 === 0) everyother += letter;  // 짝수 번째 인덱스의 글자
}
everyother  // => "Hlowrd"
```

forEach()도 배열을 순회하는 좋은 방법입니다. 이 메서드는 for 루프의 변형이 아
니라 배열 순회를 함수형으로 바꾼 배열 메서드입니다. forEach()는 전달받은 함수
를 각 배열 요소에서 호출합니다.

```
let uppercase = "";
letters.forEach(letter => {  // 화살표 함수 문법을 썼습니다.
    uppercase += letter.toUpperCase();
});
uppercase  // => "HELLO WORLD"
```

forEach()는 배열을 순서대로 순회하며 배열 인덱스를 함수의 두 번째 인자로 전달
합니다. for/of 루프와 달리 forEach()는 성긴 배열을 인식하고 존재하지 않는 요
소에 대해서는 함수를 호출하지 않습니다.[1]

---

1 (옮긴이) 7.5절에 이런 설명이 있습니다. '배열 요소를 삭제하는 것은 그 요소에 undefined를 할당하
   는 것과 비슷합니다(완전히 같지는 않습니다).' 다음 코드를 보십시오.

   ```
   let a = [1, 2, 3];
   delete a[1];
   a.forEach(n => console.log(n))
   1
   3

   let b = [1, 2, 3];
   b[1] = undefined;
   b.forEach(n => console.log(n))
   1
   undefined
   3
   ```
   요소를 삭제해 a가 성긴 배열이 되자 forEach는 빈 자리에서 아무 일도 하지 않습니다. 반면
   undefined를 할당한 b는 여전히 빽빽한 배열이며 그 자체에서도 forEach가 함수를 호출합니다.

7.8.1절에서 forEach() 메서드를 자세히 설명합니다. 이 절에서 map(), filter() 같은 관련 메서드도 설명합니다.

물론 for 루프로도 배열 요소를 순회할 수 있습니다.

```
let vowels = "";
for(let i = 0; i < letters.length; i++) {  // 배열의 각 인덱스에 대해
    let letter = letters[i];                // 해당 인덱스의 요소를 가져옵니다.
    if (/[aeiou]/.test(letter)) {           // 정규 표현식을 써서
        vowels += letter;                   // 모음이라면 병합 할당합니다.
    }
}
vowels  // => "eoo"
```

위 루프는 반복할 때마다 배열 길이를 계산하도록 작성했지만, 중첩된 루프나 기타 성능이 아주 중요한 상황에서는 배열 길이를 단 한 번만 계산하도록 만들기도 합니다. 다음 두 for 루프는 그리 널리 쓰이지는 않으며 최신 자바스크립트 인터프리터에서는 성능 차이도 거의 없습니다.

```
// 배열 길이를 로컬 변수에 저장합니다.
for(let i = 0, len = letters.length; i < len; i++) {
    // 루프 바디는 마찬가지입니다.
}

// 배열의 마지막에서 시작해 역순으로 순회합니다.
for(let i = letters.length-1; i >= 0; i--) {
    // 루프 바디는 마찬가지입니다.
}
```

이 예제들은 배열이 빽빽하며 모든 요소에 유효한 데이터가 있다고 가정합니다. 만약 확신할 수 없다면 배열 요소를 사용하기 전에 먼저 테스트해야 합니다. 정의되지 않았거나 존재하지 않는 요소를 건너뛰려면 다음과 같은 코드를 사용합니다.

```
for(let i = 0; i < a.length; i++) {
    if (a[i] === undefined) continue;  // 유효하지 않은 요소는 건너뜁니다.
    // 루프 바디
}
```

7.7 다차원 배열

자바스크립트에서 다차원 배열을 직접 지원하지는 않지만 배열의 배열을 만들어 대략적으로 흉내 낼 수는 있습니다. 내부 배열의 값에 접근할 때는 [] 연산자를 이

중으로 쓰기만 하면 됩니다. 예를 들어 변수 matrix를 숫자로 구성된 배열의 배열이라고 합시다. matrix[x]의 요소는 전부 숫자로 구성된 배열입니다. 이 배열에서 숫자에 접근할 때는 matrix[x][y] 같은 표현식을 사용합니다. 다음은 2차원 배열을 이용해 곱셈 결과 테이블을 만든 예제입니다.

```javascript
// 다차원 배열을 생성합니다.
let table = new Array(10);            // 테이블 행은 10개입니다.
for(let i = 0; i < table.length; i++) {
    table[i] = new Array(10);         // 각 행에는 열이 10개씩 있습니다.
}

// 배열 초기화
for(let row = 0; row < table.length; row++) {
    for(let col = 0; col < table[row].length; col++) {
        table[row][col] = row*col;
    }
}

// 다차원 배열을 사용해 5*7을 계산합니다.
table[5][7]   // => 35
```

7.8 배열 메서드

지금까지는 배열과 관련된 기본적인 자바스크립트 문법에 집중했습니다. 하지만 가장 자주 사용하는 것은 Array 클래스에 정의된 메서드입니다. 다음 절에서 이들 메서드를 설명합니다. 메서드 중 일부는 원래 배열을 수정하고, 나머지는 배열을 수정하지 않습니다. 일부 메서드는 원래 배열을 그대로 둔 채 새 배열을 반환합니다. 나머지 메서드는 원래 배열을 수정하고 그 참조를 반환합니다.

이어지는 각 하위 절은 연관이 있는 배열 메서드를 그룹으로 묶어 설명합니다.

- 배열 요소를 순회하는 이터레이터 메서드. 이들은 일반적으로 각 요소에 대해 함수를 호출합니다.
- 배열의 앞이나 뒤에 요소를 추가하거나 제거하는 스택, 큐 메서드
- 큰 배열을 추출, 삭제, 삽입, 충당(fill), 복사하는 하위 배열 메서드
- 배열을 검색하고 정렬하는 메서드

다음 하위 절에서는 Array 클래스의 정적 메서드, 배열을 병합하고 문자열로 배열하는 메서드 등에 대해서도 설명합니다.

7.8.1 배열 이터레이터 메서드

이 절에서 설명하는 메서드는 배열 요소를 순서대로 함수에 전달하는 방식으로 동작하며 배열 요소를 순회, 변환, 필터, 체크, 축소(reduce)할 수 있습니다.

메서드를 자세히 설명하기 전에 먼저 몇 가지 일반화할 것이 있습니다. 이들은 모두 첫 번째 인자로 함수를 받으며 각 배열 요소(또는 일부 요소)에 대해 그 함수를 한 번씩 호출합니다. 성긴 배열이라면 존재하지 않는 요소에 대해서는 함수를 호출하지 않습니다. 대부분의 경우 이 함수는 배열 요소의 값, 인덱스, 배열 자체 세 가지 인자를 받습니다. 첫 번째 인자만 사용하고 두 번째와 세 번째는 무시할 때도 많습니다.

다음 하위 절에서 설명하는 이터레이터 메서드 대부분은 선택 사항으로 두 번째 인자를 받습니다.[2] 두 번째 인자를 지정했다면 첫 번째 인자인 함수는 자신이 그 두 번째 인자의 메서드인 것처럼 호출됩니다. 즉, 두 번째 인자가 함수의 this가 됩니다. 대개 함수의 반환 값이 중요하지만 각 메서드는 반환 값을 서로 다른 방법으로 처리합니다. 여기서 설명하는 메서드 중 원래 배열을 수정하는 메서드는 없습니다. 물론 전달하는 함수가 원래 배열을 수정할 수는 있습니다.

이들은 모두 첫 번째 인자로 함수를 받으며, 다른 곳에서 따로 정의한 함수를 쓰기보다는 메서드 호출 표현식에 인라인으로 작성하는 경우가 대부분입니다. 화살표 함수 문법(8.1.3절)이 이들 메서드와 특히 잘 어울립니다. 이어지는 예제에서는 화살표 함수 문법을 사용합니다.

forEach()

forEach() 메서드는 배열을 순회하며 각 요소에서 함수를 호출합니다. 이미 설명했듯 forEach()의 첫 번째 인자는 함수입니다. forEach()는 배열 요소의 값, 배열 요소의 인덱스, 배열 자체를 인자로 전달해 이 함수를 호출합니다. 배열 요소의 값에만 관심이 있다면 인자 하나만 받는 함수를 작성하고 나머지 값은 무시해도 됩니다.

```
let data = [1,2,3,4,5], sum = 0;
// 배열 요소의 합을 계산합니다.
data.forEach(value => { sum += value; });          // sum == 15

// 배열 요소를 각각 증가시킵니다.
data.forEach(function(v, i, a) { a[i] = v + 1; });  // data == [2,3,4,5,6]
```

2 (옮긴이) 인자 세 개를 받는 것은 콜백 함수입니다. 두 개를 받는 것은 메서드 자체입니다.

forEach()에서 모든 요소를 함수에 전달하기 전에 반복을 멈추는 방법은 없습니다. 즉, 일반적인 for 루프에 사용하는 break 문과 동등한 수단이 없습니다.

map()

map() 메서드는 각 배열 요소를 함수에 전달해 호출하며, 그 함수가 반환한 값으로 이루어진 배열을 반환합니다. 예를 들어 다음을 보십시오.

```
let a = [1, 2, 3];
a.map(x => x*x)    // => [1, 4, 9]: 함수는 x를 받아 x*x를 반환합니다.
```

map()에 전달하는 함수는 forEach()에 전달하는 함수와 같은 방법으로 호출됩니다. 하지만 map() 메서드에 전달하는 함수는 값을 반환해야 합니다. map()은 새 배열을 반환하며 기존 배열은 수정하지 않습니다. 성긴 배열이라면 존재하지 않는 요소에 대해서는 함수를 호출하지 않지만, 반환된 배열 역시 같은 위치에 갭이 있으며 길이 또한 같습니다.

filter()

filter() 메서드는 기존 배열의 일부만 포함하는 부분 집합을 반환합니다. 전달하는 함수를 기준으로 하며 이 함수는 true 또는 false를 반환합니다. 함수 호출은 forEach()나 map()과 마찬가지입니다. 반환 값이 true이거나 true로 변환될 수 있는 값이면, 해당 요소는 반환되는 배열에 포함됩니다. 다음 예제를 보십시오.

```
let a = [5, 4, 3, 2, 1];
a.filter(x => x < 3)         // => [2, 1]; 3 미만인 값
a.filter((x,i) => i%2 === 0) // => [5, 3, 1]; 인덱스가 짝수인 값
```

filter()는 성긴 배열에서 존재하지 않는 값은 건너뛰며, 반환하는 배열은 항상 빽빽한 배열입니다. 다음과 같이 성긴 배열에서 갭을 제거할 수 있습니다.

```
let dense = sparse.filter(() => true);
```

다음과 같이 filter()를 써서 갭과 함께 undefined, null 요소도 제거할 수 있습니다.

```
a = a.filter(x => x !== undefined && x !== null);
```

find()와 findIndex()

find()와 findIndex() 메서드는 판별 함수에서 true 같은 값을 반환하는 요소를 찾아 배열을 순회한다는 점은 filter()와 같습니다. 하지만 filter()와 달리 이들 메서드는 기준을 만족하는 첫 번째 요소를 찾는 즉시 순회를 멈춥니다. 만족하는 요소를 찾으면 find()는 그 요소를, findIndex()는 그 요소의 인덱스를 반환합니다. 만족하는 요소를 찾지 못하면 find()는 undefined를, findIndex()는 -1을 반환합니다.

```
let a = [1,2,3,4,5];
a.findIndex(x => x === 3)  // => 2; 값 3은 인덱스 2에 있습니다.
a.findIndex(x => x < 0)    // => -1; 배열에는 음수가 없습니다.
a.find(x => x % 5 === 0)   // => 5: 5의 배수입니다.
a.find(x => x % 7 === 0)   // => undefined: 이 배열에는 7의 배수가 없습니다.
```

every()와 some()

every()와 some() 메서드는 배열 요소에 판별 함수를 적용하고 결과에 따라 true 또는 false를 반환합니다.

every() 메서드는 판별 함수가 배열의 모든 요소에 대해 true를 반환할 때만 true를 반환합니다.

```
let a = [1,2,3,4,5];
a.every(x => x < 10)       // => true: 모든 값이 10 미만입니다.
a.every(x => x % 2 === 0)  // => false: 짝수가 아닌 값이 있습니다.
```

some() 메서드는 배열 요소 중 판별 함수가 true를 반환하는 것이 하나라도 있으면 true를 반환하며, 요소 전체가 false를 반환할 때만 false를 반환합니다.

```
let a = [1,2,3,4,5];
a.some(x => x%2===0)  // => true; a에는 짝수가 있습니다.
a.some(isNaN)         // => false; a에 NaN은 없습니다.
```

every()와 some()은 자신이 어떤 값을 반환할지 확실해지는 순간 순회를 멈춥니다. some()은 판별 함수가 true를 반환하는 즉시 true를 반환하므로 (마지막 요소를 제외한) 모든 요소가 false를 반환할 때만 배열 전체를 순회합니다. every()는 반대로 판별 함수가 false를 반환하는 즉시 false를 반환하므로 (마지막 요소를 제외한) 모든 요소가 true를 반환할 때만 배열 전체를 순회합니다. 또한 수학적인 관습에 따라 빈 배열에 호출했을 때 every()는 true를 반환하고 some()은 false를 반환합니다.

reduce()와 reduceRight()

reduce()와 reduceRight() 메서드는 제공하는 함수를 사용해 배열 요소를 값 하나로 만듭니다. 이는 함수형 프로그래밍에서 흔히 쓰는 방식입니다. 예제를 보십시오.

```
let a = [1,2,3,4,5];
a.reduce((x,y) => x+y, 0)         // => 15; 값의 합계
a.reduce((x,y) => x*y, 1)         // => 120; 값의 곱
a.reduce((x,y) => (x > y) ? x : y)  // => 5; 가장 큰 값
```

reduce()는 인자 두 개를 받습니다. 첫 번째는 '축소' 동작을 행하는 함수입니다. 이 함수가 하는 일은 어떤 방식으로든 값 두 개를 받아서 하나를 반환하는 겁니다. 위 예제에서는 두 개의 값을 더하고, 곱하고, 큰 것을 택하는 방식으로 요소를 값 하나로 만들었습니다. 두 번째 인자는 선택 사항이며 함수에 전달할 초깃값입니다.

reduce()에 사용하는 함수는 forEach()나 map()에 사용하는 함수와는 다릅니다. 값, 인덱스, 배열은 각각 두 번째, 세 번째, 네 번째 인자로 전달됩니다. 첫 번째 인자는 여태까지 행한 '축소' 작업의 결과입니다. 함수를 처음 호출할 때는 그동안 행한 작업이 없으니 reduce()의 두 번째 인자로 전달한 초깃값을 사용합니다. 두 번째 이후에는 이전 호출에서 반환한 값을 사용합니다. 첫 번째 예제의 첫 번째 호출에서 함수는 0과 1을 받고 두 값을 더해 1을 반환합니다. 다음에는 1과 2를 받아 호출되고 3을 반환합니다. 다음에는 3+3=6, 6+4=10을 계산하여 반환하고 마지막으로 10+5=15를 반환합니다. 이 마지막 값인 15가 reduce()의 반환 값입니다.

세 번째 예제는 reduce()를 호출하면서 초깃값 없이 인자 하나만 전달했습니다. reduce()에 초깃값을 넘기지 않으면 배열의 첫 번째 요소를 초깃값으로 사용합니다. 이렇게 호출하면 함수를 첫 번째로 호출할 때 첫 번째와 두 번째 인자는 배열의 첫 번째와 두 번째 요소입니다. 첫 번째, 두 번째 예제의 합과 곱에서도 초깃값 인자를 생략할 수 있습니다.

빈 배열에 초깃값 없이 reduce()를 호출하면 TypeError가 일어납니다. 값이 하나만 있는 배열에서 초깃값을 생략하고 호출하거나, 빈 배열에 초깃값을 넘기면서 호출하는 등 reduce()에 값을 하나만 넘기면 그 값을 그대로 반환하며 함수는 호출하

지도 않습니다.

　reduceRight()는 reduce()와 마찬가지지만 오른쪽에서 왼쪽으로 진행한다는 점이 다릅니다. 축소 동작의 결합성이 오른쪽에서 왼쪽일 경우 이 메서드가 유용할 수 있습니다. 다음 예제를 보십시오.

```
// 2^(3^4)를 계산합니다. 지수는 오른쪽에서 왼쪽으로 연산합니다.
let a = [2, 3, 4];
a.reduceRight((acc,val) => Math.pow(val,acc))  // => 2.4178516392292583e+24
```

reduce()나 reduceRight()는 축소 함수에서 this로 사용될 인자는 받지 않습니다. 두 번째 자리에는 선택 사항인 초깃값 인자가 들어갑니다. 축소 함수를 다른 객체의 메서드로 호출해야 한다면 8.7.5절에서 설명할 Function.bind() 메서드를 보십시오.

　이 예제는 단순함을 위해 숫자를 사용했지만 reduce()와 reduceRight()는 수학 계산을 목적으로 설계되지는 않았습니다. 같은 타입의 두 값을 하나로 조합할 수 있는 함수라면 무엇이든 축소 함수로 사용할 수 있습니다. 배열 축소 알고리즘은 매우 복잡하고 이해하기 어려우므로, 때로는 reduce()에 집착하지 않고 일반적인 루프 구조를 사용해 배열을 처리하는 편이 코드를 읽고 이해하기 쉬울 때도 있습니다.

7.8.2 flat()과 flatMap()을 사용한 배열 평탄화

ES2019에서 도입한 flat() 메서드는 기존 배열과 같은 요소로 이루어진 '평탄한 (flat)' (즉, 중첩되지 않은) 새 배열을 반환합니다. 예를 들어 다음을 보십시오.

```
[1, [2, 3]].flat()    // => [1, 2, 3]
[1, [2, [3]]].flat()  // => [1, 2, [3]]
```

인자 없이 flat()을 호출하면 한 단계만 평탄화합니다. 원래 배열 a의 요소에 배열 b가 있었다면 b는 평탄화되지만, b 안에 다시 c 배열이 있었다면 c는 평탄화되지 않습니다. 평탄화 레벨을 늘리려면 다음과 같이 flat()에 숫자를 전달하십시오.

```
let a = [1, [2, [3, [4]]]];
a.flat(1)   // => [1, 2, [3, [4]]]
a.flat(2)   // => [1, 2, 3, [4]]
a.flat(3)   // => [1, 2, 3, 4]
a.flat(4)   // => [1, 2, 3, 4]
```

flatMap() 메서드는 map() 메서드(194페이지 참고)와 똑같이 동작하지만, 반환하는 배열이 flat()에 전달한 것처럼 자동으로 평탄화된다는 점이 다릅니다. 즉, a.flatMap(f)는 a.map(f).flat()과 동등합니다. 하지만 더 효율적입니다.

```
let phrases = ["hello world", "the definitive guide"];
let words = phrases.flatMap(phrase => phrase.split(" "));
words // => ["hello", "world", "the", "definitive", "guide"];
```

flatMap()을 기존 배열의 각 요소를 결과 배열로 '분해'하는 일반화된 map()이라고 생각해도 좋습니다. 사용하기에 따라서는 기존 배열의 요소 일부를 빈 배열로 바꿔, 평탄화를 거치면 결과 배열에는 아무것도 남지 않게 할 수도 있습니다.

```
// 음이 아닌 숫자의 제곱근을 구합니다.
[-2, -1, 1, 2].flatMap(x => x < 0 ? [] : Math.sqrt(x))  // => [1, 2**0.5]
```

7.8.3 concat()으로 배열 병합

concat() 메서드는 기존 배열의 요소를 포함하고 그 뒤에 concat()의 인자를 포함하는 새 배열을 만들어 반환합니다. 인자에 배열이 들어 있으면 배열이 아니라 그 요소를 추가합니다. 하지만 concat()은 배열의 배열을 재귀적으로 평탄화하지는 않습니다. concat()은 기존 배열을 수정하지 않습니다.

```
let a = [1,2,3];
a.concat(4, 5)         // => [1,2,3,4,5]
a.concat([4,5],[6,7])  // => [1,2,3,4,5,6,7]; 배열은 평탄화됩니다.
a.concat(4, [5,[6,7]]) // => [1,2,3,4,5,[6,7]]; 중첩된 배열은 평탄화되지 않습니다.
a                      // => [1,2,3]; 원래 배열은 그대로입니다.
```

concat()은 원래 배열의 사본을 만들어 반환합니다. 대개는 이렇게 하는 것이 맞기는 하지만, 이는 비용이 드는 작업입니다. a = a.concat(x) 같은 코드를 자주 쓰고 있다면 push()나 splice()를 대신 쓸 수 없는지 생각해 보십시오.

7.8.4 스택과 큐 메서드

push()와 pop() 메서드는 배열을 스택처럼 다루는 메서드입니다. push() 메서드는 배열의 끝에 하나 이상의 새 요소를 추가하고 새 길이를 반환합니다. concat()과 달리 push()는 배열 인자를 평탄화하지 않습니다. pop() 메서드는 그 반대입니다. 배열의 마지막 요소를 꺼내서 반환하며 배열 길이를 줄입니다. 두 메서드는 모두 기존 배열을 수정합니다. push()와 pop()을 조합해 자바스크립트 배열을 선입 후출의 스택처럼 사용할 수 있습니다. 예를 들어 다음을 보십시오.

```
let stack = [];           // stack == []
stack.push(1,2);          // stack == [1,2];
stack.pop();              // stack == [1]; 2를 반환합니다.
stack.push(3);           // stack == [1,3]
stack.pop();              // stack == [1]; 3을 반환합니다.
stack.push([4,5]);       // stack == [1,[4,5]]
stack.pop()              // stack == [1]; [4,5]를 반환합니다.
stack.pop();             // stack == []; 1을 반환합니다.
```

push() 메서드는 전달한 배열을 평탄화하지 않습니다. 배열 요소를 다른 배열에 모두 넣고 싶다면 분해 연산자(8.3.4절)를 직접 사용해 평탄화할 수 있습니다.

```
a.push(...values);
```

unshift()와 shift() 메서드는 push(), pop()과 거의 비슷하지만 배열의 마지막이 아니라 앞부분에서 이루어진다는 것이 다릅니다. unshift()는 배열의 시작 부분에 요소를 추가하고, 기존의 배열 요소를 뒤로 밀고, 새 길이를 반환합니다. shift() 는 배열의 첫 번째 요소를 꺼내 반환하고, 기존의 배열 요소를 앞으로 당깁니다. unshift()와 shift()를 써서 배열을 스택처럼 사용할 수 있긴 하지만, 명령할 때마다 기존 배열 요소를 앞뒤로 미는 작업이 수반되어야 하므로 push()나 pop()에 비해 비효율적입니다. 다음과 같이 push()를 써서 배열 마지막에 요소를 추가하고 shift() 를 써서 배열 시작에서 요소를 꺼내는 큐 데이터 구조를 만들 수 있습니다.

```
let q = [];              // q == []
q.push(1,2);             // q == [1,2]
q.shift();               // q == [2]; 1을 반환합니다.
q.push(3)                // q == [2, 3]
q.shift()                // q == [3]; 2를 반환합니다.
q.shift()                // q == []; 3을 반환합니다.
```

unshift()에 인자 여러 개를 전달하면 이들은 모두 한 번에 삽입되므로 한 번에 하나씩 삽입했을 때와는 결과가 다릅니다.

```
let a = [];              // a == []
a.unshift(1)             // a == [1]
a.unshift(2)             // a == [2, 1]
a = [];                  // a == []
a.unshift(1,2)           // a == [1, 2]
```

7.8.5 하위 배열

배열에는 일종의 연속적인 영역인 하위 배열, '슬라이스(slice)'를 다루는 메서드도 있습니다. 다음 절은 슬라이스를 추출, 대체, 삽입, 복사하는 메서드를 설명합니다.

slice()

slice() 메서드는 지정된 배열의 하위 배열을 반환합니다. 두 개의 인자는 각각 반환될 슬라이스의 시작과 끝 위치를 나타냅니다. 반환된 배열에는 첫 번째 인자로 지정된 요소에서 시작해, 두 번째 인자로 지정된 요소 바로 앞까지가 포함됩니다. 인자를 하나만 사용한다면 반환된 배열은 해당 위치부터 원래 배열의 마지막 요소까지 포함합니다. 인자에 음수를 사용한다면 그 값에 배열 길이를 더한 값을 적용합니다. 예를 들어 -1은 배열의 마지막 요소이고, -2는 마지막에서 바로 앞 요소입니다. slice()는 원래 배열을 수정하지 않습니다. 다음 예제를 보십시오.

```
let a = [1,2,3,4,5];
a.slice(0,3);     // [1,2,3]
a.slice(3);       // [4,5]
a.slice(1,-1);    // [2,3,4]
a.slice(-3,-2);   // [3]
```

splice()

splice()는 배열에 요소를 삽입하거나 제거하는 범용 메서드입니다. slice()나 concat()과는 달리 splice()는 원래 배열을 수정합니다. splice()와 slice()는 이름이 아주 비슷하지만 동작 방식은 아주 다르니 주의하십시오.

splice()는 배열에서 요소를 삭제하거나 삽입할 수 있고 두 동작을 동시에 할 수도 있습니다. 삽입이나 제거가 이루어진 위치 다음에 오는 요소들을 앞이나 뒤로 밀어 배열을 빽빽하게 유지합니다. splice()의 첫 번째 인자는 삽입이나 제거를 시작할 위치입니다. 두 번째 인자는 제거할 요소의 개수입니다. slice()와는 이 부분에서도 다릅니다. slice()의 두 번째 인자는 끝나는 위치이고 splice()의 두 번째 인자는 길이입니다. 두 번째 인자를 생략하면 시작 지점부터 배열 마지막까지의 요소를 모두 제거합니다. splice()는 제거된 요소로 이루어진 배열을 반환하며, 제거한 것이 없다면 빈 배열을 반환합니다. 예를 들어 다음을 보십시오.

```
let a = [1,2,3,4,5,6,7,8];
a.splice(4)     // => [5,6,7,8]; a는 이제 [1,2,3,4]입니다.
```

```
a.splice(1,2)  // => [2,3]; a는 이제 [1,4]입니다.
a.splice(1,1)  // => [4]; a는 이제 [1]입니다.
```

splice()의 첫 번째와 두 번째 인자는 제거할 배열 요소를 지정합니다. 그 뒤에는 개수 제한 없이 인자를 쓸 수 있으며, 이들은 첫 번째 인자에서 지정한 위치에서부터 배열에 삽입됩니다. 예를 들어 다음을 보십시오.

```
let a = [1,2,3,4,5];
a.splice(2,0,"a","b")  // => []; a는 이제 [1,2,"a","b",3,4,5]입니다.
a.splice(2,2,[1,2],3)  // => ["a","b"]; a는 이제 [1,2,[1,2],3,3,4,5]입니다.
```

concat()과 달리 splice()는 배열을 있는 그대로 삽입하며 평탄화하지 않습니다.

fill()

fill() 메서드는 배열의 요소 또는 슬라이스를 지정된 값으로 바꿉니다. 이 메서드는 원래 배열을 수정해 반환합니다.

```
let a = new Array(5);   // 요소가 없고 길이가 5인 배열로 시작합니다.
a.fill(0)               // => [0,0,0,0,0]; 배열을 0으로 채웁니다.
a.fill(9, 1)            // => [0,9,9,9,9]; 인덱스 1에서 시작해 9로 채웁니다.
a.fill(8, 2, -1)        // => [0,9,8,8,9]; 인덱스 2에서 시작해 3까지 8로 채웁니다.
```

fill()의 첫 번째 인자는 배열 요소로 사용할 값입니다. 선택 사항인 두 번째 인자는 시작 인덱스입니다. 생략한다면 인덱스 0에서 시작합니다. 선택 사항인 세 번째 인자는 마지막 인덱스이며 이 바로 앞까지 작업합니다. 세 번째 인자를 생략하면 마지막까지 진행합니다. slice()와 마찬가지로, 음수를 전달하면 그 값에 배열 길이를 더해 적용합니다.

copyWithin()

copyWithin()은 배열의 슬라이스를 복사해 새 위치에 붙여 넣습니다. 이 메서드는 배열을 수정해 반환하지만 길이는 바뀌지 않습니다. 첫 번째 인자는 첫 번째 요소가 복사될 위치의 인덱스입니다. 두 번째 인자는 복사할 첫 번째 요소의 인덱스입니다. 두 번째 인자를 생략하면 0을 사용합니다. 세 번째 인자는 복사할 슬라이스의 끝을 지정합니다(생략하면 배열 길이를 사용합니다). 다른 메서드와 마찬가지로 마지막 인덱스 바로 앞까지를 복사합니다. 역시 다른 메서드와 마찬가지로, 음수를 사용하면 그 값을 배열 길이에 더해 적용합니다.

```
let a = [1,2,3,4,5];
a.copyWithin(1)        // => [1,1,2,3,4]: 전체를 복사해 인덱스 1에 덮어 씁니다.
a.copyWithin(2, 3, 5)  // => [1,1,3,4,5]: 마지막 두 개를 복사해 인덱스 2에 덮어 씁니다.
a.copyWithin(0, -2)    // => [4,4,3,4,4]: 음수도 잘 동작합니다.
```

copyWithin()은 고성능을 목표로 설계된 메서드며 형식화 배열(11.2절)에 특히 유용합니다. 이 메서드는 C 표준 라이브러리의 memmove() 함수를 모델로 만들어졌습니다. 원본과 대상 영역에 겹치는 부분이 있더라도 복사는 정확히 동작합니다.

7.8.6 배열 검색과 정렬 메서드

배열의 indexOf(), lastIndexOf(), includes() 메서드는 같은 이름의 문자열 메서드와 비슷합니다. 배열 요소의 순서를 바꾸는 sort()와 reverse() 메서드도 있습니다. 이어지는 하위 절에서 이들을 설명합니다.

indexOf()와 lastIndexOf()

indexOf()와 lastIndexOf()는 지정된 값을 배열에서 찾아 그 첫 번째 요소의 인덱스를 반환하며, 찾지 못하면 −1을 반환합니다. indexOf()는 배열의 앞에서부터 검색을 시작하고 lastIndexOf()는 배열의 뒤에서부터 역순으로 검색합니다.

```
let a = [0,1,2,1,0];
a.indexOf(1)      // => 1: a[1]은 1입니다.
a.lastIndexOf(1)  // => 3: a[3]은 1입니다.
a.indexOf(3)      // => -1: 값이 3인 요소는 없습니다.
```

indexOf()와 lastIndexOf()는 인자와 배열 요소를 비교할 때 === 연산자를 사용합니다. 배열에 기본 값이 아니라 객체가 들어 있다면 이들 메서드는 두 참조가 정확히 같은 객체를 참조하는지 확인합니다. 객체 콘텐츠를 검색하려는 목적이라면 find() 메서드와 판별 함수를 사용하십시오.

indexOf()와 lastIndexOf()는 검색을 시작할 배열 인덱스를 나타내는 두 번째 인자를 선택 사항으로 받습니다. 이 인자를 생략하면 indexOf()는 앞에서부터, lastIndexOf()는 뒤에서부터 검색을 시작합니다. 두 번째 인자에는 음수를 사용할 수 있으며 다른 메서드와 마찬가지로 배열 길이를 더한 값을 적용합니다. 예를 들어 −1은 마지막 배열 요소를 지정합니다.

다음 함수는 배열에서 지정된 값을 검색해 일치하는 인덱스로 이루어진 배열을

반환합니다. 이 예제는 indexOf()의 두 번째 인자를 사용해 첫 번째로 일치하는 것
다음부터 검색을 시작하는 방법을 보여 줍니다.

```
// 배열 a에서 값 x를 모두 찾아 인덱스의 배열로 반환합니다.
function findall(a, x) {
    let results = [],          // 반환할 인덱스 배열
        len = a.length,        // 검색할 배열 길이
        pos = 0;               // 검색을 시작할 위치
    while(pos < len) {         // 검색할 요소가 더 있다면
        pos = a.indexOf(x, pos); // 검색합니다.
        if (pos === -1) break; // 찾은 것이 없다면 완료된 겁니다.
        results.push(pos);     // 그렇지 않다면 인덱스를 배열에 저장합니다.
        pos = pos + 1;         // 다음 요소에서 검색을 다시 시작합니다.
    }
    return results;            // 인덱스 배열을 반환합니다.
}
```

문자열의 indexOf()와 lastIndexOf() 메서드도 마찬가지로 동작하지만, 두 번째 인
자가 음수이면 0으로 취급한다는 점이 다릅니다.

includes()

includes() 메서드는 ES2016에서 도입한 메서드입니다. 인자 하나를 받고 배열에
그 값이 포함되어 있으면 true를, 그렇지 않다면 false를 반환합니다. 이 메서드는
인덱스를 반환하지 않으며 그런 값이 있는지 여부만 반환합니다. includes() 메서
드는 Set 객체의 포함 관계 테스트를 배열에 도입한 것이라고 생각해도 됩니다. 하
지만 배열은 세트를 표현하기에는 효율적이지 않으므로 대상 요소가 많다면 실제
Set 객체(11.1.1절)를 사용해야 합니다.

includes() 메서드는 indexOf() 메서드와 중요한 차이가 있습니다. indexOf()는
=== 연산자를 사용해 인자와 배열 요소를 비교하며, 이 알고리즘은 NaN을 자기 자
신을 포함해 어떤 값과도 다르다고 판단합니다. 하지만 includes()는 NaN이 자기
자신과는 일치한다고 판단하는 조금 다른 알고리즘을 사용합니다. 따라서 index
Of()는 배열에서 NaN을 절대 찾지 못하지만, includes()는 찾아냅니다.

```
let a = [1,true,3,NaN];
a.includes(true)          // => true
a.includes(2)             // => false
a.includes(NaN)           // => true
a.indexOf(NaN)            // => -1; indexOf는 NaN을 찾지 못합니다.
```

sort()

sort()는 배열 요소를 정렬합니다. 인자 없이 sort()를 호출하면 배열 요소를 알파벳순으로 (필요하다면 임시로 문자열로 변환해서) 정렬합니다.

```
let a = ["banana", "cherry", "apple"];
a.sort();  // a == ["apple", "banana", "cherry"]
```

배열에 정의되지 않은 요소가 있다면 그들은 배열 마지막으로 밀립니다.

알파벳이 아닌 다른 순서로 배열을 정렬하고 싶다면 반드시 sort()에 비교 함수를 인자로 전달해야 합니다. 이 함수는 정렬된 배열에서 어떤 인자가 앞에 있어야 하는지 결정합니다. 첫 번째 인자가 두 번째보다 앞에 있어야 한다면 비교 함수가 0보다 작은 숫자를 반환해야 합니다. 첫 번째 인자가 두 번째보다 뒤에 있어야 한다면 함수가 0보다 큰 숫자를 반환해야 합니다. 그리고 두 값이 동등하다면(순서가 상관없다면) 함수가 0을 반환해야 합니다. 따라서, 예를 들어 배열 요소를 숫자 순서로 정렬하고 싶다면 다음과 같이 할 수 있습니다.

```
let a = [33, 4, 1111, 222];
a.sort();                  // a == [1111, 222, 33, 4]; 알파벳순
a.sort(function(a,b) {  // 비교 함수를 전달합니다.
    return a-b;          // 순서에 따라 < 0, 0, or > 0인 값을 반환합니다.
});                        // a == [4, 33, 222, 1111]; 숫자 순서
a.sort((a,b) => b-a);    // a == [1111, 222, 33, 4]; 숫자 순서의 역순
```

다음과 같이 toLowerCase() 메서드를 사용해 인자를 소문자로 만드는 비교 함수를 전달하면 대소문자를 구분하지 않고 알파벳순으로 정렬할 수 있습니다.

```
let a = ["ant", "Bug", "cat", "Dog"];
a.sort();    // a == ["Bug","Dog","ant","cat"]; 대소문자를 구별한 정렬
a.sort(function(s,t) {
    let a = s.toLowerCase();
    let b = t.toLowerCase();
    if (a < b) return -1;
    if (a > b) return 1;
    return 0;
});    // a == ["ant","Bug","cat","Dog"]; 대소문자를 구분하지 않고 정렬
```

reverse()

reverse() 메서드는 배열 요소의 순서를 거꾸로 바꾸어 반환합니다. 이 메서드는 새 배열을 만들지 않고 기존 배열의 요소 순서를 뒤집습니다.

```
let a = [1,2,3];
a.reverse();    // a == [3,2,1]
```

7.8.7 배열을 문자열로 변환

Array 클래스에는 배열을 문자열로 변환하는 메서드가 세 가지 있는데 일반적으로 로그나 에러 메시지를 만들 때 이 메서드를 사용합니다. 나중에 재사용할 목적으로 배열 콘텐츠를 텍스트 형태로 바꾸는 것이라면 여기서 설명하는 메서드를 사용하지 말고 6.8절에서 설명한 JSON.stringify()를 사용하십시오.

join() 메서드는 배열 요소 전체를 문자열로 변환한 다음, 이들을 병합한 결과를 반환합니다. 결과 문자열에서 각 요소를 구분하는 문자열을 선택 사항으로 지정할 수도 있습니다. 구분자를 지정하지 않으면 콤마를 사용합니다.

```
let a = [1, 2, 3];
a.join()                // => "1,2,3"
a.join(" ")             // => "1 2 3"
a.join("")              // => "123"
let b = new Array(10);  // 길이가 10이지만 요소는 없는 배열
b.join("-")             // => "---------": 하이픈 9개
```

join() 메서드는 문자열을 분할하는 String.split() 메서드의 역입니다.

다른 자바스크립트 객체와 마찬가지로 배열에도 toString() 메서드가 있습니다. 이 메서드는 join() 메서드를 인자 없이 호출하는 것과 동등합니다.

```
[1,2,3].toString()          // => "1,2,3"
["a", "b", "c"].toString()  // => "a,b,c"
[1, [2,"c"]].toString()     // => "1,2,c"
```

결과 문자열에는 대괄호나 기타 구분자가 없습니다.

toLocaleString()은 toString()을 지역에 맞게 바꾼 버전입니다. 이 메서드는 각 배열 요소에서 toLocaleString() 메서드를 호출해 문자열로 변환한 다음, 지역에 맞는(운영 환경에서 정하는) 구분자 문자열을 써서 병합합니다.

7.8.8 정적 배열 함수

그동안 설명한 배열 메서드 외에도 Array 클래스에는 Array 생성자를 사용해 호출할 수 있는 정적 함수가 세 가지 있습니다. Array.of()와 Array.from()은 새 배열을 만드는 팩토리 메서드입니다. 이들은 7.1.4절과 7.1.5절에서 설명했습니다.

마지막 하나는 `Array.isArray()`이며, 값이 배열인지 확인할 때 유용합니다.

```
Array.isArray([])    // => true
Array.isArray({})    // => false
```

7.9 배열 비슷한 객체

이미 본 것처럼 자바스크립트 배열에는 다른 객체에는 없는 특별한 기능이 있습니다.

- 배열에 새 요소를 추가할 때마다 length 프로퍼티가 자동으로 업데이트됩니다.
- length를 더 작은 값으로 변경하면 배열 요소를 그에 맞게 버립니다.
- 배열은 Array.prototype에서 유용한 메서드를 상속합니다.
- Array.isArray()는 배열을 받으면 true를 반환합니다.

이들은 자바스크립트 배열을 일반적인 객체와 구분하는 특징입니다. 하지만 이들이 배열을 정의하는 핵심 특징은 아닙니다. 숫자인 length 프로퍼티가 있고 음이 아닌 정수 프로퍼티가 있는 객체라면 모두 일종의 배열로 간주하더라도 전혀 문제가 없습니다.

이런 '배열 비슷한' 객체는 실제로 자주 사용되기도 합니다. 비록 배열 메서드를 직접적으로 호출하거나 length 프로퍼티가 특별하게 동작하진 않지만 배열에서 했던 것과 같은 코드를 써서 이들을 순회할 수 있습니다. 실제 배열에 적용하는 알고리즘을 배열 비슷한 객체에도 적용할 수 있습니다. 알고리즘이 배열을 읽기 전용인 것처럼 다루거나, 최소한 배열 길이는 건드리지 않는다면 더욱 배열 비슷한 객체와 배열 사이의 차이가 없어집니다.

다음 코드는 일반적인 객체를 받아 프로퍼티를 추가해서 배열 비슷한 객체로 만들고, 결과인 가상 배열의 '요소'를 순회합니다.

```
let a = {};   // 일반적인 빈 객체로 시작합니다.

// '배열 비슷'해지도록 프로퍼티를 추가합니다.
let i = 0;
while(i < 10) {
    a[i] = i * i;
    i++;
}
```

```
a.length = i;

// 실제 배열인 것처럼 순회합니다.
let total = 0;
for(let j = 0; j < a.length; j++) {
    total += a[j];
}
```

클라이언트 사이드 자바스크립트에는 document.querySelectorAll()처럼 HTML 문서에서 배열 비슷한 객체를 반환하는 메서드가 많이 있습니다. 다음 함수는 해당 객체를 배열처럼 쓸 수 있는지 테스트합니다.

```
// o가 배열 비슷한 객체인지 판단합니다. 문자열과 함수에도 숫자인 length 프로퍼티가 있지만
// typeof 테스트에서 걸러집니다. 클라이언트 사이드 자바스크립트의 DOM Text 노드에도
// length 프로퍼티가 있으므로 o.nodeType !== 3 테스트를 통해 거릅니다.
function isArrayLike(o) {
    if (o &&                                // o가 null, undefined 등이 아니고
        typeof o === "object" &&            // 객체이며,
        Number.isFinite(o.length) &&        // o.length가 유한한 숫자이고
        o.length >= 0 &&                    // 음이 아니며,
        Number.isInteger(o.length) &&       // 정수이고
        o.length < 4294967295) {            // 2^32 - 1 미만이면
        return true;                        // o는 배열 비슷한 객체입니다.
    } else {
        return false;                       // 그 외의 경우는 배열 비슷한 객체가 아닙니다.
    }
}
```

이 장에서 문자열이 배열처럼 동작하는 경우도 볼 것입니다. 위 함수 같은 테스트는 일반적으로 문자열을 받으면 false를 반환합니다. 문자열은 배열이 아니라 문자열로 처리하는 것이 최선입니다.

자바스크립트 배열 메서드는 대부분 배열 비슷한 객체에서도 정확히 동작할 수 있도록 범용으로 설계됐습니다. 배열 비슷한 객체는 Array.prototype을 상속하지 않으므로 배열 메서드를 직접적으로 호출할 수는 없습니다. 하지만 Function.call 메서드(8.7.4절)를 통해 간접적으로 호출할 수는 있습니다.

```
let a = {"0": "a", "1": "b", "2": "c", length: 3};  // 배열 비슷한 객체
Array.prototype.join.call(a, "+")                    // => "a+b+c"
Array.prototype.map.call(a, x => x.toUpperCase())    // => ["A","B","C"]
Array.prototype.slice.call(a, 0)     // => ["a","b","c"]: 정확한 배열 복사
Array.from(a)                        // => ["a","b","c"]: 더 쉬운 복사 방법
```

마지막에서 두 번째 행은 배열 비슷한 객체에서 slice() 메서드를 호출해 진정한 배열로 요소를 복사했습니다. 오래된 코드는 이런 패턴이 많이 등장하지만, 이제는 Array.from()을 쓰는 것이 훨씬 쉽습니다.

7.10 배열인 문자열

자바스크립트 문자열은 UTF-16 유니코드 문자로 구성된 읽기 전용 배열처럼 동작합니다. charAt() 메서드 대신 다음과 같이 대괄호를 써서 개별 문자에 접근할 수 있습니다.

```
let s = "test";
s.charAt(0)    // => "t"
s[1]           // => "e"
```

물론 typeof 연산자는 문자열에서 "string"을 반환하며, Array.isArray() 메서드는 문자열을 받으면 false를 반환합니다.

문자열에 인덱스를 적용하면 charAt()을 대괄호로 대체할 수 있어서 더 간결하고 읽기 쉬우며, 더 효율적인 경우도 있습니다. 문자열이 배열처럼 동작한다는 것은 범용 배열 메서드도 적용할 수 있다는 뜻이기도 합니다. 예를 들어 다음을 보십시오.

```
Array.prototype.join.call("JavaScript", " ")  // => "J a v a S c r i p t"
```

문자열은 불변인 값이므로 배열처럼 취급한다 해도 읽기 전용이라는 점을 감안해야 합니다. push(), sort(), reverse(), splice()처럼 원래 배열을 수정하는 배열 메서드는 문자열에서 동작하지 않습니다. 하지만 배열 메서드를 써서 문자열을 수정하려 한다 해도 에러가 일어나지는 않고 조용히 실패하기만 합니다.

7.11 요약

이 장은 자바스크립트 배열을 자세히 설명하고, 성긴 배열이나 배열 비슷한 객체도 설명했습니다. 이 장에서 기억해야 할 주요 요점은 다음과 같습니다.

- 배열 리터럴은 대괄호 안에 값을 콤마로 구분해서 쓴 리스트입니다.
- 개별 배열 요소에 접근하려면 대괄호 안에 배열 인덱스를 씁니다.

- for/of 루프와 분해 연산자 ...는 ES6에서 도입했으며 배열을 순회할 때 특히 유용한 방법입니다.
- Array 클래스에는 배열을 조작하는 메서드가 풍부합니다. 배열 API는 꼭 익숙하게 사용할 수 있어야 합니다.

8장

함수

이 장은 자바스크립트 함수를 다룹니다. 함수는 자바스크립트 프로그램의 기본적인 구성 요소이며 대부분의 프로그래밍 언어에 있는 공통 기능입니다. 서브루틴이나 프로시저라는 이름으로 함수의 개념에 이미 익숙한 독자도 있을 것입니다.

함수는 한 번 정의하면 몇 번이고 호출할 수 있는 자바스크립트 코드 블록입니다. 자바스크립트 함수는 매개변수화(parameterized)됩니다. 함수 정의에는 매개변수(parameter)라고 불리는 식별자 리스트가 있는데, 이들은 함수 바디에서 로컬 변수처럼 동작합니다. 함수를 호출할 때는 매개변수에 값을 전달하는데 이를 인자(argument)라고 합니다. 함수는 보통 인자를 사용해 반환 값을 도출하며, 이 값이 함수 호출 표현식의 값이 됩니다. 매개변수 외에도 각 호출에는 호출 컨텍스트가 존재하며 이것이 this 키워드의 값입니다.

객체 프로퍼티로 할당된 함수를 객체의 메서드라고 부릅니다. 객체를 통해 함수를 호출하면 그 객체가 호출 컨텍스트, 즉 함수의 this 값입니다. 객체를 새로 만들 목적으로 설계한 함수를 생성자라고 부릅니다. 생성자는 6.2절에서 언급했고, 9장에서 다시 설명합니다.

자바스크립트 함수는 객체이며 프로그램에서 조작할 수 있습니다. 자바스크립트는 함수를 변수에 할당하거나 다른 함수에 전달할 수 있습니다. 함수는 객체이므로 프로퍼티를 정의할 수 있고 함수의 메서드를 호출하는 것도 가능합니다.

자바스크립트 함수는 다른 함수 안에서 정의할 수 있으며, 이렇게 정의된 함수는 자신이 정의된 스코프의 변수에 접근할 수 있습니다. 이런 의미에서 자바스크립트 함수는 **클로저**(closure)입니다. 클로저를 통해 중요하고 강력한 프로그래밍 기법을 사용할 수 있습니다.

8.1 함수 정의

자바스크립트 함수를 정의하는 가장 단순한 방법은 function 키워드입니다. 이 키워드는 선언으로도, 표현식으로도 사용할 수 있습니다. ES6는 function 키워드 없이 함수를 정의하는 새로운 방법인 '화살표 함수'를 도입했습니다. 이 문법은 아주 간결하며, 함수를 다른 함수에 인자로 전달할 때 특히 유용합니다. 이어지는 하위 절은 함수를 정의하는 세 가지 방법을 설명합니다. 함수 정의 문법 중에서 함수 매개변수와 관련된 세부 사항 일부를 8.3절에서 다룹니다.

객체 리터럴과 클래스 정의에는 메서드를 정의하는 단축 문법이 있습니다. 6.10.5절에서 설명한 이 단축 문법은 함수 정의 표현식을 사용하고 name:value 객체 리터럴 문법으로 그 표현식을 객체 프로퍼티에 할당하는 것과 동등합니다. 객체 리터럴에서 키워드 get과 set를 써서 프로퍼티 게터와 세터 메서드를 정의할 수도 있습니다. 이 방법은 6.10.6절에서 설명했습니다.

Function() 생성자를 사용해 함수를 정의할 수도 있습니다. 이 방법은 8.7.7절에서 설명합니다. 자바스크립트에는 그 외에도 특별한 함수가 있습니다. function*으로 정의하는 제너레이터 함수는 12장에서 설명합니다. async function으로 정의하는 비동기 함수는 13장에서 설명합니다.

8.1.1 함수 선언

함수 선언은 function 키워드 뒤에 다음 세 가지 구성 요소를 씁니다.

- 함수 이름이 될 식별자. 이름은 함수 선언에서 뺄 수 없는 부분입니다. 이 이름은 변수 이름으로 쓰이며, 새로 정의된 함수 객체가 이 변수에 할당됩니다.
- 괄호로 감싸고 콤마로 구분한 0개 이상의 식별자 리스트. 이 식별자들은 함수 매개변수 이름이며 함수 바디 안에서 로컬 변수로 동작합니다.
- 중괄호로 감싼 0개 이상의 자바스크립트 문. 이 문이 함수 바디이며 함수를 호출할 때마다 실행됩니다.

다음은 몇 가지 함수 선언 예제입니다.

```
// o의 각 프로퍼티 이름과 값을 출력합니다. undefined를 반환합니다.
function printprops(o) {
    for(let p in o) {
        console.log(`${p}: ${o[p]}\n`);
    }
}

// 카르테시안 좌표 (x1,y1)과 (x2,y2) 사이의 거리를 계산합니다.
function distance(x1, y1, x2, y2) {
    let dx = x2 - x1;
    let dy = y2 - y1;
    return Math.sqrt(dx*dx + dy*dy);
}

// 팩토리얼을 계산하는 재귀 함수(자신을 호출하는 함수)
// x!는 x 이하의 양의 정수를 모두 곱한 값입니다.
function factorial(x) {
    if (x <= 1) return 1;
    return x * factorial(x-1);
}
```

함수 선언에서 이해해야 할 중요한 점은 함수의 이름이 변수이며 그 값은 함수 자체라는 점입니다. 함수 선언문은 자신을 포함하는 스크립트, 함수, 또는 블록 맨 위로 끌어올려지므로 함수 선언문으로 정의한 함수는 정의하기 전에도 호출할 수 있습니다. 블록 안에서 선언된 함수는 모두 그 블록 전체에 존재하며, 자바스크립트 인터프리터가 해당 블록의 코드를 실행하기 전에 정의된다고 봐도 됩니다.

distance()와 factorial() 함수는 값을 계산하도록 만들었으며 return을 사용해 호출자에게 값을 반환합니다. return 문은 함수 실행을 멈추고 바로 다음에 있는 표현식의 값을 호출자에게 반환합니다. return 문 다음에 표현식이 없으면 함수의 반환 값은 undefined입니다.

printprops() 함수는 다릅니다. 이 함수의 목적은 객체 프로퍼티의 이름과 값을 출력하는 겁니다. 반환 값이 필요 없으므로 이 함수에는 return 문이 없습니다. printprops() 함수 호출의 값은 항상 undefined입니다. 함수에 return 문이 없으면 함수는 함수 바디의 문을 끝까지 실행하고 호출자에게 undefined를 반환합니다.

ES5 이전에는 자바스크립트 파일이나 다른 함수의 최상위 레벨에서만 함수를 선언할 수 있었습니다. 이 규칙을 우회하는 실행 환경도 존재하긴 했지만, 루프나 조건문, 기타 블록 안에서 함수를 정의하는 것은 엄밀히 말해 규칙을 어기는 것이었습니다. 하지만 ES6 스트릭트 모드에서는 블록 안에서 함수를 선언할 수 있습니다. 이렇게 블록 안에서 정의된 함수는 해당 블록 안에서만 존재하며 블록 바깥에서는 볼 수 없습니다.

8.1.2 함수 표현식

함수 표현식은 함수 선언과 거의 비슷하지만, 더 큰 표현식이나 문의 일부로서 존재하고 이름을 붙이지 않아도 된다는 점이 다릅니다. 다음은 함수 표현식 예제입니다.

```
// 이 함수 표현식은 인자의 제곱을 계산하는 함수를 정의합니다.
// 함수를 변수에 할당했습니다.
const square = function(x) { return x*x; };

// 함수 표현식에도 이름을 쓸 수 있으며 재귀 호출에 유용합니다.
const f = function fact(x) { if (x <= 1) return 1; else return x*fact(x-1); };

// 함수 표현식을 다른 함수의 인자로 사용할 수도 있습니다.
[3,2,1].sort(function(a,b) { return a-b; });

// 함수 표현식을 정의하는 즉시 호출할 때도 있습니다.
let tensquared = (function(x) {return x*x;}(10));
```

표현식으로 정의한 함수에 이름을 붙이는 것은 선택 사항이며 앞의 예제에서는 대부분 이름을 생략했습니다. 함수 선언은 실제로 변수를 선언하며 그 변수에 함수 객체를 할당합니다. 반면 함수 표현식은 변수를 선언하지 않습니다. 새로 정의한 함수 객체를 나중에 다시 참조해야 한다면, 프로그래머의 선택에 따라 변수 또는 상수에 할당합니다. 함수 표현식을 쓸 때는 실수로 함수를 덮어 쓰지 않도록 const를 사용하는 것이 좋은 습관입니다.

팩토리얼 함수에서 보았듯이 함수는 이름으로 자기 자신을 참조할 수 있습니다. 함수 표현식에 이름이 있으면, 로컬 함수 스코프에서 그 이름으로 함수 객체를 참조합니다. 즉, 함수 이름은 함수 안에서 로컬 변수가 됩니다. 표현식으로 정의한 함수는 대부분 이름이 필요 없으므로 정의가 더 간결해집니다. 하지만 이어서 설명할 화살표 함수만큼 간결하지는 않습니다.

함수 선언으로 함수 f()를 정의하는 것과 표현식으로 함수를 생성하고 변수 f에 할당하는 것 사이에는 중요한 차이가 있습니다. 선언 형태를 사용하면 함수 객체는 자신을 포함하는 코드가 실행되기 전에 존재하며 정의하기 전에 호출할 수 있습니

다. 표현식으로 정의된 함수는 이렇게 동작하지 않습니다. 함수를 정의하는 표현식
이 실제로 평가되기 전에는 함수가 존재하지 않습니다. 또한 함수를 호출하려면 반
드시 함수를 참조할 수 있어야 하는데, 표현식으로 정의된 함수는 변수에 할당하기
전에는 참조할 수 없습니다. 따라서 표현식으로 정의된 함수는 정의하기 전에 호출
할 수 없습니다.

8.1.3 화살표 함수

ES6 이후에는 화살표 함수라는 간결한 문법으로 함수를 정의할 수 있습니다. 이 문
법은 수학 표기법의 영향을 받았으며 '=>(화살표)'를 사용해 함수 매개변수와 함수
바디를 구분합니다. 화살표 함수는 문이 아니라 표현식이므로 function 키워드는
사용하지 않으며 함수 이름도 필요 없습니다. 화살표 함수의 일반적인 형태는 괄호
안에 콤마로 구분한 매개변수 리스트를 쓰고, 그 뒤에 => 화살표와 중괄호로 감싼
함수 바디를 쓰는 형태입니다.

```
const sum = (x, y) => { return x + y; };
```

화살표 함수는 이보다 더 간결한 문법도 지원합니다. 함수 바디가 return 문 하나
라면 return 키워드와 중괄호를 모두 생략하고 값을 반환하는 표현식 하나만으로
함수 바디를 구성할 수 있습니다.

```
const sum = (x, y) => x + y;
```

매개변수가 정확히 하나라면 매개변수를 감싼 괄호도 생략할 수 있습니다.

```
const polynomial = x => x*x + 2*x + 3;
```

하지만 매개변수를 받지 않을 때는 반드시 빈 괄호를 써야 합니다.

```
const constantFunc = () => 42;
```

화살표 함수를 작성할 때 함수 매개변수와 => 사이에서 줄바꿈을 해선 안 됩니다.
만약 줄바꿈을 한다면 const polynomial = x처럼 문법적으로 유효한 할당문이 만
들어집니다.

　또한 화살표 함수의 바디가 return 문 하나라고 해도, 반환할 표현식이 객체 리터
럴이라면 객체 리터럴을 명시적으로 괄호 안에 써서 함수 바디의 중괄호와 객체 리

터럴의 중괄호를 혼동하지 않게 해야 합니다.

```
const f = x => { return { value: x }; };  // 좋음: f()는 객체를 반환합니다.
const g = x => ({ value: x });            // 좋음: g()는 객체를 반환합니다.
const h = x => { value: x };              // 나쁨: h()는 아무것도 반환하지 않습니다.
const i = x => { v: x, w: x };            // 나쁨: 문법 에러
```

세 번째 행의 함수 h()는 대단히 모호합니다. 코드의 의도는 객체 리터럴이었겠으나 이는 라벨 붙은 문으로도 분석할 수 있으므로 undefined를 반환하는 함수가 만들어집니다. 네 번째 행에서는 더 복잡한 객체 리터럴을 만들었지만 이는 유효한 문이 아니므로 문법 에러가 일어납니다.

화살표 함수는 문법이 간결하므로 함수를 다른 함수에 전달할 때 이상적입니다. 7.8.1절에서 설명한 map(), filter(), reduce() 같은 배열 메서드를 사용할 때 이런 형태를 자주 사용합니다.

```
// null 요소를 제거한 배열 사본을 만듭니다.
let filtered = [1,null,2,3].filter(x => x !== null);  // filtered == [1,2,3]
// 숫자의 제곱을 구합니다.
let squares = [1,2,3,4].map(x => x*x);                 // squares == [1,4,9,16]
```

다른 방법으로 정의된 함수는 자신만의 호출 컨텍스트를 정의하지만, 화살표 함수는 자신이 정의된 환경의 this 키워드 값을 상속한다는 결정적인 차이가 있습니다. 이것은 화살표 함수에서 중요하고 아주 유용한 기능이며, 이 장 뒷부분에서 다시 설명합니다. 화살표 함수는 prototype 프로퍼티가 없으므로 새로운 클래스의 생성자 함수로 사용할 수 없습니다(9.2절 참고).

8.1.4 중첩된 함수

자바스크립트에서는 다른 함수 안에 함수를 중첩할 수 있습니다. 예를 들어 다음을 보십시오.

```
function hypotenuse(a, b) {
    function square(x) { return x*x; }
    return Math.sqrt(square(a) + square(b));
}
```

중첩된 함수에서 흥미로운 것은 변수 스코프 규칙입니다. 중첩된 함수는 자신을 포함하는 함수(들)의 매개변수와 변수에 접근할 수 있습니다. 예를 들어 위 예제에서

내부 함수 square()는 외부 함수 hypotenuse()에서 정의된 매개변수 a와 b를 읽고 쓸 수 있습니다. 중첩된 함수의 이러한 스코프 규칙은 아주 중요하며, 8.6절에서 다시 설명합니다.

8.2 함수 호출

함수 바디를 구성하는 자바스크립트 코드는 함수를 정의할 때가 아니라 호출할 때 실행됩니다. 자바스크립트 함수는 다섯 가지 방법으로 호출할 수 있습니다.

- 함수로 호출
- 메서드로 호출
- 생성자로 호출
- call(), apply() 메서드를 통해 간접적으로 호출
- 자바스크립트 언어 기능을 통한 묵시적 호출

8.2.1 함수로 호출

함수는 호출 표현식(4.5절)을 통해 함수 또는 메서드로 호출됩니다. 호출 표현식은 함수 객체로 평가되는 표현식 뒤에 콤마로 구분한 0개 이상의 인자 표현식 리스트를 괄호로 감싼 형태입니다. 함수 표현식이 프로퍼티 접근 표현식이라면, 즉 해당 함수가 객체 프로퍼티거나 배열 요소라면, 이 표현식은 메서드 호출 표현식입니다. 다음 예제는 일반적인 함수 호출 표현식입니다.

```
printprops({x: 1});
let total = distance(0,0,2,1) + distance(2,1,3,5);
let probability = factorial(5)/factorial(13);
```

괄호 안에 들어 있는 각 인자 표현식을 호출 시점에서 평가한 값이 인자가 됩니다. 함수 바디에서는 각 매개변수가 이에 대응하는 인자로 평가됩니다.

　일반적인 함수 호출에서는 함수의 반환 값이 호출 표현식의 값입니다. return 문을 만나지 않은 채 인터프리터가 함수의 끝에 도달하면 반환 값은 undefined입니다. 인터프리터가 return 문을 실행해서 함수를 종료한다면 return 문 다음에 있는 표현식의 값이 함수의 반환 값이며, return 문에 값이 없다면 undefined가 함수의 반환 값입니다.

일반 모드에서 함수의 호출 컨텍스트(this)는 전역 객체입니다. 스트릭트 모드의 호출 컨텍스트는 undefined입니다. 단, 화살표 문법으로 정의한 함수는 항상 자신이 정의된 곳의 this 값을 상속합니다.

메서드가 아니라 함수로 호출되도록 설계된 함수는 일반적으로 this 키워드를 전혀 사용하지 않습니다. 하지만 this 키워드를 사용해서 스트릭트 모드에 있는지 확인하는 것은 가능합니다.

```
// 스트릭트 모드에 있는지 판단하는 함수
const strict = (function() { return !this; }());
```

8.2.2 메서드로 호출

메서드는 객체 프로퍼티로 저장된 자바스크립트 함수입니다. 함수 f와 객체 o가 있을 때 다음과 같이 o에 메서드 m을 정의할 수 있습니다.

o.m = f;

객체 o의 메서드 m()은 다음과 같이 호출합니다.

o.m();

m()이 인자 두 개를 받는다면 다음과 같이 호출할 수 있습니다.

o.m(x, y);

이 예제의 코드는 호출 표현식이며 함수 표현식 o.m과 인자 표현식 x, y가 들어 있습니다. 함수 표현식이 프로퍼티 접근 표현식이므로 이 함수는 일반적인 함수가 아니라 메서드로 호출됩니다.

메서드 호출의 인자와 반환 값은 일반적인 함수 호출과 똑같습니다. 하지만 메서드 호출과 함수 호출은 호출 컨텍스트가 다르다는 중요한 차이가 있습니다. 프로퍼티 접근 표현식은 객체(o)와 프로퍼티 이름(m)으로 이루어집니다. 메서드 호출 표현식에서 객체 o는 호출 컨텍스트가 되고 함수 바디는 키워드 this를 통해 그 객체를 참조할 수 있습니다. 다음 예제를 보십시오.

```
let calculator = {  // 객체 리터럴
    operand1: 1,
    operand2: 1,
    add() {          // 메서드 단축 문법을 썼습니다.
        // this 키워드는 포함하는 객체를 참조합니다.
        this.result = this.operand1 + this.operand2;
    }
};
calculator.add();   // 메서드 호출을 통해 1 + 1을 계산합니다.
calculator.result   // => 2
```

메서드 호출은 대부분 점 표기법을 통해 프로퍼티에 접근하지만 대괄호 표현식으로도 메서드를 호출할 수 있습니다. 예를 들어 다음은 모두 메서드 호출입니다.

```
o["m"](x,y);   // o.m(x,y)와 동등합니다.
a[0](z)        // a[0]이 함수라면 역시 메서드 호출입니다.
```

더 복잡한 프로퍼티 접근 표현식으로도 메서드를 호출할 수 있습니다.

```
customer.surname.toUpperCase();  // customer.surname의 메서드를 호출합니다.
f().m();                         // f()의 반환 값의 메서드인 m()을 호출합니다.
```

메서드와 this 키워드는 객체 지향 프로그래밍 패러다임의 핵심입니다. 메서드로 사용되는 함수는 모두 자신을 호출하는 객체를 묵시적인 인자로 받습니다. 메서드는 일반적으로 그 객체에서 동작하며, 메서드 호출 문법은 함수가 객체에서 동작한다는 의미를 명쾌하게 전달합니다. 다음 두 행을 비교해 보십시오.

```
rect.setSize(width, height);
setRectSize(rect, width, height);
```

두 행에서 호출하는 가상의 함수는 가상의 객체 rect에 대해 똑같이 동작할 수도 있지만, 첫 번째 행의 메서드 호출 문법은 객체 rect가 이 동작의 대상임을 더 명확하게 드러냅니다.

> **메서드 체인**
>
> 메서드가 객체를 반환하면 그 반환 값에서 다시 메서드를 호출할 수 있습니다. 이렇게 메서드 호출을 '체인'으로 이어서 표현식 하나로 만들 수 있습니다. 프로미스 기반 비동기 동작(13장)을 구성할 때 다음과 같은 코드를 자주 사용합니다.
>
> ```
> // 세 가지 비동기 동작을 순서대로 실행하고 에러를 처리합니다.
> doStepOne().then(doStepTwo).then(doStepThree).catch(handleErrors);
> ```
>
> 반환 값이 필요 없는 메서드를 작성할 때는 메서드가 this를 반환하도록 해 보십시오. API 전체에서 일관되게 this를 반환한다면 메서드 체인[1]이라는 프로그래밍 스타일을 따를 수 있습니다. 이런 스타일에서는 다음과 같이 객체를 한 번만 참조하고도 연속으로 메서드를 호출할 수 있습니다.
>
> ```
> new Square().x(100).y(100).size(50).outline("red").fill("blue").draw();
> ```

this는 변수나 프로퍼티 이름이 아니라 키워드입니다. 자바스크립트 문법은 this에 값을 할당하는 것을 허용하지 않습니다.

---

1 이 용어는 마틴 파울러(Martin Fowler)가 만들었습니다. *http://martinfowler.com/dslCatalog/methodChaining.html*을 참고하십시오.

　　this 키워드는 변수의 스코프 규칙을 따르지 않습니다. 화살표 함수의 예외를 제외하면 중첩된 함수는 포함하는 함수의 this 값을 상속하지 않습니다. 중첩된 함수를 메서드로 호출하면 그 this 값은 호출한 객체입니다. (화살표 함수가 아닌) 중첩된 함수를 함수로 호출하면 그 this 값은 일반 모드에서는 전역 객체이고, 스트릭트 모드에서는 undefined입니다. 메서드 안에 정의된 함수를 함수로 호출하면 this를 통해 메서드의 호출 컨텍스트를 참조할 수 있다고 생각하기도 하는데, 이는 흔히 저지르는 실수입니다. 다음 코드에서 그것이 왜 문제인지 알아보십시오.

```
let o = {                    // 객체 o
    m: function() {          // 객체의 메서드 m
        let self = this;     // this 값을 변수에 저장합니다.
        this === o           // => true: this는 객체 o입니다.
        f();                 // 보조 함수 f()를 호출합니다.

        function f() {       // 중첩된 함수 f
            this === o       // => false: this는 전역 객체이거나 undefined입니다.
            self === o       // => true: self는 외부 this 값입니다.
        }
    }
};
o.m();                       // 객체 o에서 메서드 m을 호출합니다.
```

중첩된 함수 f()에서 this 키워드는 객체 o와 같지 않습니다. 이것은 자바스크립트 언어의 결함으로 지적받는 부분이고, 반드시 인지하고 있어야 합니다. 위 코드는 널리 쓰이는 우회 방법을 제시합니다. 메서드 m 안에서 this 값을 변수 self에 할당하면, 중첩된 함수 f 안에서 포함하는 객체를 this 대신 self로 참조할 수 있습니다.

　　ES6 이후에는 중첩된 함수 f를 화살표 함수로 변환해 this 값을 상속하게 하는 방법도 가능합니다.

```
const f = () => {
    this === o  // true: 화살표 함수는 항상 this를 상속합니다.
};
```

표현식으로 정의된 함수는 끌어올려지지 않으므로 이 코드가 동작하기 위해서는 메서드 m 안에서 f를 정의하는 부분을 호출 이전으로 옮겨야 합니다.

　　중첩된 함수의 bind() 메서드를 호출해 지정된 객체에서 묵시적으로 호출되는 새 함수를 정의하는 방법도 있습니다.

```
const f = (function() {
    this === o  // true: 이 함수를 외부 this와 연결했습니다.
}).bind(this);
```

bind()에 대해서는 8.7.5절에서 다시 설명합니다.

8.2.3 생성자로 호출

함수나 메서드를 호출할 때 앞에 키워드 new를 붙이면 생성자로 호출됩니다. 생성자 호출은 4.6절과 6.2.2절에서 소개했고, 생성자는 9장에서 더 자세히 설명합니다. 생성자 호출은 인자 처리, 호출 컨텍스트, 반환 값 등에서 일반적인 함수나 메서드 호출과 다릅니다.

생성자를 호출할 때 괄호 안에 인자 리스트가 있으면 이 인자 표현식을 평가하여 함수나 메서드 호출과 같은 방법으로 함수에 전달합니다. 자주 쓰는 방식은 아니지만 생성자 호출에서는 빈 괄호를 생략해도 됩니다. 예를 들어 다음 두 행은 동등합니다.

```
o = new Object();
o = new Object;
```

생성자를 호출하면 생성자의 prototype 프로퍼티에서 지정된 객체를 상속하는 빈 객체를 새로 생성합니다. 생성자 함수는 객체를 초기화할 의도로 만들어졌으며, 이렇게 새로 생성된 객체가 호출 컨텍스트로 사용되므로 생성자 함수는 새 객체를 this 키워드로 참조할 수 있습니다. 생성자 호출이 메서드 호출처럼 보이더라도 호출 컨텍스트는 새 객체라는 점을 기억하십시오. 즉, 표현식 new o.m()에서 o는 호출 컨텍스트로 사용되지 않습니다.

생성자 함수는 일반적으로 return 키워드를 사용하지 않습니다. 생성자 함수는 일반적으로 새 객체를 초기화하며 함수 바디의 끝에 도달하면 종료합니다. 이 경우 새 객체가 생성자 호출 표현식의 값입니다. 하지만 생성자가 명시적으로 return 문을 사용해 객체를 반환한다면 그 객체가 호출 표현식의 값이 됩니다. 생성자가 return 문을 값 없이 사용하거나 기본 값을 반환한다면 반환 값을 무시하고 새 객체를 호출 표현식의 값으로 사용합니다.

8.2.4 간접적 호출

자바스크립트 함수는 객체이며 다른 자바스크립트 객체와 마찬가지로 메서드가 있습니다. 이 메서드 중 call()과 apply()는 함수를 간접적으로 호출합니다. 두 메서드 모두 호출 시점에 this 값을 직접 명시할 수 있으므로, 함수를 어떤 객체의 메서드로도 호출할 수 있습니다. call() 메서드는 인자 리스트를 받고 apply() 메서드는 인자로 배열을 받습니다. call()과 apply() 메서드는 8.7.4절에서 자세히 설명합니다.

8.2.5 묵시적 함수 호출

자바스크립트에는 함수 호출처럼 보이지 않지만 함수를 호출하는 기능이 여럿 존재합니다. 묵시적으로 호출한 함수에서 버그, 부작용, 성능 문제가 발생한다면, 단순히 코드를 들여다보는 것으로는 언제 호출되는지 명확히 알기 어려우므로 일반적인 함수에 비해 해결하기가 훨씬 어렵습니다. 아주 조심해야 합니다.

묵시적인 함수 호출을 일으키는 언어 기능은 다음과 같습니다.

- 객체에 게터나 세터가 있다면 프로퍼티 값에 접근할 때 이 메서드가 호출될 수 있습니다. 자세한 내용은 6.10.6절을 보십시오.
- 문자열을 받는 컨텍스트에 객체를 사용하면 toString() 메서드가 호출됩니다. 마찬가지로, 객체를 숫자 컨텍스트에 사용하면 valueOf() 메서드가 호출됩니다. 자세한 내용은 3.9.3절을 보십시오.
- 이터러블 객체의 요소를 순회할 때 여러 가지 메서드가 호출될 수 있습니다. 12장에서 이터레이터가 함수 호출 레벨에서 동작하는 방법을 설명하고, 이런 메서드를 작성하는 방법을 보여 줍니다.
- 태그된 템플릿 리터럴도 함수 호출을 일으킬 수 있습니다. 14.5절에서 템플릿 리터럴 문자열과 함께 사용할 함수를 작성하는 방법을 설명합니다.
- 14.7절에서 설명할 프록시 객체는 완전히 함수에 의해 제어됩니다. 이런 객체에는 어떤 동작을 취하든 항상 함수가 호출됩니다.

8.3 함수 매개변수

자바스크립트 함수는 매개변수로 어떤 타입을 받는지 정의하지 않으며, 함수 호출 시점에서도 전달받은 값의 타입을 체크하지 않습니다. 자바스크립트는 함수를 호출할 때 전달받은 인자의 개수조차 체크하지 않습니다. 이어지는 하위 절에서는 함수가 선언된 매개변수보다 더 많거나 더 적은 인자를 받았을 때 어떻게 동작하는지 설명합니다. 함수가 부적절한 인자로 호출되지 않도록 함수 인자 타입을 명시적으로 테스트하는 방법도 설명합니다.

8.3.1 선택 사항인 매개변수와 기본 값

선언된 매개변수보다 적은 인자로 함수를 호출하면, 대응하는 인자가 없는 매개변수는 기본 값으로 정해지며 일반적으로 이 값은 undefined입니다. 함수를 만들 때 일부 인자가 선택 사항이 되도록 하면 유용할 때가 많습니다. 다음 예제를 보십시오.

```
// 객체 o의 열거 가능한 프로퍼티를 배열 a에 추가하고 a를 반환합니다.
// a를 생략하면 새 배열을 생성해 반환합니다.
function getPropertyNames(o, a) {
    if (a === undefined) a = [];  // 정의되지 않았으면 새 배열을 사용합니다.
    for(let property in o) a.push(property);
    return a;
}

// getPropertyNames()는 인자 한 개나 두 개로 호출할 수 있습니다.
let o = {x: 1}, p = {y: 2, z: 3};  // 테스트용 객체
let a = getPropertyNames(o);  // a == ["x"]; o의 프로퍼티를 새 배열에 담습니다.
getPropertyNames(p, a);       // a == ["x","y","z"]; p의 프로퍼티를 추가합니다.
```

이 함수 바디의 첫 번째 행에서 if 문을 관용적으로 쓰이는 || 연산자로 대체할 수 있습니다.

```
a = a || [];
```

4.10.2절에서 || 연산자는 첫 번째 피연산자가 true 같은 값이면 그 값을, 그렇지 않다면 두 번째 피연산자를 반환한다고 설명했습니다. 이 함수에서는 두 번째 인자로 객체가 전달됐다면 그 객체를 사용합니다. 두 번째 인자를 생략했거나 null을 비롯한 false 같은 값이라면 새로 생성한 빈 배열을 사용합니다.

선택 사항인 인자를 받는 함수를 만들 때는 선택 사항인 인자를 인자 리스트 마지

막에 써서 생략하기 쉽게 만들어야 합니다. 함수를 호출할 때 첫 번째 인자를 생략하고 두 번째만 전달하려면 첫 번째 인자에 명시적으로 undefined를 써야 합니다.

ES6 이후에는 함수를 정의할 때 함수 매개변수의 기본 값을 정의할 수 있습니다. 매개변수 이름 뒤에 등호(=)를 쓰고, 그 매개변수가 생략됐을 때 사용할 기본 값을 쓰면 됩니다.

```
// 객체 o의 열거 가능한 프로퍼티를 배열 a에 추가하고 a를 반환합니다.
// a를 생략하면 새 배열을 생성해 반환합니다.
function getPropertyNames(o, a = []) {
    for(let property in o) a.push(property);
    return a;
}
```

매개변수 기본 값 표현식은 함수를 정의할 때가 아니라 호출할 때 평가됩니다. 따라서 getPropertyNames() 함수를 인자 하나로 호출할 때마다 빈 배열을 새로 생성해서 전달합니다.[2] 매개변수 기본 값이 상수이거나 [], {} 같은 리터럴이라면 이해하기 쉽겠지만 꼭 그래야 하는 것은 아닙니다. 변수를 쓸 수도 있고, 함수 호출을 통해 매개변수 기본 값을 계산할 수도 있습니다. 흥미로운 점은 매개변수 여러 개를 받는 함수에서 앞의 매개변수의 값을 사용해 그다음 매개변수의 기본 값을 정의할 수 있다는 점입니다.

```
// 이 함수는 사각형의 크기를 나타내는 객체를 반환합니다.
// 너비가 제공됐을 때만 높이를 너비의 두 배로 정합니다.
const rectangle = (width, height=width*2) => ({width, height});
rectangle(1)  // => { width: 1, height: 2 }
```

이 코드는 매개변수 기본 값과 화살표 함수를 섞어 쓴 예제입니다. 메서드 단축 함수를 포함해 모든 형태의 함수 정의에서 이 같은 방식을 사용할 수 있습니다.

8.3.2 나머지 매개변수와 가변 길이 인자 리스트

매개변수 기본 값을 사용하면 정의된 매개변수보다 적은 인자를 써서 함수를 호출할 수 있습니다. 나머지 매개변수(rest parameter)는 반대입니다. 정의된 매개변수보다 더 많은 인자를 써서 함수를 호출할 수도 있습니다. 다음은 하나 이상의 숫자를 받고 가장 큰 숫자를 반환하는 함수입니다.

---

2 호출할 때마다 같은 기본 값을 공유하는 파이썬에 익숙하다면, 이 부분이 파이썬과 다르다는 점을 유의해야 합니다.

```
function max(first=-Infinity, ...rest) {
    let maxValue = first;  // 첫 번째 인자가 가장 크다고 가정합니다.
    // 나머지 인자를 순회하면서 더 큰 값을 찾습니다.
    for(let n of rest) {
        if (n > maxValue) {
            maxValue = n;
        }
    }
    // 가장 큰 값을 반환합니다.
    return maxValue;
}

max(1, 10, 100, 2, 3, 1000, 4, 5, 6)  // => 1000
```

나머지 매개변수는 앞에 점 세 개를 붙이는데, 반드시 함수 선언에서 마지막으로 정의된 매개변수여야 합니다. 나머지 매개변수를 써서 함수를 호출하면 전달한 인자는 나머지가 아닌 매개변수에 먼저 할당됩니다. 그리고 남은 '나머지' 인자가 배열에 저장되며, 이 배열이 나머지 매개변수의 값이 됩니다. 함수 바디 안에서 나머지 매개변수의 값은 항상 배열입니다. 배열이 비어 있더라도 나머지 매개변수는 절대 undefined가 되지 않습니다. 따라서 나머지 매개변수에 매개변수 기본 값을 지정할 필요도 없고, 허용되지도 않습니다.

앞의 예제처럼 인자 개수에 제한이 없는 함수를 **가변 함수**(variadic function, variable arity function, vararg function)라고 부릅니다.

함수 정의에서 나머지 매개변수를 정의하는 ...을 8.3.4절의 분해 연산자와 혼동하지 마십시오. 분해 연산자는 함수 호출에서 사용할 수 있습니다.

8.3.3 Argument 객체

나머지 매개변수는 ES6에서 자바스크립트에 도입했습니다. ES6 전에는 Arguments 객체를 써서 가변 함수를 만들었습니다. 함수 바디 안에서 식별자 arguments는 해당 호출의 Arguments 객체를 참조합니다. Arguments 객체는 7.9절에서 설명한 배열 비슷한 객체이며, 함수에 전달된 인자 값을 이름이 아닌 숫자로 참조할 수 있게 합니다. 다음은 위 예제의 max() 함수를 나머지 매개변수 대신 Arguments 객체를 사용하도록 고쳐 쓴 버전입니다.

```
function max(x) {
    let maxValue = -Infinity;
    // 인자를 순회하며 가장 큰 값을 찾아 기억합니다.
```

```
    for(let i = 0; i < arguments.length; i++) {
        if (arguments[i] > maxValue) maxValue = arguments[i];
    }
    // 가장 큰 값을 반환합니다.
    return maxValue;
}

max(1, 10, 100, 2, 3, 1000, 4, 5, 6)  // => 1000
```

Arguments 객체는 자바스크립트 초기 버전부터 있었지만, 좀 이상하게 동작하고 비효율적이며 최적화하기도 어렵습니다. 여전히 Arguments 객체가 포함된 코드를 볼 수 있겠지만, 새로 작성하는 코드에는 사용하지 말아야 합니다. 오래된 코드를 리팩터링할 때 arguments를 사용하는 함수를 ...args 나머지 매개변수로 대체할 수 있을 때가 많습니다. 스트릭트 모드에서는 arguments를 예약어로 취급하므로 이 이름을 써서 함수 매개변수나 로컬 변수를 선언할 수 없습니다.

8.3.4 함수 호출과 분해 연산자

분해 연산자 ...는 개별 값이 예상되는 컨텍스트에서 배열이나 문자열 같은 이터러블 객체를 분해합니다. 7.1.2절에서 분해 연산자를 배열 리터럴과 함께 사용하는 방법을 설명했습니다. 함수 호출에서도 같은 방법으로 분해 연산자를 사용할 수 있습니다.

```
let numbers = [5, 2, 10, -1, 9, 100, 1];
Math.min(...numbers)  // => -1
```

...는 평가를 통해 값을 얻을 수 없다는 점에서 진정한 연산자로는 볼 수 없습니다. ...는 배열 리터럴과 함수 호출에 사용할 수 있는 특별한 자바스크립트 문법입니다.

　함수 정의에서 ... 문법은 분해 연산자의 정반대로 동작합니다. 8.3.2절에서 설명했듯 함수 정의에서 사용한 ...는 여러 개의 인자를 배열에 모읍니다. 나머지 매개변수와 분해 연산자를 함께 쓰면 유용한 경우가 많습니다. 다음은 함수인 인자를 받고 래퍼 버전을 반환하는 함수입니다.

```
// 이 함수는 함수를 받아 래퍼 버전을 반환합니다.
function timed(f) {
    return function(...args) {  // 인자를 나머지 매개변수 배열에 모읍니다.
        console.log(`Entering function ${f.name}`);
```

```
        let startTime = Date.now();
        try {
            // 인자를 모두 래퍼 버전에 전달합니다.
            return f(...args);  // 인자를 다시 분해합니다.
        }
        finally {
            // 반환하기 전에 소요된 시간을 출력합니다.
            console.log(`Exiting ${f.name} after ${Date.now()-startTime}ms`);
        }
    };
}

// 1과 n 사이의 숫자의 합을 계산합니다.
function benchmark(n) {
    let sum = 0;
    for(let i = 1; i <= n; i++) sum += i;
    return sum;
}

// 테스트 함수의 래퍼 버전을 호출합니다.
timed(benchmark)(1000000)  // => 500000500000; 숫자의 합입니다.
```

8.3.5 함수 인자를 매개변수로 분해

함수를 호출할 때 전달한 인자는 함수 정의 시 선언된 매개변수에 할당됩니다. 이 작업은 변수 할당과 비슷합니다. 따라서 함수에서도 3.10.3절에서 설명한 분해 할당을 사용할 수 있습니다.

함수를 정의할 때 매개변수 이름을 대괄호 안에 쓰면, 대괄호 한 쌍마다 배열 값을 받는다고 정의하게 됩니다. 호출 과정에서 배열 인자는 개별 매개변수로 분해됩니다. 예를 들어 x좌표, y좌표를 받아 숫자 두 개로 2차원 벡터를 나타내는 배열이 있다고 합시다. 다음과 같은 함수를 만들어 두 벡터를 더할 수 있습니다.

```
function vectorAdd(v1, v2) {
    return [v1[0] + v2[0], v1[1] + v2[1]];
}
vectorAdd([1,2], [3,4])  // => [4,6]
```

벡터 인자를 명확하게 이름 붙은 매개변수로 분해한다면 더 이해하기 쉬울 겁니다.

```
function vectorAdd([x1,y1], [x2,y2]) {  // 인자 두 개를 매개변수 네 개로 분해합니다.
    return [x1 + x2, y1 + y2];
}
vectorAdd([1,2], [3,4])  // => [4,6]
```

마찬가지로, 객체 인자를 받는 함수를 정의할 때도 인자로 받은 객체를 매개변수로 분해할 수 있습니다. 이번에는 x와 y 프로퍼티가 있는 객체로 벡터를 나타냅니다.

```
// 스칼라 값을 벡터에 곱합니다.
function vectorMultiply({x, y}, scalar) {
    return { x: x*scalar, y: y*scalar };
}
vectorMultiply({x: 1, y: 2}, 2)  // => {x: 2, y: 4}
```

위 예제는 분해된 매개변수 이름이 전달된 객체의 프로퍼티 이름과 일치하므로 훨씬 이해하기 쉽습니다. 하지만 프로퍼티를 다른 이름의 매개변수로 분해해야 한다면 문법이 복잡해집니다. 다시 벡터 덧셈 예제를 봅시다.

```
function vectorAdd(
    {x: x1, y: y1},  // 첫 번째 객체를 x1과 y1 매개변수로 분해합니다.
    {x: x2, y: y2}   // 두 번째 객체를 x2와 y2 매개변수로 분해합니다.
)
{
    return { x: x1 + x2, y: y1 + y2 };
}
vectorAdd({x: 1, y: 2}, {x: 3, y: 4})  // => {x: 4, y: 6}
```

{x:x1, y:y1} 같은 문법을 분해할 때는 매개변수 이름과 프로퍼티 이름을 잘 구분해야 합니다. 분해 할당과 분해 호출에서 선언할 변수 또는 매개변수는 객체 리터럴에서 값이 있는 곳에 있어야 합니다. 따라서 프로퍼티 이름은 항상 콜론 왼쪽에 있고, 매개변수나 변수 이름은 항상 오른쪽에 있습니다.

매개변수 분해와 매개변수 기본 값을 섞어 쓸 수도 있습니다. 다음은 2차원 또는 3차원 벡터에 스칼라 값을 곱하는 함수입니다.

```
// {x,y} 또는 {x,y,z} 벡터에 스칼라 값을 곱합니다.
function vectorMultiply({x, y, z=0}, scalar) {
    return { x: x*scalar, y: y*scalar, z: z*scalar };
}
vectorMultiply({x: 1, y: 2}, 2)  // => {x: 2, y: 4, z: 0}
```

파이썬 같은 언어는 함수를 호출할 때 인자를 name=value 형태로 지정할 수 있으므로, 선택 사항인 인자 개수가 많거나 매개변수가 기억하기 어려울 정도로 많을 때 편리합니다. 자바스크립트는 이런 문법을 직접적으로 지원하지는 않지만, 객체 인자를 분해하는 형태로 어느 정도 흉내낼 수는 있습니다. 배열에서 요소를 지정된 숫자만큼 다른 배열에 복사하는 함수가 있고, 선택적으로 각 배열에서 작업을 시작할 인덱스를 지정할 수 있다고 합시다. 가능한 매개변수는 다섯 개인데 이 중 일부에 기본 값이 있으므로 인자 순서를 정확히 기억하기는 어렵습니다. arraycopy() 함수를 다음과 같이 정의하면 한결 사용하기 쉬워집니다.

```javascript
function arraycopy({from, to=from, n=from.length, fromIndex=0, toIndex=0}) {
    let valuesToCopy = from.slice(fromIndex, fromIndex + n);
    to.splice(toIndex, 0, ...valuesToCopy);
    return to;
}
let a = [1,2,3,4,5], b = [9,8,7,6,5];
arraycopy({from: a, n: 3, to: b, toIndex: 4})  // => [9,8,7,6,1,2,3,5][3]
```

배열을 분해하고 남은 값으로도 나머지 매개변수를 정의할 수 있습니다. 대괄호 안에 있는 나머지 매개변수는 함수에서 정의한 나머지 매개변수와는 완전히 다릅니다.

```javascript
// 이 함수는 배열 인자를 받습니다. 배열의 첫 번째와 두 번째 요소는 x와 y 매개변수에
// 할당됩니다. 남는 요소는 모두 coords 배열에 저장됩니다. 첫 번째 배열을 제외한
// 인자는 모두 rest 배열에 저장됩니다.
function f([x, y, ...coords], ...rest) {
    return [x+y, ...rest, ...coords];  // 분해 연산자를 썼습니다.
}
f([1, 2, 3, 4], 5, 6)   // => [3, 5, 6, 3, 4][4]
```

ES2018부터는 객체를 분해할 때도 나머지 매개변수를 사용할 수 있습니다. 나머지 매개변수의 값은 분해되지 않은 프로퍼티를 모두 담은 객체입니다. 객체의 나머지 매개변수는 역시 ES2018에서 도입한 기능인 객체 분해 연산자와 함께 사용할 때 유용합니다.

```javascript
// {x,y} 또는 {x,y,z} 벡터에 스칼라 값을 곱하고 다른 프로퍼티는 유지합니다.
function vectorMultiply({x, y, z=0, ...props}, scalar) {
    return { x: x*scalar, y: y*scalar, z: z*scalar, ...props };
}
vectorMultiply({x: 1, y: 2, w: -1}, 2)  // => {x: 2, y: 4, z: 0, w: -1}
```

---

3 (옮긴이) n은 몇 개 복사할 것인지, 즉 본문에서 말하는 '지정'된 숫자를 가리킵니다.
4 (옮긴이) 앞뒤가 바뀌어서 좀 혼란스러워 보입니다. 다음 코드의 주석을 보십시오.

```javascript
function f([x, y, ...coords], ...rest) {
    return [x+y, ...rest, ...coords];
}
f([1, 2,   3, 4],   5, 6)   // => [3,   5, 6, 3, 4]
// x  y    coords rest           1+2  rest coords
```

객체와 배열 인자만 분해할 수 있는 것은 아닙니다. 객체 배열, 배열 프로퍼티를 가진 객체, 객체 프로퍼티를 가진 객체 모두 분해할 수 있으며 그 깊이에 제한은 없습니다. x, y, radius, color 프로퍼티가 있는 객체로 원을 표현하는 그래픽 코드가 있다고 합시다. 여기서 color 프로퍼티는 rgb(red, green, blue) 색상 성분으로 구성된 배열입니다. 다음과 같이 이 객체 하나만 받아서 객체를 매개변수 여섯 개로 분해하는 함수를 만들 수 있습니다.

```
function drawCircle({x, y, radius, color: [r, g, b]}) {
    // 함수 바디
}
```

함수 인자 분해가 이보다 더 복잡하다면 코드가 간결해서 얻는 장점보다 읽기 어려워서 생기는 단점이 더 클 겁니다. 객체 프로퍼티나 배열 인덱스로 접근하는 편이 더 명확할 때도 있습니다.

8.3.6 인자 타입

자바스크립트 메서드는 매개변수 타입을 선언하지 않으며 값을 전달할 때도 타입을 체크하지 않습니다. 함수 인자에 뜻이 분명한 이름을 쓰고, 함수에 주석을 달아두면 코드 자체가 문서가 될 수 있습니다. 17.8절에서 일반적인 자바스크립트에 타입 체크를 추가하는 언어 확장에 대해 설명합니다.

3.9절에서 설명했듯 자바스크립트는 필요할 때마다 타입을 변환합니다. 따라서 문자열 인자를 받는 함수를 만들고 그 함수를 다른 타입의 값으로 호출한다면, 전달된 값은 함수가 그 값을 문자열로 사용하려고 하는 시점에 문자열로 변환됩니다. 기본 타입은 모두 문자열로 변환될 수 있으며 객체에는 모두 toString() 메서드가 있으므로 이런 경우에는 절대 에러가 일어나지 않습니다.

하지만 항상 그런 것은 아닙니다. 앞에서 예로 들었던 arraycopy()를 떠올려 보십시오. 이 함수는 배열 인자를 한 개 또는 두 개 받는데, 이들 중 잘못된 타입이 있으면 제대로 동작할 수 없습니다. 함수를 정의한 곳 근처에서 호출하는 함수가 아닌 한, 인자 타입을 체크하는 코드를 추가하는 편이 낫습니다. 함수가 잘못된 값을 받은 채 실행을 시작하고 명확하지 않은 에러 메시지를 보내며 실패하는 것보다는, 예측 가능한 형태로 즉시 실패하는 편이 더 좋습니다. 다음 함수는 타입 체크 예제입니다.

```
// 이터러블 객체 a의 요소 합계를 반환합니다. 요소는 모두 반드시 숫자여야 합니다.
function sum(a) {
    let total = 0;
    for(let element of a) {   // a가 이터러블이 아니면 TypeError가 일어납니다.
        if (typeof element !== "number") {
            throw new TypeError("sum(): elements must be numbers");
        }
        total += element;
    }
    return total;
}
sum([1,2,3])     // => 6
sum(1, 2, 3);    // TypeError: 1은 이터러블이 아닙니다.
sum([1,2,"3"]);  // TypeError: 인덱스 2는 숫자가 아닙니다.
```

8.4 값인 함수

함수의 가장 중요한 특징은 정의하고 호출할 수 있다는 겁니다. 함수 정의와 호출은 자바스크립트를 포함한 대부분의 프로그래밍 언어에 포함된 문법적 기능입니다. 하지만 자바스크립트 함수는 문법 구조일 뿐만 아니라 값으로써 변수에 할당될 수도 있고, 객체 프로퍼티나 배열 요소에 저장될 수도 있으며, 다른 함수에 인자로 전달될 수도 있고, 기타 여러 가지로 기능합니다.

다음 함수 정의를 보면서 함수가 자바스크립트 문법일 뿐 아니라 데이터이기도 하다는 점을 이해해 보십시오.

```
function square(x) { return x*x; }
```

이 함수 정의는 함수 객체를 새로 만들고 변수 square에 할당합니다. 함수 이름은 중요하지 않습니다. 이 이름은 함수 객체를 참조하는 변수의 이름일 뿐입니다. 함수는 다른 변수에도 할당할 수 있고 여전히 똑같이 동작합니다.

```
let s = square;  // 이제 s는 square와 같은 함수를 참조합니다.
square(4)        // => 16
s(4)             // => 16
```

함수를 변수가 아닌 객체 프로퍼티에 할당할 수도 있습니다. 이미 설명했듯 이런 함수를 메서드라 부릅니다.

```
let o = {square: function(x) { return x*x; }};  // 객체 리터럴
let y = o.square(16);                           // y == 256
```

배열 요소에 할당할 때는 이름 자체가 필요하지 않습니다.

```
let a = [x => x*x, 20];   // 배열 리터럴
a[0](a[1])                // => 400
```

마지막 예제 문법은 좀 이상해 보일 수 있겠지만 분명 유효한 함수 호출 표현식입니다.

함수를 값으로 취급할 수 있는 점은 대단히 유용한 특징입니다. Array.sort() 메서드를 예로 들어 봅시다. 이 메서드는 배열 요소를 정렬합니다. 숫자 순서, 알파벳순, 날짜 순서, 오름차순, 내림차순 등 정렬 기준은 아주 다양하므로, sort() 메서드는 선택 사항으로 정렬 방식을 정하는 함수를 받습니다. 이 함수는 넘겨받는 두 값 중 어떤 값이 앞에 있어야 하는지 반환합니다. 함수를 인자로 전달할 수 있다는 사실이 Array.sort()를 대단히 유연하고 완전한 범용 메서드로 만듭니다. Array.sort()는 어떤 타입의 데이터든 원하는 대로 정렬할 수 있습니다. 이 메서드의 예제는 7.8.6절에서 소개했습니다.

예제 8-1은 함수를 값으로 사용했을 때 어떤 일을 할 수 있는지 보여 줍니다. 예제가 조금 어려울 수 있지만 주석을 보면서 이해해 보십시오.

예제 8-1 함수를 데이터로 사용

```
// 단순한 함수를 몇 개 정의합니다.
function add(x,y) { return x + y; }
function subtract(x,y) { return x - y; }
function multiply(x,y) { return x * y; }
function divide(x,y) { return x / y; }

// 앞에서 정의한 함수 중 하나를 인자로 받아, 그 함수에 다른 두 인자를 전달해 호출하는 함수입니다.
function operate(operator, operand1, operand2) {
    return operator(operand1, operand2);
}

// 이 함수를 사용해 (2+3) + (4*5) 같은 값을 계산할 수 있습니다.
let i = operate(add, operate(add, 2, 3), operate(multiply, 4, 5));

// 같은 함수를 이번에는 객체 리터럴로 만듭니다.
const operators = {
    add:      (x,y) => x+y,
    subtract: (x,y) => x-y,
    multiply: (x,y) => x*y,
    divide:   (x,y) => x/y,
    pow:      Math.pow  // 미리 정의된 함수도 사용할 수 있습니다.
};
```

```
// 이 함수는 연산자 이름을 받고 객체에서 연산자를 찾은 다음, 제공받은 피연산자를 전달해 호출합니다.
// 연산자 함수를 호출할 때 쓴 문법을 눈여겨보십시오.
function operate2(operation, operand1, operand2) {
    if (typeof operators[operation] === "function") {
        return operators[operation](operand1, operand2);
    }
    else throw "unknown operator";
}

operate2("add", "hello", operate2("add", " ", "world"))  // => "hello world"
operate2("pow", 10, 2)                                    // => 100
```

8.4.1 함수 프로퍼티 직접 정의

자바스크립트 함수는 기본 값이 아니라 특별한 객체이므로 함수 역시 프로퍼티를 가질 수 있습니다. 함수를 언제 호출하든 일정한 '정적' 변수가 필요하다면 그 변수를 함수 자체의 프로퍼티로 정의하는 게 편리합니다. 예를 들어 호출할 때마다 서로 다른, 고유한 정수를 반환하는 함수가 필요하다고 합시다. 이 함수는 절대 같은 값을 반환해서는 안 됩니다. 이렇게 하려면 함수에서 이미 반환한 값을 추적할 방법이 필요하며, 이 정보는 함수를 언제 어디서 호출하든 반드시 일정해야 합니다. 이 정보를 전역 변수에 저장할 수도 있겠지만, 오직 이 함수에서만 사용하는 정보를 전역 변수에 저장할 필요는 없습니다. 함수 객체의 프로퍼티로 저장하는 편이 더 좋습니다. 다음 예제를 보십시오.[5]

```
// 함수 객체의 counter 프로퍼티를 초기화합니다.
// 함수 선언은 끌어올려지므로 함수 선언 이전에 할당해도 괜찮습니다.
uniqueInteger.counter = 0;

// 이 함수는 호출할 때마다 다른 정수를 반환합니다.
// 자신의 프로퍼티를 사용해 어떤 값을 반환할지 판단합니다.
function uniqueInteger() {
    return uniqueInteger.counter++;  // counter 프로퍼티를 반환하고 증가시킵니다.
}
uniqueInteger()  // => 0
uniqueInteger()  // => 1
```

다른 예제를 봅시다. 다음 factorial() 함수는 자신의 배열 프로퍼티를 이용해 이미 계산한 결과를 캐시합니다.

---

5 (옮긴이) 책을 번역하는 시점에 노드 14.16.1은 uniqueInteger가 정의되지 않았다는 에러를 일으킵니다. 브라우저에서는 정상적으로 동작합니다.

```
// 팩토리얼을 계산하고 그 결과를 함수 자체의 프로퍼티로 캐시합니다.
function factorial(n) {
    if (Number.isInteger(n) && n > 0) {      // 양의 정수만 사용합니다.
        if (!(n in factorial)) {             // 캐시된 결과가 없다면
            factorial[n] = n * factorial(n-1);   // 계산하고 캐시에 저장합니다.
        }
        return factorial[n];                 // 캐시된 결과를 반환합니다.
    } else {
        return NaN;                          // 입력이 잘못된 경우
    }
}
factorial[1] = 1;  // 캐시를 초기화합니다.
factorial(6)       // => 720
factorial[5]       // => 120; 이 값은 이미 캐시에 존재합니다.
```

8.5 네임스페이스인 함수

함수 안에서 선언한 변수는 함수 바깥에서 보이지 않습니다. 따라서 전역 네임스페이스를 어지럽히지 않도록, 임시 네임스페이스 기능을 하는 함수를 정의하는 것이 유용할 때도 있습니다.

예를 들어 다양한 자바스크립트 프로그램(클라이언트 사이드 자바스크립트라면 여러 웹 페이지)에서 사용할 자바스크립트 코드가 있다고 합시다. 이 코드 역시 대부분의 코드와 마찬가지로 계산 결과를 저장하는 변수를 정의합니다. 문제는 이 코드가 다양한 프로그램에서 사용되기 때문에 코드에서 정의하는 변수가 다른 프로그램의 변수와 충돌할지 확실히 알 수 없다는 겁니다. 그 해결책은 코드를 함수에 넣고 호출하는 것입니다. 이렇게 하면 전역에서 사용됐을 변수를 함수의 로컬 변수로 만들 수 있습니다.

```
function chunkNamespace() {
    // 코드가 여기 존재합니다. 코드에서 정의한 변수는 모두 함수의 로컬 변수이므로
    // 전역 네임스페이스를 어지럽히는 일은 없습니다.
}
chunkNamespace();  // 단, 이 함수 호출은 잊지 말아야 합니다.
```

이 코드는 전역에 chunkNamespace라는 함수 이름 하나만 정의합니다. 프로퍼티 하나라도 전역에 남겨 두고 싶지 않다면 표현식 하나로 익명 함수를 정의하고 즉시 호출할 수 있습니다.

```
(function() {  // chunkNamespace() 함수를 익명의 표현식으로 고쳐 씁니다.
    // 코드가 여기 존재합니다.
}());          // 함수 리터럴을 종료하고 즉시 호출합니다.
```

표현식 하나에서 함수를 정의하고 호출하는 기법은 워낙 널리 사용되므로 '즉시 호출하는 함수 표현식(IIFE)'이라는 이름도 따로 있습니다. 예제에서 사용한 괄호를 보십시오. function 앞에 있는 여는 괄호가 없으면 자바스크립트 인터프리터가 function 키워드를 함수 선언으로 분석하기 때문에 반드시 필요합니다. 괄호가 있으면 인터프리터는 이를 함수 정의 표현식으로 정확히 인식합니다. 맨 앞에 괄호가 있으면 사람이 보기에도 지금 정의한 함수를 즉시 호출할 것이라고 이해하기 쉽습니다.

이렇게 함수를 네임스페이스로 사용하는 방법은 네임스페이스 안에 있는 변수를 사용해 하나 이상의 함수를 정의하고, 정의된 함수를 네임스페이스 함수의 반환 값으로 사용할 때 아주 유용합니다. 이런 함수를 클로저라고 부릅니다. 다음 절에서 클로저에 대해 설명합니다.

8.6 클로저

대부분의 최신 프로그래밍 언어와 마찬가지로 자바스크립트 역시 **어휘적 스코프** (lexical scope)를 사용합니다. 어휘적 스코프란 함수가 호출 시점의 스코프가 아니라 자신이 정의된 시점의 변수 스코프를 사용하여 실행된다는 뜻입니다. 어휘적 스코프를 구현하기 위해서는 자바스크립트 함수 객체의 내부 상태에 함수의 코드뿐만 아니라 함수가 정의된 스코프에 대한 참조도 반드시 포함되어 있어야 합니다. 이렇게 함수 객체와 스코프를 조합한 것을 클로저라 부릅니다.

엄밀히 말해 자바스크립트 함수는 모두 클로저이지만, 대부분의 함수가 자신이 정의된 곳과 같은 스코프에서 호출되므로 보통은 클로저인지 아닌지를 따질 필요가 없습니다. 클로저가 유용할 때는 함수가 정의된 곳과 다른 스코프에서 호출될 때뿐입니다. 가장 흔한 경우는 함수가 함수를 정의해 반환하는 경우입니다. 여러 강력한 프로그래밍 기법에서 이런 형태의 중첩된 함수 클로저를 사용하며, 자바스크립트 프로그래밍에서 비교적 흔히 사용되는 편입니다. 클로저를 처음 접할 때는 혼란스러울 수 있습니다. 익숙하게 사용하기 위해서는 충분히 이해해야 합니다.

클로저를 이해하는 첫 번째 단계는 중첩된 함수의 어휘적 스코프 규칙을 살펴보는 것입니다. 다음 코드를 보십시오.

```
let scope = "global scope";           // 전역 변수
function checkscope() {
    let scope = "local scope";        // 로컬 변수
    function f() { return scope; }     // 이 스코프에 있는 값을 반환합니다.
    return f();
}
checkscope()                          // => "local scope"
```

checkscope() 함수는 로컬 변수를 선언하고, 그 변수의 값을 반환하는 함수를 정의해 호출합니다. checkscope()가 "local scope"를 반환하는 이유를 명확히 이해해야 합니다. 이제 코드를 조금 바꿔 봅시다. 다음 코드는 무엇을 반환할까요?

```
let scope = "global scope";           // 전역 변수
function checkscope() {
    let scope = "local scope";        // 로컬 변수
    function f() { return scope; }     // 이 스코프에 있는 값을 반환합니다.
    return f;
}
let s = checkscope()();               // 무엇을 반환할까요?
```

이 코드에서는 괄호 한 쌍이 checkscope() 내부에서 외부로 이동했습니다. checkscope()는 이제 중첩된 함수를 호출하고 그 결과를 반환하는 대신, 중첩된 함수 객체 자체를 반환합니다. 이 중첩된 함수를 호출하면 무슨 일이 일어날까요?

어휘적 스코프의 기본 규칙을 다시 생각해 보십시오. 자바스크립트 함수는 자신이 정의된 스코프에서 실행됩니다. 중첩된 함수 f()는 변수 scope가 "local scope"였던 스코프에서 정의됐습니다. 이 연결은 f를 어디에서 실행하든 상관없이 계속 유지됩니다. 따라서 위 코드의 마지막 행은 "global scope"가 아니라 "local scope"를 반환합니다. 간단히 말해 이것이 클로저의 강력함입니다. 클로저는 자신을 정의한 외부 함수의 로컬 변수와 매개변수를 그대로 캡처합니다.

8.4.1절에서 만든 uniqueInteger() 함수는 함수 자체의 프로퍼티를 사용해 이미 반환했던 값을 추적했습니다. 이런 방법에는 버그나 악의적인 코드에서 카운터를 리셋하거나 정수가 아닌 값으로 바꿔서, uniqueInteger() 함수가 '고유한 정수'라는 자신의 목적을 잃게 만들 수 있다는 단점이 있습니다. 클로저는 함수 호출 시점의 로컬 변수를 캡처하므로 이 변수를 비공개 상태로 사용할 수 있습니다. 다음 예제를 통해 즉시 호출하는 함수 표현식에서 네임스페이스를 정의하고, 클로저가 이 네임스페이스를 사용해 비공개 상태를 유지하도록 하여 uniqueInteger()를 다시 살펴봅시다.

```
let uniqueInteger = (function() {  // 다음 함수의 비공개 상태를
    let counter = 0;                // 정의하고 호출합니다.
    return function() { return counter++; };
}());
uniqueInteger()  // => 0
uniqueInteger()  // => 1
```

코드를 주의 깊게 읽고 이해하십시오. 언뜻 보기엔 첫 번째 행은 함수를 변수 uniqueInteger에 할당하는 것처럼 보입니다. 사실은 즉시 호출하는 함수 표현식을 사용했으므로 uniqueInteger에 할당되는 것은 내부 함수입니다. 중첩된 함수는 자신의 스코프에 있는 변수에 접근할 수 있으며 외부 함수에 정의된 counter 변수도 사용할 수 있습니다. 일단 외부 함수가 종료되면 다른 코드에서는 counter 변수를 볼 수 없습니다. 오직 내부 함수만이 counter 변수에 접근할 수 있습니다.

counter 같은 비공개 변수를 클로저 하나에서만 배타적으로 써야 하는 것은 아닙니다. 두 개 이상의 중첩된 함수가 같은 외부 함수에서 정의되고, 같은 스코프를 공유해도 아무 문제없습니다. 다음 코드를 보십시오.

```
function counter() {
    let n = 0;
    return {
        count: function() { return n++; },
        reset: function() { n = 0; }
    };
}
```

```
let c = counter(), d = counter();    // 카운터 두 개를 생성합니다.
c.count()                            // => 0
d.count()                            // => 0: 이들은 별도로 계산됩니다.
c.reset();                           // reset()과 count() 메서드는 상태를 공유합니다.
c.count()                            // => 0: c는 리셋했습니다.
d.count()                            // => 1: d는 리셋하지 않았습니다.
```

counter() 함수는 '카운터' 객체를 반환합니다. 이 객체에는 다음 정수를 반환하는 count(), 내부 상태를 리셋하는 reset() 두 가지 메서드가 있습니다. 첫 번째로 이해해야 할 것은 두 메서드가 같은 비공개 변수 n에 접근한다는 겁니다. 두 번째로 이해해야 할 것은 counter()를 호출할 때마다 이전 호출과 독립된 새 스코프가 생성되며, 그 스코프 안에서 비공개 변수 역시 새로 생성된다는 겁니다. 따라서 counter()를 두 번 호출하면 카운터 객체가 두 개 생기며 이들의 비공개 변수는 각각 다릅니다. 카운터 객체 한쪽에서 count()나 reset()을 호출하더라도 다른 객체

에는 영향을 주지 않습니다.

클로저 기법과 프로퍼티 게터와 세터를 조합할 수 있다는 점도 알아 두면 좋습니다. 다음은 counter() 함수를 6.10.6절에서 설명했던 형태로 고쳐 쓴 버전이지만 객체 프로퍼티가 아니라 클로저를 사용해 비공개 상태를 구현합니다.

```javascript
function counter(n) {  // 함수 인자 n은 비공개 변수입니다.
    return {
        // 프로퍼티 게터 메서드는 비공개 카운터 변수를 반환하고 증가시킵니다.
        get count() { return n++; },
        // 프로퍼티 세터는 n 값의 감소를 허용하지 않습니다.
        set count(m) {
            if (m > n) n = m;
            else throw Error("카운트는 더 큰 값으로만 바꿀 수 있습니다.");
        }
    };
}

let c = counter(1000);
c.count             // => 1000
c.count             // => 1001
c.count = 2000;
c.count             // => 2000
c.count = 2000;     // Error: 카운트는 더 큰 값으로만 바꿀 수 있습니다.
```

고쳐 쓴 counter() 함수는 로컬 변수를 선언하지 않고 매개변수 n에 프로퍼티 접근자 메서드에서 공유한 비공개 상태를 담았습니다. 이렇게 하면 counter()의 호출자에서 비공개 변수의 초깃값을 정할 수 있습니다.

예제 8-2는 그동안 살펴본 클로저 기법을 통해 비공개 상태를 공유하는 방법을 일반화한 것입니다. 이 예제는 비공개 변수를 정의하는 addPrivateProperty() 함수, 그 변수의 값에 접근하는 중첩된 함수 두 개를 정의합니다. addPrivateProperty() 함수는 중첩된 함수를 전달받은 객체의 메서드로 추가합니다.

예제 8-2 클로저를 사용한 비공개 프로퍼티 접근자 메서드

```javascript
// 이 함수는 지정된 이름의 프로퍼티에 대한 프로퍼티 접근자 메서드를 객체 o에 추가합니다.
// 메서드 이름은 get<name>과 set<name>으로 지정됩니다. 판별 함수가 제공됐다면
// 세터 메서드는 인자를 저장하기 전에 판별 함수를 사용해 유효성을 테스트합니다.
// 판별 함수가 false를 반환한다면 세터 메서드는 예외를 일으킵니다.

// 이 함수의 독특한 점은 게터와 세터 메서드가 조작하는 프로퍼티 값이
// 객체 o에 저장되지 않는다는 점입니다. 값은 이 함수의 로컬 변수에만 저장됩니다.
// 게터와 세터 메서드는 함수에 로컬로 정의됐으므로 로컬 변수에 접근할 수 있습니다.
```

```javascript
// 따라서 값은 두 접근자 메서드에서만 사용할 수 있으며, 세터 메서드를 통하지 않고서는
// 값을 수정하거나 저장할 수 없습니다.

function addPrivateProperty(o, name, predicate) {
    let value;  // 프로퍼티 값입니다.

    // 게터 메서드는 단순히 그 값을 반환합니다.
    o[`get${name}`] = function() { return value; };

    // 세터 메서드는 판별 함수의 판단에 따라 값을 저장하거나 예외를 일으킵니다.
    o[`set${name}`] = function(v) {
        if (predicate && !predicate(v)) {
            throw new TypeError(`set${name}: invalid value ${v}`);
        } else {
            value = v;
        }
    };
}

// 다음 코드는 addPrivateProperty() 메서드의 사용 방법 예시입니다.
let o = {};  // 빈 객체입니다.

// 프로퍼티 접근자 메서드 getName()과 setName()을 추가합니다. 오직 문자열 값만 허용합니다.
addPrivateProperty(o, "Name", x => typeof x === "string");

o.setName("Frank");         // 프로퍼티 값을 저장합니다.
o.getName()                 // => "Frank"
o.setName(0);               // TypeError: 올바르지 않은 타입을 사용했습니다.
```

같은 스코프에서 클로저 두 개를 정의하고 이들이 같은 비공개 변수에 대한 접근을 공유하는 예제를 몇 가지 살펴봤습니다. 이것은 중요한 기법이지만, 클로저가 접근을 공유하면 안 되는 변수에 대한 접근까지 부주의하게 공유할 수도 있다는 점 역시 반드시 기억해야 합니다. 다음 코드를 보십시오.

```javascript
// 이 함수는 항상 v를 반환하는 함수를 반환합니다.
function constfunc(v) { return () => v; }

// 정적 함수 배열을 생성합니다.
let funcs = [];
for(var i = 0; i < 10; i++) funcs[i] = constfunc(i);

// 인덱스 5의 함수는 5를 반환합니다.
funcs[5]()      // => 5
```

이렇게 루프에서 클로저를 여러 개 생성하는 코드를 사용할 때, 흔히 루프를 클로

저를 정의하는 함수 안으로 옮기려 하는 실수를 하곤 합니다. 예를 들어 다음 코드를 보십시오.

```javascript
// 0부터 9까지의 값을 반환하는 함수 배열을 반환합니다.
function constfuncs() {
    let funcs = [];
    for(var i = 0; i < 10; i++) {
        funcs[i] = () => i;
    }
    return funcs;
}

let funcs = constfuncs();
funcs[5]()     // => 10; 왜 5가 아닐까요?
```

이 코드는 클로저 10개를 생성하고 배열에 저장합니다. 이 클로저들은 모두 같은 함수 호출에서 정의되므로 모두 변수 i에 대한 접근을 공유합니다. constfuncs()가 종료되면 변수 i의 값은 10이며, 클로저 10개는 모두 이 값을 공유합니다. 따라서 반환된 배열에 포함된 함수는 모두 같은 값을 반환하며, 이것은 의도와는 전혀 다른 결과일 겁니다. 클로저와 연관된 스코프는 '살아 있다'는 점을 기억하는 것이 중요합니다. 중첩된 함수는 스코프의 비공개 사본을 만들거나 변수의 스냅샷을 만들지 않습니다. 여기서 문제는 변수를 var로 선언했다는 겁니다. for 루프에서 루프 변수를 var i로 선언했으므로 변수 i는 루프 바디 안에만 존재하는 것이 아니라 함수 전체에 존재합니다. 이 코드는 ES5 이전에는 흔히 발생하는 버그의 일종이었지만, ES6에서 블록 스코프를 도입하면서 문제가 해결됐습니다. var를 let이나 const로 바꾸기만 하면 문제는 사라집니다. let과 const는 블록 스코프를 사용하므로 매 반복마다 독립적인 스코프가 생성되므로 각 스코프는 각자의 i를 참조합니다.

클로저를 만들 때는 this가 변수가 아니라 자바스크립트 키워드라는 점도 기억해야 합니다. 앞에서 설명했듯 화살표 함수는 자신을 포함한 함수의 this 값을 상속하지만, function 키워드로 정의한 함수는 그렇지 않습니다. 따라서 외부 함수의 this 값을 사용하는 클로저를 만들 때는 화살표 함수를 사용하거나, 클로저를 반환하기 전에 bind()를 호출하거나, 외부의 this 값을 클로저가 상속할 변수에 할당해야 합니다.

```javascript
const self = this;  // this 값을 중첩된 함수에서 사용할 수 있게 합니다.
```

8.7 함수 프로퍼티, 메서드, 생성자

자바스크립트의 함수는 값입니다. 함수에 typeof 연산자를 적용하면 문자열 "function"을 반환하지만, 사실 함수는 특별한 종류의 자바스크립트 객체입니다. 함수는 객체이므로 다른 객체와 마찬가지로 프로퍼티와 메서드를 가질 수 있습니다. 심지어 새 함수 객체를 생성하는 Function() 생성자까지 있습니다. 이어지는 하위 절은 length, name, prototype 프로퍼티, call(), apply(), bind(), toString() 메서드, Function() 생성자에 대해 설명합니다.

8.7.1 length 프로퍼티

읽기 전용인 length 프로퍼티는 함수의 '항', 즉 정의된 매개변수 개수이며 보통 함수가 예상하는 인자 개수이기도 합니다. 함수에 나머지 매개변수가 있다면 그 매개변수는 이 length 프로퍼티에 포함되지 않습니다.

8.7.2 name 프로퍼티

읽기 전용인 name 프로퍼티는 함수가 정의될 때 이름이 있었다면 그 이름, 또는 익명의 함수 표현식이라면 처음 생성됐을 때 할당된 변수나 프로퍼티 이름입니다. 이 프로퍼티는 디버깅이나 에러 메시지에 유용하게 사용됩니다.

8.7.3 prototype 프로퍼티

화살표 함수를 제외하면 모든 함수에는 프로토타입 객체를 참조하는 prototype 프로퍼티가 있습니다. 함수의 프로토타입 객체는 모두 다릅니다. 함수를 생성자로 사용하면 새로 생성된 객체는 프로토타입 객체에서 프로퍼티를 상속합니다. 프로토타입과 prototype 프로퍼티에 대해서는 6.2.3절에서 설명했으며 9장에서 다시 설명합니다.

8.7.4 call()과 apply() 메서드

call()과 apply()는 함수를 마치 다른 객체의 메서드인 것처럼 간접적으로 호출합니다. call()과 apply()의 첫 번째 인자는 함수를 호출할 객체입니다. 이 인자가 호출 컨텍스트이며 함수 바디 안에서 this 키워드의 값입니다. 함수 f()를 인자 없이 객체 o의 메서드로 호출할 때는 call()과 apply() 중 아무거나 써도 됩니다.

```
f.call(o);
f.apply(o);
```

o에 m이라는 프로퍼티가 없다면 위 두 행은 모두 다음 코드와 비슷합니다.

```
o.m = f;      // f를 임시로 o의 메서드로 만듭니다.
o.m();        // 인자 없이 m을 호출합니다.
delete o.m;   // 임시 메서드를 제거합니다.
```

화살표 함수는 자신이 정의된 컨텍스트의 this 값을 상속합니다. 이 값은 call()과
apply() 메서드로 덮어 쓸 수 없습니다. 화살표 함수에서 이들 메서드를 호출하면
첫 번째 인자는 무시되는 것이나 마찬가지입니다.

  call()을 사용할 때 첫 번째 인자인 호출 컨텍스트 다음에 오는 인자는 호출될 함
수에 전달됩니다. 이 인자는 화살표 함수에서도 무시되지 않습니다. 예를 들어 함
수 f()에 숫자 두 개를 전달하면서 f()가 객체 o의 메서드인 것처럼 호출하려면 다
음과 같은 코드를 사용합니다.

```
f.call(o, 1, 2);
```

apply() 메서드도 call() 메서드와 비슷하지만, 함수에 전달할 인자가 배열로 제공
된다는 점이 다릅니다.

```
f.apply(o, [1,2]);
```

함수가 받는 인자 개수에 제한이 없다면 apply() 메서드를 써서 임의의 길이를 가
진 배열을 전달해 함수를 호출할 수 있습니다. ES6 이후라면 그냥 분해 연산자를
써도 되지만, ES5 코드에서는 apply()를 사용한 경우도 있을 겁니다. 예를 들어 분
해 연산자 없이 숫자 배열에서 가장 큰 숫자를 찾을 때 다음과 같이 apply() 메서드
를 써서 배열 요소를 Math.max() 함수에 전달할 수 있습니다.

```
let biggest = Math.max.apply(Math, arrayOfNumbers);
```

다음의 trace() 함수는 8.3.4절에서 살펴본 timed() 함수와 비슷하지만, 함수가 아
니라 메서드를 대상으로 동작합니다. trace() 함수는 분해 연산자 대신 apply() 메
서드를 사용하므로 래퍼 메서드와 원래 메서드에서 같은 인자, 같은 this 값을 쓸
수 있습니다.

```
// 객체 o의 메서드 m을 원래 메서드의 호출 전후에 메시지를 기록하는 버전으로 교체합니다.
function trace(o, m) {
    let original = o[m];            // 클로저에 담긴 원래 메서드를 기억합니다.
    o[m] = function(...args) {      // 새 메서드를 정의합니다.
        console.log(new Date(), "Entering:", m);    // 메시지를 기록합니다.
        let result = original.apply(this, args);    // 원래 메서드를 호출합니다.
        console.log(new Date(), "Exiting:", m);     // 메시지를 기록합니다.
        return result;                              // 결과를 반환합니다.
    };
}
```

8.7.5 bind() 메서드

bind()의 주요 목적은 함수를 객체에 결합(bind)하는 것입니다. 함수 f에서 bind() 메서드를 호출하면서 객체 o를 전달하면 새 함수를 반환합니다. 새 함수를 함수로 호출하면 원래 함수 f가 o의 메서드로 호출됩니다. 새 함수에 전달한 인자는 모두 원래 함수에 전달됩니다. 예를 들어 다음을 보십시오.

```
function f(y) { return this.x + y; }  // 결합할 함수입니다.
let o = { x: 1 };                     // 결합될 객체입니다.
let g = f.bind(o);                    // g(x)를 호출하면 o에서 f()를 호출합니다.
g(2)                                  // => 3
let p = { x: 10, g };                 // g()를 이 객체의 메서드로 호출합니다.
p.g(2)                                // => 3: g는 여전히 o에 결합되어 있습니다.
```

화살표 함수는 자신이 정의된 환경의 this 값을 상속하며 이 값은 bind()에서 덮어 쓸 수 없으므로, 위 코드의 함수 f()를 화살표 함수로 정의했다면 결합은 제대로 이루어지지 않았을 겁니다. bind()를 호출하는 목적은 대개 화살표 함수가 아닌 함수를 화살표 함수처럼 사용하는 것이므로 화살표 함수에서 결합이 이루어지지 않는다는 것은 사실 문제가 되지 않습니다.

bind() 메서드는 단순히 함수를 객체에 결합하는 것으로 끝나지는 않습니다. bind()에 전달하는 인자 중 첫 번째를 제외한 나머지는 this 값과 함께 결합됩니다. 이러한 부분 적용(partial application)은 화살표 함수에도 동작합니다. 부분 적용은 함수형 프로그래밍에서 널리 쓰이는 기법이며 커링(currying)이라고 부르기도 합니다. 다음은 bind() 메서드의 부분 적용 예제입니다.

```
let sum = (x,y) => x + y;        // 인자의 합을 반환합니다.
let succ = sum.bind(null, 1);    // 첫 번째 인자와 1을 결합합니다.
succ(2)                          // => 3: x는 1이고 y 인자로 2를 전달했습니다.
```

```
function f(y,z) { return this.x + y + z; }
let g = f.bind({x: 1}, 2);  // this와 y를 결합합니다.
g(3)                        // => 6: this.x는 1, y는 2에 결합됐으며 z는 3입니다.
```

bind()가 반환하는 함수의 name 프로퍼티는 bind()를 호출한 함수의 name 앞에 "bound"를 붙인 값입니다.

8.7.6 toString() 메서드

다른 자바스크립트 객체와 마찬가지로 함수에도 toString() 메서드가 있습니다. ECMAScript 명세는 이 메서드가 함수 선언문의 문법을 지키는 문자열을 반환해야 한다고 규정합니다. 하지만 현실에서는 대부분의 환경에서 함수의 toString() 메서드가 소스 코드 전체를 반환합니다. 내장 함수는 일반적으로 "[native code]" 같은 문자열을 함수 바디로 반환합니다.

8.7.7 Function() 생성자

함수는 객체이므로 Function() 생성자를 사용해 새 함수를 생성할 수 있습니다.

```
const f = new Function("x", "y", "return x*y;");
```

위 코드가 생성한 함수는 다음과 같이 익숙한 문법으로 정의한 함수와 거의 동등합니다.

```
const f = function(x, y) { return x*y; };
```

Function() 생성자는 문자열 인자를 개수 제한 없이 받습니다. 마지막 인자는 함수 바디인 텍스트입니다. 이 텍스트에는 자바스크립트 문을 제한 없이 넣을 수 있으며 각 문은 세미콜론으로 구분합니다. 다른 인자는 모두 함수가 받을 매개변수 이름입니다. 인자를 받지 않는 함수를 정의할 때는 생성자에 함수 바디 문자열만 전달하면 됩니다.

Function() 생성자에 전달하는 인자 중 함수 이름에 해당하는 것은 없습니다. 함수 리터럴과 마찬가지로 Function() 생성자 역시 익명 함수를 생성합니다.

Function() 생성자에 대해 이해해야 할 중요한 포인트가 몇 가지 있습니다.

- Function() 생성자는 런타임에 자바스크립트 함수를 동적으로 생성하고 컴파일할 수 있습니다.

- Function() 생성자는 호출될 때마다 함수 바디를 분석하고 새 함수 객체를 생성합니다. 루프나 자주 호출되는 함수 안에서 생성자를 호출하는 것은 효율적이지 않습니다. 중첩된 함수와 함수 표현식은 루프 안에 있더라도 매번 재컴파일되지 않습니다.

- 마지막으로, Function() 생성자에서 아주 중요한 포인트는 생성자가 만드는 함수는 어휘적 스코프를 사용하지 않는다는 점입니다. 생성자가 만드는 함수는 항상 최상위 함수로 컴파일됩니다.

```
let scope = "global";
function constructFunction() {
    let scope = "local";
    return new Function("return scope");  // 로컬 스코프를 캡처하지 않습니다.
}
// 이 행이 global을 반환하는 이유는 Function() 생성자가 반환하는 함수는 로컬 스코프를
// 사용하지 않기 때문입니다.
constructFunction()()  // => "global"
```

Function() 생성자는 전역 스코프를 사용하는 eval()(4.12.2절)이고 자신만의 비공개 스코프에 새 변수와 함수를 정의한다고 생각하면 됩니다. 이 생성자를 사용할 일은 아마 없을 겁니다.

8.8 함수형 프로그래밍

자바스크립트는 리스프(Lisp)나 하스켈(Haskell) 같은 함수형 프로그래밍 언어는 아니지만, 함수를 객체처럼 조작할 수 있으므로 함수형 프로그래밍 기법을 사용할 수 있습니다. map()과 reduce() 같은 배열 메서드는 특히 함수형 프로그래밍 스타일에 알맞습니다. 이어지는 절은 자바스크립트에 사용할 수 있는 함수형 프로그래밍 기법에 대해 설명합니다. 이들은 자바스크립트 함수의 강력함을 실감할 수 있도록 상상력을 일깨울 의도로 만들어졌을 뿐 좋은 프로그래밍 스타일 예제는 아닙니다.

8.8.1 함수로 배열 처리

숫자로 이루어진 배열이 있고 이 값들의 평균과 표준 편차를 구하려 한다고 합시다. 함수형 프로그래밍 스타일을 사용하지 않는다면 다음과 같이 할 수 있습니다.

```
let data = [1,1,3,5,5];  // 테스트에 사용할 배열입니다.

// 평균은 요소의 합을 요소 개수로 나눈 값입니다.
let total = 0;
for(let i = 0; i < data.length; i++) total += data[i];
let mean = total/data.length;  // mean == 3; 숫자의 평균은 3입니다.

// 표준 편차를 계산하려면 먼저 각 요소와 평균 간 편차의 제곱을 모두 합합니다.
total = 0;
for(let i = 0; i < data.length; i++) {
    let deviation = data[i] - mean;
    total += deviation * deviation;
}
let stddev = Math.sqrt(total/(data.length-1));  // stddev == 2
```

같은 계산을 배열 메서드 map()과 reduce()를 사용해 간결한 함수형 스타일로 바꿀 수 있습니다. 두 메서드는 7.8.1절에서 설명했습니다.

```
// 먼저 단순한 함수 두 개를 정의합니다.
const sum = (x,y) => x+y;
const square = x => x*x;

// 두 함수와 배열 메서드를 사용해 평균과 표준 편차를 계산합니다.
let data = [1,1,3,5,5];
let mean = data.reduce(sum)/data.length;  // mean == 3
let deviations = data.map(x => x-mean);
let stddev = Math.sqrt(deviations.map(square).reduce(sum)/(data.length-1));
stddev  // => 2
```

새로 만든 코드는 앞의 코드와 사뭇 달라 보이지만 여전히 객체 메서드를 호출하고 있으므로 객체 지향 스타일도 남아 있습니다. map()과 reduce() 메서드의 함수형 버전을 만들어 봅시다.

```
const map = function(a, ...args) { return a.map(...args); };
const reduce = function(a, ...args) { return a.reduce(...args); };
```

map()과 reduce() 함수를 사용하면 평균과 표준 편차를 계산하는 코드는 다음과 같이 바뀝니다.

```
const sum = (x,y) => x+y;
const square = x => x*x;

let data = [1,1,3,5,5];
let mean = reduce(data, sum)/data.length;
```

```
let deviations = map(data, x => x-mean);
let stddev = Math.sqrt(reduce(map(deviations, square), sum)/(data.length-1));
stddev  // => 2
```

8.8.2 고계 함수

고계 함수(higher-order function)는 하나 이상의 함수를 인자로 받아 새 함수를 반환하는 함수입니다. 다음 예제를 보십시오.

```
// 이 고계 함수는 인자를 f에 전달하고 f의 반환 값의 논리 부정을 반환하는 새 함수를 반환합니다.
function not(f) {
    return function(...args) {            // 새 함수를 반환합니다.
        let result = f.apply(this, args); // 이 함수는 f를 호출하고
        return !result;                   // 그 결과를 부정합니다.
    };
}

const even = x => x % 2 === 0;  // 숫자가 짝수인지 판단하는 함수
const odd = not(even);          // 그 반대를 행하는 새 함수
[1,1,3,5,5].every(odd)          // => true: 배열 요소는 전부 홀수입니다.
```

not() 함수는 함수 인자를 받고 새 함수를 반환하는 고계 함수입니다. 다른 예제로 다음의 mapper() 함수를 봅시다. 이 함수는 함수 인자를 받고 그 함수를 사용해 배열을 다른 배열로 변환하는 새 함수를 반환합니다. 이 함수는 앞에서 정의한 map() 함수를 사용하며, 두 함수가 어떻게 다른지 이해하는 것이 중요합니다.

```
// 배열 인자를 받아 각 요소에 f를 호출하고, 반환 값으로 이루어진 배열을 반환하는 함수를 반환합니다.
// 이전에 정의한 map() 함수와 비교해 보십시오.
const map = function(a, ...args) { return a.map(...args); };

function mapper(f) {
    return a => map(a, f);
}

const increment = x => x+1;
const incrementAll = mapper(increment);
incrementAll([1,2,3])  // => [2,3,4]
```

다음은 더 일반적인 예제입니다. f와 g 두 함수를 받고 f(g())를 계산하는 새 함수를 반환합니다.

```
// f(g(...))를 계산하는 새 함수를 반환합니다. 반환되는 함수 h는 인자 전체를
// g에 전달하고, g의 반환 값을 f에 전달한 다음 f의 반환 값을 반환합니다.
```

```
// f와 g는 모두 h가 호출된 this 값을 공유합니다.
function compose(f, g) {
    return function(...args) {
        // f에는 값 하나만 전달하므로 call()을 썼고 g에는 값 배열을 전달하므로
        // apply()를 썼습니다.
        return f.call(this, g.apply(this, args));
    };
}


const sum = (x,y) => x+y;
const square = x => x*x;
compose(square, sum)(2,3)  // => 25; 합의 제곱
```

이어지는 절의 partial()과 memoize()는 중요한 고계 함수입니다.

8.8.3 함수의 부분 적용

함수 f의 bind() 메서드(8.7.5절)는 지정된 컨텍스트에서 지정된 인자로 f를 호출하는 새 함수를 반환합니다. 이 메서드는 함수를 객체에 결합하며 인자를 부분적으로 적용한다고 설명했습니다. bind() 메서드는 왼쪽에 있는 인자를 부분적으로 적용합니다. 즉, bind()에 전달하는 인자는 원래 함수에 전달되는 인자 리스트의 시작 부분에 위치한다는 뜻입니다. 반대로 오른쪽에 있는 인자를 부분적으로 적용하는 것도 가능합니다.

```
// 이 함수의 인자는 왼쪽에 전달됩니다.
function partialLeft(f, ...outerArgs) {
    return function(...innerArgs) {              // 함수를 반환합니다.
        let args = [...outerArgs, ...innerArgs]; // 인자 리스트를 만들고
        return f.apply(this, args);              // 전달해서 f를 호출합니다.
    };
}


// 이 함수의 인자는 오른쪽에 전달됩니다.
function partialRight(f, ...outerArgs) {
    return function(...innerArgs) {              // 함수를 반환합니다.
        let args = [...innerArgs, ...outerArgs]; // 인자 리스트를 만들고
        return f.apply(this, args);              // 전달해서 f를 호출합니다.
    };
}


// 이 함수의 인자는 템플릿 구실을 합니다. 인자 리스트에서 정의되지 않은 값은 내부
// 세트의 값으로 채워집니다.
function partial(f, ...outerArgs) {
    return function(...innerArgs) {
```

```
        let args = [...outerArgs];  // 외부 인자 템플릿의 로컬 사본
        let innerIndex=0;           // 그다음에 내부 인자가 위치합니다.
        // 인자를 순회하며 정의되지 않은 값을 내부 인자로 채웁니다.
        for(let i = 0; i < args.length; i++) {
            if (args[i] === undefined) args[i] = innerArgs[innerIndex++];
        }
        // 남은 내부 인자를 이어 붙입니다.
        args.push(...innerArgs.slice(innerIndex));
        return f.apply(this, args);
    };
}

// 인자 세 개를 받는 함수입니다.
const f = function(x,y,z) { return x * (y - z); };
// 세 가지 부분 적용이 어떻게 다르게 동작하는지 보십시오.
partialLeft(f, 2)(3,4)         // => -2: 첫 번째 인자에 결합합니다. 2 * (3 - 4)
partialRight(f, 2)(3,4)        // =>  6: 마지막 인자에 결합합니다. 3 * (4 - 2)
partial(f, undefined, 2)(3,4)  // => -6: 중간 인자에 결합합니다. 3 * (2 - 4)
```

부분 적용 함수를 사용하면 이미 정의한 함수를 활용해서 더 흥미로운 함수를 쉽게 정의할 수 있습니다. 다음 예제를 보십시오.

```
const sum = (x,y) => x + y;
const increment = partialLeft(sum, 1);
const cuberoot = partialRight(Math.pow, 1/3);
cuberoot(increment(26))  // => 3
```

부분 적용과 고계 함수를 조합하면 더 흥미롭습니다. 예를 들어 다음은 이전에 정의했던 not() 함수를 부분 적용으로 다시 정의합니다.

```
function compose(f, g) {
    return function(...args) {
        return f.call(this, g.apply(this, args));
    };
}

const not = partialLeft(compose, x => !x);
const even = x => x % 2 === 0;
const odd = not(even);
const isNumber = not(isNaN);
odd(3) && isNumber(2)  // => true
```

합성과 부분 적용을 사용해 평균과 표준 편차를 완전한 함수형 스타일로 계산할 수도 있습니다.

```
const sum = (x,y) => x+y;
const square = x => x*x;
const map = function(a, ...args) { return a.map(...args); };
const reduce = function(a, ...args) { return a.reduce(...args); };
const product = (x,y) => x*y;
const neg = partial(product, -1);
const sqrt = partial(Math.pow, undefined, .5);
const reciprocal = partial(Math.pow, undefined, neg(1));

// 이제 평균과 표준 편차를 계산합니다.
let data = [1,1,3,5,5];  // 데이터
let mean = product(reduce(data, sum), reciprocal(data.length));
let stddev = sqrt(product(reduce(map(data,
                                     compose(square,
                                             partial(sum, neg(mean)))),
                                 sum),
                         reciprocal(sum(data.length,neg(1)))));
[mean, stddev]  // => [3, 2]
```

이 코드는 평균과 표준 편차를 계산하면서 오로지 함수 호출에만 의존했습니다. 연산자는 하나도 없고, 괄호 개수만 엄청나게 늘어나서 거의 리스프처럼 보입니다. 다시 말하지만 필자는 자바스크립트 프로그래밍에 이런 스타일을 사용해야 한다고 권하는 것은 아닙니다. 단지 자바스크립트 코드가 얼마나 깊이 함수형 스타일을 따를 수 있는지 확인하는 흥미로운 연습 문제를 제시했을 뿐입니다.

8.8.4 메모이제이션

8.4.1절에서 이전에 계산한 결과를 캐시하는 팩토리얼 함수를 만들었습니다. 함수형 프로그래밍에서는 이런 캐싱을 **메모이제이션**(memoization)이라고 부릅니다. 다음 코드는 함수를 인자로 받고 캐시를 활용하도록 수정해서 반환하는 고계 함수 memoize()입니다.

```
// f를 캐시를 활용하도록 수정해 반환합니다.
// f의 인자가 모두 고유한 문자열 표현일 때만 동작합니다.
function memoize(f) {
    const cache = new Map();  // 값 캐시는 클로저에 저장됩니다.

    return function(...args) {
        // 인자를 캐시 키로 사용할 문자열로 바꿉니다.
        let key = args.length + args.join("+");
        if (cache.has(key)) {
            return cache.get(key);
        } else {
```

```
            let result = f.apply(this, args);
            cache.set(key, result);
            return result;
        }
    };
}
```

memoize() 함수는 캐시로 사용할 새 객체를 생성하고 이 객체를 로컬 변수에 할당하므로, 반환된 함수 외에는 이 객체를 볼 수 없습니다. 반환된 함수는 인자 배열을 문자열로 변환하고 그 문자열을 캐시 객체의 프로퍼티 이름으로 사용합니다. 값이 캐시에 존재하면 바로 반환합니다. 그렇지 않다면 인자를 넘기면서 지정된 함수를 호출해 값을 계산하고 캐시에 저장한 다음 반환합니다. memoize()는 다음과 같이 사용할 수 있습니다.

```
// 유클리드 알고리즘을 사용해 두 정수의 최대 공약수(GCD)를 계산해 반환합니다.
// http://en.wikipedia.org/wiki/Euclidean_algorithm
function gcd(a,b) {        // a와 b의 타입 체크는 생략합니다.
    if (a < b) {          // a는 b보다 크거나 같아야 합니다.
        [a, b] = [b, a];  // 그렇지 않다면 분해 할당을 통해 변수를 스왑합니다.
    }
    while(b !== 0) {      // 최대 공약수를 구하는 유클리드 알고리즘입니다.
        [a, b] = [b, a%b];
    }
    return a;
}

const gcdmemo = memoize(gcd);
gcdmemo(85, 187)  // => 17

// 재귀 함수로 고쳐 쓴다면 원래 함수가 아니라 캐시를 활용하도록 고쳐 쓴 함수를
// 재귀적으로 호출해야 합니다.
const factorial = memoize(function(n) {
    return (n <= 1) ? 1 : n * factorial(n-1);
});
factorial(5)      // => 120: 4, 3, 2, 1의 값도 캐시에 저장됩니다.
```

8.9 요약

이 장에서 기억해야 할 요점은 다음과 같습니다.

- function 키워드나 ES6의 화살표 문법으로 함수를 정의할 수 있습니다.

- 함수는 메서드나 생성자로도 사용할 수 있습니다.

- ES6 기능 중에는 선택 사항인 함수 매개변수에 기본 값을 할당하는 기능, 나머지 매개변수를 사용해 인자 여럿을 배열에 모으는 기능, 객체와 배열을 분해해 함수 매개변수로 사용하는 기능 등이 있습니다.

- 분해 연산자 **...**를 사용해 배열이나 이터러블 객체의 요소를 함수 인자로 전달해 호출할 수 있습니다.

- 외부 함수 안에서 정의되고 반환된 함수는 외부 함수의 어휘적 스코프에 대한 접근을 유지하고 있으므로, 외부 함수에서 정의한 변수에 접근할 수 있습니다. 이런 함수를 클로저라 부르며, 클로저는 충분히 알아 둘 만한 기법입니다.

- 함수는 자바스크립트에서 조작할 수 있는 객체이며, 이를 통해 함수형 프로그래밍 스타일을 사용할 수 있습니다.

9장

클래스

6장에서 자바스크립트 객체에 대해 설명하면서 객체는 프로퍼티의 고유한 집합이며 다른 어떤 객체와도 같지 않다고 했습니다. 하지만 일부 프로퍼티를 공유하는 객체 클래스를 만드는 것이 유용할 때도 많습니다. 클래스의 인스턴스는 자신의 상태를 정의하는 자체 프로퍼티도 갖지만, 자신의 동작을 정의하는 메서드도 가집니다. 이런 메서드는 클래스에서 정의하며 모든 인스턴스에서 공유합니다. 복소수(complex number)를 나타내며 복소수 계산을 담당하는 Complex라는 클래스가 있다고 상상해 보십시오. Complex 인스턴스에는 복소수의 실수와 허수 부분(상태)을 나타내는 프로퍼티가 있을 겁니다. 또한 Complex 클래스에는 복소수의 덧셈과 곱셈(동작)을 담당하는 메서드를 정의할 겁니다.

자바스크립트 클래스는 프로토타입 기반 상속을 사용합니다. 두 객체가 같은 프로토타입에서 프로퍼티(일반적으로 함수 값인 프로퍼티나 메서드)를 상속한다면 이들을 같은 클래스의 인스턴스라고 부릅니다. 간단히 말해 자바스크립트 클래스는 이런 식으로 동작합니다. 자바스크립트 프로토타입과 상속은 6.2.3절과 6.3.2절에서 설명했으며, 이 장을 이해하기 위해서는 6.2.3절과 6.3.2절에서 설명했던 내용에 익숙해야 합니다. 프로토타입은 9.1절에서 설명합니다.

두 객체가 같은 프로토타입을 상속한다면 일반적으로(꼭 그런 건 아닙니다) 이들은 같은 생성자 함수나 팩토리 함수를 통해 생성되고 초기화됐을 가능성이 높습니다. 생성자는 4.6절, 6.2.2절, 8.2.3절에서 설명했고 9.2절에서 다시 설명합니다.

자바스크립트는 처음부터 클래스 정의를 허용했습니다. ES6에서는 class 키워드를 사용하는 완전히 새로운 문법을 도입하여 클래스를 만들기가 더 쉬워졌습니다.

새로운 자바스크립트 클래스는 오래된 스타일의 클래스와 같은 방법으로 동작합니다. 이 장은 우선 클래스를 생성하는 기존 방법부터 설명합니다. 기존 방법을 살펴보면 클래스 내부에서 어떤 일이 일어나는지 더 명확하게 알 수 있기 때문입니다. 기본적인 부분을 설명하고 나서 새롭고 단순화된 클래스 정의 문법을 설명합니다.

자바나 C++ 같은 강력한 타입을 사용하는 객체 지향 프로그래밍 언어에 익숙하다면 자바스크립트 클래스가 그들의 클래스와 사뭇 다르다고 느낄 겁니다. 문법적으로 비슷한 부분도 있고 '고전적' 클래스의 특징을 상당 부분 자바스크립트에서 흉내 낼 수도 있지만, 자바스크립트 클래스의 프로토타입 기반 상속 메커니즘이 자바나 그 비슷한 언어의 클래스 기반 상속 메커니즘과 상당히 다르다는 점을 이해해야 합니다.

9.1 클래스와 프로토타입

자바스크립트에서 클래스는 같은 프로토타입 객체에서 프로퍼티를 상속하는 객체 집합입니다. 따라서 프로토타입 객체가 클래스의 핵심 기능입니다. 6장에서 지정된 프로토타입 객체로부터 프로퍼티를 상속하는 객체를 생성해 반환하는 `Object.create()` 함수에 대해 설명했습니다. 프로토타입 객체를 정의하고 `Object.create()`로 프로토타입을 상속하는 객체를 생성한다면 자바스크립트 클래스를 정의한 겁니다. 보통 클래스 인스턴스는 초기화가 더 필요하므로 새 객체를 생성하고 초기화하는 함수를 정의하는 것이 일반적입니다. 예제 9-1은 일정 범위의 값을 나타내는 클래스의 프로토타입 객체를 정의하고, 클래스의 인스턴스를 생성하고 초기화하는 **팩토리** 함수 역시 정의합니다.

예제 9-1 단순한 자바스크립트 클래스

```
// Range 객체를 반환하는 팩토리 함수입니다.
function range(from, to) {
    // Object.create()를 써서 아래에서 정의하는 프로토타입 객체를 상속하는
    // 객체를 생성합니다. 프로토타입 객체는 이 함수의 프로퍼티로 저장되며
    // Range 객체에서 공유하는 메서드(동작)를 정의합니다.
    let r = Object.create(range.methods);

    // Range 객체의 시작점과 끝점(상태)을 저장합니다.
    // 이들은 이 객체에 고유한 프로퍼티이며 상속되지 않습니다.
    r.from = from;
    r.to = to;
```

```
        // 마지막으로 새 객체를 반환합니다.
        return r;
}

// 이 프로토타입 객체는 Range 객체가 상속하는 메서드를 정의합니다.
range.methods = {
    // x가 범위 안에 있으면 true를, 그렇지 않다면 false를 반환합니다.
    // 이 메서드는 숫자뿐만 아니라 텍스트, 날짜 범위에도 동작합니다.
    includes(x) { return this.from <= x && x <= this.to; },

    // 클래스 인스턴스를 이터러블로 만드는 제너레이터 함수입니다.
    // 이 기능은 숫자 범위에서만 동작합니다.
    *[Symbol.iterator]() {
        for(let x = Math.ceil(this.from); x <= this.to; x++) yield x;
    },

    // 범위를 나타내는 문자열을 반환합니다.
    toString() { return "(" + this.from + "..." + this.to + ")"; }
};

// Range 객체의 사용 예제입니다.
let r = range(1,3);        // Range 객체를 생성합니다.
r.includes(2)              // => true: 2는 범위 안에 있습니다.
r.toString()               // => "(1...3)"
[...r]                     // => [1, 2, 3]; 이터레이터를 통해 배열로 변환합니다.
```

예제 9-1에는 눈여겨볼 점이 몇 가지 있습니다.

- 이 코드는 Range 객체를 생성하는 팩토리 함수 range()를 정의합니다.
- range() 함수는 methods 프로퍼티에 클래스를 정의하는 프로토타입 객체를 저장합니다. 프로토타입 객체를 여기 저장하는 데 특별한 이유는 없으며 관용적인 사용법도 아닙니다.
- range() 함수는 Range 객체에 from과 to 프로퍼티를 정의합니다. 이들은 공유되지 않고 상속되지 않는 프로퍼티이며 각 Range 객체의 고유한 상태를 나타냅니다.
- range.methods 객체는 ES6 단축 문법을 사용해 메서드를 정의했으므로 function 키워드가 없습니다. 객체 리터럴 단축 메서드 문법은 6.10.5절을 보십시오.
- 프로토타입의 메서드 중에 계산된 이름(6.10.2절) Symbol.iterator를 사용하는 메서드가 있습니다. 이 메서드가 Range 객체의 이터레이터를 정의합니다. 메서드 이름 앞에 있는 *는 이것이 일반적인 함수가 아니라 제너레이터 함수라는

의미입니다. 이터레이터와 제너레이터는 12장에서 자세히 설명합니다. 일단은 Range 클래스 인스턴스를 for/of 루프, 분해 연산자와 함께 사용할 수 있다는 점만 알아 두십시오.

- range.methods에 정의된 공유, 상속되는 메서드는 모두 range() 팩토리 함수에서 초기화한 from과 to 프로퍼티를 사용합니다. 메서드는 this 키워드를 써서 자신이 호출된 객체를 참조하는 방식으로 해당 프로퍼티에 접근합니다. this를 이렇게 사용하는 것은 모든 클래스 메서드의 기본적인 특징입니다.

9.2 클래스와 생성자

예제 9-1은 자바스크립트 클래스를 정의하는 단순한 방법입니다. 하지만 생성자를 정의하지 않았기에 널리 쓰이는 방법은 아닙니다. 생성자는 새로 생성된 객체를 초기화하도록 설계된 함수입니다. 생성자는 new 키워드를 사용해 호출합니다. new를 사용해 생성자를 호출하면 자동으로 새 객체가 생성되므로, 생성자 자체에서 할 일은 새 객체의 상태를 초기화하는 것뿐입니다. 생성자 호출에서 중요한 특징은 생성자의 prototype 프로퍼티가 새 객체의 프로토타입으로 사용된다는 겁니다. 6.2.3절에서 프로토타입을 소개하면서 거의 모든 객체에 프로토타입이 있지만 prototype 프로퍼티를 가진 객체는 그중 일부라고 강조했습니다. 이제 명확히 말하자면, prototype 프로퍼티를 가지는 것은 함수 객체입니다. 생성자 함수를 공유하는 객체는 모두 같은 객체를 상속하며, 따라서 같은 클래스의 멤버입니다.

예제 9-2는 예제 9-1의 Range 클래스를 팩토리 함수 대신 생성자 함수를 사용해 만드는 예제입니다. 이 방식은 ES6의 class 키워드를 지원하지 않는 자바스크립트 버전에서 클래스를 만들 때 흔히 쓰입니다. 이제는 class 키워드가 널리 지원되지만, 이런 식으로 클래스를 정의하는 오래된 자바스크립트 코드가 아직 많이 남아 있으므로 기존 방법에도 익숙해야 오래된 코드를 이해할 수 있고 class 키워드를 사용할 때 이면에서 어떤 일이 일어나는지 이해할 수 있습니다.

예제 9-2 **생성자를 사용한 Range 클래스**

```
// Range 객체를 초기화하는 생성자 함수입니다.
// 이 함수는 객체를 생성하거나 반환하지 않습니다. 그저 초기화할 뿐입니다.
function Range(from, to) {
    // Range 객체의 시작점과 끝점(상태)을 저장합니다.
    // 이들은 이 객체에 고유한 프로퍼티이며 상속되지 않습니다.
```

```
        this.from = from;
        this.to = to;
}

// Range 객체는 모두 이 객체를 상속합니다.
// 코드가 동작하기 위해서는 프로퍼티 이름이 반드시 prototype이어야 합니다.
Range.prototype = {
    // x가 범위 안에 있으면 true를, 그렇지 않다면 false를 반환합니다.
    // 이 메서드는 숫자뿐만 아니라 텍스트, 날짜 범위에도 동작합니다.
    includes: function(x) { return this.from <= x && x <= this.to; },

    // 클래스 인스턴스를 이터러블로 만드는 제너레이터 함수입니다.
    // 이 기능은 숫자 범위에서만 동작합니다.
    [Symbol.iterator]: function*() {
        for(let x = Math.ceil(this.from); x <= this.to; x++) yield x;
    },
    // 범위를 나타내는 문자열을 반환합니다.
    toString: function() { return "(" + this.from + "..." + this.to + ")"; }
};

// Range 클래스는 다음과 같이 사용합니다.
let r = new Range(1,3);      // Range 객체를 만듭니다. new를 쓰는 것을 잊지 마십시오.
r.includes(2)                // => true: 2는 범위 안에 있습니다.
r.toString()                 // => "(1...3)"
[...r]                       // => [1, 2, 3]; 이터레이터를 통해 배열로 변환합니다.
```

예제 9-1과 9-2를 주의 깊게 비교하면서 어떤 차이가 있는지 숙지하십시오. 먼저 팩토리 함수 range()를 생성자로 바꾸면서 Range()라는 이름을 썼습니다. 이 방식은 아주 널리 쓰이는 표기법입니다. 생성자 함수는 어떤 의미로는 클래스를 정의한다고 할 수 있고, 클래스 이름은 관습적으로 대문자로 시작합니다. 일반적인 함수와 메서드 이름은 소문자로 시작합니다.

 Range() 생성자를 (예제 마지막 부근에서) new 키워드와 함께 호출했다는 점도 다릅니다. 팩토리 함수 range()는 new 키워드를 사용하지 않았습니다. 예제 9-1은 8.2.1절에서 설명한 일반적인 함수 호출을 통해 새 객체를 생성했고 예제 9-2는 8.2.3절에서 설명한 생성자 호출을 사용했습니다. new와 함께 Range() 생성자를 호출했으므로 새 객체를 생성하기 위해 Object.create()를 호출하거나 다른 동작을 취할 필요는 없습니다. 새 객체는 생성자를 호출하기 전에 자동으로 생성되며, this 값을 통해 접근할 수 있습니다. Range() 생성자는 this를 초기화하기만 하면 됩니다. 생성자는 새로 생성된 객체를 반환할 필요도 없습니다. 생성자를 호출하면 자동으로 새 객체가 생성되고, 생성자를 그 객체의 메서드로 호출하며, 새 객체를 반환합니다. 생성자 호출이 일반적인 함수 호출과 사뭇 다르다는 점 또한 생성자 이름을 대문자로 시작하도록 쓰는 이유입니다. 생성자는 new 키워드와 함께 생성자로 호출되도록 설계됐으며 일반적인 함수 호출에서는 정상적으로 동작하지 않는 것이 보통입니다. 대문자로 시작하는 표기법은 생성자 함수를 일반적인 함수와 구분하도록 하여 프로그래머에게 new를 사용해야 한다고 상기시킵니다.

📦 **생성자와 new.target**

함수 바디 안에서 특별한 표현식 new.target을 사용하면 함수가 생성자로 호출됐는지 알 수 있습니다. 이 표현식의 값이 undefined가 아니라면 그 함수는 new 키워드와 함께 생성자로 호출된 겁니다. new.target이 항상 생성자를 참조하는 건 아니며, 서브클래스의 생성자 함수를 참조할 수도 있습니다. 9.5절에서 서브클래스에 대해 설명할 때 다시 살펴봅니다.

new.target이 undefined라면 이 함수는 new 키워드 없이 함수로 호출된 겁니다. 자바스크립트의 에러 생성자는 new 없이 호출될 수 있으며 이런 특징을 여러분의 생성자에도 적용하고 싶다면 다음과 같이 만들 수 있습니다.

```
function C() {
    if (!new.target) return new C();
    // 초기화 코드
}
```

이 기법은 오래된 방법으로 정의된 생성자에서만 동작합니다. class 키워드로 생성된 클래스는 new 없이 생성자를 호출할 수 없습니다.

예제 9-1과 9-2는 프로토타입 객체의 이름도 다릅니다. 첫 번째 예제에서는 프로토타입에 range.methods라는 이름을 썼습니다. 편리하고 알기 쉽지만 어떤 강제성도 없습니다. 두 번째 예제에서는 프로토타입에 Range.prototype이라는 이름을 썼으며 이 이름은 규칙입니다. Range() 생성자를 호출하면 자동으로 Range.prototype을 새 Range 객체의 프로토타입으로 사용합니다.

두 예제는 모두 생성자나 메서드를 정의할 때 화살표 함수를 사용하지 않았습니다. 8.1.3절에서 화살표 함수는 prototype 프로퍼티가 없으므로 생성자로 사용할 수 없다고 설명했습니다. 화살표 함수는 호출한 객체가 아니라 자신이 정의된 컨텍스트에서 this 키워드를 상속합니다. 메서드는 자신을 호출한 인스턴스를 this로 참조할 수 있다는 것이 특징이므로 메서드에 화살표 함수를 사용하는 것은 무의미합니다.

다행히 ES6의 클래스 문법은 화살표 함수로 메서드를 정의하는 것을 허용하지 않으므로 실수할 가능성은 없습니다. 곧 ES6 class 키워드에 대해 설명하겠지만, 그 전에 생성자에 대해 설명할 것이 좀 더 있습니다.

9.2.1 생성자, 클래스의 본질, instanceof

프로토타입 객체는 클래스의 본질입니다. 두 객체가 같은 프로토타입 객체를 상속하지 않는다면 같은 클래스의 인스턴스가 아닙니다. 생성자 함수는 그렇지 않습니다. 서로 다른 생성자 함수의 prototype 프로퍼티가 같은 프로토타입 객체를 참조할 수도 있습니다. 그리고 두 생성자가 같은 클래스의 인스턴스를 초기화할 수 있습니다.

생성자는 프로토타입만큼 본질적이지는 않지만 클래스에서 공개적인(public) 부분을 담당합니다. 가장 명백하게 드러나는 점은 생성자 함수의 이름이 대부분 클래스 이름을 따른다는 겁니다. 예를 들어 Range 객체를 생성할 때 Range() 생성자를 사용합니다. 또한 객체가 클래스의 멤버인지 확인할 때 생성자는 instanceof 연산자의 오른쪽 피연산자가 됩니다. 객체 r이 Range 객체인지 확인하고 싶을 때는 다음과 같은 코드를 사용합니다.

```
r instanceof Range    // => true: r은 Range.prototype을 상속합니다.
```

instanceof 연산자는 4.9.4절에서 설명했습니다. 이 연산자의 왼쪽 피연산자는 테스트할 객체이며 오른쪽 피연산자는 생성자 함수입니다. o가 C.prototype을 상속한다면 표현식 o instanceof C는 true로 평가됩니다. 직접 상속하지 않아도 상관없습니다. o가 C.prototype을 상속하는 객체를 상속하는 객체를 상속한다고 하더라도 표현식은 true로 평가됩니다.

엄밀히 말해 위 코드에서 instanceof 연산자는 r이 실제로 Range 생성자를 통해 초기화됐는지 체크하지는 않습니다. 이 연산자는 r이 Range.prototype을 상속하는지만 체크합니다. 함수 Strange()를 정의하고 이 함수의 프로토타입을 Range.prototype으로 정했다면 instanceof는 new Strange()로 생성된 객체를 Range 객체로 판단합니다. from과 to 프로퍼티를 초기화하지 않았으므로 실제로 Range 객체처럼 동작하지는 않습니다.

```
function Strange() {}
Strange.prototype = Range.prototype;
new Strange() instanceof Range    // => true
```

instanceof를 가지고 실제로 생성자를 사용했는지 판단할 수는 없지만, 생성자가 클래스의 공개적인 부분을 담당하는 것은 사실이므로 instanceof는 오른쪽 피연산자로 생성자 함수를 받습니다.

객체의 프로토타입 체인에 특정 프로토타입이 존재하는지 테스트하고 싶지만 생성자 함수를 기준으로 하지 않으려면 isPrototypeOf() 메서드를 쓰십시오. 예를 들어 예제 9-1에서는 생성자 함수를 사용하지 않고 클래스를 정의했으므로 이 클래스에는 instanceof를 쓸 수 없습니다. 클래스에 생성자가 없더라도 다음과 같이 객체 r이 그 클래스의 멤버인지 테스트할 수 있습니다.

```
range.methods.isPrototypeOf(r);  // range.methods는 프로토타입 객체입니다.
```

9.2.2 생성자 프로퍼티

예제 9-2에서는 클래스 메서드를 담은 Range.prototype을 새 객체에 저장했습니다. 메서드를 객체 리터럴 하나로 표현하는 것이 편리하기는 하지만 새 객체를 생성할 때 실제로 필요하지는 않았습니다. 화살표 함수, 제너레이터 함수, 비동기 함수를 제외한 일반적인 자바스크립트 함수는 모두 생성자로 사용될 수 있고, 생성자를 호출할 때는 prototype 프로퍼티가 필요합니다. 따라서 일반적인 자바스크립트 함수는 모두 자동으로 prototype 프로퍼티를 갖습니다.[1] 이 프로퍼티의 값은 열거 불가인 constructor 프로퍼티 단 하나입니다. constructor 프로퍼티의 값은 함수 객체입니다.

```
let F = function() {};  // 함수 객체입니다.
let p = F.prototype;    // F에 연결된 프로토타입 객체입니다.
let c = p.constructor;  // 프로토타입에 연결된 함수입니다.
c === F                 // => true: 모든 F에 대해 F.prototype.constructor === F
```

constructor 프로퍼티를 가진 미리 정의된 프로토타입 객체가 존재한다는 것은, 그 객체가 일반적으로 자신의 생성자를 참조하는 constructor 프로퍼티를 상속한다는

---

1 ES5 Function.bind() 메서드에서 반환하는 함수는 제외합니다. 결합된 함수 그 자체로는 프로토타입 프로퍼티가 없으며, 생성자로 호출될 때는 자신을 호출한 함수의 프로토타입을 사용합니다.

의미입니다. 생성자는 클래스의 공개된 부분을 담당하므로 이 생성자 프로퍼티가 객체에 클래스를 부여합니다.

```
let o = new F();      // 클래스 F의 객체 o를 생성합니다.
o.constructor === F   // => true: 생성자 프로퍼티가 클래스를 지정합니다.
```

그림 9-1은 생성자 함수, 프로토타입 객체, 프로토타입에서 생성자를 향하는 역참조, 생성자에서 생성된 인스턴스 사이의 관계를 나타냅니다.

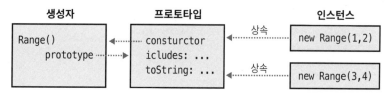

그림 9-1 생성자 함수, 프로토타입, 인스턴스

그림 9-1은 Range() 생성자를 예제로 사용했습니다. 하지만 사실 예제 9-2에서 정의한 Range 클래스는 미리 정의된 Range.prototype 객체를 자신이 생성한 객체로 덮어썼습니다. 그리고 Range 클래스가 정의하는 새 프로토타입 객체에는 constructor 프로퍼티가 없습니다. 따라서 Range 클래스의 인스턴스에는 constructor 프로퍼티가 없습니다. 프로토타입에 생성자를 명시적으로 추가해서 이 문제를 해결할 수 있습니다.

```
Range.prototype = {
    constructor: Range,   // 생성자 역참조를 직접 만듭니다.
    // 메서드 정의
};
```

오래된 자바스크립트 코드에는 다음과 같이 constructor 프로퍼티가 있는 미리 정의된 프로토타입 객체를 사용하고, 한 번에 하나씩 메서드를 추가하는 기법도 흔히 사용됐습니다.

```
// 미리 정의된 Range.prototype 객체를 확장해서 자동으로 생성된
// Range.prototype.constructor 프로퍼티를 덮어 쓰지 않게 합니다.
Range.prototype.includes = function(x) {
    return this.from <= x && x <= this.to;
};
Range.prototype.toString = function() {
    return "(" + this.from + "..." + this.to + ")";
};
```

9.3 class 키워드를 사용하는 클래스

자바스크립트는 최초 버전부터 클래스를 지원했지만 ES6에서 class 키워드를 도입하면서 마침내 고유의 문법을 갖게 됐습니다. 예제 9-3은 Range 클래스를 새 문법으로 고쳐 쓴 버전입니다.

예제 9-3 class를 사용해 고쳐 쓴 Range 클래스

```
class Range {
    constructor(from, to) {
        // Range 객체의 시작점과 끝점(상태)을 저장합니다.
        // 이들은 이 객체에 고유한 프로퍼티이며 상속되지 않습니다.
        this.from = from;
        this.to = to;
    }

    // x가 범위 안에 있으면 true를, 그렇지 않다면 false를 반환합니다.
    // 이 메서드는 숫자뿐만 아니라 텍스트, 날짜 범위에도 동작합니다.
    includes(x) { return this.from <= x && x <= this.to; }

    // 클래스 인스턴스를 이터러블로 만드는 제너레이터 함수입니다.
    // 이 기능은 숫자 범위에서만 동작합니다.
    *[Symbol.iterator]() {
        for(let x = Math.ceil(this.from); x <= this.to; x++) yield x;
    }

    // 범위를 나타내는 문자열을 반환합니다.
    toString() { return `(${this.from}...${this.to})`; }
}

// Range 클래스는 다음과 같이 사용합니다.
let r = new Range(1,3);    // Range 객체를 생성합니다.
r.includes(2)              // => true: 2는 범위 안에 있습니다.
r.toString()               // => "(1...3)"
[...r]                     // => [1, 2, 3]; 이터레이터를 통해 배열로 변환합니다.
```

예제 9-2와 9-3에서 정의한 클래스가 정확히 같은 방법으로 동작한다는 점을 이해하는 게 중요합니다. class 키워드를 도입했지만 자바스크립트의 프로토타입 기반 클래스의 본질은 바뀌지 않았습니다. 예제 9-3에서 class 키워드를 사용하긴 하지만, 반환되는 Range 객체는 예제 9-2에서 정의한 버전과 마찬가지로 생성자 함수입니다. 새로운 class 문법은 명확하고 편리하긴 하지만 예제 9-2에서 설명한 더 기본적인 클래스 정의 메커니즘을 직관적으로 보여 줄 뿐인 '문법적 설탕(syntactic sugar)'이라고 생각하는 것이 최선입니다.

예제 9-3의 클래스 문법에서 눈여겨볼 점은 다음과 같습니다.

- class 키워드로 클래스를 선언하며 그 뒤에 클래스 이름을 쓰고 중괄호로 감싼 클래스 바디를 씁니다.
- 클래스 바디에는 예제 9-1에서도 사용했던 객체 리터럴 메서드 단축 프로퍼티를 사용해 메서드를 정의하며 function 키워드는 생략합니다. 하지만 객체 리터럴과 달리 메서드를 콤마로 구분하지는 않습니다. 클래스 바디는 피상적으로 보면 객체 리터럴과 비슷해 보이지만 같지는 않습니다. 특히 클래스 바디는 이름-값 쌍으로 프로퍼티를 정의하는 것을 허용하지 않습니다.
- constructor 키워드는 클래스의 생성자 함수를 정의합니다. 하지만 정의된 함수에 실제로 'constructor'라는 이름을 쓰지는 않습니다. class 선언문은 새 변수 Range를 정의하고 constructor 함수의 값을 그 변수에 할당합니다.
- 클래스에 초기화가 전혀 필요하지 않다면 constructor 키워드와 그 바디를 생략할 수 있으며, 이럴 경우 빈 생성자 함수가 묵시적으로 생성됩니다.

다른 클래스를 상속하는 서브클래스를 정의할 때는 class 키워드와 함께 extends 키워드를 사용합니다.

```
// Span은 Range와 비슷하지만 from과 to가 아니라 start와 length로 초기화됩니다.
class Span extends Range {
    constructor(start, length) {
        if (length >= 0) {
            super(start, start + length);
        } else {
            super(start + length, start);
        }
    }
}
```

서브클래스는 간단히 설명할 수 없으므로 9.5절에서 extends와 super 키워드를 다시 설명하겠습니다.

함수 선언과 마찬가지로 클래스 선언에도 문 형태와 표현식 형태가 있습니다.

```
let square = function(x) { return x * x; };
square(3)  // => 9
```

위 함수 표현식과 마찬가지로 다음과 같이 클래스도 표현식 형태로 선언할 수 있습니다.

```
let Square = class { constructor(x) { this.area = x * x; } };
new Square(3).area  // => 9
```

함수 정의 표현식과 마찬가지로 클래스 정의 표현식에도 선택 사항으로 클래스 이름을 쓸 수 있습니다. 클래스 이름을 사용하면 그 이름은 클래스 바디 안에서만 볼 수 있습니다.

함수 표현식은 아주 널리 쓰이지만, 클래스 정의 표현식은 클래스를 인자로 받고 서브클래스를 반환하는 함수를 작성하는 경우 외에는 그렇게 자주 사용되지는 않습니다.

class 문법에서 바로 드러나지는 않지만 반드시 알아야 할 중요한 점 두 가지를 설명하면서 class 키워드에 대한 소개를 마치겠습니다.

- "use strict" 지시자가 없다 해도 class 선언의 바디는 모두 묵시적으로 스트릭트 모드로 동작합니다. 따라서 클래스 바디 안에서는 8진수 정수 리터럴이나 with 문을 사용할 수 없으며, 변수를 사용하기 전에 선언하지 않으면 문법 에러가 일어납니다.
- 함수 선언과 달리 클래스 선언은 끌어올려지지 않습니다. 8.1.1절에서 함수는 포함하는 파일이나 함수의 맨 위에서 정의된 것처럼 행동하므로 실제 정의보다 호출하는 코드가 먼저 나타나도 된다고 설명했습니다. 클래스 선언이 어떤 의미로는 함수 선언과 비슷하기는 하지만 이런 호이스팅 동작까지 공유하지는 않습니다. 클래스를 선언하기 전에 인스턴스를 만들 수는 없습니다.

9.3.1 정적 메서드

클래스 바디의 메서드 선언 앞에 static 키워드를 붙여 정적 메서드를 정의할 수 있습니다. 정적 메서드는 프로토타입 객체의 프로퍼티가 아니라 생성자 함수의 프로퍼티로 정의됩니다.

예를 들어 예제 9-3에 다음 코드를 추가했다고 합시다.

```
static parse(s) {
    let matches = s.match(/^\(((\d+)\.\.\.(\d+)\)$/);
```

```
    if (!matches) {
        throw new TypeError(`Cannot parse Range from "${s}".`)
    }
    return new Range(parseInt(matches[1]), parseInt(matches[2]));
}
```

이 코드가 정의하는 메서드는 Range.prototype.parse()가 아니라 Range.parse()이므로 인스턴스를 통해서는 호출할 수 없고 반드시 생성자를 통해 호출해야 합니다.

```
let r = Range.parse('(1...10)');   // 새 Range 객체를 반환합니다.
r.parse('(1...10)');               // TypeError: r.parse는 함수가 아닙니다.
```

정적 메서드는 클래스/생성자의 이름을 써서 호출하기 때문에 **클래스 메서드**라고 부릅니다. 이는 클래스 인스턴스에서 호출하는 일반적인 인스턴스 메서드와 구별하기 위해서입니다. 정적 메서드는 인스턴스가 아니라 생성자에서 호출하기 때문에 정적 메서드에서 this 키워드를 사용하는 경우는 거의 없습니다.

정적 메서드는 예제 9-4에서 다시 살펴봅니다.

9.3.2 게터, 세터, 기타 메서드 형태

객체 리터럴과 마찬가지로 class 바디 안에서도 게터와 세터 메서드(6.10.6절)를 정의할 수 있습니다. 클래스 바디 안에서는 게터나 세터 다음에 콤마를 붙이지 않는다는 차이가 있을 뿐입니다. 예제 9-4는 클래스에서 게터 메서드를 사용하는 현실적인 예제입니다.

일반적으로 객체 리터럴에서 허용되는 단축 메서드 정의 문법은 클래스 바디에서도 허용됩니다. *를 쓰는 제너레이터 메서드와 대괄호 안에 표현식을 쓴 형태 역시 허용됩니다. 사실 예제 9-3에서 Range 클래스를 이터러블로 만드는 제너레이터 메서드에 계산된 이름을 쓴 것을 이미 봤습니다.

```
*[Symbol.iterator]() {
    for(let x = Math.ceil(this.from); x <= this.to; x++) yield x;
}
```

9.3.3 공개, 비공개, 정적 필드

지금까지는 class 키워드로 정의된 클래스 중에서 클래스 바디 안에서 정의하는 메서드에 대해서만 설명했습니다. ES6 표준은 게터, 세터, 제너레이터를 포함한 메서드와 정적 메서드를 허용하기만 할 뿐 필드 정의에 대한 문법은 포함하고 있지 않습니다. 여기서 필드는 객체 지향 프로그래밍에서 프로퍼티를 부르는 표현입니다. 클래스 인스턴스에서 필드를 정의하려면 반드시 생성자 함수 안에서 정의하거나 메서드를 통해 정의해야 합니다. 또한 클래스에 정적 필드를 정의하려면 반드시 클래스 바디 외부에서, 클래스 정의가 끝난 이후 정의해야 합니다. 예제 9-4에 두 가지 필드에 대한 예제가 포함되어 있습니다.

인스턴스 필드와 정적 필드를 공개/비공개 형태로 정의할 수 있게 허용하는 클래스 문법 확장을 표준화하는 작업이 진행 중입니다. 이 절에서 사용하는 코드는 2020년 초반 기준으로 아직 자바스크립트 표준은 아니지만 크롬에서는 이미 지원하고 있으며 파이어폭스에서는 공개 인스턴스 필드만 부분적으로 지원합니다. 공개 인스턴스 필드 문법은 이미 리액트 프레임워크와 바벨 트랜스파일러를 사용하는 자바스크립트 프로그래머 사이에서 널리 사용되고 있습니다.

다음과 같이 세 가지 필드를 초기화하는 생성자를 써서 클래스를 만든다고 합시다.

```
class Buffer {
    constructor() {
        this.size = 0;
        this.capacity = 4096;
        this.buffer = new Uint8Array(this.capacity);
    }
}
```

표준화가 얼마 남지 않은 새로운 인스턴스 필드 문법을 쓰면 위 코드를 다음과 같이 고쳐 쓸 수 있습니다.

```
class Buffer {
    size = 0;
    capacity = 4096;
    buffer = new Uint8Array(this.capacity);
}
```

필드 초기화 코드를 생성자에서 꺼내 클래스 바디에 직접 포함했습니다. 물론 이 코드는 생성자의 일부분으로 실행됩니다. 생성자를 정의하지 않으면 필드는 묵시적으로 생성된 생성자의 일부분으로 초기화됩니다. 할당의 왼쪽에 붙였던 this.가 사라졌지만 이 필드를 참조하기 위해 반드시 this를 사용해야 하는 것은 마찬가지이며, 초기화 표현식 할당의 오른쪽에도 this를 사용해야 합니다. 인스턴스 필드를 이런 식으로 초기화해서 얻는 이점은 초기화 표현식을 클래스 정의 맨 위에 쓸 수 있으므로 (꼭 맨 위에 써야만 하는 건 아닙니다) 코드를 읽을 때 인스턴스 상태를 명확히 알 수 있다는 점입니다. 초기화 표현식 없이 필드 이름 뒤에 세미콜론만 써서 선언할 수도 있습니다. 이렇게 선언하면 필드의 초깃값은 undefined입니다. 하지만 클래스 필드에는 항상 명시적인 초깃값을 쓰는 것이 더 좋습니다.

이 필드 문법을 도입하기 전, 클래스 바디는 객체 리터럴과 거의 비슷하게 보였으며 다른 점은 콤마가 사라졌다는 것뿐이었습니다. 이렇게 콜론과 콤마 대신 등호와 세미콜론을 쓰는 필드 문법을 쓰면 클래스 바디를 객체 리터럴과 구별하기 쉬워집니다.

인스턴스 필드를 표준화하자는 제안에는 비공개 인스턴스 필드에 대한 표준도 포함되어 있습니다. 앞의 예제에 사용한 인스턴스 필드 초기화 문법으로 이름이 #(일반적으로 자바스크립트 식별자에 쓸 수 없는 문자)로 시작하는 필드를 정의하면, 그 필드는 클래스 바디 안에서는 사용할 수 있지만 클래스 바디 외부에서는 볼수 없고 접근할 수도 없으므로 자연스럽게 불변이 됩니다. 앞의 예제에서 만든 가상의 버퍼(Buffer) 클래스를 사용하는 사람이 부주의하게 인스턴스의 size 필드를 수정하는 일을 막고 싶다면 비공개 #size 필드로 교체하고 게터 함수를 추가해서 읽기 전용으로 만들 수 있습니다.

```
class Buffer {
    #size = 0;
    get size() { return this.#size; }
}
```

비공개 필드는 반드시 새로운 필드 문법으로 선언해야만 사용할 수 있습니다. 클래스 바디 안에서 명시적으로 선언하지 않으면 생성자에서 this.#size = 0 같은 코드를 사용할 수 없습니다.

마지막으로, 이와 관련해서 static 키워드를 표준화하자는 내용 역시 제안되어 있습니다. 공개 필드나 비공개 필드 선언 앞에 static을 추가하면 그 필드는 인스턴스 프로퍼티가 아니라 생성자 함수의 프로퍼티로 생성됩니다. 이미 정의한 정적 Range.parse() 메서드를 봅시다. 이 메서드에는 아주 복잡한 정규 표현식이 들어 있으므로 정적 필드로 분리하는 편이 낫습니다. 제안된 새로운 정적 필드 문법을 사용하면 다음과 같이 고쳐 쓸 수 있습니다.

```
static integerRangePattern = /^\((\d+)\.\.\.(\d+)\)$/;
static parse(s) {
    let matches = s.match(Range.integerRangePattern);
    if (!matches) {
        throw new TypeError(`Cannot parse Range from "${s}".`)
    }
    return new Range(parseInt(matches[1]), matches[2]);
}
```

이 정적 필드를 클래스 안에서만 접근할 수 있게 만들고자 한다면 #pattern 같은 이름을 써서 비공개로 만들 수 있습니다.

9.3.4 예제: 복소수 클래스

예제 9-4는 복소수 클래스를 정의합니다. 이 클래스는 비교적 단순하지만 게터를 포함한 인스턴스 메서드, 정적 메서드, 인스턴스 필드, 정적 필드가 모두 포함되어 있습니다. 아직 표준화되지 않은 문법이지만 인스턴스 필드와 정적 필드를 클래스 바디 안에서 정의하는 방법을 주석을 보면서 이해해 보십시오.

예제 9-4 복소수 클래스

```
/**
 * Complex 클래스의 인스턴스는 복소수를 표현합니다.
 * 복소수는 실수와 허수의 합이며 허수 i는 -1의 제곱근입니다.
 */
class Complex {
    // 클래스 필드 선언이 표준화되면 비공개 필드에서 복소수의 실수 부분과 허수 부분을
    // 다음과 같이 쓸 수 있습니다.
    //
    // #r = 0;
    // #i = 0;

    // 이 생성자 함수는 모든 인스턴스에서 인스턴스 필드 r과 i를 정의합니다.
    // 이 필드는 각각 복소수의 실수 부분과 허수 부분을 나타내며 이들이 객체의 상태입니다.
    constructor(real, imaginary) {
        this.r = real;       // 이 필드는 실수 부분입니다.
        this.i = imaginary;  // 이 필드는 허수 부분입니다.
    }

    // 복소수의 덧셈과 곱셈을 담당하는 인스턴스 메서드입니다.
    // c와 d가 이 클래스의 인스턴스라면 c.plus(d), d.times(c)처럼 쓸 수 있습니다.
    plus(that) {
        return new Complex(this.r + that.r, this.i + that.i);
    }
```

```
    times(that) {
        return new Complex(this.r * that.r - this.i * that.i,
                           this.r * that.i + this.i * that.r);
    }

    // 다음은 복소수 연산 메서드의 정적 버전입니다.
    // Complex.sum(c,d), Complex.product(c,d)처럼 쓸 수 있습니다.
    static sum(c, d) { return c.plus(d); }
    static product(c, d) { return c.times(d); }

    // 다음은 필드처럼 쓸 수 있도록 게터로 정의한 인스턴스 메서드입니다.
    // this.#r과 this.#i 비공개 필드를 사용했다면
    // real과 imaginary 게터도 사용할 수 있습니다.
    get real() { return this.r; }
    get imaginary() { return this.i; }
    get magnitude() { return Math.hypot(this.r, this.i); }

    // 클래스에는 거의 항상 toString() 메서드가 있어야 합니다.
    toString() { return `{${this.r},${this.i}}`; }

    // 클래스의 두 인스턴스가 같은 값을 나타내는지 확인할 수 있으면 좋을 때가 많습니다.
    equals(that) {
        return that instanceof Complex &&
            this.r === that.r &&
            this.i === that.i;
    }

    // 클래스 바디 안에서 정적 필드가 지원된다면
    // static ZERO = new Complex(0,0);
    // 같은 코드로 유용한 Complex.ZERO 상수를 정의할 수 있습니다.
}

// 다음은 몇 가지 유용한 복소수를 미리 정의한 클래스 필드입니다.
Complex.ZERO = new Complex(0,0);
Complex.ONE = new Complex(1,0);
Complex.I = new Complex(0,1);
```

예제 9-4에서 정의한 Complex 클래스를 통해 다음과 같이 생성자, 인스턴스 필드, 인스턴스 메서드, 클래스 필드, 클래스 메서드를 사용할 수 있습니다.

```
let c = new Complex(2, 3);      // 생성자를 써서 새 객체를 만듭니다.
let d = new Complex(c.i, c.r); // c의 인스턴스 필드를 사용합니다.
c.plus(d).toString()            // => "{5,5}"; 인스턴스 메서드를 사용합니다.
c.magnitude                     // => Math.hypot(2,3); 게터 함수를 사용합니다.
Complex.product(c, d)           // => new Complex(0, 13); 정적 메서드
Complex.ZERO.toString()         // => "{0,0}"; 정적 프로퍼티
```

9.4 기존 클래스에 메서드 추가

자바스크립트의 프로토타입 기반 상속 메커니즘은 동적입니다. 객체는 자신의 프로토타입에서 프로퍼티를 상속하며, 설령 객체를 생성한 후에 프로토타입의 프로퍼티가 바뀌더라도 상속 관계는 끊어지지 않습니다. 따라서 프로토타입 객체에 새 메서드를 추가하는 것만으로 자바스크립트 클래스를 확장할 수 있습니다.

예를 들어 다음은 예제 9-4의 Complex 클래스에 켤레 복소수(complex conjugate)를 계산하는 메서드를 추가합니다.

```
// 자신의 켤레 복소수를 반환합니다.
Complex.prototype.conj = function() { return new Complex(this.r, -this.i); };
```

자바스크립트에 내장된 클래스의 프로토타입 객체에도 이와 같은 일을 할 수 있습니다. 즉, 숫자와 문자열, 배열, 함수 등에 메서드를 추가할 수 있다는 뜻입니다. 이는 오래된 브라우저에서 자바스크립트의 새로운 기능을 사용해야 할 때 활용 가능합니다.

```
// 문자열 메서드 startsWith()가 존재하지 않는다면
if (!String.prototype.startsWith) {
    // indexOf() 메서드를 사용해 정의합니다.
    String.prototype.startsWith = function(s) {
        return this.indexOf(s) === 0;
    };
}
```

다른 예제도 보십시오.

```
// 함수 f를 여러 번 반복합니다.
// 예를 들어 "hello"를 3번 출력하려면 이렇게 사용합니다.
//     let n = 3;
//     n.times(i => { console.log(`hello ${i}`); });
Number.prototype.times = function(f, context) {
    let n = this.valueOf();
    for(let i = 0; i < n; i++) f.call(context, i);
};
```

나중에 자바스크립트 새 버전에서 같은 이름의 메서드를 정의할 경우 혼란을 주거나 호환성 문제를 야기할 수 있으므로, 이렇게 내장 타입의 프로토타입에 메서드를 추가하는 건 일반적으로 좋은 방법이 아닙니다. Object.prototype에 메서드를 추

가해 어떤 객체에서든 사용할 수 있게 하는 것도 가능은 하지만, 절대 좋은 방법은 아닙니다. Object.prototype에 추가한 프로퍼티는 for/in 루프에서 열거되기 때문입니다. 14.1절에서 설명할 Object.defineProperty()를 써서 프로퍼티를 열거 불가로 설정할 수는 있습니다.

9.5 서브클래스

객체 지향 프로그래밍에서 클래스 B가 다른 클래스 A를 확장(extend)할 때 A는 슈퍼클래스, B는 서브클래스라고 부릅니다. B의 인스턴스는 A의 메서드를 상속합니다. 클래스 B는 자신만의 메서드를 정의할 수 있고, 이 중 일부는 클래스 A에 있는 같은 이름의 메서드를 덮어 쓸 수 있습니다. B의 메서드가 A의 메서드를 덮어 쓰는 경우, B에 존재하는 덮어 쓰는 메서드가 A에 존재하는 덮어 쓰인 메서드를 호출해야 할 때가 많습니다. 마찬가지로 서브클래스 생성자 B()는 일반적으로 슈퍼클래스 생성자 A()를 호출해 그 인스턴스가 완전히 초기화됐는지 확인합니다.

이 절은 ES5 이전에 사용하던 서브클래스 정의 방법을 설명하고 곧바로 class와 extends 키워드를 사용하는 서브클래스, super 키워드를 사용하는 슈퍼클래스 생성자 메서드 호출로 넘어갑니다. 이어서 서브클래스를 피하고 상속 대신 객체 합성에 의존하는 방법을 설명합니다. 이 절은 Set 클래스의 계층 구조를 정의하고 추상클래스를 사용해 인터페이스를 분리하는 방법을 보여 주는 예제로 끝납니다.

9.5.1 서브클래스와 프로토타입

예제 9-2의 Range 클래스의 서브클래스인 Span을 만든다고 합시다. 이 서브클래스는 일반적인 Range처럼 동작하지만, from과 to로 초기화하지 않고 start와 span으로 초기화합니다. Span 클래스의 인스턴스는 Range 슈퍼클래스의 인스턴스이기도 합니다. Span 인스턴스는 Span.prototype에서 커스터마이징한 toString() 메서드를 상속하지만, Range의 서브클래스이기도 하므로 Range.prototype에서 includes() 같은 메서드도 상속합니다.

예제 9-5 **Span.js: Range의 서브클래스**

```
// 서브클래스에서 사용할 생성자 함수입니다.
function Span(start, span) {
    if (span >= 0) {
        this.from = start;
```

```
        this.to = start + span;
    } else {
        this.to = start;
        this.from = start + span;
    }
}

// Span 프로토타입은 Range 프로토타입을 상속합니다.
Span.prototype = Object.create(Range.prototype);

// Range.prototype.constructor는 상속하지 않으므로 생성자 프로퍼티는 따로 정의합니다.
Span.prototype.constructor = Span;

// Span은 toString() 메서드를 따로 정의하므로 Range의 toString()을 상속하지 않고
// 덮어 씁니다.
Span.prototype.toString = function() {
    return `(${this.from}... +${this.to - this.from})`;
};
```

Span은 Range의 서브클래스이므로 Span.prototype은 Range.prototype에서 상속해야 합니다. 이 예제의 핵심은 다음 코드입니다. 다음 행을 이해했다면 자바스크립트에서 서브클래스가 동작하는 방식을 이해한 겁니다.

```
Span.prototype = Object.create(Range.prototype);
```

Span() 생성자로 생성된 객체는 Span.prototype 객체를 상속합니다. Span.prototype은 Range.prototype을 상속하므로 Span 객체는 Span.prototype과 Range.prototype을 모두 상속합니다.

Span() 생성자는 Range() 생성자와 마찬가지로 from과 to 프로퍼티를 생성하므로 새 객체를 초기화하기 위해 Range() 생성자를 호출할 필요는 없습니다. Span의 toString() 메서드는 Range의 toString()을 호출할 필요가 없도록 문자열 변환 부분을 완전히 새로 만들었습니다. 하지만 Span은 슈퍼클래스가 어떻게 만들어졌는지 자세히 알고 있기에 가능한 특이 케이스입니다. 서브클래스 메커니즘을 빈틈없이 만들기 위해서는 클래스에서 슈퍼클래스의 메서드와 생성자를 호출할 수 있게 허용해야 하지만, ES5 이전의 자바스크립트에는 이를 단순하게 처리할 방법이 없었습니다.

ES6에서는 class 문법에 super 키워드를 도입해서 이 문제를 해결했습니다. 다음 절에서 super 키워드에 대해 알아봅니다.

9.5.2 extends와 super를 사용하는 서브클래스

ES6 이후에는 클래스 선언에 extends 절을 추가하기만 해도 서브클래스를 만들 수 있으며 내장 클래스에도 이런 동작이 허용됩니다.

```
// 첫 번째와 마지막 요소에 게터를 추가하는 서브클래스
class EZArray extends Array {
    get first() { return this[0]; }
    get last() { return this[this.length-1]; }
}

let a = new EZArray();
a instanceof EZArray   // => true: a는 서브클래스의 인스턴스입니다.
a instanceof Array     // => true: a는 동시에 슈퍼클래스의 인스턴스입니다.
a.push(1,2,3,4);       // a.length == 4; 상속된 메서드를 사용할 수 있습니다.
a.pop()                // => 4: 역시 상속된 메서드입니다.
a.first                // => 1: 서브클래스에서 정의한 첫 번째 요소 게터입니다.
a.last                 // => 3: 서브클래스에서 정의한 마지막 요소 게터입니다.
a[1]                   // => 2: 일반적인 배열 접근 문법도 동작합니다.
Array.isArray(a)       // => true: 서브클래스 인스턴스도 배열입니다.
EZArray.isArray(a)     // => true: 서브클래스는 정적 메서드 역시 상속합니다.
```

EZArray 서브클래스는 두 가지 단순한 게터 메서드만 정의합니다. EZArray 인스턴스는 일반적인 배열과 마찬가지로 동작하므로 push(), pop(), length 같은 메서드와 프로퍼티를 상속해 사용할 수 있습니다. 이 서브클래스에는 first와 last 게터도 만들었습니다. pop() 같은 인스턴스 메서드뿐만 아니라 Array.isArray 같은 정적 메서드도 상속됩니다. 이 기능은 ES6 클래스 문법에서 도입한 새로운 기능입니다. EZArray()는 Array()를 상속하는 함수입니다.

```
// EZArray.prototype이 Array.prototype을 상속하므로 인스턴스 메서드를 상속합니다.
Array.prototype.isPrototypeOf(EZArray.prototype)  // => true

// EZArray가 Array를 상속하므로 EZArray는 배열의 정적 메서드와 프로퍼티 역시 상속합니다.
// 이것은 ES5 이전에는 불가능했던 extends 키워드의 기능입니다.
Array.isPrototypeOf(EZArray)  // => true
```

EZArray 서브클래스는 너무 단순해서 충분한 예제가 되지 않습니다. 예제 9-6은 좀 더 발전한 예제입니다. 예제 9-6은 내장된 Map 클래스에 TypedMap 서브클래스를 만들어 typeof를 통해 키와 값이 지정된 타입인지 체크하는 기능을 추가합니다. 이 예제에서 눈여겨볼 부분은 super 키워드를 사용해 생성자와 슈퍼클래스 메서드를 호출한 부분입니다.

예제 9-6 TypedMap.js: 키와 값 타입을 체크하는 맵의 서브클래스

```javascript
class TypedMap extends Map {
    constructor(keyType, valueType, entries) {
        // entries가 지정됐으면 타입을 체크합니다.
        if (entries) {
            for(let [k, v] of entries) {
                if (typeof k !== keyType || typeof v !== valueType) {
                    throw new TypeError(`Wrong type for entry [${k}, ${v}]`);
                }
            }
        }

        // 타입을 체크한 entries로 슈퍼클래스를 초기화합니다.
        super(entries);

        // 타입을 저장하면서 서브클래스를 초기화합니다.
        this.keyType = keyType;
        this.valueType = valueType;
    }

    // 맵에 추가되는 새 항목마다 타입을 체크하도록 set() 메서드를 재정의합니다.
    set(key, value) {
        // 키나 값이 지정된 타입이 아니라면 에러를 일으킵니다.
        if (this.keyType && typeof key !== this.keyType) {
            throw new TypeError(`${key} is not of type ${this.keyType}`);
        }
        if (this.valueType && typeof value !== this.valueType) {
            throw new TypeError(`${value} is not of type ${this.valueType}`);
        }

        // 타입이 정확하면 슈퍼클래스의 set() 메서드를 호출해서 맵에 항목을 추가합니다.
        // 그리고 슈퍼클래스 메서드가 반환하는 것을 그대로 반환합니다.
        return super.set(key, value);
    }
}
```

TypedMap() 생성자의 첫 번째와 두 번째 인자는 원하는 키와 값 타입입니다. 이들은 typeof 연산자가 반환하는 "number", "boolean" 같은 문자열이어야 합니다. [key, value]로 구성된 배열이나 이터러블 객체를 세 번째 인자로 전달해 맵의 초기 항목을 지정할 수 있습니다. 초기 항목을 지정하면 생성자는 우선 그 타입이 정확한지부터 확인합니다. 다음에는 생성자가 super 키워드를 함수 이름인 것처럼 사용해 슈퍼클래스 생성자를 호출합니다. Map() 생성자는 [key, value] 배열로 구성된 이터러블 객체를 선택 사항인 인자로 받습니다. TypedMap() 생성자의 선택 사항인 세 번째 인자는 Map() 생성자의 첫 번째 인자가 되고 super(entries)로 슈퍼클래스 생성자에 전달됩니다.

슈퍼클래스 생성자를 호출해 슈퍼클래스의 상태를 초기화한 다음에는 TypedMap() 생성자가 this.keyType과 this.valueType을 지정된 타입으로 정해서 서브클래스 상태를 초기화합니다. 이 프로퍼티는 set() 메서드에서 다시 사용합니다.

생성자에서 super()를 사용할 때 알아야 할 중요한 규칙은 다음와 같습니다.

- extends 키워드로 클래스를 정의하면 클래스 생성자는 슈퍼클래스 생성자를 호출할 때 반드시 super()를 사용해야 합니다.
- 서브클래스에 생성자를 정의하지 않으면 자동으로 생성됩니다. 이렇게 묵시적으로 정의된 생성자는 전달된 값을 그대로 super()에 전달합니다.
- super()를 써서 슈퍼클래스 생성자를 호출하기 전에는 생성자 안에서 this 키워드를 사용하지 말아야 합니다. 이 규칙을 따르면 서브클래스보다 슈퍼클래스를 먼저 초기화해야 한다는 규칙도 지킬 수 있습니다.
- new 키워드 없이 호출한 함수에서는 표현식 new.target의 값이 undefined입니다. 반면 생성자 함수에서 new.target은 호출된 생성자를 참조합니다. 서브클래스 생성자를 호출하고 super()로 슈퍼클래스 생성자를 호출하면, 슈퍼클래스 생성자는 new.target을 통해 서브클래스 생성자를 참조할 수 있습니다. 슈퍼클래스를 잘 설계했다면 서브클래스가 만들어졌는지 확인할 필요는 없지만, 예를 들어 메시지 로그를 만든다면 new.target.name을 사용할 수 있습니다.

생성자 다음으로 설명할 것은 set() 메서드입니다. Map 슈퍼클래스에는 맵에 새 항목을 추가하는 set() 메서드가 있습니다. 이럴 때 TypedMap의 set() 메서드가 슈퍼클래스의 set() 메서드를 '덮어 쓴다(override)'고 표현합니다. TypedMap 서브클래스는 맵에 새 항목을 추가하는 방법은 알지 못하지만 타입을 체크하는 방법은 알고 있으므로, 맵에 추가할 키와 값의 타입이 정확한지 체크하고 그렇지 않다면 에러를 일으킵니다. 서브클래스의 set() 메서드는 맵에 키와 값을 추가하는 방법을 모르지만 그 작업은 슈퍼클래스의 set() 메서드가 할 수 있습니다. 따라서 super 키워드를 다시 사용해 슈퍼클래스의 메서드를 호출합니다. 이 컨텍스트에서 super는 this 키워드처럼 슈퍼클래스를 참조하므로 슈퍼클래스에 정의된 메서드에 접근할 수 있습니다.

this에 접근해 새 객체를 초기화하기 전에 생성자에서 먼저 슈퍼클래스 생성자를 호출해야 하지만, 메서드를 덮어 쓸 때는 그런 규칙이 적용되지 않습니다. 슈퍼클래스 메서드를 덮어 쓰는 메서드가 슈퍼클래스 메서드를 호출할 필요는 없습니다. 덮어 쓰는 메서드의 어디에서든 super를 사용해 덮어 쓰인 메서드나 기타 슈퍼클래스 메서드를 호출할 수 있습니다.

TypedMap 예제를 끝내기 전에, 이 클래스는 비공개 필드를 사용하기에 이상적이라는 점을 짚고 넘어가겠습니다. 클래스를 만든 이후에 사용자가 keyType이나 valueType 프로퍼티를 수정해 타입 체크를 망칠 수 있습니다. 비공개 필드가 지원되면 이들 프로퍼티를 #keyType과 #valueType으로 바꿔서 외부에서 수정할 수 없게 만들 수 있습니다.

9.5.3 위임과 상속

extends 키워드를 사용하면 서브클래스를 만들기 쉬워집니다. 하지만 만들기 쉽다는 것이 서브클래스를 많이 만들어야 한다는 뜻은 아닙니다. 다른 클래스의 동작을 공유하는 클래스를 원한다면 서브클래스를 만들어 동작을 상속할 수도 있지만, 클래스에서 다른 클래스의 인스턴스를 만들고 그 인스턴스에 여러분이 원하는 동작을 위임하는 것이 더 쉽고 유연한 방법일 때도 많습니다. 다른 클래스의 래퍼를 만들거나 합성을 통해서도 새 클래스를 만들 수 있습니다. 동작을 위임하는 방식을 '합성(composition)'이라 부르며 객체 지향 프로그래밍에는 '상속보다 합성을 우선하라.'라는 격언이 자주 인용됩니다.[2]

예를 들어 Histogram 클래스를 만든다고 합시다. 이 클래스는 자바스크립트 Set 클래스처럼 동작하지만, 세트에 어떤 값이 있는지 확인하는 데 그치지 않고 각 값이 몇 번 추가됐는지도 추적합니다. Histogram 클래스의 API가 세트와 비슷하므로 세트의 서브클래스를 만들고 count() 메서드를 추가하는 방법도 있습니다. 하지만 count() 메서드를 어떻게 구현할지 생각해 보면, 값과 그 값이 추가된 횟수를 연결해야 하므로 세트보다는 맵에 더 가깝다고 봐야 합니다. 따라서 세트와 서브클래스를 만들기보다는 세트와 비슷하지만 내장된 Map 객체에 실행을 위임하는 API를 가진 클래스를 만드는 편이 낫습니다. 예제 9-7을 보십시오.

---

2 에릭 감마(Erich Gamma)가 쓴 《GoF의 디자인 패턴》(프로텍미디어, 2015), 조슈아 블로크(Joshua Bloch)가 쓴 《이펙티브 자바》(인사이트, 2018)를 읽어 보십시오.

예제 9-7 **Histogram.js: 위임을 구현한 세트 비슷한 클래스**

```javascript
/**
 * 세트와 비슷하지만 추가되는 값마다 몇 번 추가됐는지 추적하는 클래스입니다.
 * 세트와 마찬가지로 add()와 remove() 메서드가 있고,
 * count() 메서드는 주어진 값이 몇 번 추가됐는지 반환합니다.
 * 기본 이터레이터는 최소 한 번 이상 추가된 값을 전달(yield)합니다.
 * [value, count] 쌍을 순회할 때는 entries()를 사용합니다.
 */
class Histogram {
    // 위임할 Map 객체를 만듭니다.
    constructor() { this.map = new Map(); }

    // 키가 추가된 횟수는 맵에 존재하며, 맵에 없으면 0입니다.
    count(key) { return this.map.get(key) || 0; }

    // 세트 비슷한 메서드 has()는 count가 0이 아닌 값이면 true를 반환합니다.
    has(key) { return this.count(key) > 0; }

    // 히스토그램 크기는 맵에 있는 항목 수와 같습니다.
    get size() { return this.map.size; }

    // 키를 추가하면 맵에서 count를 증가시킵니다.
    add(key) { this.map.set(key, this.count(key) + 1); }

    // 키 삭제는 조금 더 복잡합니다. 맵의 count가 0일 때만 키를 삭제해야 합니다.
    delete(key) {
        let count = this.count(key);
        if (count === 1) {
            this.map.delete(key);
        } else if (count > 1) {
            this.map.set(key, count - 1);
        }
    }

    // Histogram을 순회하면 저장된 키만 반환합니다.
    [Symbol.iterator]() { return this.map.keys(); }

    // 나머지 이터레이터 메서드는 Map 객체에 위임합니다.
    keys() { return this.map.keys(); }
    values() { return this.map.values(); }
    entries() { return this.map.entries(); }
}
```

예제 9-7의 Histogram() 생성자는 모두 Map 객체를 만듭니다. 대부분의 메서드는 맵의 메서드에 동작을 위임하므로 간단히 구현할 수 있습니다. 상속이 아니라 위임을 사용했으므로 Histogram 객체는 세트나 맵의 인스턴스가 아닙니다. Histogram

은 자주 사용되는 Set 메서드를 상당수 구현했으니 자바스크립트처럼 타입이 없는 언어에서는 이정도면 충분히 좋습니다. 정식 상속 관계가 필요할 때도 있지만 그렇지 않을 때도 많습니다.

9.5.4 클래스 계층 구조와 추상 클래스

예제 9-6에서는 맵의 서브클래스를 만들었습니다. 예제 9-7은 어떤 것도 상속하지 않고 Map 객체에 동작을 위임하는 법을 설명했습니다. 자바스크립트 클래스를 사용해 데이터를 캡슐화하고 코드를 모듈화하는 것은 중요하며, 여러분 중에도 이미 class 키워드를 자주 사용하는 분들이 있을 겁니다. 반면 상속보다 합성을 선호하고 extends는 거의 사용하지 않는 분들도 있을 겁니다.

이와는 다르게 여러 단계에 걸쳐 상속하는 것이 더 나을 때도 있으므로 여러 가지 세트를 나타내는 클래스 계층 구조를 예제로 보이며 이 장을 마치겠습니다. 예제 9-8에서 정의하는 Set 클래스는 자바스크립트의 내장 Set 클래스와 비슷하지만 완전히 같지는 않습니다.

예제 9-8에서는 서브클래스를 많이 만들지만, 서로 연관된 서브클래스 그룹에서 슈퍼클래스 구실을 하는 **추상 클래스** 역시 선보입니다. 여기서 추상(abstract) 클래스란 완전히 구현되지 않은 클래스를 의미합니다. 추상 슈퍼클래스에서 정의하는 부분 구현을 서브클래스 전체가 상속하고 공유할 수 있습니다. 서브클래스는 슈퍼클래스가 정의(define)한 (하지만 구현(implement)하지는 않은) 추상 메서드를 구현하여 자신만의 고유한 동작을 정의할 수 있습니다. 자바스크립트는 추상 메서드나 추상 클래스를 공식적으로 정의하지 않았으며, 필자가 여기서 쓰는 추상이라는 표현은 구현되지 않은 메서드, 완전히 구현되지 않은 클래스를 가리키는 표현입니다.

예제 9-8은 주석을 많이 추가했으므로 따로 설명이 필요하지는 않을 겁니다. 이 예제를 클래스 예제의 머릿돌로 생각하고 읽길 권합니다. 예제 9-8의 클래스는 &, |, ~ 같은 비트 연산자를 많이 사용합니다. 비트 연산자는 4.8.3절에서 설명했습니다.

예제 9-8 Sets.js: 추상 클래스와 완전히 구현된 클래스의 계층 구조

```
/**
 * AbstractSet 클래스는 추상 메서드 has() 하나만 정의합니다.
 */
class AbstractSet {
    // 여기서 에러를 일으키므로 서브클래스는 자신만의 메서드를 정의하도록 강제됩니다.
```

```
        has(x) { throw new Error("Abstract method"); }
}


/**
 * NotSet는 완전히 구현된 AbstractSet의 서브클래스입니다.
 * 이 세트의 멤버는 다른 세트에 속하지 않는 값 전체입니다.
 * 다른 세트 상태에 기반해 정의되므로 읽기 전용이고, 멤버가 무한하므로 열거 불가입니다.
 * 이 세트로 할 수 있는 것은 멤버십 테스트, 수학 표기법을 사용한 문자열 변환뿐입니다.
 */
class NotSet extends AbstractSet {
    constructor(set) {
        super();
        this.set = set;
    }

    // 상속한 추상 메서드를 구현합니다.
    has(x) { return !this.set.has(x); }
    // 객체 메서드를 덮어 씁니다.
    toString() { return `{ x| x ∉ ${this.set.toString()} }`; }
}


/**
 * RangeSet는 AbstractSet의 완전히 구현된 서브클래스입니다.
 * 이 세트의 멤버는 경곗값을 포함해 그 경계 내에 있는 값 전체입니다.
 * 부동 소수점 숫자가 멤버가 될 수 있으므로 열거 불가이며 크기도 의미가 없습니다.
 */
class RangeSet extends AbstractSet {
    constructor(from, to) {
        super();
        this.from = from;
        this.to = to;
    }

    has(x) { return x >= this.from && x <= this.to; }
    toString() { return `{ x| ${this.from} ≤ x ≤ ${this.to} }`; }
}


/*
 * AbstractEnumerableSet은 AbstractSet의 추상 서브클래스입니다.
 * 이 클래스는 세트의 크기를 반환하는 추상 게터와 함께 추상 이터레이터를 정의합니다.
 * 그리고 이에 기반해 isEmpty(), toString(), equals() 메서드를 구현합니다.
 * 이터레이터, 크기 게터, has()를 구현하는 서브클래스에는 이들 메서드도 자동적으로 구현됩니다.
 */
class AbstractEnumerableSet extends AbstractSet {
    get size() { throw new Error("Abstract method"); }
    [Symbol.iterator]() { throw new Error("Abstract method"); }

    isEmpty() { return this.size === 0; }
    toString() { return `{${Array.from(this).join(", ")}}`; }
```

```
        equals(set) {
            // 다른 세트 역시 열거 불가하다면 이 세트와 같지 않습니다.
            if (!(set instanceof AbstractEnumerableSet)) return false;

            // 다른 세트의 크기가 다르다면 이 세트와 같지 않습니다.
            if (this.size !== set.size) return false;

            // 이 세트의 요소를 순회합니다.
            for(let element of this) {
                // 요소가 다른 세트에 존재하지 않는다면 같은 세트가 아닙니다.
                if (!set.has(element)) return false;
            }

            // 요소가 일치하므로 같은 세트입니다.
            return true;
        }
}

/*
 * SingletonSet는 AbstractEnumerableSet의 완전히 구현된 서브클래스입니다.
 * 싱글톤 세트는 멤버가 하나뿐인 읽기 전용 세트입니다.
 */
class SingletonSet extends AbstractEnumerableSet {
    constructor(member) {
        super();
        this.member = member;
    }

    // 이 세 가지 메서드를 구현합니다.
    // isEmpty(), equals(), toString()은 구현한 메서드를 기초로 상속합니다.
    has(x) { return x === this.member; }
    get size() { return 1; }
    *[Symbol.iterator]() { yield this.member; }
}

/*
 * AbstractWritableSet는 AbstractEnumerableSet의 추상 서브클래스입니다.
 * 이 클래스는 세트에 요소를 삽입하거나 제거하는 추상 메서드 insert()와 remove()를 정의하며
 * 이들을 기반으로 add(), subtract(), intersect() 메서드를 구현합니다.
 * 예제의 API는 이 시점에서 자바스크립트 Set 클래스와 달라집니다.
 */
class AbstractWritableSet extends  AbstractEnumerableSet {
    insert(x) { throw new Error("Abstract method"); }
    remove(x) { throw new Error("Abstract method"); }

    add(set) {
        for(let element of set) {
            this.insert(element);
```

```
        }
    }

    subtract(set) {
        for(let element of set) {
            this.remove(element);
        }
    }

    intersect(set) {
        for(let element of this) {
            if (!set.has(element)) {
                this.remove(element);
            }
        }
    }
}

/**
 * BitSet은 AbstractWritableSet의 완전히 구현된 서브클래스이며
 * 지정된 최대 크기보다 작은 양의 정수로 구성된 세트를 구현합니다.
 * 이 세트는 크기가 고정되어 있으며 아주 효율적입니다.
 */
class BitSet extends AbstractWritableSet {
    constructor(max) {
        super();
        this.max = max;   // 저장할 수 있는 가장 큰 정수
        this.n = 0;       // 세트에 들어있는 정수 개수
        this.numBytes = Math.floor(max / 8) + 1;   // 필요한 바이트
        this.data = new Uint8Array(this.numBytes);  // 실제 바이트
    }

    // 값이 이 세트의 멤버가 될 수 있는지 체크하는 내부 메서드
    _valid(x) { return Number.isInteger(x) && x >= 0 && x <= this.max; }

    // 데이터 배열의 지정된 바이트의 지정된 비트가 세팅됐는지 확인하고
    // true 또는 false를 반환합니다.
    _has(byte, bit) { return (this.data[byte] & BitSet.bits[bit]) !== 0; }

    // 값 x가 이 BitSet에 존재하는지 확인합니다.
    has(x) {
        if (this._valid(x)) {
            let byte = Math.floor(x / 8);
            let bit = x % 8;
            return this._has(byte, bit);
        } else {
            return false;
        }
    }
```

```javascript
        // 값 x를 BitSet에 삽입합니다.
        insert(x) {
            if (this._valid(x)) {                   // 값이 유효하다면
                let byte = Math.floor(x / 8);        // 바이트와 비트로 변환합니다.
                let bit = x % 8;
                if (!this._has(byte, bit)) {         // 비트가 아직 세팅되지 않았다면
                    this.data[byte] |= BitSet.bits[bit];  // 세팅하고
                    this.n++;                             // 세트 크기를 늘립니다.
                }
            } else {
                throw new TypeError("Invalid set element: " + x );
            }
        }

        remove(x) {
            if (this._valid(x)) {                   // 값이 유효하다면
                let byte = Math.floor(x / 8);       // 바이트와 비트를 계산합니다.
                let bit = x % 8;
                if (this._has(byte, bit)) {          // 비트가 이미 세팅됐다면
                    this.data[byte] &= BitSet.masks[bit];  // 세팅을 취소하고
                    this.n--;                             // 크기를 줄입니다.
                }
            } else {
                throw new TypeError("Invalid set element: " + x );
            }
        }

        // 세트 크기를 반환하는 게터
        get size() { return this.n; }

        // 각 비트를 차례대로 체크하면서 세트를 순회합니다.
        // (이 부분을 최적화할 방법이 있을 수도 있습니다.)
        *[Symbol.iterator]() {
            for(let i = 0; i <= this.max; i++) {
                if (this.has(i)) {
                    yield i;
                }
            }
        }
    }
}

// has(), insert(), remove() 메서드에서 사용하는 몇 가지 미리 계산된 값
BitSet.bits = new Uint8Array([1, 2, 4, 8, 16, 32, 64, 128]);
BitSet.masks = new Uint8Array([~1, ~2, ~4, ~8, ~16, ~32, ~64, ~128]);
```

9.6 요약

이 장에서는 자바스크립트 클래스의 핵심 기능을 설명했습니다.

- 같은 클래스에 속하는 객체는 같은 프로토타입 객체에서 프로퍼티를 상속합니다. 프로토타입 객체는 자바스크립트 클래스의 핵심적인 특징이며 Object.create() 메서드와 마찬가지로 클래스를 정의할 수 있습니다.
- ES5 이전에는 일반적으로 먼저 생성자 함수를 정의한 뒤에야 클래스를 정의할 수 있었습니다. function 키워드로 생성한 함수는 prototype 프로퍼티를 가지고 있고, 이 프로퍼티의 값은 함수를 new와 함께 생성자로 호출했을 때 생성되는 모든 객체의 프로토타입으로 사용됩니다. 이 프로토타입 객체를 초기화해서 클래스에서 공유하는 메서드를 정의할 수 있습니다. 프로토타입 객체가 클래스의 핵심적인 특징이지만 생성자 함수는 클래스의 공개적인 부분을 담당합니다.
- ES6는 class 키워드를 도입해 클래스를 쉽게 정의할 수 있게 만들었지만 내부에 있는 생성자와 프로토타입 메커니즘은 그대로입니다.
- 서브클래스는 클래스 선언에 extends 키워드를 사용해 정의합니다.
- 서브클래스는 super 키워드를 써서 슈퍼클래스의 생성자 또는 덮어 쓰인 메서드를 호출할 수 있습니다.

10장

모듈

모듈화 프로그래밍의 목표는 큰 프로그램을 코드 모듈로 분리해서 모듈 개발자가 예측하지 못한 상황에서도 코드 전체가 정확히 실행되도록 하는 것입니다. 실용적인 관점에서 모듈화(modularity)는 프로그램의 세부 사항을 캡슐화하고 전역 네임스페이스를 깔끔하게 유지해서 모듈이 다른 모듈의 변수, 함수, 클래스를 수정하는 사고를 막는 것을 말합니다.

최근까지 자바스크립트는 모듈을 지원하지 않았고 큰 프로젝트 단위로 일하는 프로그래머는 클래스, 객체, 클로저에서 파생된 미약한 모듈성을 최대한 이용해야 했습니다. 클로저 기반 모듈성이 코드 번들링 도구의 지원에 힘입어 require() 함수라는 형태로 실용화됐으며, 노드에서 이 시스템을 도입했습니다. require() 에 기반한 모듈은 노드 프로그래밍 환경에서 필수적인 부분으로 정착했지만 자바스크립트 언어에서 공식적으로 받아들이지는 않았습니다. ES6는 require() 대신 import와 export 키워드를 사용하는 모듈 시스템을 도입했습니다. import와 export 가 자바스크립트의 일부분이 된 지 몇 해가 지났지만 비교적 최근에서야 웹 브라우저와 노드에서 받아들여졌습니다. 실질적으로 자바스크립트 모듈성은 아직 코드 번들링 도구에 의존하고 있습니다.

이어지는 절은 다음과 같은 내용을 설명합니다.

- 클래스, 객체, 클로저를 사용하는 DIY 모듈
- require()를 사용하는 노드 모듈
- export, import, import()를 사용하는 ES6 모듈

10.1 클래스, 객체, 클로저를 사용하는 모듈

클래스의 중요한 기능 중 하나는 메서드의 모듈처럼 동작한다는 점입니다.[1] 예제 9-8을 떠올려 보십시오. 이 예제에서는 다양한 클래스를 정의했는데 이들은 모두 has() 메서드를 가졌습니다. SingletonSet의 has()가 BitSet의 has() 메서드를 덮어 쓰는 등의 문제는 없으므로, 예제에서처럼 여러 가지 Set 클래스를 사용하는 프로그램을 작성해도 아무 문제 없습니다.

클래스 메서드가 다른 클래스 메서드와 독립적인 이유는 각 클래스 메서드가 독립적인 프로토타입 객체의 프로퍼티로 정의됐기 때문입니다. 객체가 모듈의 성격을 가지므로 클래스 역시 모듈의 성격을 띱니다. 자바스크립트 객체에 프로퍼티를 정의하는 것은 변수 선언과 비슷하지만, 객체에 프로퍼티를 추가해도 전역 네임스페이스나 다른 객체의 프로퍼티에 영향을 끼치지 않습니다. 자바스크립트에는 몇 가지 수학 함수와 상수가 있지만 이들은 전역으로 정의되지 않고 전역 객체 Math 의 프로퍼티로 존재합니다. 예제 9-8에서도 같은 방법을 써서 SingletonSet이나 BitSet 같은 이름으로 전역 클래스를 정의하는 대신, 전역 객체 Sets 하나만 정의하고 이 객체의 프로퍼티가 클래스를 참조하도록 할 수 있었습니다. 그러면 Sets 라이브러리를 사용하는 사람은 Sets.Singleton, Sets.Bit 같은 이름으로 클래스를 사용했을 것입니다.

클래스와 객체를 통한 모듈화는 널리 쓰이고 유용하기도 하지만 그다지 발전되지는 않았습니다. 무엇보다도 모듈 내부의 세부 사항을 숨길 방법이 없습니다. 다시 예제 9-8로 돌아가서 이 예제를 모듈로 작성했다면, 추상 클래스는 모듈 내부에서만 사용하도록 하고 모듈 사용자에게는 완전히 구현된 서브클래스만 공개하길 원했을 것입니다. 마찬가지로 BitSet 클래스의 _valid()와 _has() 메서드는 내부 유틸리티이며, 클래스 사용자에게 노출되어서는 안 됩니다. BitSet.bits와 BitSet.masks는 숨겨 두면 더 좋을 세부 사항입니다.

8.6절에서 설명했듯 함수에서 선언한 로컬 변수와 중첩된 함수는 그 안에서만 사용할 수 있는 비공개 값입니다. 즉, 즉시 호출하는 함수 표현식을 사용해 세부 사항과 유틸리티 함수를 내부에 숨기고 모듈의 공개 API만 반환해서 일종의 모듈성을 얻을 수 있습니다. BitSet 클래스라면 다음과 같이 모듈을 만들 수 있습니다.

---

1 (옮긴이) 클래스는 메서드의 세부 구현 사항을 숨기고 다른 함수를 덮어 쓰는 사고를 방지한다는 점에서 모듈의 역할을 수행한다고 볼 수 있습니다.

```
const BitSet = (function() {  // BitSet을 반환합니다.
    // 비공개 세부 사항
    function isValid(set, n) { ... }
    function has(set, byte, bit) { ... }
    const BITS = new Uint8Array([1, 2, 4, 8, 16, 32, 64, 128]);
    const MASKS = new Uint8Array([~1, ~2, ~4, ~8, ~16, ~32, ~64, ~128]);

    // 모듈의 공개 API는 여기서 정의하고 반환하는 BitSet 클래스뿐입니다.
    // 위에서 정의한 비공개 함수와 상수는 BitSet 클래스만 사용할 수 있고
    // 클래스 사용자에게는 보이지 않습니다.
    return class BitSet extends AbstractWritableSet {
        // 생략
    };
}());
```

이렇게 모듈성을 확보하는 것은 모듈에 아이템이 하나 이상 있을 때 더 흥미롭습니다. 예를 들어 다음 코드는 mean()과 stddev() 함수를 내보내고 세부 사항은 숨기는 통계 모듈입니다.

```
// 다음과 같이 통계 모듈을 정의합니다.
const stats = (function() {
    // 모듈에서만 사용하는 비공개 유틸리티 함수
    const sum = (x, y) => x + y;
    const square = x => x * x;

    // 내보낼 공개 함수
    function mean(data) {
        return data.reduce(sum)/data.length;
    }

    // 내보낼 공개 함수
    function stddev(data) {
        let m = mean(data);
        return Math.sqrt(
            data.map(x => x - m).map(square).reduce(sum)/(data.length-1)
        );
    }

    // 공개 함수를 객체 프로퍼티로 내보냅니다.
    return { mean, stddev };
}());

// 모듈은 다음과 같이 사용합니다.
stats.mean([1, 3, 5, 7, 9])    // => 5
stats.stddev([1, 3, 5, 7, 9])  // => Math.sqrt(10)
```

10.1.1 클로저를 사용하는 자동 모듈화

파일의 시작과 끝에 텍스트를 조금 삽입해 자바스크립트 코드를 이런 형태의 모듈로 쉽게 바꿀 수 있습니다. 내보낼 값과 그렇지 않은 값을 구분할 수 있도록 코드에서 규칙을 조금만 지키면 됩니다.

파일 세트를 받아서 즉시 호출하는 함수 표현식으로 각 파일 콘텐츠를 래퍼로 감싸고 이들을 큰 파일 하나에 병합하며, 각 함수의 반환 값을 추적하는 도구가 필요하다고 합시다. 다음과 같이 만들 수 있습니다.

```javascript
const modules = {};
function require(moduleName) { return modules[moduleName]; }

modules["sets.js"] = (function() {
    const exports = {};

    // sets.js 파일 내용이 여기 들어갑니다.
    exports.BitSet = class BitSet { ... };

    return exports;
}());

modules["stats.js"] = (function() {
    const exports = {};

    // stats.js 파일 내용이 여기 들어갑니다.
    const sum = (x, y) => x + y;
    const square = x = > x * x;
    exports.mean = function(data) { ... };
    exports.stddev = function(data) { ... };

    return exports;
}());
```

앞의 예제처럼 모듈을 파일 하나로 합치면 다음과 같이 사용할 수 있습니다.

```javascript
// 필요한 모듈 또는 그 콘텐츠 참조를 가져옵니다.
const stats = require("stats.js");
const BitSet = require("sets.js").BitSet;

// 모듈을 사용하는 코드를 작성합니다.
let s = new BitSet(100);
s.insert(10);
s.insert(20);
s.insert(30);
let average = stats.mean([...s]); // 평균은 20입니다.
```

이 코드는 웹팩이나 파셀 같은 웹 브라우저용 코드 번들링 도구가 하는 일을 간단히 요약한 것이며 노드 프로그램에서 사용하는 require() 함수도 이와 비슷하게 동작합니다.

10.2 노드 모듈

노드 프로그래밍에서는 일반적으로 프로그램을 여러 개의 파일로 나눕니다. 이 파일은 빠른 파일 시스템에 존재한다고 가정하므로, 비교적 느린 네트워크 연결을 통해 자바스크립트 파일을 불러오는 웹 브라우저와 달리 노드 프로그램을 파일 하나로 모을 필요가 없습니다.

노드에서 각 파일은 비공개 네임스페이스를 가진 독립적 모듈입니다. 파일에서 정의한 상수, 변수, 함수, 클래스는 모두 파일에서 내보내지 않는 한 비공개입니다. 모듈에서 명시적으로 내보내야만 다른 모듈에서 그 값을 가져올 수 있습니다.

노드 모듈은 require() 함수를 통해 다른 모듈을 가져오고, Exports 객체의 프로퍼티를 수정하거나 module.exports 객체 자체를 바꾸는 방법으로 공개 API를 내보냅니다.

10.2.1 노드 내보내기

노드의 전역 객체 exports는 항상 정의되어 있습니다. 여러 가지 값을 내보내는 노드 모듈을 만들 때 다음과 같이 이 객체의 프로퍼티로 할당하면 됩니다.

```
const sum = (x, y) => x + y;
const square = x => x * x;

exports.mean = data => data.reduce(sum)/data.length;
exports.stddev = function(d) {
    let m = exports.mean(d);
    return Math.sqrt(d.map(x => x - m).map(square).reduce(sum)/(d.length-1));
};
```

함수와 클래스로 구성된 객체를 내보내지 않고 함수나 클래스 하나만 내보낼 때도 많습니다. 이럴 때는 내보낼 값을 module.exports에 할당합니다.

```
module.exports = class BitSet extends AbstractWritableSet {
    // 클래스 바디
};
```

module.exports의 기본 값은 exports가 참조하는 것과 같은 객체입니다. 앞에서 사용한 통계 모듈에서도 평균을 계산하는 함수를 exports.mean 대신 module.exports.mean에 할당할 수 있습니다. 통계 모듈 같은 모듈에서는 함수를 하나씩 내보내기보다는 다음과 같이 모듈 마지막에서 객체 하나로 내보내는 경우도 많습니다.

```
// 공개와 비공개 함수를 모두 정의합니다.
const sum = (x, y) => x + y;
const square = x => x * x;
const mean = data => data.reduce(sum)/data.length;
const stddev = d => {
    let m = mean(d);
    return Math.sqrt(d.map(x => x - m).map(square).reduce(sum)/(d.length-1));
};

// 공개할 것만 내보냅니다.
module.exports = { mean, stddev };
```

10.2.2 노드 가져오기

노드 모듈은 require() 함수를 호출해 다른 모듈을 가져옵니다. 이 함수의 인자는 가져올 모듈 이름이며 반환 값은 모듈이 내보내는 값(일반적으로 함수, 클래스, 객체)입니다.

노드에 내장된 시스템 모듈이나 패키지 매니저로 설치한 모듈을 가져올 때는 /를 쓰지 않고 다음와 같이 모듈 이름만 씁니다. /를 쓰면 파일 시스템 경로로 바뀝니다.

```
// 노드에 내장된 모듈입니다.
const fs = require("fs");          // 내장된 파일 시스템 모듈
const http = require("http");      // 내장된 HTTP 모듈

// 익스프레스는 따로 설치한 서드 파티 모듈입니다.
const express = require("express");
```

직접 만든 모듈을 가져올 때는 모듈 이름에 그 파일의 경로를 현재 모듈에 상대적으로 써야 합니다. /로 시작하는 절대 경로를 쓰면 안 되는 건 아니지만, 프로그램의 일부분인 모듈을 가져올 때는 일반적으로 ./나 ../로 시작하는 이름을 써서 현재 디렉터리에 상대적임을 나타냅니다. 예를 들어 다음을 보십시오.

```
const stats = require('./stats.js');
const BitSet = require('./utils/bitset.js');
```

.js 확장자를 생략해도 노드에서 파일을 찾을 수 있지만 파일 확장자는 명시적으로 쓰는 경우가 더 많습니다.

모듈이 함수나 클래스 하나만 내보낸다면 require()를 쓰기만 하면 됩니다. 모듈에서 여러 프로퍼티가 있는 객체를 내보낸다면 객체 전체를 가져올 수도 있고 분해 할당을 통해 원하는 프로퍼티만 가져올 수도 있습니다. 다음 예제를 보십시오.

```
// 함수를 포함해 stats 객체 전체를 가져옵니다.
const stats = require('./stats.js');

// 필요 없는 함수도 포함됐지만 이들은 모두 "stats" 네임스페이스로 정리되어 있습니다.
let average = stats.mean(data);

// 분해 할당을 통해 원하는 함수만 로컬 네임스페이스에 가져올 수도 있습니다.
const { stddev } = require('./stats.js');

// 간결해졌지만 stddev() 함수의 네임스페이스가 사라졌습니다.
let sd = stddev(data);
```

10.2.3 웹의 노드 스타일 모듈

Exports 객체와 require() 함수는 노드 모듈에서 사용합니다. 웹팩 같은 번들링 도구로 코드를 처리한다면 웹 브라우저에서도 이런 스타일의 모듈을 사용할 수 있습니다. 최근까지도 널리 사용된 방법이므로 웹팩으로 처리한 코드를 자주 볼 수 있습니다.

이제 자바스크립트에도 모듈 문법 표준이 있으므로 번들러를 사용하던 개발자 중에도 import와 export 문을 포함한 공식 자바스크립트 모듈로 이전하는 사람이 생길 겁니다.

10.3 ES6 모듈

ES6에서 import와 export 키워드를 자바스크립트에 추가하면서 마침내 언어 코어에서 모듈을 지원하기 시작했습니다. ES6의 모듈성은 노드의 모듈성과 같은 개념입니다. 각 파일이 하나의 모듈이며 파일에서 정의한 상수, 변수, 함수, 클래스는 명시적으로 내보내지 않는 한 해당 모듈에서만 사용됩니다. 모듈에서 값을 내보내면 다른 모듈에서 명시적으로 가져와 사용할 수 있습니다. ES6 모듈의 문법은 노드 모듈과 내보내기/가져오기 문법에 차이가 있고 웹 브라우저에서 모듈을 정의하는 방법도 다릅니다. 이어지는 절에서 이 점을 자세히 설명합니다.

하지만 먼저 ES6 모듈이 일반적인 자바스크립트의 '스크립트'와 중요한 차이가 있다는 점을 알아야 합니다. 가장 명백한 차이는 모듈성 자체입니다. 일반적인 스크립트에서는 최상위에서 선언한 변수, 함수, 클래스는 모두 모든 스크립트가 공유하는 전역 컨텍스트에 들어갑니다. 모듈에서는 각 파일에 비공개 컨텍스트가 있으며 import와 export 문을 사용할 수 있습니다. 모듈과 스크립트에는 다른 차이도 있습니다. ES6 모듈의 코드는 ES6 class 문에 있는 코드와 마찬가지로 자동으로 스트릭트 모드에 들어갑니다(5.6.3절 참고). 따라서 ES6 모듈을 사용할 때는 "use strict"를 쓰지 않아도 됩니다. 또한 모듈의 코드에서는 with 문이나 arguments 객체, 선언되지 않은 변수를 사용할 수 없습니다. ES6 모듈은 스트릭트 모드보다 좀 더 엄격합니다. 스트릭트 모드에서 함수로 호출된 함수의 this는 undefined입니다. 모듈에서는 최상위 코드에서도 this가 undefined입니다. 웹 브라우저와 노드의 스크립트에서 this가 전역 객체인 것과는 다릅니다.

> ☑️ **웹과 노드의 ES6 모듈**
>
> 독립적인 모듈을 조합해 웹 페이지에 사용하기 알맞은 번들로 합치는 웹팩 같은 코드 번들러 덕분에 ES6 모듈도 이미 몇 년째 웹에서 사용되고 있었습니다. 하지만 이 글을 쓰는 시점을 기준으로 인터넷 익스플로러를 제외한 모든 웹 브라우저에서 마침내 ES6 모듈을 정식으로 지원합니다. 네이티브로 지원하는 브라우저에서는 이 장에서 설명할 <script type="module"> 태그를 사용해 ES6 모듈을 HTML 페이지에 삽입할 수 있습니다.
>
> 노드가 자바스크립트의 모듈화를 도왔다고도 볼 수 있지만, 그 때문에 완전히 호환되지 않는 두 가지 모듈 시스템을 지원해야 하는 상황에 처했습니다. 노드 13은 ES6 모듈을 지원하지만 아직은 노드 프로그램 대다수가 노드 모듈을 사용합니다.

10.3.1 ES6 내보내기

ES6 모듈에서 상수, 변수, 함수, 또는 클래스를 내보낼 때는 다음과 같이 선언 앞에 export 키워드를 추가합니다.

```
export const PI = Math.PI;

export function degreesToRadians(d) { return d * PI / 180; }

export class Circle {
    constructor(r) { this.r = r; }
```

```
    area() { return PI * this.r * this.r; }
}
```

평소처럼 export 문 없이 상수, 변수, 함수, 클래스를 정의하고, (일반적으로 모듈 맨 끝에) export 문을 하나만 써서 무엇을 내보낼지 정확히 선언하는 방법도 있습니다. 앞의 코드에서 세 번 내보낸 것을 다음과 같이 하나로 묶을 수 있습니다.

```
export { Circle, degreesToRadians, PI };
```

이 문법은 단축 프로퍼티 표기법을 사용한 객체 리터럴을 export 키워드 뒤에 붙인 것처럼 보이지만, 여기서 쓴 중괄호가 객체 리터럴을 정의하지는 않습니다. 내보내기 문법에서 중괄호 안에 콤마로 구분된 식별자 리스트를 쓰도록 정했을 뿐입니다.

함수나 클래스 하나만 내보내는 모듈을 만드는 경우가 많은데, 이럴 때는 보통 export 대신 export default를 사용합니다.

```
export default class BitSet {
    // 클래스 바디
}
```

디폴트 내보내기[2]는 default를 쓰지 않는 내보내기에 비해 사용하기 쉽습니다.

export를 사용하는 일반 내보내기는 이름이 있는 선언에서만 사용할 수 있습니다. export default를 사용하는 디폴트 내보내기는 익명 함수 표현식과 익명 클래스 표현식을 포함해 어떤 표현식이든 내보낼 수 있습니다. export default를 사용하면 객체 리터럴도 내보낼 수 있습니다. export 문법과 달리 export default 뒤에 중괄호가 있다면 실제로 객체 리터럴을 내보내는 겁니다.

흔히 보이진 않지만, 모듈에서 일반 내보내기와 디폴트 내보내기를 섞어 써도 무방합니다. 하지만 디폴트 내보내기는 여러 개를 쓸 수 없습니다.

마지막으로, export 키워드는 자바스크립트 코드의 최상위 레벨에만 존재할 수 있습니다. 클래스, 함수, 루프, 조건문 안에서 값을 내보낼 수는 없습니다. 이는 ES6 모듈 시스템의 중요한 특징이며 이 때문에 정적 분석이 가능합니다. 모듈은 항상 같은 값을 내보내며 내보낸 심벌은 모듈을 실제로 실행하기 전에 평가할 수 있습니다.

---

2 (옮긴이) default export를 '기본 내보내기'라고 표기하면 export를 사용하는 일반 내보내기와 혼동하기 쉽다고 생각해 이렇게 표기했습니다.

10.3.2 ES6 가져오기

다른 모듈에서 내보낸 값을 import 키워드로 가져올 수 있습니다. 디폴트 내보내기
를 정의한 모듈에서 가져오는 것이 가장 단순합니다.

```
import BitSet from './bitset.js';
```

이 문법은 import 키워드, 식별자, from 키워드, 디폴트 내보내기를 사용한 모듈의
이름 순입니다. 지정된 모듈의 디폴트 내보내기 값이 현재 모듈의 식별자 값이 됩
니다.

가져온 값이 할당된 식별자는 const 키워드를 사용한 것처럼 상수로 선언됩니다.
내보내기와 마찬가지로 가져오기 역시 모듈의 최상위 레벨에만 존재할 수 있으며
클래스, 함수, 루프, 조건문 안에는 존재할 수 없습니다. 개발자 거의 대부분이 모
듈에 필요한 가져오기를 모듈 맨 위에 작성합니다. 하지만 이렇게 하는 것이 필수
는 아닙니다. 함수 선언과 마찬가지로 가져오기는 모듈 맨 위로 끌어올려지므로 가
져온 값은 모듈 어디에서든 사용할 수 있습니다.

값을 가져올 모듈 이름은 작은따옴표나 큰따옴표 안에 불변하는 문자열 리터럴
로 표기합니다. 값이 문자열인 변수나 표현식을 사용할 수 없고, 백틱 역시 사용할
수 없습니다. 템플릿 리터럴은 변수를 받으므로 일정하지 않기 때문입니다. 웹 브
라우저는 이 문자열을 가져오는 모듈 위치에 상대적인 URL로 해석합니다. 노드나
번들링 도구에서는 이 문자열을 현재 모듈에 상대적인 파일 경로로 해석하지만 현
실적으로 큰 차이는 없습니다. **모듈 지정자**(module specifier) 문자열은 반드시 /
로 시작하는 절대 경로, ./나 ../로 시작하는 상대 경로, 프로토콜과 호스트 이름을
포함한 완전한 URL 중 하나여야 합니다. ES6 명세는 util.js 같은 모듈 지정자 문
자열을 허용하지 않습니다. 이런 문자열은 현재 모듈과 같은 디렉터리에 있는 모
듈 이름인지, 아니면 특정 위치에 설치된 어떤 시스템 모듈 이름인지 모호하기 때
문입니다. 웹팩 같은 코드 번들링 도구는 라이브러리 디렉터리를 지정할 수 있으므
로 이런 제한을 지키지 않습니다. 자바스크립트의 미래 버전에서는 이런 제한이 사
라질 수도 있지만 지금은 아닙니다. 현재 모듈과 같은 디렉터리에서 모듈을 가져올
때는 모듈 이름 앞에 ./를 붙여서 "./util.js"처럼 가져오십시오.

지금까지는 export default를 사용하는 모듈에서 값 하나를 가져오는 경우만 설
명했습니다. 여러 값을 내보내는 모듈에서 가져올 때는 조금 다른 문법을 사용합
니다.

```
import { mean, stddev } from "./stats.js";
```

디폴트 내보내기를 사용할 때는 이름이 없어도 된다고 설명했습니다. 대신 값을 가져오는 모듈에서 이름을 지정합니다. 하지만 default를 사용하지 않는 내보내기에서는 내보내는 값에 이름이 있고, 가져오는 모듈에서는 그 이름으로 값을 참조합니다. 내보내는 모듈에서 이름 붙은 값의 개수는 제한이 없습니다. 해당 모듈을 참조하는 import 문은 중괄호 안에 원하는 이름을 써서 원하는 값만 가져올 수 있습니다. 이런 import 문의 중괄호는 분해 할당처럼 보이는데, 실제로 분해 할당과 비슷하게 동작합니다. 중괄호 안에 있는 식별자는 모두 가져오는 모듈의 맨 위로 끌어올려지며 상수처럼 동작합니다.

스타일 가이드 중에는 모듈에서 사용할 심벌을 모두 명시적으로 가져오길 권하는 가이드가 있습니다. 여러 가지를 내보내는 모듈에서 가져올 때는 다음과 같이 쉽게 전부 가져올 수 있습니다.

```
import * as stats from "./stats.js";
```

이런 import 문은 객체를 생성하고 stats라는 상수에 그 객체를 할당합니다. default를 사용하지 않는 내보내기 값은 stats 객체의 프로퍼티가 됩니다. default를 사용하지 않는 내보내기에는 항상 이름이 있고 이 이름이 객체의 프로퍼티 이름으로 사용됩니다. 이 프로퍼티는 상수와 마찬가지로 삭제하거나 변경할 수 없습니다. 위 예제처럼 와일드카드를 써서 가져오면 stats.mean()과 stats.stddev()처럼 stats 객체를 통해 호출합니다.

모듈은 일반적으로 디폴트 내보내기 하나만 사용하거나 이름 붙은 내보내기 여러 개를 사용합니다. 흔히 쓰이지는 않지만 export와 export default를 둘 다 사용해도 문제는 없습니다. 이런 모듈에서 가져올 때는 다음과 같은 import 문을 사용합니다.

```
import Histogram, { mean, stddev } from "./histogram-stats.js";
```

지금까지 디폴트 내보내기와 default를 사용하지 않는 내보내기, 이름 붙은 내보내기에 대해 설명했습니다. import 문은 내보내기가 전혀 없는 모듈도 가져올 수 있습니다. 내보내기가 없는 모듈을 가져올 때는 다음과 같이 import 키워드와 함께 모듈 지정자를 사용합니다.

```
import "./analytics.js";
```

이런 모듈은 처음 가져올 때 실행됩니다. 이어지는 가져오기는 아무 일도 하지 않습니다. 함수를 정의하는 모듈은 함수를 최소 하나는 내보내야 의미가 있습니다. 하지만 모듈이 어떤 코드를 실행한다면 특별한 이름 없이 가져오기만 해도 의미가 있을 수 있습니다. 예를 들어 웹 애플리케이션 분석 모듈에서 이벤트 핸들러를 등록하고 이벤트 핸들러에서 필요한 데이터를 필요한 시간에 서버에 전송한다고 합시다. 이 모듈은 독립적이며 아무것도 내보낼 필요가 없지만, 프로그램의 일부로 실행되려면 import 문으로 가져와야 합니다.

내보내는 것이 있는 모듈이라도 빈 import 문법으로 가져올 수 있습니다. 내보내는 값과 상관없이 모듈에서 정의하는 어떤 동작이 유용하다면, 그 값이 필요하지 않더라도 그 기본 동작만 가져와 쓸 수 있습니다.

10.3.3 이름을 바꾸는 가져오기와 내보내기

두 모듈에서 서로 다른 값을 같은 이름으로 내보냈는데, 다른 모듈에서 그 두 값이 다 필요하다면 두 값 중 하나는 이름을 바꿔야 합니다. 마찬가지로, 가져올 값의 이름을 이미 모듈에서 사용하고 있을 때도 이름을 바꿔야 합니다. 가져올 때 다음과 같이 as 키워드를 써서 이름을 바꿀 수 있습니다.

```
import { render as renderImage } from "./imageutils.js";
import { render as renderUI } from "./ui.js";
```

위 두 행은 현재 모듈로 함수 두 개를 가져옵니다. 두 함수는 모두 render()라는 이름으로 내보냈지만, 가져올 때는 뜻이 더 분명한 renderImage()와 renderUI()라는 이름으로 바꿨습니다.

디폴트 내보내기에는 이름이 없다고 설명했습니다. 가져오는 모듈은 디폴트 내보내기를 가져올 때 항상 이름을 붙입니다. 따라서 이런 경우에는 문법이 따로 필요하지 않습니다.

그렇긴 하지만 가져올 때 이름을 바꿀 수 있으므로, 디폴트 내보내기와 이름 붙은 내보내기를 둘 다 사용하는 모듈에서는 다른 방법을 사용해 가져올 수 있습니다. 이전 절의 ./histogram-stats.js 모듈에서 디폴트 내보내기와 이름 붙은 내보내기를 모두 가져오는 다른 방법입니다.

```
import { default as Histogram, mean, stddev } from "./histogram-stats.js";
```

여기서 키워드 default는 일종의 플레이스홀더이며 디폴트 내보내기를 가져와 이름을 붙이는 역할을 합니다.

값을 내보낼 때도 이름을 바꿀 수 있지만 export 문 뒤에 중괄호를 사용해야 합니다. 이렇게 해야 하는 일은 자주 생기지 않습니다. 모듈 안에서는 짧고 간결한 이름을 쓰되, 내보낼 때는 다른 모듈과 충돌할 가능성이 적고 뜻이 더 분명한 이름을 쓰고 싶을 수도 있습니다. 가져오기와 마찬가지로 as 키워드를 사용합니다.

```
export {
    layout as calculateLayout,
    render as renderLayout
};
```

중괄호가 객체 리터럴처럼 보이기는 하지만 객체 리터럴은 아닙니다. 또한 export 키워드는 as 앞에 표현식이 아니라 식별자를 받습니다. 따라서 다음과 같이 이름을 바꿀 수는 없습니다.

```
export { Math.sin as sin, Math.cos as cos };  // SyntaxError
```

10.3.4 다시 내보내기

이 장 전체에서 mean()과 stddev()를 내보내는 가상의 모듈 ./stats.js를 사용했습니다. 실제로 그런 모듈을 만들 때 모듈 사용자 중 두 함수를 동시에 사용하는 사람이 거의 없을 것이라고 예상된다면 ./stats/mean.js 모듈에 mean()을 정의하고 ./stats/stddev.js 모듈에 stddev()을 정의하는 편이 나을 수 있습니다. 이렇게 하면 모듈을 사용하는 프로그램에서 원하는 함수만 정확히 가져올 수 있습니다.

하지만 이런 통계 함수를 개별 모듈에 정의해 놓고 보니 예상과 달리 두 함수를 다 사용하는 프로그램이 많아서, 두 함수를 한 번에 가져올 수 있는 ./stats.js 모듈이 다시 필요해졌다고 합시다.

두 모듈을 따로 만들었다면 다음과 같이 간단하게 ./stat.js 모듈로 모을 수 있습니다.

```
import { mean } from "./stats/mean.js";
import { stddev } from "./stats/stddev.js";
export { mean, stdev };
```

ES6 모듈은 이런 경우를 예상하고 특별한 문법을 만들었습니다. 단순히 다시 내보낼 목적으로 가져오는 것보다는, 다음과 같이 export 키워드와 from 키워드를 사용하는 '다시 내보내기' 문을 쓸 수 있습니다.

```
export { mean } from "./stats/mean.js";
export { stddev } from "./stats/stddev.js";
```

mean과 stddev를 실제로 코드에서 사용하지는 않았습니다. 다시 내보낼 때 필요한 것만 선택하지 않고 모듈에서 사용하는 값 전체를 내보낼 때는 다음과 같이 와일드카드를 쓸 수 있습니다.

```
export * from "./stats/mean.js";
export * from "./stats/stddev.js";
```

다시 내보내기 문법은 일반적인 import, export 문과 마찬가지로 as 키워드를 허용합니다. mean() 함수를 그대로 내보내되 average()로 함수의 이름은 바꾸고 싶다면 다음과 같이 하십시오.

```
export { mean, mean as average } from "./stats/mean.js";
export { stddev } from "./stats/stddev.js";
```

이 예제는 ./stats/mean.js와 ./stats/stddev.js 모듈이 export default를 사용하지 않고 export로 함수를 내보낸다고 가정했습니다. 하지만 이들 모듈은 함수 하나만 내보내는 모듈이므로 export default를 썼을 가능성이 더 높습니다. 디폴트 내보내기를 사용했다면 다시 내보내기 문법에서 이름을 지정해야 하므로 조금 더 복잡해질 수 있습니다. 다음 예제를 보십시오.

```
export { default as mean } from "./stats/mean.js";
export { default as stddev } from "./stats/stddev.js";
```

다른 모듈의 이름 붙은 값을 현재 모듈의 디폴트 내보내기로 다시 내보내고 싶을 때는 import와 export default를 사용해도 되고, 다음과 같이 두 문을 조합해도 됩니다.

```
// ./stats.js에서 mean() 함수를 가져와 이 모듈의 디폴트 내보내기로 내보냅니다.
export { mean as default } from "./stats.js"
```

마지막으로, 다른 모듈의 디폴트 내보내기를 현재 모듈의 디폴트 내보내기로 다시 내보내려면 다음과 같이 합니다. 사용자가 그냥 다른 모듈을 직접 가져오면 되므로 이런 문법이 필요할지는 의문입니다.

```
// average.js은 stats/mean.js의 디폴트 내보내기를 그대로 내보냅니다.
export { default } from "./stats/mean.js"
```

10.3.5 웹의 자바스크립트 모듈

앞 절은 ES6 모듈과 import과 export 선언을 다소 추상적으로 설명했습니다. 이 절과 다음 절에서는 웹 브라우저에서 이들을 어떻게 사용하는지 다룹니다. 웹 개발 경험이 많지 않다면 15장을 읽고 오길 권합니다.

2020년 초반 기준, ES6 모듈을 사용하는 실무 코드는 여전히 웹팩 같은 도구를 사용하고 있습니다. 장단이 있긴 하지만, 전체적으로 볼 때 코드 번들링을 하면 성능이 더 좋아집니다.[3] 나중에 네트워크 속도가 빨라지고 브라우저 제조사들이 ES6 모듈 구현을 계속 최적화하면 상황이 바뀔 수 있습니다.

실무에서 여전히 번들링 도구를 사용하고 있더라도, 앞으로의 개발에는 점점 필요가 없어질 것입니다. 최신 브라우저는 모두 자바스크립트 모듈을 네이티브로 지원하기 때문입니다. 모듈은 기본적으로 스트릭트 모드를 사용하므로 this는 전역 객체를 참조하지 않으며 최상위 선언도 기본적으로 공유되지 않습니다. 모듈은 반드시 비모듈 코드와 다르게 실행되어야 하므로, ES6 모듈이 발전하면서 HTML도 바뀌었습니다. 웹 브라우저에서 import 지시자를 네이티브로 사용할 때는 반드시 <script type="module"> 태그를 써서 모듈 코드임을 알려야 합니다.

ES6 모듈은 각 모듈이 가져오기의 정적 세트를 갖는다는 훌륭한 특징이 있습니다. 웹 브라우저는 하나의 모듈에서 시작해 그 모듈이 가져오는 모듈을 모두 불러오고, 그렇게 불러온 모듈이 가져오는 모듈을 불러오는 식으로 프로그램 전체를 불러옵니다. import 문의 모듈 지정자가 상대적 URL로 취급된다는 것은 설명했습니다. <script type="module"> 태그는 모듈 프로그램의 출발점입니다. 이 모듈이 가져오는 모듈은 <script> 태그에 쓰지 않더라도 일반적인 자바스크립트 파일로 불러오며 스트릭트 모드에서 실행됩니다. 다음와 같이 <script type="module"> 태그

---

3 예를 들어 웹 애플리케이션이 부분적인 업데이트를 자주 수행하고 사용자 역시 재방문 횟수가 많다면, 작은 모듈을 사용하는 편이 브라우저의 캐시를 더 잘 활용할 수 있으므로 큰 번들에 비해 평균적으로 성능이 더 좋을 수 있습니다.

를 쓰기만 하면 모듈화된 자바스크립트 프로그램의 진입 지점을 간단하게 정의할 수 있습니다.

```
<script type="module">import "./main.js";</script>
```

<script type="module"> 태그 안에 있는 것은 인라인 ES6 모듈이며 export 문도 이와 같이 사용할 수 있습니다. 하지만 그렇게 하더라도 별 의미는 없습니다. HTML <script> 태그 문법은 인라인 모듈에 이름을 정의할 방법이 없으므로 이런 식으로 모듈에서 값을 내보내더라도 다른 모듈에서 가져올 방법이 없습니다.

type="module" 속성을 지정한 스크립트는 defer 속성을 가진 스크립트와 마찬가지로 로드되고 실행됩니다. HTML 파서가 <script> 태그를 만나는 즉시 코드를 불러오기 시작합니다. 모듈의 경우 이렇게 코드를 불러오는 작업은 재귀적으로 자바스크립트 파일 여러 개를 불러올 수 있습니다. 하지만 코드 실행은 HTML 분석이 끝날 때까지 지연됩니다. HTML 분석이 끝나면 모듈 스크립트와 그렇지 않은 스크립트를 HTML 문서 소스 순서대로 실행합니다.

일반적인 스크립트와 마찬가지로 async 속성으로 모듈의 실행 시점을 바꿀 수 있습니다. async 모듈은 HTML 분석이 끝나지 않았어도 스크립트 간 순서와 관계없이 코드를 불러오는 즉시 실행합니다.

<script type="module"> 태그를 지원하는 웹 브라우저는 반드시 <script nomodule> 태그 역시 지원해야 합니다. 모듈을 인식하는 브라우저는 nomodule 속성이 있는 스크립트를 모두 무시하고 실행하지 않습니다. 모듈을 지원하지 않는 브라우저는 nomodule 속성을 인식하지 못하므로 속성을 무시하고 스크립트를 실행합니다. 이를 통해 브라우저 호환성 문제를 해결할 수 있습니다. ES6 모듈을 지원하는 브라우저는 클래스, 화살표 함수, for/of 루프 같은 최신 자바스크립트 기능도 지원합니다. 최신 자바스크립트 코드를 작성하고 <script type="module">을 사용하면 이를 지원하는 브라우저에서만 불러옵니다. 2020년 기준으로 ES6을 지원하지 않는 브라우저는 IE11 하나뿐인데, 이를 위한 대비책으로 바벨과 웹팩 같은 도구를 사용해 모듈을 사용하지 않는 ES5 코드로 변환한 다음 <script nomodule>로 불러올 수 있습니다.

일반적인 스크립트와 모듈 스크립트 사이에는 교차 출처(cross-origin) 로드에도 차이가 있습니다. 일반적인 <script> 태그는 인터넷에 존재하는 어떤 서버에서든

자바스크립트 코드 파일을 불러옵니다. 인터넷에 만연한 광고, 분석, 추적 코드는 모두 이를 기반으로 만들어졌습니다. `<script type="module">` 태그는 이런 난잡함을 정리해서 HTML 문서와 같은 서버, 또는 CORS 헤더에서 허용하는 서버에서만 모듈을 불러옴으로써 교차 출처에 따른 위험을 줄입니다. 안타깝게도 새 보안 제한에는 부작용이 하나 있습니다. 개발 과정에서 `file:` URL을 써서 ES6 모듈을 테스트하기 어렵다는 점입니다. ES6 모듈을 사용할 때는 테스트에 사용할 정적 웹 서버를 준비해야 합니다.

일부 프로그래머는 모듈 파일에 `.mjs` 확장자를 사용해서 전통적인 `.js` 확장자를 쓰는 비모듈 자바스크립트와 구분합니다. 웹 브라우저와 `<script>` 태그 입장에서는 어떤 파일 확장자를 쓰든 상관없습니다. 하지만 MIME 타입은 확장자가 상관있으므로 `.mjs` 파일을 사용한다면 웹 서버에서 이들을 `.js` 파일과 같은 MIME 타입으로 전송하도록 설정해야 합니다. 노드는 확장자를 각 파일이 사용하는 모듈 시스템에 대한 힌트로 간주합니다. ES6 모듈을 노드에서 사용하려면 `.mjs` 확장자를 도입하는 게 유용합니다.

10.3.6 import()와 동적 가져오기

ES6의 `import`와 `export` 지시자는 완전히 정적이므로 자바스크립트 인터프리터를 비롯한 다른 도구에서 모듈 코드를 실제로 실행하지 않고 단순히 텍스트만 분석함으로써 모듈 사이의 관계를 확인할 수 있습니다. 정적으로 가져온 모듈에서는 모듈로 가져온 값이 모듈의 코드보다 먼저 준비된다고 확신할 수 있습니다.

웹에서는 코드를 파일 시스템에서 읽지 않고 네트워크를 통해 전송합니다. 전송이 끝난 코드는 비교적 느린 CPU를 탑재한 모바일 장치에서 실행될 때가 많습니다. 이런 환경에서 프로그램 전체를 불러와야만 실행을 시작하는 정적 모듈 가져오기는 별로 좋지 않습니다.

웹 애플리케이션에서는 첫 번째 페이지를 렌더링하는 데 필요한 코드만 먼저 불러오는 일이 흔합니다. 그리고 사용자가 콘텐츠 일부를 사용할 수 있게 된 상황에서 나머지 부분에 필요한 코드를 계속 가져올 수 있습니다. 웹 브라우저는 DOM API를 사용해 현재 HTML 문서에 새 `<script>` 태그를 삽입할 수 있으므로 이런 방식을 취한 웹 애플리케이션이 많습니다.

동적 로딩은 이미 오랫동안 사용됐지만 자바스크립트 언어 자체의 일부는 아니었습니다. ES2020에서 import()를 도입하면서 상황은 달라졌습니다. 2020년 초반 기준으로 ES6 모듈을 지원하는 브라우저는 모두 동적 가져오기도 지원합니다. 모듈 지정자를 import()에 전달하면 import()는 지정된 모듈을 비동기로 불러오고 실행하는 프로세스인 프라미스 객체를 반환합니다. 동적 가져오기가 완료되면 프라미스는 '이행(fulfill)'되며 정적 가져오기 문 형태로 import * as를 사용한 것 같은 객체를 반환합니다. 비동기 프로그래밍과 프라미스에 대해서는 13장에서 설명합니다.

./stats.js 모듈을 정적으로 가져오는 코드는 다음과 같습니다.

```
import * as stats from "./stats.js";
```

해당 모듈은 다음과 같이 동적으로 가져와서 사용할 수 있습니다.

```
import("./stats.js").then(stats => {
    let average = stats.mean(data);
})
```

async 함수라면 await를 써서 다음과 같이 단순화할 수 있습니다.

```
async analyzeData(data) {
    let stats = await import("./stats.js");
    return {
        average: stats.mean(data),
        stddev: stats.stddev(data)
    };
}
```

import()의 인자는 정적 import 지시자와 마찬가지로 모듈 지정자를 써야 합니다. 하지만 import()에서는 문자열 리터럴뿐만 아니라 적절한 문자열 형태로 평가되는 표현식도 쓸 수 있습니다.

동적 import()는 함수 호출처럼 보이지만 그렇지는 않습니다. import()는 연산자이며 괄호는 연산자 문법의 일부분입니다. 이렇게 독특한 문법을 사용하는 이유는 import()가 모듈 지정자를 현재 실행되는 모듈에 상대적인 URL로 해석해야 하고, 이 과정에서 일반적으로 자바스크립트 함수에는 쓸 수 없는 동작이 필요하기 때문입니다. 현실적으로는 함수와 연산자의 구분에 별 의미는 없지만, console.log (import);나 let require = import; 같은 코드를 써 보면 차이를 느낄 수 있습니다.

마지막으로, 동적 import()는 웹 브라우저 전용이 아닙니다. 웹팩 같은 코드 번들링 도구로도 import()를 잘 사용할 수 있습니다. 코드 번들러를 가장 단순하게 사용하는 방법은 프로그램의 진입점을 설정하고 번들러가 정적 import 지시자를 모두 찾아 큰 파일 하나로 바꾸게 하는 방법입니다. 하지만 동적 import() 호출을 잘 사용하면 단단히 짜인 번들 하나를 더 작은 번들 세트로 나눠 필요에 따라 불러오게 바꿀 수 있습니다.

10.3.7 import.meta.url

ES6 모듈 시스템의 마지막 기능입니다. ES6 모듈에서 특별한 문법 import.meta는 현재 실행 중인 모듈에 관한 메타데이터를 담은 객체를 참조합니다. 일반적인 `<script>`나 require()로 불러온 노드 모듈에서는 불가능합니다. 이 객체의 url 프로퍼티는 모듈을 불러온 URL입니다. 노드에서는 file:// URL입니다.

import.meta.url의 대표적인 사용처는 모듈과 같은 디렉터리, 또는 그 디렉터리에 상대적인 경로를 통해 이미지, 데이터 파일, 기타 자원을 참조하는 겁니다. URL() 생성자를 사용하면 상대 URL을 import.meta.url 같은 절대 URL을 기준으로 쉽게 해석할 수 있습니다. 예를 들어 지역에 맞게 변환해야 할 문자열이 포함된 모듈이 있고 그 지역화 파일은 모듈과 같은 l10n/ 디렉터리에 저장됐다고 합시다. 다음과 같은 함수를 만들어 문자열을 가져올 URL을 얻을 수 있습니다.

```
function localStringsURL(locale) {
    return new URL(`l10n/${locale}.json`, import.meta.url);
}
```

10.4 요약

모듈의 목표는 코드의 세부 사항을 숨기고 다양한 소스에서 가져온 코드가 서로 충돌할 걱정 없이 큰 프로그램으로 모으는 것입니다. 이 장에서는 자바스크립트 모듈 시스템을 세 가지 설명했습니다.

- 자바스크립트 초기에는 즉시 호출하는 함수 표현식을 활용하는 방법뿐이었습니다.
- 노드는 자바스크립트 언어를 바탕으로 자신만의 모듈 시스템을 만들었습니다.

노드 모듈은 require()를 통해 가져오며, 내보낼 값은 Exports 객체의 프로퍼티나 module.exports 프로퍼티로 정의합니다.

- 자바스크립트는 ES6에서 마침내 import와 export 키워드를 사용하는 모듈 시스템을 도입했고, ES2020에서 import()를 사용한 동적 가져오기 지원을 추가했습니다.

11장

자바스크립트 표준 라이브러리

숫자와 문자열(3장), 객체(6장), 배열(7장) 같은 데이터 타입은 자바스크립트와 너무 밀접해서 언어 자체의 일부로 봐도 됩니다. 이 장에서는 데이터 타입처럼 중요하지만 그만큼 밀접하지는 않은 것 중 자바스크립트의 '표준 라이브러리'라고 생각해도 무방한 API에 대해 설명합니다. 이들은 자바스크립트에 내장되어 있으며 웹 브라우저와 노드에서 모두 사용할 수 있습니다.[1]

각각의 절은 독립적이므로 순서대로 읽지 않아도 됩니다.

- 값 세트를 나타내는 Set 클래스, 값과 다른 값을 연결하는 Map 클래스
- 이진 데이터 배열을 나타내는 배열 비슷한 객체 형식화 배열(TypedArray). 배열이 아닌 이진 데이터에서 값을 추출하는 관련 클래스도 설명합니다.
- 텍스트 패턴을 정의하며 텍스트 처리에 유용한 정규 표현식과 RegExp 클래스. 이 절에서는 정규 표현식 문법도 자세히 설명합니다.
- 날짜와 시간을 담당하는 Date 클래스
- 자바스크립트 프로그램에서 에러가 일어났을 때 반환되는 Error 클래스와 그 서브클래스
- 객체, 배열, 문자열, 숫자, 불로 구성된 자바스크립트 데이터 구조의 직렬화와 역

---

1 이 장에서 설명하는 내용이 전부 자바스크립트 언어 명세에 포함된 건 아닙니다. 여기서 설명하는 클래스와 함수 일부는 먼저 웹 브라우저에서 구현된 다음 노드에서도 받아들였으므로 사실상 자바스크립트 표준입니다.

직렬화를 지원하는 JSON 객체

- 자바스크립트 프로그램을 지역화할 때 필요한 Intl(International) 객체와 그 클래스
- 프로그램을 디버그하고 동작을 기록하기에 유용한 방식으로 문자열을 출력하는 Console 객체
- URL을 분석하고 조작하는 작업을 돕는 URL 클래스. 이 절에서는 URL과 그 구성 요소를 인코드하고 디코드하는 전역 함수에 대해서도 설명합니다.
- 지정된 시간이 지난 후 코드를 실행하는 setTimeout()과 그 관련 함수

이 장의 일부, 특히 형식화 배열과 정규 표현식을 다룬 절은 해당 타입을 효율적으로 사용하는 데 필요한 배경지식을 함께 설명하므로 양이 상당히 많습니다. 하지만 그 밖의 절에서는 대부분 짧고 단순하게 새 API를 소개하고 몇 가지 예제를 제시합니다.

11.1 세트와 맵

자바스크립트의 Object 타입은 프로퍼티 이름인 문자열과 임의의 값을 연결하는 다재다능한 데이터 구조입니다. 그리고 연결되는 값이 true처럼 고정된 값이면 그 객체는 문자열 세트나 마찬가지입니다.

자바스크립트 프로그래밍에서는 객체를 실제로 맵과 세트처럼 사용하는 일이 흔하지만 키가 문자열이어야 한다는 제약이 있고, 객체에서 일반적으로 상속하는 toString 같은 프로퍼티를 실제 맵과 세트에서 사용하는 경우는 드물기 때문에 과도하게 복잡해지기도 합니다.

ES6에서 이 문제를 해결하고자 진정한 Set와 Map 클래스를 도입했습니다.

11.1.1 Set 클래스

세트는 배열과 마찬가지로 값의 집합입니다. 하지만 배열과 달리 세트는 순서가 없고 인덱스도 없으며, 중복을 허용하지 않습니다. 값은 세트의 요소이거나 요소가 아닐 뿐, 그 값이 세트에 몇 개 있는지 알 수는 없습니다.

Set 객체는 Set() 생성자로 만듭니다.

```
let s = new Set();         // 새로운 빈 세트
let t = new Set([1, s]);   // 요소가 둘 있는 세트
```

Set() 생성자의 인자로는 배열과 Set 객체를 포함한 이터러블 객체 모두 허용됩니다.

```
let t = new Set(s);                    // s의 요소를 복사한 새 세트
let unique = new Set("Mississippi");   // "M", "i", "s", "p"
```

세트의 size 프로퍼티는 배열의 length 프로퍼티와 마찬가지로 세트에 포함된 값의 개수를 반환합니다.

```
unique.size        // => 4
```

세트를 생성하면서 동시에 초기화할 필요는 없습니다. 언제든 add(), delete(), clear()로 요소를 추가하거나 제거할 수 있습니다. 세트는 중복을 허용하지 않으므로 이미 세트에 존재하는 값을 추가해도 아무 효과 없습니다.

```
let s = new Set(); // 빈 세트로 시작합니다.
s.size             // => 0
s.add(1);          // 숫자를 추가합니다.
s.size             // => 1; 이제 세트엔 요소가 하나 있습니다.
s.add(1);          // 같은 숫자를 다시 추가합니다.
s.size             // => 1; 크기는 그대로입니다
s.add(true);       // 다른 값을 추가합니다. 타입이 달라도 상관없습니다.
s.size             // => 2
s.add([1,2,3]);    // 배열을 추가합니다.
s.size             // => 3; 배열이 추가됐습니다. 개별 요소가 추가된 것이 아닙니다.
s.delete(1)        // => true: 요소 1을 성공적으로 삭제했습니다.
s.size             // => 2: 크기는 다시 2입니다.
s.delete("test")   // => false: "test"는 요소가 아니므로 삭제에 실패합니다.
s.delete(true)     // => true: 요소 true를 성공적으로 삭제했습니다.
s.delete([1,2,3])  // => false: [1,2,3]은 세트에 포함된 배열과 다른 존재입니다.
s.size             // => 1: 세트에는 여전히 배열이 존재합니다.
s.clear();         // 세트의 요소를 모두 제거합니다.
s.size             // => 0
```

위 예제에는 몇 가지 중요한 포인트가 있습니다.

• add() 메서드는 인자를 하나 받습니다. 배열을 전달하면 개별 배열 요소가 아니라 배열 자체를 추가합니다. add()는 항상 자신을 호출한 세트를 반환하므로 세

트에 여러 가지 값을 추가할 때는 s.add('a').add('b').add('c');처럼 메서드를 체인으로 연결할 수 있습니다.

- delete() 메서드는 세트 요소를 한 번에 하나씩 삭제합니다. delete()는 add() 와 달리 불 값을 반환합니다. 지정한 값이 실제로 세트의 요소라면 그 요소를 제 거하고 true를 반환합니다. 그렇지 않다면 아무 일도 하지 않고 false를 반환합 니다.

- 마지막으로 아주 중요한 점은, 세트는 일치 여부를 판단할 때 === 연산자처럼 엄격하게 체크합니다. 세트는 숫자 1과 문자열 "1"을 별개의 값으로 간주하므로 세트 요소로 이 둘을 모두 포함할 수 있습니다. 값이 객체, 배열, 함수일 경우에 도 ===로 비교합니다. 앞의 예제에서 세트의 배열을 삭제할 수 없었던 이유가 이 때문입니다. 배열을 세트에 추가한 다음 delete() 메서드에 요소는 같지만 다 른 배열을 전달해 제거하려고 시도해서 실패했습니다. 삭제에 성공하려면 정확 히 같은 배열을 가리키는 참조를 전달해야 합니다.

 파이썬 프로그래머라면 참고해야 할 중요한 차이가 있습니다. 파이썬 세트는 요소를 비교할 때 일치(===)하는지가 아니라 동등(==)한지 비교하고, 튜플 같은 불변 요소만 허용하며 리스트나 딕셔너리는 허용하지 않습니다.

현실에서 세트로 할 수 있는 가장 중요한 일은 요소를 추가하거나 제거하는 일이 아니라 지정된 값이 세트의 요소인지 체크하는 일입니다. has() 메서드가 그 일을 담당합니다.

```
let oneDigitPrimes = new Set([2,3,5,7]);
oneDigitPrimes.has(2)      // => true: 2는 한 자리 소수(prime number)입니다.
oneDigitPrimes.has(3)      // => true: 3도 마찬가지입니다.
oneDigitPrimes.has(4)      // => false: 4는 소수가 아닙니다.
oneDigitPrimes.has("5")  // => false: "5"는 문자열이지 숫자가 아닙니다.
```

세트에 관해 이해해야 할 가장 중요한 점은 세트가 요소의 존재 여부를 확인하는 데 최적화되어 있으며, 세트에 요소가 얼마나 많든 has() 메서드는 아주 빠르다는 점입니다. 배열의 includes() 메서드도 요소의 존재 여부를 확인하지만 배열 크기 에 따라 속도가 달라지며, 배열을 세트처럼 사용하면 실제 Set 객체에 비해 훨씬 느

릴 수 있습니다.[2]

Set 클래스는 이터러블이므로 for/of 루프로 세트의 요소를 열거할 수 있습니다.

```
let sum = 0;
for(let p of oneDigitPrimes) {   // 한 자리 소수를 순회하면서
    sum += p;                     // 모두 더합니다.
}
sum                               // => 17: 2 + 3 + 5 + 7
```

Set 객체는 이터러블이므로 분해 연산자 ...를 써서 배열이나 인자 리스트로 변환할 수 있습니다.

```
[...oneDigitPrimes]             // => [2,3,5,7]: 세트를 배열로 변환합니다.
Math.max(...oneDigitPrimes)     // => 7: 세트 요소를 함수 인자로 전달합니다.
```

세트는 종종 '순서 없는 집합'이라고 표현되지만 자바스크립트의 Set 클래스는 그렇지 않습니다. 자바스크립트 세트는 인덱스가 없으므로 배열처럼 첫 번째 요소가 뭔지, 세 번째 요소가 뭔지 알 수는 없습니다. 하지만 자바스크립트 Set 클래스는 항상 요소가 삽입된 순서를 기억하고 있으며, 세트를 순회할 때 항상 이 순서대로 순회합니다. 세트에 첫 번째로 삽입한 요소는 순회할 때도 첫 번째로 반환되며, 마지막에 삽입한 요소는 마지막으로 반환됩니다.[3]

Set 클래스는 이터러블이기도 하지만 forEach() 메서드 또한 지원합니다.

```
let product = 1;
oneDigitPrimes.forEach(n => { product *= n; });
product       // => 210: 2 * 3 * 5 * 7
```

---

2 (옮긴이) 노드 12.16.1에서 단순하게 i를 0부터 5만, 10만, 100만, 500만까지 늘려 가며 각각 배열과 세트에 추가하고, 배열과 세트에서 검색하는 시간을 재 봤는데 흥미로운 결과가 나왔습니다.

(단위: 밀리초)

반복 횟수	배열 생성	세트 생성	배열 검색	세트 검색
50000	2	8	269	2
100000	4	12	269	4
1000000	22	121	271	64
5000000	104	887	272	295

저자의 설명과는 반대로 오히려 배열 검색에 걸린 시간이 배열 크기와 별 상관없이 일정했고, 세트는 배열보다 빠르게 검색하기는 했지만 세트 크기에 비례해 시간이 늘어났습니다. 옮긴이의 테스트 방법이 잘못됐을 가능성도 배제할 수는 없지만, 무조건 세트가 배열보다 빠르다는 식으로 생각하면 안 될 것 같아 덧붙입니다.

3 파이썬 프로그래머는 자바스크립트 세트에서 순회 순서를 미리 알 수 있다는 점을 알면 놀라기도 합니다.

배열의 forEach() 메서드는 배열 인덱스를 두 번째 인자로 전달하지만 세트에는 인덱스가 없으므로 Set 클래스의 forEach()는 첫 번째와 두 번째 인자 모두에 요소 값을 전달합니다.

11.1.2 Map 클래스

Map 객체는 키로 구성된 값 집합이며 각 키는 다시 다른 값과 연결됩니다. 어떤 면에서는 맵도 배열과 비슷하지만, 연속된 정수를 키로 사용하는 대신 임의의 값을 '인덱스'로 사용할 수 있습니다. 배열과 마찬가지로 맵도 아주 빠른 데이터 구조를 갖습니다. 맵의 크기와 상관없이 키와 연결된 값을 빨리 (배열만큼 빠르지는 않지만) 찾을 수 있습니다.

새 맵을 생성할 때는 Map() 생성자를 사용합니다.

```
let m = new Map();  // 빈 맵을 생성합니다.
let n = new Map([   // 문자열 키를 숫자와 연결하는 새 맵을 만듭니다.
    ["one", 1],
    ["two", 2]
]);
```

Map() 생성자의 선택 사항인 인자는 [key, value] 배열을 전달하는 이터러블 객체여야 합니다. 따라서 맵을 생성하는 동시에 초기화하고 싶다면 원하는 키와 값을 배열의 배열 형태로 준비해야 합니다. 하지만 다음과 같이 Map() 생성자로 다른 맵을 복사하거나 기존 객체의 프로퍼티 이름과 값을 복사할 수도 있습니다.

```
let copy = new Map(n);  // 맵 n과 같은 키와 값을 가진 새 맵
let o = { x: 1, y: 2};  // 프로퍼티가 두 개 있는 객체
let p = new Map(Object.entries(o));  // new map([["x", 1], ["y", 2]])과 같습니다.
```

Map 객체를 만들면 get()으로 주어진 키와 연결된 값을 검색할 수 있고, set()로 키-값 쌍을 추가할 수 있습니다. 하지만 맵은 키의 집합이며 각 키가 값과 연결될 뿐, 키-값 쌍 집합이 아닙니다. 맵에 이미 존재하는 키로 set()를 호출하면 해당 키에 연결된 값을 수정할 뿐, 새 키-값 쌍을 맵에 추가하는 것은 아닙니다. Map 클래스는 get()과 set() 외에도 Set와 비슷한 메서드를 가집니다. 지정된 키가 맵에 존재하는지 확인할 때는 has()를, 키를 제거하고 연결된 값도 제거할 때는 delete()를, 맵에서 키-값 쌍을 모두 제거할 때는 clear()를, 맵에 포함된 키의 개수를 확인할 때는 size 프로퍼티를 사용합니다.

```
let m = new Map();       // 빈 맵으로 시작합니다.
m.size                   // => 0: 빈 맵에는 키가 없습니다.
m.set("one", 1);         // 키 "one"을 값 1에 연결합니다.
m.set("two", 2);         // 키 "two"를 값 2에 연결합니다.
m.size                   // => 2: 이제 맵에는 키 두 개가 있습니다.
m.get("two")             // => 2: 키 "two"와 연결된 값을 반환합니다.
m.get("three")           // => undefined: 이 키는 맵에 존재하지 않습니다.
m.set("one", true);      // 기존 키의 값을 변경합니다.
m.size                   // => 2: 크기는 바뀌지 않습니다.
m.has("one")             // => true: 맵에는 키 "one"이 존재합니다.
m.has(true)              // => false: 맵에는 true라는 키가 존재하지 않습니다.
m.delete("one")          // => true: 그런 키가 존재했고 성공적으로 삭제했습니다.
m.size                   // => 1
m.delete("three")        // => false: 존재하지 않는 키는 삭제할 수 없습니다.
m.clear();               // 맵에서 키와 값을 모두 제거합니다.
```

세트의 add() 메서드와 마찬가지로 맵의 set() 메서드 역시 체인으로 연결할 수 있으므로, 맵을 초기화할 때 배열의 배열을 사용하지 않아도 됩니다.

```
let m = new Map().set("one", 1).set("two", 2).set("three", 3);
m.size         // => 3
m.get("two")   // => 2
```

세트와 마찬가지로 자바스크립트 값이라면 어떤 것이든 맵의 키나 값으로 사용할 수 있습니다. null, undefined, NaN, 객체와 배열 같은 참조 타입도 가능합니다. 또한 Set 클래스와 마찬가지로 맵도 키를 비교할 때 동등성이 아니라 일치성으로 비교하므로 객체나 배열을 키로 사용한다면 그 프로퍼티와 요소가 정확히 일치하더라도 항상 다른 것으로 판단합니다.

```
let m = new Map();       // 빈 맵으로 시작합니다.
m.set({}, 1);            // 빈 객체와 숫자 1을 연결합니다.
m.set({}, 2);            // 다른 빈 객체와 숫자 2를 연결합니다.
m.size                   // => 2: 맵에는 키가 두 개 있습니다.
m.get({})                // => undefined: 하지만 이 빈 객체는 키가 아닙니다.
m.set(m, undefined);     // 맵 자신과 undefined 값을 연결합니다.
m.has(m)                 // => true: m은 자신의 키입니다.
m.get(m)                 // => undefined: m이 키가 아니었을 때와 같은 값입니다.
```

Map 객체는 이터러블이며 순회할 때 반환되는 값은, 첫 번째 요소는 키이고 두 번째 요소는 값인 배열입니다. Map 객체에 분해 연산자를 사용하면 Map() 생성자에 전달했을 배열의 배열을 반환합니다. for/of 루프로 맵을 순회할 때는 다음과 같이 분해 할당을 써서 키와 값을 별도의 변수에 할당하는 것이 일반적입니다.

```
let m = new Map([["x", 1], ["y", 2]]);
[...m]      // => [["x", 1], ["y", 2]]

for(let [key, value] of m) {
    // 첫 번째 반복에서 키는 "x", 값은 1입니다. 두 번째 반복에서 키는 "y", 값은 2입니다.
}
```

Set 클래스와 마찬가지로 Map 클래스 역시 삽입된 순서대로 순회합니다. 맵에 처음으로 추가한 키-값 쌍이 순회할 때도 첫 번째로 반환되며, 마지막으로 추가한 키-값 쌍이 순회할 때도 마지막으로 반환됩니다.

맵의 키나 값 중 하나만 순회하고 싶을 때는 keys()와 values() 메서드를 사용하십시오. 이들은 키나 값을 삽입 순서대로 순회하는 이터러블 객체를 반환합니다. entries() 메서드가 키-값 쌍으로 이루어진 이터러블 객체를 반환하긴 하지만 맵을 직접 순회하는 것과 차이가 없습니다.

```
[...m.keys()]      // => ["x", "y"]: 키만
[...m.values()]    // => [1, 2]: 값만
[...m.entries()]   // => [["x", 1], ["y", 2]]: [...m]과 같습니다.
```

Map 객체는 Array 클래스의 forEach() 메서드도 지원합니다.

```
m.forEach((value, key) => {  // key, value가 아니라 value, key입니다.
    // 첫 번째 호출에서 값은 1, 키는 "x"입니다. 두 번째 호출에서 값은 2, 키는 "y"입니다.
});
```

for/of에서는 키가 앞에 있으므로 위 예제에서 값 매개변수가 키 매개변수보다 앞에 있는 것이 이상해 보일 수도 있습니다. 이 절의 시작 부분에서 언급했듯이 맵은 정수인 배열 인덱스를 임의의 키 값으로 대체한 일반화된 배열이라고 볼 수 있습니다. 배열의 forEach() 메서드는 배열 요소 다음에 배열 인덱스를 전달하므로, 맵의 forEach() 메서드는 이에 맞게 맵의 값을 먼저 전달하고 그다음에 맵의 키를 전달합니다.

11.1.3 WeakMap과 WeakSet

WeakMap 클래스는 Map 클래스의 변형이지만 서브클래스는 아닙니다. 이 클래스는 키 값이 가비지 컬렉션에 포함되지 않게 막아 주지 않습니다. 가비지 컬렉션은 자바스크립트 인터프리터가 프로그램에서 더는 접근하거나 사용할 수 없는 객체가

사용하던 메모리를 회수하는 작업입니다. 일반적인 맵은 키 값을 '강하게' 참조하며 키 값에 대한 다른 참조가 더 이상 남아 있지 않더라도 참조 관계를 유지합니다. 반면 WeakMap은 키 값을 '약하게' 참조하므로 WeakMap을 통해 해당 키 값을 참조할 수 없고, 키 값이 WeakMap에 존재하더라도 메모리를 회수할 수 있습니다.

WeakMap() 생성자는 Map() 생성자와 비슷하지만 WeakMap과 맵 사이에는 중요한 차이가 있습니다.

- WeakMap의 키는 반드시 객체 또는 배열이어야 합니다. 기본 값은 가비지 컬렉션 대상이 되지 않으며 키로 사용할 수 없습니다.
- WeakMap에는 get(), set(), has(), delete() 메서드만 있습니다. 특히, Weak Map은 이터러블이 아니며 keys(), values(), forEach() 메서드가 없습니다. WeakMap이 이터러블이었다면 키에 접근할 수 있게 되므로 약한 참조가 성립할 수 없습니다.
- 마찬가지로, WeakMap에는 size 프로퍼티가 없습니다. WeakMap의 크기는 가비지 컬렉션이 일어날 때마다 언제든 바뀔 수 있기 때문입니다.

WeakMap의 설계 의도는 메모리 누수를 방지하면서 객체와 값을 연결할 수 있게 하는 겁니다. 예를 들어 함수에서 객체 인자를 받고, 이 객체를 대상으로 시간이 걸리는 계산을 한다고 합시다. 그리고 나중에 재사용할 수 있도록 계산된 값을 캐시하고 싶습니다. Map 객체를 통해 캐시를 구현한다면 객체에서 사용하는 메모리를 회수할 가능성이 전혀 없지만, WeakMap을 사용하면 그런 문제가 생기지 않습니다. 계산된 값을 비공개 Symbol 프로퍼티에 캐시해도 비슷한 결과를 얻을 수 있습니다(6.10.3절 참고).

WeakSet는 객체가 가비지 컬렉션에 포함되도록 허용하는 객체 세트입니다. WeakSet() 생성자도 Set() 생성자와 비슷하게 동작하지만 WeakMap 객체가 Map 객체와 다르듯 WeakSet 객체는 Set 객체와 다릅니다.

- WeakSet는 기본 값을 요소로 허용하지 않습니다.
- WeakSet는 오직 add(), has(), delete() 메서드만 가지며 이터러블이 아닙니다.
- WeakSet에는 size 프로퍼티가 없습니다.

WeakSet는 자주 사용되지는 않으며 용도는 WeakMap과 비슷합니다. 예를 들어 객체에 특별한 프로퍼티나 타입이 있다고 마크(분류)하고 싶다면 WeakSet에 추가하는 방법이 있습니다. 그리고 다른 코드에서 그 프로퍼티나 타입을 체크할 때 WeakSet의 요소인지 확인하면 됩니다. 일반적인 세트로 이런 일을 하면 마크된 객체는 모두 가비지 컬렉션 대상이 되지 않지만, WeakSet를 사용하면 그런 걱정이 필요 없습니다.

11.2 형식화 배열과 이진 데이터

일반적인 자바스크립트 배열은 어떤 타입의 요소든 받을 수 있고 크기도 동적으로 변합니다. 자바스크립트는 배열을 적극적으로 최적화하므로 일반적으로 자바스크립트 배열은 아주 빠른 편입니다. 하지만 여전히 C나 자바 같은 저수준 언어의 배열과는 많이 다릅니다. ES6에 도입한 **형식화 배열**(typed array)은 C나 자바의 저수준 배열과 꽤 비슷합니다.[4] 형식화 배열은 엄밀히 말해 배열은 아니며 Array.is Array()도 false를 반환합니다. 하지만 형식화 배열은 7.8절에서 설명한 배열 메서드를 모두 지원하며, 새로 추가된 메서드도 있습니다. 하지만 일반적인 배열과 다른 아주 중요한 차이가 있습니다.

- 형식화 배열의 요소는 모두 숫자입니다. 하지만 일반적인 자바스크립트 숫자와 달리 형식화 배열은 저장하는 숫자의 타입(부호 붙은 정수, 부호 없는 정수, IEEE-754 부동 소수점 숫자)과 크기(8비트부터 64비트까지)를 지정할 수 있습니다.

- 형식화 배열을 생성할 때 반드시 길이를 지정해야 하며 이 길이는 절대 바꿀 수 없습니다.

- 형식화 배열의 요소는 항상 0으로 초기화됩니다.

11.2.1 형식화 배열 타입

자바스크립트에 TypedArray 클래스가 따로 있지는 않습니다. 형식화 배열은 총 11가지이며 이들의 요소 타입과 생성자는 각기 다릅니다.

---

4 형식화 배열은 웹 브라우저가 WebGL 그래픽을 지원하기 시작하면서 클라이언트 사이드 자바스크립트에 처음 도입됐습니다. ES6에서는 이런 기능을 언어의 핵심 기능으로 받아들였습니다.

생성자	숫자 타입
Int8Array()	부호 붙은 바이트
Uint8Array()	부호 없는 바이트
Uint8ClampedArray()	롤오버 없는 부호 없는 바이트
Int16Array()	부호 붙은 16비트 정수
Uint16Array()	부호 없는 16비트 정수
Int32Array()	부호 붙은 32비트 정수
Uint32Array()	부호 없는 32비트 정수
BigInt64Array()	부호 붙은 64비트 BigInt 값 (ES2020)
BigUint64Array()	부호 없는 64비트 BigInt 값 (ES2020)
Float32Array()	32비트 부동 소수점 값
Float64Array()	64비트 부동 소수점 값 (일반적인 자바스크립트 숫자)

표 11-1 형식화 배열의 생성자와 타입

이름이 Int로 시작하는 타입은 1, 2, 4바이트(8, 16, 32비트)의 부호 붙은 정수를 저장합니다. 이름이 Uint로 시작하는 타입은 1, 2, 4바이트의 부호 없는 정수를 저장합니다. BigInt와 BigUint 타입은 자바스크립트 BigInt 값(3.2.5절 참고)에 해당하는 64비트 정수를 저장합니다. 이름이 Float로 시작하는 타입은 부동 소수점 숫자를 저장합니다. Float64Array의 요소는 일반적인 자바스크립트 숫자와 같은 타입입니다. Float32Array의 요소는 정밀도가 낮고 범위도 좁지만 메모리는 절반만 차지합니다. C와 자바에서는 이 타입을 float라고 부릅니다.

Uint8ClampedArray는 Uint8Array의 특별한 변형입니다. 두 타입은 모두 부호 없는 바이트를 저장하며 0 이상 255 미만의 숫자를 표현합니다. Uint8Array에 255보다 크거나 0보다 작은 값을 저장하면 이 값은 '넘쳐서' 다른 값으로 변합니다. 이 작업은 컴퓨터 메모리의 저수준에서 동작하므로 아주 빠릅니다. Uint8Clamped Array 타입은 타입 체크를 따로 수행하므로 255보다 크거나 0보다 작은 값을 저장하면 넘치지 않도록 해당 범위로 잘라냅니다(clamp). 이렇게 잘라내는 동작은 HTML <canvas> 요소가 픽셀 색깔을 조작하는 저수준 API에 꼭 필요합니다.

형식화 배열 생성자에는 모두 BYTES_PER_ELEMENT 프로퍼티가 있으며 그 값은 타입에 따라 1, 2, 4, 8 중 하나입니다.

11.2.2 형식화 배열 만들기

형식화 배열을 생성하는 가장 단순한 방법은 원하는 배열 크기를 숫자 인자로 전달하면서 적절한 생성자를 호출하는 겁니다.

```
let bytes = new Uint8Array(1024);        // 1024바이트
let matrix = new Float64Array(9);        // 3x3 행렬
let point = new Int16Array(3);           // 3차원 공간의 점
let rgba = new Uint8ClampedArray(4);     // 4바이트 RGBA 픽셀 값
let sudoku = new Int8Array(81);          // 9x9 스도쿠
```

이런 식으로 형식화 배열을 생성하면 배열 요소는 모두 0, 0n, 0.0 중 하나로 초기화됩니다. 형식화 배열에 사용할 값을 미리 알고 있다면 배열을 생성할 때 값을 지정할 수도 있습니다. 형식화 배열 생성자에는 Array.from(), Array.of()와 비슷한 정적 팩토리 메서드 from()과 of()가 있습니다.

```
let white = Uint8ClampedArray.of(255, 255, 255, 0);  // 불투명한 RGBA 흰색
```

Array.from() 팩토리 메서드는 배열 비슷한 객체 또는 이터러블 객체를 첫 번째 인자로 받습니다. 이는 형식화 배열에서도 마찬가지지만, 이터러블 또는 배열 비슷한 객체가 반드시 숫자로만 이루어져야 한다는 점이 다릅니다. 예를 들어 문자열은 이터러블이지만 형식화 배열의 from()에 인자로 전달해도 아무 의미 없습니다.

from()에 인자 하나만 사용한다면 .from을 생략하고 이터러블이나 배열 비슷한 객체를 직접 생성자 함수에 전달해도 됩니다. 생성자와 from() 팩토리 메서드 모두 기존의 형식화 배열을 복사할 수 있으며, 그 과정에서 타입이 바뀝니다.

```
let ints = Uint32Array.from(white);  // 같은 숫자 네 개, 하지만 정수로 이루어져 있습니다.
```

기존 배열, 이터러블, 배열 비슷한 객체로 새 형식화 배열을 생성하면 값이 타입 제한에 맞춰 잘릴 수 있지만, 이 과정에서 경고나 에러가 일어나지는 않습니다.

```
// 부동 소수점 숫자는 정수로, 8비트 이상은 8비트로 잘립니다.
Uint8Array.of(1.23, 2.99, 45000)  // => new Uint8Array([1, 2, 200])
```

마지막으로, 형식화 배열을 생성하는 방법 중에는 ArrayBuffer 타입을 이용하는 방법도 있습니다. ArrayBuffer는 메모리 덩어리(chunk)에 대한 참조입니다. Array-Buffer는 다음과 같이 할당할 메모리의 바이트를 전달해서 생성자를 호출하기만 하면 생성됩니다.

```
let buffer = new ArrayBuffer(1024*1024);
buffer.byteLength    // => 1024*1024; 메모리 1메가바이트
```

ArrayBuffer 클래스는 할당한 바이트에 대한 접근을 허용하지 않지만, 버퍼의 메모리를 사용하는 형식화 배열을 생성하면 메모리를 읽고 쓸 수 있습니다. ArrayBuffer를 첫 번째 인자로, 배열 버퍼의 바이트 오프셋을 두 번째 인자로, 배열 길이(바이트가 아니라 요소 개수)를 세 번째 인자로 전달하여 형식화 배열 생성자를 호출하면 됩니다. 두 번째와 세 번째 인자는 선택 사항입니다. 둘 다 생략하면 배열에서 ArrayBuffer의 메모리를 모두 사용합니다. 길이 인자만 생략하면 시작 지점부터 마지막까지의 메모리를 모두 사용합니다. 형식화 배열 생성자를 이런 형태로 사용할 때 한 가지 더 기억할 점이 있습니다. 배열은 반드시 메모리 안에 정렬되어야 하므로 바이트 오프셋을 전달한다면 그 값은 형식화 배열 요소 크기의 배수여야 합니다. 예를 들어 Int32Array() 생성자는 4의 배수, Float64Array() 생성자는 8의 배수를 써야 합니다.

앞에서 만든 ArrayBuffer를 사용해 다음과 같이 형식화 배열을 만들 수 있습니다.

```
let asbytes = new Uint8Array(buffer);        // 바이트로 봅니다.
let asints = new Int32Array(buffer);         // 32비트 부호 붙은 정수로 봅니다.
let lastK = new Uint8Array(buffer, 1023*1024); // 바이트로 표현한 마지막 킬로바이트
let ints2 = new Int32Array(buffer, 1024, 256); // 정수 256개로 표현한 두 번째 킬로바이트
```

이 네 가지 형식화 배열은 ArrayBuffer가 사용하는 메모리를 네 가지 뷰로 표현합니다. 형식화 배열은 설령 ArrayBuffer를 명시적으로 전달하지 않더라도 모두 ArrayBuffer를 사용합니다. 버퍼 객체를 전달하지 않고 형식화 배열 생성자를 호출하면 적절한 크기의 버퍼가 자동으로 생성됩니다. 다시 설명하겠지만 형식화 배열의 buffer 프로퍼티는 형식화 배열이 사용하는 ArrayBuffer 객체를 참조합니다. ArrayBuffer 객체를 직접 사용해야 하는 이유는 가끔 버퍼 하나에 형식화 배열 여러 개를 뷰로 사용할 때가 있기 때문입니다.

11.2.3 형식화 배열 사용

형식화 배열을 생성했으면 다른 배열 비슷한 객체와 마찬가지로 일반적인 대괄호 표기법을 써서 그 요소에 접근할 수 있습니다.

```
// 에라토스테네스의 체를 사용해 n보다 작은 소수 중 가장 큰 값을 구합니다.
function sieve(n) {
    let a = new Uint8Array(n+1);           // x가 배수이면 a[x]는 1입니다.
    let max = Math.floor(Math.sqrt(n));    // 이보다 큰 값은 처리하지 않습니다.
    let p = 2;                             // 2는 첫 번째 소수입니다.
    while(p <= max) {                      // max보다 작은 소수에 대해
        for(let i = 2*p; i <= n; i += p)   // p의 배수를 배수로 마크합니다.
            a[i] = 1;
        while(a[++p]) /* 비었음. */;        // 마크가 없는 다음 인덱스는 소수입니다.
    }
    while(a[n]) n--;                       // 역으로 순회해 마지막 소수를 찾아
    return n;                              // 반환합니다.
}
```

이 함수는 지정된 숫자보다 더 작은 숫자 중 가장 큰 소수를 구합니다. 일반적인 자바스크립트 배열을 사용해도 똑같이 동작하지만, 테스트한 결과 Array() 대신 Uint8Array()를 사용하면 속도는 네 배 빠르고 메모리는 1/8만 사용합니다.

형식화 배열은 진정한 배열은 아니지만 배열 메서드는 대부분 구현하므로 일반적인 배열과 비슷하게 사용할 수 있습니다.

```
let ints = new Int16Array(10);         // 10개의 정수
ints.fill(3).map(x=>x*x).join("")      // => "9999999999"
```

형식화 배열의 길이는 고정되어 있으므로 length 프로퍼티는 읽기 전용이고 push(), pop(), unshift(), shift(), splice()처럼 배열 길이를 바꾸는 메서드는 지원되지 않습니다. sort(), reverse(), fill()처럼 배열 길이를 바꾸지 않은 채 콘텐츠만 바꾸는 메서드는 지원됩니다. map()과 slice()처럼 새 배열을 반환하는 메서드는 호출된 형식화 배열과 같은 타입의 형식화 배열을 반환합니다.

11.2.4 형식화 배열의 메서드와 프로퍼티

형식화 배열에는 배열 메서드 외에도 따로 지원되는 메서드가 있습니다. set() 메서드는 일반적인 배열이나 형식화 배열의 요소를 복사해 형식화 배열의 요소 여러 개를 한 번에 바꿉니다.

```
let bytes = new Uint8Array(1024);         // 1킬로바이트 버퍼
let pattern = new Uint8Array([0,1,2,3]);  // 4바이트 배열
bytes.set(pattern);        // 다른 형식화 배열의 시작 지점에 복사합니다.
bytes.set(pattern, 4);     // 다른 오프셋에 다시 복사합니다.
bytes.set([0,1,2,3], 8);   // 일반적인 배열에서 복사할 수도 있습니다.
bytes.slice(0, 12)         // => new Uint8Array([0,1,2,3,0,1,2,3,0,1,2,3])
```

set() 메서드는 첫 번째 인자로 배열이나 형식화 배열을 받고 선택 사항인 두 번째 인자로 오프셋을 받습니다. 두 번째 인자를 생략하면 기본 값은 0입니다. 형식화 배열에서 다른 형식화 배열로 복사하는 동작은 대단히 빠릅니다.

형식화 배열에는 호출된 배열의 일부분을 반환하는 subarray 메서드도 있습니다.

```
let ints = new Int16Array([0,1,2,3,4,5,6,7,8,9]);      // 10개의 정수
let last3 = ints.subarray(ints.length-3, ints.length);  // 마지막 세 개
last3[0]        // => 7: ints[7]과 같습니다.
```

subarray()는 slice() 메서드와 같은 인자를 받고 같은 방법으로 동작하지만 중요한 차이가 있습니다. slice()는 지정된 요소를 원래 배열과 메모리를 공유하지 않는 독립적인 새 형식화 배열로 반환합니다. subarray()는 메모리를 전혀 복사하지 않고 기존의 값을 참조하는 새 뷰를 반환합니다.

```
ints[9] = -1;  // 원래 배열의 값을 변경하면
last3[2]        // => -1: 하위 배열 역시 바뀝니다.
```

subarray() 메서드가 기존 배열의 새 뷰를 반환한다는 사실을 알았으니 ArrayBuffer에 대해 설명할 것이 더 생겼습니다. 모든 형식화 배열은 버퍼와 연관된 세 가지 프로퍼티가 있습니다.

```
last3.buffer                 // 형식화 배열의 ArrayBuffer 객체
last3.buffer === ints.buffer  // => true: 두 뷰는 같은 버퍼의 뷰입니다.
last3.byteOffset              // => 14: 이 뷰는 버퍼의 바이트 14에서 시작합니다.
last3.byteLength              // => 6: 이 뷰는 6바이트(16비트 정수 세 개) 길이입니다.
last3.buffer.byteLength       // => 20: 버퍼는 20바이트입니다.
```

buffer 프로퍼티는 배열의 ArrayBuffer입니다. byteOffset은 버퍼에서 배열 데이터가 시작하는 위치입니다. 그리고 byteLength는 배열 데이터를 바이트로 나타낸 길이입니다. 형식화 배열 a에서 다음은 항상 true입니다.

```
a.length * a.BYTES_PER_ELEMENT === a.byteLength  // => true
```

ArrayBuffer는 단순한 바이트 덩어리입니다. 형식화 배열로 그 바이트에 접근할 수 있지만 ArrayBuffer 자체는 형식화 배열이 아닙니다. 일반적인 자바스크립트 객체와 마찬가지로 ArrayBuffer에도 숫자 배열 인덱스를 사용할 수 있지만, 그렇게 한다

고 해서 버퍼의 바이트에 접근할 수 있는 것은 아니며, 이 때문에 다음과 같이 혼란스러운 버그가 생길 수 있습니다.

```
let bytes = new Uint8Array(8);
bytes[0] = 1;              // 첫 번째 바이트를 1로 지정합니다.
bytes.buffer[0]            // => undefined: 버퍼에는 인덱스 0이 없습니다.
bytes.buffer[1] = 255;     // 버퍼의 바이트를 지정하려 하지만 잘못된 접근입니다.
bytes.buffer[1]            // => 255: 일반적인 자바스크립트 프로퍼티입니다.
bytes[1]                   // => 0: 위 행은 바이트를 지정하지 못했습니다.
```

ArrayBuffer() 생성자를 통해 ArrayBuffer를 생성할 수 있고, 그 버퍼를 사용하는 형식화 배열을 생성할 수 있다는 것은 이미 설명했습니다. 다음와 같이 형식화 배열을 먼저 생성하고 이 배열의 버퍼에 다른 뷰를 만들 수도 있습니다.

```
let bytes = new Uint8Array(1024);          // 1024바이트
let ints = new Uint32Array(bytes.buffer);  // 또는 정수 256개
let floats = new Float64Array(bytes.buffer); // 또는 배정도 128개
```

11.2.5 DataView와 엔디안

형식화 배열을 사용하면 동일한 바이트 시퀀스를 8, 16, 32, 64비트 덩어리로 볼 수 있습니다. 이를 통해 바이트 순서인 '엔디안(endian)'이 드러납니다. 형식화 배열은 효율성을 높이기 위해 하드웨어의 네이티브 엔디안을 사용합니다. 리틀 엔디안 시스템에서는 숫자의 바이트가 ArrayBuffer에 최하위에서 최상위 순서로 배열됩니다. 빅 엔디안에서는 최상위에서 최하위 순서로 배열됩니다. 다음과 같이 플랫폼의 엔디안을 정할 수 있습니다.

```
// 정수 0x00000001이 메모리에 01 00 00 00으로 배열됐다면 리틀 엔디안 플랫폼입니다.
// 빅 엔디안 플랫폼이었다면 00 00 00 01 순서로 배열됐을 겁니다.
let littleEndian = new Int8Array(new Int32Array([1]).buffer)[0] === 1;
```

최근 대부분의 CPU 아키텍처는 리틀 엔디안입니다. 하지만 네트워크 프로토콜 중 상당수와 이진 파일 형식 중 일부가 빅 엔디안을 요구합니다. 따라서 네트워크나 파일에서 가져온 데이터를 형식화 배열에 사용할 때 플랫폼의 엔디안이 그 데이터의 바이트 순서와 일치한다고 확신하면 안 됩니다. 일반적으로 외부 데이터를 사용할 때 Int8Array나 Uint8Array를 써서 데이터를 개별 바이트 배열로 볼 수 있지만 다른 형식화 배열을 사용해선 안 됩니다. 대신 ArrayBuffer의 값을 읽고 쓸 때 바이트

순서를 명시적으로 지정하는 DataView 클래스를 사용하십시오.

```
// 이진 데이터의 형식화 배열을 처리한다고 가정합시다.
// 먼저 그 바이트 값을 읽고 쓸 수 있는 DataView 객체를 생성합니다.
let view = new DataView(bytes.buffer,
                        bytes.byteOffset,
                        bytes.byteLength);

let int = view.getInt32(0);      // 바이트 0에서 빅 엔디안 부호 붙은 정수를 읽습니다.
int = view.getInt32(4, false);   // 다음 정수 역시 빅 엔디안입니다.
int = view.getUint32(8, true);   // 다음 정수는 리틀 엔디안이고 부호는 없습니다.
view.setUint32(8, int, false);   // 빅 엔디안 형식으로 바꿉니다.
```

DataView에는 Uint8ClampedArray를 제외한 10가지 형식화 배열 클래스에 맞는 10가지 get 메서드가 있습니다. 이들은 getInt16(), getUint32(), getBigInt64(), getFloat64() 같은 이름입니다. 첫 번째 인자는 ArrayBuffer 안에서 값이 시작하는 바이트 오프셋입니다. getInt8()과 getUint8()을 제외한 다른 게터 메서드는 선택 사항인 두 번째 인자로 불 값을 받습니다. 두 번째 인자를 생략하거나 false인 값을 전달하면 빅 엔디안 바이트 순서를 사용합니다. 두 번째 인자가 true이면 리틀 엔디안을 사용합니다.

DataView에는 ArrayBuffer에 값을 쓰는 set 메서드도 10가지 존재합니다. 첫 번째 인자는 역시 값이 시작하는 오프셋입니다. 두 번째 인자는 쓸 값입니다. setInt8()과 setUint8()을 제외한 나머지 메서드는 선택 사항인 세 번째 인자를 받습니다. 인자를 생략하거나 false를 전달하면 값은 최상위 바이트가 맨 앞에 오는 빅 엔디안 형식으로 기록됩니다. 인자가 true이면 최하위 바이트가 맨 앞에 오는 리틀 엔디안 형식으로 기록됩니다.

형식화 배열과 DataView 클래스에는 이진 데이터를 처리할 때 필요한 도구가 모두 들어 있으며, 이를 통해 자바스크립트 프로그램에서 ZIP 파일의 압축을 풀거나 JPEG 파일의 메타데이터를 가져오는 것도 가능합니다.

11.3 정규 표현식과 패턴 매칭

정규 표현식은 텍스트 패턴을 정의하는 객체입니다. 자바스크립트의 RegExp 클래스는 정규 표현식이며 문자열과 RegExp 모두 정규 표현식을 사용해 텍스트에서 패턴을 찾고 대체하는 메서드를 정의합니다. 하지만 RegExp API를 효율적으로 사용하려면 정규 표현식 문법을 사용해 텍스트 패턴을 만드는 법도 알아야 하는데, 정규 표현식은 그 자체로 하나의 작은 프로그래밍 언어입니다. 다행히 자바스크립트 정규 표현식 문법은 다른 프로그래밍 언어에서 사용하는 문법과 비슷하므로 이미 익숙할 수도 있습니다. 익숙하지 않더라도, 자바스크립트 정규 표현식을 배우면 다른 프로그래밍 언어에서도 활용할 수 있으니 배울 가치가 있습니다.

이어지는 하위 절에서는 먼저 정규 표현식 문법을 정리하고 정규 표현식 작성 방법을 살펴본 후, String과 RegExp 클래스 메서드 사용법을 알아봅니다.

11.3.1 정규 표현식 정의

자바스크립트에서는 RegExp 객체로 정규 표현식을 표현합니다. 물론 RegExp() 생성자로도 RegExp 객체를 생성할 수 있지만, 보통은 특별한 리터럴 문법을 더 자주 사용합니다. 문자열 리터럴이 따옴표 안에 문자를 쓰는 것과 마찬가지로 정규 표현식 리터럴은 슬래시(/) 한 쌍 안에 문자를 씁니다.

```
let pattern = /s$/;
```

위 행은 RegExp 객체를 생성하고 이를 변수 pattern에 할당합니다. 이 RegExp 객체는 s로 끝나는 문자열 전체에 일치합니다. 이 정규 표현식은 다음과 같이 RegExp() 생성자로도 정의할 수 있습니다.

```
let pattern = new RegExp("s$");
```

정규 표현식 패턴은 문자로 구성됩니다. 영문자와 숫자를 포함해 대부분의 문자는 문자 그대로 해석합니다. 따라서 정규 표현식 /java/는 java가 포함된 모든 문자열에 일치합니다. 정규 표현식에는 해당 문자에 그대로 일치하지 않고 특별한 의미를 갖는 문자도 있습니다. 예를 들어 정규 표현식 /s$/에는 문자가 두 개 있는데, 첫 번째인 s는 자기 자신에 문자 그대로 일치합니다. 두 번째인 $는 문자열 끝에 일치하는 메타 문자입니다. 따라서 이 정규 표현식은 마지막 글자가 s인 모든 문자열에 일치합니다.

정규 표현식은 그 동작 방식을 지정하는 하나 이상의 플래그 문자를 가질 수 있습니다. 플래그는 RegExp 리터럴의 두 번째 슬래시 다음에 쓰거나 RegExp() 생성자의 두 번째 인자로 씁니다. 예를 들어 s나 S로 끝나는 문자열을 찾고 싶다면 다음과 같이 i 플래그를 써서 대소문자를 가리지 않는다고 지정합니다.

```
let pattern = /s$/i;
```

이어지는 하위 절은 자바스크립트 정규 표현식에서 사용하는 문자와 메타 문자에 대해 설명합니다.

리터럴 문자

정규 표현식 알파벳 문자와 숫자는 모두 문자 그대로 해석합니다. 자바스크립트 정규 표현식 문법은 역슬래시로 시작하는 이스케이프 시퀀스를 통해 알파벳이 아닌 문자도 지원합니다. 예를 들어 시퀀스 \n은 문자열에 포함된 뉴라인 문자와 일치합니다. 표 11-2에 정규 표현식 리터럴 문자를 정리했습니다.

문자	일치하는 문자
영문자와 숫자	자기 자신
\0	NUL 문자 (\u0000)
\t	탭 (\u0009)
\n	뉴라인 (\u000A)
\v	세로 탭 (\u000B)
\f	폼 피드 (\u000C)
\r	캐리지 리턴 (\u000D)
\xnn	16진수 숫자 nn으로 나타낸 라틴 문자. 예를 들어 \x0A는 \n과 같습니다.
\uxxxx	16진수 숫자 xxxx로 나타낸 유니코드 문자. 예를 들어 \u0009는 \t와 같습니다.
\u{n}	코드 포인트 n으로 나타낸 유니코드 문자. n은 0과 10FFFF 사이에 있는 여섯 개 이하의 16진수 숫자입니다. 이 문법은 u 플래그를 사용하는 정규 표현식에서만 지원됩니다.
\cX	제어 문자 ^X. 예를 들어 \cJ는 뉴라인 문자 \n과 동등합니다.

표 11-2 정규 표현식 리터럴 문자

정규 표현식에는 특별한 의미가 있는 구두점 문자가 있습니다.

```
^ $ . * + ? = ! : | \ / ( ) [ ] { }
```

문자의 의미는 이어지는 절에서 설명합니다. 이 문자 중 일부는 정규 표현식의 일부 컨텍스트에서만 특별한 의미를 갖고 다른 컨텍스트에서는 문자 그대로 처리됩니다. 일반적으로 이들 구두점 문자를 정규 표현식 안에서 문자 그대로 사용할 때는 반드시 앞에 \를 붙여야 합니다. 따옴표나 @ 같은 다른 구두점 문자는 특별한 의미가 없으며 문자 그대로 일치합니다.

역슬래시로 어떤 구두점 문자를 이스케이프해야 하는지 정확히 기억하지 못한다면 그냥 구두점 문자 앞에 전부 역슬래시를 붙여도 상관없습니다. 반면, 글자와 숫자 앞에 역슬래시를 붙이면 특별한 의미를 갖게 되는 경우가 많으므로 문자 그대로 사용할 글자나 숫자 앞에는 역슬래시를 붙여 이스케이프하면 안 됩니다. 정규 표현식에서 역슬래시 문자를 문자 그대로 사용하려면 반드시 역슬래시를 앞에 붙여 이스케이프해야 합니다. 예를 들어 정규 표현식 /\\/는 역슬래시를 포함하는 문자열 전체에 일치합니다. RegExp() 생성자를 사용할 때는 정규 표현식에 포함된 역슬래시 전체를 이중으로 써야 합니다.

문자 클래스

리터럴 문자를 대괄호로 감싸서 **문자 클래스**를 만들 수 있습니다. 문자 클래스는 그 안에 포함된 문자 중 어떤 것과도 일치합니다. 즉, 정규 표현식 /[abc]/는 a, b, c 모두와 일치합니다. 대괄호 안에 포함된 문자를 제외한 나머지 문자와 일치하는 부정 문자 클래스도 만들 수 있습니다. 부정 문자 클래스는 왼쪽 대괄호 바로 다음에 캐럿(^)을 써서 만듭니다. 정규 표현식 /[^abc]/는 a, b, c를 제외한 모든 문자와 일치합니다. 문자 클래스 안에 하이픈을 써서 문자 범위를 표현할 수 있습니다. 알파벳 소문자 전체를 찾으려면 /[a-z]/를, 알파벳 대소문자와 숫자 전체를 찾으려면 /[a-zA-Z0-9]/를 사용하십시오. 실제 하이픈도 찾고 싶다면 오른쪽 대괄호 바로 앞에 하이픈을 쓰면 됩니다.

정규 표현식에서 특히 자주 사용되는 문자 클래스는 특수 문자와 이스케이프 시퀀스로 짧게 쓸 수 있습니다. 예를 들어 \s는 스페이스, 탭, 기타 유니코드 공백 문자에 일치하며 \S는 유니코드 공백 문자를 제외한 문자 전체에 일치합니다. 표 11-3에 이들 문자와 문자 클래스 문법을 정리했습니다. 이스케이프 시퀀스 중 일부는 ASCII 문자에만 일치하며 유니코드 문자로 확장되지는 않았습니다. 하지만 유니코드 문자 클래스를 직접 정의할 수는 있습니다. 예를 들어 /[\u0400-\u04FF]/는 키릴 문자 하나와 일치합니다.

문자	일치하는 문자
[...]	대괄호 안에 있는 어떤 문자에든 일치
[^...]	대괄호에 포함되지 않은 어떤 문자에든 일치
.	뉴라인을 비롯한 유니코드 줄 끝 문자(line terminator)를 제외한 모든 문자에 일치. 정규 표현식에 s 플래그가 있다면 마침표는 줄 끝 문자를 포함해 모든 문자에 일치합니다.
\w	ASCII 단어 문자5 전체에 일치. [a-zA-Z0-9_]와 동등합니다.
\W	ASCII 단어가 아닌 문자 전체에 일치. [^a-zA-Z0-9_]와 동등합니다.
\s	유니코드 공백 문자 전체에 일치
\S	유니코드 공백 문자를 제외한 문자 전체에 일치
\d	ASCII 숫자 전체에 일치. [0-9]와 동등합니다.
\D	ASCII 숫자를 제외한 문자 전체에 일치. [^0-9]와 동등합니다.
[\b]	리터럴 백스페이스(특별한 경우입니다)

표 11-3 정규 표현식 문자 클래스

특수한 문자 클래스 이스케이프 역시 대괄호 안에 쓸 수 있습니다. \s는 공백 문자 전체, \d는 숫자 전체에 일치하므로 /[\s\d]/는 공백 문자 또는 숫자 전체에 일치합니다. 하지만 한 가지 예외가 있습니다. 다시 설명하겠지만 \b 이스케이프에는 특별한 의미가 있습니다. 하지만 문자 클래스 안에 있는 \b는 백스페이스 문자에 일치합니다. 따라서 정규 표현식에서 백스페이스 문자를 문자 그대로 사용하려면 /[\b]/를 써야 합니다.

> **유니코드 문자 클래스**
>
> ES2018에서는 u 플래그를 사용한 정규 표현식에서 문자 클래스 \p{...}와 그 부정 \P{...}를 지원합니다. (2020년 초반 기준으로 노드, 크롬, 엣지, 사파리가 이를 지원하지만 파이어폭스는 아직 지원하지 않습니다.) 이들 문자 클래스는 유니코드 표준에서 정의하는 프로퍼티를 기반으로 만들어졌으며 유니코드가 발전함에 따라 클래스가 늘어날 수 있습니다.
>
> \d 문자 클래스는 ASCII 숫자에만 일치합니다. /\p{Decimal_Number}/u로 각국의 언어에

---

5 (옮긴이) 원문은 ASCII word character입니다. [a-zA-Z0-9_]에서 짐작할 수 있듯 통상 '단어'라고 하는 문자열에 포함되는 문자들입니다. 괄호, 따옴표, 공백 문자 등은 포함되지 않습니다.

서 사용하는 숫자를 찾을 수 있습니다. 반대로 숫자가 아닌 문자를 찾으려면 p를 대문자로 써서 \P{Decimal_Number}를 사용합니다. 분수와 로마 숫자를 포함해 숫자 비슷한 문자를 찾을 때는 \p{Number}를 사용합니다. 여기서 Decimal_Number와 Number는 자바스크립트 또는 정규 표현식 문법에서만 사용하는 것이 아니라 유니코드 표준에서 정의한 문자 카테고리 이름입니다.[6]

\w 문자 클래스는 ASCII 텍스트에만 일치하지만, \p를 써서 다음과 같이 대략적인 국제화 버전을 만들 수 있습니다.

```
/[\p{Alphabetic}\p{Decimal_Number}\p{Mark}]/u
```

전 세계 언어에 어느 정도 대응하려면 Connector_Punctuation과 Join_Control 카테고리도 추가해야 합니다.

마지막 예제를 하나 더 봅시다. \p 문법을 써서 특정 알파벳이나 언어 체계에 일치하는 정규 표현식을 만들 수 있습니다.

```
let greekLetter = /\p{Script=Greek}/u;
let cyrillicLetter = /\p{Script=Cyrillic}/u;
```

반복

지금까지 배운 정규 표현식 문법을 쓰면 /\d\d/로 숫자 두 개, /\d\d\d\d/로 숫자 네 개를 찾을 수 있습니다. 하지만 이런 식으로는 숫자가 몇 개든 관계없이 찾는다거나, 글자 세 개 뒤에 숫자가 있어도 되고 없어도 된다는 식으로 찾는 것은 불가능합니다. 하지만 정규 표현식에서는 특정 요소가 몇 번 반복될지 충분히 정의할 수 있습니다.

반복 횟수를 지정하는 문자는 항상 반복할 패턴 뒤에 붙어 씁니다. 반복 문법 중 널리 쓰이는 몇 가지 방법은 간단한 특수 문자로도 표현할 수 있습니다. 예를 들어 +는 앞의 패턴이 한 번 이상 나타난다는 뜻입니다. 표 11-4에 반복 문법을 정리했습니다.

다음 예제를 보십시오.

```
let r = /\d{2,4}/; // 2~4개의 숫자
r = /\w{3}\d?/;    // 정확히 세 글자, 그 뒤에 숫자가 있어도 되고 없어도 됩니다.
r = /\s+java\s+/;  // "java", 앞뒤에 스페이스 하나 이상
r = /[^(]*/;       // (를 제외한 문자 0개 이상
```

---

6 (옮긴이) 이 문자 클래스 프로퍼티에는 대부분 약자가 존재합니다. 예를 들어 Number는 N으로 쓸 수 있습니다. 자세한 내용은 *https://ko.javascript.info/regexp-unicode*를 참고하십시오.

문자	의미
{n,m}	n번 이상, m번 이하
{n,}	n번 이상
{n}	정확히 n번
?	0번 또는 1번. 즉 앞의 패턴이 없어도 됩니다. {0,1}와 동등합니다.
+	한 번 이상. {1,}와 동등합니다.
*	0번 이상. {0,}와 동등합니다.

표 11-4 정규 표현식 반복 문자

앞의 예제에서는 반복 지정자 앞에 문자나 문자 클래스 하나만 썼습니다. 더 복잡한 표현식을 반복하고 싶다면 괄호를 써서 그룹을 만들어야 합니다. 다른 절에서 그룹에 대해 설명합니다.

와 ? 반복 문자를 사용할 때는 주의하십시오. 이 문자는 앞의 패턴이 없어도 됩니다. 예를 들어 정규 표현식 /a/는 문자열 "bbbb"에도 일치합니다. "bbbb"에는 a가 '0개 이상' 존재하기 때문입니다.

소극적 반복

표 11-4의 반복 문자는 일치하는 것을 최대한 많이 찾으려고 합니다. 이런 반복 방식을 '적극적(greedy)' 반복이라고 부릅니다.[7] 이와 달리 소극적으로 반복하도록 지정할 수도 있습니다. 반복 문자 뒤에 물음표를 붙여서 +?, *?, {1,5}? 같은 형태로 만들면 됩니다. 예를 들어 정규 표현식 /a+/는 글자 a가 하나 이상 있을 때 일치하므로 문자열 "aaa"에 적용하면 세 글자 전체에 일치합니다. 반면 /a+?/는 하나 이상의 a에 일치하는 것은 그대로지만, 일치하는 것을 최소한으로만 찾으므로 같은 문자열 "aaa"에 적용하면 첫 번째 a에만 일치합니다.

소극적 반복이 항상 예상대로 동작하지는 않습니다. /a+b/는 a가 하나 이상 있고 그 뒤에 b가 있는 패턴을 찾습니다. 이 정규 표현식을 문자열 "aaab"에 적용하면 문자열 전체에 일치합니다. 소극적 버전 /a+?b/를 같은 문자열에 적용하면 b 앞에 a가 가능한 적게 있는 것을 찾으려 합니다. "aaab" 문자열에 적용하면 a가 하나만 있고 b로 끝나는 ab를 찾을 거라고 생각하겠지만, 적극적 버전과 마찬가지로 문자열

---

7 (옮긴이) greedy를 '탐욕적'이라고 표현한 책이나 웹 페이지도 있습니다.

전체에 일치합니다. 이는 정규 표현식이 일치하는 것을 찾는 순간 탐색을 중지하기 때문입니다. 문자열의 첫 번째 문자에서 a+에 일치하는 것을 찾았으므로, 두 번째 나 세 번째 문자에서 시작하면 더 짧은 것을 찾을 수 있지만 이 문자들은 고려조차 하지 않습니다.

대체, 그룹, 참조

정규 표현식 문법에는 대체 지정, 하위 표현식 그룹, 하위 표현식 참조에 사용되는 특수 문자가 있습니다. | 문자는 대체 옵션들을 분리합니다. 예를 들어 /ab|cd|ef/는 문자열 "ab", "cd", "ef"에 모두 일치합니다. /\d{3}|[a-z]{4}/는 숫자 세 개 또는 소문자 네 개에 일치합니다.

대체 옵션은 일치하는 것을 찾을 때까지 왼쪽에서 오른쪽으로 진행합니다. 일단 왼쪽에서 옵션을 찾으면 오른쪽에 있는 옵션은 설령 '더 잘' 일치하더라도 무시됩니다. 따라서 /a|ab/를 문자열 "ab"에 적용하면 첫 번째 글자에만 일치합니다.

정규 표현식은 괄호를 여러 가지 용도로 사용합니다. 한 가지 목적은 아이템을 그룹으로 묶어서 |, *, +, ? 등이 이를 하나의 단위로 취급하도록 하는 것입니다. 예를 들어 /java(script)?/는 "java" 뒤에 "script"가 있거나 없을 때 일치합니다. /(ab|cd)+|ef/는 "ab" 또는 "cd" 둘 중 하나가 한 번 이상 반복된 다음에 "ef"가 있는 문자열에 일치합니다.

괄호의 다른 목적은 하위 패턴을 정의하는 것입니다. 정규 표현식이 대상 문자열에 성공적으로 일치하면 대상 문자열에서 하위 패턴에 일치하는 부분을 추출할 수 있습니다. (부분 문자열을 매칭하는 방법은 이 절 뒷부분에서 다시 설명합니다.) 예를 들어 하나 이상의 소문자 뒤에 하나 이상의 숫자가 이어지는 패턴을 찾는다고 합시다. /[a-z]+\d+/ 패턴을 사용할 수 있습니다. 그런 패턴을 찾긴 하지만, 소문자 에는 관심이 없고 숫자만 필요하다면 /[a-z]+(\d+)/ 패턴을 써서 일치하는 것에서 숫자만 추출할 수 있으며 그 방법은 나중에 설명합니다.

괄호를 사용한 하위 표현식을 쓰면 같은 정규 표현식에서 해당 하위 표현식을 참조할 수 있습니다. \ 다음에 숫자를 쓰면 됩니다. 여기서 숫자는 정규 표현식 안에서 하위 표현식의 위치입니다. 예를 들어 \1은 첫 번째 하위 표현식을, \3은 세 번째 하위 표현식을 참조합니다. 하위 표현식은 중첩할 수 있으므로 숫자는 왼쪽 괄호의 위치입니다. 예를 들어 다음 정규 표현식에서 하위 표현식 ([Ss]cript)는 \2로 참조합니다.

```
/([Jj]ava([Ss]cript)?)\sis\s(fun\w*)/
```

하위 표현식에 대한 참조는 해당 하위 표현식이 아니라 그 패턴에 일치하는 텍스트를 참조합니다. 따라서 참조를 사용해 문자열의 서로 다른 부분이 정확히 같은 문자를 포함하도록 제한을 추가할 수 있습니다. 예를 들어 다음 정규 표현식은 큰따옴표 또는 작은따옴표 사이에 있는 0개 이상의 문자에 일치합니다. 하지만 열고 닫는 따옴표가 일치해야 한다는 제한은 없습니다.

```
/['"][^'"]*['"]/
```

다음과 같이 참조를 사용해 따옴표 종류도 일치해야 한다는 제한을 추가할 수 있습니다.

```
/(['"])[^'"]*\1/
```

\1는 첫 번째 하위 표현식에 일치한 텍스트에 일치합니다. 이 예제에서는 닫는 따옴표가 여는 따옴표와 정확히 일치해야 한다는 제한으로 작용합니다. 이 정규 표현식은 큰따옴표로 감싼 문자열 안에 작은따옴표를 허용하지 않으며 그 반대도 마찬가지입니다.[8] 문자 클래스 안에서는 참조를 사용할 수 없으므로 /(['"])[^\1]*\1/ 같은 표현식은 불가능합니다.

나중에 정규 표현식 API를 설명할 때 하위 표현식에 대한 참조를 정규 표현식 찾아 바꾸기에 사용하는 방법도 설명합니다.

숫자 참조를 만들지 않고 단순히 그룹으로 묶기만 하는 것도 가능합니다. 여는 괄호를 (?:로 바꾸면 됩니다. 다음 패턴을 보십시오.

```
/([Jj]ava(?:[Ss]cript)?)\sis\s(fun\w*)/
```

이 예제의 하위 표현식 (?:[Ss]cript)는 단순히 그룹 용도로 사용했으므로 반복 문자 ?를 그룹에 적용할 수 있습니다. 변형된 괄호는 참조를 만들지 않으므로 이 정규 표현식에서 \2는 (fun\w*)과 일치하는 텍스트를 가리킵니다. 표 11-5에 정규 표현식 대체, 그룹, 참조 연산자를 정리했습니다.

---

8 (옮긴이) 문자열이 따옴표에 둘러싸여 있어야 한다는 상식 때문에 혼란스러울 수 있습니다. 아래 코드 두 번째 줄의 '''는 두 번째 작은따옴표에서 종료되는 문자열이 아닙니다. 이 문자열은 `으로 둘러싸여 있으므로 그냥 작은따옴표 세 개일 뿐입니다.

```
/(['"])[^'"]*\1/.test(`'"'`)    // false
/(['"])[^'"]*\1/.test(`'''`)    // true
```

문자	의미
|	대체: 왼쪽 또는 오른쪽의 하위 표현식과 일치합니다.
(...)	그룹: 아이템을 그룹으로 묶어 *, +, ?, | 등에서 한 단위로 사용하게 합니다. 이 그룹에 일치하는 문자는 나중에 참조할 수 있습니다.
(?:...)	그룹만: 아이템을 그룹으로 묶지만 이 그룹에 일치하는 문자를 기억하지는 않습니다.
\n	n번째에 해당하는 그룹에 일치합니다. 그룹은 괄호 안에 존재하며 중첩 가능한 하위 표현식입니다. 그룹 숫자는 왼쪽 괄호를 기준으로 할당됩니다. (?:로 시작하는 그룹에는 숫자가 할당되지 않습니다.

표 11-5 정규 표현식 대체, 그룹, 참조 문자

🗃 이름 붙은 캡처 그룹

ES2018에서 정규 표현식을 더 이해하기 쉽게 해 주는 기능을 도입했습니다. 새 기능은 '이름 붙은 캡처 그룹'이라고 하며, 정규 표현식에 있는 왼쪽 괄호에 이름을 붙여서 나중에 숫자가 아닌 이름으로 참조할 수 있게 하는 기능입니다. 이는 코드를 읽는 사람이 그룹의 목적을 더 쉽게 이해할 수 있다는 장점이 있습니다. 2020년 초반 기준으로 이 기능은 노드, 크롬, 엣지, 사파리에서 지원하지만 파이어폭스는 아직 지원하지 않습니다. 그룹에 이름을 붙일 때는 왼쪽 괄호 자리에 (?<name>을 사용합니다. 예를 들어 다음은 미국 우편 주소의 첫 줄을 체크하는 데 쓸 수 있는 정규 표현식입니다.

```
/(?<city>\w+) (?<state>[A-Z]{2}) (?<zipcode>\d{5})(?<zip9>-\d{4})?/
```

그룹 이름을 통해 정규 표현식을 더 쉽게 이해할 수 있습니다. 11.3.2절에서 문자열의 replace()와 match() 메서드, 정규 표현식 exec() 메서드를 설명할 때 정규 표현식 API에서 이들 그룹에 일치하는 텍스트를 위치가 아닌 이름으로 참조하는 방법도 설명합니다.

정규 표현식 안에서 이름 붙은 캡처 그룹을 이름으로도 참조할 수 있습니다. 이전 따옴표 예제에서 여닫는 따옴표가 일치하도록 정규 표현식 '역참조(backreference)'를 만들었습니다. 이름 붙은 캡처 그룹과 이름 붙은 역참조를 사용해 이 정규 표현식을 다음과 같이 고쳐 쓸 수 있습니다.

```
/(?<quote>['"])[^'"]*\k<quote>/
```

\k<quote>는 여는 따옴표를 캡처한 이름 붙은 그룹에 대한 이름 붙은 역참조입니다.

일치 위치 지정

앞서 설명했듯이 정규 표현식 요소 중 상당수는 문자열에서 문자 하나에 일치합니다. 예를 들어 \s는 공백 문자 하나에 일치합니다. 정규 표현식 요소 중에는 실제 문자가 아니라 문자 사이의 위치에 일치하는 것도 있습니다. 예를 들어 \b는 ASCII 단어 경계입니다. 따라서 ASCII 단어 문자인 \w와 단어가 아님을 뜻하는 \W 문자 사이의 경계에 일치하고, ASCII 단어 문자와 문자열의 시작 또는 끝 사이의 경계에도 일치합니다.[9] \b 같은 요소는 문자를 지정하지 않고 일치가 있을 만한 위치를 지정합니다. 위치를 지정한다는 의미에서 이들을 **정규 표현식 앵커**(anchor)라고 부르기도 합니다. 가장 널리 쓰이는 앵커는 문자열의 시작을 나타내는 ^, 문자열의 끝을 나타내는 $입니다.

예를 들어 JavaScript라는 단어와 있는 그대로 일치하는 문자열을 찾을 때는 정규 표현식 /^JavaScript$/를 사용합니다. Java를 JavaScript의 접두사가 아니라 그 자체로 하나의 단어인 것만 찾으려면 단어 앞뒤에 공백 문자를 지정하는 /\sJava\s/를 쓸 수 있습니다. 하지만 이 방법에는 두 가지 문제가 있습니다. 첫 번째는 Java가 문자열의 맨 앞이나 맨 뒤에 있는 경우, 양옆에 모두 공백 문자가 있지 않으므로 찾을 수 없습니다. 두 번째는 이 패턴으로 일치하는 것을 찾으면 좌우에 반드시 스페이스가 있을 텐데 반드시 그런 경우를 원하지 않을 때도 있다는 겁니다. 따라서 \s로 공백 문자를 찾지 말고 \b로 단어 경계를 찾으십시오. 표현식 /\bJava\b/를 쓰면 됩니다. \B는 단어 경계에 해당하지 않는 위치에 일치합니다. 따라서 패턴 /\B[Ss]cript/는 JavaScript와 postscript에는 일치하지만 script나 Scripting에는 일치하지 않습니다.

임의의 정규 표현식을 앵커 조건으로 쓸 수도 있습니다. 표현식을 (?=와) 사이에 쓰면 룩어헤드 어서션(lookahead assertion)이 되며, 이 표현식은 그런 부분이 반드시 있어야 한다고 지정하지만 실제로 일치시키지는 않습니다. 예를 들어 '자바'나 '자바스크립트' 뒤에 콜론이 붙은 형태만 찾고 싶다면 /[Jj]ava([Ss]cript)?(?=\:)/ 같은 표현식을 쓸 수 있습니다. 이 패턴은 JavaScript: The Definitive Guide에 포함된 JavaScript는 찾지만, Java in a Nutshell에 포함된 Java는 뒤에 콜론이 없으므로 찾지 않습니다.

(?!는 부정 룩어헤드 어서션으로, 패턴이 일치해서는 안 된다는 뜻입니다. 예를

---

9 \b가 백스페이스 문자와 일치하게 만드는 문자 클래스(대괄호)는 제외합니다.

들어 /Java(?!Script)([A-Z]\w*)/는 Java 뒤에 Script가 있지만 않다면 대문자 하나와 ASCII 단어 문자를 개수 제한 없이 찾습니다. 즉 JavaBeans에는 일치하지만 Javanese에는 일치하지 않고, JavaScrip에는 일치하지만 JavaScript나 JavaScripter에는 일치하지 않습니다. 표 11-6에 정규 표현식 앵커 문자를 정리했습니다.

문자	의미
^	문자열의 처음, m 플래그를 사용했다면 행의 처음에 일치합니다.
$	문자열의 끝, m 플래그를 사용했다면 행의 끝에 일치합니다.
\b	단어 경계에 일치합니다. 즉 \w 문자와 \W 문자 사이, \w 문자와 문자열의 시작 또는 끝 사이에 일치합니다(하지만 [\b]는 백스페이스에 일치합니다).
\B	단어 경계에 해당하지 않는 위치에 일치합니다.
(?=p)	긍정 룩어헤드 어서션. 이어지는 문자가 패턴 p에 일치하길 요구하지만 그 문자를 실제로 사용하지는 않습니다.
(?!p)	부정 룩어헤드 어서션. 이어지는 문자가 패턴 p에 일치하지 않기를 요구합니다.

표 11-6 정규 표현식 앵커 문자

 룩비하인드 어서션

ES2018은 자바스크립트 정규 표현식을 확장해 '룩비하인드(lookbehind)' 어서션을 도입했습니다. 룩비하인드는 룩어헤드와 비슷하지만 현재 일치하는 위치보다 앞에 있는 텍스트를 참조합니다. 2020년 초반 기준으로 노드, 크롬, 엣지에서 룩비하인드를 지원하지만 파이어폭스와 사파리는 아직 지원하지 않습니다.

긍정 룩비하인드 어서션은 (?<=...), 부정 룩비하인드 어서션은 (?<!...)을 사용합니다. 예를 들어 미국 우편 주소는 다섯 자리 숫자로 이루어진 우편 번호 앞에 두 글자로 이루어진 주 이름 약어가 있는 형태입니다.

`/(?<= [A-Z]{2} )\d{5}/` [10]

---

10 (옮긴이) 주 이름 약어를 나타내는 문자 클래스 앞에 스페이스가 포함되어 있는데 이것이 저자의 의도인지 조판 오류인지는 미국 우편 주소 규칙을 정확히 몰라 확인하지 못했습니다. 독자 여러분의 양해를 구합니다. 대신 자바스크립트 주석을 찾는 부정형 룩비하인드 예제를 하나 만들었습니다.

```
let str = "fetch('https://example.com/test') // https://example.com is server",
    found = str.match(/(?<!:)\/\/.*$/)
found[0] === '// https://example.com is server' // true
```

주석은 // 문자로 시작하지만 ://는 프로토콜 문법이므로 제외해야 합니다. 따라서 부정형 룩비하인드를 썼고, 한 줄 주석은 줄 끝까지 이어지므로 수량자 *와 줄 끝 문자 $를 썼습니다.

또한 다음과 같이 룩비하인드 어서션을 써서 유니코드 화폐 기호가 앞에 붙지 않은 숫자를 찾을 수 있습니다.

```
/(?<![\p{Currency_Symbol}\d.])\d+(\.\d+)?/u
```

플래그

정규 표현식에는 하나 이상의 플래그를 써서 매칭 방법을 바꿀 수 있습니다. 자바 스크립트에는 여섯 가지 플래그가 있으며 각 플래그는 글자 하나로 표현됩니다. 플래그는 정규 표현식 리터럴 마지막의 / 뒤에 쓰거나 RegExp() 생성자의 두 번째 인자로 전달합니다. 지원되는 플래그와 의미는 다음과 같습니다.

g

　g 플래그는 정규 표현식이 '전역'이라는, 즉 이 정규 표현식에 첫 번째로 일치하는 것을 찾는 즉시 끝내지 않고 일치하는 것을 모두 찾는다는 의미입니다. 이 플래그는 패턴 매칭 방법 자체를 바꾸지는 않지만 문자열의 match() 메서드와 정규 표현식의 exec() 메서드가 동작하는 방법을 바꿉니다.

i

　i 플래그는 대소문자를 가리지 않고 일치하는 것을 찾으라는 뜻입니다.

m

　m 플래그는 '여러 행' 모드에서 일치하는 것을 찾으라는 의미입니다. 이 플래그를 사용하면 여러 행으로 이루어진 문자열을 대상으로 정규 표현식을 사용한다는 뜻이며, ^과 $를 문자열 전체의 시작과 끝뿐 아니라 각 행의 시작과 끝에서도 찾는다는 뜻입니다.

s

　s 플래그도 뉴라인이 포함된 텍스트에 유용합니다. 정규 표현식에서 .(점) 문자는 일반적으로 줄 끝 문자를 제외한 문자에 일치하지만, s 플래그를 사용하면 줄 끝 문자를 포함한 모든 문자에 일치합니다. s 플래그는 ES2018에서 자바스크립트에 추가됐으며 2020년 초반 기준으로 노드, 크롬, 엣지, 사파리에서 지원하지만 파이어폭스는 아직 지원하지 않습니다.

u

u 플래그는 유니코드를 뜻하며 정규 표현식이 16비트 값이 아니라 유니코드 코드 포인트를 기준으로 동작하게 합니다. 이 플래그는 ES6에서 도입했으며, 특별한 이유가 없다면 항상 이 플래그를 사용하는 습관을 들여야 합니다. 이 플래그를 사용하지 않는다면 이모지나 한자 등 16비트를 초과하는 문자가 포함된 텍스트에서 정규 표현식이 정확히 동작하지 않습니다. u 플래그가 없으면 .(점) 문자는 UTF-16 16비트 값에만 일치하지만, u 플래그를 사용하면 16비트 이상을 사용하는 유니코드 코드 포인트에도 일치합니다. 정규 표현식에 u 플래그를 사용하면 새로운 \u{...} 이스케이프 시퀀스, 유니코드 문자 클래스에 대한 \p{...} 표기법을 사용할 수 있습니다.

y

y 플래그는 정규 표현식이 문자열의 처음, 또는 이전에 일치한 것의 첫 번째 문자에 일치해야 한다는 뜻입니다. 일치하는 것을 하나만 찾도록 하는 정규 표현식에서는 문자열 처음에 일치하는 ^ 앵커와 동등합니다. y 플래그는 문자열 안에서 일치하는 것을 반복적으로 찾는 정규 표현식에서 더 유용합니다. 이런 경우 문자열의 match() 메서드와 정규 표현식의 exec() 메서드에서 일치하는 것을 찾을 때 이전에 찾은 텍스트가 끝나는 위치 바로 뒤에서 찾도록 합니다.

플래그는 어떤 조합으로든, 어떤 순서로든 사용할 수 있습니다. 예를 들어 정규 표현식이 유니코드를 지원하고 대소문자를 가리지 않고 찾으며 문자열 안에서 일치하는 것을 여러 개 찾게 만들고 싶다면 uig, gui, 또는 이 세 글자의 다른 조합을 쓰십시오.

11.3.2 패턴 매칭 문자열 메서드

지금까지 정규 표현식을 정의하는 문법을 설명했지만 그 정규 표현식을 자바스크립트 코드 안에서 실제로 사용하는 방법은 설명하지 않았습니다. 이제 RegExp 객체 API에 대해 설명하겠습니다. 이 절은 정규 표현식을 통해 패턴 매칭과 찾아 바꾸기를 하는 문자열 메서드에 대해 설명합니다. 이어지는 절에서는 정규 표현식을 사용한 패턴 매칭을 설명하면서 RegExp 객체와 그 메서드, 프로퍼티도 함께 다룹니다.

search()

문자열에는 정규 표현식을 지원하는 메서드가 네 가지 있습니다. 가장 단순한 것은 search()입니다. 이 메서드는 정규 표현식 인자를 받고 패턴에 첫 번째로 일치하는 부분 문자열의 위치를 반환하며, 일치하는 것이 없으면 -1을 반환합니다.

```
"JavaScript".search(/script/ui)  // => 4
"Python".search(/script/ui)      // => -1
```

search()의 인자가 정규 표현식이 아니면 먼저 RegExp 생성자를 사용해 정규 표현식으로 변환합니다. search()는 전역 검색을 지원하지 않으며 정규 표현식 인자의 g 플래그를 무시합니다.

replace()

replace() 메서드는 찾아 바꾸기 동작을 수행합니다. 이 메서드는 정규 표현식을 첫 번째 인자로 받고 대체할 문자열을 두 번째 인자로 받습니다. 메서드를 호출하면 문자열에서 지정된 패턴에 일치하는 것을 찾습니다. 정규 표현식에 g 플래그가 있으면 replace() 메서드는 문자열에서 일치하는 것을 전부 대체할 문자열로 교체하며, g 플래그가 없으면 첫 번째로 일치하는 것만 교체합니다. replace()는 첫 번째 인자가 문자열인 경우 문자열을 문자 그대로 검색합니다. search()가 RegExp() 생성자를 호출해 인자를 정규 표현식으로 변환하는 것과는 다릅니다. 다음 예제는 문자열에서 JavaScript를 대소문자를 가리지 않고 찾아 전부 JavaScript로 교체합니다.

```
// 대소문자를 가리지 않고 찾아 정확한 대소문자로 수정합니다.
text.replace(/javascript/gi, "JavaScript");
```

replace()에는 이보다 강력한 사용 방법이 많습니다. 정규 표현식에서 괄호로 감싼 하위 표현식은 왼쪽에서 오른쪽으로 숫자를 부여받으며 정규 표현식은 각 하위 표현식에 일치하는 텍스트를 기억합니다. 대체할 문자열에 $ 뒤에 숫자 하나가 연달아 포함되어 있다면, replace()는 두 문자를 지정된 하위 표현식에 일치하는 텍스트로 대체합니다. 예를 들어 이 기능을 사용해 문자열에 포함된 따옴표를 다른 문자로 바꿀 수 있습니다.

```
// quote는 따옴표 뒤에 따옴표 아닌 문자가 임의의 숫자만큼 이어지며
// 그 뒤에 다른 따옴표가 오는 형태입니다. (따옴표 안의 문자는 캡처합니다.)
let quote = /"([^"]*)"/g;
```

```
// 직선인 따옴표를 이중 꺾쇠(«»)로 교체하고 $1에 저장된 텍스트는 바뀌지 않습니다.
'He said "stop"'.replace(quote, '«$1»')  // => 'He said «stop»'
```

정규 표현식에서 이름 붙은 캡처 그룹을 사용한다면 숫자 대신 이름으로 텍스트를 참조할 수 있습니다.

```
let quote = /"(?<quotedText>[^"]*)"/g;
'He said "stop"'.replace(quote, '«$<quotedText>»')     // => 'He said «stop»'
```

두 번째 인자로 바꿀 문자열 대신 함수를 전달해 값을 반환하도록 해도 됩니다. 이 함수는 여러 가지 인자를 받으며 호출됩니다. 첫 번째는 일치하는 텍스트 전체입니다. 정규 표현식에 캡처 그룹이 있으면 그룹에서 캡처한 부분 문자열이 인자로 전달됩니다. 다음 인자는 문자열에서 일치하는 것을 찾은 위치입니다. 그다음에는 replace()를 호출한 문자열 전체가 전달됩니다. 마지막으로, 정규 표현식에 이름 붙은 캡처 그룹이 있으면 마지막 인자는 프로퍼티 이름이 캡처 그룹 이름이고 값이 일치하는 텍스트인 객체입니다. 다음은 교체 함수를 써서 문자열에 있는 10진 정수를 16진수로 변환합니다.

```
let s = "15 times 15 is 225";
s.replace(/\d+/gu, n => parseInt(n).toString(16))  // => "f times f is e1"
```

match()

match() 메서드는 문자열 정규 표현식 메서드 중에서 가장 많이 쓰입니다. 이 메서드는 정규 표현식 하나만 인자로 받으며, 일치하는 것을 배열에 담아 반환하고 일치하는 것이 없으면 null을 반환합니다. 인자가 정규 표현식이 아니면 RegExp() 생성자를 호출합니다. 정규 표현식에 g 플래그가 있으면 문자열에서 일치하는 것을 모두 찾아 배열로 반환합니다. 예를 들어 다음을 보십시오.

```
"7 plus 8 equals 15".match(/\d+/g)  // => ["7", "8", "15"]
```

정규 표현식에 g 플래그가 없으면 첫 번째로 일치하는 것만 반환합니다. 이런 경우에도 배열을 반환하는 것은 마찬가지지만 배열 요소는 완전히 다릅니다. g 플래그가 없으면 반환된 배열의 첫 번째 요소는 match()를 호출한 문자열 전체이며 나머지 요소는 정규 표현식에서 괄호로 감싼 캡처 그룹에 일치하는 부분 문자열입니다. 따라서 match()가 a 배열을 반환했다면 a[0]는 문자열 전체이고, a[1]은 괄호로 감싼 첫 번째 표현식에 일치하는 부분 문자열이며, a[2]는 두 번째 식입니다. a[1]은 $1, a[2]는 $2 식이라는 면에서 replace() 메서드와 비슷하다고 할 수 있습니다.

예를 들어 다음 코드로 URL을 분석한다고 합시다.[11]

```
// URL을 분석하는 아주 단순한 정규 표현식
let url = /(\w+):\/\/([\w.]+)\/(\S*)/;
let text = "Visit my blog at http://www.example.com/~david";
let match = text.match(url);
let fullurl, protocol, host, path;
if (match !== null) {
    fullurl = match[0];    // fullurl == "http://www.example.com/~david"
    protocol = match[1];   // protocol == "http"
    host = match[2];       // host == "www.example.com"
    path = match[3];       // path == "~david"
}
```

이 예제에서 match()가 반환하는 배열에는 일치하는 것 외에도 객체 프로퍼티 또한 포함되어 있습니다. input 프로퍼티는 match()를 호출한 문자열을 가리킵니다. index 프로퍼티는 문자열에서 일치하기 시작한 위치입니다. 정규 표현식에 이름 붙은 캡처 그룹이 있다면 반환된 배열에는 값이 객체인 groups 프로퍼티도 있습니다. 이 객체의 프로퍼티 이름은 이름 붙은 그룹의 이름과 같고, 값은 일치하는 텍스트입니다. 위 예제를 다음과 같이 고쳐 쓸 수 있습니다.

```
let url = /(?<protocol>\w+):\/\/(?<host>[\w.]+)\/(?<path>\S*)/;
let text = "Visit my blog at http://www.example.com/~david";
let match = text.match(url);
match[0]                   // => "http://www.example.com/~david"
match.input                // => text
match.index                // => 17
match.groups.protocol      // => "http"
match.groups.host          // => "www.example.com"
match.groups.path          // => "~david"
```

match()의 동작 방식은 정규 표현식에 g 플래그가 있고 없고에 따라 크게 달라집니다. y 플래그는 그만큼 극적으로 바뀌지는 않지만 중요한 차이가 있습니다. y 플래그는 문자열에서 일치하는 것을 찾는 위치를 제한합니다. 정규 표현식에 g와 y 플래그가 모두 있다면 y 없이 g만 쓴 것과 마찬가지로 일치하는 것을 모두 담은 배열

---

11 정규 표현식으로 URL을 분석하는 건 좋은 아이디어가 아닙니다. 11.9절에서 더 좋은 URL 파서를 소개합니다.

을 반환합니다. 하지만 첫 번째로 일치하는 것은 반드시 문자열의 시작에서 찾아야 하며, 그다음 일치하는 것은 반드시 앞에서 찾은 것의 바로 다음에서 찾아야 합니다.

g 없이 y 플래그만 사용하면 match()는 일치하는 것을 하나만 찾으려 하며, 기본적으로 문자열의 시작에서 찾습니다. RegExp 객체의 `lastIndex` 프로퍼티를 검색을 시작할 인덱스로 바꾸면 기본 시작 위치가 바뀝니다. 일치하는 것을 찾으면 `lastIndex`는 일치하는 것 다음에 있는 첫 번째 문자로 자동으로 업데이트되므로 match()를 다시 호출하면 그 직후에 일치하는 것이 있다고 생각하고 찾습니다.

```
let vowel = /[aeiou]/y;   // 모음을 찾습니다.
"test".match(vowel)       // => null: test는 모음으로 시작하지 않습니다.
vowel.lastIndex = 1;      // 검색 위치를 지정합니다.
"test".match(vowel)[0]    // => "e": 인덱스 1에서 모음을 찾았습니다.
vowel.lastIndex           // => 2: lastIndex는 자동으로 업데이트됩니다.
"test".match(vowel)       // => null: 인덱스 2에는 모음이 없습니다.
vowel.lastIndex           // => 0: 검색에 실패하면 lastIndex가 리셋됩니다.
```

문자열의 match() 메서드에 g 플래그가 없는 정규 표현식을 전달하면 정규 표현식의 exec() 메서드에 같은 문자열을 전달한 것과 마찬가지라는 점도 알아두면 좋습니다. 반환되는 배열과 프로퍼티가 모두 일치합니다.

matchAll()

matchAll() 메서드는 ES2020에서 도입했으며 2020년 초반 기준으로 최신 웹 브라우저 전체와 노드에서 모두 지원합니다. matchAll()은 g 플래그가 있는 정규 표현식을 받습니다. 이 메서드는 match()처럼 일치하는 부분 문자열을 담은 배열을 반환하는 것이 아니라, match()에 g 플래그가 없는 정규 표현식을 전달해 호출할 때 반환할 객체와 비슷한 이터레이터를 반환합니다. 따라서 문자열에서 일치하는 것을 순회할 때 가장 쉽고 범용적으로 사용할 수 있습니다.

다음과 같이 matchAll()을 써서 문자열에서 찾은 단어를 순회할 수 있습니다.

```
// 단어 경계 사이에 하나 이상의 유니코드 알파벳 문자
const words = /\b\p{Alphabetic}+\b/gu;  // 파이어폭스는 아직 \p를 지원하지 않습니다.
const text = "This is a naïve test of the matchAll() method.";
for(let word of text.matchAll(words)) {
    console.log(`Found '${word[0]}' at index ${word.index}.`);
}
```

RegExp 객체의 `lastIndex` 프로퍼티를 바꿔서 `matchAll()` 메서드가 검색을 시작할 인덱스를 지정할 수 있습니다. 다른 패턴 매칭 메서드와 달리 `matchAll()`은 절대 `lastIndex` 프로퍼티를 수정하지 않으므로 코드에서 버그가 생길 가능성이 적습니다.

split()

String 객체의 마지막 정규 표현식 메서드는 `split()`입니다. 이 메서드는 인자를 구분자로 사용해 나눈 부분 문자열을 배열에 담아 반환합니다. 다음과 같이 문자열 인자를 전달해 사용할 수 있습니다.

```
"123,456,789".split(",")          // => ["123", "456", "789"]
```

`split()` 메서드는 인자로 정규 표현식도 받을 수 있습니다. 다음 예제는 구분자 옆에 공백이 몇 칸 있든 따지지 않습니다.

```
"1, 2, 3,\n4, 5".split(/\s*,\s*/)  // => ["1", "2", "3", "4", "5"]
```

`split()`에 전달한 정규 표현식에 캡처 그룹이 있으면 반환된 배열에는 캡처 그룹에 일치하는 텍스트 역시 포함됩니다. 예를 들어 다음을 보십시오.

```
const htmlTag = /<([^>]+)>/;        // < 다음에 > 아닌 문자 하나 이상, 그다음에 >
"Testing<br/>1,2,3".split(htmlTag) // => ["Testing", "br/", "1,2,3"]
```

11.3.3 RegExp 클래스

이 절은 RegExp() 생성자, RegExp 인스턴스의 프로퍼티, RegExp 클래스에서 정의하는 중요한 패턴 매칭 메서드 두 가지를 설명합니다.

RegExp() 생성자는 문자열 한 개 또는 두 개를 받아 새 RegExp 객체를 생성합니다. 생성자의 첫 번째 인자는 정규 표현식의 바디가 될 문자열, 즉 정규 표현식 리터럴에서 슬래시 사이에 있는 텍스트입니다. 문자열 리터럴과 정규 표현식 모두 이스케이프 시퀀스에 \ 문자를 사용하므로 RegExp()에 정규 표현식을 문자열 리터럴로 전달할 때는 반드시 \ 문자를 모두 \\로 바꿔야 합니다. 두 번째 인자는 선택 사항이며 전달할 경우 정규 표현식 플래그로 사용됩니다. 이 인자는 g, i, m, s, u, y 또는 이들 글자의 조합이어야 합니다.

예를 들어 다음을 보십시오.

```
// 문자열에서 다섯 자리 숫자를 모두 찾습니다. 여기서 역슬래시를 두 번 쓴 것을 보십시오.
let zipcode = new RegExp("\\d{5}", "g");
```

정규 표현식을 동적으로 생성해야 하고 정규 표현식 리터럴 문법은 사용할 수 없을 때 RegExp() 생성자를 사용합니다. 예를 들어 사용자가 입력한 문자열에서 검색할 때는 반드시 런타임에 RegExp()를 써서 정규 표현식을 생성해야 합니다.

RegExp()의 첫 번째 인자에는 문자열뿐만 아니라 RegExp 객체 역시 전달할 수 있습니다. 이를 이용해 다음과 같이 정규 표현식을 복사하면서 플래그를 바꿀 수 있습니다.

```
let exactMatch = /JavaScript/;
let caseInsensitive = new RegExp(exactMatch, "i");
```

정규 표현식 프로퍼티

RegExp 객체에는 다음과 같은 프로퍼티가 있습니다.

source

읽기 전용 프로퍼티이며 정규 표현식의 소스 텍스트, 즉 정규 표현식 리터럴에서 슬래시 사이에 있는 문자들입니다.

flags

정규 표현식의 플래그인 읽기 전용 프로퍼티입니다.

global

g 플래그가 있는지 나타내는 읽기 전용 불 프로퍼티입니다.

ignoreCase

i 플래그가 있는지 나타내는 읽기 전용 불 프로퍼티입니다.

multiline

m 플래그가 있는지 나타내는 읽기 전용 불 프로퍼티입니다.

dotAll

s 플래그가 있는지 나타내는 읽기 전용 불 프로퍼티입니다.

unicode

이 u 플래그가 있는지 나타내는 읽기 전용 불 프로퍼티입니다.

sticky

y 플래그가 있는지 나타내는 읽기 전용 불 프로퍼티입니다.

lastIndex

이 프로퍼티는 읽고 쓸 수 있는 정수입니다. g나 y 플래그를 사용한 패턴에서 이 프로퍼티는 다음 검색을 시작할 위치를 지정합니다. 다음 하위 절에서 설명할 test()와 exec()메서드가 이 프로퍼티를 사용합니다.

test()

test() 메서드는 RegExp 클래스에서 가장 단순한 메서드입니다. 이 메서드는 문자열을 인자로 받고 문자열이 패턴에 일치하면 true를, 일치하지 않으면 false를 반환합니다.

test()는 다음 절에서 설명할 exec() 메서드를 호출하고 exec()가 null이 아닌 값을 반환하면 true를 반환합니다. 따라서 g나 y 플래그를 사용하는 정규 표현식에서 test()를 호출하면 RegExp 객체의 lastIndex 프로퍼티 값에 따라 동작하며 예상치 못한 결과가 일어날 수 있습니다. 344페이지의 'lastIndex 프로퍼티와 RegExp 객체 재사용'을 보십시오.

exec()

exec() 메서드는 정규 표현식에서 가장 널리 쓰이는 강력한 메서드입니다. 이 메서드는 문자열 하나를 인자로 받아 일치하는 것이 없으면 null, 일치하는 것을 찾으면 배열을 반환하며 이 배열은 g 플래그 없는 match() 메서드가 반환하는 배열과 같습니다. 이 배열의 인덱스 0은 문자열 전체이며 이어지는 배열 요소는 캡처 그룹에 일치한 부분 문자열입니다. 반환된 배열에는 이름 붙은 프로퍼티도 있습니다. index 프로퍼티는 일치하는 것을 찾은 문자 위치, input 프로퍼티는 검색한 문자열, groups 프로퍼티는 이름 붙은 캡처 그룹에 일치하는 부분 문자열을 담은 객체입니다.

문자열의 match() 메서드와 달리 exec()는 정규 표현식에 g 플래그가 있든 없든 같은 배열을 반환합니다. match()는 g 플래그가 있는 정규 표현식을 받았을 때 일치하는 것들의 배열을 반환하지만, exec()는 일치하는 것을 항상 하나 반환하며 그에 관한 정보를 모두 제공합니다. g 플래그나 y 플래그가 있는 정규 표현식에서 exec() 를 호출하면 RegExp 객체의 lastIndex 프로퍼티를 참조해 검색을 시작할 위치를 판단합니다. (y 플래그가 있으면 그 위치에서 시작하도록 제한하기도 합니다.) 새로 생성된 RegExp 객체의 lastIndex 프로퍼티는 0이므로 문자열 처음부터 검색을 시작합니다. exec()는 일치하는 것을 찾을 때마다 바로 다음 인덱스로 lastIndex 프로퍼티를 업데이트합니다. 일치하는 것을 찾지 못하면 lastIndex를 0으로 리셋합니다. 이런 특별한 동작 방식 덕에 문자열에서 일치하는 것을 모두 찾을 때까지 루프 안에서 exec()를 반복적으로 호출할 수 있습니다. (이미 설명했듯이 ES2020 이후에는 문자열의 matchAll() 메서드가 더 쉽습니다.) 예를 들어 다음 코드의 루프는 두 번 실행됩니다.

```javascript
let pattern = /Java/g;
let text = "JavaScript > Java";
let match;
while((match = pattern.exec(text)) !== null) {
    console.log(`Matched ${match[0]} at ${match.index}`);
    console.log(`Next search begins at ${pattern.lastIndex}`);
}
```

> **📦 lastIndex 프로퍼티와 RegExp 객체 재사용**
>
> 자바스크립트의 정규 표현식 API는 복잡합니다. g와 y 플래그와 함께 lastIndex 프로퍼티를 사용하는 것이 이 API에서 특히 어려운 부분입니다. 이 플래그를 사용할 경우 match(), exec(), test() 메서드를 호출할 때 특히 주의해야 합니다. 이들 메서드의 동작 방식은 lastIndex 값에 따라 달라지며 lastIndex 값은 이전에 RegExp 객체를 사용한 결과에 따라 바뀌기 때문입니다. 이 때문에 버그가 있는 코드를 작성하기 쉽습니다.
>
> 예를 들어 HTML 텍스트에서 <p> 태그 안에 있는 문자열의 인덱스를 모두 찾고 싶다고 합시다. 다음과 같은 코드를 생각할 수 있습니다.
>
> ```javascript
> let match, positions = [];
> while((match = /<p>/g.exec(html)) !== null) { // 무한 루프가 발생할 수 있습니다.
>     positions.push(match.index);
> }
> ```
>
> 이 코드는 의도대로 실행되지 않습니다. html 문자열에 <p> 태그가 하나라도 있다면 이 루프는 무

한히 계속됩니다. 문제는 while 루프의 조건 부분에 정규 표현식 리터럴을 썼다는 겁니다. 루프를 반복할 때마다 새 RegExp 객체가 생성되는데 이 객체의 lastIndex는 0이므로, exec()는 항상 문자열의 처음에서 검색을 시작하고 일치하는 것이 있다면 처음으로 돌아가 lastIndex가 0인 객체를 다시 생성합니다. 해결책은 물론 정규 표현식을 미리 정의해서 변수에 저장해 루프를 반복할 때 같은 RegExp 객체를 사용하게 하는 겁니다.

반면 RegExp 객체를 재사용하면 안 될 때도 있습니다. 예를 들어 사전에 있는 단어를 순회하면서 같은 글자 쌍이 포함된 단어를 찾는다고 합시다.

```
let dictionary = [ "apple", "book", "coffee" ];
let doubleLetterWords = [];
let doubleLetter = /(\w)\1/g;

for(let word of dictionary) {
    if (doubleLetter.test(word)) {
        doubleLetterWords.push(word);
    }
}
doubleLetterWords  // => ["apple", "coffee"]: book이 빠졌습니다.
```

정규 표현식에 g 플래그를 사용했으므로 일치하는 것을 찾으면 lastIndex 프로퍼티가 업데이트됩니다. 그리고 test() (사실 exec()에 기반) 메서드는 lastIndex에 지정된 위치에서 검색을 시작합니다. apple의 pp를 검색하면 lastIndex는 3입니다. 이제 book의 인덱스 3에서 검색을 재개하므로 oo를 발견하지 못합니다.

사실 이 예제에 g 플래그가 반드시 필요한 것은 아니므로 제거하면 문제가 해결됩니다. 아니면 정규 표현식 리터럴을 루프 바디로 옮겨서 반복할 때마다 다시 생성되게 할 수도 있고, test()를 호출할 때마다 명시적으로 lastIndex를 0으로 리셋할 수도 있습니다.

기억해야 할 것은 lastIndex가 정규 표현식 API를 에러에 취약하게 만든다는 겁니다. g와 y 플래그를 루프와 함께 사용할 때는 항상 주의하십시오. ES2020 이후에는 lastIndex를 수정하지 않는 문자열 matchAll() 메서드를 exec() 대신 사용해 이 문제를 피할 수 있습니다.

11.4 날짜와 시간

Date 클래스는 날짜와 시간을 다루는 자바스크립트 API입니다. Date 객체는 Date() 생성자로 생성합니다. 인자가 없으면 현재 날짜와 시간을 나타내는 Date 객체를 반환합니다.

```
let now = new Date();      // 현재 시간
```

Date() 생성자에 숫자 인자를 전달하면 그 인자를 1970년 1월 1일 0시 0분 0초에서 몇 밀리초 지났는지 나타내는 숫자로 간주합니다.

```
let epoch = new Date(0);  // Midnight, January 1st, 1970, GMT
```

두 개 이상의 정수 인자를 전달하면 다음과 같이 실행한 지역의 시간대에 맞게 연, 월, 일, 시, 분, 초, 밀리초로 해석합니다.

```
let century = new Date(2100,          // 2100년
                       0,             // 1월
                       1,             // 1일
                       2, 3, 4, 5);   // 02:03:04.005, 해당 지역
```

Date API에서 까다로운 점은 월은 0부터 시작하지만 일은 1부터 시작한다는 점입니다. 시간 관련 매개변수를 생략하면 Date() 생성자는 기본 값으로 전부 0을 사용합니다.

기억할 점은 Date() 생성자에 숫자를 여러 개 전달하면 이들을 컴퓨터의 시간대를 기준으로 해석한다는 점입니다. UTC(협정 세계시, GMT라고도 합니다) 기준으로 날짜와 시간을 지정하고 싶으면 Date.UTC()를 사용하십시오. 이 정적 메서드는 Date() 생성자와 같은 인자를 받아 이를 UTC 기준으로 해석하고 Date() 생성자에 전달할 수 있는 밀리초 타임스탬프를 반환합니다.

```
// 영국의 2100년 1월 1일 0시 0분 0초
let century = new Date(Date.UTC(2100, 0, 1));
```

console.log(century) 같은 식으로 날짜를 출력하면 기본적으로 컴퓨터의 시간대에 맞게 출력됩니다. 날짜를 UTC로 출력하려면 toUTCString()이나 toISOString() 메서드를 호출해 명시적으로 문자열로 변환해야 합니다.

Date() 생성자에 문자열을 전달하면 날짜와 시간 명세에 맞게 분석합니다. 생성자는 toString(), toUTCString(), toISOString() 메서드가 반환하는 문자열의 형식을 분석할 수 있습니다.

```
let century = new Date("2100-01-01T00:00:00Z");  // ISO 형식 날짜
```

Date 객체를 만들면 다양한 메서드를 통해 객체의 연, 월, 일, 시, 분, 초, 밀리초를

가져오거나 수정할 수 있습니다. 각 메서드는 로컬 시간대와 UTC 시간대를 사용하는 두 가지 형태가 있습니다. 예를 들어 Date 객체의 연도를 가져오거나 수정할 때는 getFullYear(), getUTCFullYear(), setFullYear(), setUTCFullYear() 메서드를 사용합니다.

```
let d = new Date();              // 현재 날짜로 시작합니다.
d.setFullYear(d.getFullYear() + 1);  // 연도를 1 늘립니다.
```

다른 필드를 가져오거나 수정할 때는 메서드 이름에서 FullYear를 Month, Date, Hours, Minutes, Seconds, Milliseconds로 바꾸면 됩니다. 일부 세터 메서드는 한 번에 하나 이상의 필드를 수정하도록 허용하기도 합니다. setFullYear()와 setUTC FullYear()는 선택적으로 월과 일 또한 수정할 수 있습니다. setHours()와 setUTC Hours()는 선택적으로 분, 초, 밀리초 필드 역시 지정할 수 있습니다.

　일을 가져오는 메서드는 getDate()와 getUTCDate()입니다. getDay()와 getUTC Day() 메서드는 요일을 반환합니다. (0은 일요일, 6은 토요일입니다.) 요일은 읽기 전용이므로 setDay() 메서드는 없습니다.

11.4.1 타임스탬프

자바스크립트는 내부적으로 날짜를 UTC 1970년 1월 1일로부터 몇 밀리초 지났는지(전인지) 나타내는 정수로 저장합니다. 정수는 최대 8,640,000,000,000,000까지 지원되므로 자바스크립트에서 270,000년 이상은 지원할 수 없습니다.

　Date 객체의 getTime() 메서드는 이 내부 값을 반환하며 setTime() 메서드는 그 값을 수정합니다. 다음과 같이 Date 객체에 30초를 더할 수 있습니다.

```
d.setTime(d.getTime() + 30000);
```

이들 밀리초 값을 **타임스탬프**라고 부르기도 하며, Date 객체보다는 타임스탬프를 직접 사용하는 것이 편리할 때도 있습니다. 정적 메서드 Date.now()는 현재 시간을 타임스탬프로 반환하며 코드가 실행될 때 얼마나 오래 걸리는지 확인할 때 유용합니다.

```
let startTime = Date.now();
reticulateSplines(); // 시간이 걸리는 작업
let endTime = Date.now();
console.log(`Spline reticulation took ${endTime - startTime}ms.`);
```

> ### 📦 정밀한 타임스탬프
>
> Date.now()가 반환하는 타임스탬프는 밀리초 단위입니다. 밀리초는 컴퓨터 기준으로는 비교적 긴 시간이라 경과한 시간을 더 정밀하게 측정해야 할 때도 있습니다. performance.now() 함수는 밀리초 기반 타임스탬프를 반환하지만 반환 값은 정수가 아니며 밀리초보다 더 작은 값도 포함할 수 있습니다. performance.now()는 Date.now()처럼 절대적인 타임스탬프 값을 반환하지는 않으며 웹 페이지를 불러온 후, 또는 노드 프로세스를 시작한 후 경과한 시간을 알려 줍니다.
>
> performance 객체는 Performance API의 일부분이며 이 API는 ECMAScript 표준에서 정의하지는 않았지만 웹 브라우저와 노드에서 지원합니다. 노드에서 performance 객체를 사용하려면 반드시 다음과 같이 가져와야 합니다.
>
> ```
> const { performance } = require("perf_hooks");
> ```
>
> 웹에서 정밀한 타이밍을 허용하면 악의적인 웹사이트에서 방문자를 추적하는 단서가 될 수도 있으므로 일부 브라우저(특히 파이어폭스)는 performance.now()의 정밀도를 기본적으로 낮추기도 합니다. 하지만 웹 개발자라면 정밀한 타이밍을 다시 활성화해야 할 수도 있습니다. 파이어폭스에서는 privacy.reduceTimerPrecision을 false로 변경하면 됩니다.

11.4.2 날짜 연산

Date 객체는 자바스크립트의 표준 비교 연산자인 <, <=, >, >=로 비교할 수 있습니다. Date 객체를 다른 Date 객체에서 빼면 시간 차이를 밀리초 단위로 계산할 수도 있습니다. Date 클래스의 valueOf() 메서드는 타임스탬프를 반환하기 때문입니다.

날짜에 초, 분, 시를 원하는 만큼 더하거나 뺄 때는 앞에서 30초를 더했던 예제처럼 그냥 타임스탬프를 사용하는 것이 가장 쉽습니다. 하지만 이 방법은 일 단위로 넘어가면 상당히 복잡해지는 방법이고, 월이나 연의 경우에는 아예 사용할 수도 없습니다. 월마다 일수가 다르고 윤년도 있기 때문입니다. 날짜에 연, 월, 일을 더하거나 뺄 때는 setDate(), setMonth(), setYear()를 사용하십시오. 다음 예제는 현재 날짜에 3개월 2주를 더합니다.

```
let d = new Date();
d.setMonth(d.getMonth() + 3, d.getDate() + 14);
```

날짜를 수정하는 메서드는 오버플로가 일어나더라도 정확히 동작합니다. 현재 월에 3을 더했을 때 값이 12월을 나타내는 11을 초과할 수도 있습니다. setMonth()는 연도를 필요한 만큼 늘리는 방식으로 이 문제를 해결합니다. 마찬가지로, 2월 30일 같은 날짜가 나오는 계산을 하면 자동으로 3월로 넘어가는 방식으로 문제를 해결합니다.

11.4.3 날짜 문자열 형식과 분석

실제로 날짜와 시간을 추적하는 용도로 Date 클래스를 사용한다면 사용자에게 날짜와 시간을 표시할 방법이 필요합니다. Date 클래스에는 Date 객체를 문자열로 변환하는 다양한 메서드가 존재합니다. 다음 예제를 보십시오.

```
let d = new Date(2020, 0, 1, 17, 10, 30); // 2020년 1월 1일 오후 5시 10분 30초
d.toString()  // => "Wed Jan 01 2020 17:10:30 GMT-0800
              //     (Pacific Standard Time)"
d.toUTCString()        // => "Thu, 02 Jan 2020 01:10:30 GMT"
d.toLocaleDateString() // => "1/1/2020": 'en-US' 로케일
d.toLocaleTimeString() // => "5:10:30 PM": 'en-US' 로케일
d.toISOString()        // => "2020-01-02T01:10:30.000Z"
```

Date 클래스의 문자열 변환 메서드는 다음과 같습니다.

toString()

    로컬 시간대를 사용하지만 지역에 맞는 형식을 사용하지는 않습니다.

toUTCString()

    UTC 시간대를 사용하지만 지역에 맞는 형식을 사용하지는 않습니다.

toISOString()

    ISO 8601 표준인 연-월-일 시:분:초:밀리초 형식으로 반환합니다. 글자 T를 사용해 날짜 부분과 시간 부분을 구분합니다. 시간은 UTC 기준이며 출력 마지막에 Z 글자가 이를 나타냅니다.

toLocaleString()

    로컬 시간대를 사용하며 지역에 맞는 형식을 사용합니다.

toDateString()

    날짜 부분만 반환하며 시간 부분은 생략합니다. 로컬 시간대를 사용하지만 지역에 맞는 형식을 사용하지는 않습니다.

toLocaleDateString()

날짜 부분만 반환합니다. 로컬 시간대를 사용하며 지역에 맞는 형식을 사용합니다.

toTimeString()

시간 부분만 반환하며 날짜 부분은 생략합니다. 로컬 시간대를 사용하지만 지역에 맞는 형식을 사용하지는 않습니다.

toLocaleTimeString()

시간 부분을 로컬 시간대를 사용하여 지역에 맞는 형식으로 반환합니다.

날짜를 문자열로 변환하는 메서드 중 날짜와 시간을 최종 사용자에게 이상적으로 표시하는 메서드는 하나도 없습니다. 11.7.2절에서 더 범용적으로 지역에 맞는 날짜와 시간을 표시하는 방법을 설명합니다.

마지막으로, 정적 메서드 Date.parse()가 있습니다. 이 메서드는 문자열을 인자로 받아 날짜와 시간으로 분석을 시도하고 타임스탬프로 반환합니다. Date.parse()는 Date() 생성자가 분석할 수 있는 문자열이라면 모두 분석할 수 있고 toISOString(), toUTCString(), toString()이 반환하는 문자열을 확실히 분석할 수 있습니다.

11.5 Error 클래스

자바스크립트 throw와 catch 문은 기본 값을 포함하여 어떤 값이든 에러로 일으키고 캐치할 수 있습니다. 에러를 일으킬 때 반드시 특정 예외 타입을 사용할 필요는 없습니다. 자바스크립트에는 Error 클래스가 정의되어 있고, throw 문으로 에러를 일으킬 때는 Error 클래스의 인스턴스나 서브클래스를 사용하는 것이 일반적입니다. Error 객체를 사용하는 주된 이유는 이 객체가 자바스크립트 스택 상태를 캡처하며, 예외를 캐치하지 않은 경우 에러 메시지와 함께 스택 추적이 표시되므로 디버그하기 편해서입니다. 스택 추적은 throw 문의 위치가 아니라 Error 객체를 생성한 위치를 표시합니다. throw new Error()를 사용하기 직전에 Error 객체를 생성하는 습관을 들인다면 이 때문에 혼란이 발생할 일은 없습니다.

Error 객체에는 message와 name 프로퍼티, toString() 메서드가 있습니다. message 프로퍼티의 값은 Error() 생성자에 전달한 값이며 필요하다면 문자열로 변환됩니다. Error 객체의 name 프로퍼티는 항상 Error입니다. toString() 메서드는 name 프로퍼티와 message 프로퍼티의 값을 콜론으로 구분한 문자열을 반환합니다.

ECMAScript 표준에 속하지는 않지만 노드와 최신 브라우저에서 지원하는 stack 프로퍼티가 있습니다. 이 프로퍼티의 값은 Error 객체가 생성된 순간의 콜 스택을 담은 스택 추적입니다. 예상하지 못한 에러를 캐치했을 때 로그를 남기기 편리합니다.

Error 클래스 외에도 에러 타입을 알리는 서브클래스가 여럿 있습니다. 서브클래스에는 EvalError, RangeError, ReferenceError, SyntaxError, TypeError, URIError가 있습니다. 용도에 맞게 적절한 서브클래스를 사용하면 됩니다. 기본인 Error 클래스와 마찬가지로 각 서브클래스 생성자는 메시지 인자를 받습니다. 서브클래스의 name 프로퍼티 값이 생성자 이름과 같은 것도 마찬가지입니다.

프로그램의 에러를 가장 잘 표현하는 Error 서브클래스를 직접 정의해도 상관없습니다. 직접 정의할 때는 name과 message 프로퍼티 외에 다른 프로퍼티도 사용할 수 있습니다. 서브클래스를 만들면 에러 정보를 자세히 알리는 프로퍼티를 정의할 수 있습니다. 예를 들어 파서를 작성한다면 ParseError 클래스를 만들고 line과 column 프로퍼티를 정의해 분석에 실패한 위치를 정확히 표시할 수 있습니다. HTTP 요청을 처리하고 있다면 HTTPError 클래스를 만들고 status 프로퍼티에 404나 500 같은 HTTP 상태 코드를 담아 반환할 수 있습니다.

예를 들어 다음을 보십시오.

```
class HTTPError extends Error {
    constructor(status, statusText, url) {
        super(`${status} ${statusText}: ${url}`);
        this.status = status;
        this.statusText = statusText;
        this.url = url;
    }

    get name() { return "HTTPError"; }
}

let error = new HTTPError(404, "Not Found", "http://example.com/");
error.status        // => 404
error.message       // => "404 Not Found: http://example.com/"
error.name          // => "HTTPError"
```

11.6 JSON 직렬화와 분석

프로그램에서 데이터를 저장하거나 네트워크 연결을 통해 다른 프로그램에 전송할 때 메모리에 있는 데이터 구조를 반드시 문자열로 변환해야 합니다. 이렇게 데이터 구조를 바이트나 문자 스트림으로 변환하는 것을 **직렬화**(serialization, marshaling, pickling)라고 부릅니다.

자바스크립트에서 데이터를 직렬화하는 가장 쉬운 방법은 JSON이라는 직렬화 형식입니다. JSON은 '자바스크립트 객체 표기법'의 약어이며 이름에서 짐작할 수 있듯 이 형식은 자바스크립트 객체와 배열 리터럴 문법을 사용해 객체와 배열을 포함한 데이터 구조를 문자열로 변환합니다. JSON은 숫자, 문자열, `true`, `false`, `null`, 배열, 객체를 지원합니다. JSON은 맵, 세트, 정규 표현식, Date, 형식화 배열은 지원하지 않습니다. JSON은 자바스크립트를 사용하지 않는 프로그램에서도 널리 지원하는 아주 다재다능한 데이터 형식입니다.

자바스크립트는 `JSON.stringify()`와 `JSON.parse()`를 통해 JSON 직렬화와 역직렬화를 지원합니다. 이 함수는 6.8절에서 간단히 설명했습니다. 객체나 배열에 RegExp 객체나 형식화 배열처럼 직렬화할 수 없는 값이 포함되어 있지 않다면 `JSON.stringify()`에 전달해서 직렬화할 수 있습니다. 이름에서 짐작할 수 있듯 반환 값은 문자열입니다. 그리고 `JSON.stringify()`가 반환한 문자열은 `JSON.parse()`를 통해 원래 데이터 구조로 다시 변환할 수 있습니다.

```
let o = {s: "", n: 0, a: [true, false, null]};
let s = JSON.stringify(o);  // s == '{"s":"","n":0,"a":[true,false,null]}'
let copy = JSON.parse(s);   // copy == {s: "", n: 0, a: [true, false, null]}
```

직렬화된 데이터를 파일에 저장하거나 네트워크로 전송할 수 있다는 점을 일단 배제하면, 좀 비효율적이지만 두 함수를 사용해 다음과 같이 객체를 깊게 복사할 수 있습니다.

```
// 직렬화할 수 있는 객체나 배열을 깊게 복사합니다.
function deepcopy(o) {
    return JSON.parse(JSON.stringify(o));
}
```

> ☑️ **JSON은 자바스크립트의 부분 집합입니다.**
>
> 데이터를 JSON 형식으로 직렬화한 결과는 유효한 자바스크립트 소스 코드이며, 이 표현식을
> 평가하면 원래 데이터 구조의 사본이 만들어집니다. JSON 문자열 앞에 `var data = 을 붙여`
> 서 `eval()`에 전달하면 원래 데이터 구조의 사본이 변수 `data`에 할당됩니다. 하지만 이렇게 하
> 면 보안에 아주 큰 구멍이 생기니 절대 해서는 안 됩니다. 공격자가 임의의 자바스크립트 코드
> 를 JSON 파일에 담을 수 있다면 여러분의 프로그램에서 그 코드를 실행하게 만들 수 있습니
> 다. JSON 형식 데이터는 `JSON.parse()`로 디코드하는 것이 더 쉽고 안전합니다.
>
> 때때로 JSON을 사람이 읽기 쉬운 설정 파일 형식으로 사용하기도 합니다. JSON 파일을 직접
> 수정한다면 JSON 형식이 자바스크립트의 아주 엄격한 부분 집합이라는 점을 염두에 둬야 합
> 니다. 주석은 허용되지 않고 프로퍼티 이름은 반드시 큰따옴표 안에 써야 합니다.

보통 `JSON.stringify()`와 `JSON.parse()`에는 인자 하나만 전달하지만, 선택 사항인
두 번째 인자를 전달해 JSON 형식을 변형할 수도 있습니다. `JSON.stringify()`는 선
택 사항인 세 번째 인자도 받습니다. JSON 형식 문자열을 설정 파일에 사용한다면
사람이 읽기 쉬운 형태로 만들어야 하는데, 이런 경우에는 두 번째 매개변수로 `null`
을 전달하고 세 번째 인자로 숫자 또는 문자열을 전달합니다. `JSON.stringify()`에
세 번째 인자를 전달하면 데이터를 여러 행 형식으로 변환합니다. 세 번째 인자가
숫자면 들여쓰기가 필요할 때 그 수만큼 스페이스를 써서 들여 씁니다. 세 번째 인
자가 `'\t'` 같은 공백 문자열이면 들여 쓸 때마다 그 문자를 사용합니다.

```
let o = {s: "test", n: 0};
JSON.stringify(o, null, 2)  // => '{\n  "s": "test",\n  "n": 0\n}'
```

`JSON.parse()`는 공백을 무시하므로 `JSON.stringify()`에 전달한 세 번째 인자는 문
자열을 데이터 구조로 변환할 때 아무런 영향을 주지 않습니다.

11.6.1 JSON 변형

`JSON.stringify()`는 JSON 형식에서 기본적으로 지원하지 않는 값을 받으면 그 값
에 `toJSON()` 메서드가 있는지 확인하고, 있다면 그 메서드를 호출하여 반환된 값을
원래 값 대신 직렬화합니다. Date 객체에는 `toISOString()` 메서드가 반환하는 문자
열과 같은 문자열을 반환하는 `toJSON()` 메서드가 있습니다. 따라서 Date 객체를 포
함한 객체를 직렬화하면 그 날짜는 자동으로 문자열로 변환됩니다. 하지만 직렬화
된 문자열을 역직렬화하면 Date가 있던 곳에 문자열이 들어가므로 원래 객체와 정

확히 일치하지는 않습니다.

Date 객체나 기타 다른 방법으로 분석된 객체를 복원할 때는 JSON.parse()의 두 번째 인자로 '복원(reviver)' 함수를 전달할 수 있습니다. 복원 함수를 전달하면 문자열에서 분석된 기본 값마다 이 함수를 호출합니다. 기본 값을 포함한 객체나 배열 안에서 재귀적으로 호출하지는 않습니다. 이 함수는 인자를 두 개 받습니다. 첫 번째는 프로퍼티 이름 또는 문자열로 변환된 배열 인덱스입니다. 두 번째 인자는 해당 객체 프로퍼티나 배열 요소의 기본 값입니다. 또한 이 함수는 기본 값을 포함한 객체나 배열의 메서드로 호출되므로 포함하는 객체를 this 키워드로 참조할 수 있습니다.

복원 함수의 반환 값이 프로퍼티의 새 값으로 사용됩니다. 복원 함수가 두 번째 인자를 반환하면 해당 프로퍼티는 바뀌지 않습니다. 복원 함수가 undefined를 반환하면 해당 프로퍼티는 JSON.parse()가 종료되기 전 객체 또는 배열에서 삭제됩니다.

다음 예제는 복원 함수와 함께 JSON.parse()를 호출해 일부 프로퍼티를 걸러내고 Date 객체를 다시 생성합니다.

```javascript
let data = JSON.parse(text, function(key, value) {
    // 이름이 밑줄로 시작하는 프로퍼티를 모두 제거합니다.
    if (key[0] === "_") return undefined;

    // 값이 ISO 8601 날짜 형식이라면 Date 객체로 변환합니다.
    if (typeof value === "string" &&
        /^\d\d\d\d-\d\d-\d\dT\d\d:\d\d:\d\d.\d\d\dZ$/.test(value)) {
        return new Date(value);
    }

    // 나머지 프로퍼티는 그대로 둡니다.
    return value;
});
```

그 밖에도 JSON.stringify()는 선택 사항인 두 번째 인자에 배열이나 함수를 전달해 결과를 변형할 수 있습니다.

두 번째 인자에 문자열로 이루어진 배열을 전달하면 이 문자열들이 객체 프로퍼티 또는 배열 요소의 이름이 됩니다. 이름이 배열에 포함되지 않은 프로퍼티는 모두 생략됩니다. 또한 반환된 문자열에는 프로퍼티가 배열과 같은 순서로 포함됩니다. 이 기능은 테스트를 작성할 때 아주 유용합니다.

함수를 전달하면 JSON.parse()에 전달하는 복원 함수의 역인 교체 함수가 됩니다. 교체 함수는 문자열로 변환할 값마다 호출됩니다. 교체 함수의 첫 번째 인자는 객체 프로퍼티 이름 또는 배열 인덱스이며 두 번째 인자는 값 자체입니다. 교체 함수는 문자열로 변환할 객체나 배열의 메서드로 호출됩니다. 교체 함수의 반환 값은 원래 값 대신 문자열로 변환됩니다. 교체 함수가 undefined를 반환하거나 아무것도 반환하지 않으면 해당하는 배열 요소나 객체 프로퍼티는 생략됩니다.

```
// 직렬화할 필드와 순서를 지정합니다.
let text = JSON.stringify(address, ["city","state","country"]);

// 값이 정규 표현식인 프로퍼티는 생략하는 교체 함수
let json = JSON.stringify(o, (k, v) => v instanceof RegExp ? undefined : v);
```

위 예제는 두 번째 인자를 사용해 특별한 복원 함수가 없어도 역직렬화할 수 있게끔 직렬화했습니다. 일반적으로 특정 타입의 toJSON() 메서드를 만들거나 직렬화할 수 없는 값을 직렬화할 수 있는 값으로 바꾸는 교체 함수를 사용한다면, 원래 데이터 구조로 복원하기 위해 JSON.parse()와 함께 사용자 지정 복원 함수를 사용해야 합니다. 이렇게 사용자 지정 데이터 형식을 만들면 JSON과 호환되는 언어 및 도구로 이루어진 방대한 생태계와 호환성을 잃는다는 것을 명심하십시오.

11.7 국제화 API

자바스크립트 국제화 API는 Intl.NumberFormat, Intl.DateTimeFormat, Intl.Collator 세 가지 클래스로 구성되며, 이를 통해 화폐 단위와 퍼센트 값 같은 숫자나 날짜, 시간을 지역에 맞는 형식으로 바꾸고 문자열을 지역에 맞게 비교할 수 있습니다. 이 클래스들은 ECMAScript 표준에 포함되진 않았지만 ECMA402 표준(*https://tc39.es/ecma402/*)에 포함됐으며 웹 브라우저에서도 지원이 잘 되는 편입니다. 노드역시 국제화 API를 지원하지만 이 글을 쓰는 시점에는 노드 바이너리에 미국 영어를 제외하고 다른 지역에서 사용하는 데 필요한 지역화 데이터가 포함되어 있지 않습니다. 따라서 이 클래스를 노드에서 사용하려면 별도의 데이터 패키지를 내려받거나 노드의 사용자 지정 빌드를 사용해야 할 것입니다.

국제화에서 가장 중요한 부분은 텍스트를 사용자의 언어로 번역해 표시하는 것입니다. 방법은 다양하지만 이들은 여기서 설명하는 국제화 API에 포함되지 않습니다.

11.7.1 숫자 형식

언어는 다양하고 숫자 형식도 다양합니다. 소수점에 마침표를 쓰는 곳도 있고 콤마를 쓰는 곳도 있습니다. 천 단위 구분자에 콤마를 쓰는 곳도 있고 마침표를 쓰는 곳도 있으며 심지어 천 자리씩 구분하지 않는 곳도 있습니다. 화폐 단위를 100으로 나누는 곳도, 1,000으로 나누는 곳도 있으며 화폐 단위가 하나만 있는 곳도 있습니다. 대부분의 언어에서 0부터 9까지의 '아라비아 숫자'를 사용하긴 하지만 반드시 그런 것은 아니며 일부 국가의 사용자들은 고유어 숫자를 아라비아 숫자보다 선호하기도 합니다.

Intl.NumberFormat 클래스의 `format()` 메서드는 이런 모든 문제를 고려해서 만들어졌습니다. 생성자는 인자를 두 개 받습니다. 첫 번째 인자는 숫자 형식을 적용할 지역이며, 두 번째 인자는 숫자 형식을 더 자세히 지정하는 객체입니다. 첫 번째 인자를 생략하거나 `undefined`를 전달하면 시스템 로케일을 사용자가 선호하는 로케일로 가정하고 사용합니다. 첫 번째 인자는 미국 영어를 뜻하는 en-US, 프랑스어를 뜻하는 fr, 중국어의 한자 간체를 뜻하는 zh-Hans-CN 같은 문자열입니다. 첫 번째 인자에 로케일 문자열로 구성된 배열을 쓸 수도 있으며 이런 경우 Intl.NumberFormat은 잘 지원되는 특정 형식을 선택합니다.

`Intl.NumberFormat()` 생성자의 두 번째 인자는 다음 프로퍼티를 하나 이상 가지고 있는 객체여야 합니다.

style

숫자 형식 종류를 지정합니다. 기본 값은 `decimal`입니다. `percent`를 사용하면 퍼센트 값 형식을, `currency`를 사용하면 화폐 형식을 사용합니다.

currency

`style`이 `currency`이면 이 프로퍼티를 써서 미국 달러를 뜻하는 USD, 영국 파운드를 뜻하는 GBP 등 세 글자로 이루어진 ISO 화폐 코드 역시 지정해야 합니다.

currencyDisplay

`style`이 `currency`이면 이 프로퍼티를 써서 화폐 표시 방법을 정할 수 있습니다. 기본 값인 `symbol`은 해당 화폐의 화폐 기호를 사용합니다. 값을 `code`로 지정하면 세 글자로 이루어진 ISO 코드를 쓰며, `name`으로 지정하면 화폐 이름을 길게 표현합니다.

useGrouping

천 단위 구분자(또는 지역에 맞는 구분자)를 생략하려면 이 프로퍼티를 false로 지정하십시오.

minimumIntegerDigits

숫자의 정수 부분에 숫자를 최소 몇 개 쓸지 지정합니다. 여기 지정한 숫자가 실제 숫자보다 크면 왼쪽에 0을 붙여 자릿수를 맞춥니다. 기본 값은 1이며 최대 21까지 지정할 수 있습니다.

minimumFractionDigits, maximumFractionDigits

이 프로퍼티는 숫자의 소수점 아래 부분 형식을 지정합니다. 여기 지정한 숫자가 실제 숫자보다 크다면 오른쪽에 0을 붙여 자릿수를 맞춥니다. 여기 지정한 숫자가 실제 숫자보다 작다면 반올림합니다. 두 프로퍼티 모두 최소 0, 최대 20까지 사용할 수 있습니다. 기본 최솟값은 0이고 기본 최댓값은 3이지만 화폐의 경우는 지정된 화폐에 따라 소수점 아래 부분의 길이가 달라집니다.

minimumSignificantDigits, maximumSignificantDigits

이 프로퍼티는 숫자 형식의 유효 숫자 개수를 지정하며 과학 데이터 등의 형식을 지정할 때 유용합니다. 이 프로퍼티는 앞에서 설명한 정수, 소수점 이하 숫자 관련 프로퍼티를 덮어 씁니다. 유효한 값은 1 이상 21 이하입니다.

원하는 지역과 옵션을 써서 Intl.NumberFormat 객체를 만들었으면 format() 메서드에 숫자를 전달해 적절한 형식의 문자열을 얻을 수 있습니다. 예를 들어 다음을 보십시오.

```
let euros = Intl.NumberFormat("es", {style: "currency", currency: "EUR"});
euros.format(10)     // => "10,00 €": 스페인어 형식의 10유로

let pounds = Intl.NumberFormat("en", {style: "currency", currency: "GBP"});
pounds.format(1000)   // => "£1,000.00": 영어 형식의 1000파운드
```

Intl.NumberFormat에서 유용한 특징은 format() 메서드가 NumberFormat 객체와 결합된다는 겁니다. (다른 국제화 관련 클래스도 마찬가지입니다.) 따라서 형식 객체를 참조하는 변수를 만들고 그 변수에서 format() 메서드를 호출할 필요 없이, 다

음과 같이 format() 메서드를 변수에 할당하고 그 변수를 독립된 함수처럼 사용할 수 있습니다.

```
let data = [0.05, .75, 1];
let formatData = Intl.NumberFormat(undefined, {
    style: "percent",
    minimumFractionDigits: 1,
    maximumFractionDigits: 1
}).format;

data.map(formatData)    // => ["5.0%", "75.0%", "100.0%"]: 미국 영어 로케일
```

아랍어 같은 일부 언어는 숫자를 표시하는 문자가 따로 있습니다.

```
let arabic = Intl.NumberFormat("ar-AE", {useGrouping: false}).format;
arabic(1234567890)    // => ١٢٣٤٥٦٧٨٩٠
```

인도의 공용어인 힌디어 같은 언어는 숫자를 나타내는 글자가 따로 있긴 하지만 기본적으로 ASCII 숫자를 쓰는 편입니다. 기본 값을 덮어 쓰려면 로케일 뒤에 -u-nu-를 추가하고 그 뒤에 글자 이름 약자를 추가합니다. 예를 들어 다음 코드는 데바나가리(Devanagari) 숫자를 힌디어 스타일 구분자로 표시합니다.

```
let hindi = Intl.NumberFormat("hi-IN-u-nu-deva").format;
hindi(1234567890)    // => "१,२३,४५,६७,८९०"
```

로케일의 -u-는 다음에 유니코드 확장이 온다는 뜻입니다. nu는 숫자 시스템의 확장 이름이며 deva는 Devanagari의 약자입니다. 국제화 API 표준에는 이외에도 다양한 숫자 시스템이 존재하며 이들 대부분은 남아시아 및 동남아시아에서 사용하는 인도어족 언어에 맞게 정의됐습니다.

11.7.2 날짜와 시간 형식

Intl.DateTimeFormat 클래스는 Intl.NumberFormat 클래스와 상당히 비슷합니다. Intl.DateTimeFormat() 생성자는 Intl.NumberFormat()과 마찬가지로 로케일 또는 로케일 배열과 형식 옵션 객체를 인자로 받습니다. 마찬가지로 format() 메서드를 호출해 Date 객체를 문자열로 변환하는 방식으로 Intl.DateTimeFormat 인스턴스를 사용합니다.

11.4절에서 설명했듯이 Date 클래스에는 사용자의 지역에 맞는 형식으로 변환하는 `toLocaleDateString()`과 `toLocaleTimeString()` 메서드가 있습니다. 하지만 이 메서드는 날짜와 시간의 어떤 필드를 표시할지 전혀 선택할 수 없습니다. 연도를 생략하고 요일을 넣어야 할 경우도 있습니다. 월을 숫자로 표현해야 할 때도, 영문으로 표현해야 할 때도 있습니다. Intl.DateTimeFormat 클래스를 사용하면 옵션 객체를 넘겨서 결과를 세밀히 제어할 수 있습니다. 하지만 Intl.DateTimeFormat을 써도 항상 원하는 형식으로 정확히 표시된다는 보장은 없습니다. 예를 들어 옵션에서 시, 초는 표시하고 분은 생략하도록 지정하더라도 결과에는 분이 표시될 겁니다. Date 클래스는 옵션 객체를 써서 날짜와 시간 필드 중 사용자에게 표시할 필드를 선택하고 이름이나 숫자 형식을 선택하면, 자바스크립트가 지역에 적합한 형식 중 요청과 가장 비슷한 것을 선택해 사용하는 식으로 동작합니다.

사용할 수 있는 옵션은 다음과 같습니다. 날짜와 시간 필드 중에서 결과에 포함할 프로퍼티만 사용하십시오.

year

numeric을 쓰면 네 자리, 2-digit을 쓰면 두 자리로 연도를 표시합니다.

month

numeric을 쓰면 1처럼 가급적 짧은 숫자로, 2-digit을 쓰면 01처럼 항상 두 자리로 표시합니다. long을 쓰면 January처럼 전체 이름을 쓰고 short를 쓰면 Jan처럼 약어로 표시하며 narrow를 쓰면 J처럼 최대한 줄이지만 J가 고유하게 1월만 가리킨다는 보장은 없습니다. (January, June, July)

day

numeric을 쓰면 가급적 짧은 숫자로, 2-digit를 쓰면 항상 두 자리로 표시합니다.

weekday

long을 쓰면 Tuesday처럼 전체 이름을 쓰고 short을 쓰면 Tue처럼 약어를 쓰며, narrow를 쓰면 T처럼 최대한 줄이지만 역시 고유하다는 보장은 없습니다. (Tuesday, Thursday) era

날짜에 CE(기원후), BCE(기원전) 같은 기호를 포함할지 지정합니다.[12] 아주 오 래전 날짜를 사용하거나 일본식 달력을 사용할 경우 유용합니다. 유효한 값은 long, short, narrow입니다.

hour, minute, second

시간을 표시할 방법을 지정합니다. numeric는 짧은 숫자를, 2-digit는 항상 두 자리를 사용하며 필요하다면 왼쪽에 0을 붙입니다.

timeZone

날짜를 표시할 시간대를 지정합니다. 생략하면 로컬 시간대를 사용합니다. 모든 실행 환경에서 UTC를 지원하며 인터넷 할당 번호 관리 기관(IANA)에서 지정한 America/Los_Angeles 같은 시간대 이름도 지원합니다.

timeZoneName

시간대 표시 방법을 지정합니다. long은 시간대 이름 전체를, short는 시간대 약 어나 숫자를 사용합니다.

hour12

12시간 기준을 사용할지 나타내는 불 프로퍼티입니다. 기본 값은 지역에 따라 다르지만 프로퍼티 값을 지정해 덮어 쓸 수 있습니다.

hourCycle

0시 0분을 0시로 쓸지, 12시로 쓸지, 24시로 쓸지 정합니다. 기본 값은 지역에 따라 다르지만 프로퍼티 값을 지정해 덮어 쓸 수 있습니다. 이 프로퍼티보다 hour12가 우선 순위가 높습니다. h11은 0시 0분을 0으로 정하고 그보다 한시간 전을 11pm으로 정합니다. h12는 0시 0분을 12로 정합니다. h23은 0시 0분을 0으 로, 그보다 한시간 전을 23으로 정합니다. h24는 0시 0분을 24로 정합니다.

---

12 (옮긴이) 기존에는 기원전, 기원후라는 의미로 BC와 AD를 주로 사용했는데요, BC는 '예수 탄생 이 전(Before Christ)', 라틴어인 AD는 '주님의 해(Anno Domini)'의 줄임말입니다. 하지만 이 표현에 종 교적 색채가 너무 강해 최근에는 Before Common Era, Common Era의 줄임말인 BCE, CE로 변경하 자는 움직임이 상당히 받아들여진 상태입니다.

다음 예제를 보십시오.

```
let d = new Date("2020-01-02T13:14:15Z");  // 2020년 1월 2일 13:14:15 UTC

// 옵션을 사용하지 않으면 기본 값인 숫자 형식을 사용합니다.
Intl.DateTimeFormat("en-US").format(d)  // => "1/2/2020"
Intl.DateTimeFormat("fr-FR").format(d)  // => "02/01/2020"

// 요일과 월 이름을 씁니다.
let opts = { weekday: "long", month: "long", year: "numeric", day: "numeric" };
Intl.DateTimeFormat("en-US", opts).format(d)  // => "Thursday, January 2, 2020"
Intl.DateTimeFormat("es-ES", opts).format(d)  // => "jueves, 2 de enero de 2020"

// 프랑스어를 사용하는 캐나다 인이 뉴욕에 거주한다면
opts = { hour: "numeric", minute: "2-digit", timeZone: "America/New_York" };
Intl.DateTimeFormat("fr-CA", opts).format(d)  // => "8 h 14"
```

Intl.DateTimeFormat은 기본 값이 율리우스력이 아닌 다른 달력을 표시할 수 있습니다. 지역에 따라 기본적으로 율리우스력을 사용하지 않을 수도 있지만 언제든 –u-ca–를 로케일에 추가하고 그 뒤에 이름을 써서 달력 형식을 명시적으로 바꿀 수 있습니다. 지원되는 달력 이름은 buddhist, chinese, coptic, ethiopic, gregory, hebrew, indian, islamic, iso8601, japanese, persian입니다. 앞의 예제에 다음과 같이 다양한 달력 형식을 적용할 수 있습니다.

```
let opts = { year: "numeric", era: "short" };
Intl.DateTimeFormat("en", opts).format(d)              // => "2020 AD"
Intl.DateTimeFormat("en-u-ca-iso8601", opts).format(d) // => "2020 AD"
Intl.DateTimeFormat("en-u-ca-hebrew", opts).format(d)  // => "5780 AM"
Intl.DateTimeFormat("en-u-ca-buddhist", opts).format(d) // => "2563 BE"
Intl.DateTimeFormat("en-u-ca-islamic", opts).format(d) // => "1441 AH"
Intl.DateTimeFormat("en-u-ca-persian", opts).format(d) // => "1398 AP"
Intl.DateTimeFormat("en-u-ca-indian", opts).format(d)  // => "1941 Saka"
Intl.DateTimeFormat("en-u-ca-chinese", opts).format(d) // => "36 78"
Intl.DateTimeFormat("en-u-ca-japanese", opts).format(d) // => "2 Reiwa"
```

11.7.3 문자열 비교

문자열을 알파벳순(알파벳이 아닌 언어라면 더 일반적인 '정렬 순서')으로 정렬할 때 영어를 사용하는 사람이 체감하기 어려운 다양한 문제가 있습니다. 영어는 비교적 적은 알파벳을 사용하며 악센트가 있는 글자도 없고, 숫자 값이 표준 문자열 정렬 순서와 완벽히 일치하는 ASCII 문자 인코딩을 사용합니다. 다른 언어는 결코 이

렇게 단순하지 않습니다. 예를 들어 스페인어의 ñ은 n과 o 사이에 있는 별개의 글자입니다. 리투아니아 알파벳에서는 Y가 J보다 앞에 있고, 웨일스에서는 CH와 DD를 한 글자로 취급하며 CH는 C 다음, DD는 D 다음에 있습니다.

사용자가 자연스럽게 느끼는 순서로 문자열을 표시하려면 문자열 배열에 단순히 sort() 메서드만 사용해서는 충분하지 않습니다. Intl.Collator 객체를 생성하고 그 compare() 메서드를 sort() 메서드에 전달하면 지역에 적합한 순서로 정렬할 수 있습니다. Intl.Collator 객체를 설정하기에 따라 compare() 메서드가 대소문자를 가리지 않고 비교하거나, 심지어 악센트나 기타 분음 부호를 무시하고 기본 글자만으로 비교하는 것도 가능합니다. Intl.NumberFormat()이나 Intl.DateTimeFormat()과 마찬가지로 Intl.Collator() 생성자 역시 인자 두 개를 받습니다. 첫 번째는 로케일 또는 로케일 배열이며 두 번째는 문자열 비교 방법을 정확히 지정하는 옵션 객체입니다. 지원되는 프로퍼티는 다음과 같습니다.

usage

콜레이터(collator) 객체를 사용하는 방법을 지정합니다. 기본 값은 sort지만 search도 사용할 수 있습니다. 문자열을 정렬할 때는 일반적으로 가능한 한 상세히 구분해야 정렬 결과가 유의미해지기 때문입니다. 하지만 일부 지역에서는 악센트를 무시하는 정도로 느슨하게 비교해야 할 때도 있습니다.

sensitivity

문자열을 구분할 때 대소문자와 악센트를 감안할지 결정합니다. base는 대소문자와 악센트를 무시하고 기본 글자만 비교합니다. (일부 언어는 악센트가 붙은 문자를 별개의 기본 글자로 사용하기도 합니다.) accent는 악센트를 고려하며 대소문자는 무시합니다. case는 대소문자를 구분하고 악센트는 무시합니다. variant는 대소문자와 악센트를 모두 구분하는 가장 엄격한 비교입니다. usage가 sort일 때 이 프로퍼티의 기본 값은 variant입니다. usage가 search이면 이 프로퍼티의 기본 값은 지역에 따라 다릅니다.

ignorePunctuation

이 프로퍼티를 true로 지정하면 문자열을 비교할 때 스페이스와 구두점을 무시합니다. 예를 들어 any one과 anyone을 같다고 간주합니다.

numeric

> 이 프로퍼티를 true로 지정하면 정수 또는 정수가 포함된 문자열을 비교할 때 알
> 파벳순이 아니라 숫자 순서로 정렬합니다. 예를 들어 Version 9가 Version 10보
> 다 앞에 옵니다.

caseFirst

> 대소문자 중 무엇이 앞에 올지 지정합니다. upper를 사용하면 A가 a보다 앞에
> 옵니다. lower를 사용하면 a가 A보다 앞에 옵니다. 어느 쪽을 택하든 b는 a보다
> 뒤에 옵니다. 배열의 sort() 메서드의 기본 동작이며 ASCII 대문자 전체가 ASCII
> 소문자 전체보다 앞에 오는 유니코드 순서와는 다릅니다. 이 프로퍼티의 기본
> 값은 지역에 따라 다르며, 실행 환경에 따라서는 이 프로퍼티를 무시하고 대소
> 문자 정렬 순서 변경을 금지하는 경우도 있습니다.

원하는 로케일과 옵션으로 Intl.Collator 객체를 생성하면 compare() 메서드로 문자
열을 비교할 수 있습니다. 이 메서드는 숫자를 반환합니다. 반환 값이 0보다 작으
면 첫 번째 문자열이 두 번째 문자열보다 앞에 옵니다. 반환 값이 0보다 크면 첫 번
째 문자열이 두 번째 문자열보다 뒤로 갑니다. compare()가 0을 반환하면 두 문자열
이 같은 순서라고 판단합니다.

compare() 메서드가 문자열 두 개를 받고 0보다 작거나, 0보다 크거나, 또는 0인
숫자를 반환하는 것은 배열의 sort() 메서드에서 선택 사항인 인자로 받는 정렬 함
수와 정확히 같습니다. 또한 Intl.Collator는 compare() 메서드를 인스턴스에 자동으
로 결합하므로, 래퍼 함수를 만들고 콜레이터 객체를 통해 호출할 필요 없이 sort()
에 직접 전달하면 됩니다. 다음 예제를 보십시오.

```
// 사용자의 지역에 맞게 정렬하는 기본 비교 함수입니다.
// 사람이 읽을 수 있는 문자열을 이런 식으로 아무것도 전달하지 않고 정렬해서는 절대 안 됩니다.
const collator = new Intl.Collator().compare;
["a", "z", "A", "Z"].sort(collator)      // => ["a", "A", "z", "Z"]

// 파일 이름에 숫자가 포함되는 경우가 많으므로 따로 정렬해야 합니다.
const filenameOrder = new Intl.Collator(undefined, { numeric: true }).compare;
["page10", "page9"].sort(filenameOrder)  // => ["page9", "page10"]

// 대상 문자열과 거의 비슷한 문자열을 모두 찾습니다.
const fuzzyMatcher = new Intl.Collator(undefined, {
    sensitivity: "base",
```

```
    ignorePunctuation: true
}).compare;
let strings = ["food", "fool", "Føø Bar"];
strings.findIndex(s => fuzzyMatcher(s, "foobar") === 0)  // => 2
```

일부 지역에는 정렬 순서가 하나 이상 존재하기도 합니다. 예를 들어 독일은 전화번호부의 정렬 순서가 사전의 정렬 순서와 조금 다릅니다. 스페인에서는 1993년 이전에는 ch와 ll을 각각 하나의 글자로 취급했으므로 현재 사용하는 정렬 순서는 전통적인 정렬 순서와 다릅니다. 중국에서는 문자 인코딩, 각 글자의 부와 획, 병음의 로마자 표기에 따라 정렬 순서가 달라질 수 있습니다. 이런 변형을 Intl.Collator 옵션에서 지정할 수는 없지만 로케일에 -u-co-를 추가하고 그 뒤에 사용할 변형의 이름을 추가하는 식으로 사용할 수는 있습니다. 독일의 전화번호부 순서를 사용한다면 de-DE-u-co-phonebk, 대만의 병음 순서를 사용한다면 zh-TW-u-co-pinyin을 쓰면 됩니다.

```
// 스페인에서는 1993년 이전에 CH와 LL을 한 글자로 취급했습니다.
const modernSpanish = Intl.Collator("es-ES").compare;
const traditionalSpanish = Intl.Collator("es-ES-u-co-trad").compare;
let palabras = ["luz", "llama", "como", "chico"];
palabras.sort(modernSpanish)        // => ["chico", "como", "llama", "luz"]
palabras.sort(traditionalSpanish) // => ["como", "chico", "luz", "llama"]
```

11.8 콘솔 API

책 전반에 걸쳐 이미 console.log() 함수를 사용했습니다. 웹 브라우저에서는 브라우저 개발자 도구의 'Console' 탭에 문자열을 출력하며 디버그할 때 아주 유용합니다. 노드의 console.log()는 범용 함수이며 인자를 프로세스의 stdout 스트림에 출력합니다. stdout 스트림은 보통 터미널 창에 표시됩니다.

콘솔 API에는 console.log() 외에도 유용한 함수가 많이 있습니다. 이 API는 EC-MAScript 표준이 아니지만 브라우저와 노드에서 잘 지원되며, *https://console.spec.whatwg.org*에서 공식적으로 표준화했습니다.

콘솔 API의 함수는 다음과 같습니다.

console.log()

　가장 잘 알려진 콘솔 함수입니다. 이 함수는 인자를 문자열로 변환해 콘솔에 출

력합니다. 인자는 스페이스로 구분하며, 모든 인자를 출력한 후 줄을 바꿉니다.[13]

console.debug(), console.info(), console.warn(), console.error()

이 함수들은 console.log()와 거의 비슷합니다. 노드에서 console.error()는 stdout 스트림이 아니라 stderr 스트림에 출력한다는 차이가 있고, 다른 함수는 console.log()의 별칭이나 다름없습니다. 브라우저에서는 이들 함수의 메시지 앞에 아이콘을 붙여 그 레벨이나 심각성을 나타낼 수 있고, 개발자 콘솔에서 메시지를 레벨에 따라 필터링할 수 있습니다.

console.assert()

첫 번째 인자가 true 같은 값이면(즉, 어서션이 통과하면) 함수는 아무 일도 하지 않습니다. 첫 번째 인자가 false 또는 false 같은 값이면 남은 인자를 console.error() 앞에 Assertion failed를 붙인 것처럼 출력합니다. 하지만 일반적인 assert() 함수와 달리 console.assert()는 어서션이 실패해도 예외를 일으키지 않습니다.

console.clear()

가능하다면 콘솔을 비웁니다. 브라우저에서는 항상 동작하며, 노드에서는 터미널에 출력하고 있을 때 동작합니다. 만약 노드의 출력을 파일이나 파이프로 리다이렉트했다면 이 함수를 호출해도 아무런 효과가 일어나지 않습니다.

console.table()

잘 알려지지 않았지만 표 형태로 출력하는 상당히 강력한 함수로, 데이터를 요약해 출력하는 노드 프로그램에서 특히 유용합니다. console.table()은 인자를

---

13 (옮긴이) 책을 번역하는 시점에서 크롬/파이어폭스 콘솔에 배열을 표시할 때 확장되지 않는 현상이 있습니다.

```
console.log(someArray)
(10) [..., .., ...]
```

원래 위와 같은 화면에서 배열을 클릭하면 확장되어야 하지만, 이따금 다음과 같이 표시되면서 배열 내용을 확인할 수 없을 때가 있습니다.

```
(10) [..., .., ...]
   length: 0
   __proto__: Array(0)
```

검색해 보니 꽤 오래전부터 있었던 현상인 것 같은데, 다음과 같이 비교적 간단하게 해결 가능합니다.

```
console.log(JSON.parse(JSON.stringify(someArray)))
```

표 형태로 표시하려고 시도하며 불가능한 경우 일반적인 console.log()를 사용합니다. 인자가 비교적 짧은 객체 배열이고, 배열의 객체가 모두 같은 프로퍼티를 가졌으며 프로퍼티 수가 비교적 적을 때 가장 잘 동작합니다. 이런 경우 각 객체가 테이블에서 행으로, 객체의 각 프로퍼티는 열로 표시됩니다. 선택 사항인 두 번째 인자로 배열을 전달해 원하는 프로퍼티 이름만 지정할 수도 있습니다. 객체의 배열이 아니라 객체를 전달한다면 프로퍼티 이름과 프로퍼티 값을 각각 한 열에 표시합니다. 프로퍼티 값이 다시 객체라면 그 프로퍼티 이름이 테이블 열이 됩니다.

console.trace()

console.log()와 마찬가지로 인자를 출력하며, 이와 동시에 스택 추적으로 그 결과를 따라갑니다. 노드에서는 stdout이 아니라 stderr에 출력됩니다.

console.count()

이 함수는 문자열 인자를 받고 문자열과 호출된 횟수를 함께 출력합니다. 이 함수는 이벤트 핸들러가 몇 번이나 호출됐는지를 추적하는 등의 용도로 사용하기에 좋습니다.

console.countReset()

이 함수는 문자열 인자를 받고 그 문자열의 카운터를 리셋합니다.

console.group()

console.log()와 마찬가지로 인자를 콘솔에 출력한 뒤, 콘솔의 내부 상태를 변경해 console.groupEnd()를 호출할 때까지 모든 메시지를 현재 메시지보다 들여씁니다. 들여쓰기를 통해 관련된 메시지를 그룹으로 묶인 것처럼 보이게 합니다. 웹 브라우저는 일반적으로 메시지 그룹을 접었다 펼 수 있도록 지원합니다. console.group()의 인자는 일반적으로 그룹의 의미를 나타내는 문자열을 사용합니다.

console.groupCollapsed()

console.group()과 동일하게 동작하지만 웹 브라우저에서는 처음부터 그룹을 '접어서' 표시하므로 클릭해서 그룹을 펼치기 전에는 메시지가 숨겨져 있습니다. 노드에서는 console.group()과 동의어입니다.

console.groupEnd()

이 함수에는 인자가 없습니다. 아무것도 출력하지 않지만, 가장 최근에 호출한 console.group()이나 console.groupCollapsed() 함수가 형성한 들여쓰기된 그룹을 닫습니다.

console.time()

이 함수는 문자열 하나를 인자로 받아 호출된 시간을 문자열과 함께 기록하지만 아무것도 출력하지 않습니다.

console.timeLog()

이 함수는 문자열을 첫 번째 인자로 받습니다. 그 문자열이 이전에 console .time()에 전달된 적이 있다면 console.time()을 호출한 시점부터 경과한 시간을 문자열과 함께 출력합니다. 추가된 인자가 있다면 console.log()에 전달한 것처럼 출력합니다.

console.timeEnd()

이 함수는 문자열 하나를 인자로 받습니다. 그 인자가 이전에 console.time()에 전달된 적이 있다면 호출한 시점부터 경과한 시간을 인자와 함께 출력합니다. console.timeEnd()를 호출하고 나면 타이머가 종료되므로 먼저 console.time() 을 호출해야만 console.timeLog()를 호출할 수 있습니다.

11.8.1 콘솔 출력 형식

console.log()처럼 인자를 출력하는 콘솔 함수에는 잘 알려지지 않은 기능이 있습니다. 첫 번째 인자에 %s, %i, %d, %f, %o, %O, %c 같은 문자열이 포함되어 있다면 첫 번째 인자를 형식 문자열로 취급하며[14] 이어지는 인자의 값을 % 대신 출력합니다.

이들 시퀀스의 의미는 다음과 같습니다.

%s

인자를 문자열로 변환합니다.

%i와 %d

인자를 숫자로 변환한 후 정수가 아닌 부분은 버립니다.

---

14 C 프로그래머라면 printf() 함수에서 사용하는 이런 문자 시퀀스에 익숙할 겁니다.

%f

인자를 숫자로 변환합니다.

%o와 %O

인자를 객체로 취급하며 프로퍼티 이름과 값을 표시합니다. 웹 브라우저에서는 일반적으로 대화형으로 표시되는데, 사용자가 프로퍼티를 펼치거나 접으면서 중첩된 데이터 구조를 확인할 수 있습니다. %o와 %O는 모두 객체를 자세히 표시합니다. 대문자를 사용하면 실행 환경에 따라, 소프트웨어 개발자에게 가장 유용하다고 판단되는 형식으로 출력합니다.

%c

웹 브라우저에서는 인자를 CSS 스타일 문자열로 해석하고 다음에 나오는 %c를 만나거나 문자열 끝에 도달할 때까지 텍스트에 그 스타일을 적용합니다. 노드에서는 %c와 그 인자를 무시합니다.

콘솔 함수에서 이같은 형식 문자열을 쓸 필요는 별로 없습니다. 그냥 값을 전달했을 때 브라우저에서 표시하는 방식이 가장 보기 편하고 유용한 방식일 때가 많습니다. 예를 들어 console.log()에 Error 객체를 전달하면 스택 추적도 자동으로 함께 출력됩니다.

11.9 URL API

자바스크립트는 웹 브라우저와 웹 서버에서 사용될 때가 많으므로 자바스크립트 코드에서 URL을 다뤄야 할 때도 많습니다. URL 클래스는 URL을 분석하고 검색 매개변수를 추가하거나 경로를 변경하는 등 수정할 수 있습니다. URL의 다양한 구성요소를 이스케이프하거나 이스케이프를 취소하는 것 같은 복잡한 일도 문제없이 해결합니다.

URL 클래스는 ECMAScript 표준의 일부는 아니지만 인터넷 익스플로러를 제외한 모든 브라우저와 노드에서 잘 지원됩니다. 이 클래스는 *https://url.spec.whatwg.org* 에 표준화되어 있습니다.

URL 객체는 URL() 생성자에 절대 URL을 문자열로 전달해 생성할 수 있습니다. 또는 상대 URL을 첫 번째 인자로 전달하고 그 기준이 되는 절대 URL을 두 번째 인자로 전달해도 됩니다. URL 객체를 생성하면 프로퍼티를 통해 URL의 각 부분을 이스케이프되지 않은 상태로 볼 수 있습니다.

```
let url = new URL("https://example.com:8000/path/name?q=term#fragment");
url.href        // => "https://example.com:8000/path/name?q=term#fragment"
url.origin      // => "https://example.com:8000"
url.protocol    // => "https:"
url.host        // => "example.com:8000"
url.hostname    // => "example.com"
url.port        // => "8000"
url.pathname    // => "/path/name"
url.search      // => "?q=term"
url.hash        // => "#fragment"
```

자주 있는 경우는 아니지만 URL에 사용자 이름이 포함되어 있거나 비밀번호까지
들어 있을 때도 있는데, URL 클래스는 이들 역시 분석할 수 있습니다.

```
let url = new URL("ftp://admin:1337!@ftp.example.com/");
url.href        // => "ftp://admin:1337!@ftp.example.com/"
url.origin      // => "ftp://ftp.example.com"
url.username    // => "admin"
url.password    // => "1337!"
```

origin 프로퍼티는 URL 프로토콜과 호스트의 조합이며, 포트가 있다면 포트도 포
함합니다. 따라서 이는 읽기 전용 프로퍼티입니다. 이를 제외한 다른 프로퍼티는
모두 읽고 쓸 수 있습니다.

```
let url = new URL("https://example.com");  // 서버 주소
url.pathname = "api/search";               // API 엔드포인트 경로를 추가합니다.
url.search = "q=test";                     // 검색 매개변수를 추가합니다.
url.toString()  // => "https://example.com/api/search?q=test"
```

필요에 따라 구두점을 추가하고 특수 문자를 정확히 이스케이프하는 것도 URL 클
래스의 중요한 특징 중 하나입니다.

```
let url = new URL("https://example.com");
url.pathname = "path with spaces";
url.search = "q=foo#bar";
url.pathname  // => "/path%20with%20spaces"
url.search    // => "?q=foo%23bar"
url.href      // => "https://example.com/path%20with%20spaces?q=foo%23bar"
```

href 프로퍼티는 조금 특별합니다. href를 읽을 때는 toString()을 호출할 때와 마
찬가지로 URL의 각 부분을 정식 문자열 형태로 변환해 조합합니다. href 프로퍼티

를 새 문자열로 변경하면 URL() 생성자를 다시 호출한 것처럼 새 문자열에 URL 파
서를 다시 실행합니다.

이전 예제에서는 search 프로퍼티로 URL의 검색(query) 부분 전체를 참조했습니
다. 검색 부분은 물음표로 시작하고 URL의 끝 또는 첫 번째 해시 문자에서 끝납니
다. 검색 부분을 URL 프로퍼티 하나로 취급해도 충분할 때도 있지만, HTTP 요청에
서는 여러 가지 폼 필드나 여러 가지 API 매개변수를 application/x-www-form-url
encoded 형식으로 URL의 검색 부분에 넣을 때가 많습니다. 이런 형식에서는 URL
의 검색 부분은 물음표로 시작하고 그 뒤에 하나 이상의 이름-값 쌍이 오며, 각 쌍
은 앰퍼샌드(&)로 구분됩니다. 같은 이름이 한 번 이상 나타날 수 있으므로 검색 매
개변수 하나에 값이 하나 이상 붙을 수 있습니다.

이런 이름-값 쌍을 URL의 검색 부분에 넣고 싶다면 search 프로퍼티보다는
searchParams 프로퍼티가 유용합니다. search 프로퍼티는 URL의 검색 부분 전체를
하나로 인식합니다. searchParams 프로퍼티는 URLSearchParams 객체의 읽기 전용
참조이며 URL의 검색 부분에 포함된 매개변수를 읽고, 쓰고, 추가하고, 삭제하고,
정렬하는 API를 제공합니다.

```javascript
let url = new URL("https://example.com/search");
url.search                        // => "": 아직 쿼리가 없습니다.
url.searchParams.append("q", "term"); // 검색 매개변수를 추가합니다.
url.search                        // => "?q=term"
url.searchParams.set("q", "x");   // 매개변수 값을 바꿉니다.
url.search                        // => "?q=x"
url.searchParams.get("q")         // => "x": 매개변수 값을 가져옵니다.
url.searchParams.has("q")         // => true: q 매개변수가 있습니다.
url.searchParams.has("p")         // => false: p 매개변수는 없습니다.
url.searchParams.append("opts", "1"); // 다른 검색 매개변수를 추가합니다.
url.search                        // => "?q=x&opts=1"
url.searchParams.append("opts", "&"); // 같은 이름으로 다른 값을 추가합니다.
url.search                        // => "?q=x&opts=1&opts=%26": 이스케이프됐습니다.
url.searchParams.get("opts")      // => "1": 첫 번째 값
url.searchParams.getAll("opts")   // => ["1", "&"]: 값 전체
url.searchParams.sort();          // 매개변수를 알파벳순으로 정렬합니다.
url.search                        // => "?opts=1&opts=%26&q=x"
url.searchParams.set("opts", "y"); // opts 매개변수를 바꿉니다.
url.search                        // => "?opts=y&q=x"
// searchParams는 이터러블입니다.
[...url.searchParams]             // => [["opts", "y"], ["q", "x"]]
url.searchParams.delete("opts");  // opts 매개변수를 삭제합니다.
url.search                        // => "?q=x"
url.href                          // => "https://example.com/search?q=x"
```

searchParams 프로퍼티의 값은 URLSearchParams 객체입니다. URL 매개변수를 쿼리 스트링으로 인코드해야 한다면 URLSearchParams 객체를 생성하고 매개변수를 추가한 다음 문자열로 변환해서 URL의 search 프로퍼티로 설정할 수 있습니다.

```
let url = new URL("http://example.com");
let params = new URLSearchParams();
params.append("q", "term");
params.append("opts", "exact");
params.toString()                    // => "q=term&opts=exact"
url.search = params;
url.href                             // => "http://example.com/?q=term&opts=exact"
```

11.9.1 구형 URL 함수

URL API가 정의되기 전에도 URL 이스케이프와 이스케이프 취소를 지원하는 코어 자바스크립트 함수가 여럿 있었습니다. 첫 번째는 escape()와 unescape() 함수였는데, 이제는 폐기됐지만 기존에 만들어진 코드에 아직 많이 남아 있습니다. 새로 작성하는 코드에 이들을 사용해서는 안 됩니다.

ECMAScript는 escape()와 unescape()를 폐기하면서 대안으로 두 가지 전역 함수를 도입했습니다.

encodeURI()와 decodeURI()

encodeURI()는 문자열을 인자로 받고 ASCII 문자가 아닌 문자와 스페이스 같은 일부 ASCII 문자를 이스케이프한 새 문자열을 반환합니다. decodeURI()는 encodeURI()의 역입니다. 이스케이프할 문자를 먼저 UTF-8 인코딩으로 변환한 뒤, 각 바이트를 %xx로 대체합니다. 여기서 xx는 16진수 숫자입니다. encodeURI()는 URL 전체를 인코드할 목적으로 설계됐으므로 /, ?, # 같은 URL 구분자는 이스케이프하지 않습니다. 하지만 이 때문에 encodeURI()는 구성 요소로 이런 문자 자체가 포함된 URL은 정확히 처리하지 못합니다.

encodeURIComponent()와 decodeURIComponent()

이 함수들은 encodeURI(), decodeURI()와 마찬가지로 동일하게 URI의 개별 구성 요소를 이스케이프할 목적으로 설계됐으므로 각 구성 요소를 구분하는 /, ?, # 같은 문자도 이스케이프합니다. 이들은 구형 URL 함수 중에서 가장 쓸모 있는 편이지만, encodeURIComponent()는 경로에 포함된 /까지 이스케이프하므로 주의해야 합니다. 또한 URL의 스페이스는 +로 이스케이프하도록 되어 있지만

> encodeURIComponent()는 검색 매개변수의 스페이스를 %20으로 변환합니다.

이런 구형 함수의 기본적인 문제는 URL 전체에 단 한 가지 인코딩 스키마를 적용하려 한다는 겁니다. URL의 각 부분은 서로 다른 인코딩을 적용해야 합니다. URL을 제대로 인코드하려면 구형 함수는 버리고 URL 클래스로 통일하는 것이 최선입니다.

11.10 타이머

setTimeout()과 setInterval()은 자바스크립트 초기 버전부터 웹 브라우저에서 지원됐습니다. 이 함수들은 브라우저가 일정 시간이 지난 후 함수를 호출하거나 지정된 시간마다 함수를 반복적으로 호출하도록 할 때 사용합니다. 자바스크립트 코어의 일부분으로 표준화된 적은 없지만 모든 브라우저와 노드에서 지원하며 사실상 자바스크립트 표준 라이브러리의 일부라고 볼 수 있습니다.

setTimeout()의 첫 번째 인자는 함수이며, 두 번째 인자는 함수 호출 전에 대기할 시간을 밀리초로 지정하는 숫자입니다. 지정된 시간이 흐르면 (시스템이 유휴 상태가 아니라면 조금 더 지난 후에) 해당 함수가 인자 없이 호출됩니다. 다음은 1초, 2초, 3초가 지난 후 콘솔에 메시지를 출력합니다.

```
setTimeout(() => { console.log("Ready..."); }, 1000);
setTimeout(() => { console.log("set..."); }, 2000);
setTimeout(() => { console.log("go!"); }, 3000);
```

setTimeout()은 지정된 시간이 지날 때까지 기다렸다가 종료(실행)되지 않습니다.[15] 위 세 가지 코드는 거의 즉시 실행되지만 1000밀리초가 지나기 전에는 아무것도 출력되지 않습니다.

setTimeout()의 두 번째 인자를 생략하면 기본 값은 0입니다. 그렇지만 지정된 함수가 즉시 호출된다는 의미는 아닙니다. 지정된 함수는 '가능한 한 빨리' 호출하도록 예약됩니다. 브라우저가 사용자 입력을 처리하거나 다른 이벤트 때문에 바쁜 상황이었다면 약 10밀리초 정도가 지난 후에 함수가 호출될 수도 있습니다.

setTimeout()은 함수를 한 번 호출하도록 등록합니다. 때때로 함수가 미래 특정

---

[15] (옮긴이) 1000밀리초를 기다렸다가 실행 후 종료한다면, 위 세 가지 코드는 1초, 2초, 3초 후가 아니라 1초, 3초, 6초 후에 메시지를 출력했을 것입니다. 즉 두 번째 행인 "set…"을 출력하는 함수가 지금으로부터 2초 후에 콘솔에 메시지를 출력하는 것을 의도했을 텐데, 만약 첫 행이 1초를 기다렸다가 실행된다면 두 번째 행은 1초 뒤의 2초 뒤에 출력되었을 것입니다. setTimeout()은 이처럼 두 번째 인자로 지정한 시간 후에 무언가 하라고 예약을 걸어 두고 즉시 종료되어, 곧바로 다음 행이 실행될 수 있도록 합니다.

시점에 자신을 다시 호출하도록 setTimeout()을 사용하는 경우도 있습니다. 함수를 반복적으로 호출할 때는 setInterval()이 더 편리합니다. setInterval()은 setTimeout()과 마찬가지로 인자 두 개를 받으며 밀리초로 지정된 시간이 지날 때마다 함수를 반복적으로 호출합니다.

setTimeout()과 setInterval()은 모두 값을 반환합니다. 이 값을 변수에 저장하면, 이후 이 값을 clearTimeout()이나 clearInterval()에 전달해 함수 호출을 취소할 수 있습니다. 반환 값은 웹 브라우저에서는 일반적으로 숫자이며 노드에서는 객체입니다. 실제 타입이 중요하진 않으며, 이 값은 모르는 값으로 취급해야 합니다. 이 값으로 할 수 있는 일은 clearTimeout()에 전달해 setTimeout()으로 등록한 함수의 실행을 (아직 호출되지 않았다면) 취소하거나, setInterval()으로 등록한 반복 실행을 멈추는 것뿐입니다.

다음은 setTimeout(), setInterval(), clearInterval()을 써서 콘솔 API에 단순한 디지털 시계를 표시하는 예제입니다.

```
// 매초마다 콘솔을 비우고 현재 시간을 출력합니다.
let clock = setInterval(() => {
    console.clear();
    console.log(new Date().toLocaleTimeString());
}, 1000);

// 10초가 지나면 코드 반복을 멈춥니다.
setTimeout(() => { clearInterval(clock); }, 10000);
```

13장에서 비동기 프로그래밍을 설명할 때 setTimeout()과 setInterval()을 다시 사용합니다.

11.11 요약

프로그래밍 언어를 배우는 것은 문법을 마스터한다고 끝나는 일이 아닙니다. 언어에 포함된 도구 전체에 익숙해질 수 있도록 표준 라이브러리를 공부하는 것도 마찬가지로 중요합니다. 이 장에서는 다음 주제를 통해 자바스크립트 표준 라이브러리를 설명했습니다.

- 세트, 맵, 형식화 배열 같은 중요한 데이터 구조
- 날짜와 URL을 다루는 Date와 URL 클래스
- 자바스크립트의 정규 표현식 문법과 RegExp 클래스를 사용한 텍스트 패턴 매칭

- 날짜와 시간, 숫자 형식과 함께 문자열 정렬을 세부 조정하는 국제화 라이브 러리
- 데이터 구조를 직렬화하고 역직렬화하는 JSON 객체, 메시지 로그에 사용하는 console 객체[16]

---

16 (옮긴이) 자바스크립트 Date 객체만 사용하면 날짜를 '오늘부터 24일 뒤', '사흘 전' 같은 식으로 계산 하기가 좀 번거롭습니다. 모먼트(momentjs.com) 같은 좋은 라이브러리도 있지만 클래스를 하나 만 들어 날짜 계산을 편하게 하는 방법도 있습니다.

```
class KDate {
    // 9.5.3에서 설명한 클래스 위임
    constructor(date) {
        // 한국 표준시는 세계 표준시에 9시간을 더해야 합니다.
        this.Date = new Date(
            (date? new Date(date): new Date()).valueOf() + 9 * 60 * 60 * 1000
        );
    }

    // 이 클래스는 Date를 상속하지 않았으므로, 날짜 계산을 마친 후
    // Date 객체의 메서드가 필요하다면 Date 객체를 반환합니다.
    exit() { return this.Date; }

    // 클래스에서 제공하지 않는 형식으로 시간을 표현하려 할 때 편리하도록 각 요소를 배열에 저장해 반환합니다.
    // 가끔 요일이 필요한 경우도 있으므로 배열의 마지막에 추가합니다.
    raw() {
        return [
            this.Date.toISOString().split('T')[0].split('-'),
            this.Date.toISOString().split('T')[1].substring(0, 8).split(':'),
            ['일', '월', '화', '수', '목', '금', '토'][this.Date.getDay()]
        ].flat();
    }

    // 날짜를 원하는 형식으로 표시합니다.
    date(sep) {
        const raw = this.raw();

        if (sep === '년월일') {
            let [y, m, d, h, mm, s] = raw.map(string => Number(string));
            return `${y}년 ${m}월 ${d}일 ${h}시 ${mm}분 ${s}초`;
        }

        let [y, m, d, h, mm, s] = raw;
        // 구분자 기본 값은 -이지만 .이나 빈 칸 등 필요한 것으로 바꿀 수 있습니다.
        sep = sep || '-';
        return `${y}${sep}${m}${sep}${d} ${h}:${mm}:${s}`;
    }

    add(y, m, d) {
        const raise = () => {
            throw new Error(`KDate.add(y, m, d): y, m, d는 숫자여야 합니다`)
        }
        if (y && typeof y !== 'number') raise();
        if (m && typeof m !== 'number') raise();
        if (d && typeof d !== 'number') raise();

        this.Date.setFullYear(
            this.Date.getFullYear() + y,
            this.Date.getMonth() + (m || 0),    // m, d는 생략할 수 있습니다.
            this.Date.getDate() + (d || 0)
        );
        return this;
    }
}

[
    new KDate('2021-01-01 10:00:00').date('년월일'), // 2021년 1월 1일 10시 0분 0초
    new KDate('2021-01-01 10:00:00').date('.'),    // 2021.01.01 10:00:00
    new KDate('2021-01-01 10:00:00').add(0, 0, -3).raw(),
        // 3일 전: ['2020', '12', '29', '10', '00', '00', '화']
    new KDate('2021-01-01 10:00:00').add(3, 2, -1).date('.'),
        // 3년 2개월 뒤의 하루 전: 2024.02.29 10:00:00
        // (윤년이므로 2024년 3월 1일의 전날은 29일입니다.)
].forEach(date => console.log(date))
```

12장

이터레이터와 제너레이터

이터러블 객체와 이터레이터는 ES6 기능이며 앞에서도 여러 번 살펴봤습니다. 배열, 형식화 배열, 문자열, Set와 Map 객체는 모두 이터러블입니다. 5.4.4절에서 설명했듯이 for/of 루프로 이런 데이터 구조의 콘텐츠를 순회할 수 있습니다.

```
let sum = 0;
for(let i of [1,2,3]) {  // 값을 순회합니다.
    sum += i;
}
sum    // => 6
```

7.1.2절에서 설명했듯 이터레이터는 ... 연산자와 함께 사용해 이터러블 객체를 '분해'해서 배열 초기화 표현식이나 함수 호출로 바꿀 수 있습니다.

```
let chars = [..."abcd"];  // chars == ["a", "b", "c", "d"]
let data = [1, 2, 3, 4, 5];
Math.max(...data)         // => 5
```

이터레이터는 분해 할당과 함께 사용할 수 있습니다.

```
let purpleHaze = Uint8Array.of(255, 0, 255, 128);
let [r, g, b, a] = purpleHaze;  // a == 128
```

Map 객체를 순회할 때 반환 값은 [key, value] 쌍이므로 for/of 루프의 분해 할당과 잘 어울립니다.

```
let m = new Map([["one", 1], ["two", 2]]);
for(let [k,v] of m) console.log(k, v);  // 'one 1', 'two 2'
```

keys()와 values() 메서드를 써서 키만 순회하거나 값만 순회할 수 있습니다.

```
[...m]              // => [["one", 1], ["two", 2]]: 기본 순회
[...m.entries()]   // => [["one", 1], ["two", 2]]: entries() 메서드도 같습니다.
[...m.keys()]      // => ["one", "two"]: keys() 메서드는 키만 순회합니다.
[...m.values()]    // => [1, 2]: values() 메서드는 값만 순회합니다.
```

마지막으로, 배열에 흔히 사용되는 내장 함수와 생성자 상당수는 ES6로 넘어오면서 임의의 이터레이터를 받도록 작성됐습니다. Set() 생성자도 그런 API 중 하나입니다.

```
// 문자열은 이터러블이므로 두 세트는 같습니다.
new Set("abc")  // => new Set(["a", "b", "c"])
```

이 장에서는 이터레이터가 어떻게 동작하는지 설명하고 이터러블 데이터 구조를 직접 만드는 방법을 설명합니다. 기본적인 이터레이터를 설명한 다음에는 ES6의 강력한 새 기능인 제너레이터에 대해 설명합니다. 제너레이터의 일차적인 설계 목적은 이터레이터를 쉽게 생성하는 것입니다.

12.1 이터레이터의 동작 방법

for/of 루프와 분해 연산자는 이터러블 객체와 잘 어울리지만 순회할 때 정확히 어떤 일이 일어나는지 이해하는 것이 좋습니다. 자바스크립트의 순회를 이해하려면 세 가지를 이해해야 합니다. 첫 번째는 **이터러블 객체**입니다. 이터러블 객체는 배열, 세트, 맵 같은 순회할 수 있는 타입의 객체입니다. 두 번째는 순회를 수행하는 **이터레이터 객체** 자체입니다. 세 번째는 각 순회 단계의 결과를 담은 **순회 결과** (iteration result) **객체**입니다.

이터레이터 객체를 반환하는 특별한 이터레이터 메서드를 가진 객체는 모두 이터러블 객체입니다. 순회 결과 객체를 반환하는 next() 메서드가 있는 객체는 모두 이터레이터 객체입니다. 순회 결과 객체는 value와 done 프로퍼티가 있는 객체입니다. 이터러블 객체를 순회할 때는 먼저 이터레이터 메서드를 호출해 이터레이터 객체를 얻습니다. 그리고 이터레이터 객체의 next() 메서드를 반복적으로 호출하며

반환 값의 done 프로퍼티가 true일 때까지 반복합니다. 여기서 난해한 부분은 이터러블 객체의 이터레이터 메서드는 일반적인 이름을 사용하는 것이 아니라 Symbol .iterator를 이름으로 사용한다는 겁니다. 따라서 이터러블 객체 iterable을 순회하는 단순한 for/of 루프를 다음과 같이 복잡하게 작성할 수도 있습니다.

```
let iterable = [99];
let iterator = iterable[Symbol.iterator]();
for(let result = iterator.next(); !result.done; result = iterator.next()) {
    console.log(result.value)  // result.value == 99
}
```

내장된 이터러블 데이터 타입의 이터레이터 객체는 그 자체가 이터러블입니다. 즉, 자기 자신을 반환하는 Symbol.iterator 메서드를 갖는다는 뜻입니다. '부분적으로 사용된' 이터레이터를 순회할 때 이런 특징이 유용할 때가 간혹 있습니다.

```
let list = [1,2,3,4,5];
let iter = list[Symbol.iterator]();
let head = iter.next().value;  // head == 1
let tail = [...iter];          // tail == [2,3,4,5]
```

12.2 이터러블 객체 만들기

이터러블 객체는 아주 편리하므로, 어떤 형태로든 순회할 수 있는 데이터 타입이라면 이터러블로 만드는 것을 고려해 봐야 합니다. 9장의 예제 9-2와 9-3에서 예로 든 Range 클래스는 이터러블입니다. 이 클래스는 제너레이터 함수를 사용해 자신을 이터러블로 만들었습니다. 뒤에서 제너레이터를 설명하겠지만, 우선 제너레이터를 사용하지 않고 Range 클래스를 다시 이터러블로 만들어 보겠습니다.

클래스를 이터러블로 만들기 위해서는 반드시 이름이 Symbol.iterator인 메서드를 만들어야 합니다. 이 메서드는 반드시 next() 메서드가 있는 이터레이터 객체를 반환해야 합니다. next() 메서드는 반드시 순회 결과 객체를 반환해야 하며 순회 결과 객체에는 value 프로퍼티와 불 done 프로퍼티 중 하나는 반드시 존재해야 합니다. 예제 12-1에서 이터러블인 Range 클래스를 만들면서 이터러블, 이터레이터, 순회 결과 객체를 어떻게 만드는지 설명합니다.

예제 12-1 이터러블 Range 클래스

```javascript
/*
 * from 이상 to 이하인 숫자 x의 범위를 표현하는 Range 객체
 * Range 클래스에는 주어진 숫자가 범위에 들어가는지 테스트하는 has() 메서드가 있습니다.
 * Range 클래스는 이터러블이며 범위 안에 있는 정수를 순회합니다.
 */
class Range {
    constructor (from, to) {
        this.from = from;
        this.to = to;
    }

    // Range를 숫자로 구성된 세트처럼 동작하게 만듭니다.
    has(x) { return typeof x === "number" && this.from <= x && x <= this.to; }

    // 세트 표기법을 사용해 범위의 문자열 표현을 반환합니다.
    toString() { return `{ x | ${this.from} ≤ x ≤ ${this.to} }`; }

    // 이터레이터 객체를 반환해서 Range를 이터러블로 만듭니다.
    // 메서드 이름은 문자열이 아니라 특별한 심벌입니다.
    [Symbol.iterator]() {
        // 각 이터레이터 인스턴스는 반드시 다른 인스턴스에 독립적으로 순회해야 합니다.
        // 따라서 현재 위치를 추적할 상태 변수가 필요합니다.
        // from보다 크거나 같은 첫 번째 정수에서 시작합니다.
        let next = Math.ceil(this.from);  // 반환할 다음 값입니다.
        let last = this.to;               // to를 초과하는 값은 반환하지 않습니다.
        return {                          // 이터레이터 객체입니다.
            // next() 메서드가 이터레이터 객체의 핵심입니다.
            // 이 메서드는 반드시 순회 결과 객체를 반환해야 합니다.
            next() {
                return (next <= last)     // 마지막 값을 아직 반환하지 않았다면
                    ? { value: next++ }   // 다음 값을 반환하고 증가시킵니다.
                    : { done: true };     // 그렇지 않다면 마지막 값을 반환했다고 알립니다.
            },

            // 편의를 위해 이터레이터 자체를 이터러블로 만듭니다.
            [Symbol.iterator]() { return this; }
        };
    }
}

for(let x of new Range(1,10)) console.log(x);  // 1부터 10까지 숫자를 기록합니다.
[...new Range(-2,2)]                            // => [-2, -1, 0, 1, 2]
```

클래스를 이터러블로 만드는 것 외에도 이터러블 값을 반환하는 함수를 정의하면 아주 유용합니다. 다음은 자바스크립트 배열의 map()과 filter() 메서드를 이터러

블 기반으로 고쳐 쓴 함수입니다.

```javascript
// f()를 소스 이터러블의 각 값에 호출한 결과를 순회하는 이터러블 객체를 반환합니다.
function map(iterable, f) {
    let iterator = iterable[Symbol.iterator]();
    return {        // 이 객체는 이터레이터인 동시에 이터러블입니다.
        [Symbol.iterator]() { return this; },
        next() {
            let v = iterator.next();
            if (v.done) {
                return v;
            } else {
                return { value: f(v.value) };
            }
        }
    };
}

// 범위 안의 정수의 제곱을 구해 배열로 변환합니다.
[...map(new Range(1,4), x => x*x)]  // => [1, 4, 9, 16]

// 지정된 이터러블을 필터링하는 이터러블 객체를 반환합니다.
// 판별 함수가 true를 반환하는 요소만 순회합니다.
function filter(iterable, predicate) {
    let iterator = iterable[Symbol.iterator]();
    return { // 이 객체는 이터레이터인 동시에 이터러블입니다.
        [Symbol.iterator]() { return this; },
        next() {
            for(;;) {
                let v = iterator.next();
                if (v.done || predicate(v.value)) {
                    return v;
                }
            }
        }
    };
}

// 짝수만 남도록 범위를 필터링합니다.
[...filter(new Range(1,10), x => x % 2 === 0)]  // => [2,4,6,8,10]
```

이터러블 객체와 이터레이터의 핵심 특징 중 하나는 이들이 본질적으로 느긋하다는(lazy) 것입니다. 다음 값을 얻기 위해 계산이 필요하다면 그 값이 실제로 필요할 때까지 계산을 늦출 수 있습니다. 예를 들어 아주 긴 문자열이 있고 이 문자열을 공백으로 구분된 단어로 토큰화(tokenize)한다고 합시다. 단순히 split() 메서드를 사용할 수도 있지만, 그렇게 하면 첫 번째 단어만 사용하면 되는 경우에도 문자열 전체를 처리할 때까지 기다려야 합니다. 또한 반환된 배열과 배열 내 문자열에 메모리를 아주 많이 할당해야 합니다. 다음은 문자열을 메모리에 한 번에 담지 않고 느긋하게 순회하는 함수입니다. ES2020에서는 11.3.2절에서 설명한, 이터레이터를 반환하는 matchAll() 메서드로 훨씬 쉽게 만들 수 있습니다.

```javascript
function words(s) {
    var r = /\s+|$/g;                        // 하나 이상의 스페이스와 일치합니다.
    r.lastIndex = s.match(/[^ ]/).index;     // 스페이스가 아닌 첫 번째 위치에서 검색을 시작합니다.
    return {                                 // 이터러블인 이터레이터 객체를 반환합니다.
        [Symbol.iterator]() {                // 이터러블이 됩니다.
            return this;
        },
        next() {                             // 이터레이터가 됩니다.
            let start = r.lastIndex;         // 마지막으로 일치한 지점에서 재개합니다.
            if (start < s.length) {          // 아직 끝나지 않았다면
                let match = r.exec(s);       // 다음 단어 경계를 찾습니다.
                if (match) {                 // 단어 경계를 찾으면 단어를 반환합니다.
                    return { value: s.substring(start, match.index) };
                }
            }
            return { done: true };           // 그렇지 않다면 끝난 겁니다.
        }
    };
}

[...words(" abc def  ghi! ")] // => ["abc", "def", "ghi!"]
```

12.2.1 이터레이터 '종료': return 메서드

앞에서 만든 words() 이터레이터의 서버 사이드 버전이 있다고 합시다. 이 이터레이터는 문자열이 아니라 파일 이름을 인자로 받고, 그 파일을 열어서 콘텐츠를 읽은 다음 그 콘텐츠의 단어를 순회합니다. 대부분의 운영 체제에서 파일을 여는 프로그램은 읽기를 마쳤을 때 파일을 닫아야 하므로, 이 가상의 이터레이터 역시 next() 메서드가 마지막 단어를 반환할 때 파일을 닫아야 합니다.

하지만 이터레이터가 항상 끝까지 실행되지는 않습니다. for/of 루프는 break, return 문을 만나거나 예외가 일어났을 때 종료됩니다. 마찬가지로, 이터레이터를 분해 할당과 함께 사용하면 next() 메서드는 지정된 변수 각각의 값을 얻을 수 있을 만큼만 호출됩니다. 이터레이터가 반환할 수 있는 값이 훨씬 많더라도 필요 이상으로 호출되는 일은 없습니다.

가상의 파일 이터레이터가 끝까지 실행되는 일이 절대 없더라도 파일을 닫을 수 있는 방법이 있어야 합니다. 이 때문에 이터레이터 객체에 next() 메서드 외에 return() 메서드가 사용되기도 합니다. next()가 done 프로퍼티가 true인 순회 결과를 반환하기 전에 순회를 마쳐야 한다면 (대부분 break 문으로 for/of 루프를 일찍 끝낸 경우입니다) 인터프리터는 이터레이터 객체에 return() 메서드가 있는지 확인합니다. return() 메서드가 존재한다면 인터프리터는 인자 없이 return() 메서드를 호출해서 파일을 닫고 메모리를 반환하는 등의 정리 작업을 하게 합니다. return() 메서드는 반드시 순회 결과 객체를 반환해야 합니다. 객체의 프로퍼티는 무시되지만 객체가 아닌 값을 반환하면 에러가 일어납니다.

for/of 루프와 분해 연산자는 정말 유용한 기능이므로 API를 만들 때 가능하면 이들을 사용하는 것이 좋습니다. 하지만 이터러블 객체, 이터레이터 객체, 순회 결과 객체를 함께 사용하면 상당히 복잡해집니다. 다행히 제너레이터를 사용하면 커스텀 이터레이터를 정말 쉽게 만들 수 있으니, 이 장의 나머지 부분에서 제너레이터를 자세히 살펴보겠습니다.

12.3 제너레이터

제너레이터는 ES6의 강력한 새 문법을 사용한 일종의 이터레이터입니다. 제너레이터는 순회할 값이 데이터 구조의 요소가 아니라 계산 결과일 때 특히 유용합니다.

제너레이터를 만들기 위해서는 반드시 먼저 제너레이터 함수를 정의해야 합니다. 제너레이터 함수는 문법적으로는 일반적인 자바스크립트 함수와 비슷하지만 function 대신 function* 키워드를 사용합니다. (엄밀히 말해 function*은 새 키워드가 아니라 키워드 function 다음, 함수 이름 앞에 *가 있을 뿐입니다.) 제너레이터 함수를 호출하면 실제로 함수 바디를 실행하지는 않고 제너레이터 객체를 반환합니다. 이 제너레이터 객체는 이터레이터입니다. 제너레이터 객체의 next() 메서드를 호출하면 제너레이터 함수의 바디가 처음 또는 현재 위치에서 실행되며 yield 문을 만나면 멈춥니다. yield는 ES6에서 처음 등장했으며 return 문과 비슷합니다. 이터레이터에서 next()를 호출하면 yield 문의 값을 반환합니다. 다음 예제를 보십시오.

```
// 한 자리 소수를 전달하는 제너레이터 함수
function* oneDigitPrimes() { // 이 함수를 호출해도 코드를 실행하지는 않습니다.
```

```
    yield 2;                    // 대신 제너레이터 객체를 반환합니다.
    yield 3;                    // 제너레이터의 next() 메서드를 호출하면
    yield 5;                    // next() 메서드의 반환 값을 제공하는
    yield 7;                    // yield 문을 만날 때까지 코드를 실행합니다.
}

// 제너레이터 함수를 호출하면 제너레이터를 얻습니다.
let primes = oneDigitPrimes();

// 제너레이터는 전달받은 값을 순회하는 이터레이터 객체입니다.
primes.next().value          // => 2
primes.next().value          // => 3
primes.next().value          // => 5
primes.next().value          // => 7
primes.next().done           // => true

// 제너레이터에는 Symbol.iterator 메서드가 있습니다.
primes[Symbol.iterator]()    // => 소수

// 제너레이터는 다른 이터러블 타입처럼 사용할 수 있습니다.
[...oneDigitPrimes()]        // => [2,3,5,7]
let sum = 0;
for(let prime of oneDigitPrimes()) sum += prime;
sum                          // => 17
```

이 예제에서는 function* 문을 사용해 제너레이터를 정의했지만 제너레이터 역시
표현식 형태로 정의할 수 있습니다. 다음과 같이 function 키워드 다음에 별표(*)를
붙이기만 하면 됩니다.

```
const seq = function*(from,to) {
    for(let i = from; i <= to; i++) yield i;
};
[...seq(3,5)]  // => [3, 4, 5]
```

클래스와 객체 리터럴에서는 메서드를 정의할 때 function 키워드를 완전히 생략
한 단축 프로퍼티 표기법을 쓸 수 있습니다. 클래스와 객체 리터럴에서 제너레이터
를 정의할 때는 function 키워드가 있을 자리인 메서드 이름 앞에 별표(*)를 붙이기
만 하면 됩니다.

```
let o = {
    x: 1, y: 2, z: 3,
    // 객체의 키를 전달하는 제너레이터
    *g() {
        for(let key of Object.keys(this)) {
```

```
            yield key;
        }
    }
};
[...o.g()] // => ["x", "y", "z", "g"]
```

화살표 함수 문법으로 제너레이터 함수를 정의할 수는 없습니다.

제너레이터를 사용하면 이터러블 클래스를 만들기가 아주 쉽습니다. 예제 12-1 의 [Symbol.iterator]() 메서드를 다음와 같이 훨씬 짧은 *[Symbol.iterator]()로 교체할 수 있습니다.

```
*[Symbol.iterator]() {
    for(let x = Math.ceil(this.from); x <= this.to; x++) yield x;
}
```

제너레이터 기반 이터레이터 함수를 사용한 예제 9-3(264페이지)을 보십시오.

12.3.1 제너레이터 예제

제너레이터는 계산을 통해 전달할 값을 실제로 '생성'할 때 더 유용합니다. 예를 들어 다음은 피보나치 수열을 전달하는 제너레이터 함수입니다.

```
function* fibonacciSequence() {
    let x = 0, y = 1;
    for(;;) {
        yield y;
        [x, y] = [y, x+y];  // 분해 할당
    }
}
```

fibonacciSequence() 제너레이터 함수는 무한 루프를 형성하며 영원히 종료되지 않고 계속 값을 전달합니다. 이 제너레이터를 분해 연산자 ...와 함께 사용한다면 메모리가 소진될 때까지 순회를 계속하므로 프로그램이 멈출 것입니다. 하지만 주의해서 사용한다면 다음과 같이 for/of 루프에 쓸 수 있습니다.

```
// n번째 피보나치 수를 반환합니다.
function fibonacci(n) {
    for(let f of fibonacciSequence()) {
        if (n-- <= 0) return f;
    }
}
fibonacci(20)   // => 10946
```

이런 무한한 제너레이터는 다음과 같은 take() 제너레이터와 함께 사용하면 더 유용합니다.

```javascript
// 지정된 이터러블 객체의 첫 번째 n 요소를 전달합니다.
function* take(n, iterable) {
    let it = iterable[Symbol.iterator](); // 이터러블 객체의 이터레이터를 가져옵니다.
    while(n-- > 0) {                       // n번 순회합니다.
        let next = it.next();  // 이터레이터에서 다음 아이템을 가져옵니다.
        if (next.done) return; // 더 이상 값이 없으면 종료합니다.
        else yield next.value; // 값이 있으면 전달합니다.
    }
}

// 피보나치 수열의 처음 다섯 숫자
[...take(5, fibonacciSequence())]  // => [1, 1, 2, 3, 5]
```

다음은 여러 가지 이터러블 객체의 요소를 끼워 넣는 유용한 제너레이터 함수입니다.

```javascript
// 이터러블 배열을 받고 요소 순서를 바꿔 전달합니다.
function* zip(...iterables) {
    // 각 이터러블의 이터레이터를 가져옵니다.
    let iterators = iterables.map(i => i[Symbol.iterator]());
    let index = 0;
    while(iterators.length > 0) {             // 이터레이터가 있는 경우
        if (index >= iterators.length) {      // 마지막 이터레이터에 도달했다면
            index = 0;                        // 첫 번째 이터레이터로 돌아갑니다.
        }
        let item = iterators[index].next(); // 다음 이터레이터에서 다음 아이템을 가져옵니다.
        if (item.done) {                      // 이 이터레이터가 완료되면
            iterators.splice(index, 1);       // 배열에서 제거합니다.
        }
        else {                                // 그렇지 않다면
            yield item.value;                 // 값을 전달하고
            index++;                          // 다음 이터레이터로 이동합니다.
        }
    }
}

// 세 가지 이터러블 객체를 섞습니다.
[...zip(oneDigitPrimes(),"ab",[0])]      // => [2,"a",0,3,"b",5,7]
```

12.3.2 yield*와 재귀 제너레이터

앞의 예제에서 만든 zip() 제너레이터 외에도 여러 가지 이터러블 객체를 섞지 않고 순서대로 전달하는 제너레이터 함수도 만들어 두면 편리합니다. 다음과 같이 만들 수 있습니다.

```
function* sequence(...iterables) {
    for(let iterable of iterables) {
        for(let item of iterable) {
            yield item;
        }
    }
}

[...sequence("abc",oneDigitPrimes())]  // => ["a","b","c",2,3,5,7]
```

이렇게 다른 이터러블 객체의 요소를 전달하는 제너레이터 함수는 무척 많이 사용되는데, ES6에는 이를 위한 특별한 문법이 있습니다. yield* 키워드는 yield와 비슷하지만 값 하나를 전달하는 것이 아니라 이터러블 객체를 순회하면서 각각의 값을 전달합니다. 앞에서 만든 sequence() 제너레이터 함수는 yield*를 써서 다음과 같이 간단히 고칠 수 있습니다.

```
function* sequence(...iterables) {
    for(let iterable of iterables) {
        yield* iterable;
    }
}

[...sequence("abc",oneDigitPrimes())]  // => ["a","b","c",2,3,5,7]
```

배열의 forEach() 메서드는 배열 요소를 순회하기 좋은 방법이므로 sequence() 함수를 다음과 같이 작성해 볼 수도 있습니다.

```
function* sequence(...iterables) {
    iterables.forEach(iterable => yield* iterable );  // 에러
}
```

하지만 생각대로 동작하지는 않습니다. yield와 yield*는 제너레이터 함수 안에서만 사용할 수 있는데, 위 예제의 중첩된 화살표 함수는 일반적인 함수이므로 yield가 허용되지 않습니다.

    yield*는 어떤 이터러블 객체와도 함께 사용할 수 있으며 제너레이터로 만들어진 이터러블도 여기에 포함됩니다. 따라서 yield*를 써서 재귀 제너레이터를 만들 수 있고, 이런 특징을 활용해 재귀적으로 정의된 트리 구조에 비재귀적 순회를 수행할 수 있습니다.

12.4 고급 제너레이터 기능

제너레이터 함수는 가장 흔하게는 이터레이터를 만드는 데 사용되지만, 제너레이터는 기본적으로 계산을 잠시 멈추고 중간 값을 전달한 다음 계산을 재개할 수 있다는 특징도 있습니다. 이 절에서 이런 특징에 대해 설명합니다.

12.4.1 제너레이터 함수의 반환 값

지금까지 살펴본 제너레이터 함수에는 return 문이 없었고, 있다 하더라도 일찍 종료하기 위한 것일 뿐 값을 반환할 목적으로 쓰이지 않았습니다. 하지만 제너레이터 함수도 다른 함수와 마찬가지로 값을 반환할 수 있습니다. 이를 이해하기 위해서 순회가 어떻게 이루어지는지 다시 생각해 봅시다. next() 함수의 반환 값은 value 프로퍼티나 done 프로퍼티가 있는 객체입니다. 일반적인 이터레이터와 제너레이터에서는 value 프로퍼티가 있다면 done 프로퍼티는 정의되지 않았거나 값이 false입니다. 그리고 done이 true이면 value는 정의되지 않았습니다. 값을 반환하는 제너레이터에서 next()를 마지막으로 호출했을 때 반환하는 객체에는 value와 done이 모두 존재합니다. value 프로퍼티는 제너레이터 함수의 반환 값을 담고 있고 done 프로퍼티가 true이므로 순회할 값이 더는 남아 있지 않습니다. for/of 루프와 분해 연산자는 이 값을 무시하지만 next()를 명시적으로 호출해서 순회하는 코드를 직접 만들 수 있습니다.

```
function *oneAndDone() {
    yield 1;
    return "done";
}

// 반환 값은 일반적인 순회에서는 나타나지 않습니다.
[...oneAndDone()]              // => [1]
// next()를 명시적으로 호출한다면 사용할 수 있습니다.
let generator = oneAndDone();
generator.next()              // => { value: 1, done: false}
```

```
generator.next()              // => { value: "done", done: true }
// 제너레이터가 이미 완료됐다면 반환 값이 다시 반환되지는 않습니다.
generator.next()              // => { value: undefined, done: true }
```

12.4.2 yield 표현식의 값

그동안은 yield를 값을 받기만 할 뿐 자체적으로는 값을 갖지 않는 문처럼 설명했습니다. 하지만 사실 yield는 표현식이라서 값을 가질 수 있습니다.

제너레이터의 next() 메서드를 호출하면 제너레이터 함수는 yield 표현식을 만날 때까지 실행됩니다. yield 키워드 다음에 있는 표현식을 평가한 값이 next()의 반환 값입니다. 이 시점에서 제너레이터 함수는 실행을 즉시 멈춥니다. 제너레이터의 next() 메서드를 다음에 호출할 때 next()에 전달된 인자는 멈췄던 yield 표현식의 값이 됩니다. 제너레이터는 yield로 호출자에게 값을 반환하며 호출자는 next()를 통해 제너레이터에 값을 전달합니다. 제너레이터와 호출자는 값과 실행 권한을 주고받는 별도의 실행 스트림입니다. 다음 코드를 보십시오.

```
function* smallNumbers() {
    console.log("next()가 처음 호출됐으며 인자는 무시됩니다.");
    let y1 = yield 1;     // y1 == "b"
    console.log(`next()가 두 번째로 호출됐으며 인자는 ${y1}입니다.`);
    let y2 = yield 2;     // y2 == "c"
    console.log(`next()가 세 번째로 호출됐으며 인자는 ${y2}입니다.`);
    let y3 = yield 3;     // y3 == "d"
    console.log(`next()가 네 번째로 호출됐으며 인자는 ${y3}입니다.`);
    return 4;
}

let g = smallNumbers();
console.log("제너레이터가 생성됐습니다. 아직 실행된 코드는 없습니다.");
let n1 = g.next("a");   // n1.value == 1
console.log(`제너레이터가 전달한 값은 ${n1.value}입니다.`);
let n2 = g.next("b");   // n2.value == 2
console.log(`제너레이터가 전달한 값은 ${n2.value}입니다.`);
let n3 = g.next("c");   // n3.value == 3
console.log(`제너레이터가 전달한 값은 ${n3.value}입니다.`);
let n4 = g.next("d");   // n4 == { value: 4, done: true }
console.log(`제너레이터는 ${n4.value}를 넘기고 종료됐습니다.`);
```

이 코드를 실행하면 다음과 같이 두 코드 블록이 서로 주고받는 모습을 볼 수 있습니다.

제너레이터가 생성됐습니다. 아직 실행된 코드는 없습니다.
next()가 처음 호출됐으며 인자는 무시됩니다.
제너레이터가 전달한 값은 1입니다.
next()가 두 번째로 호출됐으며 인자는 b입니다.
제너레이터가 전달한 값은 2입니다.
next()가 세 번째로 호출됐으며 인자는 c입니다.
제너레이터가 전달한 값은 3입니다.
next()가 네 번째로 호출됐으며 인자는 d입니다.
제너레이터는 4를 전달하고 종료됐습니다.

코드가 대칭적으로 동작하지는 않습니다. next()를 첫 번째로 호출할 때 제너레이터가 시작되지만 이때 전달된 값은 제너레이터에서 접근할 수 없습니다.

12.4.3 제너레이터의 return()과 throw() 메서드

제너레이터 함수가 전달(yield)하거나 반환(return)하는 값을 받을 수 있습니다. 그리고 제너레이터의 next() 메서드를 호출할 때 이 값을 넘겨 실행 중인 제너레이터에 전달할 수 있습니다.

next()를 통해 제너레이터에 값을 전달하는 것 이외에도 return()과 throw() 메서드를 호출해서 제너레이터의 실행 흐름을 제어할 수 있습니다. 이름에서 짐작할 수 있듯 이들 메서드를 호출하면 제너레이터의 다음 문이 return이나 throw였던 것처럼 값을 반환하거나 예외를 일으킬 수 있습니다.

이 장 초반에서 이터레이터에 return() 메서드가 있고 순회가 중간에 멈춘다면 인터프리터가 자동으로 이터레이터의 return() 메서드를 호출해서 이터레이터가 파일을 닫거나 기타 정리 작업을 수행할 수 있게 한다고 설명했습니다. 제너레이터에서는 정리 작업을 수행할 커스텀 return() 메서드를 만들 수는 없지만 try/finally 문을 통해 제너레이터가 종료될 때 (finally 블록에서) 필요한 정리 작업을 수행하게 만들 수 있습니다. 제너레이터를 강제 종료하면 내장된 return() 메서드는 제너레이터가 더 이상 사용되지 않을 때 정리 코드가 실행되도록 합니다.

제너레이터의 next() 메서드를 통해 실행 중인 제너레이터에 임의의 값을 전달할 수 있는 것과 마찬가지로 throw() 메서드를 쓰면 임의의 신호를 예외의 형태로 제너레이터에 보낼 수 있습니다. throw() 메서드를 호출하면 항상 제너레이터에서 예외가 발생합니다. 제너레이터 함수에 적절한 예외 처리 코드가 있다면 예외가 심각한 결과를 초래할 리 없으므로 이를 활용해 제너레이터의 동작을 제어할 수 있습니다. 예를 들어 무한히 증가하는 정수를 전달하는 카운터 제너레이터가 있다고 합시다. 그러면 throw()로 예외를 전달해 카운터를 0으로 리셋할 수 있습니다.

제너레이터가 yield*를 통해 다른 이터러블 객체에 값을 전달하면 제너레이터의 next() 메서드를 호출할 때 이터러블 객체의 next() 메서드가 호출됩니다. return()과 throw() 메서드도 마찬가지입니다. 제너레이터가 return()과 throw() 메서드가 정의된 이터러블 객체에 yield*를 사용하면, 제너레이터에서 return()이나 throw()를 호출할 때 이터레이터의 return()이나 throw() 메서드가 이어서 호출됩니다. 이터레이터에는 반드시 next() 메서드가 있어야 합니다. 순회를 불완전하게 끝냈을 때 정리 작업을 수행해야 하는 이터레이터는 return() 메서드를 정의해야 합니다. 과연 실용적인지는 의문이지만, 이터레이터는 모두 throw() 메서드를 정의할 수 있습니다.

12.4.4 제너레이터에 대한 마지막 노트

제너레이터는 아주 강력하며 일반화된 제어문입니다. 제너레이터를 사용하면 yield를 써서 계산을 잠시 멈췄다가 원하는 시점에 원하는 값으로 재시작할 수 있습니다. 제너레이터를 사용해서 싱글 스레드를 사용하는 자바스크립트 코드를 모아서 일종의 스레드 협업 시스템을 만들 수 있습니다. 제너레이터로 프로그램의 비동기 부분을 감싸면 함수 일부분이 실제로는 비동기이고 네트워크 이벤트에 좌우되더라도, 프로그램 전체는 절차적이고 동기적으로 보이게 만들 수도 있습니다.

제너레이터로 이런 작업을 할 때 머리가 핑 돌 정도로 이해하기 어렵고 남에게 설명하기도 어려운 코드가 만들어질 수도 있습니다. 실전에서는 비동기 코드를 관리하는 사례만 주로 쓰이는 것 같지만 모두 실제 사례가 존재합니다. 자바스크립트에는 이제 이 목적으로 설계된 async와 await 키워드가 있으므로(13장) 이제 제너레이터를 이런 식으로 기괴하게 활용할 이유는 없습니다.

12.5 요약

이 장에서는 다음과 같은 내용을 배웠습니다.

- for/of 루프와 분해 연산자 ...는 이터러블 객체와 함께 사용할 수 있습니다.
- 이터레이터 객체를 반환하는, 심벌 이름 [Symbol.iterator] 메서드를 가진 객체는 이터러블입니다.

- 이터레이터 객체에는 순회 결과 객체를 반환하는 next() 메서드가 있습니다.
- 순회 결과 객체에는 다음 순회 값이 있으면 그 값을 보유하는 value 프로퍼티가 있습니다. 순회가 완료됐다면 결과 객체에는 값이 true인 done 프로퍼티가 반드시 있어야 합니다.
- 순회 결과 객체를 반환하는 next() 메서드가 포함된 객체를 반환하는 [Symbol.iterator]() 메서드를 정의해 직접 이터러블 객체를 만들 수 있습니다. 이터레이터 인자를 받아 이터레이터 값을 반환하는 함수 역시 만들 수 있습니다.
- function이 아니라 function*으로 정의된 제너레이터 함수로도 이터레이터를 만들 수 있습니다.
- 제너레이터 함수를 호출하면 함수 바디가 즉시 실행되지는 않으며 반환 값은 이터러블인 이터레이터 객체입니다. 이터레이터의 next() 메서드를 호출할 때마다 제너레이터 함수의 다른 코드 덩어리가 실행됩니다.
- 제너레이터 함수는 yield 연산자를 사용해 이터레이터가 반환할 값을 지정할 수 있습니다. 제너레이터 함수는 next()를 호출할 때마다 다음 yield 표현식을 만날 때까지 실행됩니다. 이터레이터가 반환하는 값은 yield 표현식의 값입니다. yield 표현식이 더 없으면 제너레이터 함수는 실행을 종료하고 순회도 완료됩니다.

13장

JavaScript *The Definitive Guide*

비동기 자바스크립트

과학 시뮬레이션과 머신 러닝 모델 같은 컴퓨터 프로그램은 계산이 목적이기 때문에 결과를 얻을 때까지 멈추지 않고 실행됩니다. 그 밖의 프로그램은 대부분 **비동기적**으로 실행됩니다. 비동기적이라는 말은 데이터가 들어오거나 어떤 이벤트가 일어날 때까지 계산을 멈추고 대기하는 일이 잦다는 뜻입니다. 웹 브라우저의 자바스크립트 프로그램은 일반적으로 **이벤트 주도적**입니다. 즉, 프로그램이 실제로 무언가를 실행하기 전에 사용자가 뭔가 클릭하거나 탭하기를 기다린다는 뜻입니다. 자바스크립트를 사용하는 서버는 일반적으로 네트워크를 통해 클라이언트 요청이 들어온 후에야 작업을 시작합니다.

자바스크립트에서는 이런 형태의 비동기 프로그래밍이 필요할 때가 많습니다. 이 장은 비동기 코드를 쉽게 만드는 중요한 기능에 대해 설명합니다. ES6에서 도입한 프라미스는 비동기 동작의 아직 사용할 수 없는 결과를 나타내는 객체입니다. 키워드 async와 await는 ES2017에서 도입했는데, 프라미스 기반 코드를 마치 동기적인 코드처럼 작성할 수 있게 해서 비동기 프로그래밍을 단순화하는 새 문법을 제공합니다. 마지막으로, ES2018에서는 비동기 이터레이터와 for/await 루프를 도입해서 동기적인 것처럼 보이는 단순한 루프에서 비동기 이벤트 스트림을 다룰 수 있게 합니다.

자바스크립트에서 비동기 코드를 다루는 강력한 기능을 제공하면서도 정작 그 코어에는 비동기적인 부분이 전혀 없다는 점은 아이러니합니다. 따라서 프라미스, async, await, for/await를 이해하기 위해서는 먼저 클라이언트 사이드, 서버 사이드 자바스크립트를 보면서 웹 브라우저와 노드의 비동기적 기능에 대해 이해해야 합니다. 클라이언트 사이드, 서버 사이드 자바스크립트는 15장과 16장에서 더 설명합니다.

13.1 콜백과 비동기 프로그래밍

자바스크립트에서 가장 기본적인 비동기 프로그래밍은 **콜백**을 통해 이뤄집니다. 콜백은 다른 함수에 전달하는 함수입니다. 콜백을 전달받은 함수는 어떤 조건을 만족하거나 어떤 (비동기) 이벤트가 일어나면 여러분이 제공한 함수를 호출(콜백)합니다. 전달한 콜백 함수를 호출할 때는 조건이나 이벤트에 대한 정보를 제공하며 때때로 함수 인자를 통해 세부 사항을 추가로 제공하기도 합니다. 콜백 시스템은 예제를 보면 쉽게 이해할 수 있습니다. 이어지는 하위 절에서 클라이언트 사이드 자바스크립트와 노드에서 사용하는 콜백 기반 비동기 프로그래밍의 다양한 유형을 설명합니다.

13.1.1 타이머

일정 시간이 지나면 코드를 실행하는 것도 단순한 비동기 프로그램 유형 중 하나입니다. 11.10절에서 설명했듯 setTimeout() 함수로 타이머를 설정할 수 있습니다.

```
setTimeout(checkForUpdates, 60000);
```

setTimeout()의 첫 번째 인자는 함수이고 두 번째 인자는 밀리초로 지정한 시간입니다. 위 코드는 setTimeout()을 호출하고 60,000밀리초, 즉 1분이 지나면 checkForUpdates() 함수를 호출합니다. checkForUpdates()는 여러분이 프로그램에서 정의한 콜백 함수이며 setTimeout()은 콜백 함수를 등록하고 호출할 비동기 조건을 지정하기 위해 호출하는 함수입니다.

    setTimeout()은 인자는 전달하지 않고 지정된 콜백 함수를 한 번 호출하고서, 그 함수에 대해 잊어버립니다. 한 번 호출하고 마는 함수 말고 정말로 업데이트를 체크하는 함수가 필요하다면 반복적으로 실행해야 합니다. 이런 경우에는 setTimeout() 대신 setInterval()을 사용합니다.

```
// checkForUpdates를 1분 뒤에 호출하고 1분마다 다시 호출합니다.
let updateIntervalId = setInterval(checkForUpdates, 60000);
```

```
// setInterval()이 반환하는 값을 clearInterval()에 넘겨 반복 호출을 중단할 수 있습니다.
// (마찬가지로, setTimeout()은 clearTimeout()에 전달할 수 있는 값을 반환합니다.)
function stopCheckingForUpdates() {
    clearInterval(updateIntervalId);
}
```

13.1.2 이벤트

클라이언트 사이드 자바스크립트 프로그램은 거의 대부분 이벤트 주도적입니다. 이들은 미리 지정된 계산을 실행하기보다는 사용자가 뭔가 하길 기다렸다가 그 행동에 반응합니다. 웹 브라우저는 사용자가 키를 누르고, 마우스를 움직이고, 마우스 버튼을 클릭하고, 터치스크린을 터치할 때 **이벤트**를 일으킵니다. 이벤트 주도 자바스크립트 프로그램은 지정된 컨텍스트에 지정된 타입의 이벤트를 처리할 콜백 함수를 등록하고, 웹 브라우저는 지정된 이벤트가 일어날 때마다 함수를 호출합니다. 이런 콜백 함수를 **이벤트 핸들러**, **이벤트 리스너**라고 부르며 addEvent Listener()를 통해 등록합니다.

```
// CSS 선택자에 일치하는 HTML <button> 요소를 나타내는 객체를 웹 브라우저에 요청합니다.
let okay = document.querySelector('#confirmUpdateDialog button.okay');

// 사용자가 버튼을 클릭하면 호출될 콜백 함수를 등록합니다.
okay.addEventListener('click', applyUpdate);
```

이 예제의 applyUpdate()는 어딘가에 만들었다고 가정한 가상의 콜백 함수입니다. document.querySelector()를 호출하면 웹 페이지에서 지정된 요소를 하나 찾아 그를 참조하는 객체를 반환합니다. 이 요소에서 addEventListener()를 호출해 콜백을 등록합니다. addEventListener()의 첫 번째 인자는 주시(listen)할 이벤트(여기서는 마우스 클릭 또는 터치스크린 탭)를 지정하는 문자열입니다. 사용자가 해당 요소를 클릭하면 브라우저는 applyUpdate() 콜백 함수를 호출하고 클릭 시간이나 마우스 좌표 같은 세부 사항이 포함된 객체를 전달합니다.

13.1.3 네트워크 이벤트

네트워크 요청 역시 자바스크립트 프로그래밍의 대표적인 비동기 유형 중 하나입니다. 브라우저에서 실행되는 자바스크립트는 다음과 같은 코드로 웹 서버에서 데이터를 가져올 수 있습니다.

```javascript
function getCurrentVersionNumber(versionCallback) { // 콜백을 인자로 받습니다.
    // 백엔드의 버전 API에 HTTP 요청을 보냅니다.
    let request = new XMLHttpRequest();
    request.open("GET", "http://www.example.com/api/version");
    request.send();

    // 응답을 받았을 때 호출할 콜백을 등록합니다.
    request.onload = function() {
        if (request.status === 200) {
            // HTTP 상태가 OK면 버전 번호를 가져와서 콜백을 호출합니다.
            let currentVersion = parseFloat(request.responseText);
            versionCallback(null, currentVersion);
        } else {
            // 그렇지 않다면 콜백에 에러를 보고합니다.
            versionCallback(response.statusText, null);
        }
    };
    // 네트워크 에러가 생겼을 때 호출할 다른 콜백을 등록합니다.
    request.onerror = request.ontimeout = function(e) {
        versionCallback(e.type, null);
    };
}
```

클라이언트 사이드 자바스크립트 코드는 XMLHttpRequest 클래스와 콜백 함수를 사용해 HTTP 요청을 보내고 서버의 응답을 비동기적으로 처리할 수 있습니다.[1] 여기서 정의한 getCurrentVersionNumber() 함수는 HTTP 요청을 보내고, 서버의 응답을 받거나 타임아웃 또는 기타 에러로 요청이 실패했을 때 호출할 이벤트 핸들러를 등록합니다. (13.1.1절의 가상의 checkForUpdates() 함수에서 이런 함수를 사용한다고 상상해 보십시오.)

위 코드는 이전 예제처럼 addEventListener()를 호출하지 않았습니다. 대부분의 웹 API는 이벤트를 발생시키는 객체에서 addEventListener()를 호출하는 방식으로 이벤트 핸들러를 정의하며, 콜백 함수와 함께 주시할 이벤트를 전달합니다. 그러나 더 일반적으로 객체의 프로퍼티에 이벤트 리스너를 직접 할당하는 방식으로도 등록할 수 있습니다. 이 예제에서는 onload, onerror, ontimeout 프로퍼티에 함수를 할당했습니다. 관습적으로 이런 형태의 이벤트 리스너 프로퍼티 이름은 항상 on으로 시작합니다. addEventListener()는 여러 가지 이벤트 핸들러를 등록할 수 있는

---

1 이름이 XMLHttpRequest 클래스지만 XML과 별 상관은 없습니다. 최신 클라이언트 사이드 자바스크립트에서는 이 클래스 대신 fetch() API를 사용하며 이 API는 15.11.1절에서 설명합니다. 여기서 사용한 코드가 이 책의 마지막 XMLHttpRequest 기반 예제입니다.

더 유연한 해결책입니다. 하지만 지금처럼 같은 객체, 같은 이벤트 타입에 다른 리스너를 추가로 등록하지 않을 것이라고 확신한다면 적절한 콜백 함수를 프로퍼티로 할당하는 편이 더 간편합니다.

이 예제의 getCurrentVersionNumber() 함수에서 한 가지 더 주목할 점은 이 함수가 비동기로 요청을 보내기 때문에 현재 버전 번호를 동기적으로 반환할 수 없다는 것입니다. 대신 호출자는 결과를 받거나 에러가 일어나면 호출될 콜백 함수를 전달합니다. 여기서 사용한 콜백 함수는 인자 두 개를 받습니다. XMLHttpRequest가 정확히 동작하면 getCurrentVersionNumber()는 콜백을 호출하면서 첫 번째 인자로 null을, 두 번째 인자로 버전 번호를 전달합니다. 에러가 일어나면 getCurrentVersion Number()는 콜백을 호출하면서 첫 번째 인자로 에러에 관한 세부 사항을, 두 번째 인자로는 null을 전달합니다.

13.1.4 노드의 콜백과 이벤트

서버 사이드 자바스크립트 환경인 노드는 비동기적으로 만들어져 있으며 많은 API가 콜백과 이벤트를 사용합니다. 예를 들어 파일 콘텐츠를 읽는 기본 API도 비동기적이며 파일 콘텐츠를 읽으면 콜백 함수를 호출합니다.

```javascript
const fs = require("fs");   // fs 모듈은 파일 시스템 관련 API입니다.
let options = {             // 프로그램에서 사용할 옵션 객체
    // 여기에 기본 옵션을 작성합니다.
};

// 설정 파일을 읽고 콜백 함수를 호출합니다.
fs.readFile("config.json", "utf-8", (err, text) => {
    if (err) {
        // 에러가 있으면 경고를 표시하고 계속 진행합니다.
        console.warn("Could not read config file:", err);
    } else {
        // 에러가 없으면 파일 콘텐츠를 분석하고 옵션 객체에 할당합니다.
        Object.assign(options, JSON.parse(text));
    }

    // 어느 쪽이든 이제 프로그램을 실행할 수 있습니다.
    startProgram(options);
});
```

노드의 fs.readFile() 함수는 매개변수를 두 개 받는 콜백을 마지막 인자로 받습니다. fs.readFile()은 지정된 파일을 비동기적으로 읽고 콜백을 호출합니다. 파일을

성공적으로 읽었다면 파일 콘텐츠를 두 번째 콜백 인자로 전달합니다. 에러가 있었다면 에러를 첫 번째 콜백 인자로 전달합니다. 이 예제에서는 콜백에 화살표 함수를 사용했는데, 이런 단순한 동작에는 화살표 함수의 간결하고 자연스런 문법이 잘 어울립니다.

노드에는 이벤트 기반 API도 다양합니다. 다음 함수는 노드에서 URL에 HTTP 요청을 보내는 방법입니다. 이 함수에는 이벤트 리스너로 처리하는 비동기 코드 계층이 두 개 있습니다. 노드는 addEventListener() 대신 on() 메서드를 사용해 이벤트 리스너를 등록합니다.

```javascript
const https = require("https");

// URL의 텍스트 콘텐츠를 읽고 비동기적으로 콜백에 전달합니다.
function getText(url, callback) {
    // URL에 HTTP GET 요청을 시작합니다.
    request = https.get(url);

    // 응답 이벤트를 처리할 함수를 등록합니다.
    request.on("response", response => {
        // 응답 이벤트가 있다는 것은 응답 헤더를 받았다는 의미입니다.
        let httpStatus = response.statusCode;

        // HTTP 응답의 바디는 아직 받지 못했으므로
        // 바디를 받았을 때 호출할 이벤트 핸들러를 등록합니다.
        response.setEncoding("utf-8");  // 유니코드 텍스트를 예상합니다.
        let body = "";                  // 텍스트는 이 변수에 누적됩니다.

        // 바디의 텍스트 덩어리를 사용할 수 있게 되면 이 이벤트 핸들러를 호출합니다.
        response.on("data", chunk => { body += chunk; });

        // 응답이 완료되면 이 이벤트 핸들러를 호출합니다.
        response.on("end", () => {
            if (httpStatus === 200) {    // HTTP 응답이 OK라면
                callback(null, body);    // 응답 바디를 콜백에 전달합니다.
            } else {                     // 그렇지 않다면 에러를 전달합니다.
                callback(httpStatus, null);
            }
        });
    });

    // 저수준 네트워크 에러를 처리할 이벤트 핸들러도 등록합니다.
    request.on("error", (err) => {
        callback(err, null);
    });
}
```

13.2 프라미스

클라이언트 사이드와 서버 사이드 자바스크립트 환경의 콜백과 이벤트 기반 비동기 프로그래밍을 예제로 살펴봤으니 이제 비동기 프로그래밍을 단순화하도록 설계된 코어 기능인 **프라미스**를 소개할 차례입니다.

프라미스는 비동기 작업의 결과를 나타내는 객체입니다. 결과가 준비됐을 수도 있고 준비되지 않았을 수도 있는데, 프라미스 API는 이를 의도적으로 막연하게 표현합니다. 프라미스의 값을 동기적으로 가져올 수 있는 방법은 존재하지 않습니다. 값이 준비됐을 때 콜백 함수를 호출하도록 프라미스에 요청할 수 있을 뿐입니다. 앞 절의 getText() 함수 같은 비동기 API를 프라미스 기반으로 만들면서 콜백 인자는 생략하고 대신 프라미스 객체를 반환하도록 만들고 싶다고 합시다. 호출자가 이 프라미스 객체에 콜백을 등록하면 콜백은 비동기 작업이 끝났을 때 호출됩니다.

따라서 프라미스를 아주 단순하게 말한다면 콜백을 사용하는 새로운 방법이라고 할 수도 있습니다. 그렇게만 이해하고 있어도 프라미스를 유용하게 쓸 수 있습니다. 콜백 기반 비동기 프로그래밍의 심각한 문제는 콜백 안에 콜백이, 그 안에 또 콜백이 이어지는 형태가 계속되면 너무 심하게 들여쓰기 되어 코드를 읽기 어려워지는, 소위 콜백 헬이 발생한다는 것입니다. 프라미스는 이런 중첩된 콜백을 좀 더 선형에 가까운 **프라미스 체인**으로 바꿔 주므로 읽기 쉽고 이해하기 쉽습니다.

콜백의 다른 문제는 에러 처리가 어렵다는 점입니다. 비동기 함수(또는 비동기적으로 호출된 콜백)에서 예외가 일어나면 이 예외를 비동기 동작의 최초 실행자(initiator)에 전달할 방법이 없습니다. 이것은 비동기 프로그래밍의 기본적인 문제이며 예외 처리를 어렵게 만듭니다. 콜백 인자와 반환 값을 통해 에러를 세심하게 추적하고 전달할 수도 있긴 하지만, 번거로운 일이고 제대로 하기도 어렵습니다. 프라미스는 에러를 처리하는 방법을 표준화하고 프라미스 체인을 통해 에러를 정확히 전달하는 방법 또한 제공합니다.

프라미스는 비동기 작업 하나가 앞으로 어떤 결과를 보일지 나타냅니다. 반복되는 비동기 작업을 나타낼 수는 없습니다. 이 장에서 프라미스로 setTimeout() 함수를 대신하는 방법을 설명하겠지만 프라미스로 setInterval()을 대신할 수는 없습니다. setInterval()은 콜백 함수를 반복적으로 호출하는데 프라미스는 이런 상황에 쓰이도록 설계되지 않았습니다. 마찬가지로, 콜백이 한 번만 호출되는 XML-HttpRequest 객체의 load 이벤트 핸들러는 프라미스로 대신할 수 있지만, HTML 버튼의 click 이벤트 핸들러에는 일반적으로 프라미스를 사용하지 않습니다. 사용자가 버튼을 한 번 클릭하면 그 이후에는 대응할 수 없기 때문입니다.

이어지는 하위 절에서는 다음과 같은 내용을 설명합니다.

- 프라미스 용어와 기본 사용법
- 프라미스 체인을 만드는 법
- 프라미스 기반 API를 직접 만드는 방법

> **!** 프라미스는 처음에는 단순해 보입니다. 사실 기본적인 사용법은 단순한 편입니다. 하지만 단순한 사용법을 넘어서기만 해도 대단히 혼란스러울 수 있습니다. 프라미스는 강력한 비동기 프로그래밍 방법이지만 정확하고 신뢰할 수 있게 사용하려면 깊이 이해해야 합니다. 깊이 이해하기 위해 시간을 들일 가치가 충분하므로, 이 장이 길게 느껴지더라도 주의 깊게 공부하길 권합니다.

13.2.1 프라미스 사용

자바스크립트 코어에 프라미스가 포함되면서 웹 브라우저에서 프라미스 기반 API를 지원하기 시작했습니다. 앞에서는 비동기 HTTP 요청을 보내고 HTTP 응답 바디를 지정된 콜백 함수에 문자열로 전달하는 getText() 함수를 만들었습니다. 이 함수를 변형해서 JSON인 HTTP 응답 바디를 분석하고 콜백 인자를 받는 대신 프라미스를 반환하는 getJSON() 함수를 만든다고 합시다. 뒷부분에서 getJSON() 함수를 완성하긴 하겠지만, 일단 지금은 프라미스를 반환하는 유틸리티 함수를 어떻게 사용할지부터 생각해 봅시다.

```
getJSON(url).then(jsonData => {
    // JSON 값을 받아 분석하면 비동기적으로 호출될 콜백 함수입니다.
});
```

getJSON()은 URL에 비동기 HTTP 요청을 보내고 응답을 대기하면서 프라미스 객체를 반환합니다. 프라미스 객체에는 then() 인스턴스 메서드가 있습니다. 콜백 함수를 getJSON()에 직접 전달하지 않고 then() 메서드에 전달합니다. HTTP 응답이 도착하면 응답 바디를 JSON으로 분석하고 분석된 값을 then()에 전달한 함수에 전달합니다.

then() 메서드는 클라이언트 사이드 자바스크립트에서 이벤트 핸들러를 등록할 때 사용하는 addEventListener() 메서드와 비슷한 콜백 등록 메서드라고 생각해도 됩니다. 프라미스 객체에서 then() 메서드를 여러 번 호출하면 각 콜백은 비동기 작업이 완료될 때 호출됩니다.

하지만 대부분의 이벤트 리스너와 달리 프라미스는 단 한 가지 작업일 뿐이며 then()에 등록된 각 함수는 단 한 번만 호출됩니다. 설령 then()을 호출할 때 비동기 작업이 이미 완료된 상태라고 하더라도 then()에 전달된 함수는 비동기적으로 호출됩니다.

단순한 문법적 측면에서 본다면 then() 메서드는 프라미스의 독특한 특징입니다. 프라미스 객체를 변수에 할당하는 중간 단계를 거치지 않고 프라미스를 반환하는 함수 호출에 .then()을 직접 이어붙이는 형태로 주로 사용합니다.

프라미스를 반환하는 함수, 프라미스 결과를 사용하는 함수 모두 이름을 동사 형태로 짓는 관행이 있으며 이를 따르면 코드를 읽기가 매우 쉬워집니다.

```
// 사용자 프로필을 표시하는 함수
function displayUserProfile(profile) { /* 이하 생략 */ }
```

```
// 위 함수를 프라미스와 함께 사용하는 방법입니다. 이 코드는 영어 문장과 거의 비슷해 보입니다.
getJSON("/api/user/profile").then(displayUserProfile);
```

프라미스의 에러 처리

비동기 작업, 특히 네트워크와 관련된 작업은 매우 다양한 원인으로 실패하기 때문에 불가피하게 발생할 에러를 처리하려면 코드를 빈틈없이 작성해야 합니다.

프라미스에서는 then() 메서드에 두 번째 함수를 전달해 에러를 처리할 수 있습니다.

```
getJSON("/api/user/profile").then(displayUserProfile, handleProfileError);
```

프라미스는 프라미스 객체가 생성된 이후에 일어날 비동기 작업의 결과를 나타냅니다. 프라미스 객체가 반환된 후에 동작이 이루어지므로 이 동작이 값을 반환할지, 아니면 캐치할 수 있는 예외를 일으킬지 미리 알 수는 없습니다. then()에 전달하는 함수가 대안을 제시합니다. 동기적 작업은 정상적으로 수행되는 경우 호출자에게 결과를 반환합니다. 프라미스 기반 비동기 작업은 정상적으로 완료되면 then()의 첫 번째 인자인 함수에 그 결과를 전달합니다.

동기적 작업에서는 뭔가 잘못되면, 처리할 catch 절을 만날 때까지 콜 스택을 거슬러 올라가서 전달될 예외를 일으킵니다. 비동기 작업에서는 호출자가 스택에 존재하지 않으므로 호출자에게 예외를 전달할 간단한 방법은 존재하지 않습니다.

프라미스 기반 비동기 작업은 예외를 then()의 두 번째 인자인 함수에 전달합니다. (예외는 일반적으로 Error 객체의 일종이지만 꼭 그래야 하는 건 아닙니다.) 앞의 예제의 getJSON()이 정상적으로 실행됐다면 그 결과는 displayUserProfile()에 전달됩니다. 사용자가 로그인하지 않았거나, 서버가 다운됐거나, 사용자의 인터넷 연결이 끊겼거나, 요청이 타임아웃에 걸렸거나, 기타 이유로 에러가 일어나면 getJSON()은 Error 객체를 handleProfileError()에 전달합니다.

현실적으로 then()에 두 가지 함수를 전달하는 경우는 별로 없습니다. 프라미스를 사용할 때는 더 널리 쓰이는, 더 좋은 에러 처리 방법이 있습니다. 하지만 이를 이해하려면 먼저 getJSON()은 정상적으로 완료됐지만 displayUserProfile()에서 에러가 일어날 때 어떤 일이 벌어질지 생각해 봐야 합니다. 콜백 함수는 getJSON()이 완료될 때 비동기적으로 호출되므로 예외를 일으켜도 별 의미가 없습니다. 예외를 처리할 코드가 콜 스택에 존재하지 않기 때문입니다.

다음과 같이 에러 처리 코드를 만드는 경우가 더 흔합니다.

```
getJSON("/api/user/profile").then(displayUserProfile).catch(handleProfileError);
```

이 코드를 사용하면 getJSON()의 일반적인 결과가 displayUserProfile()에 전달되는 것은 그대로이지만, getJSON()이나 displayUserProfile()의 에러, displayUserProfile()에서 일어난 예외는 handleProfileError()에 전달됩니다. 여기 쓴 catch() 메서드는 then()을 호출하면서 첫 번째 인자로 null을, 두 번째 인자로 지정된 에러 핸들러를 전달하는 형태를 짧게 줄인 것뿐입니다.

다음 절에서 프라미스 체인에 대해 설명하면서 catch()와 에러 처리에 대해 다시 설명합니다.

🎁 **프라미스 용어**

프라미스에 대해 더 설명하기 전에 잠시 멈추고 몇 가지 용어를 짚고 넘어가겠습니다. 사람과 사람 사이의 약속을 말할 때 약속을 '지켰다', '어겼다' 같은 표현을 씁니다. 자바스크립트 프라미스에서는 '이행하다(fulfill)', '거부하다(reject)'라는 용어를 씁니다. 프라미스의 then() 메서드를 호출하면서 콜백 함수를 두 개 전달했다고 합시다. 첫 번째 콜백이 호출되면 그 프라미스는 **이행됐다**고 합니다. 두 번째 콜백이 호출됐다면 그 프라미스는 **거부됐다**고 합니다. 프라미스가 이행되지도, 거부되지도 않았다면 **대기**(pending) 중인 겁니다. 이행 또는 거부된 프라미스는 **완료**(settled)됐다고 합니다. 프라미스는 절대 이행되는 동시에 거부될 수 없습니다. 일단 완료된 프라미스는 절대 이행이나 거부 상태로 바뀔 수 없습니다.

이 절을 시작하면서 프라미스는 비동기 작업의 **결과**를 나타내는 객체라고 설명했습니다. 프라미스는 단순히 어떤 비동기 코드가 끝났을 때 콜백을 실행하도록 등록하는 추상적인 방법이 아닌, 그 비동기 코드의 결과입니다. 비동기 코드가 정상적으로 실행되고 프라미스가 이행됐다면 그 결과는 코드의 반환 값입니다. 비동기 코드가 정상적으로 완료되지 않고 프라미스가 거부됐다면 그 결과는 코드가 동기적으로 실행했을 때 일으켰을 Error 객체나 기타 값입니다. 완료된 프라미스에는 항상 연관된 값이 있으며 그 값은 바뀌지 않습니다. 프라미스가 이행됐다면 그 값은 then()의 첫 번째 인자로 등록된 콜백 함수에 전달되는 반환 값입니다. 프라미스가 거부됐다면 그 값은 catch()에 등록되었거나 then()의 두 번째 인자인 콜백 함수에 전달되는 일종의 에러입니다.

여기에서 프라미스 용어를 자세하게 설명하는 이유는 프라미스는 **해석**(resolve)되기도 하기 때문입니다. 해석된 상태를 이행된 상태나 완료된 상태로 혼동하기 쉽지만 엄밀히 말해 이들은 같은 상태가 아닙니다. 해석된 상태를 이해하는 것이 프라미스를 깊게 이해하는 데 매우 중요하기에 프라미스 체인에 대해 설명한 다음 다시 설명하겠습니다.2

13.2.2 프라미스 체인

프라미스의 가장 중요한 장점 중 하나는 비동기 작업 시퀀스를 then()의 체인으로 이어서 콜백 헬을 방지한다는 점입니다. 다음은 가상의 프라미스 체인입니다.

```
fetch(documentURL)                        // HTTP 요청을 보냅니다.
    .then(response => response.json())    // 응답의 JSON 바디를 가져옵니다.
    .then(document => {                   // JSON 분석이 끝나면
        return render(document);          // 문서를 사용자에게 표시합니다.
    })
    .then(rendered => {                   // 문서 렌더링이 끝나면
```

---

2 (옮긴이) 이행과 해석의 차이에 대해 조금 더 부연합니다. 상대 URL을 절대 URL로 '해석'할 때 resolve라는 표현을 많이 사용합니다. 프라미스를 URL에 비유한다면, 상대 URL /logo.png를 절대 URL http://example.com/logo.png로 해석했다고 해도 아직 그 URL에 실제 무엇이 있는지는 모르는 상태, 즉 이행되지 않은 상태입니다. fetch()를 통해 logo.png를 가져오면 이제 /logo.png는 png 파일인 것을 알게 됐고 프라미스는 그 파일로 이행됐다고 할 수 있습니다.

```
            cacheInDatabase(rendered);        // 로컬 데이터베이스에 캐시합니다.
    })
    .catch(error => handle(error));           // 에러를 처리합니다.
```

이 코드는 프라미스 체인을 써서 비동기 작업 시퀀스를 쉽게 표현하는 방법을 보여줍니다. 하지만 이 프라미스 체인을 설명하기보다는 HTTP 요청에 프라미스 체인을 사용한다는 아이디어부터 살펴봅시다.

이 장 초반에서 XMLHttpRequest 객체로 HTTP 요청을 보내는 방법을 살펴봤습니다. 이상한 이름을 한 이 객체는 오래되고 다루기 힘든 API를 사용하며, 이제는 대부분 새로운 프라미스 기반 Fetch API(15.11.1절)로 교체됐습니다. Fetch API는 fetch() 함수 하나뿐입니다. fetch()는 URL을 받고 프라미스를 반환합니다. 그 프라미스는 HTTP 응답이 도착하기 시작하여 HTTP 상태와 헤더를 읽으면 이행됩니다.

```
fetch("/api/user/profile").then(response => {
    // 프라미스가 해석되면 상태와 헤더가 존재합니다.
    if (response.ok &&
        response.headers.get("Content-Type") === "application/json") {
        // 여기서 뭘 할 수 있을까요? 아직 응답 바디는 받지 못했습니다.
    }
});
```

fetch()가 반환하는 프라미스가 이행되면 프라미스는 then() 메서드에 전달한 함수에 응답 객체를 전달합니다. 이 응답 객체는 요청 상태와 헤더에 접근을 허용하며, 응답 바디에 각각 텍스트와 JSON 형태로 접근할 수 있는 text()와 json() 메서드도 가지고 있습니다. 초기 프라미스가 이행되긴 했지만 응답 바디는 아직 도착하지 않았을 수도 있습니다. 따라서 응답 바디에 접근하는 text()와 json() 메서드 역시 프라미스를 반환합니다. 다음과 같이 fetch()와 response.json() 메서드를 사용해 HTTP 응답의 바디를 가져올 수는 있습니다.

```
fetch("/api/user/profile").then(response => {
    response.json().then(profile => {  // JSON으로 분석된 바디를 요청합니다.
        // 응답 바디를 받으면 자동으로 JSON으로 전달하고 이 함수에 전달합니다.
        displayUserProfile(profile);
    });
});
```

이렇게 프라미스를 콜백처럼 중첩해 사용하는 것은 프라미스의 설계 목적에 부합하지 않습니다. 다음과 같이 프라미스를 연속적인 체인으로 사용하는 것이 더 낫습니다.

```
fetch("/api/user/profile")
    .then(response => {
        return response.json();
    })
    .then(profile => {
        displayUserProfile(profile);
    });
```

메서드에 전달된 인자는 무시하고 메서드 호출 부분만 봅시다.

```
fetch().then().then()
```

이렇게 표현식 하나에서 메서드를 하나 이상 호출하는 것을 **메서드 체인**이라 부릅니다. fetch() 함수는 프라미스 객체를 반환하고 첫 번째 .then()은 반환된 프라미스 객체의 메서드를 호출합니다. 하지만 이 체인에는 두 번째 .then()도 있으므로 then() 메서드를 첫 번째로 호출할 때도 반드시 프라미스를 반환해야 합니다.

이렇게 메서드 체인을 사용하도록 설계된 API는 객체 하나만 존재하고 그 객체의 각 메서드는 객체 자체를 반환하는 형태가 일반적입니다. 하지만 프라미스는 그런 식으로 설계되지 않았습니다. .then()을 체인으로 호출할 때는 프라미스 객체하나에 여러 개의 콜백을 등록하지 않습니다. 대신 then() 메서드를 호출할 때마다 새 프라미스 객체를 반환합니다. 새 프라미스 객체는 then()에 전달된 함수가 완료되기 전에는 이행되지 않습니다.

위에서 제시한 fetch() 체인을 단순화해 봅시다. then()에 전달되는 함수를 다른 곳에서 정의했다면 코드를 다음과 같이 리팩터링할 수 있습니다.

```
fetch(theURL)          // 작업 1. 프라미스 1을 반환
    .then(callback1)    // 작업 2. 프라미스 2를 반환
    .then(callback2);   // 작업 3. 프라미스 3을 반환
```

코드를 자세히 살펴봅시다.

1. 첫 번째 행에서는 URL을 넘기며 fetch()를 호출했습니다. fetch()는 그 URL에 HTTP GET 요청을 보내고 프라미스를 반환합니다. 이 HTTP 요청을 '작업 1'이라 부르고 프라미스를 '프라미스 1'이라 부릅시다.

2. 두 번째 행에서는 프라미스 1이 이행됐을 때 호출할 callback1 함수를 전달하

면서 프라미스 1의 then() 메서드를 호출했습니다. then() 메서드는 콜백을 어딘가에 저장하고 새 프라미스를 반환합니다. 여기서 반환하는 새 프라미스를 '프라미스 2'라 부르고, '작업 2'는 callback1이 호출될 때 시작한다고 합시다.

3. 세 번째 행에서는 프라미스 2의 then() 메서드를 호출하면서 프라미스 2가 이행될 때 호출할 callback2 함수를 전달했습니다. 이 then() 메서드는 콜백을 기억하며 또 다른 프라미스를 반환합니다. callback2가 호출될 때 '작업 3'이 시작됐다고 합시다. 마지막 프라미스를 '프라미스 3'이라 부를 수도 있겠지만 사용될 일이 없으므로 이름을 붙일 필요도 없습니다.

4. 위 세 단계는 표현식을 처음 실행할 때 모두 동기적으로 일어납니다. 이제 1단계에서 보낸 HTTP 요청이 인터넷을 통해 전송되는 동안 비동기적으로 일시 중지합니다.

5. HTTP 응답이 도착하기 시작합니다. fetch() 호출의 비동기적 부분은 HTTP 상태와 헤더를 감싼 응답 객체를 값으로 프라미스 1을 이행합니다.

6. 프라미스 1이 이행되면 그 값인 응답 객체가 callback1() 함수에 전달되며 작업 2가 시작됩니다. 이 작업의 목적은 응답 객체를 입력으로 삼아 응답 바디를 JSON 객체로 가져오는 겁니다.

7. 작업 2가 정상적으로 완료됐고 HTTP 응답 바디를 분석해 JSON 객체를 만들 수 있다고 가정합니다. 이 JSON 객체가 프라미스 2를 이행합니다.

8. 프라미스 2를 이행하는 값은 callback2() 함수에 전달되면서 작업 3의 입력이 됩니다. 작업 3은 아직 명시되지 않은 방법을 통해 사용자에게 데이터를 표시합니다. 작업 3이 정상적으로 완료되면 프라미스 3이 이행됩니다. 하지만 프라미스 3으로는 아무것도 하지 않았으므로 이 프라미스가 완료될 때는 아무 일도 일어나지 않으며 비동기 작업 체인은 여기서 끝납니다.

13.2.3 프라미스 해석

앞 절에서 URL을 가져오는 프라미스 체인을 설명하면서 프라미스 1, 2, 3을 언급했습니다. 하지만 사실은 네 번째 프라미스 객체도 존재하는데, 프라미스를 '해석'한다는 말이 무엇을 의미하는지 설명할 때 이 객체가 필요합니다.

fetch()는 프라미스 객체를 반환하며 프라미스가 이행될 때 등록된 콜백 함수에 응답 객체를 전달합니다. 이 응답 객체에는 .text(), .json(), 기타 HTTP 응답 바디를 다양한 형태로 요청하는 메서드가 존재합니다. 하지만 바디가 아직 도착하지 않았으므로 이 메서드들도 반드시 프라미스 객체를 반환해야 합니다. 그동안 살펴본 예제에서는 작업 2가 .json() 메서드를 호출하고 그 값을 반환했습니다. 이 값이 네 번째 프라미스 객체이며 그 반환 값은 callback1() 함수입니다.

URL을 가져오는 코드를 다시 한번 만들어 봅시다. 이번에는 콜백과 프라미스를 더 세부적으로 작성해 봅시다.

```
function c1(response) {                  // 콜백 1
    let p4 = response.json();
    return p4;                           // 프라미스 4를 반환합니다.
}

function c2(profile) {                   // 콜백 2
    displayUserProfile(profile);
}

let p1 = fetch("/api/user/profile");  // 프라미스 1, 작업 1
let p2 = p1.then(c1);                  // 프라미스 2, 작업 2
let p3 = p2.then(c2);                  // 프라미스 3, 작업 3
```

프라미스 체인을 유용하게 사용하려면 작업 2의 출력은 반드시 작업 3의 입력이 돼야 합니다. 이 예제에서 작업 3의 입력은 가져온 URL 바디를 JSON 객체로 분석한 결과입니다. 하지만 조금 전에 설명했듯 콜백 c1의 반환 값은 JSON 객체가 아니라 그 JSON 객체를 나타내는 프라미스 p4입니다. 모순적으로 보이지만 그렇지 않습니다. p1이 이행되면 c1이 호출되고 작업 2가 시작됩니다. p2가 이행되면 c2가 호출되고 작업 3이 시작됩니다. 하지만 c1이 호출될 때 작업 2가 시작된다는 말이 c1이 반환될 때 작업 2가 반드시 끝나야 한다는 의미는 아닙니다. 어쨌든 프라미스는 비동기 작업을 관리하도록 설계됐으며 작업 2가 비동기라면 콜백이 반환되는 시점에 완료되지 않았을 수도 있습니다.

프라미스를 마스터하기 위해 알아야 할 마지막 세부 사항에 대해 설명하겠습니다. 콜백 c를 then() 메서드에 전달하면 then()은 프라미스 p를 반환하고 나중에 c를 비동기적으로 호출할 수 있도록 준비합니다. 콜백은 작업을 마치면 값 v를 반환합니다. 콜백이 완료되면 p는 값 v로 **해석**됩니다. 프라미스가 프라미스가 아닌 값으로 해석되면 그 프라미스는 그 값으로 즉시 이행됩니다. 따라서 c가 프라미스 아닌 값을 반환하면 그 반환 값은 p의 값이 되고, p가 이행되면서 끝납니다. 반면 반환 값 v가 역시 프라미스라면 p는 **해석되긴 했지만 이행되지는 않은** 상태입니다. 이 시점에서 p는 프라미스 v가 완료되기 전에는 완료될 수 없습니다. v가 이행되면

p는 같은 값으로 이행됩니다. v가 거부되면 p는 같은 이유로 거부됩니다. 프라미스가 '해석'된 상태라는 말은 프라미스가 다른 프라미스와 연결됐다는 의미입니다. p가 이행됐는지 거부됐는지는 아직 모르지만 콜백 c는 이제 아무 권한도 없습니다. p는 이제 프라미스 v에서 어떤 일이 일어나느냐에 따라 달라지며, 그런 의미에서 '해석'됐다는 표현을 씁니다.

URL을 가져오는 예제로 돌아갑시다. c1이 p4를 반환하면 p2는 해석됩니다. 하지만 해석됐다는 말이 이행됐다는 말은 아니므로 작업 3은 아직 시작되지 않았습니다. HTTP 응답 바디 전체를 사용할 수 있게 되면 .json() 메서드에서 바디를 분석한 값으로 p4를 이행할 수 있습니다. p4가 이행되면 p2 역시 자동으로 이행되며 그 값은 마찬가지로 JSON을 분석한 값입니다. 이 시점에서 분석된 JSON 객체가 c2에 전달되며 작업 3이 시작됩니다.

어쩌면 이 절은 자바스크립트에서 가장 어려운 부분일 수도 있으니 두세 번은 읽어야 할지도 모릅니다. 그림 13-1에 이 절의 내용을 정리했습니다.

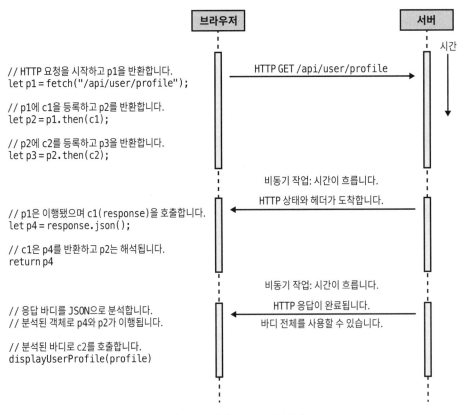

그림 13-1 프라미스로 URL 가져오기

13.2.4 프라미스와 에러

이 장 초반에서 .then() 메서드에 두 번째 콜백 함수를 전달할 수 있으며 프라미스가 거부되면 이 함수가 호출된다고 했습니다. 프라미스가 거부됐을 때 두 번째 콜백 함수에 전달되는 인자는 거부 사유를 나타내는 값이며 일반적으로 Error 객체입니다. 또한 앞에서 .then() 메서드에 콜백 두 개를 전달하는 일은 흔치 않다고 했습니다. 프라미스 관련 에러는 일반적으로 프라미스 체인에 .catch() 메서드를 추가하는 식으로 처리합니다. 프라미스 체인에 대해 설명했으니 이제 에러 처리에 대해 더 자세히 살펴보겠습니다. 설명에 앞서 비동기 프로그래밍에서는 에러 처리가 정말 중요하다는 점을 강조합니다. 동기적 코드에서는 에러 처리 코드가 없으면 최소한 예외가 발생하고, 스택 추적을 통해 어디서 무엇이 잘못됐는지 파악할 수 있습니다. 비동기 코드에서는 처리하지 않은 예외가 아무런 경고 없이 사라질 때가 많고 에러도 조용히 일어날 때가 많으므로 디버그하기가 무척 어렵습니다. 다행히 .catch() 메서드를 사용하면 프라미스 에러를 쉽게 처리할 수 있습니다.

catch와 finally 메서드

프라미스의 .catch() 메서드는 null을 첫 번째 인자로, 에러 처리 콜백을 두 번째 인자로 전달하여 .then()을 호출하는 것을 축약한 형태일 뿐입니다. 프라미스 p와 콜백 c가 있을 때 다음 두 행은 동등합니다.

```
p.then(null, c);
p.catch(c);
```

.catch() 단축 표기는 단순하기도 하고 try/catch 문의 catch 절을 떠올리기도 쉬우므로 이 메서드를 권장합니다. 이미 설명했듯 비동기 코드에서는 일반적인 예외 처리가 동작하지 않습니다. 프라미스의 .catch() 메서드는 비동기 코드의 한계를 보완하는 대안입니다. 동기적 코드에서는 뭔가 잘못됐을 때 예외가 catch 블록을 만날 때까지 '콜 스택을 따라 올라간다(bubbling up the call stack)'고 합니다. 프라미스의 비동기 체인에서는 .catch()를 만날 때까지 에러가 '체인을 따라 내려간다 (trickling down the chain)'고 비유할 수 있습니다.

　ES2018 이후 프라미스 객체에는 try/catch/finally 문의 finally 절과 비슷한 목적을 가진 .finally() 메서드가 생겼습니다. 프라미스 체인에 .finally()를 추가하면 호출한 프라미스가 완료될 때 .finally()가 호출됩니다. 이 콜백은 프라미스가 이행되거나 거부될 때 호출되며 아무 인자도 받지 않으므로 콜백 안에서 프라미스가 이행됐는지 거부됐는지 알 수는 없습니다. 하지만 프라미스의 이행 여부와 관계없이 파일이나 네트워크 연결을 닫는 것과 같은 정리 작업을 해야 한다면 .finally() 콜백이 이상적입니다. .then(), .catch()와 마찬가지로 .finally()도 새 프라미스 객체를 반환합니다. .finally() 콜백의 반환 값은 일반적으로 무시되며 .finally()가 반환하는 프라미스는 보통 .finally()가 호출된 프라미스가 해석/거부된 값과 같은 값으로 해석/거부됩니다. 하지만 .finally() 콜백이 예외를 일으키면 .finally()가 반환하는 프라미스는 그 예외와 함께 거부됩니다.

앞 절에서 만든 URL을 가져오는 코드에는 에러 처리가 전혀 없었습니다. 이제 좀 더 현실적인 코드로 바꿔 봅시다.

```javascript
fetch("/api/user/profile")      // HTTP 요청을 시작합니다.
    .then(response => {          // 상태와 헤더를 받으면 호출합니다.
        if (!response.ok) {      // 404 또는 비슷한 에러를 받았다면
            return null;         // 사용자가 로그아웃했을 수 있습니다. 빈 프로필을 반환합니다.
        }

        // 이제 헤더를 체크해 서버가 JSON을 보냈는지 확인합니다.
        // 그렇지 않다면 서버에서 뭔가 잘못된 심각한 에러 상황입니다.
        let type = response.headers.get("content-type");
        if (type !== "application/json") {
            throw new TypeError(`Expected JSON, got ${type}`);
        }

        // 여기 도달했다면 2xx 상태와 함께 JSON 콘텐츠 타입을 받은 것이니
        // 응답 바디를 JSON 객체로 파싱하는 프라미스를 반환해도 안전합니다.
        return response.json();
    })
    .then(profile => {           // 분석된 응답 바디 또는 null로 호출됩니다.
        if (profile) {
            displayUserProfile(profile);
        }
        else { // 위에서 404 에러를 받고 null을 반환했다면 여기가 끝입니다.
            displayLoggedOutProfilePage();
        }
    })
    .catch(e => {
        if (e instanceof NetworkError) {
            // 인터넷 연결이 끊겼다면 fetch()가 이런 식으로 실패할 수 있습니다.
            displayErrorMessage("Check your internet connection.");
        }
        else if (e instanceof TypeError) {
            // 위에서 TypeError를 일으킨 경우입니다.
```

```
        displayErrorMessage("Something is wrong with our server!");
    }
    else {
        // 예상하지 못한 에러를 잡는 용도로만 사용합니다.
        // 예상할 수 있는 에러를 이런 식으로 처리해선 안 됩니다.
        console.error(e);
    }
});
```

뭔가 잘못됐을 때 어떤 일이 일어나는지 살펴보는 방법으로 코드를 분석해 봅시다. 앞에서 쓴 명명법을 그대로 쓰겠습니다. p1은 fetch()에서 반환하는 프라미스입니다. p2는 .then()을 처음 호출할 때 반환되는 프라미스이고 c1은 그 .then() 호출에 전달되는 콜백입니다. p3는 .then()을 두 번째로 호출할 때 반환되는 프라미스이며 c2는 그 호출에 전달하는 콜백입니다. 마지막으로, c3는 .catch()에 전달하는 콜백입니다. (.catch() 역시 프라미스를 반환하지만 군이 이름을 붙일 필요는 없습니다.)

첫 번째로, fetch() 요청 자체가 실패할 수 있습니다. 네트워크 연결이 끊겼거나 기타 이유로 HTTP 요청을 보낼 수 없었다면 프라미스 p1은 NetworkError 객체와 함께 거부됩니다. .then()을 호출할 때 에러를 처리할 콜백 함수를 두 번째 인자로 전달하지 않았으므로 p2는 같은 NetworkError 객체와 함께 거부됩니다. 첫 번째 .then() 호출에 에러 핸들러를 전달했고 에러 핸들러가 정상적으로 완료됐다면 p2는 그 핸들러의 반환 값으로 해석 또는 이행됐을 겁니다. 하지만 핸들러가 없으므로 p2는 거부되고 p3 역시 같은 이유로 거부됩니다. 이 시점에서 에러 처리 콜백 c3가 호출되며 그 안에 담긴 NetworkError 대응 코드가 실행됩니다.

HTTP 요청이 404 또는 다른 HTTP 에러를 반환하는 경우에도 실패할 수 있습니다. 하지만 404는 유효한 HTTP 응답이므로 fetch()는 이를 에러로 간주하지 않습니다. fetch()는 404를 응답 객체에 담고, 그 객체로 p1을 이행하며 c1을 호출합니다. c1의 코드는 응답 객체의 ok 프로퍼티를 체크해 정상적인 HTTP 응답을 받지 못했는지 확인하고, 그 경우 null을 반환합니다. 이 반환 값은 프라미스가 아니므로 p2는 즉시 이행되고 c2가 그 값으로 호출됩니다. c2의 코드는 false 같은 값이 있는지 명시적으로 체크한 후 사용자에게 다른 결과를 표시합니다. 비정상적 조건을 에러가 아닌 것으로 취급하고 에러 핸들러를 사용하지 않은 채 처리할 때는 그런 작업은 c2에서 수행합니다.

정상적인 HTTP 응답 코드를 받았지만 콘텐츠 타입 헤더가 그에 맞게 설정되지 않았다면 심각한 에러입니다. 코드는 JSON 형식의 응답을 예상하고 있는데 서버가

HTML이나 XML, 일반 텍스트를 보냈다면 문제가 있는 것입니다. c1에는 콘텐츠 타입 헤더를 체크하는 코드가 들어 있습니다. 헤더가 잘못됐다면 복구할 수 없는 문제로 간주하고 TypeError를 일으킵니다. .then()이나 .catch()에 전달된 콜백이 에러를 일으키면 .then()의 반환 값이었던 프라미스는 그 에러 값과 함께 거부됩니다. 여기서는 TypeError를 일으킨 c1의 코드가 p2를 그 TypeError 객체와 함께 거부되게 만들었습니다. p2에는 에러 핸들러를 지정하지 않았으므로 p3 역시 거부됩니다. c2는 호출되지 않으며 TypeError는 이런 타입의 에러를 명시적으로 체크하고 처리하는 c3에 전달됩니다.

이 코드에는 눈여겨볼 점이 두 가지 있습니다. 첫 번째는 일반적인 동기적 throw 문으로 발생된 Error 객체가 프라미스 체인에 있는 .catch() 메서드에서 비동기적으로 처리된다는 점입니다. 이걸 보면 왜 .then()에 두 번째 인자를 전달하는 것보다 단축 메서드를 쓰는 것이 더 나은지, 프라미스 체인을 거의 대부분 .catch()로 끝내는 이유가 무엇인지 명확히 알 수 있습니다.

에러 처리에 대한 설명을 끝내기 전에 지적하고 싶은 것이 있습니다. 프라미스 체인은 대부분 .catch()로 끝내서 체인에서 발생한 에러를 처리하거나 최소한 로그라도 남기는 형태로 사용하지만, 사실 .catch()는 프라미스 체인 어디에서 사용해도 유효합니다. 프라미스 체인에서 에러가 발생할 수 있는데, 이 에러가 복구할 수 있는 에러여서 체인의 나머지 단계에 전달되는 것을 막고 싶다면 다음과 같이 .catch()를 중간에 삽입해도 됩니다.

```
startAsyncOperation()
    .then(doStageTwo)
    .catch(recoverFromStageTwoError)
    .then(doStageThree)
    .then(doStageFour)
    .catch(logStageThreeAndFourErrors);
```

.catch()에 전달하는 콜백은 이전 단계에서 에러가 일어났을 때만 호출됩니다. 콜백이 정상적으로 완료됐다면 .catch()는 건너뛰고 반환 값을 다음 .then()에 전달합니다. .catch() 콜백의 목적은 단순히 에러 로그를 남기는 것이 아니라 에러를 처리하고 복구하는 것이라는 사실을 기억하십시오. 일단 .catch()에 전달된 에러는 프라미스 체인을 타고 내려가지 않습니다. .catch() 자체가 새 에러를 일으킬 수도 있긴 하지만, 정상적으로 실행되면 그 반환 값은 프라미스를 해석/이행할 때 쓰이

며 전달된 에러는 거기서 멈춥니다.

확실히 짚고 넘어갑시다. 앞의 예제에서 startAsyncOperation()이나 doStage Two()에서 에러가 일어나면 recoverFromStageTwoError() 함수가 호출됩니다. recoverFromStageTwoError()가 정상적으로 완료된다면 그 반환 값이 doStage Three()에 전달되며 비동기 작업이 정상적으로 진행됩니다. 반면 recoverFrom StageTwoError()가 에러를 복구할 수 없다면 그 자체가 에러를 일으키거나, 전달받은 에러를 다시 일으킵니다. 이런 경우 doStageThree()나 doStageFour() 중 무엇도 호출되지 않으며 recoverFromStageTwoError()에서 발생한 에러는 logStageThree AndFourErrors()에 전달됩니다.

복잡한 네트워크 환경에서는 에러가 랜덤하게 일어날 때도 있으므로 비동기 요청을 다시 시도하기만 해도 에러가 적절히 처리될 수 있습니다. 데이터베이스를 검색하는 프라미스 동작을 만들었다고 합시다.

```
queryDatabase()
    .then(displayTable)
    .catch(displayDatabaseError);
```

이제 1% 확률로 네트워크 과부하 때문에 요청이 실패한다고 가정합시다. .catch() 에서 검색을 다시 시도하기만 해도 문제가 해결될 수 있습니다.

```
queryDatabase()
    .catch(e => wait(500).then(queryDatabase)) // 실패하면 기다렸다가 다시 시도합니다.
    .then(displayTable)
    .catch(displayDatabaseError);
```

정말로 랜덤하게 실패한다면, 단 한 줄의 코드를 추가해서 에러 비율을 1%에서 0.01%로 줄일 수 있습니다.

🎁 프라미스 콜백에서 복귀

URL을 가져오는 예제를 마지막으로 한 번 더 살펴봅시다. 첫 번째 .then() 호출에 전달하는 c1 콜백을 보십시오. c1은 세 가지 방법으로 종료될 수 있습니다. 첫 번째는 .json()에서 반환하는 프라미스와 함께 정상적으로 완료되는 경우입니다. 이 경우 p2는 해석되지만 프라미스가 이행/거부될지는 새로 반환되는 프라미스에 달려 있습니다. 두 번째는 c1이 정상적으로 완료되지만 값 null

---

을 반환하는 경우이고, 이 경우 p2는 즉시 이행됩니다. 마지막은 c1이 에러를 일으키는 경우이며, 이 경우 p2는 거부됩니다. 프라미스의 경우의 수는 이 세 가지가 전부이며 c1의 코드는 이 세 경우 모두에 대응합니다.

프라미스 체인에서는 어떤 단계가 반환 또는 발생시키는 값이 체인의 다음 단계에 전달되므로 정확히 처리하는 것이 중요합니다. 프라미스 관련 버그 중 상당수가 콜백 함수가 값을 반환하게 하는 것을 잊어서 발생하며, 화살표 함수의 단축 문법이 이를 더 악화시키곤 합니다. 데이터베이스 검색 코드를 다시 살펴봅시다.

```
.catch(e => wait(500).then(queryDatabase))
```

8장에서 화살표 함수를 사용할 땐 많은 부분을 생략할 수 있다고 했습니다. 앞의 코드는 인자가 에러 값 하나뿐이므로 괄호를 생략할 수 있습니다. 함수 바디가 표현식 하나이므로 함수 바디를 감싼 중괄호를 생략할 수 있으며 표현식의 값이 함수의 반환 값입니다. 따라서 앞의 코드는 정확한 코드입니다. 다음 코드 역시 정확해 보입니다.

```
.catch(e => { wait(500).then(queryDatabase) })
```

하지만 중괄호를 추가했으므로 어떤 값도 자동으로 반환하지 않습니다. 이 함수는 이제 프라미스 대신 undefined를 반환하므로 프라미스 체인의 다음 단계는 undefined로 호출됩니다. 유효해 보이므로 디버그하기 어려운 에러입니다.

13.2.5 병렬 프라미스

긴 시간을 들여 프라미스 체인이 비동기 작업의 비동기 단계를 순서대로 실행하는 과정을 설명했습니다. 하지만 때때로 여러 개의 비동기 작업을 병렬로 실행해야 할 때도 있습니다. Promise.all()이 프라미스의 병렬 실행을 담당합니다. Promise.all()은 프라미스 객체의 배열을 받고 프라미스를 반환합니다. 입력 프라미스 중 하나라도 거부되면 반환된 프라미스 역시 거부됩니다. 입력 프라미스 모두가 이행되면 전체 프라미스는 각 입력 프라미스 값으로 이루어진 배열로 이행됩니다. 예를 들어 여러 URL에서 텍스트 콘텐츠를 가져오는 코드를 다음과 같이 만들 수 있습니다.

```
// URL 배열로 시작합니다.
const urls = [ /* 0개 이상의 URL */ ];
// 프라미스 객체의 배열로 변환합니다.
promises = urls.map(url => fetch(url).then(r => r.text()));
```

```
// 이 프라미스 전체를 병렬로 실행하는 프라미스
Promise.all(promises)
    .then(bodies => { /* 문자열 배열을 사용할 코드 */ })
    .catch(e => console.error(e));
```

Promise.all()은 앞의 예제 코드보다는 좀 더 유연합니다. 입력 배열은 프라미스 객체뿐만 아니라 다른 값도 포함할 수 있습니다. 배열 요소 중 일부가 프라미스가 아니라면 그 값은 이미 이행된 것으로 간주하고 결과 배열에 그대로 복사합니다.

입력 프라미스 중 하나라도 거부되면 Promise.all()이 반환하는 프라미스 역시 거부됩니다. 결과 프라미스는 첫 번째로 거부되는 프라미스가 생기는 즉시, 나머지 프라미스가 아직 대기 중이더라도 거부됩니다. ES2020에서는 Promise.all()과 마찬가지로 프라미스 배열을 받아 프라미스를 반환하는 Promise.allSettled()를 도입했습니다. Promise.allSettled()는 반환된 프라미스를 절대 거부하지 않으며 입력 프라미스 전체가 완료되기 전에는 이행되지 않습니다. 이 프라미스는 객체 배열로 해석되며 각 객체는 입력 프라미스입니다. 각각의 반환된 객체에는 status 프로퍼티가 있고 그 값은 fulfilled 또는 rejected입니다. '이행(fulfilled)' 상태인 객체에는 value 프로퍼티 역시 존재하며 그 값은 이행된 값입니다. '거부(rejected)' 상태의 객체에는 reason 프로퍼티 역시 존재하며 그 값은 대응하는 프라미스의 에러 또는 거부 값입니다.

```
Promise.allSettled([Promise.resolve(1), Promise.reject(2), 3]).then(results => {
    results[0]  // => { status: "fulfilled", value: 1 }
    results[1]  // => { status: "rejected", reason: 2 }
    results[2]  // => { status: "fulfilled", value: 3 }
});
```

때때로 다양한 프라미스를 한 번에 실행하되 첫 번째로 이행되는 프라미스의 값만 필요할 때도 있습니다. 이런 경우에는 Promise.all() 대신 Promise.race()를 사용하십시오. Promise.race()는 입력 배열에서 처음으로 이행/거부되는 프라미스와 함께 이행/거부되는 프라미스를 반환합니다. (또는, 입력 배열에 프라미스 아닌 값이 있다면 그런 값 중 첫 번째를 반환합니다.)

13.2.6 프라미스 생성

그동안 살펴본 예제에서는 계속 프라미스를 반환하는 함수 fetch()를 사용했습니다. 이 함수는 웹 브라우저에 내장된 프라미스를 반환하는 함수 중 가장 단순한 함수입니다. 또한 프라미스를 반환하는 가상의 함수 getJSON()과 wait()도 사용했습니다. 실제로 프라미스를 반환하는 함수는 상당히 유용하며 이 절에서는 프라미스 기반 API를 직접 만드는 법을 설명합니다. 예제에서는 getJSON()과 wait()를 계속 사용하겠습니다.

다른 프라미스에 기반한 프라미스

프라미스를 반환하는 함수가 이미 있다면 이를 기초로 프라미스를 반환하는 함수를 쉽게 만들 수 있습니다. 프라미스가 있다면 언제든 .then()을 호출해 프라미스를 만들고 반환할 수 있습니다. 기존의 fetch() 함수를 가지고 시작한다면 다음과 같이 getJSON()을 만들 수 있습니다.

```
function getJSON(url) {
    return fetch(url).then(response => response.json());
}
```

fetch() API의 응답 객체에는 json() 메서드가 미리 정의되어 있으므로 아주 쉽게 만들었습니다. json() 메서드는 콜백에서 반환한 프라미스를 반환하므로(여기서 콜백은 바디가 표현식 하나로 이루어진 화살표 함수이므로 반환은 묵시적입니다) getJSON()이 반환하는 프라미스는 response.json()이 반환하는 프라미스로 해석됩니다. 이 프라미스가 이행되면 getJSON()이 반환하는 프라미스 역시 같은 값으로 이행됩니다. 이 getJSON()에는 에러 처리가 들어 있지 않습니다. response.ok와 콘텐츠 타입 헤더를 체크하는 대신, 응답 바디를 JSON으로 분석할 수 없다면 json() 메서드가 반환하는 프라미스를 SyntaxError로 거부할 수 있게 했습니다.

이번에는 getJSON()을 가지고 프라미스를 반환하는 다른 함수를 만들어 봅시다.

```
function getHighScore() {
    return getJSON("/api/user/profile").then(profile => profile.highScore);
}
```

이 함수는 일종의 웹 기반 게임의 일부분이며 /api/user/profile URL은 highScore 프로퍼티가 있는 JSON 형식 데이터 구조를 반환한다고 가정합니다.

동기적인 값을 기반으로 하는 프라미스

함수의 작업 자체에는 비동기 작업이 전혀 없는데도 프라미스를 반환하게 해야 할 때도 있습니다. 이럴 때는 정적 메서드 Promise.resolve()와 Promise.reject()를 사용하십시오. Promise.resolve()는 인자 하나만 받고 즉시, 그러나 비동기적으로 그 값으로 이행되는 프라미스를 반환합니다. 마찬가지로, Promise.reject()도 인자 하나만 받고 그 이유로 거부되는 프라미스를 반환합니다. (엄밀히 말하자면 이들 정적 메서드가 반환하는 프라미스는 반환 시점에서 이미 이행/거부된 것은 아니지만 현재 실행 중인 동기적 코드가 실행을 마치는 즉시 이행/거부됩니다. 대기 중인 비동기 작업이 많지 않다면 일반적으로 몇 밀리초 안에 이행/거부됩니다.)

프라미스의 해석과 이행은 다릅니다. Promise.resolve()를 호출할 때는 일반적으로 이행 값을 전달해서 그 값으로 거의 즉시 이행되는 프라미스 객체를 만듭니다. 하지만 이 메서드의 이름은 Promise.fulfill()이 아닙니다. 프라미스 p1을 Promise.resolve()에 전달하면 새 프라미스 p2가 반환됩니다. p2는 즉시 해석되지만 p1이 이행/거부되기 전에는 이행/거부되지 않습니다.

자주 있는 일은 아니지만 계산은 동기적으로 하고 값은 Promise.resolve()를 써서 비동기적으로 반환하는 프라미스 기반 함수를 만들 수 있습니다. 반대로 비동기 함수 안에 동기적인 특이 케이스가 있는 경우는 아주 흔하며, 이런 특이 케이스는 Promise.resolve()와 Promise.reject()로 처리할 수 있습니다. 예를 들어 비동기 작업을 시작하기 전에 인자 값이 유효하지 않다는 등 어떤 에러 조건을 발견했다면 Promise.reject()로 프라미스를 반환해 에러를 보고할 수 있습니다. (인자가 잘못된 것 같은 경우에는 동기적으로 에러를 일으켜도 되긴 하지만, 이렇게 하면 호출자가 에러를 처리하기 위해 동기적 catch 절과 비동기적 .catch() 메서드를 모두 사용해야 하므로 좋은 방법이 아닙니다.) 마지막으로, Promise.resolve()는 프라미스 체인에 사용할 초기 프라미스를 만들 때도 유용합니다. 이런 예제를 몇 가지 살펴볼 겁니다.

처음부터 만드는 프라미스

getJSON()과 getHighScore()는 기존 함수를 호출해서 초기 프라미스를 얻은 다음, 초기 프라미스에서 .then() 메서드를 호출해서 새 프라미스를 생성해 반환했습니다. 프라미스를 반환하는 다른 함수를 출발점으로 사용할 수 없는 상황에서 프라미스를 반환하는 함수를 만들 때는 어떻게 해야 할까요? 이런 경우에는 Promise() 생성자를 사용해서 완전히 제어할 수 있는 새 프라미스 객체를 생성하면 됩니다. Promise() 생성자를 호출하면서 인자로 함수를 전달합니다. 이 함수는 매개변수 두 개를 받으며, 각 매개변수에는 관습적으로 resolve와 reject라는 이름을 씁니다. 생성자는 함수를 동기적으로 호출하면서 resolve와 reject 매개변수에 대응할 함수 인자를 전달합니다. 호출이 끝나면 Promise() 생성자는 새로 생성된 프라미스를 반환합니다. 반환된 프라미스는 생성자에 전달한 함수의 제어를 받습니다. 이 함수는 비동기 작업을 수행하고 resolve 함수를 호출해 반환된 프라미스를 해석/이행하거나, reject 함수를 호출해 거부해야 합니다. 함수 자체가 비동기일 필요는 없습니다. resolve와 reject를 동기적으로 호출하더라도 프라미스는 여전히 비동기적으로 해석, 이행, 거부됩니다.

글로만 읽어서는 생성자에 전달되는 함수에 전달되는 함수를 이해하기 어려울 테니 예제를 살펴봅시다. 다음은 이 장에서 다양한 예제에 사용한 wait() 함수를 프라미스 기반으로 고쳐 쓴 겁니다.

```javascript
function wait(duration) {
    // 새 프라미스를 생성해 반환합니다.
    return new Promise((resolve, reject) => {  // 프라미스를 제어합니다.
        // 인자가 유효하지 않으면 프라미스를 거부합니다.
        if (duration < 0) {
            reject(new Error("Time travel not yet implemented"));
        }
        // 인자가 유효하면 비동기적으로 대기했다가 프라미스를 해석합니다.
        // setTimeout은 resolve()를 인자 없이 호출하므로
        // 이 프라미스는 정의되지 않은 값으로 이행됩니다.
        setTimeout(resolve, duration);
    });
}
```

Promise() 생성자가 반환할 프라미스를 제어할 함수에 fulfill()과 reject()가 아닌 resolve()와 reject()라는 이름을 붙였습니다. resolve()에 프라미스를 전달하면 반환된 프라미스는 그 새 프라미스로 해석됩니다. 프라미스가 아닌 값을 전달할 때도 많을 텐데, 그런 경우 반환된 프라미스는 그 값으로 이행됩니다.

예제 13-1은 Promise() 생성자를 사용한 또 다른 예제입니다. 이 예제에서는 getJSON() 함수를 fetch() API가 내장되지 않은 노드에서 사용할 수 있도록 수정했습니다. 이 장을 시작하면서 비동기 콜백과 이벤트에 대해 설명했습니다. 이 예제는

콜백과 이벤트 핸들러를 사용하므로 다른 비동기 프로그래밍 스타일을 바탕으로
프라미스 기반 API를 구현하는 좋은 예제가 될 것입니다.

예제 13-1 비동기 getJSON() 함수

```
const http = require("http");

function getJSON(url) {
    // 새 프라미스를 생성해 반환합니다.
    return new Promise((resolve, reject) => {
        // 지정된 URL에 HTTP GET 요청을 보냅니다.
        request = http.get(url, response => {  // 응답이 시작되면 호출됩니다.
            // HTTP 상태가 OK가 아니면 프라미스를 거부합니다.
            if (response.statusCode !== 200) {
                reject(new Error(`HTTP status ${response.statusCode}`));
                response.resume();  // 메모리 누수를 방지합니다.
            }
            // 응답 헤더가 잘못된 경우에도 거부합니다.
            else if (response.headers["content-type"] !== "application/json") {
                reject(new Error("Invalid content-type"));
                response.resume();  // 메모리 누수를 방지합니다.
            }
            else {
                // 상태가 OK라면 응답 바디를 읽을 이벤트를 등록합니다.
                let body = "";
                response.setEncoding("utf-8");
                response.on("data", chunk => { body += chunk; });
                response.on("end", () => {
                    // 응답 바디가 완료되면 분석을 시도합니다.
                    try {
                        let parsed = JSON.parse(body);
                        // 분석에 성공했다면 프라미스를 이행합니다.
                        resolve(parsed);
                    } catch(e) {
                        // 분석에 실패하면 프라미스를 거부합니다.
                        reject(e);
                    }
                });
            }
        });
        // 응답 자체가 없을 때도 프라미스를 거부합니다.
        request.on("error", error => {
            reject(error);
        });
    });
}
```

13.2.7 프라미스 시퀀스

`Promise.all()`을 사용하면 프라미스를 원하는 만큼 병렬로 실행할 수 있습니다. 프라미스 체인은 일정 숫자의 연속된 프라미스를 쉽게 처리할 수 있습니다. 하지만 임의의 숫자의 프라미스를 순서대로 실행하기는 쉽지 않습니다. 가져올 URL 배열이 있는데 네트워크 부하를 피하기 위해 한 번에 하나씩만 가져오고 싶다고 합시다. 배열 길이가 정해져 있지 않고 콘텐츠도 알 수 없다면 프라미스 체인을 미리 만들 수 없으므로 다음과 같이 동적으로 만들어야 합니다.

```
function fetchSequentially(urls) {
    // URL 바디를 가져와서 여기 저장합니다.
    const bodies = [];

    // 이 함수가 반환하는 프라미스는 바디 하나를 가져옵니다.
    function fetchOne(url) {
        return fetch(url)
            .then(response => response.text())
            .then(body => {
                // 바디를 배열에 저장하고 의도적으로 반환 값을 생략합니다.
                // (undefined를 반환합니다.)
                bodies.push(body);
            });
    }

    // 즉시 undefined로 이행되는 프라미스로 시작합니다.
    let p = Promise.resolve(undefined);

    // 원하는 URL을 순회하면서 길이가 정해지지 않은 프라미스 체인을 만들고
    // 체인 각 단계에서 URL을 하나씩 가져옵니다.
    for(url of urls) {
        p = p.then(() => fetchOne(url));
    }

    // 체인의 마지막 프라미스가 이행되면 bodies 배열도 준비됩니다.
    // bodies 배열을 처리할 프라미스를 반환합니다.
    // 에러가 호출자에게 전달되길 원하므로 에러 핸들러는 만들지 않았습니다.
    return p.then(() => bodies);
}
```

`fetchSequentially()` 함수를 만들면 앞에서 `Promise.all()`을 사용한 병렬 코드와 마찬가지로 URL을 한 번에 하나씩 가져올 수 있습니다.

```
fetchSequentially(urls)
    .then(bodies => { /* 문자열 배열을 사용할 코드 */ })
    .catch(e => console.error(e));
```

fetchSequentially() 함수는 반환과 동시에 이행되는 프라미스를 생성합니다. 그리고 초기 프라미스를 바탕으로 선형의 긴 프라미스 체인을 만들어서 체인의 마지막 프라미스를 반환합니다. 도미노를 만들어 맨 앞에 있는 것을 쓰러뜨리는 것과 비슷합니다.

다른 방법도 있습니다. 프라미스를 미리 생성하지 않고 각 프라미스의 콜백이 다음 프라미스를 생성해 반환하게 할 수 있습니다. 즉 프라미스를 많이 만들어 체인으로 연결하는 대신 다른 프라미스로 해석되는 프라미스를 만드는 방법입니다. 도미노 비슷한 프라미스 체인을 만들지 않고 마트료시카 인형처럼 다른 프라미스 안에 중첩되는 프라미스를 시퀀스로 만드는 것이라고 봐도 됩니다. 이렇게 하면 코드에서는 첫 번째(가장 바깥쪽) 프라미스를 만들어 반환하고, 그 프라미스는 결국 마지막(가장 안쪽) 프라미스와 같은 값으로 이행 또는 거부될 것입니다. 다음의 promiseSequence() 함수는 범용으로 만들어졌기 때문에 URL을 가져오는 작업 이외에도 활용할 수 있습니다. 프라미스는 매우 복잡하므로 설명은 여기서 끝냅니다. 하지만 이 장을 주의 깊게 읽고 이해하기를 바랍니다. 특히 promiseSequence() 안에 있는 중첩된 함수는 자신을 재귀적으로 호출하는 것처럼 보이지만, 호출은 then() 메서드를 통해 일어나므로 전통적인 '재귀'는 벌어지지 않습니다.

```
// 이 함수는 입력 값 배열과 함께 'promiseMaker' 함수를 받습니다.
// 배열에 포함된 값 x에 대해 promiseMaker(x)는
// 다른 값으로 이행되는 프라미스를 반환해야 합니다.
// 이 함수는 계산된 출력 값 배열로 이행되는 프라미스를 반환합니다.
//
// 하지만 promiseSequence()는 프라미스를 한꺼번에 생성해서 병렬로 실행하지 않고
// 한 번에 프라미스 하나만 실행하며 이전 프라미스가 이행되기 전에는
// promiseMaker()를 호출하지 않습니다.
function promiseSequence(inputs, promiseMaker) {
    // 배열의 수정 가능한 비공개 사본을 만듭니다.
    inputs = [...inputs];

    // 프라미스 콜백으로 사용할 함수로, 반쯤은 재귀적입니다.
    function handleNextInput(outputs) {
        if (inputs.length === 0) {
            // 입력이 더 없으면 출력 배열을 반환하면서
            // 이 프라미스와 함께, 해석됐지만 미이행된 이전 프라미스를 모두 이행합니다.
            return outputs;
        } else {
            // 처리할 입력이 남았으면 프라미스 객체를 반환합니다.
            // 이 객체는 현재 프라미스를 새 프라미스의 미래 값으로 해석합니다.
            let nextInput = inputs.shift(); // 다음 입력 값을 가져옵니다.
```

```
            return promiseMaker(nextInput)   // 다음 출력 값을 계산합니다.
                // 새 출력 값으로 새 출력 배열을 생성합니다.
                .then(output => outputs.concat(output))
                // 새 출력 배열을 전달하면서 '재귀'합니다.
                .then(handleNextInput);
        }
    }

    // 빈 배열로 이행되는 프라미스로 시작하고 위 함수를 콜백으로 사용합니다.
    return Promise.resolve([]).then(handleNextInput);
}
```

promiseSequence() 함수는 의도적으로 범용으로 만들었습니다. URL을 가져오는 코드에는 이렇게 사용합니다.

```
// URL을 받고 해당 URL 바디로 이행되는 프라미스를 반환합니다.
function fetchBody(url) { return fetch(url).then(r => r.text()); }
// URL 바디 묶음을 순서대로 가져옵니다.
promiseSequence(urls, fetchBody)
    .then(bodies => { /* 문자열 배열을 사용할 코드 */ })
    .catch(console.error);
```

13.3 async와 await

ES2017은 새 키워드 async와 await를 도입했습니다. 이 키워드는 비동기 자바스크립트 프로그래밍의 패러다임 전환이라 할 만합니다. async와 await는 프라미스 사용을 극적으로 단순화하며 프라미스 기반의 비동기 코드를 동기적 코드처럼 작성할 수 있게 합니다. 프라미스를 이해하는 것은 여전히 중요하지만 async와 await를 사용하면 프라미스의 복잡함을 (때로는 그 존재까지도) 상당 부분 잊을 수 있습니다.

비동기 코드는 일반적인 동기적 코드와 같은 방법으로 값을 반환하거나 예외를 일으킬 수 없습니다. 프라미스를 설계한 이유는 그런 차이 때문입니다. 이행된 프라미스의 값은 동기적 함수의 반환 값과 같습니다. 거부된 프라미스의 값은 동기적 함수에서 일으킨 에러와 같습니다. 후자는 .catch() 메서드의 이름에서도 그 유사성이 잘 드러납니다. async와 await는 효율적인 프라미스 기반 코드에서 프라미스를 숨겨, (비효율적이지만) 읽기 쉽고 이해하기 쉬운 동기적 코드와 비슷하게 만듭니다.

13.3.1 await 표현식

await 키워드는 프라미스를 받아 반환 값이나 예외로 바꿉니다. 프라미스 객체 p가 있을 때 표현식 await p는 p가 완료될 때까지 대기합니다. p가 이행되면 await p의 값은 p가 이행된 값입니다. p가 거부되면 await p 표현식은 p와 같은 값을 예외로 일으킵니다. await는 보통 프라미스를 할당한 변수와 함께 사용하기보다는 다음과 같이 프라미스를 반환하는 함수와 함께 사용합니다.

```
let response = await fetch("/api/user/profile");
let profile = await response.json();
```

await 키워드는 프로그램 흐름을 차단하지 않으며 지정된 프라미스가 완료되기 전에는 말 그대로 '아무 일도 하지 않는다'는 점을 이해하는 것이 중요합니다. 코드는 여전히 비동기적입니다. await는 그 사실이 드러나지 않게 할 뿐입니다. 따라서 await를 사용하는 코드는 항상 비동기적입니다.

13.3.2 async 함수

await를 사용하는 코드는 항상 비동기적이므로 중요한 규칙이 있습니다. await 키워드는 'async 키워드로 선언된 함수 안에서만' 사용할 수 있습니다. 다음은 앞에서 만들었던 getHighScore() 함수를 async와 await로 고쳐 쓴 버전입니다.

```
async function getHighScore() {
    let response = await fetch("/api/user/profile");
    let profile = await response.json();
    return profile.highScore;
}
```

함수를 async로 선언하면 설령 함수 바디에 프라미스 관련 코드가 전혀 없더라도 반환 값은 프라미스입니다. async 함수가 정상적으로 완료되면 함수의 실제 반환 값인 프라미스 객체는 함수 바디가 반환하는 (것처럼 보이는) 값으로 해석됩니다. async가 예외를 일으키면 반환된 프라미스 객체 역시 그 예외와 함께 거부됩니다.

　getHighScore() 함수는 async로 선언됐으므로 프라미스를 반환합니다. 프라미스를 반환하는 함수이므로 그 안에 await 키워드를 사용할 수 있습니다.

```
displayHighScore(await getHighScore());
```

다시 말하지만 이 코드는 다른 async 함수 안에서만 동작합니다. async 함수 안에서 await 표현식을 필요한 만큼 중첩할 수 있습니다. 하지만 함수의 최상위 레벨에 있거나 async가 아닌 함수 안에 있다면 await는 사용할 수 없고 반환된 프라미스를 일반적인 방법으로 처리해야 합니다.[3]

```
getHighScore().then(displayHighScore).catch(console.error);
```

async 키워드는 어떤 함수에든 쓸 수 있습니다. function 키워드를 문으로 썼든 표현식으로 썼든 상관없습니다. 화살표 함수, 클래스와 객체 리터럴의 단축 메서드에서도 동작합니다(함수 작성 방법은 8장 참고).

13.3.3 여러 개의 프라미스 대기

getJSON() 함수를 async로 고쳐 썼다고 합시다.

```
async function getJSON(url) {
    let response = await fetch(url);
    let body = await response.json();
    return body;
}
```

그리고 이 함수로 JSON 값 두 개를 가져오고 싶습니다.

```
let value1 = await getJSON(url1);
let value2 = await getJSON(url2);
```

이 코드의 문제는 불필요하게 연속적이라는 겁니다. 두 번째 URL을 가져오는 작업은 첫 번째 URL을 가져오는 작업이 완료되기 전에는 시작할 수 없습니다. 두 번째 URL이 첫 번째 URL의 값과 관계가 없다면 두 값을 동시에 가져올 수 있어야 합니다. async 함수는 프라미스에 기반하므로 어려운 일은 아닙니다. 프라미스를 직접 사용할 때와 마찬가지로 Promise.all()을 사용하면 됩니다.

```
let [value1, value2] = await Promise.all([getJSON(url1), getJSON(url2)]);
```

---

3 일반적으로 브라우저 개발자 콘솔에서는 최상위 레벨에서도 await를 사용할 수 있습니다. 자바스크립트의 미래 버전에서는 await를 최상위에서도 쓸 수 있게 허용하자는 제안이 승인 대기 중입니다.

13.3.4 세부 사항

마지막으로, 내부에서 일어나는 일을 이해하면 async 함수가 어떻게 동작하는지 이해하는 데 도움이 될 것입니다.

다음과 같은 async 함수가 있다고 합시다.

```
async function f(x) { /* 바디 */ }
```

이 함수를 원래 함수를 감싸는, 프라미스를 반환하는 함수라고 생각해 보십시오.

```
function f(x) {
    return new Promise(function(resolve, reject) {
        try {
            resolve((function(x) { /* 바디 */ })(x));
        }
        catch(e) {
            reject(e);
        }
    });
}
```

사실 이런 식으로 문법을 변형해 보는 것만으로는 await 키워드를 설명하기 쉽지 않습니다. 하지만 await 키워드를 함수 바디를 동기적 덩어리로 구분하는 일종의 표식이라고 생각해 보십시오. ES2017 인터프리터는 함수 바디를 일련의 하위 함수 여러 개로 분해할 수 있으며 각 하위 함수는 자신의 앞에 있는, await로 표시된 프라미스의 then() 메서드에 전달됩니다.

13.4 비동기 순회

이 장 초반에서 콜백과 이벤트 기반 비동기성에 대해 설명했고, 프라미스를 소개하면서 프라미스는 setInterval()이나 웹 브라우저의 '클릭' 이벤트처럼 여러 번 일어날 수 있는 비동기 작업에는 적합하지 않다고 했습니다. 프라미스 하나로는 비동기 이벤트 시퀀스에 대응할 수 없으므로, async 함수와 await 문으로도 비동기 이벤트 시퀀스에 대응할 수 없습니다.

하지만 ES2018에서 해결책이 나왔습니다. 비동기 이터레이터는 12장에서 설명한 이터레이터와 비슷하지만 프라미스 기반으로 만들어졌고 for/of 루프의 새 형태인 for/await와 함께 사용하도록 설계됐습니다.

13.4.1 for/await 루프

노드 12는 리더블(readable) 스트림을 비동기적으로 이터러블로 만듭니다. 따라서 다음과 같이 for/await 루프로 스트림의 연속적인 데이터 덩어리를 읽을 수 있습니다.

```
const fs = require("fs");

async function parseFile(filename) {
    let stream = fs.createReadStream(filename, { encoding: "utf-8"});
    for await (let chunk of stream) {
        parseChunk(chunk); // parseChunk()는 다른 곳에서 만들었다고 가정합니다.
    }
}
```

await 표현식과 마찬가지로 for/await 루프 역시 프라미스 기반입니다. 대략적으로 말하면 비동기 이터레이터는 프라미스를 생성하고, for/await 루프는 프라미스가 이행되길 기다렸다가 이행된 값을 루프 변수에 할당하고 루프 바디를 실행합니다. 그리고 이터레이터에서 다른 프라미스를 받아 새 프라미스가 이행되길 기다렸다가 다시 시작합니다.

URL 배열이 있다고 합시다.

```
const urls = [url1, url2, url3];
```

각 URL에 fetch()를 호출해 프라미스 배열을 만들 수 있습니다.

```
const promises = urls.map(url => fetch(url));
```

Promise.all()을 사용하면 배열에 포함된 프라미스가 모두 이행될 때까지 기다릴 수 있다고 했습니다. 하지만 첫 번째 URL을 가져오는 즉시 결과가 필요해서 다른 URL을 기다릴 수 없다고 합시다. (물론 첫 번째 작업이 다른 작업보다 오래 걸릴 수 있으므로 Promise.all()을 사용하는 것보다 빠르다는 보장은 없습니다.) 배열은 이터러블이므로 프라미스 배열도 일반적인 for/of 루프로 순회할 수 있습니다.

```
for(const promise of promises) {
    response = await promise;
    handle(response);
}
```

이 예제는 일반적인 for/of 루프와 일반적인 이터레이터를 사용했습니다. 하지만 이 이터레이터는 프라미스를 반환하므로 for/await를 사용하면 코드가 좀 더 단순해집니다.

```
for await (const response of promises) {
    handle(response);
}
```

여기서 for/await 루프는 그저 루프에 await 호출을 결합하고 코드를 좀 더 간결하게 만들었을 뿐 두 예제는 똑같이 동작합니다. 중요한 것은 두 예제 모두 async로 선언된 함수 안에서만 동작한다는 겁니다. 그런 면에서는 for/await 루프도 await 표현식과 다를 것이 없습니다.

이 예제에서는 for/await를 일반적인 이터레이터와 함께 사용했지만 완전한 비동기 이터레이터를 사용하면 더 흥미롭습니다.

13.4.2 비동기 이터레이터

12장에서 설명했던 용어 몇 가지를 복습해 봅시다. **이터러블 객체**는 for/of 루프에서 사용할 수 있는 객체입니다. 이터러블 객체에는 심벌 이름 Symbol.iterator를 가진 메서드가 있습니다. 이 메서드는 **이터레이터 객체**를 반환합니다. 이터레이터 객체에는 next() 메서드가 있는데, 이를 반복적으로 호출해 이터러블 객체에서 값을 가져올 수 있습니다. 이터레이터 객체의 next() 메서드는 **순회 결과 객체**를 반환합니다. 순회 결과 객체에는 value 프로퍼티와 done 프로퍼티 둘 중 하나는 반드시 존재합니다.

비동기 이터레이터는 일반적인 이터레이터와 거의 비슷하지만 중요한 차이가 두 개 있습니다. 우선 비동기 이터러블 객체에는 심벌 이름 Symbol.asyncIterator를 가진 메서드가 있습니다. 앞에서 잠시 봤듯 for/await는 일반적인 이터러블 객체와도 호환되지만 비동기 이터러블 객체를 선호하며 Symbol.iterator 메서드보다 Symbol.asyncIterator 메서드를 먼저 시도합니다. 두 번째로, 비동기 이터레이터의 next() 메서드는 직접적으로 순회 결과 객체를 반환하는 것이 아니라 순회 결과 객체로 해석되는 프라미스를 반환합니다.

앞 절에서 for/await를 동기적 이터러블 배열에 사용했을 때 value 프로퍼티는 프라미스 객체지만 done 프로퍼티는 동기적인 순회 결과 객체가 사용됐습니다. 진정한 비동기 이터레이터는 순회 결과 객체로 프라미스를 반환하며 value와 done 프로퍼티가 모두 비동기입니다. 차이는 미묘합니다. 비동기 이터레이터에서는 순회가 언제 끝나는지 역시 비동기적으로 판단할 수 있습니다.

13.4.3 비동기 제너레이터

12장에서 확인했듯 제너레이터는 이터레이터를 만드는 가장 쉬운 방법입니다. 비동기 이터레이터도 마찬가지이며 이때는 async로 제너레이터 함수를 선언합니다. 비동기 제너레이터는 비동기 함수의 특징과 제너레이터의 특징을 모두 가집니다. 일반적인 비동기 함수와 마찬가지로 그 안에서 await를 사용할 수 있고, 일반적인 제너레이터와 마찬가지로 yield를 사용할 수 있습니다. yield로 전달하는 값은 자동으로 프라미스가 됩니다. 문법 또한 마찬가지로 async function과 function*을 조합해 async function*을 사용합니다. 다음은 비동기 제너레이터와 for/await 루프를 사용해 setInterval() 콜백 함수 대신 루프 문법으로 코드를 일정 주기로 실행하는 예제입니다.

```javascript
// await를 사용할 수 있도록 setTimeout()을 감싸는 프라미스 기반 래퍼 함수입니다.
// 밀리초 단위로 지정된 시간이 지나면 이행되는 프라미스를 반환합니다.
function elapsedTime(ms) {
    return new Promise(resolve => setTimeout(resolve, ms));
}

// 지정된 횟수만큼(무한히 반복할 수도 있습니다) 지정된 시간마다
// 카운터를 증가시켜 전달하는 비동기 제너레이터 함수
async function* clock(interval, max=Infinity) {
    for(let count = 1; count <= max; count++) { // 일반적인 for 루프
        await elapsedTime(interval);            // 지정된 시간만큼 대기하고
        yield count;                            // 카운터를 전달합니다.
    }
}

// 비동기 제너레이터와 for/await를 사용하는 테스트 함수
// for/await를 쓸 수 있어야 하므로 비동기로 만들었습니다.
async function test() {
    for await (let tick of clock(300, 100)) {   // 300밀리초마다 100번 반복합니다
        console.log(tick);
    }
}
```

13.4.4 비동기 이터레이터 구현

비동기 제너레이터를 사용하지 않아도 비동기 이터레이터를 직접 만들 수 있습니다. 객체의 Symbol.asyncIterator() 메서드가 반환하는 객체의 next() 메서드가 순회 결과 객체로 해석되는 프라미스를 반환하도록 만들면 됩니다. 다음 코드에서는 이전 예제의 clock() 함수를 제너레이터를 사용하지 않고 비동기 이터러블 객체만 반환하도록 고쳐 썼습니다. 이 예제의 next() 메서드는 명시적으로 프라미스를 반환하지 않습니다. 그저 next()를 비동기로 선언하기만 했습니다.

```
function clock(interval, max=Infinity) {
    // await와 함께 사용할 수 있는 setTimeout의 프라미스 버전
    // 인터벌 대신 고정된 시간을 사용합니다.
    function until(time) {
        return new Promise(resolve => setTimeout(resolve, time - Date.now()));
    }

    // 비동기 이터러블 객체를 반환합니다.
    return {
        startTime: Date.now(),  // 언제 시작했는지 기억합니다.
        count: 1,               // 현재 단계를 기억합니다.
        async next() {          // next() 메서드가 있으므로 이터레이터로 기능합니다.
            if (this.count > max) {    // 끝났다면
                return { done: true };  // 순회 결과로 끝났음을 알립니다.
            }
            // 다음 단계를 언제 시작할지 파악합니다.
            let targetTime = this.startTime + this.count * interval;
            // 그 시간까지 기다립니다.
            await until(targetTime);
            // 순회 결과 객체에 있는 값을 반환합니다.
            return { value: this.count++ };
        },
        // 이 메서드가 있으니 이 이터레이터 객체 역시 이터러블입니다.
        [Symbol.asyncIterator]() { return this; }
    };
}
```

clock() 함수의 이터레이터 버전은 제너레이터 버전에 있었던 한 가지 결함을 수정했습니다. 새로 만든 코드에서는 각 단계를 시작해야 할 정확한 시간을 기억하고 그 시간에서 현재 시간을 빼서 setTimeout()에 전달할 인터벌을 계산합니다. clock()을 for/await 루프에서 사용한다면 루프 바디를 실제로 실행할 때 걸리는 시간까지 고려하므로 더 정확히 실행됩니다. 하지만 정확도를 높이려는 목적으로 이렇게 수정한 건 아닙니다. for/await 루프는 항상 현 단계에서 반환한 프라미스

가 이행될 때까지 기다렸다가 다음 단계를 시작합니다. 하지만 for/await 루프 없이 비동기 이터레이터를 사용하면 언제든 next() 메서드를 호출할 수 있게 됩니다. clock()의 제너레이터 버전에서 만약 next() 메서드를 연속으로 세 번 호출했다면 거의 동시에 세 개의 프라미스가 이행될 텐데 아마 이건 의도와는 다른 결과일 것입니다. 방금 만든 이터레이터 버전에는 그런 문제가 없습니다.

비동기 이터레이터의 장점은 비동기 이벤트나 데이터 스트림을 나타낼 수 있다는 점입니다. 앞서 설명한 clock() 함수는 비동기성을 부여하는 핵심 요인이 우리가 직접 만든 setTimeout() 호출이었으므로 아주 단순했습니다. 하지만 다른 비동기 요인, 예를 들어 이벤트 핸들러 같은 것을 다뤄야 한다면 비동기 이터레이터는 훨씬 만들기 어려워집니다. 일반적으로 하나의 이벤트 핸들러 함수가 이벤트에 대응하는데, 이터레이터의 next() 메서드는 호출될 때마다 반드시 별개의 프라미스 객체를 반환해야 하며 첫 번째 프라미스가 해석되기 전에 next()가 여러 번 호출될 수 있기 때문입니다. 따라서 비동기 이터레이터 메서드는 비동기 이벤트가 일어나는 순서대로 프라미스를 해석할 수 있도록 내부에 큐를 유지할 수 있어야 합니다. 이런 프라미스 큐 기능을 AsyncQueue 클래스에 캡슐화할 수 있다면 이 클래스를 활용해 비동기 이터레이터를 훨씬 쉽게 만들 수 있습니다.[4]

AsyncQueue 클래스에는 큐 클래스에 있을 법한 enqueue()와 dequeue() 메서드가 있습니다. dequeue() 메서드는 실제 값이 아니라 프라미스를 반환하므로 enqueue()를 호출하기 전에 dequeue()를 호출해도 문제는 없습니다. 또한 AsyncQueue 클래스는 비동기 이터레이터이며 새 값이 비동기적으로 큐에 추가될 때마다 바디를 실행하는 for/await 루프와 함께 사용할 의도로 만들어졌습니다. AsyncQueue에는 close() 메서드가 있습니다. close()를 호출하면 큐에 값을 더는 추가할 수 없습니다. 닫힌 큐가 비었다면 for/await 루프는 순회를 종료합니다.

AsyncQueue는 async나 await를 사용하지 않고 직접 프라미스를 사용합니다. 코드가 좀 복잡하지만 이 장에서 설명한 내용을 얼마나 이해했는지 테스트해 볼 수 있습니다. AsyncQueue를 완전히 이해하지 못했더라도 그 뒤에 나오는 짧은 예제를 살펴보십시오. AsyncQueue를 기반으로 만든 단순하지만 아주 흥미로운 비동기 이터레이터를 다룬 예제입니다.

---

4 필자는 이런 비동기 순회 방법을 악셀 라우슈마이어(Axel Rauschmayer)의 블로그(*https://2ality.com*)에서 배웠습니다.

```
/**
 * 비동기 이터러블 큐 클래스. enqueue()로 값을 추가하고 dequeue()로 제거합니다.
 * dequeue()는 프라미스를 반환하므로 값을 큐에 추가하기도 전에 제거할 수 있습니다.
 * 이 클래스에는 [Symbol.asyncIterator]와 next()가 있으므로
 * for/await 루프와 함께 사용할 수 있습니다.
 * (이 루프는 close()를 호출하기 전에는 끝나지 않습니다.)
 */
class AsyncQueue {
    constructor() {
        // 큐에 추가된 값을 여기 저장합니다.
        this.values = [];
        // 대응하는 값이 큐에 추가되기 전에 프라미스를 큐에서 제거하면
        // resolve 메서드가 여기 저장됩니다.
        this.resolvers = [];
        // 클래스를 닫으면 값을 더 이상 큐에 추가할 수 없고 이행되지 않은 프라미스는
        // 반환되지 않습니다.
        this.closed = false;
    }

    enqueue(value) {
        if (this.closed) {
            throw new Error("AsyncQueue closed");
        }
        if (this.resolvers.length > 0) {
            // 이 값이 이미 프라미스가 됐다면 그 프라미스를 해석합니다.
            const resolve = this.resolvers.shift();
            resolve(value);
        }
        else {
            // 프라미스가 되지 않았다면 큐에 추가합니다.
            this.values.push(value);
        }
    }

    dequeue() {
        if (this.values.length > 0) {
            // 큐에 값이 있으면 해석된 프라미스를 반환합니다.
            const value = this.values.shift();
            return Promise.resolve(value);
        }
        else if (this.closed) {
            // 큐에 값이 없고 인스턴스가 닫혔으면 '스트림의 끝(EOS)' 마커로 해석된
            // 프라미스를 반환합니다.
            return Promise.resolve(AsyncQueue.EOS);
        }
        else {
            // 그렇지 않다면 나중에 사용할 수 있도록 해석 함수를 큐에 추가하는
            // 해석되지 않은 프라미스를 반환합니다.
            return new Promise((resolve) => { this.resolvers.push(resolve); });
```

```
        }
    }

    close() {
        // 큐가 닫히면 값을 더 이상 큐에 추가할 수 없습니다.
        // 따라서 대기 중인 프라미스를 모두 스트림의 끝 마커로 해석합니다.
        while(this.resolvers.length > 0) {
            this.resolvers.shift()(AsyncQueue.EOS);
        }
        this.closed = true;
    }

    // 이 클래스를 비동기 이터러블로 만드는 메서드를 정의합니다.
    [Symbol.asyncIterator]() { return this; }

    // 이 클래스를 비동기 이터러블로 만드는 메서드를 정의합니다.
    // dequeue() 프라미스는 값으로 해석되거나, 큐가 닫혔다면 EOS 감시자(sentinel)로
    // 해석됩니다. 여기서는 순회 결과 객체로 해석되는 프라미스를 반환해야 합니다.
    next() {
        return this.dequeue().then(value => (value === AsyncQueue.EOS)
                                   ? { value: undefined, done: true }
                                   : { value: value, done: false });
    }
}

// 큐를 닫았을 때 '스트림의 끝'을 표시할 수 있도록 dequeue()에서 반환하는 감시자 값
AsyncQueue.EOS = Symbol("end-of-stream");
```

AsyncQueue 클래스에서 비동기 순회의 기초를 만들어 주므로 값을 비동기적으
로 큐에 추가하기만 해도 비동기 이터레이터를 만들 수 있습니다. 다음은 Async-
Queue를 사용해 웹 브라우저 이벤트를 for/await 루프에서 처리할 수 있는 스트림
을 만드는 예제입니다.

```
// 지정된 문서의 지정된 타입의 이벤트를 AsyncQueue 객체에 추가하고
// 이벤트 스트림으로 사용할 큐를 반환합니다.
function eventStream(elt, type) {
    const q = new AsyncQueue();                 // 큐를 생성합니다.
    elt.addEventListener(type, e=>q.enqueue(e)); // 이벤트를 큐에 추가합니다.
    return q;
}

async function handleKeys() {
    // keypress 이벤트 스트림을 만들어 순회합니다.
    for await (const event of eventStream(document, "keypress")) {
        console.log(event.key);
    }
}
```

13.5 요약

이 장에서는 다음과 같은 내용을 배웠습니다.

- 자바스크립트 프로그래밍은 대부분 비동기입니다.
- 예전에는 이벤트와 콜백 함수로 비동기성을 처리했습니다. 하지만 이 방법은 콜백이 다른 콜백 안으로 끝없이 중첩되는 일을 막을 수 없고 빈틈없는 에러 처리도 어렵다는 단점이 있습니다.
- 프라미스는 콜백 함수를 구조화하는 새로운 방법을 제시합니다. 쉽진 않지만, 프라미스를 정확히 사용한다면 중첩을 거듭했을 비동기 코드를 then()의 선형 체인으로 변환해 비동기 단계들을 이어지게 만들 수 있습니다. 또한 프라미스는 then() 호출 마지막에 catch()를 붙여 에러 처리 코드를 하나로 모을 수 있습니다.
- async와 await 키워드를 사용하면 비동기 코드를 동기적 코드처럼 작성할 수 있습니다. 이렇게 하면 코드를 이해하기가 쉬워집니다. async로 선언된 함수는 묵시적으로 프라미스를 반환합니다. async 함수 내부에서는 await로 프라미스 값이 동기적으로 계산된 것처럼 프라미스를 (또는 프라미스를 반환하는 함수를) 기다릴 수 있습니다.
- 비동기 이터러블 객체는 for/await 루프와 함께 사용할 수 있습니다. 비동기 이터러블 객체는 [Symbol.asyncIterator]() 메서드를 만들거나 async function* 제너레이터 함수를 호출해 만들 수 있습니다. 비동기 이터레이터는 노드 스트림의 '데이터' 이벤트의 대안이며 클라이언트 사이드 자바스크립트에서는 사용자 입력 이벤트를 스트림으로 표현하는 데 사용할 수 있습니다.

14장

메타프로그래밍

이 장에서는 평소 프로그래밍할 때 자주 사용하지는 않지만, 라이브러리를 작성하는 사람이나 자바스크립트 객체가 어떻게 동작하는지 자세히 알고 싶은 사람에게는 가치 있는 고급 자바스크립트 기능을 설명합니다.

여기서 설명하는 기능 상당수는 '메타프로그래밍'이라 부를 수 있습니다. 일반적인 프로그래밍이 데이터를 조작하는 코드를 작성한다면 메타프로그래밍은 다른 코드를 조작하는 코드를 작성합니다. 자바스크립트 같은 동적 언어에서는 프로그래밍과 메타프로그래밍이 뚜렷이 구분되지 않습니다. 그러나 더 정적인 언어에 익숙한 프로그래머에게는 for/in 루프로 객체 프로퍼티를 순회하는 단순한 작업도 메타프로그래밍으로 느껴질 수 있습니다.

이 장에서 설명하는 메타프로그래밍 주제는 다음과 같습니다.

- 객체 프로퍼티의 열거 가능성(enumerability), 쓰기 가능성(writability), 변경 가능성(configurability)(14.1절)
- 객체의 확장성 제어와 객체 밀봉(seal), 동결(freeze)(14.2절)
- 객체 프로토타입 검색과 설정(14.3절)
- 잘 알려진 심벌로 타입 튜닝(14.4절)
- 템플릿 태그 함수로 DSL(도메인 특정 언어) 만들기(14.5절)
- reflect 메서드로 객체 탐지(14.6절)
- 프록시를 사용한 객체 동작 제어(14.7절)

14.1 프로퍼티 속성

자바스크립트 객체의 프로퍼티에는 물론 이름과 값이 있지만, 각 프로퍼티에는 그 프로퍼티가 어떻게 동작하는지 나타내는 세 가지 속성이 있습니다.

- **쓰기 가능**(writable) 속성은 프로퍼티 값을 바꿀 수 있는지 나타냅니다.
- **열거 가능**(enumerable) 속성은 for/in 루프나 Object.keys() 메서드에서 해당 프로퍼티를 열거할 수 있는지 나타냅니다.
- **변경 가능**(configurable) 속성은 프로퍼티를 삭제할 수 있는지, 프로퍼티 속성을 바꿀 수 있는지 나타냅니다.

객체 리터럴이나 일반적인 할당으로 정의된 프로퍼티는 쓰기 가능, 열거 가능, 변경 가능입니다. 그러나 자바스크립트 표준 라이브러리에서 정의한 프로퍼티는 그렇지 않은 것이 많습니다.

이 절은 프로퍼티 속성을 검색하고 설정하는 API를 설명합니다. 이 API는 다음과 같은 이유로 라이브러리 제작자에게 특히 중요합니다.

- 프로토타입 객체에 메서드를 추가하고 내장 메서드처럼 열거 불가로 만들 수 있습니다.
- 변경하거나 삭제할 수 없는 프로퍼티를 만들어 객체를 '잠글' 수 있습니다.

6.10.6절에서 '데이터 프로퍼티'에는 값이 있지만 '접근자 프로퍼티'에는 게터와 세터 메서드가 있다고 설명했습니다. 이 절에서는 게터와 세터 메서드를 접근자 프로퍼티의 프로퍼티 속성으로 간주합니다. 이 논리를 따르면 데이터 프로퍼티의 값 역시 속성이라고 할 수 있습니다. 따라서 프로퍼티에는 이름과 네 가지 속성이 있다고 볼 수 있습니다. 데이터 프로퍼티의 네 가지 속성은 value, writable, enumerable, configurable입니다. 접근자 프로퍼티에는 value 속성이나 writable 속성이 없습니다. 쓰기 가능 여부는 세터가 존재하는지에 따라 판단합니다. 따라서 접근자 프로퍼티의 네 가지 속성은 get, set, enumerable, configurable입니다.

프로퍼티 속성을 검색하고 설정하는 메서드는 네 가지 속성의 세트를 나타내는 **프로퍼티 서술자**(property descriptor) 객체를 사용합니다. 프로퍼티 서술자 객체에는 자신이 나타내는 프로퍼티 속성과 이름이 같은 프로퍼티가 있습니다. 즉, 데이터 프로퍼티의 프로퍼티 서술자 객체에는 value, writable, enumerable, config

urable 프로퍼티가 있는 반면, 접근자 프로퍼티의 서술자에는 value와 writable 대
신 get과 set 프로퍼티가 있습니다. writable, enumerable, configurable 프로퍼티
는 불 값이며 get과 set 프로퍼티는 함수 값입니다.

지정된 객체의 프로퍼티 서술자는 Object.getOwnPropertyDescriptor()를 호출
해 가져옵니다.

```
// 반환 값: {value:1, writable:true, enumerable:true, configurable:true}
Object.getOwnPropertyDescriptor({x: 1}, "x");

// 읽기 전용 접근자 프로퍼티가 있는 객체입니다.
const random = {
    get octet() { return Math.floor(Math.random()*256); },
};

// 반환 값: {get:/* 함수 */, set:undefined, enumerable:true, configurable:true}
Object.getOwnPropertyDescriptor(random, "octet");

// 상속된 프로퍼티, 존재하지 않는 프로퍼티는 undefined를 반환합니다.
Object.getOwnPropertyDescriptor({}, "x")          // => undefined; 존재하지 않습니다.
Object.getOwnPropertyDescriptor({}, "toString")  // => undefined; 상속됐습니다.
```

이름에서 짐작할 수 있듯 Object.getOwnPropertyDescriptor()는 자체 프로퍼티
에만 동작합니다. 상속된 프로퍼티 속성을 검색하려면 반드시 명시적으로 프로
토타입 체인을 검색해야 합니다. (14.3절의 Object.getPrototypeOf()와 14.6절의
Reflect.getOwnPropertyDescriptor() 함수를 참고하십시오.)

프로퍼티 속성을 설정하거나 지정된 속성으로 새로운 프로퍼티를 생성하려면
Object.defineProperty()를 호출하면서 수정할 객체, 생성하거나 변경할 프로퍼티
이름, 프로퍼티 서술자 객체를 전달하십시오.

```
let o = {};  // 프로퍼티가 전혀 없는 상태에서 시작합니다.
// 값이 1인 열거 불가 데이터 프로퍼티 x를 추가합니다.
Object.defineProperty(o, "x", {
    value: 1,
    writable: true,
    enumerable: false,
    configurable: true
});

// 프로퍼티가 존재하고 열거 불가인지 체크합니다.
o.x            // => 1
Object.keys(o) // => []
```

```
// 프로퍼티 x를 읽기 전용으로 수정합니다.
Object.defineProperty(o, "x", { writable: false });

// 프로퍼티 값 변경을 시도합니다.
o.x = 2;        // 조용히 실패하거나 스트릭트 모드에서는 TypeError를 일으킵니다.
o.x             // => 1

// 프로퍼티는 여전히 변경 가능이므로 다음과 같이 값을 바꿀 수 있습니다.
Object.defineProperty(o, "x", { value: 2 });
o.x             // => 2

// x를 데이터 프로퍼티에서 접근자 프로퍼티로 바꿉니다.
Object.defineProperty(o, "x", { get: function() { return 0; } });
o.x             // => 0
```

Object.defineProperty()에 전달하는 프로퍼티 서술자에 네 가지 속성이 전부 있을 필요는 없습니다. 새 프로퍼티를 생성할 때 생략된 속성은 false나 undefined로 간주합니다. 기존 프로퍼티를 수정하더라도 생략된 속성이 다시 생기지는 않습니다. 이 메서드는 기존의 자체 프로퍼티를 변경하거나 새로운 자체 프로퍼티를 생성할 뿐 상속된 프로퍼티를 변경하지는 않습니다. 14.6절에서 아주 비슷한 함수 Reflect.defineProperty()도 참고하십시오.

둘 이상의 프로퍼티를 한 번에 생성하거나 수정하려면 Object.defineProperties()를 사용하십시오. 첫 번째 인자는 수정할 객체입니다. 두 번째 인자는 생성하거나 수정할 프로퍼티 이름과 프로퍼티 서술자를 연결하는 객체입니다. 예를 들어 다음을 보십시오.

```
let p = Object.defineProperties({}, {
    x: { value: 1, writable: true, enumerable: true, configurable: true },
    y: { value: 1, writable: true, enumerable: true, configurable: true },
    r: {
        get() { return Math.sqrt(this.x*this.x + this.y*this.y); },
        enumerable: true,
        configurable: true
    }
});
p.r  // => Math.SQRT2
```

이 코드는 빈 객체로 시작해서 데이터 프로퍼티 두 개와 읽기 전용인 접근자 프로퍼티 하나를 추가합니다. 이 코드는 Object.defineProperties()가 Object.defineProperty()와 마찬가지로 수정된 객체를 반환하기 때문에 가능합니다.

6.2절에서 `Object.create()` 메서드를 소개했습니다. `Object.create()`의 첫 번째 인자는 새로 생성된 객체의 프로토타입 객체입니다. `Object.create()`는 `Object.defineProperties()`의 두 번째 인자와 같은, 선택 사항인 두 번째 인자를 받습니다. `Object.create()`에 프로퍼티 서술자 세트를 전달하면 이 서술자들을 써서 새로 생성된 객체에 프로퍼티를 추가합니다.

`Object.defineProperty()`와 `Object.defineProperties()`로 생성이나 수정이 허용되지 않는 프로퍼티를 생성하거나 수정하려 하면 TypeError가 일어납니다. 확장 불가(14.2절)인 객체에 새로운 프로퍼티를 추가하려 할 때도 TypeError가 일어납니다. 속성 때문에 TypeError가 일어날 때도 있습니다. **쓰기 가능** 속성은 **값** 속성을 변경하려는 시도를 제어합니다. **변경 가능** 속성은 다른 속성을 변경하려는 시도를 제어하며 프로퍼티를 삭제하려는 시도 역시 제어합니다. 하지만 규칙이 그렇게 단순하지만은 않습니다. 예를 들어 프로퍼티가 변경 가능이면 읽기 전용이라도 값을 바꿀 수 있습니다. 설령 프로퍼티가 변경 불가이더라도 쓰기 가능에서 읽기 전용으로 속성을 바꿀 수 있습니다. 완전한 규칙은 다음과 같습니다. 다음 규칙을 위반하는 `Object.defineProperty()`나 `Object.defineProperties()` 호출은 TypeError를 일으킵니다.

- 객체가 확장 불가이면 기존의 자체 프로퍼티를 수정할 수는 있지만 새로운 프로퍼티를 추가할 수는 없습니다.
- 프로퍼티가 변경 불가이면 변경 가능 속성이나 열거 가능 속성을 바꿀 수 없습니다.
- 접근자 프로퍼티가 변경 불가이면 게터나 세터 메서드를 바꿀 수 없고, 데이터 프로퍼티로 바꿀 수도 없습니다.
- 데이터 프로퍼티가 변경 불가이면 접근자 프로퍼티로 바꿀 수 없습니다.
- 데이터 프로퍼티가 변경 불가이면 **쓰기 가능** 속성을 false에서 true로 바꾸는 것은 불가능하지만 true에서 false로 바꾸는 것은 가능합니다.
- 데이터 프로퍼티가 변경 불가이고 읽기 전용이면 값을 바꿀 수 없습니다. 읽기 전용이더라도 변경 가능이면 프로퍼티의 값을 바꿀 수 있습니다. (쓰기 가능으로 바꾸고 값을 바꾼 다음 다시 읽기 전용으로 바꾸는 것이나 마찬가지이기 때문입니다.)

6.7절에서 하나 이상의 소스 객체의 프로퍼티 값을 대상 객체에 복사하는 Object
.assign() 함수에 대해 설명했습니다. Object.assign()은 열거 가능 프로퍼티와
값은 복사할 수 있지만 프로퍼티 속성은 복사할 수 없습니다. 보통은 이런 결과
를 원하긴 하지만, 소스 객체 중 하나에 접근자 프로퍼티가 있다면 대상 객체에 복
사되는 것은 게터 메서드가 반환하는 값이지 게터 메서드 자체가 아닙니다. 예제
14-1은 Object.getOwnPropertyDescriptor()와 Object.defineProperty()를 사용해
프로퍼티 값만 복사하는 것이 아니라 프로퍼티 서술자 전체를 복사하는 Object
.assign()의 변형을 만듭니다.

예제 14-1 한 객체에서 다른 객체로 프로퍼티와 속성 복사하기

```
/*
 * Object.assign()처럼 동작하지만 프로퍼티 값만 복사하는 것이 아니라
 * 프로퍼티 서술자 자체를 복사하는 Object.assignDescriptors()를 정의합니다.
 * 이 함수는 자체 프로퍼티를 모두 복사하며 열거 가능과 열거 불가 프로퍼티 모두 복사합니다.
 * 이 함수는 서술자를 복사하므로 대상 객체의 게터와 세터를 호출하지 않고
 * 소스 객체에서 복사한 게터 함수로 대상 객체의 세터 함수를 덮어 씁니다.
 *
 * Object.assignDescriptors()는 Object.defineProperty()가 일으키는
 * TypeError를 전달합니다. 대상 객체가 밀봉 또는 동결됐거나 소스 객체의 프로퍼티가
 * 대상 객체의 변경 불가 프로퍼티를 변경하려 할 때 TypeError가 일어납니다.
 *
 * assignDescriptors 프로퍼티가 Object에 추가되므로 새로운 함수를
 * Object.assign()처럼 열거 불가로 생성할 수 있습니다.
 */
Object.defineProperty(Object, "assignDescriptors", {
    // Object.assign()과 속성을 일치시킵니다.
    writable: true,
    enumerable: false,
    configurable: true,
    // assignDescriptors 프로퍼티의 값인 함수입니다.
    value: function(target, ...sources) {
        for(let source of sources) {
            for(let name of Object.getOwnPropertyNames(source)) {
                let desc = Object.getOwnPropertyDescriptor(source, name);
                Object.defineProperty(target, name, desc);
            }

            for(let symbol of Object.getOwnPropertySymbols(source)) {
                let desc = Object.getOwnPropertyDescriptor(source, symbol);
                Object.defineProperty(target, symbol, desc);
            }
        }
        return target;
```

```
    }
});

let o = {c: 1, get count() {return this.c++;}};    // 게터가 있는 객체를 정의합니다.
let p = Object.assign({}, o);                      // 프로퍼티 값을 복사합니다.
let q = Object.assignDescriptors({}, o);           // 프로퍼티 서술자를 복사합니다.
p.count    // => 1: count는 이제 데이터 프로퍼티이므로
p.count    // => 1: 늘어나지 않습니다.
q.count    // => 2: 처음 복사할 때 증가하며
q.count    // => 3: 게터 메서드를 복사했으므로 계속 증가합니다.
```

14.2 객체 확장성

확장 가능 속성은 객체에 새로운 프로퍼티를 추가할 수 있는지 결정합니다. 일반적인 자바스크립트 객체는 기본적으로 확장 가능이지만 이 절에서 설명하는 함수로 바꿀 수 있습니다.

객체가 확장 가능인지 확인하려면 Object.isExtensible()에 전달하십시오. 객체를 확장 불가로 만들려면 Object.preventExtensions()에 전달하십시오. 이렇게 하면 객체에 새로운 프로퍼티를 추가하려 할 때 스트릭트 모드에서는 TypeError가 일어나고 일반 모드에서는 에러 없이 조용히 실패합니다. 또한 확장 불가인 객체의 프로토타입을 변경하려는 시도는 항상 TypeError를 일으킵니다.

객체를 일단 확장 불가로 만든 후에는 다시 확장 가능으로 되돌릴 방법이 없습니다. 또한 Object.preventExtensions()는 객체 자체의 확장성만 제어합니다. 확장 불가인 객체의 프로토타입에 새로운 프로퍼티를 추가하면 새로운 프로퍼티는 그대로 상속됩니다.

비슷한 함수 Reflect.isExtensible()과 Reflect.preventExtensions()는 14.6절에서 설명합니다.

확장 가능 속성의 목적은 객체를 현재 상태로 유지하고 바깥에서 손댈 수 없도록 '잠그는' 겁니다. **확장 가능** 속성을 **변경 가능**, **쓰기 가능** 속성과 함께 사용할 때가 많으므로 자바스크립트에는 이 속성들을 한꺼번에 다루는 함수가 있습니다.

• Object.seal()은 Object.preventExtensions()와 비슷하지만 객체를 확장 불가로 만드는 동시에 자체 프로퍼티를 모두 변경 불가로 바꿉니다. 따라서 새로운 프로퍼티를 추가할 수 없고 기존 프로퍼티를 삭제할 수도 없습니다. 쓰기 가능인 기존 프로퍼티는 여전히 그대로 남습니다. 밀봉된 객체의 밀봉을 풀 수 있는 방

법은 없습니다. 객체가 밀봉됐는지는 `Object.isSealed()`로 파악할 수 있습니다.

- `Object.freeze()`는 객체를 더 단단히 잠급니다. 객체는 확장 불가, 프로퍼티는 변경 불가로 바뀌는 동시에 객체의 자체 데이터 프로퍼티는 모두 읽기 전용으로 바뀝니다. (객체에 세터 메서드가 있는 접근자 프로퍼티가 있다면 이들은 영향받지 않으며 프로퍼티에 할당할 때 여전히 호출됩니다.) 객체가 동결됐는지는 `Object.isFrozen()`으로 판단합니다.

`Object.seal()`과 `Object.freeze()`는 전달받은 객체에만 효과가 있으며 그 객체의 프로토타입은 변경하지 않습니다. 객체를 완전히 잠그려면 프로토타입 체인에 있는 객체 역시 밀봉 또는 동결해야 합니다.

`Object.preventExtensions()`, `Object.seal()`, `Object.freeze()`는 모두 전달받은 객체를 반환하므로 다음과 같이 중첩해서 호출할 수 있습니다.

```
// 프로토타입이 동결됐으며 열거 불가한 프로퍼티를 하나 가진 밀봉된 객체를 생성합니다.
let o = Object.seal(
        Object.create(
            Object.freeze({x: 1}),
            {y: {value: 2, writable: true}}
        )
    );
```

라이브러리 사용자가 작성한 콜백 함수에 객체를 전달하는 라이브러리를 제작한다면 객체에 `Object.freeze()`를 사용해서 사용자의 코드에서 라이브러리를 수정하지 못하도록 막을 수 있습니다. 이런 방식이 쉽고 편리하긴 하지만 대가가 있습니다. 예를 들어 동결된 객체는 널리 쓰이는 자바스크립트 테스트 스위트를 방해할 수 있습니다.

14.3 프로토타입 속성

객체의 `prototype` 속성은 객체가 프로퍼티를 상속하는 '부모' 객체입니다. (프로토타입과 프로퍼티 상속에 대해서는 6.2.3절과 6.3.2절에서 설명했습니다.) 프로토타입은 아주 중요한 속성입니다. 워낙 많이 지칭하므로 'o의 prototype 속성'이라는 표현보다는 단순히 'o의 프로토타입'이 더 자주 쓰입니다. 9장에서 생성자 함수의 `prototype` 프로퍼티는 그 생성자로 생성된 객체의 `prototype` 속성을 가리킨다고 설명했습니다.

prototype 속성은 객체가 생성될 때 설정됩니다. 객체 리터럴로 생성된 객체의 프로토타입은 Object.prototype입니다. new로 생성한 객체의 프로토타입은 생성자 함수의 prototype 프로퍼티 값입니다. Object.create()로 생성된 객체의 프로토타입은 Object.create()의 첫 번째 인자입니다(null일 수 있습니다).

객체의 프로토타입은 객체를 Object.getPrototypeOf()에 전달해서 파악할 수 있습니다.

```
Object.getPrototypeOf({})       // => Object.prototype
Object.getPrototypeOf([])       // => Array.prototype
Object.getPrototypeOf(()=>{})  // => Function.prototype
```

이와 아주 비슷한 함수 Reflect.getPrototypeOf()는 14.6절에서 설명합니다.

객체가 다른 객체의 프로토타입인지(또는 프로토타입 체인에 속해 있는지)는 isPrototypeOf() 메서드로 파악합니다.

```
let p = {x: 1};                      // 프로토타입 객체를 정의합니다.
let o = Object.create(p);            // 그 프로토타입으로 객체를 생성합니다.
p.isPrototypeOf(o)                   // => true: o는 p를 상속합니다.
Object.prototype.isPrototypeOf(p)   // => true: p는 Object.prototype을 상속합니다.
Object.prototype.isPrototypeOf(o)   // => true: o도 마찬가지입니다.
```

isPrototypeOf()는 4.9.4절에서 설명한 instanceof 연산자와 비슷합니다.

객체의 prototype 속성은 객체가 생성될 때 정해지며 일반적으로는 그대로 고정됩니다. 다음과 같이 Object.setPrototypeOf()로 객체의 프로토타입을 바꿀 수 있습니다.

```
let o = {x: 1};
let p = {y: 2};
Object.setPrototypeOf(o, p); // o의 프로토타입을 p로 정합니다.
o.y                          // => 2: o는 이제 프로퍼티 y를 상속합니다.
let a = [1, 2, 3];
Object.setPrototypeOf(a, p); // 배열 a의 프로토타입을 p로 바꿉니다.
a.join                       // => undefined: 이제 a에는 join() 메서드가 없습니다.
```

Object.setPrototypeOf()를 사용할 일은 거의 없습니다. 자바스크립트 실행 환경은 객체의 프로토타입이 고정됐다고 가정하고 적극적으로 최적화합니다. 따라서 Object.setPrototypeOf()를 호출하면, 변경된 객체를 사용한 코드는 훨씬 느리게 동작할 수 있습니다.

비슷한 함수인 Reflect.setPrototypeOf()는 14.6절에서 설명합니다.

초기 브라우저 일부에서는 객체의 prototype 속성에 __proto__라는 이름을 사용했습니다. 이 프로퍼티는 오래전에 폐기됐지만 웹에는 여전히 __proto__가 쓰인 코드가 많이 남아 있으므로 ECMAScript 표준에서 자바스크립트 실행 환경은 모두 __proto__를 지원하도록 정했습니다. (표준에서 요구한 것은 아니지만 노드도 __proto__를 지원합니다.) 최신 자바스크립트에서 __proto__는 읽고 쓸 수 있는 프로퍼티이고, Object.getPrototypeOf()와 Object.setPrototypeOf()를 대체할 수도 있지만, 그렇게 해서는 안 됩니다. 다음과 같이 객체 리터럴에서 프로토타입을 지정하는 용도로는 쓸 수 있습니다.

```
let p = {z: 3};
let o = {
    x: 1,
    y: 2,
    __proto__: p
};
o.z  // => 3: o는 p를 상속합니다.
```

14.4 잘 알려진 심벌

심벌 타입은 웹에 이미 배포된 코드와 호환성을 유지하면서 자바스크립트를 안전하게 확장하려는 목적으로 ES6에서 추가됐습니다. 12장에서 '이름'이 심벌 Symbol.iterator인 메서드를 만들기만 하면 클래스가 이터러블이 된다는 점을 설명할 때 심벌의 예제를 본 적 있을 것입니다.

Symbol.iterator는 '잘 알려진(well-known) 심벌'의 대표적인 예입니다. 잘 알려진 심벌은 자바스크립트 코드에서 객체와 클래스의 저수준 동작을 제어할 때 사용하는 Symbol() 팩토리 함수의 프로퍼티로 저장된 심벌 값입니다. 이어지는 하위 절에서 잘 알려진 심벌을 소개하고 사용법을 설명합니다.

14.4.1 Symbol.iterator와 Symbol.asyncIterator

Symbol.iterator, Symbol.asyncIterator 심벌은 객체나 클래스를 이터러블이나 비동기 이터러블로 만듭니다. 이들은 12장과 13.4.2절에서 각각 자세히 설명했는데, 여기서 다시 언급하는 이유는 절의 완결성을 위해서입니다.

14.4.2 Symbol.hasInstance

4.9.4절에서 instanceof 연산자를 설명할 때 오른쪽은 반드시 생성자 함수여야 하고, 표현식 o instanceof f는 o의 프로토타입 체인에서 값 f.prototype을 찾는 방식으로 평가한다고 설명했습니다. ES6 이후에는 Symbol.hasInstance도 사용할 수 있습니다. ES6에서 instanceof의 오른쪽에 [Symbol.hasInstance] 메서드가 있는 객체가 있으면 왼쪽 값을 인자로 [Symbol.hasInstance] 메서드를 호출하며, 메서드의 반환 값을 불로 변환한 값이 instanceof 연산자의 값입니다. 물론 오른쪽 값이 [Symbol.hasInstance] 메서드가 없는 함수이면 instanceof 연산자는 평소처럼 동작합니다.

Symbol.hasInstance를 사용하면 필요에 따라 정한 가상의 타입도 instanceof 연산자를 써서 범용으로 체크할 수 있습니다. 예를 들어 다음을 보십시오.

```
// instanceof와 함께 사용할 수 있도록 '타입' 객체를 정의합니다.
let uint8 = {
    [Symbol.hasInstance](x) {
        return Number.isInteger(x) && x >= 0 && x <= 255;
    }
};
128 instanceof uint8      // => true
256 instanceof uint8      // => false: 너무 큽니다.
Math.PI instanceof uint8  // => false: 정수가 아닙니다.
```

이 예제는 간결해 보이긴 하지만 일반적으로 클래스가 있을 자리에 클래스가 아닌 객체를 썼으므로 혼란스러울 수도 있습니다. Symbol.hasInstance 대신 isUint8() 같은 함수를 써도 작성하기 쉽고 읽는 사람도 쉽게 이해할 수 있는 코드를 만들 수 있습니다.

14.4.3 Symbol.toStringTag

기본 자바스크립트 객체에서 toString() 메서드를 호출하면 [object Object]가 반환됩니다.

```
{}.toString()  // => "[object Object]"
```

같은 Object.prototype.toString() 함수를 내장 타입의 인스턴스 메서드처럼 호출하면 흥미로운 결과를 볼 수 있습니다.

```
Object.prototype.toString.call([])     // => "[object Array]"
Object.prototype.toString.call(/./)    // => "[object RegExp]"
Object.prototype.toString.call(()=>{}) // => "[object Function]"
Object.prototype.toString.call("")     // => "[object String]"
Object.prototype.toString.call(0)      // => "[object Number]"
Object.prototype.toString.call(false)  // => "[object Boolean]"
```

Object.prototype.toString().call() 기법을 써서 다른 방법으로는 얻을 수 없는 객체의 타입 정보를 얻을 수 있습니다. 다음 classof() 함수는 객체 타입을 구분하지 않는 typeof 연산자보다 좀 더 유용합니다.

```
function classof(o) {
    return Object.prototype.toString.call(o).slice(8,-1);
}
```

```
classof(null)       // => "Null"
classof(undefined)  // => "Undefined"
classof(1)          // => "Number"
classof(10n**100n)  // => "BigInt"
classof("")         // => "String"
classof(false)      // => "Boolean"
classof(Symbol())   // => "Symbol"
classof({})         // => "Object"
classof([])         // => "Array"
classof(/./)        // => "RegExp"
classof(()=>{})     // => "Function"
classof(new Map())  // => "Map"
classof(new Set())  // => "Set"
classof(new Date()) // => "Date"
```

ES6 전에는 Object.prototype.toString() 메서드의 이런 특별한 동작 방식을 내장 타입의 인스턴스에만 사용할 수 있었고, 직접 정의한 클래스 인스턴스에 classof() 함수를 호출했다면 단순히 Object가 반환됐을 것입니다. ES6의 Object.prototype .toString()은 인자에서 심벌 이름 Symbol.toStringTag를 가진 프로퍼티를 찾고, 그런 프로퍼티가 존재하면 그 값을 반환합니다. 따라서 클래스를 직접 정의한 경우에도 classof() 같은 함수를 쉽게 사용할 수 있습니다.

```
class Range {
    get [Symbol.toStringTag]() { return "Range"; }
    // 나머지 클래스 정의는 생략합니다.
}
let r = new Range(1, 10);
Object.prototype.toString.call(r)    // => "[object Range]"
classof(r)                           // => "Range"
```

14.4.4 Symbol.species

ES6 전에는 배열 같은 내장 클래스의 충실한 서브클래스를 만들 방법이 없었습니다. ES6에서는 class와 extends 키워드를 사용해 내장 클래스를 쉽게 확장할 수 있습니다. 앞서 9.5.2절에서 배열의 서브클래스를 만드는 방법을 설명했습니다.

```
// 첫 번째와 마지막 요소에 게터를 추가하는 서브클래스
class EZArray extends Array {
    get first() { return this[0]; }
    get last() { return this[this.length-1]; }
}

let e = new EZArray(1,2,3);
let f = e.map(x => x * x);
e.last  // => 3: EZArray e의 마지막 요소
f.last  // => 9: f도 last 프로퍼티가 있는 EZArray입니다.
```

배열에는 배열을 반환하는 메서드 concat(), filter(), map(), slice(), splice()가 있습니다. EZArray 같은 배열 서브클래스가 이런 메서드를 상속한다면 상속된 메서드는 배열 인스턴스를 반환할까요? 아니면 EZArray 인스턴스를 반환할까요? 어느 쪽이든 틀린 답은 아니지만 ES6 명세는 (기본적으로) 배열을 반환하는 메서드는 서브클래스의 인스턴스를 반환하도록 정했습니다.

동작 방식은 다음과 같습니다.

- ES6 이후의 Array() 생성자에는 심벌 이름 Symbol.species를 가진 프로퍼티가 있습니다. (이 심벌은 생성자 함수의 프로퍼티 이름으로 사용됩니다.) 여기서 설명하는 다른 잘 알려진 심벌 대부분은 프로토타입 객체의 메서드 이름으로 쓰입니다.

- extends로 서브클래스를 만들면 그 서브클래스 생성자는 슈퍼클래스 생성자에서 프로퍼티를 상속합니다. (서브클래스 인스턴스가 슈퍼클래스에서 메서드를 상속하는 일반적인 상속에 추가된 겁니다.) 따라서 배열의 서브클래스 생성자에는 모두 상속된 Symbol.species 프로퍼티가 있습니다. (필요하다면 서브클래스에서 같은 이름의 자체 프로퍼티를 정의할 수도 있습니다.)

- map()과 slice()처럼 새로운 배열을 생성해 반환하는 메서드는 ES6 이후 조금 바뀌었습니다. 이들은 일반적인 배열을 생성하지 않고, new this.constructor[Symbol.species]()를 호출한 것과 같은 새로운 배열을 생성합니다.

— JavaScript

이제 흥미로운 부분입니다. Array[Symbol.species]가 다음과 같이 정의된 일반적인 데이터 프로퍼티라고 합시다.

```
Array[Symbol.species] = Array;
```

이 경우 서브클래스 생성자는 Array() 생성자를 자신의 '종족(species)'으로 상속하며 배열 서브클래스에서 map()을 호출하면 서브클래스 인스턴스가 아닌 슈퍼클래스 인스턴스를 반환합니다. 하지만 ES6는 이렇게 동작하지 않습니다. Array[Symbol.species]는 읽기 전용 접근자 프로퍼티이며, 그 게터 함수는 단순히 this를 반환합니다. 서브클래스 생성자는 이 게터 함수를 상속하므로, 기본적으로 모든 서브클래스 생성자는 독립적인 '종족'입니다.

하지만 이런 기본 동작이 의도와 다를 때도 있습니다. 배열을 반환하는 메서드가 EZArray에서 일반적인 배열을 반환하길 원한다면 EZArray[Symbol.species]를 Array로 설정하기만 하면 됩니다. 하지만 상속된 프로퍼티가 읽기 전용 접근자이므로 그냥 할당 연산자를 써서 설정할 수는 없고 defineProperty()를 사용해야 합니다.

```
EZArray[Symbol.species] = Array;  // 읽기 전용 프로퍼티를 설정하려는 시도는 실패합니다.

// 대신 defineProperty()는 사용 가능합니다.
Object.defineProperty(EZArray, Symbol.species, {value: Array});
```

가장 간단한 방법은 서브클래스를 처음 만들 때 Symbol.species 게터를 명시적으로 정의하는 것입니다.

```
class EZArray extends Array {
    static get [Symbol.species]() { return Array; }
    get first() { return this[0]; }
    get last() { return this[this.length-1]; }
}

let e = new EZArray(1,2,3);
let f = e.map(x => x - 1);
e.last  // => 3
f.last  // => undefined: f는 last 게터가 없는 일반적인 배열입니다.
```

Symbol.species를 도입한 설계 의도는 원래 배열의 유용한 서브클래스를 만들 수 있게 하려는 것이었지만 이 잘 알려진 심벌을 배열에만 쓸 수 있는 것은 아닙니다.

446   14장 메타프로그래밍

형식화 배열 클래스에도 배열 클래스와 같은 방법으로 이 심벌을 사용할 수 있습니다. ArrayBuffer의 slice() 메서드는 단순히 새로운 ArrayBuffer를 생성하지 않고 this.constructor의 Symbol.species 프로퍼티를 참조합니다. then() 같은 프라미스 메서드는 이 프로토콜을 통해 새로운 프라미스 객체를 생성해 반환합니다. 마지막으로, (예를 들어) 맵의 서브클래스를 만들고, 새로운 Map 객체를 반환하는 메서드를 정의한다면 서브클래스의 서브클래스를 만들 때 Symbol.species가 유용할 것입니다.

14.4.5 Symbol.isConcatSpreadable

배열 메서드 concat()은 반환될 배열에 사용할 생성자를 정할 때 Symbol.species를 사용하는 메서드 중 하나입니다. 그런데 concat()은 Symbol.isConcatSpreadable 역시 사용합니다. 7.8.3절에서 concat() 메서드는 this 값과 배열 인자를 배열이 아닌 인자와 다르게 취급한다고 설명했습니다. 배열이 아닌 인자는 단순히 새로운 배열에 합치기만 하지만, this 배열과 배열 인자는 평탄화되므로 배열 인자 자체가 아니라 배열 요소들이 병합됩니다.

ES6 전의 concat()은 값이 배열인지 아닌지 판단할 때 Array.isArray()를 사용했습니다. ES6에서는 이 알고리즘이 조금 바뀌었습니다. concat()의 인자나 this 값이 객체이고 심벌 이름 Symbol.isConcatSpreadable이 있는 프로퍼티가 있다면 이 프로퍼티의 불 값을 사용해 인자를 '분해(spread)'할지 판단합니다. 그런 프로퍼티가 없다면 이전 버전과 마찬가지로 Array.isArray()를 사용합니다.

이 심벌을 활용할 수 있는 경우는 두 가지입니다.

- 배열 비슷한 객체(7.9절)를 생성하면서 이 객체를 concat()에 전달할 때 배열처럼 동작하길 원한다면 Symbol.isConcatSpreadable 프로퍼티를 객체에 추가합니다.

```
let arraylike = {
    length: 1,
    0: 1,
    [Symbol.isConcatSpreadable]: true
};
[].concat(arraylike)  // => [1]: (분해되지 않았다면 [[1]]이었을 것입니다.)
```

- 배열 서브클래스는 기본적으로 분해 가능하므로, 서브클래스가 concat()에서 배

열처럼 동작하지 않길 원한다면 다음과 같은 게터를 서브클래스에 추가합니다.[1]

```javascript
class NonSpreadableArray extends Array {
    get [Symbol.isConcatSpreadable]() { return false; }
}
let a = new NonSpreadableArray(1,2,3);
[].concat(a).length // => 1; (a가 분해됐다면 3이었을 것입니다.)
```

14.4.6 패턴 매칭 심벌

11.3.2절에서 정규 표현식 인자를 사용해 패턴을 검색하는 문자열 메서드에 대해 설명했습니다. ES6 이후 이 메서드들은 RegExp 객체를 비롯해 심벌 이름을 가진 프로퍼티로 패턴 매칭 동작을 정의하는 모든 객체에서 동작하도록 일반화됐습니다. 문자열 메서드 match(), matchAll(), search(), replace(), split()에 대응하는 잘 알려진 심벌 Symbol.match, Symbol.search 등이 있습니다.

정규 표현식은 범용적이고 아주 강력하지만, 복잡하기도 하고 퍼지 매칭에는 적합하지 않습니다. 범용적인 문자열 메서드에 잘 알려진 심벌 메서드를 써서 패턴 매칭 클래스를 정의할 수 있습니다. 예를 들어 11.7.3절에서 설명한 Intl.Collator를 사용해 검색할 때 악센트를 무시한 채 문자열을 비교할 수 있습니다. 또는 **사운덱스**(Soundex) 알고리즘을 바탕으로 패턴 클래스를 만들어 단어를 유사한 발음으로 검색할 수도 있고, 주어진 레벤슈타인(Levenshtein) 거리에 따라 느슨하게 일치하는 문자열을 찾을 수도 있습니다.[2]

다음과 같이 다섯 가지 문자열 메서드와 패턴 객체를 사용한다고 합시다.

```javascript
string.method(pattern, arg)
```

위 코드는 다음과 같이 패턴 객체의 심벌 이름 메서드를 호출하는 것과 같습니다.

```javascript
pattern[symbol](string, arg)
```

다음은 *와 ? 와일드카드를 사용하는 패턴 매칭 클래스입니다. 이런 스타일의 패턴 검색은 유닉스 운영 체제 초기부터 널리 쓰였고 이런 패턴을 **글롭**(glob)이라 부릅니다.

---

1 V8 자바스크립트 엔진의 버그 때문에 이 코드는 노드 13에서 정확히 동작하지 않습니다.
2 (옮긴이) 사운덱스 알고리즘은 스펠링과 발음이 유사한 단어를 찾는 알고리즘이며, 레벤슈타인 거리는 두 문장의 각 글자를 비교해 몇 개의 글자가 다른지 계산하는 알고리즘입니다.

```
class Glob {
    constructor(glob) {
        this.glob = glob;

        // 내부적으로 정규 표현식을 사용해 글롭을 검색합니다.
        // ?는 /를 제외한 글자 하나에 일치하고 *는 0개 이상의 글자에 일치합니다.
        // 각 와일드카드를 캡처 그룹으로 캡처합니다.
        let regexpText = glob.replace("?", "([^/])").replace("*", "([^/]*)");

        // 유니코드를 인식하도록 u 플래그를 썼습니다.
        // 글롭은 문자열 전체에 일치하도록 만들어졌으므로 ^와 $ 앵커를 사용합니다.
        // search()나 matchAll()은 이런 패턴에 적합하지 않으므로 쓰지 않았습니다.
        this.regexp = new RegExp(`^${regexpText}$`, "u");
    }

    toString() { return this.glob; }

    [Symbol.search](s) { return s.search(this.regexp); }
    [Symbol.match](s)  { return s.match(this.regexp); }
    [Symbol.replace](s, replacement) {
        return s.replace(this.regexp, replacement);
    }
}

let pattern = new Glob("docs/*.txt");
"docs/js.txt".search(pattern)    // => 0: 인덱스 0에 일치합니다.
"docs/js.htm".search(pattern)    // => -1: 일치하지 않습니다.
let match = "docs/js.txt".match(pattern);
match[0]     // => "docs/js.txt"
match[1]     // => "js"
match.index  // => 0
"docs/js.txt".replace(pattern, "web/$1.htm")  // => "web/js.htm"
```

14.4.7 Symbol.toPrimitive

3.9.3절에서 객체를 기본 값으로 변환하는 세 가지 알고리즘에 대해 설명했습니다. 간단히 말하자면 자바스크립트는 문자열 값을 예상하거나 선호하는 곳에서는 객체의 toString() 메서드를 먼저 호출하고, toString()이 정의되지 않았거나 기본 값을 반환하지 않는다면 valueOf() 메서드를 사용합니다. 숫자 값을 선호하는 곳에서는 valueOf() 메서드를 먼저 호출하고, valueOf()가 정의되지 않았거나 기본 값을 반환하지 않는다면 toString()을 사용합니다. 마지막으로, 선호하는 것이 없는 곳에서는 클래스에서 변환 방법을 결정합니다. Date 객체는 toString()을 먼저 사용하고 다른 타입은 모두 valueOf()를 먼저 사용합니다.

ES6 이후 Symbol.toPrimitive가 객체를 기본 값으로 변환하는 기본 동작을 덮어쓸 수 있게 하여, 클래스 인스턴스가 기본 값으로 변환되는 방법을 완전히 제어할 수 있습니다. Symbol.toPrimitive 메서드는 반드시 객체를 표현하는 기본 값을 반환해야 합니다. 이 메서드는 문자열 인자를 하나 받는데, 각 인자는 자바스크립트가 객체를 어떤 값으로 변환하려 하는지 나타냅니다.

- 인자가 string이면 자바스크립트가 문자열을 예상하거나 선호하지만 필수는 아닌 컨텍스트에 있다는 뜻입니다. 예를 들어 템플릿 리터럴에 객체를 사용하는 경우가 이에 해당합니다.
- 인자가 number면 자바스크립트가 숫자 값을 예상하거나 선호하지만 필수는 아닌 컨텍스트에 있다는 뜻입니다. 예를 들어 객체를 <나 > 연산자 또는 * 같은 산술 연산자와 함께 사용하는 경우입니다.
- 인자가 default면 자바스크립트가 숫자나 문자열이 모두 가능한 컨텍스트에 있다는 뜻입니다. +, ==, !=가 이에 해당합니다.

대부분의 클래스가 이 인자를 무시하고 항상 똑같은 기본 값을 반환합니다. 클래스 인스턴스를 <, >와 함께 사용해야 한다면 [Symbol.toPrimitive] 메서드를 정의하십시오.

14.4.8 Symbol.unscopables

마지막으로 설명할 잘 알려진 심벌은 구식 with 문 때문에 발생한 호환성 문제를 해결하기 위해 도입됐습니다. with 문은 객체를 받고 그 객체의 프로퍼티가 변수인 스코프에 있는 것처럼 문의 바디를 실행합니다. 배열 클래스에 새로운 메서드를 추가할 때 with 문 때문에 호환성 문제가 발생했고, 이로 인해 기존 코드가 제대로 동작하지 않았습니다. 이 문제를 해결하기 위해 Symbol.unscopables가 도입됐습니다. ES6 이후 with 문은 조금 수정됐습니다. 객체 o가 있을 때 with 문은 Object.keys(o[Symbol.unscopables]||{})를 계산하고 바디의 가상 스코프를 생성할 때 그 결과에 포함된 프로퍼티는 무시합니다. ES6은 Array.prototype에 이 심벌을 써서 새로운 메서드를 추가했고 웹에 존재하는 기존 코드도 손상시키지 않았습니다. 이 심벌을 사용하는 최신 배열 메서드는 다음과 같이 알아볼 수 있습니다.

```
let newArrayMethods = Object.keys(Array.prototype[Symbol.unscopables]);
```

14.5 템플릿 태그

백틱 안에 포함된 문자열을 '템플릿 리터럴'이라 부르며 3.3.4절에서 설명했습니다. 값이 함수인 표현식 뒤에 템플릿 리터럴이 있으면 표현식은 함수로 바뀌고, 이 함수를 '태그된 템플릿 리터럴'이라 부릅니다. 태그된 템플릿 리터럴과 함께 사용할 새로운 태그 함수를 정의하는 것도 일종의 메타프로그래밍입니다. 태그된 템플릿은 도메인에 속한 언어인 DSL(Domain Specific Language)을 정의할 때 자주 사용되고, 새로운 태그 함수를 정의하는 것은 자바스크립트에 새 문법을 추가하는 것과 비슷하기 때문입니다. 다양한 프론트엔드 자바스크립트 패키지에서 태그된 템플릿 리터럴을 도입했습니다. 쿼리 언어 그래프QL(GraphQL)은 gql`` 태그 함수를 써서 자바스크립트 코드에 쿼리를 삽입합니다. 이모션(Emotion) 라이브러리는 css`` 태그 함수를 써서 자바스크립트에 CSS 스타일을 삽입합니다. 이 절에서는 이런 태그 함수를 만들고 사용하는 법을 설명합니다.

사실 태그 함수에 특별한 것은 없습니다. 태그 함수는 일반적인 자바스크립트 함수일 뿐 이들을 정의하는 특별한 문법이 있는 것도 아닙니다. 함수 표현식 뒤에 템플릿 리터럴이 있으면 함수가 호출됩니다. 첫 번째 인자는 문자열 배열이며 그 뒤에 0개 이상의 인자를 붙이고, 이 인자들의 값은 타입에 제한이 없습니다.

인자 개수는 템플릿 리터럴에 삽입될 값의 수에 따라 다릅니다. 템플릿 리터럴이 일정한 문자열이며 삽입될 값이 없다면, 태그 함수는 그 문자열 하나만 포함한 배열로 호출되며 다른 인자는 없습니다. 템플릿 리터럴에 삽입될 값이 하나 있으면 태그 함수는 인자 두 개로 호출됩니다. 첫 번째는 문자열 두 개로 이뤄진 배열이고 두 번째는 삽입될 값입니다. 인자로 제공된 배열의 문자열은 삽입될 값의 왼쪽과 오른쪽에 있는 문자열이며 어느 쪽이든 빈 문자열을 쓸 수 있습니다. 템플릿 리터럴에 삽입될 값이 두 개 있으면 태그 함수는 문자열 세 개로 이루어진 배열과 삽입될 값 두 개를 인자로 받아 호출됩니다. 세 문자열은 모두 빈 문자열일 수 있으며 각각 첫 번째 값의 왼쪽, 두 번째 값의 왼쪽, 두 번째 값의 오른쪽에 있는 문자열입니다. 일반적으로 템플릿 리터럴에 삽입될 값이 n개 있으면 태그 함수는 $n+1$개의 인자로 호출됩니다. 첫 번째 인자는 문자열 $n+1$개로 이뤄진 배열이며 나머지 인자 n개는 삽입될 값이고 그 순서는 템플릿 리터럴에 나타나는 순서입니다.

템플릿 리터럴 값은 항상 문자열입니다. 반면 태그된 템플릿 리터럴의 값은 태그 함수가 반환하는 값입니다. 문자열일 수도 있지만, 태그 함수가 DSL을 만드는 함수라면 반환 값은 일반적으로 문자열을 분석한 결과인 데이터 구조입니다.

　문자열을 반환하는 템플릿 태그 함수 예제로 다음 `html``` 템플릿을 보십시오. 이 템플릿은 HTML 문자열에 값을 안전하게 삽입할 수 있습니다. 태그는 최종 문자열을 만들기 전에 각 값을 HTML에 알맞게 이스케이프합니다.

```javascript
function html(strings, ...values) {
    // 각 값을 문자열로 변환하고 HTML 특수 문자를 이스케이프합니다.
    let escaped = values.map(v => String(v)
                                    .replace("&", "&amp;")
                                    .replace("<", "&lt;")
                                    .replace(">", "&gt;")
                                    .replace('"', "&quot;")
                                    .replace("'", "&#39;"));

    // 이스케이프 결과를 병합한 문자열을 반환합니다.
    let result = strings[0];
    for(let i = 0; i < escaped.length; i++) {
        result += escaped[i] + strings[i+1];
    }
    return result;
}

let operator = "<";
html`<b>x ${operator} y</b>`              // => "<b>x &lt; y</b>"

let kind = "game", name = "D&D";
html`<div class="${kind}">${name}</div>`  // => '<div class="game">D&amp;D</div>'
```

문자열 분석 결과를 반환하는 태그 함수의 예제로 14.4.6절에서 정의한 글롭 패턴 클래스를 다시 사용해 봅시다. `Glob()` 생성자는 문자열 인자 하나만 받으므로 새로운 Glob 객체를 생성할 태그 함수를 만들어야 합니다.

```javascript
function glob(strings, ...values) {
    // 문자열과 값을 문자열 하나로 합칩니다.
    let s = strings[0];
    for(let i = 0; i < values.length; i++) {
        s += values[i] + strings[i+1];
    }
    // 합친 문자열을 분석해 반환합니다.
    return new Glob(s);
}

let root = "/tmp";
let filePattern = glob`${root}/*.html`;  // 정규 표현식
"/tmp/test.html".match(filePattern)[1]   // => "test"
```

3.3.4절에서 `String.raw`` ` 태그 함수를 설명하면서 역슬래시 이스케이프 시퀀스를 해석하지 않고 문자열을 '있는 그대로(raw)' 반환한다고 언급한 적 있습니다. 이는 아직 설명하지 않은 태그 함수 호출이 갖는 특징 때문에 가능합니다. 태그 함수를 호출할 때, 첫 번째 인자는 문자열 배열입니다. 하지만 이 배열에는 `raw`라는 프로퍼티가 있는데 그 값은 같은 수의 문자열로 이루어진 다른 배열입니다. 인자 배열에는 이스케이프 시퀀스를 일반적으로 해석한 문자열이 들어 있습니다. `raw` 배열에는 이스케이프 시퀀스를 해석하지 않은 문자열이 들어 있습니다. 이 특징은 문법에서 역슬래시를 사용하는 DSL을 정의할 때 중요합니다. 예를 들어 `glob`` ` 태그 함수가 슬래시 대신 역슬래시를 사용하는 윈도우 스타일 경로를 지원해야 하고 사용할 때마다 이중 역슬래시를 쓰는 번거로움을 피하고 싶다면 `strings[]` 대신 `strings.raw[]`를 사용하도록 함수를 고쳐 쓰면 됩니다. 물론 단점도 있습니다. 그렇게 고치면 글롭 리터럴에서는 `\u` 같은 이스케이프를 더 이상 사용할 수 없습니다.

14.6 리플렉트 API

Reflect 객체는 클래스가 아니며 Math 객체와 마찬가지로 관련 함수를 모은 집합입니다. 이 함수들은 ES6에서 추가됐으며 객체와 그 프로퍼티를 '반영(reflect)'하는 API입니다. 새로운 기능은 거의 없습니다. Reflect 객체는 함수를 네임스페이스 하나로 모은 편리한 세트이며 이 함수들은 자바스크립트 코어의 동작을 흉내 내고 기존 객체 메서드를 복사합니다.

Reflect 함수는 새로운 기능을 제공하지는 않지만 필요한 기능을 편리한 API 하나로 묶어 제공합니다. 또한 Reflect 함수는 14.7절에서 설명할 프록시 핸들러 메서드와 1:1로 대응합니다.

리플렉트 API의 함수는 다음과 같습니다.

`Reflect.apply(f, o, args)`
  이 함수는 함수 `f`를 `o`의 메서드로 호출하거나, `o`가 `null`이면 `this` 값이 없는 함수로 호출하며 `args` 배열의 값을 인자로 전달합니다. `f.apply(o, args)`와 동등합니다.

`Reflect.construct(c, args, newTarget)`
  이 함수는 생성자 `c`를 `new` 키워드와 함께, `args` 배열을 인자로 전달한 것처럼 호출

합니다. 선택 사항인 newTarget 인자가 있으면 이 인자는 생성자 호출 안에서 new
.target 값으로 사용됩니다. newTarget 인자가 없으면 new.target 값은 c입니다.

Reflect.defineProperty(o, name, descriptor)

이 함수는 문자열 또는 심벌인 name을 프로퍼티 이름으로 써서 객체 o의 프로퍼
티를 정의합니다. 서술자 객체는 프로퍼티의 값(또는 게터/세터)과 속성을 정의
해야 합니다. Reflect.defineProperty()는 Object.defineProperty()와 아주 비
슷하지만 성공하면 true를 반환하고 실패하면 false를 반환한다는 점이 다릅니
다. (Object.defineProperty()는 성공하면 o를 반환하고 실패하면 TypeError를
일으킵니다.)

Reflect.deleteProperty(o, name)

이 함수는 지정된 문자열 또는 심벌 이름인 프로퍼티를 객체 o에서 삭제하고, 성
공적으로 삭제했거나 그런 프로퍼티가 존재하지 않을 때 true를 반환하며 프로
퍼티 삭제에 실패하면 false를 반환합니다. delete o[name]과 비슷합니다.

Reflect.get(o, name, receiver)

이 함수는 o에서 문자열이나 심벌로 지정된 이름의 프로퍼티 값을 반환합니다.
그 프로퍼티가 게터가 있는 접근자 메서드이고 선택 사항으로 receiver 인자를
받는다면 게터 함수는 o가 아니라 receiver의 메서드로 호출됩니다. o[name]을
평가하는 것과 비슷합니다.

Reflect.getOwnPropertyDescriptor(o, name)

이 함수는 객체 o의 name 프로퍼티의 프로퍼티 서술자 객체를 반환하며 그런 프
로퍼티가 존재하지 않으면 undefined를 반환합니다. Object.getOwnProperty
Descriptor()와 거의 일치하지만, 리플렉트 API 버전은 첫 번째 인자가 반드시
객체여야 하며 그렇지 않으면 TypeError를 일으킨다는 점이 다릅니다.

Reflect.getPrototypeOf(o)

이 함수는 객체 o의 프로토타입을 반환하며 객체에 프로토타입이 없으면 null
을 반환합니다. o가 기본 값이면 TypeError를 일으킵니다. Object.getProto
typeOf()와 거의 비슷하지만, Object.getPrototypeOf()는 null과 undefined 인
자에 대해서만 TypeError를 일으키고 다른 기본 값은 래퍼 객체로 강제 변환한
다는 점이 다릅니다.

Reflect.has(o, name)

이 함수는 문자열이나 심벌 이름인 name 프로퍼티가 객체 o에 있으면 true를 반환합니다. name in o와 비슷합니다.

Reflect.isExtensible(o)

이 함수는 객체 o가 확장 가능(14.2절 참고)이면 true를 반환하고, 그렇지 않으면 false를 반환합니다. 만약 o가 객체가 아니면 TypeError를 일으킵니다. Object.isExtensible()이 이와 비슷하긴 하지만 객체가 아닌 인자를 받았을 때 단순히 false를 반환한다는 점이 다릅니다.

Reflect.ownKeys(o)

객체 o의 프로퍼티 이름으로 이루어진 배열을 반환하며, o가 객체가 아니면 TypeError를 일으킵니다. 반환된 배열의 요소는 문자열 또는 심벌입니다. Object.getOwnPropertyNames()와 Object.getOwnPropertySymbols() 함수를 호출하고 결과를 조합한 것과 비슷합니다.

Reflect.preventExtensions(o)

객체 o의 **확장 가능** 속성(14.2절)을 false로 설정하고 성공을 알리는 true를 반환합니다. o가 객체가 아니면 TypeError를 일으킵니다. Object.preventExtensions()의 효과가 이와 비슷하지만 이 함수는 true 대신 o를 반환하며 인자가 객체가 아니더라도 TypeError를 일으키지 않습니다.

Reflect.set(o, name, value, receiver)

객체 o의 name 프로퍼티 값을 value로 설정합니다. 성공하면 true를, 실패하면 (프로퍼티가 읽기 전용이면) false를 반환합니다. o가 객체가 아니면 TypeError를 일으킵니다. 지정된 프로퍼티가 세터 함수가 있는 접근자 프로퍼티이고 선택 사항인 receiver 인자가 전달됐다면 세터는 o가 아니라 receiver의 메서드로 호출됩니다. o[name] = value와 동등한 경우가 많습니다.

Reflect.setPrototypeOf(o, p)

객체 o의 프로토타입을 p로 설정하며 성공하면 true를, 실패하면(o가 확장 불가이거나 결과적으로 프로토타입 체인의 순환 참조가 발생할 경우) false를 반환합니다. o가 객체가 아니거나, p가 객체가 아니고 null도 아니면 TypeError를 일으킵니다. `Object.setPrototypeOf()`가 이와 비슷하지만, 성공할 때 o를 반환하고 실패할 때 TypeError를 일으킨다는 점이 다릅니다. 다만 이 두 함수를 호출하면 자바스크립트 인터프리터의 최적화를 방해하므로 코드가 느려질 수 있다는 점을 기억하십시오.

14.7 프록시 객체

ES6에서 도입한 프록시(Proxy) 클래스는 자바스크립트에서 가장 강력한 메타프로그래밍 기능입니다. 프록시는 자바스크립트 객체의 기본적인 동작을 바꿀 수 있습니다. 14.6절에서 설명한 리플렉트 API를 사용하면 자바스크립트 객체의 기본적인 동작에 직접 접근할 수 있습니다. 프록시 클래스를 사용하면 기본적인 동작을 직접 구현하며 일반적인 객체에서는 불가능한 방법으로 동작하는 객체를 만들 수 있습니다.

프록시 객체를 생성할 때는 다음과 같이 대상 객체와 핸들러 객체를 제공합니다.

```
let proxy = new Proxy(target, handlers);
```

결과인 프록시 객체가 어떤 상태를 갖거나 그 자체로 어떤 동작을 수행하지는 않습니다. 프로퍼티를 읽거나, 프로퍼티 값을 수정하거나, 새로운 프로퍼티를 정의하거나, 프로토타입을 검색하거나, 함수로 호출하는 등 프록시에 어떤 동작을 할 때마다 그 동작이 핸들러 객체나 대상 객체에 전달됩니다.

프록시 객체가 지원하는 동작은 리플렉트 API에서 정의하는 동작과 같습니다. p가 프록시 객체이고 `delete p.x` 동작을 했다고 합시다. `Reflect.deleteProperty()` 함수는 `delete` 연산자와 마찬가지로 동작합니다. `delete` 연산자로 프록시 객체에서 프로퍼티를 삭제하려 하면 프록시 객체는 핸들러 객체에서 `deleteProperty()` 메서드를 검색합니다. 그런 메서드가 존재하면 호출합니다. 그런 메서드가 존재하지 않으면 프록시 객체는 대상 객체의 프로퍼티를 대신 삭제합니다.

프록시는 기본적인 동작 전체를 이런 방법으로 수행합니다. 핸들러 객체에 적절한 메서드가 존재하면 그 메서드를 호출해 동작을 수행합니다. (메서드 이름과 시그니처는 14.6절에서 설명한 Reflect 함수와 같습니다.) 핸들러 객체에 메서드가 존재하지 않으면 대상 객체에서 동작을 직접 수행합니다. 따라서 프록시는 명령받은 동작을 핸들러 객체에서도, 대상 객체에서도 가져올 수 있습니다. 핸들러 객체가 비어 있다면 프록시는 대상 객체의 래퍼나 다름없습니다.

```
let t = { x: 1, y: 2 };
let p = new Proxy(t, {});
p.x          // => 1
delete p.y   // => true: 프록시의 프로퍼티 y를 삭제합니다.
t.y          // => undefined: 대상 객체에서도 삭제됐습니다.
p.z = 3;     // 프록시에서 새 프로퍼티를 정의합니다.
t.z          // => 3: 대상 객체에도 프로퍼티가 존재합니다.
```

이런 투명한 래퍼 프록시는 대상 객체와 동등하기 때문에 굳이 대상 객체 대신 사용할 이유가 없습니다. 하지만 투명한 래퍼를 '취소할 수 있는(revocable) 프록시'로 사용하면 조금 더 유용할 것입니다. 프록시는 Proxy() 생성자 외에 팩토리 함수 Proxy.revocable()로도 생성할 수 있습니다. Proxy.revocable()은 프록시 객체와 revoke() 함수를 가진 객체를 반환합니다. 일단 revoke() 함수를 호출하면 프록시는 즉시 활동을 중단합니다.

```
function accessTheDatabase() { /* 생략 */ return 42; }
let {proxy, revoke} = Proxy.revocable(accessTheDatabase, {});

proxy()     // => 42: 프록시를 통해 대상 함수에 접근할 수 있습니다.
revoke();   // 원한다면 언제든 접근을 차단할 수 있습니다.
proxy();    // TypeError: 이 함수는 이제 호출할 수 없습니다.
```

위 예제는 함수를 대상으로도 프록시를 사용할 수 있음을 보여 줍니다. 하지만 그보다 중요한 것은 취소할 수 있는 프록시가 일종의 코드 고립에 필요한 구성 요소이며, 완전히 신뢰하기 힘든 서드 파티 라이브러리와 함께 사용할 수 있다는 것입니다. 여러분이 제어할 수 없는 라이브러리에 함수를 전달해야 한다면, 취소할 수 있는 프록시를 대신 전달하고 라이브러리 사용이 끝나면 프록시를 취소하면 됩니다. 이렇게 하면 라이브러리에서 여러분의 함수에 대한 참조를 유지하고 있다가 불시에 호출하는 일을 막을 수 있습니다. 자바스크립트 프로그램에는 이런 방어적 프로그래밍이 일반적이지 않지만 프록시를 통해 어느 정도 할 수 있습니다.

Proxy() 생성자에 비어 있지 않은 핸들러 객체를 전달하면 투명한 래퍼 객체로 사용할 수는 없고 커스텀 동작을 수행합니다. 핸들러를 적절히 구성하면 대상 객체는 프록시와 무관해질 수도 있습니다.

예를 들어 다음 코드는 값이 프로퍼티 이름과 같은 읽기 전용 프로퍼티를 무한히 가진 것처럼 보이는 객체를 생성합니다.

```javascript
// 프로퍼티를 검색하면 항상 그 이름을 값으로 반환하는 객체
let identity = new Proxy({}, {
    // 프로퍼티는 모두 그 이름을 값으로 가집니다.
    get(o, name, target) { return name; },
    // 프로퍼티 이름은 항상 정의되어 있습니다.
    has(o, name) { return true; },
    // 열거하기엔 프로퍼티 개수가 너무 많으므로 바로 예외를 일으킵니다.
    ownKeys(o) { throw new RangeError("Infinite number of properties"); },
    // 모든 프로퍼티는 읽기 전용, 변경 불가, 열거 불가입니다.
    getOwnPropertyDescriptor(o, name) {
        return {
            value: name,
            enumerable: false,
            writable: false,
            configurable: false
        };
    },
    // 모든 프로퍼티가 읽기 전용이므로 값을 설정할 수 없습니다.
    set(o, name, value, target) { return false; },
    // 모든 프로퍼티가 변경 불가이므로 삭제할 수 없습니다.
    deleteProperty(o, name) { return false; },
    // 모든 프로퍼티가 존재하고 변경 불가이므로 더 이상 추가할 수 없습니다.
    defineProperty(o, name, desc) { return false; },
    // 따라서 객체는 확장 불가입니다.
    isExtensible(o) { return false; },
    // 이 객체에는 모든 프로퍼티가 이미 존재하므로
    // 설령 프로토타입 객체가 있더라도 상속할 수 없습니다.
    getPrototypeOf(o) { return null; },
    // 객체는 확장 불가이므로 프로토타입도 변경할 수 없습니다.
    setPrototypeOf(o, proto) { return false; },
});

identity.x                  // => "x"
identity.toString           // => "toString"
identity[0]                 // => "0"
identity.x = 1;             // 프로퍼티를 설정하려 해도 효과가 없습니다.
identity.x                  // => "x"
delete identity.x           // => false: 삭제도 불가능합니다.
identity.x                  // => "x"
Object.keys(identity);      // RangeError: 키 전부를 열거할 수 없습니다.
for(let p of identity) ;    // TypeError: identity는 이터러블이 아닙니다.
```

프록시 객체는 대상 객체에서도, 핸들러 객체에서도 동작을 가져올 수 있으며 지금까지 본 예제는 둘 중 한 가지만 사용했습니다. 일반적으로 프록시는 두 객체를 모두 사용할 때 더 유용합니다.

예를 들어 다음 코드는 프록시를 사용해서 대상 객체의 읽기 전용 래퍼를 생성합

니다. 코드에서 객체의 값을 읽으려고 하면 대상 객체에서 읽습니다. 하지만 코드에서 객체나 프로퍼티를 수정하려 하면 핸들러 객체의 메서드가 TypeError를 일으킵니다. 이런 프록시는 테스트를 작성할 때 유용합니다. 함수가 객체 인자를 수정하지 못하게 막고 싶다고 합시다. 테스트에서 읽기 전용 래퍼 객체를 전달하면 객체를 수정하려는 시도가 모두 예외를 일으키면서 테스트에 실패할 겁니다.

```
function readOnlyProxy(o) {
    function readonly() { throw new TypeError("Readonly"); }
    return new Proxy(o, {
        set: readonly,
        defineProperty: readonly,
        deleteProperty: readonly,
        setPrototypeOf: readonly,
    });
}

let o = { x: 1, y: 2 };       // 일반적인 쓰기 가능 객체
let p = readOnlyProxy(o);     // 읽기 전용 버전
p.x                           // => 1: 읽는 건 문제없습니다.
p.x = 2;                      // TypeError: 프로퍼티를 변경할 수 없습니다.
delete p.y;                   // TypeError: 프로퍼티를 삭제할 수 없습니다.
p.z = 3;                      // TypeError: 프로퍼티를 추가할 수 없습니다.
p.__proto__ = {};             // TypeError: 프로토타입을 변경할 수 없습니다.
```

프록시는 객체로 전해지는 동작을 가로채면서도 대상 객체에 위임하는 핸들러 메서드를 정의하는 형태로도 사용할 수 있습니다. 14.6절에서 설명한 리플렉트 API 함수의 시그니처는 핸들러 메서드와 정확히 일치하므로 이런 형태의 위임도 쉽게 처리할 수 있습니다.

예를 들어 다음은 모든 동작을 대상 객체에 위임하면서도 핸들러 메서드를 써서 동작 로그를 남기는 프록시입니다.

```
/*
 * 각 동작을 기록한 후 동작을 대상 객체에 위임하는 o의 래퍼 프록시 객체를 반환합니다.
 * objname은 객체를 구별하기 위해 로그 메시지에 남기는 문자열입니다.
 * o에 값이 객체나 함수인 자체 프로퍼티가 있다면 그 프로퍼티의 값을 검색할 때
 * loggingProxy가 호출되므로 이 프록시의 로깅 동작은 '전염성'이 있습니다.
 */
function loggingProxy(o, objname) {
    // 로깅 프록시 객체의 핸들러를 정의합니다.
    // 각 핸들러는 메시지를 기록하고 대상 객체에 위임합니다.
    const handlers = {
        // 이 핸들러는 값이 객체나 함수인 자체 프로퍼티에서 값 자체가 아니라
```

```javascript
            // 프록시를 반환하는 특이한 경우에 속합니다.
            get(target, property, receiver) {
                // get 동작을 기록합니다.
                console.log(`Handler get(${objname},${property.toString()})`);

                // 리플렉트 API를 써서 프로퍼티 값을 가져옵니다.
                let value = Reflect.get(target, property, receiver);

                // 프로퍼티가 대상의 자체 프로퍼티이고 값이 객체이거나 함수이면
                // 그 프록시를 반환합니다.
                if (Reflect.ownKeys(target).includes(property) &&
                    (typeof value === "object" || typeof value === "function")) {
                    return loggingProxy(value, `${objname}.${property.toString()}`);
                }

                // 그렇지 않다면 값을 그대로 반환합니다.
                return value;
            },

            // 다음 세 메서드는 특별할 게 없습니다. 동작을 기록하고 대상 객체에 위임합니다.
            // 무한 재귀가 일어나지 않도록 receiver 객체의 로깅을 피했을 뿐입니다.
            set(target, prop, value, receiver) {
                console.log(`Handler set(${objname},${prop.toString()},${value})`);
                return Reflect.set(target, prop, value, receiver);
            },
            apply(target, receiver, args) {
                console.log(`Handler ${objname}(${args})`);
                return Reflect.apply(target, receiver, args);
            },
            construct(target, args, receiver) {
                console.log(`Handler ${objname}(${args})`);
                return Reflect.construct(target, args, receiver);
            }
        };

        // 나머지 핸들러는 자동으로 생성할 수 있습니다. 메타프로그래밍에 영광을!
        Reflect.ownKeys(Reflect).forEach(handlerName => {
            if (!(handlerName in handlers)) {
                handlers[handlerName] = function(target, ...args) {
                    // 동작을 기록합니다.
                    console.log(`Handler ${handlerName}(${objname},${args})`);
                    // 동작을 위임합니다.
                    return Reflect[handlerName](target, ...args);
                };
            }
        });

        // 로깅 핸들러를 사용하는 객체 프록시를 반환합니다.
        return new Proxy(o, handlers);
    }
```

앞에서 정의한 `loggingProxy()` 함수는 사용될 때마다 로그를 남기는 프록시를 생성합니다. 전달된 객체를 어떻게 사용하는지에 관해 문서화되어 있지 않은 함수를 사용할 때, 로깅 프록시가 이런 함수의 동작 방식을 이해하는 데 도움이 됩니다.

다음 예제를 보면서 배열 순회에 대해 이해해 보십시오.

```javascript
// 데이터 배열과 함수 프로퍼티가 있는 객체를 정의합니다.
let data = [10,20];
let methods = { square: x => x*x };

// 배열과 객체에서 동작할 로깅 프록시를 만듭니다.
let proxyData = loggingProxy(data, "data");
let proxyMethods = loggingProxy(methods, "methods");

// Array.map() 메서드가 어떻게 동작하는지 이해하고 싶습니다.
data.map(methods.square)          // => [100, 400]

// 먼저 배열 프록시 로깅을 사용해 봅니다.
proxyData.map(methods.square)     // => [100, 400]
// 다음과 같은 로그가 기록됩니다.
//
// Handler get(data,map)
// Handler get(data,length)
// Handler get(data,constructor)
// Handler has(data,0)
// Handler get(data,0)
// Handler has(data,1)
// Handler get(data,1)


// 이번에는 객체 프록시 로깅을 사용합니다.
data.map(proxyMethods.square)     // => [100, 400]
// 로그는 다음과 같이 기록됩니다.
//
// Handler get(methods,square)
// Handler methods.square(10,0,10,20)
// Handler methods.square(20,1,10,20)

// 마지막으로 프록시를 써서 순회 프로토콜을 살펴봅니다.
for(let x of proxyData) console.log("Datum", x);
// 로그는 다음과 같이 기록됩니다.
//
// Handler get(data,Symbol(Symbol.iterator))
// Handler get(data,length)
// Handler get(data,0)
// Datum 10
// Handler get(data,length)
```

```
// Handler get(data,1)
// Datum 20
// Handler get(data,length)
```

로그의 첫 번째 부분에서 `Array.map()` 메서드가 `get()` 핸들러보다 `has()` 핸들러를 먼저 호출하는 것을 보면 각 배열 요소를 읽으려고 하기 전에 존재하는지부터 명시적으로 체크하는 것을 확인할 수 있습니다. 아마 이는 존재하지 않는 요소와 존재하지만 정의되지 않은 요소를 구별하기 위해서일 것입니다.

두 번째 부분을 보면 `Array.map()`은 요소의 값, 요소의 인덱스, 배열 자체, 이 세 가지 인자를 받아 호출된다는 것을 확인할 수 있습니다. (이 로그에는 작은 흠이 있습니다. `Array.toString()` 메서드는 출력 결과에 대괄호를 사용하지 않는데, 이 메서드가 `(10, 0, [10,20])`처럼 대괄호를 사용했다면 결과가 좀 더 명확했을 것입니다.)

세 번째 부분을 보면 `for/of` 루프가 심벌 이름 `[Symbol.iterator]`를 찾는 것을 볼 수 있습니다. 또한 이 이터레이터 메서드가 배열 길이가 일정하다고 가정하지 않고 매 단계마다 배열 길이를 체크하는 것도 볼 수 있습니다.

14.7.1 프록시 불변성

앞에서 정의한 `readOnlyProxy()` 함수는 실질적으로 동결된 프록시 객체를 생성합니다. 프로퍼티 값이나 프로퍼티 속성을 변경하려는 시도, 프로퍼티를 추가하거나 제거하려는 시도는 모두 예외를 일으킵니다. 하지만 대상 객체가 동결되지 않았다면 `Reflect.isExtensible()`과 `Reflect.getOwnPropertyDescriptor()`로 프록시를 살펴봤을 때 프로퍼티를 변경, 추가, 삭제할 수 있다고 알려 줄 것입니다. 따라서 `readOnlyProxy()`는 상태를 제대로 보고하지 못하게 한다고도 볼 수 있습니다. `isExtensible()`과 `getOwnPropertyDescriptor()` 핸들러를 추가해서 문제를 해결할 수도 있고, 이 정도의 사소한 불일치는 그냥 넘어갈 수도 있습니다.

하지만 프록시 핸들러 API를 사용하다 보면 더 큰 불일치가 발생할 수도 있는데, 다행히 문제를 일으킬 만한 불일치를 막는 안전 장치가 프록시 클래스 자체에 존재합니다. 이 절 앞부분에서 프록시는 핸들러 객체나 대상 객체에 모든 동작을 위임할 뿐, 그 자체로는 아무 동작도 없는 객체라고 설명했습니다. 하지만 이 설명이 완전히 사실은 아닙니다. 프록시 클래스는 동작을 위임한 뒤 결과를 점검해서 중요한 자바스크립트 불변성이 위반되지 않았는지 확인합니다. 만약 위반이 감지되면 프록시는 동작을 계속 진행하지 않고 TypeError를 일으킵니다.

예를 들어 확장 불가인 객체에서 isExtensible() 핸들러가 true를 반환하도록 프록시를 생성하면 TypeError가 일어납니다.

```
let target = Object.preventExtensions({});
let proxy = new Proxy(target, { isExtensible() { return true; }});
Reflect.isExtensible(proxy);  // TypeError: 불변성 위반
```

마찬가지로, 대상이 확장 불가인 프록시 객체의 getPrototypeOf() 핸들러는 대상의 실제 프로토타입 객체 이외에 어떤 것도 반환할 수 없습니다. 또한 대상 객체에 읽기 전용이고 변경 불가인 프로퍼티가 있을 때 get() 핸들러가 실제 값이 아닌 다른 값을 반환하면 TypeError가 일어납니다.

```
let target = Object.freeze({x: 1});
let proxy = new Proxy(target, { get() { return 99; }});
proxy.x;          // TypeError: get()이 반환하는 값이 대상과 일치하지 않습니다.
```

프록시는 이외에도 여러 가지 불변성을 강제하는데, 대부분은 확장 불가인 대상 객체, 대상 객체의 변경 불가인 프로퍼티와 관련이 있습니다.

14.8 요약

이 장에서는 다음과 같은 내용을 배웠습니다.

- 자바스크립트 객체에는 **확장 가능** 속성이 있고, 객체 프로퍼티에는 값과 게터, 세터 외에도 **쓰기 가능**, **열거 가능**, **변경 가능** 속성이 있습니다. 이 속성을 이용해 객체를 다양한 방법으로 '잠글' 수 있습니다. 객체의 '밀봉'과 '동결'도 잠그는 방법에 속합니다.
- 자바스크립트에는 객체의 프로토타입 체인을 탐색하는 함수가 존재하며 심지어 객체의 프로토타입을 바꿀 수도 있습니다. (하지만 이렇게 하면 코드가 느려질 수 있습니다.)
- Symbol 객체의 프로퍼티에는 '잘 알려진 심벌'이 있습니다. 객체나 클래스를 직접 정의할 때 이 심벌을 프로퍼티나 메서드 이름으로 쓸 수 있습니다. 심벌을 이름으로 사용하면 객체가 자바스크립트의 핵심 특징, 코어 라이브러리와 상호작

용하는 방식을 바꿀 수 있습니다. 예를 들어 잘 알려진 심벌을 써서 클래스를 이 터러블로 만들 수 있고, 인스턴스를 `Object.prototype.toString()`에 전달했을 때 반환되는 문자열도 바꿀 수 있습니다. ES6 전에는 실행 환경에 내장된 네이티브 클래스에서만 이런 기능을 사용할 수 있었습니다.

- 태그된 템플릿 리터럴은 함수 호출 문법이며, 새로운 태그 함수를 정의하는 것은 자바스크립트에 새로운 리터럴 문법을 추가하는 것과 같습니다. 템플릿 문자열 인자를 분석하는 태그 함수를 만들어 자바스크립트 코드에 DSL을 임베드할 수 있습니다. 태그 함수는 역슬래시에 특별한 의미가 없는 있는 그대로의, 이스케이프되지 않은 문자열 리터럴에 접근할 수 있습니다.

- 프록시 클래스와 관련 리플렉트 API는 자바스크립트 객체의 기본적인 동작에 대한 저수준 제어를 허용합니다. 프록시 객체를 취소할 수 있는 래퍼로 사용해 코드를 더 잘 캡슐화할 수 있고, 초기 웹 브라우저에서 사용되던 특이한 API 같은 비표준 동작도 구현할 수 있습니다.

15장

JavaScript The Definitive Guide

웹 브라우저의 자바스크립트

자바스크립트 언어는 웹 브라우저에 표시되는 문서에 동적인 동작을 부여하기 위한 목적으로 1994년에 개발됐습니다. 자바스크립트는 그 후 엄청나게 진화했고, 그와 동시에 웹 플랫폼의 범위와 능력도 폭발적으로 성장했습니다. 자바스크립트 프로그래머라면 이제 웹을 완전한 애플리케이션 개발 플랫폼으로 생각해도 됩니다. 웹 브라우저는 형식화된 텍스트와 이미지를 표시할 의도로 개발됐지만 이제는 네이티브 운영 체제와 마찬가지로 그래픽, 비디오, 오디오, 네트워크, 스토리지, 스레드 같은 서비스도 제공합니다. 웹 플랫폼이 제공하는 서비스를 웹 애플리케이션에서 사용하기 위해서는 자바스크립트가 필요합니다. 이 장에서는 그중 가장 중요한 서비스에 대해 설명합니다.

이 장은 먼저 웹 플랫폼의 프로그래밍 모델에 대해 설명합니다. 15.1절에서는 HTML 페이지에 스크립트를 불러오는 방법을, 15.2절에서는 이벤트를 통해 자바스크립트 코드를 비동기적으로 실행하는 방법을 살펴봅니다. 이어지는 절에서는 다음과 같은 내용을 다룹니다.

- 문서 콘텐츠(15.3절)와 스타일(15.4절) 제어
- 문서 요소의 화면 위치 판단(15.5절)
- 재사용할 수 있는 사용자 인터페이스 구성 요소 생성(15.6절)
- 그래픽(15.7절과 15.8절)
- 사운드 생성과 재생(15.9절)
- 브라우저 내비게이션과 히스토리 관리(15.10절)

- 네트워크를 통한 데이터 교환(15.11절)
- 사용자의 컴퓨터에 데이터 저장(15.12절)
- 스레드를 사용한 병렬 계산(15.13절)

> **🔖 클라이언트 사이드 자바스크립트**
>
> '클라이언트 사이드'라는 용어가 자주 사용됩니다. 이 용어는 웹 브라우저에서 실행하도록 작성한 자바스크립트를 뜻하며, 웹 서버에서 실행되는 '서버 사이드' 코드의 반대말입니다.
>
> 두 '사이드'는 웹 서버와 웹 브라우저 사이에 있는 네트워크 연결의 양 극단이며 웹 소프트웨어를 개발할 때는 일반적으로 양쪽을 모두 개발해야 합니다. 클라이언트 사이드와 서버 사이드를 각각 '프론트엔드', '백엔드'라고 부르기도 합니다.

책의 이전 판은 웹 브라우저에서 정의하는 자바스크립트 API를 포괄적으로 설명하였기에, 십수 년 전 책처럼 두꺼웠습니다. 웹 API는 점점 늘어나고 복잡해지고 있어, 이제 이들을 책 한 권으로 전부 설명할 필요가 없다고 생각합니다. 7판의 목표는 자바스크립트 언어를 완벽하게 설명하고 자바스크립트를 노드와 웹 브라우저에서 사용할 수 있도록 하는 것입니다. 이 장에서 웹 API를 모두 설명하는 것은 불가능하지만, 가장 중요한 API는 모두 소개하고 즉시 사용할 수 있도록 자세히 설명합니다. 일단 여기서 설명하는 핵심 API를 배우고 나면 15.15절에 정리한 새로운 API를 필요할 때 바로 골라 사용할 수 있습니다.

노드는 독립적인 실행 환경이며 문서 역시 한곳에서 관리됩니다. 반면 웹 API는 주요 웹 브라우저 제조사들의 협력하에 정의되며, 공식 문서를 통해 API를 사용하는 자바스크립트 프로그래머가 아니라 API를 만드는 C++ 프로그래머를 독자로 상정하고 있습니다. 다행히 모질라에서 'MDN 웹 문서' 프로젝트(*https://developer.mozilla.org*)를 운영하고 있어 믿을 수 있고 자세한 웹 API 문서를 찾아볼 수 있습니다.[1]

---

1 책의 이전 판에서는 자바스크립트 표준 라이브러리와 웹 API를 설명하는 자세한 참조 섹션이 있었습니다. 7판에서는 MDN이 이미 이 역할을 훌륭하게 수행하고 있다고 생각하여 참조 섹션을 삭제했습니다. 이제는 책을 뒤적이는 것보다 MDN에 검색하는 게 더 빠릅니다. 필자의 예전 동료 중 하나가 MDN에서 일하면서 온라인 문서를 최신 버전으로 빠르게 반영하고 있는데, 종이책에서는 불가능한 일입니다.
(옮긴이) MDN은 훌륭한 문서이지만 여러 자원봉사자가 번역하는 관계로 용어가 통일되지 않는 등의 문제가 어느 정도 있습니다. *https://ko.javascript.info*도 훌륭한 사이트이니 한번 방문해 보시길 권합니다.

> ### 📦 구형 API
>
> 자바스크립트가 처음 발표되고 25년이 흐르는 동안 브라우저 제조사에서는 계속해서 새로운 기능과 프로그래머가 사용할 API를 추가해 왔습니다. 이 API 중에는 이제 쓸모없어진 것도 많습니다.
>
> - 표준화된 적도 없고 다른 브라우저 제조사에서 구현한 적도 없는 전용 API. 마이크로소프트의 인터넷 익스플로러에는 이런 전용 API가 아주 많습니다. innerHTML 프로퍼티처럼 유용함이 증명되어 결국 표준화된 것도 있지만 나머지는 대부분 오래전부터 아무도 사용하지 않습니다.
> - document.write() 메서드 같은 비효율적인 API는 성능에 심각한 영향을 주므로 사용해서는 안 됩니다.
> - 동일한 기능을 수행하는 새로운 API로 대체된 지 오래된 API. 예를 들어 document.bgColor는 자바스크립트에서 문서의 배경 색을 설정하기 위해 도입했지만, CSS가 등장하면서 의미를 잃었습니다.
> - 더 좋은 API로 대체된 낮은 품질의 API. 웹의 초기 표준 위원회는 XML 문서를 사용하는 자바 프로그램에서도, HTML 문서를 사용하는 자바스크립트 프로그램에서도 같은 API를 사용할 수 있도록 문서 객체 모델 API를 특정 언어에 묶이지 않는 방향으로 정의했습니다. 하지만 이로 인해 API는 자바스크립트 언어에 잘 맞지 않고 웹 프로그래머는 관심도 없는 기능을 포함하게 됐습니다. 이런 설계 실수를 만회하는 데 오랜 시간이 걸리긴 했지만 최근의 웹 브라우저는 훨씬 개선된 문서 객체 모델을 지원합니다.
>
> 브라우저 제조사는 앞으로 얼마간은 하위 호환성을 유지하기 위해 구형 API를 지원하겠지만 이 책에서 설명할 이유도, 독자 여러분이 배울 이유도 없습니다. 웹 플랫폼은 성숙하고 안정됐습니다. 이 책의 4판이나 5판을 기억하는 경험 많은 웹 개발자라면 새로운 기능을 배우면서 이전의 내용을 잊어버려야 할 것입니다.

15.1 웹 프로그래밍 기본

이 절에서는 웹에서 자바스크립트 프로그램을 구성하는 방법, 웹 브라우저로 불러오는 방법, 자바스크립트 프로그램이 입력을 받고 출력하는 방법, 이벤트에 반응해 비동기적으로 실행되는 방법을 설명합니다.

15.1.1 HTML <script> 태그 속의 자바스크립트

웹 브라우저는 HTML 문서를 표시합니다. 웹 브라우저에서 자바스크립트 코드를 실행하려면 반드시 그 코드를 HTML 문서에 포함(또는 참조)해야 하는데 <script> 태그가 그 역할을 합니다.

자바스크립트 코드는 <script>와 </script> 태그 안에 인라인으로 들어갈 수 있습니다. 다음은 문서 요소 중 하나를 동적으로 업데이트해서 디지털 시계처럼 동작하게 하는 자바스크립트 코드를 스크립트 태그에 담은 HTML 파일입니다.

```html
<!DOCTYPE html>              <!-- HTML5 파일 -->
<html>                      <!-- 루트 요소 -->
<head>                      <!-- 제목, 스크립트, 스타일을 이 요소에 씁니다. -->
<title>Digital Clock</title>
<style>                     /* 시계에 쓸 CSS 스타일 시트 */
#clock                      /* id="clock" 요소에 적용할 스타일 */
  font: bold 24px sans-serif;  /* 크고 굵은 폰트를 사용합니다. */
  background: #ddf;         /* 배경은 밝은 청회색으로 */
  padding: 15px;           /* 주변에 공백을 추가합니다. */
  border: solid black 2px;  /* 검은색 실선 보더로 둘러쌉니다. */
  border-radius: 10px;     /* 보더에 둥근 모서리를 적용합니다. */
}
</style>
</head>
<body>                      <!-- body에 문서 콘텐츠를 담습니다. -->
<h1>Digital Clock</h1>      <!-- 제목 -->
<span id="clock"></span>   <!-- 이 요소에 시간을 삽입합니다. -->
<script>
// 현재 시간을 표시할 함수를 정의합니다.
function displayTime() {
    let clock = document.querySelector("#clock");  // id가 clock인 요소
    let now = new Date();                          // 현재 시간을 구합니다.
    clock.textContent = now.toLocaleTimeString();  // 시계에 시간을 표시합니다.
}
displayTime()               // 시계를 표시합니다.
setInterval(displayTime, 1000); // 매초 업데이트합니다.
</script>
</body>
</html>
```

<script> 태그 안에 자바스크립트 코드를 직접 삽입할 수 있지만 src 속성을 써서 자바스크립트 코드를 포함한 파일의 URL(절대 URL 또는 현재 HTML 파일에 상대적인 URL)을 지정하는 게 일반적입니다. 이 HTML 파일의 자바스크립트 코드를 scripts/digital_clock.js 파일에 저장했다면 다음과 같이 <script> 태그에서 파

일을 참조할 수 있습니다.

```
<script src="scripts/digital_clock.js"></script>
```

자바스크립트 파일에는 순수한 자바스크립트만 있을 뿐 <script> 태그나 기타 HTML은 포함되지 않습니다. 관습적으로 자바스크립트 코드 파일은 .js 확장자를 사용합니다.

  src 속성이 있는 <script> 태그는 자바스크립트 파일 콘텐츠를 <script>와 </script> 태그 사이에 직접 쓴 것과 똑같이 동작합니다. src 속성을 썼다 하더라도 닫는 </script> 태그가 필수입니다. HTML은 <script/> 태그를 지원하지 않습니다. src 속성은 다양한 장점이 있습니다.

- 방대한 자바스크립트 코드를 HTML 파일에서 제거해 단순화합니다. 즉, '내용'과 '동작'을 분리합니다.
- 여러 개의 웹 페이지에서 같은 자바스크립트 코드를 공유할 때 src 속성을 쓰면 코드 하나만 관리해도 됩니다.
- 자바스크립트 코드를 여러 페이지에서 공유한다면 한 번만 내려받으면 됩니다. 첫 번째 페이지에서 코드를 내려받으면 다른 페이지는 브라우저 캐시에서 가져올 수 있습니다.
- src 속성은 임의의 URL을 값으로 받으므로 한 서버에 있는 자바스크립트 프로그램이나 웹 페이지가 다른 웹 서버에 있는 코드를 가져올 수 있습니다. 인터넷 광고는 대부분 이를 바탕으로 만들어집니다.

모듈

10.3절에서 자바스크립트 모듈과 import, export 지시자를 설명했습니다. 자바스크립트 프로그램을 모듈로 작성했다면 (그리고 코드 번들링 도구를 써서 모듈을 하나의 자바스크립트 파일로 조합하지 않았다면) 반드시 최상위 모듈을 <script type="module"> 태그로 불러와야 합니다. 이렇게 하면 지정한 모듈을 불러오고, 그 모듈에서 가져오는(import) 모듈을 모두 불러오고, (재귀적으로) 다시 가져온 모듈을 불러옵니다. 자세한 내용은 10.3.5절을 보십시오.

스크립트 타입 지정

웹 초기에는 언젠가 브라우저에서 자바스크립트가 아닌 다른 언어가 쓰일 것을 염두에 두고 <script> 태그에 language="javascript", type="application/java script" 같은 속성을 추가했습니다. 하지만 이는 완전히 불필요합니다. 자바스크립트는 웹의 기본 언어이자 유일한 언어입니다. language 속성은 폐기됐으며 <script> 태그에 type 속성을 사용하는 경우는 단 두 가지뿐입니다.

- 스크립트가 모듈일 때
- 웹 페이지에 데이터를 가져오지만 표시하지는 않을 때(15.3.4절 참고)

스크립트 실행 시점: async와 defer

웹 브라우저가 자바스크립트를 처음 도입했을 때, 이미 렌더링된 문서의 구조와 콘텐츠를 조작하고 문서 간에 이동할 수 있는 API는 존재하지 않았습니다. 자바스크립트 코드가 문서 콘텐츠에 영향을 주는 방법은 문서를 불러오고 있는 동안 즉석에서 콘텐츠를 생성하는 것, 즉 document.write() 메서드를 사용해 스크립트 위치에 HTML 텍스트를 주입하는 것뿐이었습니다.

이제 document.write()는 폐기됐지만, document.write()가 이런 식으로 동작한다는 건 HTML 파서가 <script> 요소를 만날 때마다 반드시 그 스크립트를 실행해 HTML을 출력하지 않음을 확인한 후에야 문서 분석과 렌더링을 재개할 수 있다는 의미입니다. 이런 방식은 웹 페이지의 분석과 렌더링 속도를 심하게 저해합니다.

다행히 스크립트의 기본 모드인 **동기적(차단하는)** 모드가 유일한 모드는 아닙니다. <script> 태그에 defer, async 속성을 써서 스크립트 실행 방식을 바꿀 수 있습니다. 이들은 불 속성이며 값은 없으므로 <script> 태그에 존재하기만 하면 됩니다. 단, 이 속성은 src 속성과 함께 사용해야만 의미가 있습니다.

```
<script defer src="deferred.js"></script>
<script async src="async.js"></script>
```

defer, async 속성은 모두 연결된 스크립트에 HTML을 만드는 document.write()가 없으므로 브라우저가 스크립트를 다 내려받을 때까지 기다리지 않고 문서 분석과 렌더링을 계속해도 됩니다. defer 속성은 문서를 완전히 내려받고 분석해서 조작할 준비가 끝날 때까지 스크립트 실행을 지연(defer)하라는 의미입니다. async 속성은 브라우저가 스크립트를 가능한 빨리 실행하되 스크립트를 내려받는 동안 문서 분석을 계속해도 된다는 뜻입니다. <script> 태그에 두 속성이 모두 존재한다면 async 속성이 우선순위를 갖습니다.

지연된 스크립트는 문서 출처 순서대로 실행됩니다. 비동기 스크립트는 불러오는 즉시 실행되므로 문서 출처대로 실행되지 않을 수도 있습니다.

type="module" 속성이 있는 스크립트는 기본적으로 defer 속성이 있는 것처럼 문서 로딩이 끝난 후 실행됩니다. async 속성을 쓰면 문서 로딩이 끝날 때까지 대기하지 않고 가져온 모듈 전부를 불러오는 즉시 실행을 시작합니다.

async, defer 속성을 쓰지 않고 스크립트를 HTML 파일의 마지막에 불러오기만 해도 같은 효과를 볼 수 있습니다. 이렇게 하면 브라우저가 문서 로드와 분석을 이미 끝낸 상태이므로 스크립트에서 문서 콘텐츠를 조작해도 안전합니다.

필요에 따른 스크립트 로드

문서를 처음 불러올 때는 필요가 없지만 사용자가 버튼을 클릭하거나 메뉴를 여는 등 어떤 행동을 했을 때만 필요한 자바스크립트 코드도 있습니다. 모듈을 사용해 코드를 개발했다면 10.3.6절에서 설명한 대로 import()를 써서 필요한 모듈만 불러올 수 있습니다.

모듈을 사용하지 않는다면 스크립트를 불러올 때 문서에 <script> 태그를 추가해서 자바스크립트 파일을 불러올 수 있습니다.

```
// 지정된 URL에서 비동기적으로 스크립트를 불러와서 실행합니다.
// 스크립트를 불러오면 해석되는 프라미스를 반환합니다.
function importScript(url) {
    return new Promise((resolve, reject) => {
        let s = document.createElement("script");    // <script> 요소 생성
        s.onload = () => { resolve(); };              // 프라미스 해석
        s.onerror = (e) => { reject(e); };            // 실패 시 거부
        s.src = url;                                  // 스크립트 URL 설정
        document.head.append(s);                      // 문서에 <script> 추가
    });
}
```

importScript() 함수는 15.3절에서 설명할 DOM API를 사용해 새로운 <script> 태그를 생성하고 문서 <head>에 추가합니다. 이 스크립트는 15.2절에서 설명할 이벤트 핸들러를 써서 스크립트를 성공적으로 불러왔는지, 실패했는지 판단합니다.

15.1.2 문서 객체 모델

Document 객체는 브라우저 창이나 탭에 표시되는 HTML 문서를 나타내는 객체이며 클라이언트 사이드 자바스크립트 프로그래밍에서 가장 중요한 객체 중 하나입니다. HTML 문서를 다루는 API를 문서 객체 모델, 또는 DOM(Document Object Model)이라 부르며 15.3절에서 자세히 설명합니다. 하지만 DOM은 클라이언트 사이드 자바스크립트 프로그래밍의 핵심이므로 여기서 먼저 소개합니다.

HTML은 요소가 서로 중첩되어 트리 구조를 형성합니다. 다음 HTML 문서를 보십시오.

```
<html>
  <head>
    <title>Sample Document</title>
  </head>
  <body>
    <h1>An HTML Document</h1>
    <p>This is a <i>simple</i> document.
  </body>
</html>
```

최상위 <html> 태그에 <head>, <body> 태그가 들어 있습니다. <head> 태그에는 <title> 태그가 있습니다. <body> 태그에는 <h1>, <p> 태그가 있습니다. <title>, <h1> 태그에는 문자열이 있고 <p> 태그에는 문자열, <i> 태그, 문자열이 있습니다.

DOM API는 HTML 문서의 트리 구조를 반영합니다. 문서에 존재하는 HTML 태그마다 그에 대응하는 자바스크립트 Element 객체가 있고, 문서에 존재하는 텍스트마다 그에 대응하는 Text 객체가 있습니다. Element, Text, Document 클래스는 모두 Node 클래스의 서브클래스이며 Node 객체는 트리 구조로 되어 있어, 자바스크립트에서 DOM API를 사용해 검색하고 이동할 수 있습니다. 이 문서를 나타내는 DOM을 그림 15-1에 표현했습니다.

컴퓨터 프로그래밍의 트리 구조에 익숙하지 않다면 가족 관계도에서 용어를 빌려 왔다는 점을 기억하십시오. 한 노드의 바로 위에 있는 노드는 그 노드의 **부모**(parent)입니다. 한 노드의 바로 아래 있는 노드는 **자식**(children)입니다. 같은 레벨에 있는 노드이고, 서로 부모도 같다면 그들은 **형제**(sibling)입니다. 어떤 노드의 아래에 있는 노드는 몇 단계에 걸쳐 있든 그 노드의 **자손**(descendant)입니다. 부모, 조부모 등 어떤 노드의 위에 있는 노드는 몇 단계에 걸쳐 있든 그 노드의 **조상**(ancestor)입니다.

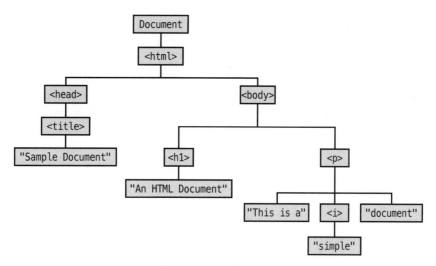

그림 15-1 HTML 문서의 트리 구조

DOM API에는 새로운 Element, Text 노드를 생성하고 이들을 다른 Element 객체 의 자식으로 문서에 삽입하는 메서드가 있습니다. 문서 안에서 요소를 이동하거나 완전히 제거하는 메서드도 있습니다. 서버 사이드 애플리케이션은 console.log() 로 문자열만 출력할 수 있지만 클라이언트 사이드 자바스크립트 애플리케이션은 DOM API를 사용해 문서 트리를 조작하거나 생성해 HTML로 출력할 수 있습니다.

각 HTML 태그 타입에 대응하는 자바스크립트 클래스가 있고 문서에 존재하 는 각 태그는 클래스의 인스턴스로 표현됩니다. 예를 들어 <body> 태그는 HTML BodyElement의 인스턴스이고 <table> 태그는 HTMLTableElement의 인스턴스입 니다. 자바스크립트 Element 객체에는 태그의 HTML 속성에 대응하는 프로퍼티 가 있습니다. 예를 들어 <img> 태그를 나타내는 HTMLImageElement 인스턴스에는 src 속성에 대응하는 src 프로퍼티가 있습니다. src 프로퍼티의 초깃값은 HTML 태 그의 속성 값이며 자바스크립트로 이 프로퍼티를 설정하면 HTML 속성 값이 바뀌 므로 브라우저가 새로운 이미지를 불러와서 표시합니다. 대부분의 자바스크립트 요소 클래스는 HTML 태그 속성을 반영할 뿐이지만 일부는 추가로 메서드를 정의 하기도 합니다. 예를 들어 HTMLAudioElement와 HTMLVideoElement 클래스에는 오디오, 비디오 파일의 재생을 제어하는 play(), pause() 같은 메서드가 있습니다.

15.1.3 웹 브라우저의 전역 객체

브라우저 창이나 탭마다 이에 대응하는 전역 객체가 하나씩 있습니다(3.7절 참고). 15.13절에서 설명할 워커 스레드를 제외한 모든 자바스크립트 코드는 전역 객체를 공유합니다. 문서에 스크립트나 모듈이 얼마나 많든 관계없습니다. 스크립트에서 전역 객체에 프로퍼티를 정의하면 그 프로퍼티는 다른 스크립트 전체에서 볼 수 있습니다.

자바스크립트의 표준 라이브러리는 전역 객체에 정의됩니다. 웹 브라우저에서 전역 객체는 다양한 웹 API의 진입점이기도 합니다. 예를 들어 document 프로퍼티는 현재 문서를 나타내고 fetch() 메서드는 HTTP 네트워크 요청을 보내며 Audio() 생성자는 자바스크립트 프로그램에서 사운드를 재생합니다.

웹 브라우저에서 전역 객체는 두 가지 임무를 수행합니다. 전역 객체는 내장 타입과 함수를 정의하기도 하지만 현재 웹 브라우저 창을 나타내기도 하며 그 창의 브라우징 히스토리를 나타내는 history(15.10.2절), 창의 너비를 픽셀로 나타내는 inner Width 같은 프로퍼티를 정의하기도 합니다. 이 전역 객체에는 window 프로퍼티가 있으며 그 값은 전역 객체 자체입니다. 따라서 클라이언트 사이드 코드에서 window를 입력해 전역 객체를 참조할 수 있습니다. 전역 객체와 관련된 기능을 사용할 때는 앞에 window.를 붙이는 편이 좋습니다. 예를 들어 innerWidth보다는 window.inner Width가 더 명확합니다.

15.1.4 네임스페이스를 공유하는 스크립트

모듈의 최상위 레벨, 즉 다른 함수나 클래스 정의 바깥에서 정의한 상수, 변수, 함수, 클래스는 명시적으로 내보내지 않는 한 그 모듈에서만 사용하는 비공개(private) 변수입니다. (코드 번들링 도구에서도 모듈의 비공개 프로퍼티는 비공개로 유지합니다.)

하지만 모듈이 아닌 스크립트에서는 완전히 다릅니다. 스크립트의 최상위 코드가 상수, 변수, 함수, 클래스를 정의하면 그 선언은 같은 문서에서 실행된 모든 스크립트에서 볼 수 있습니다. 어떤 스크립트에서 함수 f()를 정의하고 다른 스크립트에서 클래스 c를 정의한다면 세 번째 스크립트에서는 그들을 가져오지 않고도 함수를 호출하고 클래스의 인스턴스를 만들 수 있습니다. 따라서 모듈을 사용하지 않는다면 문서에 존재하는 독립적인 스크립트들이 네임스페이스를 공유하며 거대한 스크립트의 일부인 것처럼 행동합니다. 작은 프로그램에서는 편리할 수도 있지만 큰 프로그램에서는 겹치는 이름을 피하는 일도 고역이 될 수 있으며 서드 파티 라이브러리를 사용한다면 이 문제가 더 커질 수 있습니다.

공유된 네임스페이스가 동작하는 방식에는 오래전부터 이어져 온 변덕스러운 점(quirk)이 있습니다. 최상위 레벨에서 var, function 선언을 사용하면 공유된 전역 객체에 프로퍼티가 생성됩니다. 스크립트에서 최상위 함수 f()를 정의하면 같은 문서에 있는 다른 스크립트는 그 함수를 f()로도, window.f()로도 호출할 수 있습니다. 반면 ES6의 const, let, class는 최상위 레벨에서 사용하더라도 전역 객체가 아니라 공유된 네임스페이스 안에 생성됩니다. 스크립트에서 클래스 C를 정의하면 다른 스크립트에서는 new window.C()가 아니라 new C()로 그 클래스의 인스턴스를 만듭니다.

요약하면, 모듈의 최상위 선언은 그 모듈을 스코프로 가지며 이를 명시적으로 내보낼 수 있습니다. 모듈이 아닌 스크립트의 최상위 선언은 포함하는 문서를 스코프로 가지며 문서를 공유하는 모든 스크립트에서 해당 선언을 공유합니다. var, function 선언은 전역 객체를 통해 프로퍼티를 공유합니다. const, let, class 선언 역시 공유되며 문서를 스코프로 갖지만 다른 객체의 프로퍼티로 존재하지는 않습니다.

15.1.5 자바스크립트 프로그램 실행

클라이언트 사이드 자바스크립트에는 **프로그램**을 공식적으로 정의하고 있지 않지만, 문서에 존재하거나 문서를 참조하는 자바스크립트 코드가 모여 자바스크립트 프로그램이 된다고 할 수 있습니다. 이 코드들이 공유하는 전역 Window 객체를 통해 HTML 문서를 나타내는 Document 객체에 접근할 수 있습니다. 모듈이 아닌 스크립트는 최상위 네임스페이스 역시 공유합니다.

웹 페이지에 (<iframe> 요소로) 임베드된 프레임이 있다면, 그 임베드된 문서의 자바스크립트 코드는 임베드한 문서와는 다른 전역 객체와 Document 객체를 가지므로 별도의 자바스크립트 프로그램이라고 볼 수 있습니다. 하지만 앞서 말했듯 자바스크립트 프로그램의 경계를 정하는 공식 정의는 없습니다. 포함하는 문서와 포함된 문서를 같은 서버에서 불러왔다면 각 문서의 코드가 상호작용할 수 있으며 이들을 프로그램 하나를 이루는 각 부분으로 생각할 수도 있습니다. 15.13.6절은 <iframe>에서 실행 중인 자바스크립트 코드와 메시지를 주고받는 방법을 설명합니다.

자바스크립트 프로그램은 두 단계(phase)로 실행된다고 생각해도 무방합니다. 첫 번째 단계에서는 문서 콘텐츠를 불러오고 <script> 요소의 코드를 실행합니다.

스크립트는 일반적으로 문서 순서대로 실행되지만 async, defer 속성에 의해 순서가 바뀔 수 있습니다. 스크립트에 포함된 자바스크립트 코드는 위쪽에서 아래쪽으로 실행되지만, 자바스크립트의 조건문, 루프, 기타 제어문에 의해 순서가 바뀔 수 있습니다. 일부 스크립트는 첫 번째 단계에서는 거의 아무 일도 하지 않고 두 번째 단계에 사용할 함수와 클래스를 정의하기만 합니다. 어떤 스크립트는 첫 번째 단계에서만 동작하고 두 번째 단계에서는 아무것도 하지 않습니다. 문서의 마지막에 있는 스크립트가 <h1>, <h2> 태그를 모두 찾아서 차례를 만들어 문서 처음에 삽입한다고 합시다. 이 작업은 첫 번째 단계에서 완전히 끝날 수 있습니다. (15.3.6절에서 이 작업을 실제로 수행하는 예제를 소개합니다.)

문서 로딩이 끝나고 스크립트를 전부 실행하면 자바스크립트는 두 번째 단계에 들어갑니다. 이 단계는 비동기적이며 이벤트 주도적입니다. 스크립트가 두 번째 단계에서 동작하려면 반드시 첫 번째 단계에서 하나 이상의 이벤트 핸들러나 다른 콜백 함수를 등록해야 합니다. 이벤트 주도적인 두 번째 단계에서 웹 브라우저는 비동기적으로 일어나는 이벤트에 응답해 이벤트 핸들러나 기타 콜백을 호출합니다. 이벤트 핸들러는 대부분 마우스 클릭이나 키 입력 등 사용자의 입력에 응답하지만 네트워크 활동, 문서나 자원 로딩, 경과한 시간, 자바스크립트 코드의 에러 등으로도 호출될 수 있습니다. 이벤트와 이벤트 핸들러는 15.2절에서 자세히 설명합니다.

두 번째 단계에서 처음 일어나는 이벤트 중에는 DOMContentLoaded와 load 이벤트가 있습니다. DOMContentLoaded 이벤트는 HTML 문서의 로딩과 분석이 완전히 끝났을 때 일어납니다. load 이벤트는 이미지 같은 문서의 외부 자원을 완전히 불러왔을 때 일어납니다. 자바스크립트 프로그램에서 이들 이벤트를 시작 신호로 사용할 때가 많습니다. 스크립트에서 함수를 정의하고 load 이벤트가 발생했을 때 실행되도록 이벤트 핸들러 함수로 등록하기만 하는 것입니다. 그리고 load 이벤트 핸들러에서 문서를 조작하고 기타 프로그램에서 의도한 작업을 수행합니다. load 같은 이벤트 핸들러에서 다른 이벤트 핸들러를 등록하는 경우도 많습니다.

자바스크립트 프로그램의 첫 번째 단계는 비교적 짧으며, 1초 안에 이루어지는 것이 이상적입니다. 문서 로딩이 끝나면, 문서가 웹 브라우저에 표시되는 동안 이벤트 주도적인 두 번째 단계가 계속 이어집니다. 이 단계는 비동기적이고 이벤트 주도적이므로 오랫동안 아무 활동도 없다가 사용자 또는 네트워크 이벤트에 의해 갑자기 활동하는 경우도 있습니다. 두 단계에 대해서는 다음에 더 자세히 설명하겠습니다.

클라이언트 사이드 자바스크립트 스레드 모델

자바스크립트는 싱글 스레드 언어이며, 싱글 스레드 실행 모델은 두 이벤트 핸들러가 절대 동시에 실행되지 않으므로 프로그래밍이 훨씬 단순합니다. 콘텐츠를 수정할 때 다른 스레드가 같은 콘텐츠를 동시에 수정하게 될 일도 없고, 락(lock), 교착 상태(deadlock), 경합 조건(race condition)을 걱정할 필요도 없습니다.

싱글 스레드는 웹 브라우저가 스크립트와 이벤트 핸들러를 실행하는 동안 사용자 입력에 반응하지 않는다는 의미입니다. 따라서 자바스크립트 프로그래머는 스크립트와 이벤트 핸들러가 너무 오래 실행되게 만들어서는 안 됩니다. 스크립트에서 과도한 계산을 수행하면 문서 로딩이 지연되고 사용자는 스크립트 실행이 완료될 때까지 문서 콘텐츠를 볼 수 없습니다. 이벤트 핸들러에서 과도한 계산을 수행하면 브라우저의 응답이 멈추고 사용자는 브라우저가 다운됐다고 생각할 수도 있습니다.

웹 플랫폼은 '웹 워커'를 통해 동시성을 구현합니다. 웹 워커는 사용자 인터페이스를 멈추지 않으면서 실행되는 백그라운드 스레드입니다. 웹 워커 스레드에서 실행되는 코드는 문서 콘텐츠에 접근할 수 없고, 메인 스레드나 다른 워커와는 상태를 공유하지 않으면서 오로지 비동기 메시지 이벤트를 통해서만 통신합니다. 메인 스레드는 이런 동시성을 인지하지 못하므로 웹 워커는 자바스크립트 프로그램의 싱글 스레드 실행 모델을 망치지 않습니다. 15.13절에서 웹의 안전한 스레드 메커니즘에 대해 자세히 설명합니다.

클라이언트 사이드 자바스크립트 타임라인

자바스크립트 프로그램은 스크립트 실행 단계에서 이벤트 처리 단계로 넘어갑니다. 두 단계는 다음과 같이 여러 단계로 더 나눌 수 있습니다.

1. 웹 브라우저가 Document 객체를 생성하고 웹 페이지 분석을 시작합니다. HTML 요소와 텍스트 콘텐츠를 분석할 때마다 Element 객체와 Text 노드를 문서에 추가합니다. 이 단계에서 document.readyState 프로퍼티의 값은 loading입니다.

2. HTML 파서가 async, defer, type="module" 속성이 없는 <script> 태그를 만나면 스크립트 태그를 문서에 추가하고 스크립트를 실행합니다. 스크립트는 동기적으로 실행되고 HTML 파서는 스크립트를 내려받아 실행하는 동안 일시 중지합니다. 이런 스크립트는 document.write()를 사용해 입력 스트림에 텍스트

를 삽입할 수 있으며 그 텍스트는 파서가 재개될 때 문서의 일부분이 됩니다. 이런 스크립트는 나중에 사용할 이벤트 핸들러를 등록하기만 하는 경우가 대부분이지만, 이 시점에는 자신이 존재하는 것처럼 문서 트리를 이동하고 조작할 수 있습니다. 즉, async나 defer 속성이 없는 비모듈 스크립트는 자기 자신의 <script> 태그와 그 앞에 있는 문서 콘텐츠를 볼 수 있습니다.

3. 파서가 async 속성이 있는 <script> 요소를 만나면 스크립트 텍스트를 내려받기 시작하며, 스크립트가 모듈이라면 가져오는 모듈 역시 재귀적으로 내려받아 문서 분석을 계속합니다. 스크립트는 내려받은 후 가능한 한 빨리 실행되지만 파서는 내려받기가 끝나기를 기다리지 않습니다. 비동기 스크립트는 document.write() 메서드를 사용해서는 안 됩니다. 비동기 스크립트는 자신의 <script> 태그와 그 앞에 있는 문서 콘텐츠를 볼 수 있고, 나머지 문서 콘텐츠에는 접근할 수도 있고 접근하지 못할 수도 있습니다.

4. 문서 분석이 완전히 끝나면 document.readyState 프로퍼티가 interactive로 바뀝니다.

5. defer 속성이 있는 스크립트, async 속성이 없는 모듈 스크립트는 문서 순서대로 실행됩니다. 비동기 스크립트도 이때 실행될 수 있습니다. 지연된 스크립트는 문서 전체에 접근할 수 있으며, document.write() 메서드를 사용해서는 안 됩니다.

6. 브라우저가 Document 객체에서 DOMContentLoaded 이벤트를 일으킵니다. 이 이벤트는 스크립트 단계를 두 번째 단계로 전환합니다. 이 시점에서 아직 실행되지 않은 async 스크립트가 있을 수 있습니다.

7. 이 시점에서 문서 분석은 완전히 끝났지만 브라우저는 여전히 이미지 같은 콘텐츠를 기다리고 있을 수 있습니다. 콘텐츠 로딩이 끝나고 async 스크립트 로딩과 실행도 끝나면 document.readyState 프로퍼티는 complete로 바뀌고 웹 브라우저는 Window 객체에서 load 이벤트를 일으킵니다.

8. 이제부터 사용자의 입력 이벤트, 네트워크 이벤트, 타이머 종료 등에 의해 이벤트 핸들러가 비동기적으로 호출됩니다.

15.1.6 프로그램 입출력

다른 프로그램과 마찬가지로 클라이언트 사이드 자바스크립트 프로그램도 입력 데이터를 처리해 출력 데이터를 만듭니다. 사용할 수 있는 입력 형태는 다양합니다.

- 자바스크립트 코드에서 DOM API(15.3절)를 통해 접근할 수 있는 문서 콘텐츠 자체
- 이벤트 형태인 사용자 입력. HTML <button> 요소를 마우스로 클릭하거나 터치 스크린을 탭하는 것, HTML <textarea> 요소에 텍스트 입력 등이 이에 해당합니다. 15.2절에서 자바스크립트 프로그램이 이런 사용자 이벤트에 반응하는 예제를 살펴봅니다.
- 문서 URL은 클라이언트 사이드 자바스크립트에서 document.URL로 접근할 수 있습니다. 이 문자열을 11.9절에서 설명한 URL() 생성자에 전달하면 URL의 경로, 검색, 프래그먼트 등에 쉽게 접근할 수 있습니다.
- HTTP '쿠키' 요청 헤더 콘텐츠는 document.cookie로 사용할 수 있습니다. 쿠키는 보통 서버 사이드에서 사용자 세션을 관리할 때 사용하지만 클라이언트 사이드에서도 필요하다면 쿠키를 읽고 쓸 수 있습니다. 15.12.2절에서 더 자세히 설명합니다.
- 전역 navigator 프로퍼티를 통해 웹 브라우저, 운영 체제와 그 기능에 접근할 수 있습니다. 예를 들어 navigator.userAgent는 웹 브라우저를 식별하는 문자열이고 navigator.language는 사용자가 선호하는 언어이며 navigator.hardwareConcurrency는 웹 브라우저가 사용할 수 있는 논리적 CPU의 개수입니다. 마찬가지로 전역 screen 프로퍼티의 screen.width, screen.height 프로퍼티를 통해 사용자의 디스플레이 크기에 접근할 수 있습니다. 어떤 면에서는 웹 브라우저의 navigator, screen 객체를 노드 프로그램의 환경 변수라고 생각해도 됩니다.

클라이언트 사이드 자바스크립트는 DOM API 또는 리액트, 앵귤러 같은 프레임워크를 통해 HTML 문서를 조작합니다. 클라이언트 사이드 코드는 console.log()나 관련 메서드(11.8절)를 통해 출력할 수도 있습니다. 하지만 콘솔을 통한 출력은 웹 개발자 콘솔에만 보이므로 디버깅에는 적합하지만 사용자에게 전달하기에는 적합하지 않습니다.

15.1.7 프로그램 에러

운영 체제에서 직접 실행하는 노드 애플리케이션과 달리 웹 브라우저의 자바스크립트 프로그램은 '충돌'하지 않습니다. 자바스크립트 프로그램이 실행되는 동안 예

외가 일어나고 그 예외를 처리할 catch 문이 없다면 개발자 콘솔에 에러 메시지가 표시되지만 등록된 이벤트 핸들러는 계속 실행되며 이벤트에 반응합니다.

잡히지 않은 예외가 일어났을 때 최후의 수단으로 호출될 에러 핸들러가 필요하다면, Window 객체의 onerror 프로퍼티에 에러 핸들러 함수를 정의하십시오. 잡히지 않은 예외가 콜 스택을 따라 전달되고 개발자 콘솔에 에러 메시지가 표시될 때, window.onerror 함수가 세 가지 문자열 인자를 받아 호출됩니다. 첫 번째 인자는 에러를 설명하는 메시지입니다. 두 번째 인자는 에러를 일으킨 자바스크립트 코드의 URL을 담은 문자열입니다. 세 번째 인자는 에러가 일어난 위치를 나타내는 행 번호입니다. onerror 핸들러가 true를 반환하면 브라우저는 핸들러가 에러를 처리했으므로 다른 작업이 더 필요하지 않다고 판단합니다. 달리 말하자면, 브라우저에서 에러 메시지를 표시하지 않습니다.

프라미스가 거부되고 이를 처리할 .catch() 함수가 없다면 처리하지 않은 예외가 있는 것과 비슷합니다. 프로그램에 예상치 못한 에러나 논리 에러가 있는 것입니다. window.onunhandledrejection 함수를 정의하거나 window.addEventListener()를 써서 unhandledrejection 이벤트 핸들러를 등록해 이를 감지할 수 있습니다. 이 핸들러에 전달되는 이벤트 객체에는 거부된 프라미스 객체가 값인 promise 프로퍼티가 있고 .catch() 함수에 전달된 것을 값으로 갖는 reason 프로퍼티가 있습니다. 앞에서 설명한 에러 핸들러와 마찬가지로, 처리되지 않은 거부 이벤트 객체에서 prevent Default()를 호출하면 처리된 것으로 간주하며 개발자 콘솔에 에러 메시지를 표시하지 않습니다.

onerror와 onunhandledrejection 핸들러를 정의할 일은 많지 않지만 fetch() 함수 등을 사용해 사용자의 브라우저에서 일어난 예상하지 못한 에러를 서버에 보고하는 메커니즘을 준비할 때 꽤 유용하게 쓸 수 있습니다.

15.1.8 웹 보안 모델

웹 페이지에서 방문자 개인의 장치에 임의의 자바스크립트 코드를 실행할 수 있다는 것은 분명 보안에 영향을 줍니다. 브라우저 제조사들은 아래 두 가지 상반되는 목표 간의 균형을 맞추기 위해 노력해 왔습니다.

- 유용한 웹 애플리케이션을 사용할 수 있는 강력한 클라이언트 사이드 API를 정의하는 것

- 악의적인 코드에서 데이터를 읽거나 수정하지 못하게 하고, 개인 정보에 접근하지 못하게 방지하는 것

이어지는 하위 절은 보안 관련 제한을 간단히 다루고 자바스크립트 프로그래머가 인지하고 있어야 할 문제를 설명합니다.

자바스크립트에서 할 수 없는 일

악의적인 코드에 대한 웹 브라우저의 첫 번째 방어선은 특정 기능을 지원하지 않는 것입니다. 예를 들어 클라이언트 사이드 자바스크립트는 클라이언트 컴퓨터의 디렉터리를 읽을 수 없고 파일을 수정하거나 삭제할 수 없습니다. 따라서 자바스크립트 프로그램은 데이터를 삭제하거나 바이러스를 옮길 수 없습니다.

마찬가지로 클라이언트 사이드 자바스크립트에는 범용 네트워크 기능도 없습니다. 클라이언트 사이드 자바스크립트 프로그램은 HTTP 요청(15.11.1절)을 보낼 수 있고, 특별한 서버와 통신하도록 소켓 비슷한 API를 정의한 웹소켓(15.11.3절)이라는 표준도 있습니다. 하지만 어느 API도 방대한 네트워크에 제한 없이 접근하도록 허용하지는 않습니다. 클라이언트 사이드 자바스크립트로 범용 인터넷 클라이언트와 서버를 만들 수는 없습니다.

동일 출처 정책

동일 출처 정책(same-origin policy)은 자바스크립트 코드에서 접근할 수 있는 웹 콘텐츠를 제어하는 보안 제한입니다. 동일 출처 정책은 일반적으로 <iframe> 요소를 통해 웹 페이지를 불러올 때 작용합니다. 한 프레임에 있는 자바스크립트 코드와 다른 프레임의 콘텐츠 사이의 상호작용을 지배합니다. 구체적으로 말해 스크립트는 자신을 포함한 문서와 같은 서버에서 가져온 창과 문서의 프로퍼티만 읽을 수 있습니다.

문서 출처는 그 문서를 불러온 URL의 프로토콜, 호스트, 포트로 정의됩니다. 다른 웹 서버에서 가져왔다면 출처가 다른 문서로 간주합니다. 호스트가 같더라도 다른 포트에서 가져온 문서는 출처가 다른 것으로 간주합니다. 또한 서버가 같더라도 http: 프로토콜로 가져온 문서는 https: 프로토콜로 가져온 문서와 출처가 다르다고 간주합니다. 브라우저는 일반적으로 file: URL을 별도의 출처로 취급하므로, 같은 서버에서 하나 이상의 문서를 가져와 표시하는 프로그램을 만들고 있다면 로

컬에서 file: URL로는 테스트할 수 없고 개발 과정에 정적 웹 서버를 사용해야 합니다.

스크립트 자체의 출처는 동일 출처 정책과 관련이 없습니다. 문제가 되는 것은 스크립트를 포함한 문서의 출처입니다. 예를 들어 호스트 A에서 가져온 스크립트를 호스트 B에서 가져온 웹 페이지에 사용했다고 합시다. 이 경우 스크립트의 출처는 호스트 B이며 자신을 포함한 문서의 콘텐츠 전체에 접근할 수 있습니다. 문서에 `<iframe>` 요소가 있고 이 요소에 마찬가지로 호스트 B에서 가져온 두 번째 문서가 있다면 스크립트는 두 번째 문서의 콘텐츠에도 제한 없이 접근할 수 있습니다. 하지만 최상위 문서에 또 다른 `<iframe>` 요소가 있고 호스트 C에서 가져온 세 번째 문서가 있다면 스크립트는 동일 출처 정책에 의해 세 번째 문서에 접근할 수 없습니다. 설령 세 번째 문서를 호스트 A에서 가져왔다고 해도 마찬가지로 접근할 수 없습니다.

동일 출처 정책은 스크립트를 사용한 HTTP 요청(15.11.1절)에도 적용됩니다. 자바스크립트 코드는 자신 포함하는 문서를 가져온 웹 서버에 HTTP 요청을 제한 없이 보낼 수 있지만 다른 웹 서버와 통신할 수는 없습니다. (아래에서 설명할 CORS로 허용된 웹 서버는 허용됩니다.)

서브도메인을 여러 개 사용하는 큰 웹사이트에서는 동일 출처 정책이 문제가 될 수 있습니다. 예를 들어 order.example.com에서 가져온 스크립트가 example.com에서 가져온 문서의 프로퍼티를 읽어야 한다고 합시다. 스크립트는 document.domain을 도메인 접미사로 설정해, 이렇게 여러 개의 도메인을 사용하는 웹사이트를 지원할 수 있습니다. 즉 *https://orders.example.com*에서 가져온 스크립트는 document.domain을 example.com으로 설정해 자신의 출처를 *https://example.com*으로 바꿀 수 있습니다. 하지만 document.domain을 orders.example, ample.com, com 등으로 바꿀 수는 없습니다.

동일 출처 정책을 완화하는 두 번째 방법은 CORS(Cross-Origin Resource Sharing)(교차 출처 간 자원 공유)입니다. CORS는 HTTP를 Origin: 요청 헤더와 Access-Control-Allow-Origin 응답 헤더로 확장합니다. CORS를 써서 헤더에 파일을 요청할 수 있는 출처를 명시적으로 나열하거나 와일드카드를 써서 어떤 사이트에든 제한 없이 파일을 요청하게 할 수 있습니다. 브라우저는 CORS 헤더를 지원하며 이 헤더가 존재하지 않으면 동일 출처 제한을 완화하지 않습니다.

교차 사이트 스크립트

교차 사이트 스크립트(Cross-site scripting)(XSS)는 공격자가 대상 웹사이트에 HTML 태그나 스크립트를 주입하는 보안 문제를 통틀어 가리키는 용어입니다. 클라이언트 사이드 자바스크립트 프로그래머는 반드시 교차 사이트 스크립트를 염두에 두고 방어해야 합니다.

문서 콘텐츠를 동적으로 생성하고 사용자가 전송한 데이터에서 HTML 태그를 제거하는 '방역(sanitize)' 없이 사용하는 웹 페이지는 교차 사이트 스크립트에 취약합니다. 간단한 예로 사용자 이름을 받아 환영 메시지를 표시하는 웹 페이지를 보십시오.

```
<script>
let name = new URL(document.URL).searchParams.get("name");
document.querySelector('h1').innerHTML = "Hello " + name;
</script>
```

이 스크립트는 문서 URL에서 name 매개변수를 가져옵니다. 그리고 DOM API를 써서 문서의 첫 번째 <h1> 태그에 HTML 문자열을 주입합니다. 이 페이지는 다음과 같은 URL을 사용한다고 가정하고 만들었습니다.

```
http://www.example.com/greet.html?name=David
```

위 예제는 "Hello David"라는 텍스트를 표시합니다. 하지만 다음과 같은 쿼리 매개변수로 호출했다고 생각해 보십시오.

```
name=%3Cimg%20src=%22x.png%22%20onload=%22alert(%27hacked%27)%22/%3E
```

URL로 이스케이프한 매개변수를 디코드하면 다음 HTML이 문서에 주입됩니다.

```
Hello <img src="x.png" onload="alert('hacked')"/>
```

이미지를 불러오고 나면 onload 속성에 있는 자바스크립트 문자열이 실행되고 전역 함수 alert()가 모달(modal) 대화 상자를 표시합니다. 대화 상자 하나 정도는 심각하지 않지만 이 사이트는 방역을 거치지 않고 HTML을 표시하므로 임의의 코드 실행도 가능합니다.

교차 사이트 스크립트 공격이라는 이름은 하나 이상의 사이트가 연관됨을 의미합니다. 사이트 B에 위 예제와 같이 조작된, 사이트 A를 가리키는 링크가 있다고 합시다. 사이트 B에서 사용자가 그 링크를 클릭하도록 유도하면 사용자는 사이트 A로 이동하지만, 사이트 A는 이제 사이트 B의 코드를 실행합니다. 그 코드가 사이트 A의 페이지를 훼손하거나 제대로 동작하지 않게 만들 수도 있습니다. 더 위험한 것은, 악의적인 코드가 사이트 A에 저장된 계좌 번호나 개인 식별 정보 같은 쿠키를 읽고 이를 사이트 B에 전송할 수 있다는 겁니다. 주입된 코드로 사용자의 키 입력을 추적해 사이트 B에 전송할 수도 있습니다.

일반적으로 XSS 공격을 방지하는 방법은 신뢰할 수 없는 데이터로 문서 콘텐츠를 동적으로 생성하기 전에 HTML 태그를 모두 제거하는 것입니다. 예를 들어 다음과 같이 greet.html을 수정해 신뢰할 수 없는 입력 문자열의 HTML 특수 문자를 이와 동등한 HTML 엔티티로 교체하는 방법입니다.

```
name = name
    .replace(/&/g, "&amp;")
    .replace(/</g, "&lt;")
    .replace(/>/g, "&gt;")
    .replace(/"/g, "&quot;")
    .replace(/'/g, "&#x27;")
    .replace(/\//g, "&#x2F;")
```

XSS 문제를 방지하는 또 다른 방법은 신뢰할 수 없는 콘텐츠는 항상 sandbox 속성이 있는 <iframe>에 표시해서 스크립트나 기타 기능을 비활성화하는 것입니다.

교차 사이트 스크립트는 웹의 구조에 깊이 뿌리박힌 유해한 취약점입니다. 이 취약점을 자세히 이해하는 일은 그만한 가치가 있지만 더 깊이 설명하는 것은 이 책의 범위를 벗어납니다. 검색해 보면 교차 사이트 스크립트를 방어하는 방법을 다룬 온라인 자료가 많습니다.

15.2 이벤트

클라이언트 사이드 자바스크립트 프로그램은 비동기적인 이벤트 주도 프로그래밍 모델을 사용합니다. 웹 브라우저는 문서, 브라우저, 요소, 객체에 뭔가 흥미로운 일이 일어날 때마다 **이벤트**를 일으킵니다. 문서 로딩을 마쳤을 때, 사용자가 마우스를 하이퍼링크 위로 올렸을 때, 사용자가 키보드 키를 눌렀을 때 등이 이에 해당합니다. 자바스크립트 애플리케이션이 어떤 이벤트 타입에 관심이 있다면 그 타입의 이벤트가 일어날 때 호출되도록 하나 이상의 함수를 등록할 수 있습니다. 이런 방식은 웹 프로그래밍에만 국한되지는 않으며, 그래픽 사용자 인터페이스를 사용하는 애플리케이션은 모두 이런 식으로 동작합니다.

클라이언트 사이드 자바스크립트에서 이벤트는 HTML 문서의 모든 요소에서 일어날 수 있으며 이 때문에 웹 브라우저의 이벤트 모델은 노드의 이벤트 모델에 비해 상당히 복잡합니다. 우선 이벤트 모델을 이해하는 데 필요한 몇 가지 주요 개념에 대해 설명하겠습니다.

이벤트 타입

이벤트 종류를 지정하는 문자열입니다. 예를 들어 mousemove 타입은 사용자가 마우스를 움직였다는 의미입니다. keydown 타입은 사용자가 키보드의 키를 눌렀다는 뜻입니다. load 타입은 문서나 기타 자원의 로딩이 끝났다는 의미입니다. 이벤트 타입은 단순한 문자열이므로 **이벤트 이름**이라 부를 때도 있습니다.

이벤트 대상

이벤트가 일어난, 또는 이벤트와 연관된 객체입니다. 이벤트를 지칭할 때는 'Window 객체의 load 이벤트'나 '<button> 요소의 click 이벤트'처럼 반드시 그 타입과 대상을 함께 지정해야 합니다. 클라이언트 사이드 자바스크립트 애플리케이션에서 가장 널리 쓰이는 이벤트 대상은 Window, Document, Element 객체지만 일부 이벤트는 다른 객체에서 일어나기도 합니다. 예를 들어 Worker 객체(일종의 스레드, 15.13절 참고)는 워커 스레드가 메인 스레드에 메시지를 전송할 때 일어나는 message 이벤트의 대상입니다.

이벤트 핸들러 또는 이벤트 리스너

이 함수는 이벤트를 처리하거나 이벤트에 반응합니다.[2] 애플리케이션은 이벤트 타입과 이벤트 대상을 지정해 웹 브라우저에 이벤트 핸들러 함수를 등록합니다. 지정된 대상에서 지정된 타입의 이벤트가 일어나면 브라우저가 핸들러 함수를 호출합니다. 객체에서 이벤트 핸들러가 호출되면 브라우저가 이벤트를 '일으켰다', '전달했다'라고 합니다. 이벤트 핸들러를 등록하는 방법은 다양하며 15.2.2절과 15.2.3절에서 자세히 설명합니다.

---

2 HTML 명세를 비롯해 일부 문서에서 등록 방법을 기준으로 핸들러와 리스너를 구분하기도 합니다. 이 책에서는 두 용어를 같은 것으로 취급합니다.

이벤트 객체

이벤트 객체는 특정 이벤트와 연관되어 있으며 해당 이벤트에 관한 세부 정보를 포함합니다. 이벤트 객체는 이벤트 핸들러 함수에 인자로 전달됩니다. 모든 이벤트 객체에는 이벤트 타입을 나타내는 type 프로퍼티, 이벤트 대상을 나타내는 target 프로퍼티가 있습니다. 각 이벤트 타입에는 연관된 이벤트 객체에 관한 프로퍼티가 있습니다. 예를 들어 마우스 이벤트에 연관된 객체에는 마우스 포인터 좌표가 들어있고, 키보드 이벤트에 연관된 객체에는 주요 키, 함께 눌린 보조 키에 관한 정보가 들어 있습니다. 대부분의 이벤트 타입에는 type, target 같은 표준 프로퍼티 몇 가지만 정의되어 있으며 유용한 정보가 그리 많지는 않습니다. 이런 이벤트에서 중요한 것은 이벤트가 일어났다는 사실이지 이벤트에 관한 세부 사항이 중요하지는 않습니다.

이벤트 전달

브라우저는 이 프로세스를 통해 어떤 객체에서 이벤트 핸들러를 호출할지 결정합니다. Window 객체의 load 이벤트나 Worker 객체의 message 이벤트처럼 특정 객체에 국한되는 이벤트는 전달(propagation)이 필요 없습니다. 반면 HTML 문서의 요소에서 일어나는 일부 이벤트는 문서 트리를 따라 전달됩니다. 사용자가 하이퍼링크 위에 마우스를 올리면 먼저 링크에 해당하는 <a> 요소에서 mousemove 이벤트가 일어납니다. 그리고 링크를 포함하는 요소, 예를 들어 <p> 요소, <section> 요소, Document 객체 자체 등에서 같은 이벤트가 일어납니다. 때때로 개별 요소에 각각 핸들러를 등록하기보다는 문서나 다른 컨테이너 요소에 이벤트 핸들러 하나만 등록하는 게 편리할 때도 있습니다. 이벤트 핸들러에서 이벤트 전달을 차단해 포함하는 요소의 핸들러를 호출하지 못하게 막을 수 있습니다. 차단은 이벤트 객체의 메서드를 호출하는 방식으로 이루어집니다. **이벤트 캡처링**이라 부르는 또 다른 형태의 이벤트 전달에서는 컨테이너 요소에 등록된 핸들러가 이벤트가 실제 대상에 전달되기 전에 '캡처'할 기회를 갖습니다. 이벤트 캡처링과 버블링은 15.2.4절에서 자세히 설명합니다.

일부 이벤트에는 연관된 **기본 동작**이 있습니다. 예를 들어 하이퍼링크에서 클릭 이벤트가 일어났을 때 기본 동작은 브라우저가 링크를 따라가서 새로운 페이지를 불러오는 것입니다. 이벤트 핸들러는 이벤트 객체의 메서드를 호출해 기본 동작을 방지할 수 있습니다. 이벤트 '취소'라고 부르기도 하며 15.2.5절에서 설명합니다.

15.2.1 이벤트 범주

클라이언트 사이드 자바스크립트에서 지원하는 이벤트 타입은 너무 방대해서 이 장에서 모두 설명할 수는 없습니다. 대신 이벤트를 그룹으로 묶어서 살펴보겠습니다.

장치 의존적인 입력 이벤트

이 이벤트는 마우스나 키보드 같은 특정 입력 장치에 직접적으로 묶여 있습니다. mousedown, mousemove, mouseup, touchstart, touchmove, touchend, keydown, keyup 등이 이런 이벤트 타입에 속합니다.

장치 독립적인 입력 이벤트

이런 입력 이벤트는 특정 입력 장치에 매여 있지 않습니다. 예를 들어 click 이벤트는 링크나 버튼, 기타 문서 요소가 활성화되었음을 알립니다. 이런 요소는 보통 마우스 클릭을 통해 활성화되지만, 키보드를 누르거나 터치 장치를 탭해도 활성화할 수 있습니다. input 이벤트는 keydown 이벤트의 장치 독립적인 대안이며 키보드 입력뿐만 아니라 잘라내어 붙여 넣기, 상형 문자의 입력 방법 등을 지원합니다. pointerdown, pointermove, pointerup 이벤트 타입은 마우스와 터치 이벤트의 장치 독립적인 대안이며 마우스 타입 포인터, 터치스크린, 펜이나 스타일러스를 지원합니다.

사용자 인터페이스 이벤트

UI 이벤트는 고수준 이벤트이며 웹 애플리케이션의 사용자 인터페이스로 동작하는 HTML 폼 요소에서 자주 사용됩니다. 텍스트 입력 필드가 키보드 포커스를 받았을 때 발생하는 focus 이벤트, 사용자가 폼 요소의 값을 바꿨을 때 발생하는 change 이벤트, 사용자가 폼의 전송 버튼을 클릭했을 때 발생하는 submit 이벤트가 이에 속합니다.

상태 전환 이벤트

일부 이벤트는 사용자의 활동이 아니라 네트워크와 브라우저 활동에 의해 일어나며 일종의 라이프 사이클이나 상태가 변경됐음을 알립니다. load와 DOMContentLoaded 이벤트는 문서 로딩이 끝났을 때 각각 Window와 Document 객체에서 일어나는데, 아마 가장 널리 쓰이는 이벤트일 것입니다(477페이지의 '클라이언트 사이드 자바스크립트 타임라인'을 보십시오). 브라우저는 네트워크 연결이 바뀔 때 Window 객체에서 online과 offline 이벤트를 일으킵니다. 브라우저의 히스토리 관리 메커니즘(15.10.4절)은 뒤로 가기 버튼에 응답해 popstate 이벤트를 일으킵니다.

API 전용 이벤트

HTML과 관련 명세에서 정의하는 다양한 웹 API도 자신만의 이벤트 타입을 갖습니다. HTML <video>, <audio> 요소는 waiting, playing, seeking, volumechange 같은 이벤트 타입이 있으며, 이를 이용해 미디어 재생을 제어할 수 있습니다. 웹 플랫폼 API는 대개 자바스크립트에서 프라미스를 도입하기 전에 개발됐으므로, 비동기적이고 이벤트 기반이며 API 전용 이벤트가 따로 만들어져 있습니다. 예를 들어 IndexedDB API(15.12.3절)는 데이터베이스 요청이 성공하거나 실패할 때 success, error 이벤트를 일으킵니다. HTTP 요청을 보내는 새로운 fetch() API(15.11.1절)는 프라미스 기반이지만 그 이전에 사용됐던 XMLHttpRequest API는 전용 이벤트 타입을 많이 정의했습니다.

15.2.2 이벤트 핸들러 등록

이벤트 핸들러를 등록하는 방법은 기본적으로 두 가지입니다. 웹 초기부터 사용되던 첫 번째 방법은 이벤트 대상인 요소나 객체에 프로퍼티를 설정하는 방법입니다. 더 새롭고 일반적인 두 번째 방법은 객체나 요소의 addEventListener() 메서드에 핸들러를 전달하는 방법입니다.

이벤트 핸들러 프로퍼티 설정

이벤트 핸들러를 등록하는 가장 단순한 방법은 이벤트 대상의 프로퍼티를 원하는 이벤트 핸들러 함수로 설정하는 방법입니다. 관습적으로 이벤트 핸들러 프로퍼티 이름은 onclick, onchange, onload, onmouseover처럼 on 다음에 이벤트 이름을 붙입니다. 이런 프로퍼티 이름은 대소문자를 구분하며 mousedown처럼 여러 단어로 구성되어 있어도 전부 소문자로 씁니다.[3] 다음 예제를 보십시오.

---

3 리액트 프레임워크를 사용해 클라이언트 사이드 사용자 인터페이스를 만들어 본 경험만 있다면 생소하게 느껴질 수도 있습니다. 리액트는 클라이언트 사이드 이벤트 모델을 약간 바꾼 부분이 많은데 프로퍼티 이름을 onClick, onMouseOver처럼 카멜 케이스(camelCase)로 바꾼 것도 그 일환입니다. 하지만 네이티브 웹 플랫폼에서는 이벤트 핸들러 프로퍼티를 모두 소문자로 씁니다.

```
// Window 객체의 onload 프로퍼티를 함수로 설정합니다.
// 이 함수가 이벤트 핸들러이며 문서를 불러올 때 호출됩니다.
window.onload = function() {
    // <form> 요소를 찾습니다.
    let form = document.querySelector("form#shipping");
    // 폼을 전송하기 전에 호출될 이벤트 핸들러 함수를 등록합니다.
    // isFormValid()는 다른 곳에서 정의했다고 가정합니다.
    form.onsubmit = function(event) { // 사용자가 폼을 전송할 때
        if (!isFormValid(this)) {       // 폼 입력이 유효한지 체크합니다.
            event.preventDefault();     // 유효하지 않다면 폼 제출을 막습니다.
        }
    };
};
```

이벤트 핸들러 프로퍼티의 단점은 이벤트 대상이 이벤트 타입 하나당 최대 한 개의 핸들러만 받는다는 가정하에 설계됐다는 점입니다. addEventListener()는 이전에 등록한 핸들러를 덮어 쓰지 않으므로 일반적으로 addEventListener()를 사용해 이벤트 핸들러를 등록하는 게 더 좋습니다.

이벤트 핸들러 속성 설정

요소의 이벤트 핸들러 프로퍼티는 대응하는 HTML 태그의 속성으로 직접 정의할 수도 있습니다. 예를 들어 Window 요소에 등록할 핸들러를 HTML <body> 태그의 속성으로 정의할 수 있습니다. 이런 방식은 최신 웹 개발에서는 거의 사용하지 않지만 어쨌든 가능하긴 하며, 여전히 기존 코드에 남아 있는 경우도 있기에 여기서 설명합니다.

　이벤트 핸들러를 HTML 속성으로 정의할 때 속성 값은 자바스크립트 코드 문자열이어야 합니다. 이 코드는 완료한 함수 선언이 아니라 이벤트 핸들러 함수의 바디여야 합니다. 즉 HTML 이벤트 핸들러 코드를 중괄호로 둘러싸거나 앞에 function 키워드를 붙여서는 안 됩니다. 예를 들어 다음을 보십시오.

```
<button onclick="console.log('Thank you');">Please Click</button>
```

HTML 이벤트 핸들러 속성에 자바스크립트 문이 여러 개 포함됐다면 각 문을 세미콜론으로 구분하거나 속성 값을 여러 행으로 나눠 써야 합니다.

　자바스크립트 코드 문자열을 HTML 이벤트 핸들러 속성의 값으로 지정하면 브라우저는 함수 문자열을 다음과 같이 변환합니다.

```
function(event) {
    with(document) {
        with(this.form || {}) {
            with(this) {
                /* 코드 */
            }
        }
    }
}
```

event 인자는 핸들러 코드에서 현재 이벤트 객체를 event로 참조할 수 있다는 의미입니다. with 문은 핸들러 코드에서 대상 객체, 이를 포함하는 <form>, 포함하는 문서 객체를 마치 스코프에 존재하는 변수처럼 직접 참조할 수 있다는 뜻입니다. 스트릭트 모드(5.6.3절 참고)는 with 문을 금지하지만 HTML 속성의 자바스크립트 코드는 스트릭트 모드가 아닙니다. 이런 식으로 정의된 이벤트 핸들러는 예상하지 못한 변수가 정의된 환경에서 실행됩니다. 이는 혼란스러운 버그를 유발할 수 있으며 HTML에 이벤트 핸들러를 작성하지 않는 이유이기도 합니다.

addEventListener()

Window, Document, Element 객체는 모두 이벤트 대상이 될 수 있으며 이들의 addEventListener() 메서드를 통해 해당 객체에 이벤트 핸들러를 등록할 수 있습니다. addEventListener()는 인자 세 개를 받습니다. 첫 번째는 핸들러를 등록할 이벤트 타입입니다. 이벤트 타입(이름)은 문자열이며 이벤트 핸들러 프로퍼티를 설정할 때 사용한 전치사 on은 사용하지 않습니다. 두 번째 인자는 지정된 이벤트 타입이 일어날 때 호출될 함수입니다. 세 번째 인자는 선택 사항이며 아래에서 설명합니다.

다음 코드는 <button> 요소의 click 이벤트에 핸들러 두 개를 등록합니다. 두 가지 방법의 차이를 보십시오.

```
<button id="mybutton">Click me</button>
<script>
let b = document.querySelector("#mybutton");
b.onclick = function() { console.log("Thanks for clicking me!"); };
b.addEventListener("click", () => { console.log("Thanks again!"); });
</script>
```

click을 첫 번째 인자로 전달하여 addEventListener()를 호출해도 onclick 프로퍼티 값에는 영향이 없습니다. 이 코드를 실행하고 버튼을 클릭하면 개발자 콘솔에는 메시지 두 개가 기록됩니다. 반대로 addEventListener()를 먼저 호출하고 onclick 프로퍼티를 설정하더라도 여전히 메시지는 두 개가 기록되며 순서만 바뀝니다. 더 중요한 것은 addEventListener()를 여러 번 호출해 같은 객체의 같은 이벤트 타입에 하나 이상의 핸들러 함수를 등록할 수 있다는 것입니다. 객체에서 이벤트가 일어나면 해당 타입의 이벤트에 등록된 핸들러가 등록 순서대로 호출됩니다. 같은 객체에서 같은 인자로 addEventListener()를 여러 번 호출해도 바뀌는 건 없습니다. 핸들러 함수는 한 번만 등록되며 핸들러 호출 순서도 바뀌지 않습니다.

　removeEventListener() 메서드는 addEventListener()의 반대입니다. 같은 인자를(선택 사항으로는 세 번째 인자도) 받지만 이벤트 핸들러 함수를 추가하는 게 아니라 제거합니다. 이벤트 핸들러를 임시로 등록했다가 다시 제거해야 하는 경우도 많습니다. 예를 들어 mousedown 이벤트가 일어났을 때, 사용자가 마우스를 드래그했는지 확인하기 위해 mousemove와 mouseup 이벤트를 임시로 등록할 수 있습니다. 그리고 mouseup 이벤트가 일어나면 두 핸들러를 제거하는 식으로 사용하면 됩니다. 임시로 등록한 이벤트 핸들러는 다음과 같이 제거합니다.

```
document.removeEventListener("mousemove", handleMouseMove);
document.removeEventListener("mouseup", handleMouseUp);
```

addEventListener()가 선택 사항으로 받는 세 번째 인자는 불 값 또는 객체입니다. true를 전달하면 핸들러 함수는 **캡처링** 이벤트 핸들러로 등록되며 이벤트 전달의 다른 단계에서 호출됩니다. 이벤트 캡처링은 15.2.4절에서 설명합니다. 이벤트 리스너를 등록할 때 세 번째 인자로 true를 전달했으면 핸들러를 제거할 때도 반드시 removeEventListener()에 세 번째 인자로 true를 전달해야 합니다.

　캡처링 이벤트 핸들러를 등록하는 건 addEventListener()가 지원하는 세 가지 옵션 중 하나일 뿐입니다. 다음과 같이 불 값 대신 객체를 전달해 원하는 옵션을 명시적으로 지정할 수 있습니다.

```
document.addEventListener("click", handleClick, {
    capture: true,
    once: true,
    passive: true
});
```

옵션 객체의 capture 프로퍼티가 true이면 이벤트 핸들러는 캡처링 핸들러로 등록됩니다. 이 프로퍼티가 false이거나 생략됐다면 핸들러는 캡처링을 사용하지 않습니다.

옵션 객체의 once 프로퍼티가 true이면 이벤트 리스너는 한 번 호출된 뒤 자동으로 제거됩니다. 이 프로퍼티가 false이거나 생략됐다면 핸들러는 절대 자동으로 제거되지 않습니다.

옵션 객체의 passive 프로퍼티가 true이면 이벤트 핸들러는 절대 preventDefault()를 호출해서 기본 동작을 취소하지 않습니다(15.2.5절 참고). 이 옵션은 모바일 장치의 터치 이벤트에서 특히 중요합니다. 만약 touchmove 이벤트의 이벤트 핸들러가 브라우저의 기본 스크롤을 방해한다면 브라우저는 부드러운 스크롤 동작을 구현할 수 없습니다. passive 프로퍼티는 이런 식으로 방해가 될 가능성이 있는 이벤트 핸들러를 등록할 때, 웹 브라우저에 이벤트 핸들러가 실행되는 동안 스크롤 같은 기본 동작을 수행해도 안전하다고 알려 주는 역할을 합니다. 부드러운 스크롤은 사용자 경험에 매우 중요하며 파이어폭스와 크롬은 touchmove, mousewheel 이벤트에 이 프로퍼티를 기본적으로 적용합니다. 따라서 이런 이벤트에서 preventDefault()를 실제로 호출하려 한다면 passive 프로퍼티를 명시적으로 false로 설정해야 합니다.

removeEventListener()에도 옵션 객체를 전달할 수 있긴 하지만 의미 있는 프로퍼티는 capture 프로퍼티 하나뿐입니다. 이벤트 리스너를 제거할 때 once나 passive는 아무 의미 없으며 무시됩니다.

15.2.3 이벤트 핸들러 호출

이벤트 핸들러를 등록하면 웹 브라우저는 지정된 객체에 지정된 타입의 이벤트가 일어날 때마다 자동으로 이벤트 핸들러를 호출합니다. 이 절에서는 이벤트 핸들러 호출, 이벤트 핸들러 인자, 호출 컨텍스트(this 값), 이벤트 핸들러의 반환 값에 대해 자세히 설명합니다.

이벤트 핸들러 인자

이벤트 핸들러는 인자로 이벤트 객체 하나만 받습니다. 이벤트 객체의 프로퍼티는 다음과 같이 이벤트에 관한 세부 사항을 제공합니다.

type
  일어난 이벤트 타입

target

이벤트가 일어난 객체

currentTarget

전달되는 이벤트라면 현재 이벤트 핸들러가 등록된 객체

timeStamp

타임스탬프는 이벤트가 일어난 시간을 밀리초 단위로 나타내지만 절대적인 시간은 아닙니다. 두 번째 이벤트의 타임스탬프에서 첫 번째 이벤트의 타임스탬프를 빼는 방식으로 두 이벤트 사이에 경과한 시간을 알 수 있습니다.

isTrusted

웹 브라우저 자체에서 전달한 이벤트는 true, 자바스크립트 코드가 전달한 이벤트는 false입니다.

일부 이벤트에는 이외에도 다른 프로퍼티가 있습니다. 예를 들어 마우스와 포인터 이벤트의 clientX, clientY 프로퍼티는 이벤트가 일어난 좌표입니다.

이벤트 핸들러 컨텍스트

프로퍼티를 설정해 이벤트 핸들러를 등록하는 것은 마치 대상 객체에 새로운 메서드를 정의하는 것처럼 보입니다.

```
target.onclick = function() { /* 핸들러 코드 */ };
```

따라서 이벤트 핸들러가 자신이 정의된 객체의 메서드처럼 호출되는 것도 놀라운 일이 아닙니다. 즉, 이벤트 핸들러의 바디 안에서 this 키워드는 이벤트 핸들러가 등록된 객체를 가리킵니다.

핸들러는 대상을 this 값으로 해서 호출하며, addEventListener()를 사용해 등록한 핸들러도 마찬가지입니다. 하지만 화살표 함수로 정의된 핸들러는 그렇지 않습니다. 화살표 함수는 항상 자신이 정의된 스코프를 this 값으로 가집니다.

핸들러 반환 값

최신 자바스크립트에서 이벤트 핸들러는 아무것도 반환해선 안 됩니다. 오래된 코드에는 이벤트 핸들러에 반환 값이 있고, 그 반환 값은 일반적으로 브라우저에 이벤트와 연관된 기본 동작을 수행하지 말라는 신호 구실을 합니다. 예를 들어 폼의 전송 버튼에 있는 onclick 핸들러가 false를 반환한다면(보통 이벤트 핸들러가 사용자 입력이 클라이언트 사이드 유효성 검사를 만족하지 못한다고 판단했을 때) 웹 브라우저는 폼을 전송하지 않습니다.

브라우저의 기본 동작을 막는 표준 방법은 이벤트 객체에서 preventDefault() 메서드(15.2.5절)를 호출하는 겁니다.

호출 순서

이벤트 대상의 이벤트 타입 하나에 이벤트 핸들러를 하나 이상 등록할 수 있습니다. 등록된 타입의 이벤트가 일어나면 브라우저는 핸들러를 등록된 순서대로 호출합니다. 흥미로운 사실은 addEventListener()로 등록된 이벤트 핸들러와 객체 프로퍼티로 등록된 이벤트 핸들러가 섞여 있어도 마찬가지로 순서를 지킨다는 것입니다.

15.2.4 이벤트 전달

이벤트 대상이 Window 객체, 또는 기타 독립된 객체라면 브라우저는 이벤트에 반응해 그 객체에 적절한 핸들러를 호출하기만 합니다. 반면 이벤트 대상이 Document 객체, 또는 그에 포함된 Element 객체라면 상황이 좀 복잡해집니다.

대부분의 이벤트는 대상 요소에서 이벤트 핸들러를 호출한 뒤에도 DOM 트리를 따라 '버블링'하며 올라갑니다. 대상의 부모에서 이벤트 핸들러가 호출되고 대상의 조부모에 등록된 핸들러가 호출됩니다. 이런 식으로 Document 객체를 지나 Window 객체까지 거슬러 올라갑니다. 이벤트 버블링은 개별 문서 요소 여러 개에 일일이 핸들러를 등록하는 일을 피하기 위해 만들어진 메커니즘입니다. 등록할 요소들의 공통 조상에 핸들러를 하나만 등록하고 이 핸들러에서 이벤트를 처리하면 됩니다. 예를 들어 폼에 있는 모든 요소에 일일이 change 핸들러를 등록하는 대신 <form> 요소에 change 핸들러 하나만 등록할 수 있습니다.

대부분의 요소 이벤트는 버블링을 통해 거슬러 올라갑니다. focus, blur, scroll 이벤트는 예외입니다. load 이벤트는 버블링이 일어나지만 Document 객체에서 멈추며 Window 객체까지 전달되지는 않습니다. (Window 객체의 load 이벤트 핸들러는 문서 전체의 로딩이 끝났을 때만 호출됩니다.)

이벤트 버블링은 이벤트 전달의 세 번째 '단계'입니다. 대상 객체 자체에서 이벤트 핸들러를 호출하는 게 두 번째 단계입니다. 대상 핸들러를 호출하기 전에 일어나는 첫 번째 단계를 '캡처링' 단계라 부릅니다. addEventListener()는 선택 사항인 세 번째 인자를 받는다고 했습니다. 그 인자가 true이거나 capture 프로퍼티가 true인 객체이면 이벤트 핸들러는 이벤트 전달의 첫 번째 단계 동안 캡처링 이벤트 핸들러로 등록됩니다. 이벤트 전달의 캡처링 단계는 버블링 단계를 거꾸로 한 것과 비슷합니다. Window 객체의 캡처링 핸들러가 처음 호출되고, 다음은 Document 객체의 캡처링 핸들러, 다음은 body 요소의 캡처링 핸들러, 이런 식으로 DOM 트리를 따라 내려오면서 이벤트 대상의 부모에서 캡처링 이벤트 핸들러를 호출할 때까지 계속합니다. 이벤트 대상 자체에 등록된 캡처링 이벤트 핸들러는 호출되지 않습니다.

이벤트 캡처링을 사용하면 대상에 도달하기 전에 이벤트를 먼저 살펴볼 기회가 있습니다. 캡처링 이벤트 핸들러는 디버깅에 사용하기도 하고 다음 절에서 설명할 이벤트 취소와 함께 대상 이벤트 핸들러가 실제로 호출되지 않게 이벤트를 거르는 용도로 사용하기도 합니다. 이벤트 캡처링은 마우스 드래그 처리에 흔히 사용됩니다. 마우스 움직임에 관련된 이벤트는 드래그 대상인 문서 요소가 아니라 드래그되는 객체에서 처리해야 합니다.

15.2.5 이벤트 취소

여러분이 작성한 코드가 아무 일도 하지 않더라도 브라우저는 다양한 사용자 이벤트에 반응합니다. 사용자가 하이퍼링크를 마우스로 클릭하면 브라우저는 그 링크를 따라 이동합니다. HTML 텍스트 입력 요소에 키보드 포커스가 있고 사용자가 키를 누르면 브라우저는 그 키를 입력합니다. 사용자가 터치스크린 장치에서 손가락을 움직이면 브라우저는 문서를 스크롤합니다. 이런 이벤트에 이벤트 핸들러를 등록하면 이벤트 객체에서 preventDefault() 메서드를 호출해 브라우저의 기본 행동을 막을 수 있습니다. (핸들러 등록 시 passive 옵션을 사용하면 preventDefault()는 무력화됩니다.)

이벤트에 연관된 기본 행동을 취소하는 것은 이벤트 취소의 한 종류일 뿐입니다. 이벤트 객체의 stopPropagation() 메서드를 호출해 이벤트의 전달을 취소할 수도 있습니다. 같은 객체에 다른 핸들러가 정의되어 있다면 나머지 핸들러는 여전히 호출되지만, stopPropagation()이 호출된 뒤 다른 객체의 이벤트 핸들러는 호출되지 않습니다. stopPropagation()은 캡처링 단계에서, 이벤트 대상 자체에서, 버블링 단계에서 동작합니다. stopImmediatePropagation()은 stopPropagation()과 마찬가지로 동작하지만 같은 객체에 후순위로 등록된 나머지 이벤트 핸들러의 호출도 방지합니다.

15.2.6 커스텀 이벤트 전달

클라이언트 사이드 자바스크립트의 이벤트 API는 비교적 강력하며 이를 통해 직접 이벤트를 정의하고 전달할 수 있습니다. 예를 들어 여러분의 프로그램에서 주기적으로 복잡한 계산을 수행하거나 네트워크 요청을 보낸다고 합시다. 이 동작이 수행 또는 대기 중일때는 다른 동작을 수행할 수 없습니다. 이때 모래시계(spinner) 같은 것을 표시해 사용자에게 애플리케이션이 작업 중임을 알리고 싶습니다. 이 경우 현재 작업 중인 모듈은 모래시계를 표시할 위치, 모양 같은 세부 사항을 알 필요는 없습니다. 작업 중인 모듈은 자신이 지금 바쁘거나, 바쁘지 않고 알리는 이벤트를 전달하기만 하면 됩니다. 그러면 UI를 담당하는 모듈에 이런 이벤트를 처리할 이벤트 핸들러를 등록해서 사용자에게 알립니다.

자바스크립트 객체에 addEventListener() 메서드가 있다면 그 객체는 '이벤트 대상'이므로 dispatchEvent() 메서드 또한 가지고 있습니다. CustomEvent() 생성자로 이벤트 객체를 생성하고 dispatchEvent()에 전달할 수 있습니다. CustomEvent()의 첫 번째 인자는 이벤트 타입을 나타내는 문자열이고 두 번째 인자는 이벤트 객체의 프로퍼티를 지정하는 객체입니다. 이 객체의 detail 프로퍼티에 문자열, 객체, 기타 이벤트 콘텐츠를 나타내는 값을 사용하십시오. 이벤트가 문서 트리를 버블링해 올라가길 원한다면 두 번째 인자에 bubbles:true를 추가하십시오.

```javascript
// 작업 중임을 UI에 알리는 커스텀 이벤트를 전달합니다.
document.dispatchEvent(new CustomEvent("busy", { detail: true }));

// 네트워크 동작
fetch(url)
  .then(handleNetworkResponse)
  .catch(handleNetworkError)
  .finally(() => {
    // 네트워크 요청이 성공하거나 실패하면 작업이 끝났으므로
    // 이제 바쁘지 않음을 알리는 또 다른 이벤트를 UI에 전달합니다.
    document.dispatchEvent(new CustomEvent("busy", { detail: false }));
  });
```

```
// 프로그램의 다른 곳에서 busy 이벤트를 받아
// 모래시계를 표시하거나 숨겨서 사용자에게 알립니다.
document.addEventListener("busy", (e) => {
    if (e.detail) {
        showSpinner();
    } else {
        hideSpinner();
    }
});
```

15.3 문서 스크립트

클라이언트 사이드 자바스크립트의 목적은 정적인 HTML 문서를 대화형 웹 애플리케이션으로 바꾸는 것입니다. 따라서 웹 페이지의 콘텐츠를 변경하는 것이야말로 자바스크립트의 원래 목적입니다.

Window 객체에는 항상 Document 객체를 참조하는 document 프로퍼티가 있습니다. 브라우저 창의 콘텐츠를 나타내는 Document 객체가 이 절의 주제입니다. 하지만 Document 객체는 단독으로 존재하지 않습니다. Document 객체는 문서 콘텐츠를 표현하고 조작하는 DOM의 중심입니다.

DOM은 15.1.2절에서 소개했습니다. 이 절에서는 그 API를 자세히 설명합니다. 내용은 다음과 같습니다.

- 문서 요소를 **선택**하는 방법
- 문서를 **이동**하고 문서 요소의 조상, 형제, 자손을 찾는 방법
- 문서 요소 속성을 검색하고 설정하는 방법
- 문서 콘텐츠를 검색, 설정, 수정하는 방법
- 노드를 생성, 삽입, 삭제해서 문서 구조를 수정하는 방법

15.3.1 문서 요소 선택

클라이언트 사이드 자바스크립트 프로그램에서는 하나 이상의 요소를 조작하는 일이 많습니다. 전역 document 프로퍼티는 Document 객체를 참조하며 Document 객체에는 각각 <head>, <body> 태그에 대응하는 Element 객체를 참조하는 head, body 프로퍼티가 있습니다. 프로그램에서 문서의 더 깊은 곳에 존재하는 요소를 조작하기 위해서는 반드시 어떤 식으로든 그 요소를 참조하는 Element 객체를 **선택**해야 합니다.

CSS 선택자로 요소 선택

CSS 스타일시트에는 문서에 포함된 요소를 지목하는 아주 강력한 문법인 **선택자**가 있습니다. DOM 메서드 querySelector(), querySelectorAll()은 지정된 CSS 선택자에 일치하는 요소를 찾습니다. 메서드에 대해 설명하기 전에 잠시 CSS 선택자 문법을 간단히 살펴봅시다.

　　CSS 선택자는 태그 이름, id 속성 값, class 속성에 포함된 단어를 기준으로 요소를 선택할 수 있습니다.

```
div                     // <div> 요소
#nav                    // id가 nav인 요소
.warning                // 클래스 속성에 warning이 있는 요소
```

문자는 id 속성을 기준으로 일치하는 것을 찾고 . 문자는 class 속성을 기준으로 일치하는 것을 찾습니다. 더 일반적인 속성 값을 기준으로 요소를 선택할 수도 있습니다.

```
p[lang="fr"]            // 프랑스어로 작성된 문단: <p lang="fr">
*[name="x"]             // name 속성이 x인 요소 전체
```

위 예제는 태그 이름 선택자(또는 태그 이름 와일드카드 *)와 속성 선택자를 조합했습니다. 더 복잡한 조합도 가능합니다.

```
span.fatal.error        // 클래스에 fatal과 error가 있는 span 요소
span[lang="fr"].warning // warning 클래스가 있는 프랑스어 span 요소
```

문서 구조에 따라 선택자를 사용할 수도 있습니다.

```
#log span               // id가 log인 요소의 자손인 span 요소
#log>span               // id가 log인 요소의 자식인 span 요소
body>h1:first-child     // body의 자식인 h1 중 첫 번째
img + p.caption         // 이미지 바로 다음에 있고 클래스가 caption인 문단
h2 ~ p                  // h2 다음에 있는 형제인 문단
```

두 선택자를 콤마로 구분하면 두 선택자 중 하나라도 일치하는 것은 모두 선택한다는 뜻입니다.

```
button, input[type="button"] // 버튼 전체, type이 button인 input 요소 전체
```

CSS 선택자는 요소를 타입, ID, 클래스, 속성, 문서 내에서의 위치를 기준으로 찾을

수 있습니다. `querySelector()` 메서드는 인자로 CSS 선택자 문자열을 받고 그에 일치하는 첫 번째 요소를 반환하며, 일치하는 것이 없으면 null을 반환합니다.

```
// id가 spinner인 요소를 찾습니다.
let spinner = document.querySelector("#spinner");
```

`querySelectorAll()`은 일치하는 요소를 전부 반환합니다.

```
// h1, h2, h3 태그가 붙은 Element 객체를 모두 찾습니다.
let titles = document.querySelectorAll("h1, h2, h3");
```

`querySelectorAll()`의 반환 값은 Element 객체 배열이 아니라 배열 비슷한 객체인 노드리스트(NodeList)입니다. 노드리스트 객체에는 `length` 프로퍼티가 있고 배열과 마찬가지로 인덱스할 수 있으므로 전통적인 for 루프로 순회할 수 있습니다. 노드리스트는 이터러블이기도 하므로 for/of 루프에서도 사용할 수 있습니다. 노드리스트를 배열로 변환하려면 `Array.from()`에 전달하기만 하면 됩니다.

지정된 선택자에 일치하는 것이 없으면 `querySelectorAll()`이 반환하는 노드리스트의 `length` 프로퍼티 값은 0입니다.

`querySelector()`, `querySelectorAll()`은 Document 클래스뿐만 아니라 Element 클래스에서도 지원합니다. 이들 메서드를 요소에서 호출하면 해당 요소의 자손 중에서 일치하는 요소만 반환합니다.

CSS에는 `::first-line`, `::first-letter` 가상 요소가 있습니다. 이들은 실제 요소가 아니라 Text 노드에 일치합니다. `querySelectorAll()`, `querySelector()`에는 가상 요소를 사용할 수 없습니다. 또한 대부분의 브라우저가 `:link`, `:visited` 가상 클래스에 일치하는 것은 반환하지 않습니다. 이들은 사용자의 브라우징 히스토리 정보를 노출하기 때문입니다.

`closest()` 역시 CSS에 기반한 요소 선택 메서드입니다. 이 메서드는 Element 클래스의 메서드이며 인자로 선택자를 받습니다. 선택자가 요소 자체와 일치하면 해당 요소를 반환합니다. 그렇지 않다면 선택자와 일치하는 가장 가까운 조상 요소를 반환하고, 조상 요소 중에 일치하는 것이 없으면 null을 반환합니다. 어떤 면에선 `closest()`는 `querySelector()`의 반대입니다. `closest()`는 요소에서 시작하고 트리를 올라가면서 일치하는 것을 찾습니다. 반대로 `querySelector()`는 요소에서 시작해 트리를 내려가면서 일치하는 것을 찾습니다. 문서 트리 상위에서 이벤트 핸들

러를 등록했을 때 closest()를 유용하게 쓸 수 있습니다. 예를 들어 click 이벤트를 처리할 때 이벤트 대상이 하이퍼링크인지 확인하고 싶을 수 있습니다. 이벤트 객체는 대상이 무엇인지 알려 주지만, 대상이 하이퍼링크의 <a> 태그 자체가 아니라 그 안에 포함된 링크 텍스트일 수도 있습니다. 다음과 같이 이벤트 핸들러를 사용해 가장 가까운 하이퍼링크를 찾을 수 있습니다.

```
// 가장 가까운, href 속성이 있는 a 태그를 찾습니다.
let hyperlink = event.target.closest("a[href]");
```

다음과 같이 closest()를 사용할 수도 있습니다.

```
// 요소 e가 리스트 요소 안에 있다면 true를 반환합니다.
function insideList(e) {
    return e.closest("ul,ol,dl") !== null;
}
```

관련된 메서드 matches()는 조상이나 자손을 반환하지 않고, 그저 요소가 주어진 CSS 선택자에 일치하는지 확인하고 그에 따라 true 또는 false를 반환합니다.

```
// e가 제목 요소이면 true를 반환합니다.
function isHeading(e) {
    return e.matches("h1,h2,h3,h4,h5,h6");
}
```

다른 요소 선택 메서드

DOM에는 querySelector(), querySelectorAll() 외에도 여러 가지 요소 선택 메서드가 있지만 이들은 이제 자주 쓰이지 않습니다. 물론 이 메서드 중 일부는 여전히 웹에 존재하고, 특히 getElementById()는 자주 보일 것입니다.

```
// id로 요소를 찾습니다. 인자는 id이며 CSS 선택자 전치사인 #은 쓰지 않습니다.
// document.querySelector("#sect1")와 비슷합니다.
let sect1 = document.getElementById("sect1");

// name 속성이 color인 요소를 모두 찾습니다.
// document.querySelectorAll('*[name="color"]');과 비슷합니다.
let colors = document.getElementsByName("color");

// h1 요소를 모두 찾습니다. document.querySelectorAll("h1")과 비슷합니다.
let headings = document.getElementsByTagName("h1");

// getElementsByTagName()은 Element 객체에도 존재합니다.
```

```
// sect1 요소 안에 있는 h2 요소를 모두 찾습니다.
let subheads = sect1.getElementsByTagName("h2");

// 클래스가 tooltip인 요소를 모두 찾습니다.
// document.querySelectorAll(".tooltip")과 비슷합니다.
let tooltips = document.getElementsByClassName("tooltip");

// sect1의 자손 중 클래스가 sidebar인 요소를 모두 찾습니다.
// sect1.querySelectorAll(".sidebar")과 비슷합니다
let sidebars = sect1.getElementsByClassName("sidebar");
```

querySelectorAll()과 마찬가지로 위 예제의 메서드는 모두 노드리스트를 반환하며, getElementById()만 예외로 Element 객체 하나를 반환합니다. 하지만 query SelectorAll()과 달리 이 오래된 선택 메서드들은 '살아 있는' 노드리스트를 반환합니다. 즉, 문서 콘텐츠나 구조가 변하면 이들이 반환하는 노드리스트의 콘텐츠나 길이도 그에 따라 바뀝니다.

미리 선택된 요소

역사적인 이유로 Document 클래스에는 특정 노드에 접근하는 단축 프로퍼티가 있습니다. 예를 들어 images, forms, links 프로퍼티로 문서에 존재하는 <img>, <form>, <a> 요소에 쉽게 접근할 수 있습니다. 단, <a> 태그에 href 속성이 있어야 합니다. 이 프로퍼티들은 노드리스트 객체와 아주 비슷한 HTMLCollection 객체를 참조하는데, HTMLCollection 객체는 요소 ID나 이름으로도 인덱스된다는 점이 다릅니다. 예를 들어 document.forms 프로퍼티를 쓰면 <form id="address"> 태그에 다음과 같이 접근할 수 있습니다.

```
document.forms.address;
```

더 오래된 API 중에는 document.all 프로퍼티도 있습니다. 이 프로퍼티는 HTML Collection과 마찬가지로 문서의 요소를 모두 찾습니다. 하지만 document.all은 폐기됐으므로 사용하지 말아야 합니다.

15.3.2 문서 구조와 순회

문서에서 요소를 선택한 뒤 그 요소와의 관계를 통해 부모, 형제, 자식 요소를 찾아야 할 때도 있습니다. 순회(traversal) API는 문서를 Element 객체의 트리로 취급하며 Text 노드는 무시합니다. 순회 API에는 메서드가 없습니다. 이 API는 주어진 요

소의 부모, 자식, 형제를 참조하는 Element 객체의 프로퍼티일 뿐입니다.

parentNode

요소의 부모를 참조합니다. 부모 역시 또 다른 Element 객체이거나 Document 객체입니다.

children

이 노드리스트는 요소의 자식인 요소를 포함하지만, 요소가 아닌 자식인 Text 노드와 Comment 노드는 제외합니다.

childElementCount

자식 요소 개수입니다. children.length와 같은 값을 반환합니다.

firstElementChild, lastElementChild

요소의 자식 중 첫 번째와 마지막을 각각 참조합니다. 자식인 요소가 없다면 null입니다.

nextElementSibling, previousElementSibling

요소의 바로 앞이나 바로 다음에 있는 형제 요소를 참조하며 그런 형제가 없다면 null입니다.

이들 프로퍼티를 활용해 문서의 첫 번째 자식 요소의 두 번째 자식 요소를 다음과 같이 찾을 수 있습니다.

```
document.children[0].children[1]
document.firstElementChild.firstElementChild.nextElementSibling
```

(표준 HTML 문서에서 두 표현식은 모두 <body> 요소를 참조합니다.)

다음 함수는 이 프로퍼티를 사용해 문서를 재귀적으로, 깊이 우선(depth-first)으로 순회하며 모든 요소에서 지정된 함수를 호출합니다.

```
// 문서나 요소 e를 재귀적으로 이동하며 e와 그 자손에서 함수 f를 호출합니다.
function traverse(e, f) {
    f(e);                         // e에서 f()를 호출합니다.
    for(let child of e.children) {  // 자식을 순회하면서
        traverse(child, f);         // 재귀 호출합니다.
    }
}
```

```
function traverse2(e, f) {
    f(e);                           // e에서 f()를 호출합니다.
    let child = e.firstElementChild; // 연결 리스트 스타일로 자식을 순회합니다.
    while(child !== null) {
        traverse2(child, f);        // 재귀 호출합니다.
        child = child.nextElementSibling;
    }
}
```

노드 트리인 문서

Text 노드를 포함하여 문서 전체나 일부를 순회할 때는 Node 객체의 다른 프로퍼티를 사용합니다. 이 프로퍼티에는 Element 노드, Text 노드, Comment 노드도 포함됩니다.

모든 Node 객체에는 다음 프로퍼티가 있습니다.

parentNode

현재 노드의 부모. Document 객체처럼 부모가 없는 경우에는 null입니다.

childNodes

현재 노드의 자식 전체(자식 요소뿐만이 아닙니다)를 포함하는 읽기 전용 노드 리스트

firstChild, lastChild

현재 노드의 첫 번째와 마지막 자식 노드. 현재 노드에 자식이 없으면 null입니다.

nextSibling, previousSibling

현재 노드의 다음, 이전 형제 노드. 이 프로퍼티는 노드를 이중으로 연결된 리스트로 연결합니다.

nodeType

노드의 종류를 나타내는 숫자입니다. Document 노드는 9, Element 노드는 1, Text 노드는 3, Comment 노드는 8입니다.

nodeValue

Text나 Comment 노드의 텍스트 콘텐츠입니다.

nodeName

요소의 HTML 태그 이름을 대문자로 변환한 문자열입니다.

문서의 첫 번째 자식의 두 번째 자식 노드를 선택하는 표현식은 다음과 같이 만듭니다.

```
document.childNodes[0].childNodes[1]
document.firstChild.firstChild.nextSibling
```

다음과 같은 문서가 있다고 합시다.

```
<html>
  <head>
    <title>Test</title>
  </head>
  <body>Hello World!</body>
</html>
```

그러면 첫 번째 자식의 두 번째 자식은 <body> 요소입니다. <body> 요소의 nodeType은 1이고 nodeName은 BODY입니다.

이 API는 문서 텍스트의 변화에 대단히 민감합니다. 예를 들어 <html>과 <head> 태그 사이에 뉴라인을 삽입해 문서를 수정하면 이 뉴라인에 해당하는 Text 노드가 첫 번째 자식의 첫 번째 자식이 되고, 두 번째 자식은 <body> 요소에서 <head> 요소로 바뀝니다.

다음 함수는 노드 기반 순회 API를 사용해 문서 또는 요소에 포함된 텍스트를 모두 반환합니다.

```javascript
// 요소 e의 일반 텍스트 콘텐츠를 반환하고 자식 요소로 재귀합니다.
// 이 메서드는 textContent 프로퍼티와 비슷하게 동작합니다.
function textContent(e) {
    let s = "";                          // 텍스트를 여기 합칩니다.
    for(let child = e.firstChild; child !== null; child = child.nextSibling) {
        let type = child.nodeType;
        if (type === 3) {                // Text 노드
            s += child.nodeValue;        // 텍스트 콘텐츠를 문자열에 합칩니다.
        } else if (type === 1) {         // Element 노드
            s += textContent(child);     // 재귀 호출
        }
    }
    return s;
}
```

이 함수는 예시로 보여 주기 위해 쓴 것일 뿐, 요소 e의 텍스트 콘텐츠가 실제로 필요한 경우에는 e.textContent를 사용하면 됩니다.

15.3.3 속성

HTML 요소는 태그 이름, 속성이라 불리는 이름-값 쌍 세트로 구성됩니다. 예를 들어 하이퍼링크를 정의하는 <a> 요소의 href 속성 값은 링크의 대상입니다.

Element 클래스에는 속성을 검색, 설정, 확인, 제거하는 getAttribute(), setAttribute(), hasAttribute(), removeAttribute() 메서드가 있습니다. 하지만 표준 HTML 요소의 표준 속성은 모두 그 요소를 나타내는 HTMLElement 객체의 프로퍼티로 존재하며 getAttribute()나 비슷한 메서드를 호출하는 것보다는 그냥 자바스크립트 프로퍼티를 사용하는 게 훨씬 쉽습니다.

요소 프로퍼티인 HTML 속성

HTML 문서의 요소를 나타내는 객체에는 보통 그 요소의 HTML 속성을 반영하는, 읽고 쓸 수 있는 프로퍼티가 있습니다. 요소에는 id, title, lang, dir 같은 모든 요소에 쓸 수 있는 HTML 속성에 대응하는 프로퍼티, onclick 같은 이벤트 핸들러 프로퍼티가 있습니다. 일부 요소에는 그 요소 전용인 속성이 존재합니다. 예를 들어 이미지의 URL은 <img> 요소를 나타내는 HTMLElement의 src 프로퍼티에서 얻을 수 있습니다.

```
let image = document.querySelector("#main_image");
let url = image.src;        // src 속성은 이미지의 URL입니다.
image.id === "main_image"   // => true; 이미지를 id로 검색했습니다.
```

마찬가지로, 다음과 같은 코드로 <form> 요소의 폼 제출 속성을 설정할 수 있습니다.

```
let f = document.querySelector("form");        // 문서의 첫 번째 폼
f.action = "https://www.example.com/submit";   // 제출할 URL을 정합니다.
f.method = "POST";                             // HTTP 요청 타입을 설정합니다.
```

<input> 요소 같은 일부 요소에서는 HTML 속성 이름이 다른 이름의 프로퍼티와 연결되기도 합니다. 예를 들어 <input>의 HTML value 속성은 자바스크립트 defaultValue 프로퍼티에 반영됩니다. <input> 요소의 자바스크립트 value 프로퍼티는 사

용자가 현재 입력한 내용이지만, value 프로퍼티를 바꿔도 defaultValue 프로퍼티나 value 속성은 영향받지 않습니다.[4]

HTML 속성은 대소문자를 구분하지 않지만 자바스크립트 프로퍼티 이름은 대소문자를 구분합니다. 속성 이름을 자바스크립트 프로퍼티로 변환할 때는 소문자를 쓰십시오. 속성 이름이 둘 이상의 단어로 이루어졌다면 두 번째 이후의 단어 첫 글자를 대문자로 바꿔서 defaultChecked, tabIndex처럼 표기합니다. 하지만 onclick 같은 이벤트 핸들러 프로퍼티는 예외이며 모두 소문자로 작성합니다.

일부 HTML 속성 이름 중에는 자바스크립트 예약어와 같은 이름도 있습니다. 이런 경우 일반적인 규칙은 프로퍼티 이름 앞에 전치사 html을 붙이는 것입니다. 예를 들어 <label> 요소의 HTML for 속성은 자바스크립트 htmlFor 프로퍼티로 바뀝니다. HTML class 속성은 이 규칙의 예외이며 자바스크립트 코드에서는 className으로 바뀝니다.

HTML 속성을 나타내는 프로퍼티의 값은 보통 문자열입니다. <input> 요소의 defaultChecked, maxLength 속성처럼 불이나 숫자 값을 사용하는 경우에는 프로퍼티도 불 또는 숫자입니다. 이벤트 핸들러 속성의 값은 항상 함수 또는 null입니다.

하지만 프로퍼티 기반 API에는 요소에서 속성을 제거할 수 있는 방법이 없습니다. delete 연산자는 이런 목적으로 사용할 수 없습니다. 속성을 제거하려면 removeAttribute() 메서드를 사용하십시오.

class 속성

HTML 요소의 class 속성은 특히 중요한 속성입니다. 이 속성의 값은 요소에 적용되는 CSS 클래스를 공백으로 구분한 리스트이며 요소의 스타일을 결정합니다. class는 자바스크립트 예약어이므로 이 속성은 Element 객체의 className 프로퍼

---

4 (옮긴이) 브라우저 콘솔에서 해당 요소를 열어놓고 보면 이해하기 쉽습니다.

```
<input id="test" value="test">

<script>
let input = document.getElementById('test')
console.log(input.value)        // test
console.log(input.defaultValue) // test

input.value = 'text'
console.log(input.value)        // text. 하지만 요소의 value 속성은 여전히 test입니다.
console.log(input.defaultValue) // test

input.defaultValue = 'text'
console.log(input.value)        // text. 요소의 value 속성도 text로 바뀝니다.
console.log(input.defaultValue) // text
```

티에 대응합니다. className 프로퍼티를 통해 요소의 class 속성을 문자열 형태로 읽고 쓸 수 있습니다. 하지만 class 속성이라는 이름은 적합하지 않습니다. 이 값은 단일 CSS 클래스가 아니라 클래스 리스트이며, 클라이언트 사이드 자바스크립트 프로그래밍에서는 리스트를 문자열로 취급하지 않고 개별 클래스 이름을 추가하거나 제거할 때가 많습니다.

이 문제를 해결하기 위해 Element 객체에는 class 속성을 리스트로 취급하는 classList 프로퍼티가 있습니다. classList 프로퍼티의 값은 이터러블인 배열 비슷한 객체입니다. 프로퍼티 이름이 classList이긴 하지만 이 프로퍼티는 클래스 세트에 더 가깝게 동작하며, add(), remove(), contains(), toggle() 메서드가 있습니다.

```
// 모래시계를 써서 사용자에게 현재 작업 중임을 알립니다.
// 이를 위해 hidden 클래스를 제거하고 animated 클래스를 추가합니다.
let spinner = document.querySelector("#spinner");
spinner.classList.remove("hidden");
spinner.classList.add("animated");
```

데이터셋 속성

이따금 HTML 요소에 추가 정보를 첨부하면 편리할 때가 있습니다. HTML은 이름이 소문자이고 data- 전치사로 시작하는 속성은 모두 유효한 것으로 간주하며 이 속성은 어떤 목적으로든 사용할 수 있습니다. 이런 '데이터셋 속성'은 요소의 표현에는 영향을 주지 않으며, 문서 유효성을 해치지 않고 데이터를 첨부하는 표준 방법입니다.

DOM에서 Element 객체의 dataset 프로퍼티에는 data- 속성에서 전치사를 제거한 프로퍼티가 존재합니다. 즉 dataset.x는 data-x 속성의 값입니다. 속성 이름에 하이픈이 들어가 있으면 카멜 케이스로 바뀝니다. 즉 data-section-number 속성은 dataset.sectionNumber 프로퍼티가 됩니다.

다음과 같은 HTML 문서가 있다고 합시다.

```
<h2 id="title" data-section-number="16.1">Attributes</h2>
```

그러면 다음 코드로 섹션 번호에 접근할 수 있습니다.

```
let number = document.querySelector("#title").dataset.sectionNumber;
```

15.3.4 요소 콘텐츠

그림 15-1의 문서 트리 그림(473페이지)을 다시 보고 <p> 요소의 '콘텐츠'가 무엇인지 생각해 보십시오. 이 질문의 답은 두 가지가 될 수 있습니다.

- HTML 문자열 "This is a ⟨i⟩simple⟨/i⟩ document"
- 일반 텍스트 문자열 "This is a simple document"

둘 다 유효한 답이며 각각 적합한 경우가 따로 있습니다. 이어지는 절에서는 요소의 콘텐츠를 HTML로 표현한 것과 일반 텍스트로 표현한 것을 어떻게 사용할지 설명합니다.

HTML인 요소 콘텐츠

요소의 innerHTML 프로퍼티는 요소 콘텐츠를 마크업 문자열로 반환합니다. 이 프로퍼티의 값을 설정하면 웹 브라우저 파서를 호출해서 요소의 현재 콘텐츠를 새로운 문자열을 분석한 값으로 교체합니다. 개발자 콘솔을 열고 다음 명령을 내려 보십시오.

```
document.body.innerHTML = "<h1>Oops</h1>";
```

웹 페이지 전체가 사라지고 Oops라는 제목 하나만 보일 것입니다. 웹 브라우저는 HTML 분석에 최적화되어 있으며 innerHTML 설정은 보통 아주 효율적입니다. 하지만 += 연산자로 innerHTML 프로퍼티에 텍스트를 추가하면 요소 콘텐츠를 문자열로 변환하는 직렬화 단계, 새로운 문자열을 요소 콘텐츠로 변환하는 분석 단계를 모두 거쳐야 하므로 효율적이지 않습니다.

> 이런 HTML API를 사용할 때는 절대 사용자가 입력한 내용을 문서에 삽입해서는 안 됩니다. 이를 허용하는 것은 악의적인 사용자가 여러분의 애플리케이션에 스크립트를 주입하도록 허용하는 것이나 마찬가지입니다. 483페이지의 '교차 사이트 스크립트'를 보십시오.

outerHTML 프로퍼티는 innerHTML과 비슷하지만 그 값에 요소 자체가 포함된다는 점이 다릅니다. outerHTML의 값에는 요소를 열고 닫는 태그가 포함됩니다. outerHTML을 설정하면 요소 자체가 새로운 콘텐츠로 교체됩니다.

관련된 메서드 insertAdjacentHTML()은 지정된 요소에 '인접한(adjacent)' 위치에 임의의 HTML 마크업을 삽입합니다. 마크업은 두 번째 인자이며 '인접한'의 정확한 의미는 첫 번째 인자에 따라 다릅니다. 첫 번째 인자는 반드시 beforebegin, after begin, beforeend, afterend 중 하나인 문자열이어야 합니다. 값과 삽입 위치를 그림 15-2에 정리했습니다.

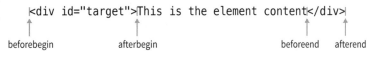

그림 15-2 insertAdjacentHTML()의 삽입 위치

일반 텍스트인 요소 콘텐츠

이따금 HTML 마크업의 꺾쇠(〈〉)와 앰퍼샌드(&)를 이스케이프하지 않고 요소 콘텐츠를 일반 텍스트로 가져오거나 문서에 일반 텍스트를 삽입해야 할 때가 있습니다. 표준 방법은 다음과 같이 textContent 프로퍼티를 이용하는 방법입니다.

```
let para = document.querySelector("p");   // 문서의 첫 번째 문단
let text = para.textContent;              // 문단 텍스트를 가져옵니다.
para.textContent = "Hello World!";        // 문단 텍스트를 수정합니다.
```

textContent 프로퍼티는 Node 클래스의 프로퍼티이므로 Text 노드와 Element 노드 모두 사용할 수 있습니다. Element 노드에서는 요소의 자손인 텍스트를 모두 찾아 반환합니다.

Element 클래스에는 textContent와 비슷한 innerText 프로퍼티도 있습니다. innerText에는 테이블 포맷을 유지하려 하는 등 일부 복잡한 동작이 있습니다. 하지만 이 프로퍼티는 정확한 문서도 없고 브라우저 간 호환성도 좋지 않으므로 사용하지 말아야 합니다.

> #### 📦 <script> 요소의 텍스트
>
> src 속성이 없는 인라인 <script> 요소에는 text 프로퍼티가 있습니다. <script> 요소의 콘텐츠는 절대 브라우저에 표시되지 않으며 HTML 파서는 스크립트에 포함된 꺾쇠와 앰퍼샌드를 무시합니다. 이런 특징 덕에 애플리케이션에 사용할 임의의 텍스트 데이터는 <script> 요소에 저장하는 것이 이상적입니다. 요소의 type 속성에 text/x-custom-data 같은 임의의 값을 지정하기만 하면 이 요소의 콘텐츠는 자바스크립트 코드로 실행되지 않습니다. 자바스크립트 인터프리터가 콘텐츠를 무시하긴 하지만 문서 트리에는 남아 있으며 text 프로퍼티로 그 데이터를 가져올 수 있습니다.

15.3.5 노드 생성, 삽입, 삭제

HTML 문자열과 일반 텍스트를 사용해 문서 콘텐츠를 검색하고 수정하는 방법을 살펴봤습니다. 문서를 순회하며 개별 요소와 그에 포함된 Text 노드를 확인하는 방법도 살펴봤습니다. 개별 노드 수준에서 문서를 수정하는 것도 가능합니다. Document 클래스에는 Element 객체를 생성하는 메서드가 있고 Element와 Text 객체에는 노드를 삽입, 삭제, 교체하는 메서드가 있습니다.

새로운 요소를 생성할 때는 Document 클래스의 createElement() 메서드를, 요소에 문자열이나 다른 요소를 삽입할 때는 append(), prepend() 메서드를 사용합니다.

```
let paragraph = document.createElement("p"); // 빈 <p> 요소를 생성합니다.
let emphasis = document.createElement("em"); // 빈 <em> 요소를 생성합니다.
emphasis.append("World");                    // <em> 요소에 텍스트를 추가합니다.
paragraph.append("Hello ", emphasis, "!");   // <p>에 텍스트와 <em>을 추가합니다.
paragraph.prepend("i");                      // <p>의 맨 앞에 텍스트를 더 추가합니다.
paragraph.innerHTML                          // => "iHello <em>World</em>!"
```

append(), prepend()는 인자를 개수 제한 없이 받습니다. 각각은 Node 객체 또는 문자열입니다. 문자열 인자는 자동으로 Text 노드로 변환됩니다. (document.createTextNode()를 호출해 명시적으로 Text 노드를 생성할 수 있긴 하지만 그럴 필요는 거의 없습니다.) append()는 인자를 요소의 자식 리스트 뒤에 추가하고 prepend()는 인자를 요소의 자식 리스트 앞에 추가합니다.

요소의 자식 리스트 중간에 Element나 Text 노드를 삽입할 때는 append()나 prepend()를 쓸 수 없습니다. 대신 기준으로 삼을 형제 노드의 참조를 가져온 다음 before()를 호출해서 그 앞에 새로운 콘텐츠를 삽입하거나 after()를 호출해서 그 뒤에 삽입합니다. 예를 들어 다음을 보십시오.

```
// class가 greetings인 제목 요소를 찾습니다.
let greetings = document.querySelector("h2.greetings");

// 제목 다음에 새로운 문단과 가로선(hr)을 삽입합니다.
greetings.after(paragraph, document.createElement("hr"));
```

append(), prepend()와 마찬가지로 after(), before()도 문자열과 요소 인자를 개수 제한 없이 받으며 문자열은 Text 노드로 변환해 삽입합니다. append(), prepend()는 Element 객체에만 존재하지만 after(), before()는 Element 노드와 Text 노드에 모두 존재하므로 Text 노드를 기준으로 콘텐츠를 삽입할 수도 있습니다.

요소는 문서의 한곳에만 존재할 수 있습니다. 이미 문서에 존재하는 요소를 새로운 위치에 삽입하면 그 위치로 이동할 뿐 복사되지는 않습니다.

```
// 이 요소 다음에 문단을 삽입했었지만 이제는 이 요소 앞으로 이동했습니다.
greetings.before(paragraph);
```

요소를 복사할 때는 cloneNode() 메서드를 사용하며, 인자로 true를 전달하면 콘텐츠 전체가 함께 복사됩니다.

```
// 문단을 복사해서 greetings 다음에 삽입합니다.
greetings.after(paragraph.cloneNode(true));
```

문서에서 Element 노드나 Text 노드를 제거할 때는 remove() 메서드, 다른 요소로 교체할 때는 replaceWith() 메서드를 사용합니다. remove()에는 인자가 없고 replaceWith()는 before(), after()처럼 문자열이나 요소를 개수 제한 없이 받습니다.

```
// greetings 요소를 문서에서 제거하고 문단 요소로 교체합니다.
// 문단이 이미 문서에 존재하면 기존 위치에서 새 위치로 이동합니다.
greetings.replaceWith(paragraph);
```

```
// 이제 문단을 제거합니다.
paragraph.remove();
```

DOM API에는 콘텐츠를 삽입하거나 제거할 때 사용하는 오래된 메서드도 아직 존재합니다. appendChild(), insertBefore(), replaceChild(), removeChild()는 여기서 설명한 메서드보다 사용하기 까다롭고, 이들을 써야 할 일도 없을 것입니다.

15.3.6 예제: 차례 생성

예제 15-1은 문서의 차례를 동적으로 생성하는 예제입니다. 이 예제는 앞 절에서 설명한 스크립트 기법을 상당수 사용합니다. 주석을 충분히 제공했으니 코드를 읽고 이해하기가 어렵지는 않을 것입니다.

예제 15-1 **DOM API로 차례 생성**

```
/**
 * TOC.js: 문서 차례를 생성합니다.
 *
 * 이 스크립트는 DOMContentLoaded 이벤트가 일어날 때 실행되고 자동으로 문서 차례를
 * 생성합니다. 전역에 아무것도 정의하지 않으므로 다른 스크립트와 충돌하지 않습니다.
 *
```

```
 * 스크립트가 실행되면 먼저 id가 TOC인 요소를 찾습니다. 그런 요소가 없으면 문서의 맨 위에
 * 새로 만듭니다. 그리고 h2 ~ h6 태그를 찾아 이들을 섹션 타이틀로 취급하며
 * TOC 요소 안에 차례를 생성합니다. 섹션 제목마다 섹션 번호를 추가하고 앵커로 감싸서
 * TOC에서 링크할 수 있게 만듭니다. 생성된 앵커는 TOC로 시작하는 이름을 사용하므로
 * HTML에는 이런 이름을 쓰면 안 됩니다.
 *
 * CSS로 차례 항목에 스타일을 적용할 수 있습니다. 모든 항목에는 TOCEntry 클래스가 있으며
 * 섹션 제목 레벨에 대응하는 클래스도 있습니다. h1 태그는 TOCLevel1 클래스의
 * 항목을 생성하고 h2 태그는 TOCLevel2 클래스의 항목을 생성하는 식입니다.
 * 본문 제목에 삽입되는 섹션 번호의 클래스는 TOCSectNum입니다.
 *
 * 다음은 이 스크립트와 사용할 예제 스타일시트입니다.
 *
 *   #TOC { border: solid black 1px; margin: 10px; padding: 10px; }
 *   .TOCEntry { margin: 5px 0px; }
 *   .TOCEntry a { text-decoration: none; }
 *   .TOCLevel1 { font-size: 16pt; font-weight: bold; }
 *   .TOCLevel2 { font-size: 14pt; margin-left: .25in; }
 *   .TOCLevel3 { font-size: 12pt; margin-left: .5in; }
 *   .TOCSectNum:after { content: ": "; }
 *
 * 섹션 번호를 숨기려면 다음 스타일을 쓰십시오.
 *
 *   .TOCSectNum { display: none }
 **/
document.addEventListener("DOMContentLoaded", () => {
    // TOC 컨테이너 요소를 찾습니다. 그런 요소가 없으면 문서 맨 위에 새로 만듭니다.
    let toc = document.querySelector("#TOC");
    if (!toc) {
        toc = document.createElement("div");
        toc.id = "TOC";
        document.body.prepend(toc);
    }

    // 섹션 제목 요소를 모두 찾습니다.
    // 문서 타이틀은 h1, 섹션 타이틀은 h2 ~ h6이라고 가정합니다.
    let headings = document.querySelectorAll("h2,h3,h4,h5,h6");

    // 섹션 번호를 추적할 배열을 초기화합니다.
    let sectionNumbers = [0,0,0,0,0];

    // 찾은 섹션 제목 요소를 순회합니다.
    for(let heading of headings) {
        // TOC 컨테이너에 있는 제목은 건너뜁니다.
        if (heading.parentNode === toc) {
            continue;
        }

        // 제목 레벨을 파악합니다. h2가 최상위 제목이므로 1을 뺍니다.
```

```
let level = parseInt(heading.tagName.charAt(1)) - 1;

// 이 제목 레벨의 섹션 번호에 1을 더하고 그 아래 레벨은 모두 0으로 재설정합니다.
sectionNumbers[level-1]++;
for(let i = level; i < sectionNumbers.length; i++) {
    sectionNumbers[i] = 0;
}

// 각 제목 레벨의 섹션 번호를 조합해서 2.3.1 같은 섹션 번호를 만듭니다.
let sectionNumber = sectionNumbers.slice(0, level).join(".");

// 섹션 제목에 섹션 번호를 추가합니다. 스타일을 적용할 수 있도록 span 안에 넣습니다.
let span = document.createElement("span");
span.className = "TOCSectNum";
span.textContent = sectionNumber;
heading.prepend(span);

// 제목을 앵커에 넣어서 링크할 수 있게 만듭니다.
let anchor = document.createElement("a");
let fragmentName = `TOC${sectionNumber}`;
anchor.name = fragmentName;
heading.before(anchor);    // 제목 앞에 앵커를 삽입합니다.
anchor.append(heading);    // 제목을 앵커 안으로 옮깁니다.

// 이 섹션의 링크를 만듭니다.
let link = document.createElement("a");
link.href = `#${fragmentName}`;    // 대상을 연결합니다.

// 제목 텍스트를 링크에 복사합니다.
// 신뢰할 수 없는 문자열을 삽입하는 것이 아니므로 innerHTML을 써도 안전합니다.
link.innerHTML = heading.innerHTML;

// 레벨에 따라 스타일을 쓸 수 있는 div에 링크를 삽입합니다.
let entry = document.createElement("div");
entry.classList.add("TOCEntry", `TOCLevel${level}`);
entry.append(link);

// div를 TOC 컨테이너에 넣습니다.
toc.append(entry);
    }
});
```

15.4 CSS 스크립트

지금까지 자바스크립트로 HTML 문서의 논리적 구조와 콘텐츠를 수정하는 방법을 살펴봤습니다. 자바스크립트는 CSS 스크립트를 통해 문서의 외관과 레이아웃도 수

정할 수 있습니다. 이어지는 하위 절은 자바스크립트 코드로 CSS를 다루는 방법을 몇 가지 설명합니다.

이 절은 독자가 이미 CSS로 HTML 콘텐츠에 스타일을 적용하는 방법을 알고 있다고 가정합니다. 하지만 자바스크립트로 조작할 일이 많은 CSS 스타일 몇 가지는 언급하고 넘어가겠습니다.

- display 스타일을 none으로 설정하면 요소를 감춥니다. display를 다른 값으로 설정하면 다시 보이게 할 수 있습니다.
- 요소의 position을 absolute, relative, fixed로 설정하고 top, left에 원하는 좌표를 써서 요소의 위치를 동적으로 바꿀 수 있습니다. 자바스크립트로 모달 대화 상자나 툴팁 같은 동적 콘텐츠를 표시할 때 중요합니다.
- transform 스타일을 써서 요소를 이동, 확대/축소, 회전할 수 있습니다.
- transition 스타일을 써서 CSS 스타일에 애니메이션을 적용할 수 있습니다. 애니메이션 자체는 웹 브라우저에서 자동으로 처리하므로 자바스크립트가 필요하지 않지만, 자바스크립트를 가지고 애니메이션을 시작할 수도 있습니다.

15.4.1 CSS 클래스

자바스크립트로 문서 콘텐츠의 스타일을 바꾸는 가장 단순한 방법은 HTML 태그의 class 속성에 CSS 클래스를 추가하거나 제거하는 것입니다. 506페이지 'class 속성'에서 설명한 대로 classList 프로퍼티를 사용하면 쉽습니다.

예를 들어 문서의 스타일시트에 hidden 클래스에 대한 정의가 있다고 합시다.

```
.hidden {
  display:none;
}
```

이런 스타일이 있다면 다음과 같은 코드로 요소를 숨기고 보일 수 있습니다.

```
// HTML 파일 내 이 tooltip 요소에 class="hidden"이 있다고 가정합니다.
// 다음과 같이 요소를 보이게 할 수 있습니다.
document.querySelector("#tooltip").classList.remove("hidden");

// 다음과 같이 다시 숨길 수 있습니다.
document.querySelector("#tooltip").classList.add("hidden");
```

15.4.2 인라인 스타일

앞의 툴팁 예제를 계속 사용합니다. 문서에 툴팁 요소는 단 하나뿐이고, 표시하기 전에 동적으로 위치를 바꾼다고 합시다. 툴팁의 위치를 전부 스타일로 미리 만드는 건 현실적으로 어려우므로 이 경우에는 classList 프로퍼티가 별로 좋지 않습니다.

이런 경우에는 스크립트에서 툴팁 요소의 style 속성을 설정해야 합니다. 모든 Element 객체에는 style 속성에 대응하는 style 프로퍼티가 있습니다. 하지만 style 프로퍼티는 문자열이 아니라 CSSStyleDeclaration 객체입니다. CSSStyle-Declaration 객체는 style 속성에 텍스트 형태로 존재하는 CSS 스타일을 파싱한 결과입니다. 자바스크립트로 가상의 툴팁 위치를 지정할 때는 다음과 같은 코드를 사용합니다.

```javascript
function displayAt(tooltip, x, y) {
    tooltip.style.display = "block";
    tooltip.style.position = "absolute";
    tooltip.style.left = `${x}px`;
    tooltip.style.top = `${y}px`;
}
```

> **🔲 자바스크립트의 CSS 프로퍼티 이름 관습**
>
> CSS 스타일 프로퍼티는 대부분 font-size처럼 이름에 하이픈이 포함됩니다. 자바스크립트는 하이픈을 마이너스 기호로 해석하며 프로퍼티 이름이나 식별자에 쓰는 것을 허용하지 않습니다. 따라서 CSSStyleDeclaration 객체는 실제 CSS 프로퍼티와 조금 다른 프로퍼티 이름을 사용합니다. CSS 프로퍼티 이름에 하나 이상의 하이픈이 포함되어 있다면 CSSStyleDeclaration 프로퍼티 이름은 하이픈을 제거하고 그 하이픈 바로 다음에 있는 글자를 대문자로 바꿉니다. 예를 들어 CSS 프로퍼티 border-left-width는 자바스크립트 borderLeftWidth 프로퍼티로, CSS font-family 프로퍼티는 자바스크립트 fontFamily 프로퍼티로 바뀝니다.

CSSStyleDeclaration 객체의 스타일 프로퍼티를 사용할 때는 값을 반드시 문자열로 바꿔야 합니다. 예를 들어 스타일시트나 style 속성에는 다음과 같은 선언을 쓸 수 있습니다.

```css
display: block; font-family: sans-serif; background-color: #ffffff;
```

자바스크립트에서 요소 e에 같은 스타일을 적용하려면 다음과 같이 각 값에 따옴 표를 써야 합니다.

```
e.style.display = "block";
e.style.fontFamily = "sans-serif";
e.style.backgroundColor = "#ffffff";
```

문자열 바깥에 쓴 세미콜론은 일반적인 자바스크립트 세미콜론입니다. CSS 스타일시트의 세미콜론은 스타일 프로퍼티를 구분하는 목적이므로, 처음부터 구분되어 있는 자바스크립트 문자열 값에는 사용하지 않아도 됩니다.

또한 CSS 프로퍼티는 대부분 픽셀을 뜻하는 px, 포인트를 뜻하는 pt 같은 단위를 써야 합니다. 따라서 marginLeft 프로퍼티를 다음과 같이 설정할 수는 없습니다.

```
e.style.marginLeft = 300;     // 문자열이 아니라 숫자를 썼으므로 잘못된 값입니다.
e.style.marginLeft = "300";   // 단위가 빠졌으므로 잘못된 값입니다.
```

스타일시트에서처럼 자바스크립트에서도 단위를 써야 합니다. 요소 e의 marginLeft 프로퍼티를 설정하는 정확한 방법은 다음과 같습니다.

```
e.style.marginLeft = "300px";
```

CSS 프로퍼티에 계산된 값을 지정할 때도 다음과 같이 마지막에 단위를 붙이는 것을 잊지 마십시오.

```
e.style.left = `${x0 + left_border + left_padding}px`;
```

일부 CSS 프로퍼티는 다른 프로퍼티의 단축 표기입니다. 예를 들어 margin은 margin-top, margin-right, margin-bottom, margin-left의 단축 표기입니다. CSSStyle-Declaration 객체에는 이런 단축 프로퍼티에 대응하는 프로퍼티도 있습니다. 예를 들어 margin 프로퍼티는 다음과 같이 설정합니다.

```
e.style.margin = `${top}px ${right}px ${bottom}px ${left}px`;
```

때로는 CSSStyleDeclaration 객체를 사용하는 것보다 요소의 인라인 스타일을 사용하는 게 쉬울 때도 있습니다. 이럴 때는 getAttribute(), setAttribute() 메서드를 사용하거나 CSSStyleDeclaration 객체의 cssText 프로퍼티를 사용하면 됩니다.

```
// 요소 e의 인라인 스타일을 요소 f에 복사합니다.
f.setAttribute("style", e.getAttribute("style"));

// 이렇게 해도 됩니다.
f.style.cssText = e.style.cssText;
```

요소의 style 프로퍼티를 가져올 때는 인라인 스타일만 가져올 수 있지만 스타일은 대부분 스타일시트로 지정된다는 점을 염두에 둬야 합니다. 또한 style 프로퍼티 에서 가져오는 값은 단위나 단축 프로퍼티 형식을 HTML 속성에 있는 그대로 가져 오므로 복잡한 파싱이 필요할 수도 있습니다. 일반적으로 요소의 스타일을 가져올 때는 다음 절에서 설명할 계산된 스타일이 아마 적합할 것입니다.

15.4.3 계산된 스타일

요소의 계산된 스타일은 브라우저가 요소의 인라인 스타일과 모든 스타일시트에서 가져온 적용 가능한 스타일 규칙 전체를 합해 계산한 프로퍼티 값 집합입니다. 다시 말해, 요소를 표시할 때 실제로 사용되는 프로퍼티 집합입니다. 인라인 스타일 과 마찬가지로 계산된 스타일 역시 CSSStyleDeclaration 객체로 표현됩니다. 하지 만 인라인 스타일과 달리 계산된 스타일은 읽기 전용입니다. 이 객체를 통해 스타 일을 지정할 수는 없지만, 브라우저가 해당 요소를 렌더링할 때 어떤 스타일 프로 퍼티 값을 사용하는지는 알 수 있습니다.

요소의 계산된 스타일을 구할 때는 Window 객체의 getComputedStyle() 메서드 를 사용하십시오. 이 메서드의 첫 번째 인자는 계산된 스타일을 가져올 요소입니 다. 선택 사항인 두 번째 인자는 ::before, ::after 같은 CSS 가상 요소를 지정합 니다.

```
let title = document.querySelector("#section1title");
let styles = window.getComputedStyle(title);
let beforeStyles = window.getComputedStyle(title, "::before");
```

getComputedStyle()의 반환 값은 지정된 요소(또는 가상 요소)에 적용된 스타일 전 체를 나타내는 CSSStyleDeclaration 객체입니다. 인라인 스타일을 나타내는 CSS-StyleDeclaration 객체와 계산된 스타일을 나타내는 CSSStyleDeclaration 객체 사이 에는 몇 가지 중요한 차이가 있습니다.

- 계산된 스타일 프로퍼티는 읽기 전용입니다.
- 계산된 스타일 프로퍼티는 **절댓값**입니다. 퍼센트나 포인트 같은 상대 단위는 절 댓값으로 변환됩니다. 마진 크기나 폰트 크기처럼 크기를 나타내는 프로퍼티는 모두 픽셀 값으로 바뀝니다. 이 값은 px 접미사가 붙은 문자열이므로 여전히 파 싱해야 하지만, 다른 단위가 붙는 경우는 없습니다. 색깔 값 프로퍼티는 rgb()나 rgba() 형식으로 반환됩니다.

- 단축 프로퍼티는 계산되지 않으며 베이스인 기본 프로퍼티만 계산됩니다. 예를 들어 `margin` 프로퍼티는 존재하지 않고 `marginLeft`, `marginTop` 같은 프로퍼티만 존재합니다. 마찬가지로, `border`나 `borderWidth`는 존재하지 않으며 `borderLeft Width`, `borderTopWidth` 같은 프로퍼티를 사용해야 합니다.
- 계산된 스타일에는 `cssText` 프로퍼티가 존재하지 않습니다.

`getComputedStyle()`이 반환하는 CSSStyleDeclaration 객체는 일반적으로 요소의 인라인 `style` 프로퍼티에서 가져온 CSSStyleDeclaration 객체보다 더 많은 정보를 포함합니다. 하지만 계산된 스타일은 까다로울 수 있고 여기서 원하는 정보를 항상 얻을 수 있다는 보장도 없습니다. `font-family` 속성은 호환성을 고려해 콤마로 구분한 폰트 패밀리 리스트입니다. 계산된 스타일에서 `fontFamily` 프로퍼티를 검색하면 요소에 적용되는 `font-family` 스타일을 반환할 뿐입니다. 이 값은 "arial, helvetica, sans-serif" 같은 값이며 실제로 어떤 폰트가 사용됐는지는 알 수 없습니다. 마찬가지로, 요소에 `absolute` 포지션이 지정되지 않았다면 `top`, `left` 프로퍼티로 계산된 스타일의 위치를 검색하려 해도 보통 `auto` 같은 값이 반환됩니다. 당연히 유효한 CSS 값이지만, 아마 원하는 결과는 아닐 겁니다.

CSS로 요소의 위치와 크기를 정확히 지정할 수 있지만 계산된 스타일을 통해 요소의 위치와 크기를 가져오는 건 권하지 않습니다. 15.5.2절에서 더 단순하고 활용도 높은 대안을 소개합니다.

15.4.4 스타일시트 스크립트

자바스크립트는 스타일시트 자체도 조작할 수 있습니다. 스타일시트는 `<style>` 태그 또는 `<link rel="stylesheet">` 태그로 HTML 문서에 연결됩니다. 둘 다 정상적인 HTML 태그이므로 `id` 속성을 쓸 수 있고 `document.querySelector()`로 검색할 수 있습니다.

`<style>`, `<link>` 태그의 Element 객체에는 `disabled` 프로퍼티가 있으며 이를 통해 스타일시트 전체를 비활성화할 수 있습니다. 다음 예제를 보십시오.

```
// 이 함수는 light와 dark 테마를 번갈아 적용합니다.
function toggleTheme() {
    let lightTheme = document.querySelector("#light-theme");
    let darkTheme = document.querySelector("#dark-theme");
    if (darkTheme.disabled) {                // 현재 light 테마이며 dark 테마로 전환합니다.
        lightTheme.disabled = true;
        darkTheme.disabled = false;
```

```
    } else {                              // 현재 dark 테마이며 light 테마로 전환합니다.
        lightTheme.disabled = false;
        darkTheme.disabled = true;
    }
}
```

앞서 설명한 DOM 조작 방법을 통해 새로운 스타일시트를 삽입할 수도 있습니다. 예를 들어 다음을 보십시오.

```
function setTheme(name) {
    // <link rel="stylesheet">를 새로 만들어 스타일시트를 불러옵니다.
    let link = document.createElement("link");
    link.id = "theme";
    link.rel = "stylesheet";
    link.href = `themes/${name}.css`;

    // id가 theme인 기존 링크를 찾습니다.
    let currentTheme = document.querySelector("#theme");
    if (currentTheme) {
        // 기존 테마가 있으면 새 테마로 교체합니다.
        currentTheme.replaceWith(link);
    } else {
        // 없다면 테마 스타일시트 링크를 삽입합니다.
        document.head.append(link);
    }
}
```

조금 더 까다롭긴 하지만 <style> 태그가 들어 있는 HTML 문자열을 삽입하는 방법도 있습니다. 예를 들어 다음을 보십시오.

```
document.head.insertAdjacentHTML(
    "beforeend",
    "<style>body{transform:rotate(180deg)}</style>"
);
```

브라우저에는 자바스크립트에서 스타일시트를 검색, 수정하고 그 스타일시트에 스타일 규칙을 삽입하거나 삭제하는 API도 있습니다. 이 API는 이 책에서 설명하기엔 지나치게 전문적입니다. MDN에서 CSSStyleSheet, CSS Object Model을 검색해 보십시오.

15.4.5 CSS 애니메이션과 이벤트

스타일시트에 다음과 같은 두 가지 CSS 클래스가 있다고 합시다.

```
.transparent { opacity: 0; }
.fadeable { transition: opacity .5s ease-in }
```

요소에 첫 번째 스타일을 적용하면 완전히 투명해지므로 볼 수 없습니다. 두 번째 스타일은 요소의 불투명도를 0.5초에 걸쳐 바꾸라는 뜻이고, 여기서 ease-in은 애니메이션을 느리게 시작했다가 가속하라는 뜻입니다.

다음과 같이 HTML 문서에 fadeable 클래스의 요소가 있다고 합시다.

```
<div id="subscribe" class="fadeable notification">...</div>
```

다음과 같이 자바스크립트에서 transparent 클래스를 추가할 수 있습니다.[5]

```
document.querySelector("#subscribe").classList.add("transparent");
```

이 요소는 이제 불투명도를 바꿀 때 애니메이션을 사용합니다. transparent 클래스를 추가하면 불투명도가 바뀌고 애니메이션이 시작됩니다. 브라우저는 요소에 페이드 아웃을 적용해 0.5초 뒤에 완전히 투명하게 만듭니다.

거꾸로도 할 수 있습니다. fadeable 요소에서 transparent 클래스를 제거해도 역시 불투명도 변화가 일어나므로 요소는 페이드 인을 통해 다시 드러나게 됩니다.

이 애니메이션은 자바스크립트가 전혀 관여하지 않은 순수 CSS 효과입니다. 자바스크립트는 단지 효과가 일어나는 동기를 제공했을 뿐입니다.

웹 브라우저는 트랜지션(transition)의 시작과 끝에서 이벤트를 일으키므로 자바스크립트를 써서 CSS 트랜지션의 진행을 모니터링할 수도 있습니다. 트랜지션이 처음 시작하면 transitionrun 이벤트가 일어납니다. transition-delay 스타일을 지정했다면 시각적인 변화가 시작되기 전에 이벤트가 먼저 일어날 수 있습니다. 시각적 변화가 일어남과 동시에 transitionstart 이벤트가 일어나고, 애니메이션이 완료되면 transitionend 이벤트가 일어납니다. 물론 이 이벤트의 대상은 애니메이션이 적용되는 요소입니다. 이 이벤트의 핸들러에 전달되는 이벤트 객체는 트랜지션이벤트(TransitionEvent) 객체입니다. 이 객체의 propertyName 프로퍼티는 애니메이션을 적용받는 CSS 프로퍼티 이름이며 elapsedTime 프로퍼티는 transition

---

5 (옮긴이) 이 글을 번역하는 시점에서 크롬, 파이어폭스 모두 다음과 같이 setTimeout을 사용해야만 트랜지션이 적용됐고, setTimeout을 사용하지 않으면 처음부터 투명한 상태로 표시됐습니다. 이 이유를 설명하는 문서는 찾지 못했습니다.

```
window.setTimeout(function () {
    document.querySelector("#subscribe").classList.add("transparent");
}, 0)
```

start 이벤트로부터 경과된 시간을 나타냅니다.

CSS는 더 복잡한 애니메이션인 'CSS 애니메이션'도 지원합니다. CSS 애니메이션은 animation-name, animation-duration CSS 프로퍼티와 특별한 @keyframes 규칙을 사용해 애니메이션의 세부 사항을 정의합니다. CSS 애니메이션의 세부 사항은이 책의 범위를 벗어나지만, 트랜지션에서 본 것과 마찬가지로 일단 CSS 클래스에애니메이션 프로퍼티를 정의하고 나면 자바스크립트를 써서 요소에 클래스를 추가하기만 해도 애니메이션이 일어나게 만들 수 있습니다.

CSS 트랜지션과 마찬가지로 CSS 애니메이션 역시 자바스크립트 코드에서 주시(listen)할 수 있는 이벤트를 일으킵니다. animationstart는 애니메이션이 시작할때, animationend는 애니메이션이 끝날 때 일어납니다. 애니메이션이 두 번 이상반복된다면 마지막을 제외하고 반복마다 animationiteration 이벤트가 일어납니다. 이벤트 대상은 애니메이션이 일어나는 요소이며 핸들러 함수에 전달되는 이벤트 객체는 애니메이션이벤트(AnimationEvent) 객체입니다. 이들 이벤트에는 애니메이션을 정의하는 CSS animation-name 프로퍼티에 대응하는 animationName 프로퍼티가 있고, 애니메이션이 시작된 후 경과한 시간을 나타내는 elapsedTime 프로퍼티가 있습니다.

15.5 문서 지오메트리와 스크롤

이 장에서는 지금까지 문서를 요소와 Text 노드의 추상 트리라고 생각하며 설명했습니다. 하지만 브라우저는 문서를 창에 렌더링할 때 각 요소의 위치와 크기를 지정해 시각적으로 표현합니다. 웹 애플리케이션에서는 문서를 트리로 취급하여 요소가화면에 어떻게 렌더링되는지는 신경 쓰지 않아도 될 때가 많습니다. 하지만 때때로요소의 위치를 정확히 파악해야 할 때도 있습니다. 예를 들어 툴팁 같은 요소의 위치를 동적으로 지정하려면 기준이 되는 요소의 위치를 파악할 수 있어야 합니다.

이어지는 하위 절은 문서의 추상적인 트리와 좌표 기반 뷰를 오가는 방법을 설명합니다.

15.5.1 문서 좌표와 뷰포트 좌표

요소의 위치는 CSS 픽셀로 나타내며 x좌표는 오른쪽으로 갈수록 커지고 y좌표는아래로 내려갈수록 커집니다. 좌표계 원점으로는 문서의 왼쪽 상단 모서리와 뷰포트의 왼쪽 상단 모서리 두 가지를 기준으로 할 수 있습니다. 최상위 창과 탭에서 '뷰포트'는 문서 콘텐츠를 실제로 표시하는 부분, 즉 메뉴와 툴바, 탭 등을 제거한 부분입니다. <iframe> 태그에 표시되는 문서의 뷰포트는 DOM의 iframe 요소입니다. 요소의 위치를 언급할 때는 반드시 문서 좌표인지 뷰포트 좌표인지를 확실히 해야 합니다. (뷰포트 좌표는 때때로 '윈도 좌표'라 부르기도 합니다.)

문서가 뷰포트보다 작거나 스크롤되지 않았다면 문서의 좌측 상단 모서리는 뷰포트의 좌측 상단 모서리에 있고 문서 좌표계와 뷰포트 좌표계가 일치합니다. 하지만 일반적으로 두 좌표계를 변환할 때는 반드시 **스크롤 오프셋**을 더하거나 빼야 합니다. 예를 들어 요소의 y좌표가 문서 좌표에서 200픽셀인데 사용자가 문서를 75픽셀 아래로 스크롤했다면, 해당 요소의 y좌표는 뷰포트 좌표에서 125픽셀입니다. 마찬가지로, 요소의 x좌표가 뷰포트 좌표에서 400인데 사용자가 문서를 가로로 200픽셀 스크롤했다면, 해당 요소의 x좌표는 문서 좌표에서 600픽셀입니다.

문서를 종이에 출력한 상태라면 사용자가 문서를 얼마나 스크롤했든 관계없이 문서 좌표에서는 모든 요소의 위치가 일정할 것입니다. 하지만 일반적으로 웹에서 문서 좌표는 큰 의미가 없습니다. CSS overflow 프로퍼티를 쓰면 요소에 그 요소가 표시할 수 있는 것 이상의 콘텐츠를 담을 수 있기 때문입니다. 요소마다 스크롤 바를 표시할 수 있고 해당 요소가 자신이 포함한 콘텐츠에 대한 뷰포트로 동작하도록 할 수 있습니다. 문서도 스크롤할 수 있고 그 안의 요소 역시 스크롤할 수 있으므로 요소의 위치를 x, y좌표 하나로 나타내는 건 불가능합니다.

문서 좌표에 큰 의미가 없으므로 클라이언트 사이드 자바스크립트에서는 뷰포트 좌표를 쓰는 경우가 많습니다. 곧 설명할 getBoundingClientRect(), elementFromPoint() 메서드와 마우스/포인터 이벤트 객체의 clientX, clientY 프로퍼티는 뷰포트 좌표를 사용합니다.

position:fixed를 써서 요소의 위치를 직접 지정한다면 top, left 프로퍼티는 뷰포트 좌표를 기준으로 해석됩니다. position:relative를 사용해 지정한다면 요소는 position 프로퍼티를 아예 사용하지 않은 경우에 위치했을 곳을 기준으로 새 위치가 지정됩니다. position:absolute를 사용한다면 top, left 프로퍼티는 포지션이 지정된 요소 중 가장 가까운 요소, 그런 것이 없다면 문서를 기준으로 해석됩니다. 예를 들어 relative 포지션이 지정된 R이라는 요소 안에 absolute 포지션이 지정된 A라는 요소가 있다면 A의 위치는 문서가 아니라 컨테이너 요소 R을 기준으로 정해집니다. 컨테이너 요소에 relative 포지션을 지정하고 top, left 프로퍼티를 0으로 설정해서, 컨테이너 요소 내의 absolute 포지션이 지정된 요소의 위치를 기준으로 삼는 방식이 아주 유용할 때가 있습니다. 문서 좌표, 뷰포트 좌표와 구분하기 위해 이 새로운 좌표계를 '컨테이너 좌표'라고 부릅니다.

> ### 📦 CSS 픽셀
>
> 1024 × 768 해상도의 컴퓨터 모니터, 320 × 480 해상도의 터치스크린 폰을 기억할 정도로 나이가 좀 있는 독자라면 '픽셀'이라는 단어를 여전히 **하드웨어상의** 한 점으로 생각할 수도 있습니다. 최근의 4K 모니터와 '레티나' 디스플레이는 해상도가 대단히 높아서 소프트웨어 픽셀과 하드웨어 픽셀을 따로 생각해야 합니다. 따라서 CSS 픽셀, 즉 클라이언트 사이드 자바스크립트 픽셀 하나는 사실 여러 개의 하드웨어 픽셀로 구성될 수 있습니다. Window 객체의 devicePixelRatio 프로퍼티는 소프트웨어 픽셀 하나에 하드웨어 픽셀 몇 개가 사용되는지 나타냅니다. 이 값이 2라면 각 소프트웨어 픽셀은 하드웨어 픽셀 2 × 2로 구성된다는 뜻입니다. devicePixelRatio 값은 하드웨어의 물리적 해상도, 운영 체제 설정, 브라우저의 확대/축소 정도에 따라 다릅니다.
>
>   devicePixelRatio 값이 꼭 정수일 필요는 없습니다. CSS에서 폰트 크기를 12픽셀로 지정했고 devicePixelRatio가 2.5라면 실제 폰트 크기는 하드웨어 픽셀로 30픽셀입니다. CSS의 픽셀 값은 이제 화면의 개별 픽셀과 1:1로 대응하지 않으므로 픽셀 좌표 역시 정수가 아니어도 됩니다. devicePixelRatio가 3이라면 3.33 같은 좌표를 쓸 수 있습니다. devicePixelRatio가 2라면 3.33인 좌표는 3.5로 반올림됩니다.

15.5.2 요소의 위치 검색

getBoundingClientRect() 메서드를 호출해 요소의 크기(CSS 보더와 패딩은 포함, 마진은 제외)와 위치(뷰포트 좌표)를 파악할 수 있습니다. 이 메서드는 인자를 받지 않으며 left, right, top, bottom, width, height 프로퍼티가 있는 객체를 반환합니다. left, top 프로퍼티는 좌측 상단 모서리의 x, y좌표이고 right, bottom 프로퍼티는 우측 하단 모서리의 좌표입니다. width, height 프로퍼티는 이 값들의 차이입니다.

    이미지, 문단, <div> 요소 같은 블록 요소는 항상 사각형으로 만들어집니다. 반면 <span>, <code>, <b> 같은 인라인 요소는 여러 줄로 확장될 수 있으므로 사각형 여러 개로 만들어질 수 있습니다. 예를 들어 <em>, </em> 태그 사이에 텍스트가 있고 이 안에서 줄바꿈이 일어난다고 합시다. 그러면 요소의 사각형은 첫 번째 행의 마지막, 두 번째 행의 처음으로 구성됩니다. 이 em 요소에서 getBoundingClientRect()를 호출하면 반환되는 객체의 width는 행 전체의 너비와 같습니다. getClientRects() 메서드는 인라인 요소의 개별 사각형에서 각각 getBoundingClientRect()를 호출한 것처럼 읽기 전용의 배열 비슷한 객체를 반환합니다.[6]

15.5.3 지정된 위치에 있는 요소 파악

getBoundingClientRect() 메서드로 요소의 현재 위치를 알 수 있습니다. 때로는 반대로 뷰포트에서 특정 좌표에 있는 요소가 무엇인지 알아야 할 때도 있습니다. Document 객체의 elementFromPoint() 메서드를 사용하면 됩니다. 원하는 x, y좌표 (예를 들어 마우스 이벤트의 clientX, clientY)로 이 메서드를 호출하면 지정된 위치에 있는 Element 객체가 반환됩니다. 요소를 선택하는 **충돌 감지**(hit detection) 알고리즘은 정확히 명시되지 않았지만, 이 메서드의 의도는 해당 지점에서 가장 안

---

6 (옮긴이) 위쪽 그림에서 밑줄 그어진 문장이 document.querySelectorAll('span.doing')[1]에 해당하는 요소입니다. 네 줄로 나뉘어 있고 getClientRects()도 요소가 네 개 있는 배열을 반환합니다. 너비가 가장 큰 세 번째 요소의 width가 getBoundingClientRect()의 width와 일치하는 것을 확인하십시오.

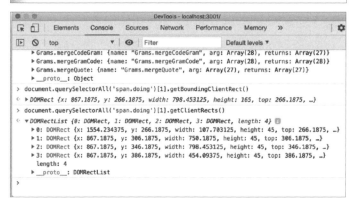

쪽의(가장 깊이 중첩된) 요소와 가장 위쪽의(z-index 속성이 가장 큰) 요소를 반환하는 겁니다.

15.5.4 스크롤

Window 객체의 scrollTo() 메서드는 문서 좌표 기준인 x와 y좌표를 받고 이 값을 스크롤 오프셋으로 설정합니다. 다시 말해 브라우저 창을 스크롤해서 지정된 지점을 뷰포트의 좌측 상단 모서리로 만듭니다. 지정한 지점이 문서의 아래쪽이나 오른쪽 경계에 너무 가깝다면 최대한 가깝게 스크롤하긴 하지만 강제로 당기지는 않습니다. 다음 코드는 문서의 가장 아래쪽에 보이도록 스크롤합니다.

```
// 문서와 뷰포트의 높이를 구합니다.
let documentHeight = document.documentElement.offsetHeight;
let viewportHeight = window.innerHeight;
// 마지막 '페이지'가 보이게 스크롤합니다.
window.scrollTo(0, documentHeight - viewportHeight);
```

Window의 scrollBy() 메서드는 scrollTo()와 비슷하지만 인자는 현재 스크롤 위치에 상대적이며 현재 스크롤 위치에 더해집니다.

```
// 500밀리초마다 50픽셀씩 아래로 무한히 스크롤합니다.
setInterval(() => { scrollBy(0,50)}, 500);
```

scrollTo(), scrollBy()를 사용할 때 부드럽게 스크롤하려면 다음과 같이 숫자 대신 객체 인자를 전달합니다.

```
window.scrollTo({
  left: 0,
  top: documentHeight - viewportHeight,
  behavior: "smooth"
});
```

일정 픽셀만큼 스크롤하기보다는 원하는 요소가 보일 때까지 스크롤하는 경우가 더 많습니다. 원하는 HTML 요소에서 scrollIntoView() 메서드를 사용하면 됩니다. 이 메서드는 호출된 요소가 뷰포트에 나타날 때까지 스크롤합니다. 기본적으로 요소의 위쪽 경계를 뷰포트 위쪽 경계에 맞추려 하지만, 인자로 false 하나만 전달하면 반대로 요소의 아래쪽 경계를 뷰포트의 아래쪽 경계에 맞춥니다. 브라우저는 필요에 따라 뷰포트를 가로로도 스크롤합니다.

scrollIntoView()에 behavior:"smooth" 프로퍼티가 있는 객체를 전달해 부드러운 스크롤을 만들 수 있습니다. block 프로퍼티를 써서 세로 위치를 정할 수 있고, 가로 스크롤이 필요하다면 inline 프로퍼티로 지정할 수 있습니다. 두 프로퍼티의 유효한 값은 start, end, nearest, center입니다.

15.5.5 뷰포트 크기, 콘텐츠 크기, 스크롤 위치

이미 설명했듯 브라우저 창뿐만 아니라 HTML 요소에도 스크롤 바가 표시될 수 있습니다. 이런 경우 뷰포트 크기, 콘텐츠 크기, 뷰포트 안에 있는 콘텐츠의 스크롤 오프셋을 알아야 할 때도 있습니다.

브라우저 창의 뷰포트 크기는 window.innerWidth, window.innerHeight 프로퍼티로 알 수 있습니다. 모바일 장치에 최적화된 웹 페이지는 <head>에 <meta name="viewport"> 태그를 써서 원하는 뷰포트 너비를 설정할 때가 많습니다. 문서의 전체 크기는 document.documentElement, 즉 <html> 요소의 크기와 같습니다. document.documentElement의 getBoundingClientRect()를 호출하거나 document.documentElement의 offsetWidth, offsetHeight 프로퍼티에서 문서의 너비와 높이를 알 수 있습니다. 문서의 스크롤 오프셋은 window.scrollX, window.scrollY으로 알 수 있습니다. 이들은 읽기 전용 프로퍼티이므로 문서 스크롤에는 사용할 수 없습니다. 대신 window.scrollTo()를 사용하십시오.

요소는 좀 더 복잡합니다. Element 객체에는 다음과 같이 세 가지 그룹의 프로퍼티가 있습니다.

```
offsetWidth      clientWidth      scrollWidth
offsetHeight     clientHeight     scrollHeight
offsetLeft       clientLeft       scrollLeft
offsetTop        clientTop        scrollTop
offsetParent
```

요소의 offsetWidth, offsetHeight 프로퍼티는 화면에 표시된 크기를 CSS 픽셀로 반환합니다. 반환된 크기에는 요소의 보더와 패딩이 포함되지만 마진은 포함되지 않습니다. offsetLeft, offsetTop 프로퍼티는 요소의 x, y좌표입니다. 대부분의 요소에서 이 값은 문서 좌표입니다. 하지만 포지션이 지정된 요소의 자손, 기타 테이블 셀 등의 요소에서 이 프로퍼티는 문서 자체가 아니라 컨테이너에 상대적인 좌표입니다. offsetParent 프로퍼티는 좌표의 기준이 되는 요소입니다. 오프셋 프로퍼티는 모두 읽기 전용입니다.

clientWidth, clientHeight는 offsetWidth, offsetHeight와 비슷하지만 보더가 포함되지 않으며 콘텐츠 영역과 패딩만 포함합니다. clientLeft, clientTop 프로퍼티는 그리 유용하지는 않습니다. 이들은 요소의 패딩 바깥쪽과 보더 바깥쪽 사이의 거리입니다. 보통 이 값은 왼쪽, 위쪽 보더의 너비와 일치합니다. 이 클라이언트 프로퍼티는 읽기 전용이며 <i>, <code>, <span> 같은 인라인 요소에서는 0입니다.

scrollWidth, scrollHeight는 요소의 콘텐츠 영역과 패딩, 넘치는 콘텐츠를 합한 크기입니다. 콘텐츠가 오버플로 없이 콘텐츠 영역에 전부 들어간다면 이들 프로퍼티의 값은 clientWidth, clientHeight와 일치합니다. 오버플로되어 콘텐츠가 넘친다면 그 크기가 포함되며 clentWidth, clientHeight보다 큰 값을 반환합니다. scrollLeft, scrollTop은 요소의 뷰포트 안에 있는 요소 콘텐츠의 스크롤 오프셋입니다. Element 객체의 다른 프로퍼티와 달리 scrollLeft, scrollTop은 쓰기 가능한 프로퍼티이며 이 값을 설정해 요소 안에서 콘텐츠를 스크롤할 수 있습니다. 대부분의 브라우저에서 Window 객체와 마찬가지로 Element 객체에도 scrollTo(), scrollBy() 메서드가 있지만 모든 브라우저에서 지원하지는 않습니다.

15.6 웹 컴포넌트

HTML은 문서 마크업 언어이며 다양한 목적에 맞게 여러 가지 태그를 정의했습니다. HTML은 30년의 세월을 거치며 웹 애플리케이션의 사용자 인터페이스를 책임지는 언어로 발전했지만 <input>, <button> 같은 기본 HTML 태그는 최신 UI 디자인에 적합하지 않습니다. 물론 웹 개발자가 창의성을 발휘할 수는 있지만 CSS와 자바스크립트를 써서 기본적인 HTML 태그의 외형과 동작을 확장해야 합니다. 그림 15-3의 검색 박스를 보십시오.

그림 15-3 검색 박스의 사용자 인터페이스

HTML <input> 요소는 사용자로부터 입력을 받지만, 그림처럼 돋보기 아이콘을 표시하거나 오른쪽에 취소를 뜻하는 X 아이콘을 표시하는 기능은 없습니다. 웹에 이런 최신 사용자 인터페이스 요소를 구현하려면 최소한 네 가지 HTML 요소를 사용해야 합니다. 사용자의 입력을 받고 표시할 <input> 요소, <img> 요소 두 개(<span> 요소 두 개에 유니코드 기호를 써도 됩니다), 이 세 가지 요소의 컨테이너가 될 <div> 요소입니다. 또한 CSS를 써서 <input> 요소의 기본 보더를 숨기고 컨테이너에 보더를 만들어야 합니다. 그리고 자바스크립트를 써서 네 가지 HTML 요소가 함께 동작하게 만들어야 합니다. 예를 들어 사용자가 X 아이콘을 클릭하면 <input> 요소에 입력된 내용을 지우는 이벤트 핸들러가 필요합니다.

웹 애플리케이션에 검색 박스 하나를 추가할 때마다 이 모든 작업을 해야 한다고 생각하면 너무 많습니다. 최근의 웹 애플리케이션 대부분은 '순수' HTML로 만들기보다는 리액트나 앵귤러 같은 프레임워크로 만들고, 이런 프레임워크는 그림 15-3의 검색 박스 같은 사용자 인터페이스를 여러 번 사용할 수 있게 만드는 환경을 제공합니다. 웹 컴포넌트는 이런 프레임워크의 대안으로 브라우저에 네이티브로 추가된 기능입니다. 비교적 최근에 웹 표준에 추가된 세 가지 기술을 활용해, 프레임워크에 의존하지 않고 자바스크립트와 새로운 태그만 써서 재사용하기 쉬운 UI 컴포넌트를 만듭니다.

이어지는 하위 절은 다른 개발자가 정의한 웹 컴포넌트를 사용하는 방법, 웹 컴포넌트의 기반이 되는 세 가지 기술을 설명하고, 마지막으로 이들을 한데 모아 그림 15-3의 검색 박스를 구현하는 예제를 소개합니다.

15.6.1 웹 컴포넌트 사용

웹 컴포넌트는 자바스크립트로 정의되므로 HTML 파일에서 웹 컴포넌트를 사용하려면 컴포넌트를 정의한 자바스크립트 파일을 불러와야 합니다. 비교적 새로운 기술이므로 보통 자바스크립트 모듈로 작성되고, 다음과 같이 불러올 수 있습니다.

```
<script type="module" src="components/search-box.js">
```

웹 컴포넌트는 HTML 태그 이름을 직접 정의하는데, 중요한 것은 이 태그 이름에 반드시 하이픈이 들어가야 한다는 겁니다. 따라서 HTML의 미래 버전에서 하이픈이 없는 새로운 태그를 도입하더라도 웹 컴포넌트와 충돌할 일은 없습니다. 웹 컴포넌트를 사용할 때는 다음과 같이 HTML 파일에서 태그를 사용하기만 하면 됩니다.

```
<search-box placeholder="Search..."></search-box>
```

웹 컴포넌트에는 일반적인 HTML 태그와 마찬가지로 속성을 사용할 수 있습니다. 지원되는 속성은 컴포넌트 문서에 포함되어 있습니다. 웹 컴포넌트에는 스스로 닫는 태그를 쓸 수 없습니다. 예를 들어 <search-box/>와 같이 쓰는 건 불가능합니다. HTML 파일에 반드시 여는 태그와 닫는 태그를 모두 써야 합니다.

일반적인 HTML 요소와 마찬가지로 웹 컴포넌트도 특정한 타입의 자식 요소를 받기도 하고, 반대로 자식 요소를 받지 않기도 합니다. 일부 웹 컴포넌트는 이름 붙은 '슬롯'에 특별한 라벨이 붙은 자식 요소를 선택적으로 받도록 작성되기도 합니다. 그림 15-3의 <search-box> 컴포넌트는 '슬롯'을 써서 아이콘을 표시합니다. <search-box>에 다른 아이콘을 사용하고 싶다면 HTML을 다음과 같이 만들면 됩니다.

```
<search-box>
  <img src="images/search-icon.png" slot="left"/>
  <img src="images/cancel-icon.png" slot="right"/>
</search-box>
```

slot 속성은 자식 요소를 어디에 표시할지 정하는 속성입니다. 슬롯 이름(left, right)은 웹 컴포넌트에서 정의합니다. 선택한 컴포넌트에서 슬롯을 지원한다면 해당 내용 역시 문서에 포함되어 있을 것입니다.

조금 전에 웹 컴포넌트는 보통 자바스크립트 모듈로 작성되며 <script type="module"> 태그를 써서 HTML 파일에 불러온다고 설명했습니다. 이 장 초반에 모듈은 deferred 태그를 사용한 것처럼 문서 콘텐츠 파싱이 끝난 뒤에 불러온다고도 설명했습니다. 따라서 웹 브라우저는 보통 <search-box> 같은 태그가 정확히 무엇인지 알기 전에 파싱과 렌더링을 끝내야 합니다. 웹 컴포넌트에서는 자연스럽게 일어나는 일입니다. 웹 브라우저의 HTML 파서는 아주 유연하며 자신이 이해하지 못하는 요소도 관대하게 처리합니다. 브라우저는 컴포넌트가 정의되기 전에 웹 컴포넌트 태그를 만날 경우 범용 HTMLElement를 DOM 트리에 추가합니다. 그리고 나중에 커스텀 요소가 정의되면 그 범용 요소를 알맞게 '업그레이드'합니다.

웹 컴포넌트에 자식 요소가 있으면 자식 요소는 컴포넌트가 정의되기 전에는 부정확하게 표시됩니다. 다음과 같이 CSS를 써서 웹 컴포넌트가 정의되기 전까지는 숨길 수 있습니다.

```
/*
 * <search-box> 컴포넌트가 정의되기 전에는 숨깁니다.
 * 또한 최종 레이아웃과 크기를 미리 확보해 두면 요소가 생성되면서
 * 주변 컨텐츠를 다시 렌더링해 성능이 떨어지는 일(리플로)을 막을 수 있습니다.
```

```
    */
search-box:not(:defined) {
    opacity:0;
    display: inline-block;
    width: 300px;
    height: 50px;
}
```

웹 컴포넌트도 일반적인 HTML 요소와 마찬가지로 자바스크립트에서 사용할 수 있습니다. 웹 페이지에 <search-box> 태그를 사용하면 querySelector()와 적절한 CSS 선택자로 컴포넌트를 참조할 수 있습니다. 하지만 컴포넌트가 정의되기 전에는 참조하는 것이 별 의미가 없으므로 너무 일찍 시도하지는 마십시오. 일반적으로 자바스크립트 실행 환경은 웹 컴포넌트가 지원하는 HTML 속성을 자바스크립트 프로퍼티로 만들지만 반드시 그래야 한다는 규정은 없습니다. 또한 HTML 요소와 마찬가지로 웹 컴포넌트에도 메서드를 정의할 수 있습니다. 다시 말하지만, 사용할 수 있는 프로퍼티와 메서드는 선택한 웹 컴포넌트의 문서에 나와 있습니다.

이제 웹 컴포넌트 사용법을 알았으니 웹 컴포넌트 구현에 필요한 세 가지 웹 브라우저 기능을 살펴보겠습니다.

📦 DocumentFragment 노드

웹 컴포넌트 API에 대해 설명하기 전에 잠시 DOM API로 돌아가서 DocumentFragment를 간단히 살펴보겠습니다. DOM API는 문서를 Node 객체의 트리로 구성하며 여기서 각 노드는 Document, Element, Text, Comment 노드 중 하나입니다. 이런 노드 타입 중 어떤 것도 부모 요소를 제외하고 형제들로만 구성된 문서 프래그먼트(fragment)를 나타내지 않습니다. DocumentFragment는 형제 관계인 노드를 그룹으로 묶을 때 임시로 부모가 되는 또 다른 타입의 노드 단위입니다. DocumentFragment 노드는 document.createDocumentFragment()로 만듭니다. Document-Fragment는 요소처럼 사용할 수 있습니다. DocumentFragment는 부모가 없다는 점에서 다른 요소와는 다릅니다. 더 중요한 차이는, DocumentFragment 노드를 문서에 삽입할 때 Document-Fragment 자체는 삽입되지 않으며 대신 자식 요소들이 삽입됩니다.

15.6.2 HTML 템플릿

HTML <template> 태그는 웹 컴포넌트와 밀접한 관련은 없지만 웹 페이지에 자주 등장하는 컴포넌트를 최적화하기에 적합합니다. 웹 브라우저는 <template> 태그와 그 자식 요소를 절대 렌더링하지 않으므로 <template> 태그는 자바스크립트에서만 사용할 수 있습니다. 이 태그의 목적은 테이블 행 또는 웹 컴포넌트의 내부 구성 요소 같은 기본적인 HTML 구조가 웹 페이지에 여러 번 반복해야 할 때 <template>을 써서 한 번만 정의하고, 필요한 만큼 자바스크립트로 복사해서 쓰는 것입니다.

자바스크립트에서 <template> 태그는 HTMLTemplateElement 객체로 나타냅니다. 이 객체에는 content 프로퍼티 단 하나만 존재하며, 프로퍼티 값은 <template> 의 자식 노드로 이루어진 DocumentFragment입니다. 이 DocumentFragment를 복사해서 필요한 만큼 문서에 삽입하면 됩니다. 프래그먼트 자체가 삽입되는 게 아니라 그 자식 요소가 삽입됩니다. 문서에 <table>, <template id="row"> 태그가 있고 템플릿에 테이블의 행 구조가 정의되어 있다고 합시다. 템플릿은 다음과 같이 사용할 수 있습니다.

```
let tableBody = document.querySelector("tbody");
let template = document.querySelector("#row");
let clone = template.content.cloneNode(true);  // 깊은 복사
// ... 사본의 <td> 요소에 콘텐츠를 삽입하는 코드
// ... 복제되고 초기화된 행을 테이블에 삽입하는 코드
tableBody.append(clone);
```

템플릿 요소를 꼭 HTML 문서 안에 작성할 필요는 없습니다. 자바스크립트 코드에서 템플릿을 생성하고 innerHTML로 자식 요소를 생성하면 innerHTML을 파싱하는 부담이 줄어듭니다. 웹 컴포넌트는 일반적으로 이런 방식을 사용해 HTML 템플릿을 만들며, 예제 15-3(537페이지)에서도 이런 방식을 사용합니다.

15.6.3 커스텀 요소

웹 컴포넌트와 관련된 두 번째 웹 브라우저 기능은 '커스텀 요소'입니다. 커스텀 요소는 자바스크립트 클래스와 HTML 태그 이름을 묶어서 해당 태그가 자동으로 클래스의 인스턴스가 되게 합니다. customElements.define() 메서드의 첫 번째 인자는 웹 컴포넌트 태그 이름이고(태그 이름은 반드시 하이픈을 포함해야 합니다) 두 번째 인자는 HTMLElement의 서브클래스입니다. 해당 태그 이름을 가진 기존 요소는 모두 새로 생성된 클래스 인스턴스로 '업그레이드'됩니다. 브라우저는 나중에 HTML을 파싱할 때 해당 태그 이름을 만날 때마다 자동으로 인스턴스를 만듭니다.

customElements.define()에 전달하는 클래스는 HTMLElement를 상속해야 하며

HTMLButtonElement 같은 구체적인 타입을 상속해서는 안 됩니다.[7] 9장에서 자바스크립트 클래스가 다른 클래스를 상속할 때 this 키워드를 사용하기 전에 반드시 생성자 함수에서 super()를 호출해야 한다고 했습니다. 따라서 커스텀 요소에 생성자가 있다면 가장 먼저 인자 없이 super()를 호출해야 합니다.

브라우저는 커스텀 요소 클래스에서 '수명 주기 메서드(lifecycle method)'를 자동으로 호출합니다. 커스텀 요소 인스턴스를 문서에 삽입할 때 connectedCallback() 메서드가 호출되며 많은 요소에서 이 메서드를 초기화에 사용합니다. 요소가 문서에서 제거될 때 호출되는 disconnectedCallback() 메서드도 있지만 이 메서드는 자주 사용되지 않습니다.

속성 이름으로 이루어진 배열이 값인 정적 프로퍼티 observedAttributes가 있는 커스텀 요소 클래스에서 속성을 설정하거나 변경하면 브라우저는 attributeChangedCallback() 메서드를 호출하면서 속성 이름, 원래 값, 새로운 값을 인자로 전달합니다. 속성 값에 따라 컴포넌트를 업데이트할 때 이 콜백을 사용할 수 있습니다.

커스텀 요소 클래스에는 다른 프로퍼티와 메서드도 필요한 만큼 정의할 수 있습니다. 요소 속성을 자바스크립트 프로퍼티로 사용할 수 있도록 게터와 세터 메서드는 보통 정의하는 편입니다.

예를 들어 일반 텍스트로 이루어진 문단 안에 원을 표시하고 싶다고 합시다. 다음과 같은 HTML을 만들어 그림 15-4 같은 결과를 얻고 싶습니다.

```
<p>
  The document has one marble: <inline-circle></inline-circle>.
  The HTML parser instantiates two more marbles:
  <inline-circle diameter="1.2em" color="blue"></inline-circle>
  <inline-circle diameter=".6em" color="gold"></inline-circle>.
  How many marbles does the document contain now?
</p>
```

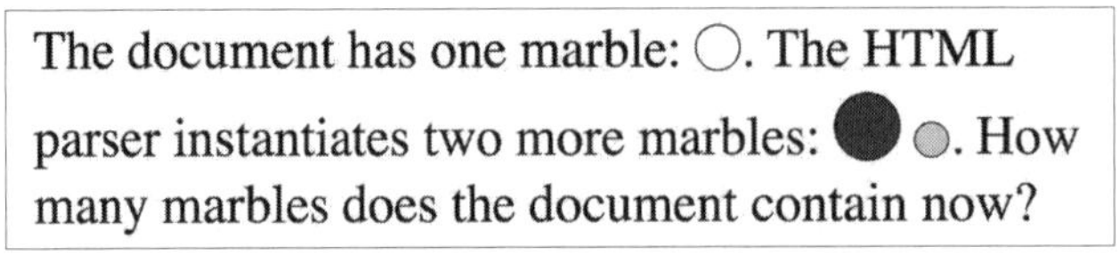

그림 15-4 인라인 커스텀 요소

---

7 커스텀 요소 명세는 〈button〉이나 기타 구체적 요소의 서브클래스를 허용하지만 사파리에서는 지원하지 않으며 HTMLElement가 아닌 다른 요소를 상속하는 커스텀 요소를 만들기 위해서는 다른 문법이 필요합니다.

예제 15-2의 코드를 사용해 이 <inline-circle> 커스텀 요소를 구현할 수 있습니다.

예제 15-2 <inline-circle> 커스텀 요소

```
customElements.define("inline-circle", class InlineCircle extends HTMLElement {
    // 브라우저는 <inline-circle> 요소가 문서에 삽입될 때 이 메서드를
    // 호출합니다. disconnectedCallback() 메서드도 있지만 이 예제에서는
    // 사용하지 않습니다.
    connectedCallback() {
        // 원에 필요한 스타일
        this.style.display = "inline-block";
        this.style.borderRadius = "50%";
        this.style.border = "solid black 1px";
        this.style.transform = "translateY(10%)";
        // 이미 정의된 크기가 없다면 현재 폰트 크기에 맞춰 기본 크기를 설정합니다.
        if (!this.style.width) {
            this.style.width = "0.8em";
            this.style.height = "0.8em";
        }
    }

    // 정적 프로퍼티 observedAttributes에 '이벤트'로 등록할 속성을 지정합니다.
    static get observedAttributes() { return ["diameter", "color"]; }

    // 이 콜백은 위에 나열한 속성이 바뀔 때 호출됩니다.
    // 커스텀 요소가 처음 파싱될 때도 호출됩니다.
    attributeChangedCallback(name, oldValue, newValue) {
        switch(name) {
        case "diameter":
            // diameter 속성이 바뀌면 크기를 업데이트합니다.
            this.style.width = newValue;
            this.style.height = newValue;
            break;
        case "color":
            // color 속성이 바뀌면 색깔 스타일을 업데이트합니다.
            this.style.backgroundColor = newValue;
            break;
        }
    }

    // 요소 속성에 대응하는 자바스크립트 프로퍼티를 정의합니다.
    // 이들 게터와 세터는 단순히 대응하는 속성을 가져오고 설정하기만 합니다.
    // 자바스크립트 프로퍼티가 설정되면 해당 프로퍼티는 attributeChangedCallback()을
    // 호출해 요소 스타일을 업데이트합니다.
    get diameter() { return this.getAttribute("diameter"); }
    set diameter(diameter) { this.setAttribute("diameter", diameter); }
    get color() { return this.getAttribute("color"); }
    set color(color) { this.setAttribute("color", color); }
});
```

15.6.4 섀도우 DOM

예제 15-2의 커스텀 요소는 제대로 캡슐화되지 않았습니다. diameter나 color 속성을 설정하면 style 속성도 변경되지만, 실제 HTML 요소에서 이런 일이 일어날 리 없습니다. 커스텀 요소를 진정한 웹 컴포넌트로 만들기 위해서는 **섀도우 DOM**이라고 불리는 강력한 캡슐화 메커니즘을 사용해야 합니다.

섀도우 DOM은 커스텀 요소와 <div>, <span>, <body>, <article>, <main>, <nav>, <header>, <footer>, <section>, <p>, <blockquote>, <aside>, <h1> ~ <h6> 요소에 '섀도우 호스트'(shadow host)라 부르는 '섀도우 루트'(shadow root)를 붙일 수 있게 허용합니다. 섀도우 호스트 요소는 모든 HTML 요소와 마찬가지로 자손 요소와 Text 노드로 구성된 일반적인 DOM 트리의 루트입니다. 섀도우 루트는 섀도우 호스트에서 뻗어 나오는 자손 요소의 또 다른 루트이며, 그 자체로 별개의 미니 문서라고 볼 수 있습니다.

섀도우 DOM의 '섀도우'는 섀도우 루트의 자손인 요소가 '그림자 속에 숨어 있는' 성질을 갖는 데서 나온 용어입니다. 섀도우 루트의 자손은 일반적인 DOM 트리에 속하지 않고, 호스트 요소의 children 배열에도 포함되지 않으며, querySelector() 같은 일반적인 DOM 순회 메서드에서 열거되지도 않습니다. 이와 대비해서 섀도우 호스트의 일반적인 DOM 자식 요소를 '라이트(light) DOM[8]'이라고 부르기도 합니다.

HTML <audio>, <video> 요소를 생각해 보면 섀도우 DOM의 목적을 이해하기 쉽습니다. 이들 요소에는 미디어 제어에 필요한 사용자 인터페이스가 포함되어 있지만, 재생과 일시 정지 버튼을 비롯한 다른 UI 요소들은 DOM 트리에 노출되지 않으며 자바스크립트로 조작할 수도 없습니다. 웹 브라우저가 HTML을 표시하기 위해 만들어졌다는 점을 생각해 보면, 브라우저 제조사들이 이런 내부 UI까지 HTML로 만드는 것이 전혀 이상하지 않습니다. 사실 대부분의 브라우저는 이미 오랫동안 이와 비슷한 일을 해 왔고, 섀도우 DOM은 이를 웹 플랫폼의 표준으로 받아들인 것뿐입니다.

섀도우 DOM 캡슐화

섀도우 DOM의 핵심 특징은 캡슐화입니다. 섀도우 루트의 자손 요소는 일반적인 DOM 트리에 독립적입니다. 아예 다른 문서에 존재한다고 해도 과언이 아닐 정도로

---

8 (옮긴이) '빛과 그림자'의 빛입니다.

독립적입니다. 섀도우 DOM은 매우 중요한 세 가지 종류의 캡슐화를 제공합니다.

- 이미 언급했듯 섀도우 DOM에 들어 있는 요소는 querySelectorAll() 같은 일반 적인 DOM 메서드에 노출되지 않습니다. 섀도우 루트를 생성할 때 '열린' 모드와 '닫힌' 모드를 선택할 수 있습니다. 닫힌 섀도우 루트는 완전히 밀봉되며 접근도 불가능합니다. 하지만 섀도우 루트는 대부분 '열린' 모드로 생성되며 섀도우 호 스트에 shadowRoot 프로퍼티가 생기므로 필요하다면 자바스크립트로 섀도우 루 트의 요소에 접근할 수 있습니다.

- 섀도우 루트 아래에서 정의한 스타일은 해당 트리에 종속되며 외부에 있는 라 이트 DOM 요소에는 절대 영향을 끼치지 않습니다. 섀도우 루트에서 호스트 요 소의 기본 스타일을 정의할 수 있긴 하지만 라이트 DOM 스타일이 이를 덮어 씁 니다. 마찬가지로, 섀도우 호스트 요소에 적용되는 라이트 DOM 스타일은 섀도 우 루트의 자손 요소에는 아무 효과도 미치지 않습니다. 섀도우 DOM의 요소는 라이트 DOM에서 폰트 크기나 배경색 등을 상속하고, 라이트 DOM에서 정의한 CSS 변수를 섀도우 DOM의 스타일에서도 사용할 수 있긴 하지만, 라이트 DOM 의 스타일과 섀도우 DOM의 스타일은 거의 대부분 완전히 독립적입니다. 웹 컴 포넌트 제작자와 사용자가 스타일시트 충돌을 걱정할 필요는 없습니다. 이렇 게 CSS 범위를 지정하는 것이 아마 섀도우 DOM에서 가장 중요한 특징일 것입 니다.

- 섀도우 DOM 안에서 일어나는 load 같은 일부 이벤트는 섀도우 DOM으로 제한 됩니다. 반면, 포커스, 마우스, 키보드 이벤트 같은 이벤트에는 버블링이 적용됩 니다. 섀도우 DOM에서 일어난 이벤트가 경계를 넘어 라이트 DOM으로 전달되 기 시작하면 target 프로퍼티가 섀도우 호스트 요소로 변경되므로 그 요소에서 직접 발생한 것처럼 보입니다.

섀도우 DOM 슬롯과 라이트 DOM 자식 요소

섀도우 호스트인 HTML 요소는 두 개의 트리를 가집니다. 하나는 호스트 요소의 라 이트 DOM 자손 요소인 children 배열이고, 다른 하나는 섀도우 루트와 그 자손 요 소입니다. 그렇다면 같은 호스트 요소 안에 서로 별개인 두 개의 콘텐츠 트리가 어 떻게 표시될지 궁금할 텐데, 바로 다음과 같이 이루어집니다.

- 섀도우 루트의 자손 요소는 항상 섀도우 호스트 안에 표시됩니다.

- 섀도우 루트의 자손 요소에 <slot> 요소가 있다면 호스트 요소의 라이트 DOM 자식 요소는 그 <slot>의 자식인 것처럼 해당 슬롯의 섀도우 DOM 콘텐츠 대신 표시됩니다. 섀도우 DOM에 <slot>이 없다면 라이트 DOM 콘텐츠는 절대 표시되지 않습니다. 섀도우 DOM에 <slot>이 있지만 섀도우 호스트에 라이트 DOM 자식 요소가 없다면 슬롯의 섀도우 DOM 콘텐츠가 표시됩니다.

- 라이트 DOM 콘텐츠가 섀도우 DOM 슬롯 안에 표시될 때 이들 요소가 '분산(distribute)'됐다고 표현하지만, 요소가 실제로 섀도우 DOM의 일부가 된 건 아님을 이해해야 합니다. 라이트 DOM 콘텐츠는 여전히 querySelector()에 노출되며 호스트 요소의 자손 또는 자식 요소로 라이트 DOM 안에 존재합니다.

- 섀도우 DOM에 <slot>이 하나 이상 있고 name 속성으로 이들의 이름을 정의했다면 섀도우 호스트의 자식 요소를 어떤 슬롯에 표시할지 slot="slotname" 속성으로 지정할 수 있습니다. 15.6.1절에서 <search-box> 컴포넌트에 아이콘을 표시하는 예제에서 살펴본 적 있습니다.

섀도우 DOM API

섀도우 DOM은 아주 강력하지만 자바스크립트 API는 의외로 단순합니다. 라이트 DOM 요소를 섀도우 호스트로 전환할 때는 {mode:"open"}만 인자로 전달하면서 attachShadow() 메서드를 호출하면 됩니다. 이 메서드는 섀도우 루트 객체를 반환하는 동시에 이 객체를 호스트의 shadowRoot 프로퍼티 값으로 설정합니다. 섀도우 루트 객체는 DocumentFragment이며 DOM 메서드를 쓰거나 innerHTML 프로퍼티에 HTML 문자열을 할당하는 방식으로 콘텐츠를 추가할 수 있습니다.

웹 컴포넌트에서 섀도우 DOM <slot>의 라이트 DOM 콘텐츠가 언제 바뀌었는지 알고 싶다면 <slot> 요소에 slotchanged 이벤트를 등록하면 됩니다.

15.6.5 예제: <search-box> 웹 컴포넌트

그림 15-3에 <search-box> 웹 컴포넌트를 묘사했습니다. 예제 15-3은 웹 컴포넌트의 바탕이 되는 세 가지 기술을 사용해 <search-box> 컴포넌트를 만듭니다. 이 컴포넌트는 커스텀 요소로 만들고, <template> 태그를 써서 효율을 높이며, 섀도우 루트를 사용해 캡슐화합니다.

이 예제는 저수준 웹 컴포넌트 API를 직접 사용하는 방법을 묘사합니다. 최근에는 많은 웹 컴포넌트가 라이트엘리먼트(*https://lit-element.polymer-project.org/*) 같은 라이브러리로 제작됩니다. 컴포넌트를 재사용 가능하고 자유롭게 설정할 수 있도록 만드는 건 상당히 어려운 일이므로 라이브러리를 많이 사용합니다. 예제 15-3은 웹 컴포넌트를 만들고 기본적인 키보드 포커스 처리를 하긴 하지만, 접근성 문제를 무시하고 있으며 ARIA 속성도 사용하지 않으므로 스크린 리더나 기타 보조 도구 사용자는 이 컴포넌트를 사용하기 어려울 수 있습니다.

예제 15-3 웹 컴포넌트 구현

```
/**
 * <input> 텍스트와 두 개의 아이콘 또는 이미지를 표시하는
 * 커스텀 HTML <search-box> 요소를 정의하는 클래스.
 * 이 요소는 기본적으로 텍스트 필드 왼쪽에 검색을 뜻하는 돋보기 이미지,
 * 오른쪽에 취소를 뜻하는 X 이미지를 표시합니다.
 * 입력 필드의 보더는 숨기고 자신의 보더는 표시하므로 두 이미지가
 * 입력 필드 안에 있는 것처럼 보입니다.
 * 마찬가지로, 입력 필드가 포커스를 받으면 요소 주변에 포커스가 표시됩니다.
 *
 * <search-box>에 slot="left" 또는 slot="right" 속성과 함께
 * <span> 또는 <img> 자식 요소를 써서 기본 아이콘을 덮어 쓸 수 있습니다.
 *
 * <search-box>는 일반적인 HTML disabled, hidden, size, placeholder
 * 속성을 지원하므로 <input> 요소와 마찬가지로 행동합니다.
 *
 * 내부 <input> 요소의 input 이벤트는 <search-box> 요소로 버블링됩니다.
 *
 * 사용자가 왼쪽 이미지(돋보기)를 클릭하면 search 이벤트가 일어나고
 * 이 이벤트의 detail 프로퍼티는 현재 입력된 문자열입니다.
 * 텍스트가 변경되거나 사용자가 엔터 또는 탭을 눌렀을 때 내부 텍스트 필드에서 change
 * 이벤트가 일어나는데, 이때 search 이벤트도 함께 일어납니다.
 *
 * 사용자가 오른쪽 이미지(X)를 클릭하면 clear 이벤트가 일어납니다.
 * preventDefault()를 호출하는 핸들러가 없다면 clear 이벤트의 이벤트 전달이
 * 완료되는 즉시 사용자가 입력한 내용이 삭제됩니다.
 *
 * onsearch나 onclear 프로퍼티 또는 속성은 사용할 수 없습니다.
 * search와 clear 이벤트는 addEventListener()로만 등록할 수 있습니다.
 */
class SearchBox extends HTMLElement {
    constructor() {
        super(); // 슈퍼클래스 생성자를 호출합니다. 반드시 맨 처음에 있어야 합니다.

        // 섀도우 DOM 트리를 생성해 요소와 연결하고 this.shadowRoot 값을 설정합니다.
        this.attachShadow({mode: "open"});
```

```
        // 이 커스텀 컴포넌트의 자손 요소와 스타일시트를 정의하는 템플릿을 복제해서
        // 섀도우 루트에 추가(append)합니다.
        this.shadowRoot.append(SearchBox.template.content.cloneNode(true));

        // 섀도우 DOM에 있는 중요한 요소의 참조를 가져옵니다.
        this.input = this.shadowRoot.querySelector("#input");
        let leftSlot = this.shadowRoot.querySelector('slot[name="left"]');
        let rightSlot = this.shadowRoot.querySelector('slot[name="right"]');

        // 내부 입력 필드가 포커스를 받거나 잃을 때 focused 속성을 추가/제거합니다.
        this.input.onfocus = () => { this.setAttribute("focused", ""); };
        this.input.onblur = () => { this.removeAttribute("focused");};

        // 사용자가 돋보기를 클릭하면 search 이벤트를 일으킵니다.
        // 입력 필드에서 change 이벤트가 일어나도 search 이벤트가 함께 일어납니다.
        // (change 이벤트는 섀도우 DOM 바깥으로 버블링되지 않습니다.)
        leftSlot.onclick = this.input.onchange = (event) => {
            event.stopPropagation();    // click 이벤트의 버블링을 막습니다.
            if (this.disabled) return;  // 비활성화 상태라면 아무 일도 하지 않습니다.
            this.dispatchEvent(new CustomEvent("search", {
                detail: this.input.value
            }));
        };

        // 사용자가 X를 클릭하면 clear 이벤트를 일으킵니다.
        // preventDefault()가 호출되지 않았으면 입력을 전부 지웁니다.
        rightSlot.onclick = (event) => {
            event.stopPropagation();    // click 이벤트의 버블링을 막습니다.
            if (this.disabled) return;  // 비활성화 상태라면 아무 일도 하지 않습니다.
            let e = new CustomEvent("clear", { cancelable: true });
            this.dispatchEvent(e);
            if (!e.defaultPrevented) {  // 이벤트가 취소되지 않았다면
                this.input.value = "";  // 입력 필드를 비웁니다.
            }
        };
    }

    // 속성이 변경되면 <input> 요소에 대응하는 값도 바꿔야 합니다.
    // 아래 수명 주기 메서드와 정적 프로퍼티 observedAttributes가 그 일을 담당합니다.
    attributeChangedCallback(name, oldValue, newValue) {
        if (name === "disabled") {
            this.input.disabled = newValue !== null;
        } else if (name === "placeholder") {
            this.input.placeholder = newValue;
        } else if (name === "size") {
            this.input.size = newValue;
        } else if (name === "value") {
            this.input.value = newValue;
        }
```

```
}

    // 마지막으로, 지원하는 HTML 속성에 대응하는 프로퍼티 게터와 세터를 정의합니다.
    // 게터는 속성의 값 또는 존재 여부만 반환하고, 세터는 값을 설정하기만 합니다.

    get placeholder() { return this.getAttribute("placeholder"); }
    get size() { return this.getAttribute("size"); }
    get value() { return this.getAttribute("value"); }
    get disabled() { return this.hasAttribute("disabled"); }
    get hidden() { return this.hasAttribute("hidden"); }

    set placeholder(value) { this.setAttribute("placeholder", value); }
    set size(value) { this.setAttribute("size", value); }
    set value(text) { this.setAttribute("value", text); }
    set disabled(value) {
        if (value) this.setAttribute("disabled", "");
        else this.removeAttribute("disabled");
    }
    set hidden(value) {
        if (value) this.setAttribute("hidden", "");
        else this.removeAttribute("hidden");
    }
}

// 이 정적 필드는 attributeChangedCallback 메서드에 필요합니다.
// 이 배열에 포함되지 않은 속성은 attributeChangedCallback 메서드를 호출하지 않습니다.
SearchBox.observedAttributes = ["disabled", "placeholder", "size", "value"];

// <search-box> 요소의 인스턴스마다 사용할 요소의 트리와 스타일시트를
// 보관할 <template> 요소를 만듭니다.
SearchBox.template = document.createElement("template");

// HTML 문자열을 파싱해 템플릿을 초기화합니다. SearchBox의 인스턴스를 만들 때는
// 템플릿의 노드를 복제하기만 하면 되고 HTML을 다시 파싱할 필요는 없습니다.
SearchBox.template.innerHTML = `
<style>
/*
 * :host 선택자는 라이트 DOM의 <search-box> 요소를 참조합니다.
 * 이 스타일은 기본 값이며 라이트 DOM의 <search-box> 스타일로 덮어 쓸 수 있습니다.
 */
:host {
  display: inline-block;    /* 기본 값은 인라인입니다. */
  border: solid black 1px; /* <input>과 <slots>에 적용할 둥근 보더 */
  border-radius: 5px;
  padding: 4px 6px;         /* 보더 내부에 공간을 둡니다. */
}
:host([hidden]) {           /* 괄호를 보십시오. 호스트가 숨겨진 상태라면 */
  display:none;             /* 표시하지 않습니다. */
}
```

```
:host([disabled]) {            /* 호스트가 비활성화 상태라면 */
  opacity: 0.5;                /* 반투명하게 표시합니다. */
}
:host([focused]) {             /* 호스트에 포커스가 있으면 */
  box-shadow: 0 0 2px 2px #6AE;  /* 포커스 링을 표시합니다. */
}
/* 나머지 스타일시트는 새도우 DOM 요소에만 적용됩니다. */
input {
  border-width: 0;             /* 내부 입력 필드의 보더를 숨깁니다. */
  outline: none;               /* 포커스 링 역시 숨깁니다. */
  font: inherit;               /* <input> 요소는 기본적으로 폰트를 상속하지 않습니다. */
  background: inherit;         /* 배경색도 마찬가지입니다. */
}
slot {
  cursor: default;             /* 버튼에는 화살표 포인터를 사용합니다. */
  user-select: none;           /* 사용자는 이모지 텍스트를 선택할 수 없습니다. */
}
</style>
<div>
  <slot name="left">\u{1f50d}</slot>  <!-- U+1F50D는 돋보기 이모지입니다. -->
  <input type="text" id="input" />    <!-- 실제 입력 요소 -->
  <slot name="right">\u{2573}</slot>  <!-- U+2573은 X 이모지입니다. -->
</div>
`;

// 마지막으로, customElement.define()을 호출해 SearchBox 요소를 등록합니다.
customElements.define("search-box", SearchBox);
```

15.7 SVG

SVG(Scalable Vector Graphics, 확장성 있는 벡터 그래픽)는 이미지 형식입니다. 이름에 들어 있는 '벡터'라는 단어는 이 이미지가 픽셀 값 행렬로 이뤄진 GIF, JPEG, PNG 같은 비트맵 이미지와는 다름을 암시합니다. SVG '이미지'는 원하는 그래픽을 표현하는 데 필요한 단계들을 해상도와 상관없이(따라서 확대/축소가 자유롭습니다) 정밀하게 표현하는 일종의 언어입니다. SVG 이미지는 HTML과 아주 비슷한 XML 마크업 언어를 사용해 텍스트 파일로 작성합니다.

웹 브라우저에서 SVG를 사용하는 방법은 세 가지입니다.

1. .png나 .jpeg 이미지와 마찬가지로 <img> 태그 안에 .svg 이미지 파일을 사용할 수 있습니다.
2. SVG는 XML 기반이며 HTML과 비슷한 형식이므로 HTML 문서에 SVG 태그를

직접 사용할 수 있습니다. 이렇게 하면 XML 네임스페이스를 생략하더라도 브라우저의 HTML 파서가 SVG 태그를 HTML 태그처럼 취급합니다.

3. 필요에 따라 DOM API를 사용해 동적으로 SVG 요소를 생성해 이미지를 만들 수 있습니다.

이어지는 하위 절에서는 두 번째와 세 번째 방법을 설명합니다. SVG는 상당히 방대하며 문법도 복잡합니다. 단순한 도형 외에도 임의의 곡선, 텍스트, 애니메이션도 지원합니다. 심지어 SVG 그래픽에 자바스크립트와 CSS 스타일시트를 적용해 동작과 표현 정보를 추가할 수도 있습니다. SVG를 완전히 설명하는 건 이 책의 범위를 벗어납니다. 이 절의 목표는 HTML 문서에서 SVG를 사용하는 법, 자바스크립트와 함께 사용하는 법을 소개하는 것입니다.

15.7.1 HTML 속 SVG

SVG 이미지는 HTML <img> 태그로 표시할 수 있습니다. HTML 안에 SVG를 직접 쓸 수도 있습니다. 이렇게 하면 CSS 스타일시트를 사용해 폰트, 색깔, 행 너비 등을 지정할 수 있습니다. 다음 예제는 SVG를 사용해 아날로그 시계를 표시하는 HTML 파일입니다.

```
<html>
<head>
<title>Analog Clock</title>
<style>
/* 이 CSS 스타일은 아래에 정의한 SVG 요소에 적용됩니다. */
#clock {                                  /* 시계에 적용할 스타일 */
    stroke: black;                        /* 검은색 직선 */
    stroke-linecap: round;               /* 선 끝을 둥글게 마감합니다. */
    fill: #ffe;                          /* 배경은 흰색에 가깝습니다. */
}
#clock .face { stroke-width: 3; }        /* 시계 외곽선 */
#clock .ticks { stroke-width: 2; }       /* 매시를 나타내는 짧은 선 */
#clock .hands { stroke-width: 3; }       /* 시침과 분침 */
#clock .numbers {                         /* 숫자 스타일 */
    font-family: sans-serif; font-size: 10; font-weight: bold;
    text-anchor: middle; stroke: none; fill: black;
}
</style>
</head>
<body>
  <svg id="clock" viewBox="0 0 100 100" width="250" height="250">
```

```
    <!-- width, height 속성은 그래픽의 화면 크기입니다. -->
    <!-- viewBox 속성은 내부 좌표계입니다. -->
    <circle class="face" cx="50" cy="50" r="45"/>  <!-- 시계 전체 -->
    <g class="ticks">   <!-- 12시간 기준, 12개의 짧은 선 -->
      <line x1='50' y1='5.000' x2='50.00' y2='10.00'/>
      <line x1='72.50' y1='11.03' x2='70.00' y2='15.36'/>
      <line x1='88.97' y1='27.50' x2='84.64' y2='30.00'/>
      <line x1='95.00' y1='50.00' x2='90.00' y2='50.00'/>
      <line x1='88.97' y1='72.50' x2='84.64' y2='70.00'/>
      <line x1='72.50' y1='88.97' x2='70.00' y2='84.64'/>
      <line x1='50.00' y1='95.00' x2='50.00' y2='90.00'/>
      <line x1='27.50' y1='88.97' x2='30.00' y2='84.64'/>
      <line x1='11.03' y1='72.50' x2='15.36' y2='70.00'/>
      <line x1='5.000' y1='50.00' x2='10.00' y2='50.00'/>
      <line x1='11.03' y1='27.50' x2='15.36' y2='30.00'/>
      <line x1='27.50' y1='11.03' x2='30.00' y2='15.36'/>
    </g>
    <g class="numbers"> <!-- 시계 방향으로 12시, 3시, 6시, 9시 -->
      <text x="50" y="18">12</text><text x="85" y="53">3</text>
      <text x="50" y="88">6</text><text x="15" y="53">9</text>
    </g>
    <g class="hands">   <!-- 시침과 분침을 수직 방향으로 표시합니다. -->
      <line class="hourhand" x1="50" y1="50" x2="50" y2="25"/>
      <line class="minutehand" x1="50" y1="50" x2="50" y2="20"/>
    </g>
  </svg>
  <script src="clock.js"></script>
</body>
</html>
```

<svg> 태그의 자손 요소는 일반적인 HTML 태그가 아닙니다. 하지만 <circle>,
<line>, <text> 태그의 목적은 명백하며, 이 SVG 그래픽이 어떻게 그려지는지 이해
하는 일도 어렵지 않을 것입니다. SVG 태그는 매우 다양하므로 더 자세히 알고 싶
다면 SVG 문서를 읽어 보십시오. 스타일시트도 좀 이상해 보입니다. fill, stroke-
width, text-anchor 같은 스타일은 일반적인 CSS 스타일 프로퍼티가 아닙니다. 여
기서 CSS는 문서에 표시될 SVG 태그의 속성을 설정하는 용도로 사용했습니다.
SVG 태그에서는 font 단축 프로퍼티가 동작하지 않으므로 font-family, font-
size, font-weight를 따로따로 써야 합니다.

15.7.2 SVG 스크립트

<img> 태그를 사용하지 않고 HTML 파일에 SVG를 직접 넣는 건 DOM API를 통해

SVG 이미지를 조작할 수 있기 때문이기도 합니다. SVG를 사용해 웹 애플리케이션에 아이콘을 표시한다고 합시다. 15.6.2절에서 설명한 <template> 태그 안에 SVG를 넣고 아이콘 사본을 UI에 삽입할 때마다 템플릿을 복제할 수 있습니다. 그리고 사용자가 아이콘 위에 마우스를 올릴 때 색깔을 바꾸는 식으로 사용자의 행동에 반응할 수 있습니다.

HTML에 임베드한 SVG 그래픽을 동적으로 조작하는 것도 가능합니다. 앞의 시계 예제는 항상 12시를 가리키고 있었습니다. 하지만 HTML 파일에 <script> 태그가 있었으니 주기적으로 함수를 실행해 시간을 체크하고, 그림 15-5처럼 시침과 분침을 적절한 각도로 회전시켜 현재 시간을 나타내게 할 수 있습니다.

그림 15-5 스크립트를 적용한 SVG 시계

시계를 조작하는 코드는 단순합니다. 이 스크립트는 현재 시각에 알맞는 시침과 분침의 각도를 파악한 다음 querySelector()로 SVG 요소를 찾아 transform 속성을 써서 시계 중앙을 기준으로 회전합니다. 함수는 setTimeout()을 사용해 매분마다 반복합니다.

```
(function updateClock() { // SVG 시계를 업데이트해서 현재 시각을 표시합니다.
    let now = new Date();                      // 현재 시각
    let sec = now.getSeconds();                // 초
    let min = now.getMinutes() + sec/60;       // 분 (분수)
    let hour = (now.getHours() % 12) + min/60; // 시 (분수)
    let minangle = min * 6;                    // 1분마다 6도씩
    let hourangle = hour * 30;                 // 1시간마다 30도씩

    // 시침과 분침
    let minhand = document.querySelector("#clock .minutehand");
    let hourhand = document.querySelector("#clock .hourhand");

    // 시침과 분침에 SVG 속성을 적용해 회전시킵니다.
```

```
        minhand.setAttribute("transform", `rotate(${minangle},50,50)`);
        hourhand.setAttribute("transform", `rotate(${hourangle},50,50)`);

        // 이 함수를 10초 뒤에 다시 실행합니다.
        setTimeout(updateClock, 10000);
}()); // 이 함수는 즉시 실행합니다.
```

15.7.3 자바스크립트로 SVG 이미지 생성

스크립트로 HTML 문서에 포함된 SVG 이미지를 조작할 수도 있지만, 처음부터 만드는 것도 가능합니다. 스크립트로 SVG 이미지를 만들면 동적으로 불러온 데이터를 시각화하는 용도 등으로 쓸 수 있습니다. 예제 15-4는 그림 15-6과 같은 SVG 그래프를 자바스크립트로 만드는 방법입니다.

HTML 문서에 SVG 태그를 쓸 수 있긴 하지만, SVG 태그는 엄밀히 말해 HTML 태그가 아니라 XML 태그이며 15.3.5절에서 소개한 createElement() 함수로는 SVG 요소를 만들 수 없습니다. 반드시 XML 네임스페이스 문자열을 첫 번째 인자로 받는 createElementNS()를 사용해야 합니다. SVG 네임스페이스는 리터럴 문자열 '*http://www.w3.org/2000/svg*'입니다.

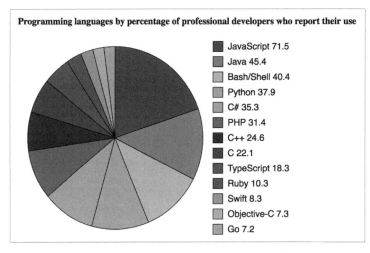

그림 15-6 자바스크립트로 만든 SVG 파이 그래프9

createElementNS()를 제외하면 예제 15-4의 코드는 비교적 단순합니다. 데이터를 각 슬라이스가 차지하는 각도로 변환하는 계산 코드가 좀 있지만, 나머지는 대부분

---

9   이 데이터는 스택 오버플로의 2018년 개발자 설문에서 가져왔습니다.

SVG 요소를 생성하고 속성을 설정하는 DOM 코드입니다.

이 예제에서 가장 어려운 부분은 실제 파이 조각을 그리는 부분입니다. 각 조각을 나타내는 요소는 <path>입니다. SVG <path> 요소는 직선과 곡선으로 구성된 임의의 도형을 나타냅니다. 도형을 나타내는 것은 <path> 요소의 d 속성입니다. 이 속성의 값은 좌표, 각도, 기타 값을 글자와 숫자로 나타내는 간결한 문법을 사용합니다. 예를 들어 M은 '이동(move to)'을 의미하며 그 뒤에 x, y좌표를 씁니다. L은 '선을 긋는다(line to)'는 의미이며 현재 지점에서 다음 좌표까지 직선을 그립니다. 이 예제에서는 부채꼴의 호(arc)를 뜻하는 A도 사용합니다. A 뒤에는 호를 나타내는 일곱 개의 숫자가 오는데, 이 문법의 의미는 온라인에서 쉽게 찾을 수 있습니다.

예제 15-4 자바스크립트와 SVG로 그린 파이 그래프

```
/**
 * <svg>를 생성하고 파이 그래프를 그립니다.
 *
 * 이 함수는 다음 프로퍼티를 가진 객체를 인자로 받습니다.
 *
 *   width, height: SVG 그래픽의 너비와 높이(픽셀)
 *   cx, cy, r: 파이의 원점 좌표와 반지름
 *   lx, ly: 그래프 범례의 좌측 상단 좌표
 *   data: 범례에 사용할 데이터 객체. 프로퍼티 이름은 데이터 라벨이고
 *         값은 그 라벨과 연관된 값입니다.
 *
 * 이 함수는 <svg> 요소를 반환합니다. 그래프를 표시하기 위해서는 호출자가 반드시
 * <svg> 요소를 문서에 삽입해야 합니다.
 */
function pieChart(options) {
    let {width, height, cx, cy, r, lx, ly, data} = options;

    // svg 요소의 XML 네임스페이스입니다.
    let svg = "http://www.w3.org/2000/svg";

    // <svg> 요소를 생성하고 픽셀 크기와 사용자 좌표를 지정합니다.
    let chart = document.createElementNS(svg, "svg");
    chart.setAttribute("width", width);
    chart.setAttribute("height", height);
    chart.setAttribute("viewBox", `0 0 ${width} ${height}`);

    // 그래프에 사용할 텍스트 스타일을 지정합니다. 이 값을 비워 두고 CSS를 써도 됩니다.
    chart.setAttribute("font-family", "sans-serif");
    chart.setAttribute("font-size", "18");

    // 라벨과 값을 배열로 받고 값을 합쳐서 파이의 전체 크기를 파악합니다.
    let labels = Object.keys(data);
```

```javascript
let values = Object.values(data);
let total = values.reduce((x,y) => x+y);

// 각 조각이 차지할 각도를 계산합니다. 조각 i는 angles[i]에서 시작하고
// angles[i+1]에서 끝납니다. 각도는 라디안으로 계산합니다.
let angles = [0];
values.forEach((x, i) => angles.push(angles[i] + x/total * 2 * Math.PI));

// 파이 조각을 순회합니다.
values.forEach((value, i) => {
    // 조각이 원과 만나는 두 지점을 계산합니다. 다음 공식은 0도가 12시에 맞게,
    // 양의 각도가 시계 방향으로 증가하도록 만들었습니다.
    let x1 = cx + r * Math.sin(angles[i]);
    let y1 = cy - r * Math.cos(angles[i]);
    let x2 = cx + r * Math.sin(angles[i+1]);
    let y2 = cy - r * Math.cos(angles[i+1]);

    // 각도가 원의 절반을 넘는지 확인하는 플래그입니다.
    // SVG에서 호를 그리는 구성 요소에 필요한 부분입니다.
    let big = (angles[i+1] - angles[i] > Math.PI) ? 1 : 0;

    // 파이 그래프 조각을 그리는 방법을 나타내는 문자열입니다.
    let path = `M${cx},${cy}` +        // 원 중심으로 이동합니다.
        `L${x1},${y1}` +               // (x1, y1)으로 직선을 그립니다.
        `A${r},${r} 0 ${big} 1` +      // 반지름 r로 원호를 그리고
        `${x2},${y2}` +                // (x2, y2)에서 멈춥니다.
        "Z";                           // (cx, cy)로 직선을 그어 조각을 완성합니다.

    // 이 조각에 사용할 색깔을 계산합니다. 이 공식은 대략 15개의 색깔만 만들 수 있으니
    // 그래프에 15개가 넘는 조각을 사용하지는 마십시오.
    let color = `hsl(${(i*40)%360},${90-3*i}%,${50+2*i}%)`;

    // createElementNS()를 사용해 <path> 요소로 조각을 만듭니다.
    let slice = document.createElementNS(svg, "path");

    // <path> 요소의 속성을 설정합니다.
    slice.setAttribute("d", path);              // 조각에 사용할 패스(path)
    slice.setAttribute("fill", color);          // 조각 색깔
    slice.setAttribute("stroke", "black");      // 외곽선은 검은색
    slice.setAttribute("stroke-width", "1");    // 외곽선 두께는 1 CSS 픽셀
    chart.append(slice);                        // 그래프에 조각을 추가합니다.

    // 데이터 키에 사용할 작은 사각형을 그립니다.
    let icon = document.createElementNS(svg, "rect");
    icon.setAttribute("x", lx);                 // 사각형 위치
    icon.setAttribute("y", ly + 30*i);
    icon.setAttribute("width", 20);             // 사각형 크기
    icon.setAttribute("height", 20);
    icon.setAttribute("fill", color);           // 색깔은 조각과 같게
```

```
            icon.setAttribute("stroke", "black");       // 외곽선은 역시 검은색
            icon.setAttribute("stroke-width", "1");
            chart.append(icon);                          // 그래프에 추가합니다.

            // 사각형 오른쪽에 라벨을 추가합니다.
            let label = document.createElementNS(svg, "text");
            label.setAttribute("x", lx + 30);            // 텍스트 위치
            label.setAttribute("y", ly + 30*i + 16);
            label.append(`${labels[i]} ${value}`);       // 라벨에 텍스트를 추가합니다.
            chart.append(label);                         // 그래프에 라벨을 추가합니다.
        });

        return chart;
}
```

그림 15-6의 파이 그래프는 예제 15-4의 pieChart() 함수를 다음과 같이 사용해서
만들었습니다.

```
document.querySelector("#chart").append(pieChart({
    width: 640, height:400,       // 그래프 전체 크기
    cx: 200, cy: 200, r: 180,     // 중심과 반지름
    lx: 400, ly: 10,              // 범례 위치
    data: {                       // 데이터
        "JavaScript": 71.5,
        "Java": 45.4,
        "Bash/Shell": 40.4,
        "Python": 37.9,
        "C#": 35.3,
        "PHP": 31.4,
        "C++": 24.6,
        "C": 22.1,
        "TypeScript": 18.3,
        "Ruby": 10.3,
        "Swift": 8.3,
        "Objective-C": 7.3,
        "Go": 7.2,
    }
}));
```

15.8 <canvas>의 그래픽

<canvas> 요소는 그 자체로는 아무것도 표현하지 않지만 일종의 도화지를 만들고
클라이언트 사이드 자바스크립트에서 사용할 수 있는 강력한 API를 제공합니다.
캔버스 API와 SVG의 가장 큰 차이는 캔버스는 메서드를 호출하는 방식으로 그림
을 그리는 반면, SVG는 XML 요소의 트리를 만드는 방식으로 그림을 그린다는 것

입니다. 두 방법은 모두 강력하며 기능에는 큰 차이가 없습니다. 하지만 표면적으로 볼 땐 상당히 다르며 각 방법에 장점과 약점이 존재합니다. 예를 들어 SVG 그래픽은 요소를 삭제하는 방식으로 쉽게 수정할 수 있습니다. 반면 `<canvas>`에서 같은 그래픽의 요소 하나를 제거하더라도 처음부터 다시 그려야 할 때가 많습니다. 하지만 캔버스 API는 자바스크립트 기반이고 SVG 문법에 비해 비교적 간결하므로 책에서는 캔버스를 더 자세히 설명합니다.

> **📦 캔버스와 3차원 그래픽**
>
> 문자열 webgl로 getContext()를 호출하면 WebGL API를 써서 3차원 그래픽을 그릴 수 있는 컨텍스트 객체를 얻습니다. WebGL은 방대하고 복잡하며, 자바스크립트 프로그래머가 GPU에 접근해 커스텀 셰이더(shader)를 작성하거나 아주 강력한 그래픽 동작을 사용할 수 있게 허용하는 저수준 API입니다. 하지만 이 책에서 WebGL을 설명하지는 않습니다. 웹 개발자는 WebGL API를 직접 다루기보다는 그 위에서 동작하는 WebGL 라이브러리를 사용하는 경우가 훨씬 많기 때문입니다.

캔버스 API 대부분은 `<canvas>` 요소 자체가 아니라 캔버스에서 getContext() 메서드를 호출해 얻는 컨텍스트 객체에 존재합니다. 인자 2d를 넘겨서 getContext()를 호출하면 2차원 그래픽을 그릴 수 있는 CanvasRenderingContext2D 객체를 얻습니다.

다음 HTML 문서는 `<canvas>` 요소와 자바스크립트를 사용해 단순한 도형을 두 개 그립니다.

```
<p>This is a red square: <canvas id="square" width=10 height=10></canvas>.
<p>This is a blue circle: <canvas id="circle" width=10 height=10></canvas>.
<script>
let canvas = document.querySelector("#square");    // 첫 번째 캔버스 요소
let context = canvas.getContext("2d");             // 2차원 컨텍스트
context.fillStyle = "#f00";                        // 채울 색깔을 빨간색으로 정합니다.
context.fillRect(0,0,10,10);                       // 사각형을 채웁니다.

canvas = document.querySelector("#circle");        // 두 번째 캔버스 요소
context = canvas.getContext("2d");                 // 컨텍스트를 가져옵니다.
context.beginPath();                               // 새로운 패스
context.arc(5, 5, 5, 0, 2*Math.PI, true);          // 패스에 원을 추가합니다.
context.fillStyle = "#00f";                        // 채울 색깔을 파란색으로 정합니다.
context.fill();                                    // 패스를 채웁니다.
</script>
```

SVG에서는 복잡한 도형을, 그리거나 채울 수 있는 직선과 곡선을 모은 '패스(path)'라고 부릅니다. 캔버스 API 역시 패스라는 용어를 사용합니다. 캔버스는 패스를 문자열로 만들지 않고 이전 예제의 beginPath(), arc() 같은 메서드를 이어서 만듭니다. 일단 패스를 완성하면 fill() 같은 다른 메서드를 적용합니다. fill() 같은 메서드가 어떻게 적용될지 세부 사항은 컨텍스트 객체의 fillStyle 같은 프로퍼티에서 정합니다.

이어지는 하위 절은 2차원 캔버스 API의 메서드와 프로퍼티에 관한 내용입니다. 예제 코드 상당수가 변수 c에서 동작하는데, 이 변수는 캔버스의 CanvasRendering-Context2D 객체를 나타내지만, 초기화하는 코드가 보이지 않을 때도 있을 것입니다. 예제를 실행하려면 HTML 파일에 width, height 속성이 있는 캔버스 요소와 함께 다음 코드를 추가해 변수 c를 초기화해야 합니다.

```
let canvas = document.querySelector("#my_canvas_id");
let c = canvas.getContext('2d');
```

15.8.1 패스와 다각형

캔버스에 직선을 그리고 그 직선들로 둘러싸인 영역을 채울 때는 먼저 **패스**를 정의합니다. 패스는 하나 이상의 서브패스의 연속입니다. 서브패스는 직선 또는 곡선으로 이어진 두 개 이상의 지점의 연속입니다. 새로운 패스를 시작할 때는 begin Path() 메서드를 사용합니다. 새로운 서브패스는 moveTo() 메서드로 시작합니다. moveTo()로 서브패스의 출발점을 지정하면 lineTo()로 새로운 포인트까지 직선으로 연결할 수 있습니다. 다음 코드는 두 개의 직선으로 이루어진 패스를 정의합니다.

```
c.beginPath();          // 새로운 패스를 시작합니다.
c.moveTo(100, 100);     // (100, 100)에서 서브패스를 시작합니다.
c.lineTo(200, 200);     // (100, 100)에서 (200, 200)으로 직선을 그립니다.
c.lineTo(100, 200);     // (200, 200)에서 (100, 200)으로 직선을 추가합니다.
```

이 코드는 패스를 정의하기만 할 뿐 캔버스에는 아무것도 그리지 않습니다. 패스의 직선을 그릴 때는 stroke() 메서드를 호출하고 선분들로 정의된 영역을 채울 때는 fill()을 호출합니다.

```
c.fill();               // 삼각형 영역을 채웁니다.
c.stroke();             // 삼각형의 두 변을 그립니다.
```

이 코드에 직선 두께와 채우기 색깔을 정하는 코드를 추가하면 그림 15-7 같은 삼각형이 그려집니다.

그림 15-7 단순한 패스 그리고 채우기

그림 15-7의 서브패스는 '열려' 있습니다. 두 개의 선분이 있을 뿐 출발점과 끝나는 점이 연결되지 않았습니다. 즉, 영역이 완전히 구성되지 않았습니다. fill() 메서드는 서브패스의 마지막 지점과 첫 번째 지점이 직선으로 이어진 것처럼 열린 서브패스를 채웁니다. 코드가 삼각형을 그렸지만 삼각형의 두 변만 그려진 이유는 이 때문입니다.

삼각형의 세 변을 모두 그리고 싶다면 closePath() 메서드를 호출해서 출발점과 끝나는 점을 연결합니다. lineTo(100,100)을 호출할 수도 있지만, 이렇게 하면 출발점과 끝나는 점을 공유하는 세 개의 선분이 생길 뿐 패스가 완전히 닫히지 않습니다. 선분이 두껍다면 closePath()를 사용해야 결과가 더 보기 좋습니다.

stroke(), fill()에는 중요한 점이 두 가지 더 있습니다. 먼저, 두 메서드 모두 현재 패스의 서브패스 전체에 대해 동작합니다. 앞의 코드에 또 다른 서브패스를 추가했다고 합시다.

```
c.moveTo(300,100);    // (300, 100)에서 새로운 서브패스를 시작합니다.
c.lineTo(300,200);    // (300, 200)으로 수직선을 그립니다.
```

이 상태에서 stroke()를 호출하면 삼각형 하나와 분리된 수직선 하나가 더 생깁니다.

두 번째로 중요한 점은 stroke(), fill() 모두 현재 패스를 수정하지 않는다는 점입니다. fill()을 호출하더라도 패스는 여전히 남아 있으므로 stroke()를 호출할 수 있습니다. 현재 패스를 끝내고 다른 패스를 시작하려면 반드시 beginPath()를 호출해야 합니다. beginPath()를 호출하지 않으면 기존 패스에 새로운 서브패스를 추가하게 되므로 기존 서브패스만 계속 반복해서 그리게 될 수도 있습니다.

예제 15-5는 다각형을 그리는 예제입니다. moveTo(), lineTo(), closePath()로 서브패스를 정의하고 fill(), stroke()로 패스를 그립니다. 결과는 그림 15-8과 같습니다.

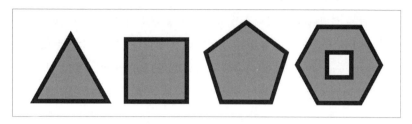

그림 15-8 일반적인 다각형

예제 15-5 moveTo(), lineTo(), closePath()로 다각형 그리기

```javascript
// n개의 변이 있고 중심이 (x, y)이며 반지름이 r인 다각형을 정의합니다.
// 각 꼭지점은 원 둘레를 따라 고르게 분포합니다.
// 첫 번째 꼭지점은 수직으로 올리거나 angle만큼 시계 방향으로 회전합니다.
// 마지막 인자가 true이면 반시계 방향입니다.
function polygon(c, n, x, y, r, angle=0, counterclockwise=false) {
    c.moveTo(x + r*Math.sin(angle),  // 첫 번째 꼭지점에서 새로운 서브패스를 시작
             y - r*Math.cos(angle)); // 삼각함수를 써서 위치를 계산합니다.
    let delta = 2*Math.PI/n;         // 꼭지점 사이의 각도 거리
    for(let i = 1; i < n; i++) {     // 남은 각 꼭지점에 대해
        angle += counterclockwise?-delta:delta; // 각도를 조정합니다.
        c.lineTo(x + r*Math.sin(angle),          // 다음 꼭지점까지 직선을 그립니다.
                 y - r*Math.cos(angle));
    }
    c.closePath();                   // 마지막 꼭지점과 출발점을 연결합니다.
}

// 캔버스가 하나만 있다고 가정하고 컨텍스트 객체를 가져옵니다.
let c = document.querySelector("canvas").getContext("2d");

// 새로운 패스를 시작하고 다각형 서브패스를 추가합니다.
c.beginPath();
polygon(c, 3, 50, 70, 50);                  // 삼각형
polygon(c, 4, 150, 60, 50, Math.PI/4);      // 사각형
polygon(c, 5, 255, 55, 50);                 // 오각형
polygon(c, 6, 365, 53, 50, Math.PI/6);      // 육각형
polygon(c, 4, 365, 53, 20, Math.PI/4, true); // 육각형 안에 있는 작은 사각형

// 그래픽 모양을 정합니다.
c.fillStyle = "#ccc";      // 연한 회색으로 채웁니다.
c.strokeStyle = "#008";    // 외곽선은 짙은 파란색입니다.
c.lineWidth = 5;           // 외곽선 너비는 5픽셀입니다.
```

```
// 다각형을 그립니다.
c.fill();                   // 도형을 채웁니다.
c.stroke();                 // 외곽선을 그립니다.
```

마지막 예제는 육각형 안에 사각형이 있습니다. 사각형과 육각형은 별도의 서브패스지만 이들은 겹칩니다. 서브패스가 겹치거나 교차할 때 캔버스는 어떤 영역이 내부에 있고 어떤 영역이 외부에 있는지 판단해야 합니다. 캔버스는 '넌제로 와인딩 규칙(nonzero winding rule)'을 이용해 이를 판단합니다. 이 예제에서 사각형 내부가 채워지지 않은 이유는 사각형과 육각형이 서로 반대 방향으로 그려졌기 때문입니다. 육각형의 꼭지점은 시계 방향으로 진행하는 선분으로 연결됐습니다. 반대로 사각형의 꼭지점은 시계 반대 방향으로 연결됐습니다. 사각형 역시 시계 방향으로 연결했다면 fill()을 호출했을 때 사각형 역시 같은 색깔로 채워졌을 겁니다.

15.8.2 캔버스 크기와 좌표

캔버스의 크기는 \<canvas\> 요소의 width, height 속성, 이에 대응하는 Canvas 객체의 width, height 프로퍼티로 지정됩니다. 캔버스의 기본 좌표계는 캔버스의 좌측 상단 모서리인 (0, 0) 지점을 원점으로 잡습니다. x좌표는 오른쪽 방향으로 커지고 y좌표는 아래쪽으로 커집니다. 캔버스의 각 지점은 부동 소수점 값으로 지정할 수 있습니다.

캔버스의 크기를 수정하면 캔버스는 완전히 리셋됩니다. 캔버스의 width나 height 프로퍼티를 설정하면, 심지어 현재 값과 같은 값으로 설정한다고 해도 캔버스가 리셋되며 현재 패스가 삭제되고 현재 변형(transform)과 클립 영역을 포함한 모든 그래픽 속성이 리셋됩니다.

캔버스의 width, height 속성은 캔버스가 실제로 사용할 픽셀 숫자입니다. 각 픽셀마다 4바이트의 메모리가 할당되므로 width, height를 모두 100으로 설정하면 캔버스는 40,000바이트를 사용해 10,000픽셀을 표현합니다.

width, height 속성은 캔버스가 화면에서 사용할 기본 크기를 CSS 픽셀로 지정하기도 합니다. window.devicePixelRatio가 2이면 100×100 CSS 픽셀은 40,000 하드웨어 픽셀입니다. 캔버스 콘텐츠를 화면에 그릴 때 메모리의 10,000픽셀이 화면의 물리적 픽셀 40,000개에 대응해야 하므로 그래픽이 생각만큼 선명하지 않을 수 있습니다.

이미지 품질을 최적화하려면 width, height 속성으로 캔버스의 화면 크기를 지정하지 말아야 합니다. 대신 CSS의 width, height 스타일을 사용해서 원하는 화면 크기를 지정하십시오. 그리고 자바스크립트 코드에서 그림을 그리기 전에 캔버스 객체의 width, height 프로퍼티를 CSS 픽셀에 window.devicePixelRatio를 곱한 값으로 설정하십시오. 앞의 예제에 이 방법을 적용하면 캔버스는 100 × 100 CSS 픽셀로 표시되지만 메모리는 200 × 200픽셀을 사용합니다. 이 방법을 사용하더라도 사용자가 캔버스를 확대하면 그래픽 품질이 떨어질 수 있습니다. 화면 크기나 확대 레벨과 관계없이 일정한 수준을 유지하는 SVG 그래픽과는 이런 점에서 다릅니다.

15.8.3 그래픽 속성

예제 15-5는 캔버스의 컨텍스트 객체에 fillStyle, strokeStyle, lineWidth 프로퍼티를 설정했습니다. 이들 프로퍼티는 fill()과 stroke()가 사용할 색깔, stroke()가 그릴 직선의 두께를 지정합니다. 하지만 이들은 fill(), stroke() 메서드에 전달되는 매개변수가 아니라 캔버스의 그래픽 속성의 일부분입니다. 도형을 그리는 메서드만 정의하고 프로퍼티는 설정하지 않더라도 이 메서드를 사용하는 사람이 strokeStyle, fillStyle 프로퍼티를 설정한 다음 메서드를 호출하는 방식으로 사용할 수 있습니다. 이렇게 그래픽 상태와 그래픽 명령어를 구분하는 것이 캔버스 API의 기본적인 특징 중 하나이며, HTML 문서에 CSS 스타일시트를 적용하는 방식으로 '내용과 표현을 분리'하는 것과 비슷합니다.

컨텍스트 객체의 다양한 프로퍼티와 메서드가 캔버스의 그래픽 상태에 영향을 미칩니다.

직선 스타일

lineWidth 프로퍼티는 stroke()가 그리는 직선의 두께를 CSS 픽셀로 지정합니다. 기본 값은 1입니다. lineWidth 프로퍼티로 지정한 직선 두께는 lineTo()나 기타 패스 메서드를 호출할 때가 아니라 stroke()를 호출했을 때 적용됨을 이해하는 게 중요합니다. lineWidth 프로퍼티를 완전히 이해하려면 패스를 무한히 얇은 1차원 직선이라고 생각해야 합니다. stroke() 메서드가 그리는 직선과 곡선은 패스의 중심에 맞춰지며 lineWidth의 절반이 양쪽에 할당됩니다. 닫힌 패스를 그리면서 패스 바깥쪽에 있는 직선만 그리고 싶다면, 먼저 패스를 그리고 패스 안쪽을 불투명한 색깔로 채워서 내부를 가리면 됩니다. 반대로 닫힌 패스 안쪽에 있는 부분만 표시하고 싶다면 save(), clip() 메서드를 먼저 호출한 다음 stroke(), restore()를 호출
하십시오. save(), restore(), clip() 메서드는 나중에 설명합니다.

너비가 2픽셀이 넘는 직선을 그릴 때 lineCap, lineJoin 프로퍼티를 사용해 패
스의 끝, 선분이 만나는 꼭지점의 모양을 지정할 수 있습니다. 그림 15-9에 line
Cap, lineJoin의 값과 그 결과를 정리했습니다.

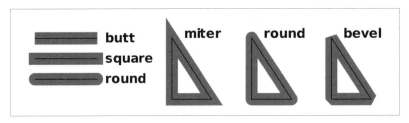

그림 15-9 lineCap과 lineJoin 속성

lineCap의 기본 값은 butt이고 lineJoin의 기본 값은 miter입니다. 하지만 직선이
만나는 각도가 아주 좁다면 miter가 표현하는 꼭지점이 상당히 길어져 보기에 그
리 좋지 않을 수 있습니다. 주어진 꼭지점에서 miter의 길이가 직선 두께의 절반에
miterLimit 프로퍼티를 곱한 값보다 크다면 해당 꼭지점에는 miter가 아닌 bevel이
적용됩니다. miterLimit의 기본 값은 10입니다.

캔버스의 그래픽 상태에 몇 픽셀은 그리고 몇 픽셀은 숨기는 '파선 패턴'을 지
정하는 숫자 배열을 적용하면 stroke() 메서드로 실선(solid) 외에 파선(dashed)
과 점선(dotted)도 그릴 수 있습니다. 다른 프로퍼티와 달리 파선 패턴은 setLine
Dash(), getLineDash() 메서드를 사용합니다. 예를 들어 다음과 같이 패턴을 지정할
수 있습니다.

```
c.setLineDash([18, 3, 3, 3]); // 18픽셀 직선, 3픽셀 공백, 3픽셀 점, 3픽셀 공백
```

마지막으로, lineDashOffset 프로퍼티는 파선 패턴이 시작하는 위치를 지정합니
다. 기본 값은 0입니다. 위 예제에서 지정한 패턴은 18픽셀 직선으로 시작하지만,
lineDashOffset을 21로 지정하면 3픽셀 점, 3픽셀 공백, 18픽셀 직선 패턴으로 시
작합니다.

색깔, 패턴, 그레이디언트

fillStyle, strokeStyle 프로퍼티는 패스를 채우고 그리는 방법을 지정합니다. 여

기서 '스타일'은 보통 색깔을 의미하지만 그레이디언트나 이미지를 사용해 채울 수도 있습니다. '선을 그린다'고 표현하지만 비교적 좁은 영역을 채운다고 생각한다면 그리는 것이나 채우는 것이나 사실 같은 동작입니다.

단색을 채우려면 유효한 CSS 색깔 문자열을 프로퍼티에 적용하기만 하면 됩니다. 그레이디언트를 적용하려면 컨텍스트의 `createLinearGradient()`나 `createRadialGradient()` 메서드가 반환하는 CanvasGradient 객체를 `fillStyle`이나 `strokeStyle`에 설정하십시오. `createLinearGradient()`의 인자는 직선을 이룰 두 지점의 좌표입니다. 직선이 수평이나 수직일 필요는 없습니다. 사선이어도 됩니다. `createRadialGradient()`의 인자는 중심과 두 개의 반지름입니다. 동심원일 필요는 없지만 일반적으로 첫 번째 원이 두 번째 원 안에 있습니다. 더 작은 원의 내부와 더 큰 원의 바깥 영역은 단색으로 채워지고, 두 원 사이 공간이 그레이디언트로 채워집니다.

CanvasGradient 객체로 채워질 영역을 정의한 다음에는 반드시 CanvasGradient의 `addColorStop()` 메서드를 호출해 그레이디언트 색깔을 정의해야 합니다. 메서드의 첫 번째 인자는 0.0에서 1.0 사이의 숫자이며 두 번째 인자는 CSS 색깔입니다. 이 메서드는 최소 두 번은 호출해야 하지만 최대 호출 횟수 제한은 없습니다. 0.0의 색깔이 그레이디언트 시작에 나타나고 1.0의 색깔이 끝에 나타납니다. 다른 색깔을 추가하면 그레이디언트 안에서 대응하는 위치에 그 색깔이 나타납니다. 지정하는 지점들 사이에서 색깔이 부드럽게 변합니다. 다음 예제를 보십시오.

```
// 캔버스를 사선으로 관통하는 선형 그레이디언트
let bgfade = c.createLinearGradient(0,0,canvas.width,canvas.height);
bgfade.addColorStop(0.0, "#88f");  // 좌측 상단에서 연한 파란색으로 시작하고
bgfade.addColorStop(1.0, "#fff");  // 우측 하단에서 흰색으로 끝납니다.

// 두 개의 동심원 사이의 그레이디언트입니다. 투명하게 시작해서 반투명한 회색으로 변했다가
// 다시 투명하게 끝납니다.
let donut = c.createRadialGradient(300,300,100, 300,300,300);
donut.addColorStop(0.0, "transparent");           // 투명
donut.addColorStop(0.7, "rgba(100,100,100,.9)");  // 반투명한 회색
donut.addColorStop(1.0, "rgba(0,0,0,0)");         // 다시 투명
```

그레이디언트에서 이해해야 할 중요한 포인트는 그레이디언트가 위치에 종속된다는 것입니다. 그레이디언트를 생성할 때는 항상 영역을 지정합니다. 만약 그 영역에 속하지 않는 곳을 채우려 하면 그레이디언트 색 중 그곳과 가까운 끝 쪽 색상이 단색으로 채워집니다.

색깔과 그레이디언트 외에도 이미지를 사용해 채울 수도 있습니다. 컨텍스트 객체의 createPattern() 메서드에서 반환하는 CanvasPattern을 fillStyle이나 strokeStyle에 설정하십시오. 이 메서드의 첫 번째 인자는 사용할 이미지가 포함된 <img> 또는 <canvas> 요소여야 합니다. 소스 이미지나 캔버스를 문서에 삽입할 필요는 없습니다. createPattern()의 두 번째 인자는 배경 이미지 반복 방법을 지정하는 repeat, repeat-x, repeat-y, no-repeat 중 하나인 문자열입니다.

텍스트 스타일

font 프로퍼티는 fillText(), strokeText() 메서드에서 사용할 텍스트 패턴의 폰트를 지정합니다(562페이지의 '텍스트'를 보십시오). font 프로퍼티의 값은 CSS font 속성과 같은 문법을 사용하는 문자열이어야 합니다.

textAlign 프로퍼티는 fillText()나 strokeText()에 전달된 x좌표를 기준으로 텍스트를 가로 정렬하는 방법을 지정합니다. 유효한 값은 start, left, center, right, end입니다. 기본 값은 왼쪽에서 오른쪽으로 진행하는 언어에서 left와 같은 의미인 start입니다.

textBaseline 프로퍼티는 y좌표를 기준으로 텍스트를 세로 정렬하는 방법을 지정합니다. 기본 값은 alphabetic이며 알파벳을 사용하는 언어에 적합합니다. ideographic은 중국어나 일본어 같은 언어에 사용하도록 만들었습니다. hanging은 데바나가리(Devanagari)를 비롯한 인도어족 언어에 사용하도록 만들었습니다. top, middle, bottom은 폰트의 'em 사각형'을 기준으로 합니다.

그림자

컨텍스트 객체에는 드롭 섀도우를 제어하는 네 가지 프로퍼티가 있습니다. 이 프로퍼티를 적절히 설정하면 직선, 영역, 텍스트, 이미지 등에 그림자를 적용해 캔버스 표면 위에 떠 있는 것처럼 보이게 만들 수 있습니다.

shadowColor 프로퍼티는 그림자 색깔을 지정합니다. 기본 값은 완전히 투명한 검은색이며 이 프로퍼티에 불투명한 색깔이나 반투명한 색깔을 지정하지 않는 한 그림자는 절대 보이지 않습니다. 이 프로퍼티에는 색깔 문자열만 사용할 수 있으며 패턴이나 그레이디언트는 허용되지 않습니다. 반투명한 그림자 색깔을 사용하면 배경이 비쳐 보이므로 가장 진짜 같은 그림자가 만들어집니다.

shadowOffsetX, shadowOffsetY 프로퍼티는 그림자의 가로와 세로 오프셋을 지정합니다. 기본 값은 0이며 그림자가 그림 바로 아래 생기므로 보이지 않습니다. 두 프로퍼티에 양수를 지정하면 광원이 왼쪽 위에 있는 것처럼 오른쪽 아래에 그림자가 생깁니다. 오프셋이 크면 클수록 그림자도 커지고 그림이 캔버스 위에 더 '높이' 위치한 것처럼 보입니다. 이 값은 15.8.5절에서 설명할 좌표 변형과는 무관합니다. 그림자의 방향과 그림의 '높이'는 도형을 회전하고 확대하더라도 그대로 유지됩니다.

shadowBlur 프로퍼티는 그림자의 경계선을 얼마나 흐리게 처리할지 지정합니다. 기본 값은 그림자가 전혀 흐려지지 않는 0입니다. 값이 클수록 더 흐려지고, 이 값의 한계는 실행 환경에 따라 다릅니다.

반투명과 합성

strokeStyle이나 fillStyle에 rgba(…) 같은 CSS 색깔 문법을 사용해 반투명한 색깔을 쓸 수 있습니다. RGBA의 a는 알파(alpha)를 뜻하며 완전히 투명한 0에서 완전히 불투명한 1 사이의 값입니다. 캔버스 API는 반투명한 색깔을 다른 방법으로도 지정할 수 있습니다. 각 색깔에 명시적으로 알파 채널을 지정하지 않고 globalAlpha 프로퍼티를 사용해 이미지나 패턴 전체를 반투명하게 만들 수 있습니다. globalAlpha를 사용하면 캔버스의 픽셀 전체에 알파 값이 적용됩니다. 기본 값은 투명도를 전혀 적용하지 않는 1입니다. globalAlpha를 0으로 설정하면 모든 픽셀이 완전히 투명해지므로 캔버스에는 아무것도 보이지 않습니다. globalAlpha 값을 0.5로 설정하면 원래 불투명했던 픽셀은 50% 투명하게, 원래 50% 투명했던 픽셀은 75%만큼 투명해집니다.

캔버스에 뭔가 그릴 때는 보통 캔버스에 이미 존재하는 픽셀 '위에' 새 픽셀을 그린다고 생각합니다. 불투명한 픽셀을 사용하면 새 픽셀이 기존의 픽셀을 대체합니다. 하지만 반투명한 픽셀을 그리면, 새로운 '소스(source)' 픽셀이 기존의 '대상(destination)' 픽셀과 조합되서 새 픽셀의 투명도에 따라 기존 픽셀이 비쳐 보입니다.

이렇게 기존 픽셀 위에 새로운 픽셀을 덧그리는 작업을 합성(compositing)이라 부르며, 캔버스 API는 픽셀을 합성할 때 기본적으로 앞 문단에서 설명한 방식을 사용합니다. globalCompositeOperation 프로퍼티를 사용해 픽셀을 합성하는 방식을 지정할 수 있습니다. 기본 값은 대상 픽셀 위에 소스 픽셀을 덧그리고, 소스가 반투명할 경우에 한해 합성하는 source-over입니다. globalCompositeOperation을 destination-over로 설정하면 캔버스는 새로운 소스 픽셀이 마치 기존의 대상 픽셀 아래에 있는 것처럼 합성합니다. 대상이 반투명하거나 투명하다면 소스 픽셀의 일부가 보입니다. 합성 모드 source-atop은 대상 픽셀의 투명도와 소스 픽셀을 합성하므로 이미 완전히 투명한 영역에는 아무것도 그려지지 않습니다. globalCompositeOperation에는 여러 가지 값이 있지만 이들은 대개 특별한 목적에 사용되므로 이 책에서 설명하지는 않습니다.

그래픽 상태 저장과 복원

캔버스 API는 그래픽 속성을 컨텍스트 객체에 정의하므로 getContext()를 여러 번 호출해 컨텍스트 객체를 여러 개 얻어야겠다고 생각할 수도 있습니다. 만약 이렇게 할 수 있었다면, 마치 그래픽 프로그램에서 레이어를 사용하듯이 각 컨텍스트에 브러시도 다르게 적용하고 색깔이나 너비도 자유롭게 쓸 수 있었을 것입니다. 불행히도 캔버스는 이런 식으로 사용할 수 없습니다. <canvas> 요소에는 컨텍스트 객체가 오직 하나만 존재하며, getContext()를 여러 번 호출하더라도 같은 CanvasRenderingContext2D 객체가 반환됩니다.

　캔버스 API가 한 번에 한 가지 그래픽 속성 세트만 허용하긴 하지만, 현재 그래픽 상태를 저장할 수 있으므로 수정했다가 쉽게 복원할 수 있습니다. save() 메서드는 현재 그래픽 상태를 스택에 추가합니다. restore() 메서드는 스택의 마지막에 저장된 상태로 복원합니다. 이 절에서 설명한 프로퍼티는 모두 상태에 저장되며 나중에 설명할 변형과 클립 영역도 함께 저장됩니다. 하지만 현재 정의된 패스와 현재 지점은 그래픽 상태의 일부분이 아니므로 저장하거나 복원할 수 없습니다.

15.8.4 캔버스 그리기 동작

직선과 다각형을 그리는 beginPath(), moveTo(), lineTo(), closePath(), fill(), stroke() 같은 기본적인 캔버스 메서드는 이미 설명했습니다. 캔버스 API에는 이 외에 다른 메서드도 존재합니다.

사각형

CanvasRenderingContext2D에는 사각형을 그리는 네 가지 메서드가 있습니다. 이들은 모두 사각형의 모서리 하나를 지정하는 인자 두 개, 그 뒤에 사각형의 너비와 높이를 받습니다. 일반적으로 좌측 상단 모서리를 지정하고 너비와 높이에 양수를 지정하지만, 다른 모서리를 지정하고 크기를 음수로 지정할 수도 있습니다.

fillRect()는 지정된 사각형을 현재 fillStyle로 채웁니다. strokeRect()는 현재 strokeStyle로 사각형의 외곽선을 그립니다. clearRect()는 fillRect()와 비슷하지만 현재 채우기 스타일을 무시하고 사각형을 투명한 검은색(캔버스의 기본 색깔) 픽셀로 채웁니다. 이 세 가지 메서드와 관련해 중요한 점은 이들이 현재 패스나 그 패스에 포함된 현재 지점에 영향을 끼치지 않는다는 것입니다.

반면 사각형을 그리는 마지막 메서드인 rect()는 현재 패스에 지정된 사각형을 서브패스로 추가합니다. 패스를 정의하는 다른 메서드와 마찬가지로 이 메서드 자체는 아무것도 그리거나 채우지 않습니다.

곡선

패스는 서브패스의 연속이고, 서브패스는 연결된 지점의 연속입니다. 15.8.1절에서 정의한 패스는 모두 직선으로 연결됐지만 꼭 직선만 쓸 수 있는 건 아닙니다. CanvasRenderingContext2D 객체에는 서브패스에 새로운 지점을 추가하고 현재 지점과 곡선으로 연결하는 메서드도 여러 가지 있습니다.

arc()

이 메서드는 원 또는 원의 일부분(원호(arc))을 패스에 추가합니다. 원호를 그릴 때는 중심의 x와 y좌표, 반지름, 원호의 시작점과 끝나는 점, 방향(시계 방향 또는 시계 반대 방향)의 여섯 가지 매개변수를 사용합니다. 패스에 현재 지점이 있다면 arc() 메서드는 현재 지점과 원호의 시작점을 직선으로 연결하고(파이 그래프를 그릴 때 유용한 특징입니다) 원호의 시작점과 끝나는 점을 원호로 연결하며 끝나는 점을 새로운 현재 지점으로 지정합니다. 메서드를 호출할 때 현재 지점이 없다면 원호만 패스에 추가합니다.

ellipse()

타원 또는 타원의 일부분을 패스에 추가한다는 점을 제외하면 arc()와 거의 비슷합니다. 이 메서드는 타원을 그리므로 x축 반지름과 y축 반지름을 받습니다. 또한 타원은 방사형 대칭이 아니므로, 이 메서드는 타원이 중심을 기준으로 시계 방향으로 회전하는 라디안 수를 지정하는 또 다른 인자를 받습니다.

arcTo()

arcTo()는 arc() 메서드와 마찬가지로 직선과 원호를 그리지만 P1, P2 두 지점과 반지름을 인자로 받습니다. arcTo() 메서드가 그리는 원호는 현재 지점과 P1을 잇는 (가상의) 직선의 접점(tangent point)에서 시작해 P1과 P2를 잇는 (가상의) 직선의 접점에서 끝납니다. 의아하게 들릴 수도 있지만 이 메서드는 사실 둥근 모서리를 가진 도형을 그릴 때 아주 유용합니다. 반지름을 0으로 지정하면 현재 지점과 P1을 잇는 직선이 그려집니다. 하지만 0이 아닌 반지름을 사용하면 현재 지점에서 P1 방향으로 직선을 그린 다음 P2 방향을 향할 때까지 원을 그리는 방식으로 곡선을 만듭니다.

bezierCurveTo()

이 메서드는 서브패스에 새로운 지점 P를 추가하고 현재 지점과 큐빅 베지어(cubic Bezier) 곡선으로 연결합니다. 곡선의 모양은 '조절점(control point)' C1과 C2로 결정됩니다. 곡선의 시작 부분(현재 지점)에서 곡선은 C1 방향을 향합니다. 곡선의 끝(P 지점)에서 곡선은 C2 방향을 향합니다. 두 지점 사이에서 곡선의 방향은 부드럽게 바뀝니다. 지점 P는 서브패스의 새로운 현재 지점이 됩니다.

quadraticCurveTo()

이 메서드는 bezierCurveTo()와 비슷하지만 큐빅 베지어 곡선이 아니라 2차 베지어(quadratic Bezier) 곡선을 그리고, 조절점은 하나만 사용합니다.

이들 메서드를 사용해 그림 15-10 같은 패스를 만들 수 있습니다.

그림 15-10 곡선 패스

예제 15-6은 그림 15-10 같은 패스를 만들 때 사용한 코드입니다. 이 코드에 사용한 메서드는 캔버스 API에서 가장 복잡한 메서드이므로 이 메서드와 인자에 대해 더 자세히 알고 싶다면 온라인에서 검색해 보십시오.

예제 15-6 패스에 곡선 추가

```
// 각도(degree)를 라디안으로 바꾸는 유틸리티 함수
function rads(x) { return Math.PI*x/180; }

// 캔버스 요소의 컨텍스트 객체를 가져옵니다.
let c = document.querySelector("canvas").getContext("2d");

// 그래픽 속성을 설정하고 곡선을 그립니다.
c.fillStyle = "#aaa";        // 회색으로 채웁니다.
c.lineWidth = 2;             // 2픽셀 두께의 검은색(기본 값) 직선

// 원을 그립니다.
// 현재 지점이 없으므로 현재 지점과 원의 시작점을 잇는 직선 없이 원만 그립니다.
c.beginPath();
c.arc(75,100,50,            // 중심은 (75, 100), 반지름은 50
    0,rads(360),false);    // 0도에서 360도까지 시계 방향으로 진행
c.fill();                   // 원을 채웁니다.
c.stroke();                 // 외곽선을 그립니다.

// 같은 방법으로 타원을 그립니다.
c.beginPath();                         // 원에 연결되지 않은 새로운 패스를 시작합니다.
c.ellipse(200, 100, 50, 35, rads(15),  // 중심, 두 반지름, 회전
        0, rads(360), false);          // 시작 각도, 끝 각도, 방향

// 쐐기(wedge) 모양을 그립니다. 각도는 x축 양수 방향을 기준으로 시계 방향입니다.
// arc()는 현재 지점에서 원호의 시작점까지 직선을 그립니다.
c.moveTo(325, 100);         // 원의 중심에서 시작합니다.
c.arc(325, 100, 50,         // 원의 중심과 반지름
    rads(-60), rads(0),    // -60도에서 시작해 0도까지 갑니다.
    true);                 // 시계 반대 방향
c.closePath();              // 원의 중심까지 다시 직선을 그립니다.

// 잘려나간 파이 모양. 조금 떨어져 있고 방향은 반대입니다.
c.moveTo(340, 92);
c.arc(340, 92, 42, rads(-60), rads(0), false);
c.closePath();

// arcTo를 써서 D 모양의 둥근 모서리를 그립니다. 좌측 상단 모서리(400, 50)에서
// 시작했고 모서리마다 반지름이 조금씩 다릅니다.
c.moveTo(400, 50);             // 시작점
c.arcTo(500,50,500,150,30);    // 우측 상단 모서리(반지름이 가장 큽니다)
c.arcTo(500,150,400,150,20);   // 우측 하단 모서리
c.arcTo(400,150,400,50,10);    // 좌측 하단 모서리
c.arcTo(400,50,500,50,0);      // 좌측 상단 모서리(반지름이 0입니다)
c.closePath();                 // 패스를 닫아서 위쪽 외곽선을 연결합니다.

// 조절점이 하나만 있는 2차 베지어 곡선
c.moveTo(525, 125);                      // 시작점
```

```
c.quadraticCurveTo(550, 75, 625, 125);      // (625, 125)까지 곡선을 그립니다.
c.fillRect(550-3, 75-3, 6, 6);              // 조절점을 지정합니다.

// 큐빅 베지어 곡선
c.moveTo(625, 100);                         // (625, 100)에서 시작합니다.
c.bezierCurveTo(645,70,705,130,725,100);    // (725, 100)까지 곡선을 그립니다.
c.fillRect(645-3, 70-3, 6, 6);              // 조절점을 지정합니다.
c.fillRect(705-3, 130-3, 6, 6);

// 마지막으로 도형을 채우고 외곽선을 그립니다.
c.fill();
c.stroke();
```

텍스트

캔버스에 텍스트를 그릴 때는 일반적으로 fillText() 메서드를 사용합니다. 이 메서드는 fillStyle 프로퍼티에서 지정한 색깔이나 그레이디언트 또는 패턴을 사용해 텍스트를 그립니다. 텍스트 크기를 키우고 특별한 효과를 내고 싶을 때는 strokeText()를 써서 개별 폰트 글리프(기호)의 외곽선을 그립니다. 두 메서드 모두 첫 번째 인자로 텍스트를 받고 두 번째와 세 번째 인자로 텍스트의 x, y좌표를 받습니다. 두 메서드 모두 현재 지점이나 현재 패스에 영향을 미치지 않습니다.

fillText(), strokeText()는 선택 사항으로 네 번째 인자를 받을 수 있습니다. 네 번째 인자는 텍스트의 최대 너비를 지정합니다. 텍스트가 지정된 값보다 넓어지면 캔버스는 더 작은 폰트를 사용하거나 텍스트를 축소해서 이 값에 맞춥니다.

텍스트를 그리기 전에 먼저 크기를 파악하려면 measureText() 메서드에 전달하십시오. 이 메서드는 현재 font로 텍스트를 그렸을 때 차지할 크기를 TextMetrics 객체로 반환합니다. 이 글을 쓰는 시점을 기준으로 TextMetrics 객체의 프로퍼티는 너비 하나뿐입니다. 문자열이 화면에서 차지할 너비는 다음과 같이 알 수 있습니다.

```
let width = c.measureText(text).width;
```

예를 들어 캔버스의 중앙에 문자열을 배치할 때 유용합니다.

이미지

캔버스 API는 벡터 그래픽 외에 비트맵 이미지도 지원합니다. drawImage() 메서드는 소스 이미지(또는 소스 이미지의 사각형 영역)의 픽셀을 캔버스에 복사하며 필요에 따라 확대/축소 또는 회전합니다.

drawImage()는 인자를 세 개, 다섯 개, 아홉 개 받을 수 있습니다. 첫 번째 인자는 항상 픽셀을 복사할 소스 이미지입니다. 이미지 인자는 보통 <img> 요소를 쓰지만 또 다른 <canvas> 요소를 쓸 수도 있고 <video> 요소를 쓸 수도 있습니다. <video> 요소를 쓰면 프레임 하나만 복사합니다. 데이터 로딩 중인 <img>나 <video> 요소를 지정하면 drawImage()를 호출해도 아무 일도 일어나지 않습니다.

인자를 세 개 넘겨 drawImage()를 호출하면 두 번째와 세 번째 인자는 이미지의 좌측 상단 모서리를 그릴 x, y좌표를 지정합니다. 이렇게 호출하면 소스 이미지 전체가 캔버스에 복사됩니다. x, y좌표는 현재 좌표계로 해석되고, 현재 캔버스의 변환 상태에 따라 필요하다면 이미지를 확대하거나 회전합니다.

인자 다섯 개를 쓰면 네 번째와 다섯 번째는 width, height입니다. 앞에서 설명한 좌표에 크기 인자가 추가되어 캔버스의 대상 사각형을 정의합니다 소스 이미지의 좌측 상단 모서리는 (x, y)에 위치하고 우측 하단 모서리는 (x+width, y+height)에 위치합니다. 이번에도 소스 이미지 전체를 복사하며 소스 이미지는 대상 사각형에 맞게 확대/축소됩니다.

인자 아홉 개를 쓰면 소스 사각형과 대상 사각형을 모두 지정해서 소스 사각형의 픽셀만 복사합니다. 인자 2번에서 5번까지는 소스 사각형을 지정합니다. 값의 단위는 CSS 픽셀입니다. 소스 이미지가 또 다른 캔버스라면 소스 사각형은 캔버스에 적용된 변환을 무시하고 기본 좌표계를 사용합니다. 인자 6번 ~ 9번은 대상 사각형이며 캔버스의 기본 좌표계가 아니라 변환을 거친 현재 좌표계를 기준으로 합니다.

toDataURL() 메서드를 써서 캔버스 콘텐츠를 이미지로 추출할 수도 있습니다. 여기서 설명하는 다른 메서드와 달리 toDataURL()은 컨텍스트 객체가 아니라 캔버스 요소 자체의 메서드입니다. toDataURL()은 일반적으로 인자 없이 호출되며 캔버스 콘텐츠의 PNG 이미지를 data: URL 문자열로 인코드해 반환합니다. 반환된 URL은 <img> 요소에 사용할 수 있습니다. 다음과 같이 캔버스의 스냅샷을 남기는 것도 가능합니다.

```
let img = document.createElement("img");  // <img> 요소를 생성합니다.
img.src = canvas.toDataURL();             // src 속성을 설정합니다.
document.body.appendChild(img);           // 문서에 추가합니다.
```

15.8.5 좌표계 변환

이미 언급했듯 캔버스의 기본 좌표계 원점은 좌측 상단 모서리이며 x좌표는 오른쪽으로 커지고 y좌표는 아래로 커집니다. 기본 좌표계에서 한 지점의 좌표는 CSS 픽셀과 직접적으로 대응합니다. 픽셀 값을 추출하거나 그림자 오프셋을 설정하는 것 같은 캔버스 동작과 속성은 항상 기본 좌표계를 사용합니다. 캔버스는 항상 기본 좌표계 외에도 '현재 변환 행렬(transformation matrix)'을 그래픽 상태에 저장합니다. 이 행렬은 캔버스의 현재 좌표계입니다. 대부분의 캔버스 동작에서 지점의 좌표를 지정하면 기본 좌표계가 아니라 현재 좌표계를 기준으로 해석됩니다. 현재 변환 행렬은 지정된 좌표를 기본 좌표계의 좌표로 변환할 때 사용됩니다.

setTransform() 메서드에 캔버스의 변환 행렬을 사용할 수 있긴 하지만 좌표계 변환은 이동, 회전, 확대를 연달아 쓰는 편이 더 쉽습니다. 그림 15-11에 이런 동작과 그 결과를 묘사했습니다. 이 그림에 사용한 프로그램은 같은 축을 순서대로 일곱 번 그렸습니다. 일곱 번 그리면서 바뀐 것은 현재 변환뿐입니다. 축을 나타내는 직선뿐만 아니라 텍스트에도 변환이 적용된 것을 보십시오.

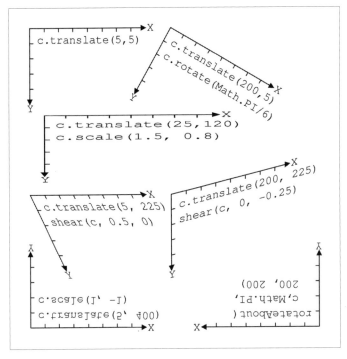

그림 15-11 좌표계 변환

translate() 메서드는 좌표계 원점을 이동(translate)시키기만 합니다. rotate() 메서드는 축을 지정된 각도만큼 시계 방향으로 회전시킵니다. 캔버스 API는 각도를 항상 라디안으로 지정합니다. 도 단위를 라디안으로 변환할 때는 180으로 나눈 다음 Math.PI를 곱합니다. scale() 메서드는 x나 y축을 기준으로 확대/축소합니다.

scale() 메서드에 음수를 전달하면 원점을 기준으로 해당 축을 뒤집어 거울에 비친 것처럼 표현합니다. 그림 15-11의 좌측 맨 아래쪽이 그 결과입니다. translate()를 써서 원점을 캔버스의 왼쪽 하단 모서리로 이동한 다음 scale()을 써서 y축을 뒤집었으므로 y좌표는 위쪽으로 증가합니다. 이렇게 뒤집은 좌표계는 수학 시간에 배우는 그래프 형태와 비슷하며 데이터 포인트를 그래프로 그릴 때 적합합니다. 하지만 텍스트가 뒤집어져 있어 읽기 어려울 수 있다는 점은 유의하십시오.

변환의 수학적 이해

필자는 그림 15-11에 translate(), rotate(), scale() 메서드를 사용한 것처럼 변환을 위치 관계로 설명하는 게 가장 이해하기 쉽다고 생각합니다. 변환은 (x', y') → 변환 → (x, y) 관계를 나타내는 방정식으로 이해할 수도 있습니다.

c.translate(dx, dy) 메서드는 다음 방정식으로 나타낼 수 있습니다.

x' = x + dx; // 변형된 좌표계의 x좌표 0은 기존 좌표계의 dx입니다.[10]
y' = y + dy;

확대/축소 동작 역시 마찬가지입니다. c.scale(sx, sy)은 다음 방정식으로 설명할 수 있습니다.

x' = sx * x;
y' = sy * y;

회전은 더 복잡합니다. c.rotate(a)는 삼각함수 방정식으로 나타낼 수 있습니다.

x' = x * cos(a) - y * sin(a);
y' = y * cos(a) + x * sin(a);

변환은 순서가 중요합니다. 캔버스의 기본 좌표계에서 시작해 먼저 이동한 다음 확대했다고 생각해 봅시다. 즉 (x'', y'') → 이동 → (x', y') → 확대 → (x, y)입니

10 (옮긴이) c.translate(50, 50)을 써서 원점이 0, 0에서 50, 50으로 이동한다면, 새로운 좌표계의 0, 0(x, y)은 기존 좌표계의 50, 50(dx, dy)입니다. 따라서 새로운 좌표계의 10, 10(x, y)은 기존 좌표계의 60, 60이고 x'(60) = x(10) + dx(50)입니다.

다. 현재 좌표계의 (x, y) 지점을 기본 좌표계의 (x'', y'') 지점과 연결하려면 먼저 확대 방정식을 써서 이동은 했지만 확대는 하지 않은 좌표계의 중간 지점인 (x', y')와 연결하고, 다시 이동 방정식을 써서 (x'', y'')와 연결해야 합니다. 결과는 다음과 같습니다.

```
x'' = sx*x + dx;
y'' = sy*y + dy;
```

반대로, scale()을 먼저 호출하고 translate()를 나중에 호출했다면 방정식은 이렇게 달라집니다.

```
x'' = sx*(x + dx);
y'' = sy*(y + dy);
```

변환 과정을 수학적으로 해석할 때 기억해야 할 핵심은 반드시 마지막(가장 최근) 변환에서 시작해 최초의 변환으로 거슬러 가야 한다는 것입니다. 반대로 변환을 위치적으로 해석할 때는 첫 번째 변환에서 마지막 변환으로 진행해야 합니다.

캔버스는 **아핀 변환**(affine transform)이라 부르는 알고리즘을 사용합니다. 아핀 변환은 지점 사이의 거리나 직선 사이의 각도를 변환할 수 있지만 평행선은 아핀 변환을 거쳐도 계속 평행선으로 남습니다. 예를 들어 어안 렌즈 같은 효과를 아핀 변환으로 정의하는 건 불가능합니다. 아핀 변환은 매개변수 a부터 f를 써서 다음 방정식으로 나타낼 수 있습니다.

```
x' = ax + cy + e
y' = bx + dy + f
```

transform() 메서드에 이 여섯 가지 매개변수를 전달해 변환할 수 있습니다. 그림 15-11은 지정된 지점을 기준으로 하는 전단(shear)과 회전 두 가지 타입의 변환을 보여 주며, transform() 메서드를 사용해 다음과 같이 구현할 수 있습니다.

```javascript
// 전단 변환: x' = x + kx*y; y' = ky*x + y;
function shear(c, kx, ky) { c.transform(1, ky, kx, 1, 0, 0); }

// (x, y) 지점을 중심으로 세타(theta) 라디안만큼 시계 반대 방향으로 회전합니다.
// 이동, 회전, 이동을 연속으로 적용해도 같은 결과를 얻을 수 있습니다.
function rotateAbout(c, theta, x, y) {
    let ct = Math.cos(theta);
    let st = Math.sin(theta);
    c.transform(ct, -st, st, ct, -x*ct-y*st+x, x*st-y*ct+y);
}
```

setTransform() 메서드는 transform()과 같은 인자를 받지만 현재 좌표계를 변환하는 게 아니라, 현재 좌표계를 무시하고 기본 좌표계에 변환을 적용하여 그 결과를 새로운 현재 좌표계로 만듭니다. setTransform()은 캔버스를 기본 좌표계로 임시로 리셋할 때 적합합니다.

```
c.save();                    // 현재 좌표계를 저장합니다.
c.setTransform(1,0,0,1,0,0); // 기본 좌표계로 복원합니다.
// 기본 CSS 픽셀 좌표를 사용해 동작을 수행합니다.
c.restore();                 // 저장한 좌표계를 복원합니다.
```

변환 예제

예제 15-7은 translate(), rotate(), scale() 메서드를 재귀적으로 사용해 코흐 눈송이(Koch snowflake) 프랙탈을 그립니다. 이 예제의 결과는 그림 15-12와 같으며 각 코흐 눈송이는 재귀를 0, 1, 2, 3, 4레벨 적용한 결과입니다.

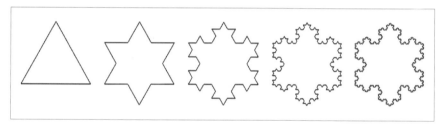

그림 15-12 코흐 눈송이

그림을 만드는 코드 자체는 그리 어렵지 않지만 좌표계 변환을 재귀적으로 수행하는 부분은 이해하기 조금 어려울 수 있습니다.[11] 예제의 행간을 전부 이해하지 못하더라도, lineTo() 메서드는 단 한 번만 호출했다는 점을 눈여겨보십시오. 그림 15-12의 선분은 모두 다음과 같이 그려집니다.

```
c.lineTo(len, 0);
```

변수 len의 값은 프로그램을 실행하는 동안 바뀌지 않으므로 각 선분의 위치, 방향, 길이는 모두 이동, 회전, 확대 동작을 통해 결정됩니다.

---

11 (옮긴이) 종이에 삼각형을 그릴 때 세 개의 꼭지점을 잇는 방식으로 그릴 수도 있지만, 수평선을 하나 그리고 다음 꼭지점까지의 선분이 수평선이 되도록 '종이(좌표계)를 돌려서' 계속 수평선만 그리는 식으로도 삼각형을 그릴 수 있습니다. 아니면 종이에 그려진 복잡한 그림을 가위로 오릴 때 가위를 움직이지 않고 종이만 돌려 가면서 오리는 게 더 편할 때가 있습니다. 저자가 택한 방식이 대략 이런 방식입니다.

예제 15-7 변환으로 그린 코흐 눈송이

```javascript
let deg = Math.PI/180;  // 도 단위를 라디안으로 변환합니다.

// n 레벨 코흐 눈송이 프랙탈을 캔버스 컨텍스트 c에 그립니다.
// (x, y)는 좌측 하단 모서리이고 len은 변의 길이입니다.
function snowflake(c, n, x, y, len) {
    c.save();           // 현재 변환을 저장합니다.
    c.translate(x,y);   // 원점을 출발점으로 이동시킵니다.
    c.moveTo(0,0);      // 새로운 원점에서 새로운 서브패스를 시작합니다.
    leg(n);             // 눈송이의 첫 번째 변을 그립니다.
    c.rotate(-120*deg); // 시계 반대 방향으로 120도 회전합니다.
    leg(n);             // 두 번째 변을 그립니다.
    c.rotate(-120*deg); // 다시 회전합니다.
    leg(n);             // 마지막 변을 그립니다.
    c.closePath();      // 서브패스를 닫고
    c.restore();        // 원래 변환을 복원합니다.

    // 레벨 n 코흐 눈송이의 변 하나를 그립니다.
    // 이 함수는 변의 마지막을 현재 지점으로 삼고 좌표계를 이동하므로 현재 지점은
    // (0, 0)입니다. 따라서 변을 그린 후 rotate()를 호출하기도 쉽습니다.
    function leg(n) {
        c.save();                   // 현재 변환을 저장합니다.
        if (n === 0) {              // 재귀가 아닌 경우
            c.lineTo(len, 0);       // 수평선 하나만 그립니다.
        }                           //                     _   _
        else {                      // 재귀인 경우 네 개의 부속 변을 \/ 모양으로 그립니다.
            c.scale(1/3,1/3);       // 재귀된 부속 변은 원래 변의 1/3 크기입니다.
            leg(n-1);               // 첫 번째 부속 변으로 재귀합니다.
            c.rotate(60*deg);       // 시계 방향으로 60도 회전합니다.
            leg(n-1);               // 두 번째 부속 변
            c.rotate(-120*deg);     // 거꾸로 120도 회전합니다.
            leg(n-1);               // 세 번째 부속 변
            c.rotate(60*deg);       // 원래 방향으로 회전합니다.
            leg(n-1);               // 마지막 부속 변
        }
        c.restore();                // 변환을 복원합니다.
        c.translate(len, 0);        // 변의 끝이 (0, 0)이 되도록 이동합니다.
    }
}

let c = document.querySelector("canvas").getContext("2d");
snowflake(c, 0, 25, 125, 125);  // 재귀 레벨이 0이면 삼각형입니다.
snowflake(c, 1, 175, 125, 125); // 재귀 레벨이 1이면 다윗의 별 모양이 됩니다.
snowflake(c, 2, 325, 125, 125); // 이런 식으로 이어집니다.
snowflake(c, 3, 475, 125, 125);
snowflake(c, 4, 625, 125, 125); // 재귀 레벨이 4가 되면 진짜 눈송이처럼 보입니다!
c.stroke();                     // 패스를 그립니다.
```

15.8.6 자르기

패스를 정의하고 나면 보통 stroke()나 fill()을 호출합니다. clip() 메서드를 호출해 클립(자르기) 영역을 정의할 수도 있습니다. 일단 클립 영역을 정의하면 그 바깥에는 아무것도 그려지지 않습니다. 그림 15-13은 클립 영역을 사용해 만든 복잡한 그림입니다. 그림 중앙의 세로 직사각형과 그림 아래쪽의 텍스트를 클립 영역 없이 그렸고, 삼각형 클립 영역을 정의한 다음 채웠습니다.

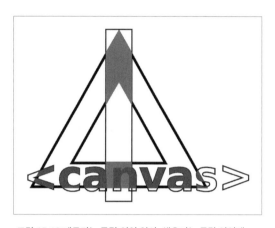

그림 15-13 테두리는 클립 영역 없이, 채우기는 클립 영역에

그림 15-13은 예제 15-5(551페이지)의 polygon() 메서드와 다음 코드를 사용해 만들었습니다.

```
// 그래픽 속성을 정의합니다.
c.font = "bold 60pt sans-serif";    // 큰 폰트
c.lineWidth = 2;                     // 얇고
c.strokeStyle = "#000";             // 검은색인 직선

// 사각형과 텍스트 외곽선
c.strokeRect(175, 25, 50, 325);      // 중앙에 있는 세로 직사각형
c.strokeText("<canvas>", 15, 330);   // fillText()가 아니라 strokeText()입니다.

// 클립 영역이 될 복잡한 패스
polygon(c,3,200,225,200);            // 큰 삼각형
polygon(c,3,200,225,100,0,true);     // 내부에 있는 작은 삼각형

// 패스를 클립 영역으로 바꿉니다.
c.clip();

// 5픽셀 직선으로 클립 영역의 패스를 그립니다.
c.lineWidth = 10;        // 이 10픽셀의 절반은 잘려 나갑니다.
c.stroke();
```

```
// 사각형과 텍스트에서 클립 영역 안에 있는 부분만 채웁니다.
c.fillStyle = "#aaa";              // 밝은 회색
c.fillRect(175, 25, 50, 325);      // 세로 직사각형을 채웁니다.
c.fillStyle = "#888";              // 어두운 회색
c.fillText("<canvas>", 15, 330);   // 텍스트를 채웁니다.
```

clip()을 호출하면 현재 패스 자체가 현재 클립 영역으로 잘리고, 잘린 패스가 다시 새로운 클립 영역이 된다는 것을 이해하는 게 중요합니다. 따라서 clip() 메서드는 클립 영역을 축소할 수는 있지만 절대 확장할 수는 없습니다. 클립 영역을 리셋할 수 있는 방법은 없으므로 clip()을 호출하기 전에 save()를 먼저 호출해서 잘리지 않은 영역을 복구할 수 있게 만드는 습관을 들이십시오.

15.8.7 픽셀 조작

getImageData() 메서드는 캔버스의 사각형 영역에 있는 픽셀 데이터(R, G, B, A 성분)를 나타내는 ImageData 객체를 반환합니다. createImageData()로 빈 ImageData 객체를 생성할 수도 있습니다. ImageData 객체의 픽셀은 쓰기 가능이므로 원하는 대로 작업한 다음 putImageData()를 써서 다시 캔버스에 복사할 수 있습니다.

픽셀 조작 메서드는 캔버스에 직접 접근하는 저수준 메서드입니다. getImageData()에 전달하는 사각형은 기본 좌표계를 기준으로 합니다. 이 사각형의 크기는 CSS 픽셀 기준이고 현재 변환의 영향은 받지 않습니다. putImageData()를 호출할 때 지정하는 위치 역시 기본 좌표계를 기준으로 합니다. 또한 putImageData()는 그래픽 속성을 모두 무시합니다. 픽셀을 합성하지 않고, 픽셀에 globalAlpha 값을 곱하지도 않으며 그림자를 만들지도 않습니다.

픽셀 조작 메서드는 이미지 처리에 적합합니다. 그림 15-14의 모션 블러 효과는 예제 15-8로 만들었습니다.

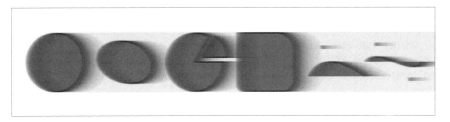

그림 15-14 이미지 처리로 만든 모션 블러 효과

다음 코드는 getImageData(), putImageData()를 사용하며 ImageData 객체의 픽셀 값을 순회하고 수정하는 방법을 보여 줍니다.

예제 15-8 ImageData를 사용한 모션 블러 효과

```
// 사각형에 포함된 픽셀을 오른쪽으로 번지게(smear) 해서 그림의 객체들이 오른쪽에서 왼쪽으로
// 이동하는 일종의 모션 블러 효과를 만듭니다. n은 반드시 2 이상이어야 하며 n 값이
// 클수록 효과가 강해집니다. 사각형은 기본 좌표계를 기준으로 합니다.
function smear(c, n, x, y, w, h) {
    // 번지게 할 픽셀이 담긴 사각형을 나타내는 ImageData 객체를 가져옵니다.
    let pixels = c.getImageData(x, y, w, h);

    // 번지는 효과는 즉석에서 이루어지며 소스 ImageData 외에는 필요하지 않습니다.
    // 일부 이미지 처리 알고리즘은 변환을 적용한 픽셀 값을 저장할 ImageData가 추가로
    // 필요하기도 합니다. 출력 버퍼가 필요하다면 다음과 같이 새로운 ImageData를
    // 같은 크기로 만들 수 있습니다.
    //    let output_pixels = c.createImageData(pixels);

    // ImageData 객체에 담긴 픽셀 그리드 크기를 가져옵니다.
    let width = pixels.width, height = pixels.height;

    // 왼쪽에서 오른쪽, 위쪽에서 아래쪽 방향으로 픽셀 데이터를 담은 바이트 배열입니다.
    // 각 픽셀은 R,G,B,A 순서로 4바이트를 차지합니다.
    let data = pixels.data;

    // 각 행의 픽셀 값이 자신의 값의 1/n에 이전 픽셀의 값의 m/n을 더한 값으로 교체되어
    // 흐려진 효과가 표현됩니다.
    let m = n-1;

    for(let row = 0; row < height; row++) {  // 각 행에서
        let i = row*width*4 + 4;  // 두 번째 픽셀의 오프셋
        for(let col = 1; col < width; col++, i += 4) {  // 각 열에서
            data[i] =   (data[i] + data[i-4]*m)/n;    // 빨간색 성분
            data[i+1] = (data[i+1] + data[i-3]*m)/n;    // 녹색 성분
            data[i+2] = (data[i+2] + data[i-2]*m)/n;    // 파란색 성분
            data[i+3] = (data[i+3] + data[i-1]*m)/n;    // 알파 성분
        }
    }

    // 흐려진 이미지를 캔버스의 같은 위치에 복사합니다.
    c.putImageData(pixels, x, y);
}
```

15.9 오디오 API

HTML <audio>, <video> 태그를 통해 웹 페이지에 사운드와 비디오를 넣을 수 있습니다. 이들의 API는 상당히 복잡하며 사용자 인터페이스도 결코 간단하지 않습니다. play(), pause() 메서드로 미디어 재생을 제어할 수 있습니다. volume, playbackRate 프로퍼티로 오디오 볼륨과 재생 속도를 제어할 수 있습니다. 또한 currentTime 프로퍼티로 원하는 재생 위치까지 넘길 수도 있습니다.

이 책에서 <audio>, <video> 태그를 더 자세히 설명하지는 않습니다. 이어지는 하위 절은 스크립트로 웹 페이지에 사운드 효과를 추가하는 방법을 설명합니다.

15.9.1 Audio() 생성자

HTML 문서에 <audio> 태그를 삽입하지 않아도 웹 페이지에서 사운드 효과를 이용할 수 있습니다. DOM의 document.createElement() 메서드로 <audio> 요소를 동적으로 생성하거나 그냥 Audio() 생성자를 써도 됩니다. 생성한 요소를 문서에 추가할 필요도 없습니다. 그냥 play() 메서드를 호출하기만 해도 됩니다.

```
// 사용할 사운드 효과를 미리 불러옵니다.
let soundeffect = new Audio("soundeffect.mp3");

// 사용자가 마우스 버튼을 클릭할 때마다 사운드를 재생합니다.
document.addEventListener("click", () => {
    soundeffect.cloneNode().play();  // 사운드를 불러와서 재생합니다.
});
```

위 예제에서는 cloneNode()를 사용했습니다. 사용자가 마우스를 빠르게 클릭한다면 각각의 클릭에 대응할 audio 요소가 여러 개 필요할 수 있기 때문입니다. 복사한 audio 요소는 문서에 추가하지 않았으므로 재생을 마친 후 가비지 컬렉션 대상이 됩니다.

15.9.2 WebAudio API

웹 브라우저는 audio 요소를 통해 녹음된 사운드를 재생하기도 하지만, WebAudio API를 통해 사운드를 직접 생성해서 재생할 수도 있습니다. WebAudio API를 통해 파형(waveform)의 소스, 변환, 대상을 나타내는 AudioNode 객체를 만들고 이 노드를 한데 묶어서 사운드를 만들 수 있습니다. 이 API는 그리 복잡하지는 않지만 충분히 이해하려면 전자 음악과 신호 처리의 개념을 알아야 하는데 이 책의 범위를 벗어나는 주제입니다.

다음 코드는 WebAudio API를 사용해 1초간 재생되고 페이드 아웃하는 짧은 화음을 만듭니다. WebAudio API의 기본만 간단히 사용한 예제이므로 이 예제가 흥미롭다면 온라인에서 이 API에 대해 검색해 보십시오.

```javascript
// audioContext 객체를 만듭니다. 사파리에서는 아직 webkitAudioContext를 사용해야 합니다.
let audioContext = new (this.AudioContext||this.webkitAudioContext)();

// 순수한 사인(sine)파 세 개를 조합해 베이스 사운드를 정의합니다.
let notes = [ 293.7, 370.0, 440.0 ]; // D 메이저 코드: D, F#, A

// 재생할 음표(note)마다 오실레이터(oscillator) 노드를 만듭니다.
let oscillators = notes.map(note => {
    let o = audioContext.createOscillator();
    o.frequency.value = note;
    return o;
});

// 시간에 따라 볼륨을 조절해 사운드를 다듬습니다.
// 시작하는 즉시 풀 볼륨으로 올리고, 0.1초가 지나면 서서히 0으로 내립니다.
let volumeControl = audioContext.createGain();
volumeControl.gain.setTargetAtTime(1, 0.0, 0.02);
volumeControl.gain.setTargetAtTime(0, 0.1, 0.2);

// 사운드를 기본 대상인 사용자의 스피커에 전달합니다.
let speakers = audioContext.destination;

// 음표와 볼륨 컨트롤을 연결합니다.
oscillators.forEach(o => o.connect(volumeControl));

// 볼륨 컨트롤 출력을 사용자 스피커와 연결합니다.
volumeControl.connect(speakers);

// 사운드 재생을 시작하고 1.25초 동안 재생합니다.
let startTime = audioContext.currentTime;
let stopTime = startTime + 1.25;
oscillators.forEach(o => {
    o.start(startTime);
    o.stop(stopTime);
});

// 사운드를 연속으로 재생하고 싶다면 이벤트 핸들러를 쓸 수 있습니다.
oscillators[0].addEventListener("ended", () => {
    // 이 이벤트 핸들러는 사운드 재생이 끝날 때 호출됩니다.
});
```

15.10 위치, 내비게이션, 히스토리

Window와 Document 객체의 location 프로퍼티는, 현재 창에 표시되는 문서의 URL을 나타내고 창에 새로운 문서를 불러오는 API를 제공하는 Location 객체를 참조합니다.

Location 객체는 11.9절에서 설명한 URL 객체와 비슷하며 protocol, hostname, port, path 같은 프로퍼티를 사용해 현재 문서의 URL의 다양한 부분에 접근할 수 있습니다. href 프로퍼티는 toString() 메서드와 마찬가지로 URL 전체를 문자열로 반환합니다.

hash, search 프로퍼티는 흥미로운 프로퍼티입니다. hash 프로퍼티는 URL에서 해시 마크(#)와 요소 ID로 구성된 부분이 있다면 그 부분을 나타내는 '해시 식별자 (fragment identifier)'를 반환합니다. search 프로퍼티도 이와 비슷하게 URL에서 물음표로 시작하는 부분을 반환하며 이 문자열은 대개 일종의 쿼리스트링으로 쓰입니다. 쿼리스트링은 일반적으로 URL을 매개변수화할 때 사용하며 URL에 인자를 넣는 방법이기도 합니다. 이 인자는 원래 서버 스크립트에서 사용할 의도로 만들어 졌지만 자바스크립트에서 사용하면 안 될 이유도 없습니다.

URL 객체에는 search 프로퍼티를 분석한 결과인 searchParams 프로퍼티가 있습니다. Location 객체에는 searchParams 프로퍼티가 없지만, window.location .search를 파싱하고 싶다면 Location 객체에서 URL 객체를 생성하고 그 URL의 searchParams를 사용하면 됩니다.

```
let url = new URL(window.location);
let query = url.searchParams.get("q");
let numResults = parseInt(url.searchParams.get("n") || "10");
```

URL 관련 객체에는 window.location, document.location으로 참조하는 Location 객체, 앞 예제에서 사용한 URL() 생성자가 있고 document.URL 프로퍼티도 있습니다. 이름과는 달리 document.URL 프로퍼티 값은 URL 객체가 아니라 문자열입니다. 이 문자열에는 현재 문서의 URL이 들어 있습니다.

15.10.1 새로운 문서 로딩

window.location이나 document.location에 문자열을 할당하면 브라우저는 그 문자 열을 URL로 해석하고 불러와서 현재 문서를 대체합니다.

```
window.location = "http://ebook.insightbook.co.kr/";  // 컴퓨터 서적은 인사이트!
```

location에는 상대 URL도 쓸 수 있습니다. 상대 URL은 현재 URL을 기준으로 해석됩니다.

```
document.location = "page2.html";          // 다음 페이지를 불러옵니다.
```

해시 식별자 하나만 쓸 수도 있습니다. 이런 경우 브라우저는 새로운 문서를 불러오지 않고 해당 해시와 일치하는 id 또는 name 속성의 요소를 찾아, 그 요소가 브라우저 창 위쪽에 보이도록 스크롤합니다. 특이 케이스로, 해시 식별자 #top은 문서 맨 처음으로 돌아갑니다(id="top" 요소가 없다는 가정하에).

```
location = "#top";                         // 문서 맨 위로 이동
```

Location 객체의 프로퍼티는 쓰기 가능이며 이들의 값을 바꾸면 URL이 바뀌고 브라우저가 새로운 문서를 불러옵니다. (hash 프로퍼티의 경우에는 현재 문서 안에서 이동합니다.)

```
document.location.path = "pages/3.html";  // 새로운 페이지를 불러옵니다.
document.location.hash = "TOC";           // 차례 위치까지 스크롤합니다.
location.search = "?page=" + (page+1);    // 새로운 쿼리스트링으로 다시 불러옵니다.
```

Location 객체의 assign() 메서드에 문자열을 전달해도 새로운 페이지를 불러옵니다. 하지만 location 프로퍼티에 문자열을 할당하는 것과 같으므로 별로 흥미로운 기능은 아닙니다.

반면 Location 객체의 replace() 메서드는 아주 유용합니다. replace()에 문자열을 전달하면 그 문자열은 URL로 해석되고 브라우저는 assign()과 마찬가지로 새로운 페이지를 불러옵니다. 차이점은 replace()가 브라우저의 히스토리에 있는 현재 문서를 교체한다는 점입니다. 문서 A에 있는 스크립트가 location 프로퍼티를 설정하거나 assign()을 호출해서 문서 B를 불러온다면, 사용자가 뒤로 가기 버튼을 클릭했을 때 브라우저는 문서 A로 돌아갑니다. 반면 replace()를 사용한다면, 브라우저 히스토리에서 문서 A가 삭제되므로 사용자가 뒤로 가기 버튼을 클릭하면 브라우저는 문서 A보다 먼저 표시했던 문서로 돌아갑니다.

스크립트를 써서 문서 A에서 문서 B로 무조건 이동해야 한다면 assign()보다는 replace() 메서드가 더 좋은 선택입니다. 사용자가 문서 O → A → (스크립트

assign()) → B 순서로 이동했다고 할 때, 뒤로 가기 버튼을 누르면 A로 이동하므로 다시 강제로 B로 이동하게 됩니다. 이런 경우 사용자가 생각하는 '이전' 문서는 O이 므로 replace() 메서드가 더 적합합니다. 자바스크립트를 사용하는 페이지와 사용 하지 않는 페이지 두 가지 버전이 있다고 합시다. 사용자의 브라우저에서 여러분이 원하는 웹 플랫폼 API를 지원하지 않는다면 location.replace()를 써서 자바스크 립트를 사용하지 않는 버전으로 대체할 수 있습니다.

```
// 필요한 자바스크립트 API를 브라우저가 지원하지 않는다면
// 자바스크립트를 사용하지 않는 페이지로 리다이렉트합니다.
if (!isBrowserSupported()) location.replace("staticpage.html");
```

위 예제에서는 상대적 URL을 replace()에 전달했습니다. 상대 URL은 하이퍼링크 를 사용할 때와 마찬가지로 현재 페이지를 기준으로 해석됩니다.

Location 객체에는 문서를 다시 불러오는 reload() 메서드도 있습니다.

15.10.2 히스토리 브라우징

Window 객체의 history 프로퍼티는 해당 창의 History 객체를 가리킵니다. Histo-ry 객체는 창에서 불러왔던 문서와 그 상태의 리스트입니다. History 객체의 length 프로퍼티로 히스토리 리스트에 들어 있는 요소 개수는 알 수 있지만, 보안을 위해 스크립트에서 저장된 URL에 접근할 수는 없습니다. 저장된 URL에 접근할 수 있으 면 사용자가 방문했던 사이트를 전부 조사할 수 있게 됩니다.

History 객체에는 브라우저의 뒤로 가기, 앞으로 가기 버튼처럼 동작하는 back(), forward() 메서드가 있습니다. go() 메서드는 정수 인자를 받는데, 양수이면 앞으 로 이동하고 음수이면 뒤로 이동합니다.

```
history.go(-2);    // 두 단계 이동. 뒤로 가기 버튼을 두 번 누른 것과 같습니다.
history.go(0);     // 현재 페이지를 리로드하는 또 다른 방법
```

브라우저 창에 <iframe> 요소 같은 자식 창이 포함되어 있다면 자식 창의 히스토리 가 메인 창의 히스토리에 시간 순서대로 삽입됩니다. 따라서 메인 창에서 history .back()을 호출하면 자식 창 중 하나가 이전 문서로 돌아가고 메인 창에는 변화가 없을 수도 있습니다.

여기서 설명한 History 객체는 서버에서 모든 작업을 수행하고 브라우저는 서버 가 보내 준 문서를 표시하기만 하던 초기 웹 시절에 만들어졌습니다. 오늘날 웹 애

플리케이션은 콘텐츠를 동적으로 불러오고 새로운 문서를 실제로 불러오지 않고도 애플리케이션 상태를 전환할 수 있습니다. 이런 애플리케이션에서는 반드시 뒤로 가기/앞으로 가기 버튼과 비슷한 자신만의 히스토리 관리 방법을 만들어서 사용자가 애플리케이션의 이전 상태 또는 다음 상태로 이동할 수 있도록 직관적인 방법을 제공해야 합니다. 방법은 두 가지가 있으며 다음 절에서 설명합니다.

15.10.3 hashchange 이벤트를 통한 히스토리 관리

히스토리 관리 방법 중 하나는 location.hash와 hashchange 이벤트를 사용합니다. 이 방법을 이해하기 위해서는 다음과 같은 핵심 사항을 알고 있어야 합니다.

- location.hash 프로퍼티는 URL의 해시 식별자를 설정하며 초기에는 스크롤할 섹션 ID를 지정하기 위해 사용했습니다. 하지만 location.hash에 꼭 요소 ID만 써야 하는 건 아니며 어떤 문자열이든 쓸 수 있습니다. 그 문자열을 ID로 가진 요소가 없다면 hash 프로퍼티를 설정하더라도 브라우저는 스크롤하지 않습니다.

- location.hash 프로퍼티를 설정하면 주소 표시줄에 표시되는 URL이 바뀝니다. 여기서 아주 중요한 것은 브라우저의 히스토리에 항목이 추가된다는 점입니다.

- 문서의 해시 식별자가 바뀔 때마다 브라우저는 Window 객체에서 hashchange 이벤트를 일으킵니다. location.hash 값을 바꾸면 hashchange 이벤트가 일어납니다. 그리고 앞에서 언급했듯 브라우저의 히스토리에 새로운 항목이 추가됩니다. 따라서 사용자가 뒤로 가기 버튼을 클릭하면 브라우저는 location.hash를 바꾸기 전의 URL로 돌아갑니다. 그러나 이는 해시 식별자가 바뀌었다는 뜻이므로 또 다른 hashchange 이벤트가 일어납니다. 즉, 애플리케이션의 각 상태와 해시 식별자를 1:1로 대응시킨다면 hashchange 이벤트를 통해 사용자의 앞뒤 이동을 알 수 있습니다.

이 히스토리 관리 메커니즘을 사용하려면 페이지를 렌더링할 때 필요한 상태 정보를 해시 식별자에 적합한 비교적 짧은 문자열로 나타낼 수 있어야 합니다. 그리고 페이지 상태를 문자열로 변환하는 함수, 문자열을 파싱해 페이지 상태로 변환하는 함수가 필요합니다.

함수를 작성했다면 나머지는 쉽습니다. window.onhashchange 함수를 만들거나

addEventListener()로 hashchange 리스너를 등록해서, 이 함수가 location.hash를 읽고 문자열을 애플리케이션 상태로 변환해 그에 맞게 렌더링하도록 하면 됩니다.

사용자가 외부 링크가 아닌 링크를 클릭해서 애플리케이션 상태가 바뀔 때 새로운 상태를 바로 렌더링하지는 마십시오. 대신 새로운 상태를 문자열로 인코드하고 location.hash 값을 그 문자열로 바꾸십시오. 이렇게 하면 hashchange 이벤트가 일어나므로 이 이벤트의 핸들러에서 새로운 상태를 표시하도록 하십시오. 이 방법을 사용하면 새로운 상태가 히스토리에 삽입되므로 뒤로 가기/앞으로 가기 버튼도 제대로 동작합니다.

15.10.4 pushState()를 사용한 히스토리 관리

앞에서 설명한 방법은 hashchange 이벤트를 원래 목적과 다르게 사용하는 편법에 가깝습니다. 두 번째 히스토리 관리 방법은 좀 복잡하지만 정석적인 방법입니다. 이 방법은 history.pushState() 메서드와 popstate 이벤트를 사용합니다. 웹 애플리케이션은 새로운 상태로 전환할 때 history.pushState()를 호출해 현재 상태를 나타내는 객체를 브라우저의 히스토리에 추가합니다. 그리고 사용자가 뒤로 가기 버튼을 클릭하면 브라우저는 저장된 상태 객체와 함께 popstate 이벤트를 일으키므로, 애플리케이션에서 이 객체를 사용해 이전 상태로 돌아갈 수 있습니다. 애플리케이션은 상태 객체 외에 URL도 저장할 수 있습니다. 사용자가 애플리케이션의 현재 상태를 북마크하거나 공유할 수 있게 하려면 중요한 부분입니다.

pushState()의 첫 번째 인자는 문서의 현재 상태를 복원하는 데 필요한 상태 정보를 포함한 객체입니다. 이 객체는 HTML의 **구조화된 클론**(structured clone) 알고리즘을 통해 저장됩니다. 이 알고리즘은 JSON.stringify()보다 강력하며 Map, Set, Date 객체, 형식화 배열, ArrayBuffer도 지원합니다.

두 번째 인자는 상태의 타이틀 구실을 할 문자열이 들어가도록 되어 있지만 대부분의 브라우저에서 지원하지 않으므로 빈 문자열을 전달해야 합니다. 선택 사항인 세 번째 인자는 즉시, 또는 사용자가 뒤로 가기/앞으로 가기 버튼을 눌렀을 때 주소 표시줄에 표시될 URL입니다. 상대 URL은 문서의 현재 위치를 기준으로 해석됩니다. 각 상태와 URL을 연결하면 사용자가 애플리케이션의 내부 상태를 북마크할 수 있습니다. 하지만 기억해야 할 점이 하나 있습니다. 사용자가 나중에 북마크를 통해 돌아온다면 popstate 이벤트가 일어나지 않으므로 URL을 분석해서 애플리케이션 상태를 복원해야 합니다.

> ### 📦 구조화된 클론 알고리즘
>
> history.pushState() 메서드는 상태 데이터를 직렬화할 때 JSON.stringify()(11.6절)를 사용하지 않습니다. history.pushState() 메서드는(그리고 앞으로 설명할 기타 브라우저 API는) HTML 표준에서 정의한 더 견고한 직렬화 방법인 구조화된 클론 알고리즘을 사용합니다.
>
> 구조화된 클론 알고리즘은 JSON.stringify()가 직렬화할 수 있는 건 전부 직렬화할 수 있고, 그 외에도 맵, 세트, Date, 정규 표현식, 형식화 배열 등 자바스크립트의 데이터 타입 대부분을 직렬화할 수 있으며, 순환 참조가 포함된 데이터 구조도 처리할 수 있습니다. 하지만 구조화된 클론 알고리즘도 함수와 클래스는 직렬화할 수 **없습니다**. 객체를 복제할 때는 프로토타입 객체, 게터와 세터, 열거 불가 프로퍼티는 복사하지 않습니다. 구조화된 클론 알고리즘이 자바스크립트 내장 타입 대부분을 복제할 수 있긴 하지만 Element 객체처럼 호스트 환경에서 정의하는 타입은 복사하지 못합니다.
>
> 따라서 history.pushState()에 전달하는 상태 객체를 JSON.stringify()가 지원하는 객체, 배열, 기본 값으로 제한할 필요는 없습니다. 하지만 직접 정의한 클래스의 인스턴스를 전달한다면 그 인스턴스는 일반적인 자바스크립트 객체로 직렬화되며 프로토타입은 잃어버립니다.

History 객체에는 replaceState() 메서드도 있습니다. 이 메서드는 pushState() 메서드와 같은 인자를 받지만 히스토리에 상태를 추가하는 게 아니라 새로운 상태로 교체합니다. pushState()를 사용하는 애플리케이션을 처음 불러올 때는 replaceState()를 사용해 초기 상태에 대응하는 상태 객체를 정의하는 편이 좋을 때가 많습니다.

사용자가 뒤로 가기나 앞으로 가기 버튼을 눌러서 저장된 상태로 이동하면 브라우저는 Window 객체에서 popstate 이벤트를 일으킵니다. 이 이벤트의 이벤트 객체에는 pushState()에 전달한 상태 객체의 또 다른 구조화된 클론 사본인 state 프로퍼티가 있습니다.

예제 15-9는 그림 15-15에 나타난, 단순한 숫자 맞추기 게임입니다. 이 게임은 pushState()를 사용해 히스토리를 저장하고 사용자가 제출한 답을 다시 보거나 다시 시도할 수 있습니다.

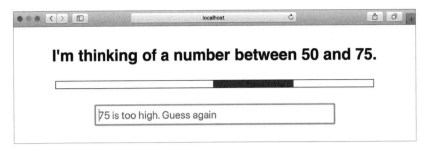

그림 15-15 숫자 맞추기 게임

예제 15-9 **pushState()를 사용한 히스토리 관리**

```
<html><head><title>I'm thinking of a number...</title>
<style>
body { height: 250px; display: flex; flex-direction: column;
        align-items: center; justify-content: space-evenly; }
#heading { font: bold 36px sans-serif; margin: 0; }
#container { border: solid black 1px; height: 1em; width: 80%; }
#range { background-color: green; margin-left: 0%; height: 1em; width: 100%; }
#input { display: block; font-size: 24px; width: 60%; padding: 5px; }
#playagain { font-size: 24px; padding: 10px; border-radius: 5px; }
</style>
</head>
<body>
<h1 id="heading">I'm thinking of a number...</h1>
<!-- 정답 힌트 -->
<div id="container"><div id="range"></div></div>
<!-- 사용자가 답을 입력할 곳 -->
<input id="input" type="text">
<!-- 쿼리스트링 없이 새로고침하는 버튼. 게임이 끝나기 전에는 숨깁니다. -->
<button id="playagain" hidden onclick="location.search='';">Play Again</button>
<script>
/**
 * GameState 클래스의 인스턴스는 숫자 맞추기 게임의 내부 상태를 나타냅니다.
 * 이 클래스에는 게임 상태를 초기화하는 정적 팩토리 메서드,
 * 사용자의 답을 기초로 상태를 업데이트하는 메서드,
 * 현재 상태를 기초로 문서를 수정하는 메서드가 있습니다.
 */
class GameState {
    // 새로운 게임을 시작하는 팩토리 함수입니다.
    static newGame() {
        let s = new GameState();
        s.secret = s.randomInt(0, 100);  // 0 < n < 100인 정수
        s.low = 0;                       // 답은 반드시 이 값보다 커야 합니다.
        s.high = 100;                    // 답은 반드시 이 값보다 작아야 합니다.
        s.numGuesses = 0;                // 사용자가 시도한 횟수
        s.guess = null;                  // 마지막으로 시도한 답
```

```
        return s;
    }

    // 히스토리 pushState로 게임의 상태를 저장하면 GameState 인스턴스가 아니라
    // 평범한 자바스크립트 객체가 저장되므로 이 팩토리 함수는 popstate 이벤트에서
    // 가져온 객체를 기초로 GameState 객체를 다시 생성합니다.
    static fromStateObject(stateObject) {
        let s = new GameState();
        for(let key of Object.keys(stateObject)) {
            s[key] = stateObject[key];
        }
        return s;
    }

    // 북마크를 쓸 수 있게 하려면 게임 상태를 URL로 인코드해야 합니다.
    // URLSearchParams을 사용하면 쉽습니다.
    toURL() {
        let url = new URL(window.location);
        url.searchParams.set("l", this.low);
        url.searchParams.set("h", this.high);
        url.searchParams.set("n", this.numGuesses);
        url.searchParams.set("g", this.guess);
        // 정답이 URL에 포함되어서는 안 되므로 최댓값과 최솟값 사이에서 난수를 택합니다.
        return url.href;
    }

    // 지정된 URL에서 새로운 GameState 객체를 생성하고 초기화하는 팩토리 함수입니다.
    // URL에 필요한 매개변수가 없거나 형식이 잘못됐다면 그냥 null을 반환합니다.
    static fromURL(url) {
        let s = new GameState();
        let params = new URL(url).searchParams;
        s.low = parseInt(params.get("l"));
        s.high = parseInt(params.get("h"));
        s.numGuesses = parseInt(params.get("n"));
        s.guess = parseInt(params.get("g"));

        // URL에 필요한 매개변수가 없거나 정수로 변환되지 않는다면 null을 반환합니다.
        if (isNaN(s.low) || isNaN(s.high) ||
            isNaN(s.numGuesses) || isNaN(s.guess)) {
            return null;
        }

        // URL에서 게임을 복원할 때마다 범위 안에서 정답을 다시 만듭니다.
        s.secret = s.randomInt(s.low, s.high);
        return s;
    }

    // min < n < max인 정수 n을 반환합니다.
    randomInt(min, max) {
```

```
            return min + Math.ceil(Math.random() * (max - min - 1));
        }

        // 게임의 현재 상태를 표시합니다.
        render() {
            let heading = document.querySelector("#heading");   // 상단의 <h1>
            let range = document.querySelector("#range");       // 정답 범위
            let input = document.querySelector("#input");       // 답을 입력할 필드
            let playagain = document.querySelector("#playagain");

            // 문서 제목과 타이틀을 업데이트합니다.
            heading.textContent = document.title =
                `I'm thinking of a number between ${this.low} and ${this.high}.`;

            // 숫자 범위를 시각적으로 표현합니다.
            range.style.marginLeft = `${this.low}%`;
            range.style.width = `${(this.high-this.low)}%`;

            // 입력 필드를 비우고 포커스를 줍니다.
            input.value = "";
            input.focus();

            // 사용자가 마지막으로 시도한 답에 따라 힌트를 줍니다.
            // 입력 필드를 비웠으므로 플레이스홀더가 표시됩니다.
            if (this.guess === null) {
                input.placeholder = "Type your guess and hit Enter";
            } else if (this.guess < this.secret) {
                input.placeholder = `${this.guess} is too low. Guess again`;
            } else if (this.guess > this.secret) {
                input.placeholder = `${this.guess} is too high. Guess again`;
            } else {
                input.placeholder = document.title = `${this.guess} is correct!`;
                heading.textContent = `You win in ${this.numGuesses} guesses!`;
                playagain.hidden = false;
            }
        }

        // 사용자가 시도한 답에 따라 게임 상태를 업데이트합니다.
        // 상태가 업데이트됐다면 true, 그렇지 않다면 false를 반환합니다.
        updateForGuess(guess) {
            // 숫자이고 범위 안에 있다면
            if ((guess > this.low) && (guess < this.high)) {
                // 시도한 답에 따라 상태 객체를 업데이트합니다.
                if (guess < this.secret) this.low = guess;
                else if (guess > this.secret) this.high = guess;
                this.guess = guess;
                this.numGuesses++;
                return true;
            }
```

```
        else {   // 유효하지 않은 답이면 사용자에게 알리지만 상태는 업데이트하지 않습니다.
            alert(`Please enter a number greater than ${
                    this.low} and less than ${this.high}`);
            return false;
        }
    }
}

// GameState 클래스 정의가 끝났으면 나머지 할 일은 적절한 시간에 상태 객체를
// 초기화, 업데이트, 저장, 렌더링하는 일뿐입니다.

// 문서를 처음 불러오면 URL에서 게임 상태 복원을 시도하고, 실패할 경우 새로운 게임을
// 시작합니다. 따라서 사용자가 게임을 북마크했다면 URL에서 복원할 수 있지만,
// 쿼리 매개변수 없이 페이지를 불러왔다면 새로운 게임을 시작합니다.
let gamestate = GameState.fromURL(window.location) || GameState.newGame();

// 게임의 초기 상태를 브라우저 히스토리에 저장하지만
// 첫 페이지에서는 pushState 대신 replaceState를 사용합니다.
history.replaceState(gamestate, "", gamestate.toURL());

// 초기 상태를 렌더링합니다.
gamestate.render();

// 사용자가 답을 내면 그 답을 기초로 게임 상태를 업데이트하고
// 새로운 상태를 브라우저 히스토리에 저장한 후 렌더링합니다.
document.querySelector("#input").onchange = (event) => {
    if (gamestate.updateForGuess(parseInt(event.target.value))) {
        history.pushState(gamestate, "", gamestate.toURL());
    }
    gamestate.render();
};

// 사용자가 히스토리 안에서 이동할 경우 pushState로 저장한 상태 객체의 사본과 함께
// popstate 이벤트가 일어납니다. popstate 이벤트가 일어나면 새로운 상태를 렌더링합니다.
window.onpopstate = (event) => {
    gamestate = GameState.fromStateObject(event.state);   // 상태를 복원하고
    gamestate.render();                                     // 렌더링합니다.
};
</script>
</body></html>
```

15.11 네트워크

브라우저는 웹 페이지를 불러올 때마다 HTTP나 HTTPS 프로토콜을 사용해 네트워크 요청을 보내 HTML 파일과 이미지, 폰트, 스크립트, 스타일시트 등을 가져옵니다. 웹 브라우저는 사용자 행동에 응답하여 네트워크 요청을 보내기도 하지만 네트

워크에 사용할 수 있는 자바스크립트 API를 제공하기도 합니다.

이 절에서는 세 가지 네트워크 API를 설명합니다.

- 프라미스 기반 API를 사용해 HTTP와 HTTPS 요청을 보내는 fetch() 메서드. fetch() API는 GET 요청을 단순하면서도 포괄적인 기능으로 바꾸는 동시에 HTTP로 할 수 있는 거의 모든 것을 지원합니다.
- 서버 전송 이벤트(SSE) API는 클라이언트가 원할 때마다 데이터를 전송할 수 있도록 웹 서버가 네트워크 연결을 열어 두는 HTTP '롱 폴링' 기법의 이벤트 기반 인터페이스입니다.
- 웹소켓은 HTTP는 아니지만 HTTP와 함께 사용하도록 만들어진 네트워크 프로토콜입니다. 웹소켓은 클라이언트와 서버가 TCP 네트워크 소켓과 비슷한 방법으로 메시지를 주고받을 수 있는 비동기 메시지 전송 API입니다.

15.11.1 fetch()

기본적인 HTTP 요청에서 fetch()는 3단계로 동작합니다.

1. 콘텐츠를 가져올 URL을 전달하면서 fetch()를 호출합니다.
2. HTTP 응답이 도착하기 시작하면 1단계에서 비동기적으로 반환한 응답 객체를 가져오고 이 응답 객체의 메서드를 호출해 응답 바디를 가져옵니다.
3. 2단계에서 비동기적으로 반환한 바디 객체를 사용해 필요한 일을 합니다.

fetch() API는 완전히 프라미스 기반이고 비동기 단계가 두 단계 있으므로 fetch()를 사용할 때는 일반적으로 then()을 두 번 호출하거나 await 표현식을 두 번 씁니다. (무슨 뜻인지 잘 모르겠다면 이 절을 읽기 전에 13장을 다시 읽어 보십시오.)

서버가 JSON 형식으로 응답한다고 가정할 때, fetch() 요청과 then()은 다음과 같은 형태입니다.

```
fetch("/api/users/current")            // HTTP(HTTPS) GET 요청을 보냅니다.
    .then(response => response.json())  // 바디를 JSON 객체로 파싱합니다.
    .then(currentUser => {              // 파싱된 객체를 사용합니다.
        displayUserInfo(currentUser);
    });
```

서버에서 JSON 객체가 아니라 평범한 문자열을 반환한다고 가정하면, async, await 키워드를 다음과 같은 형태로 사용합니다.

```
async function isServiceReady() {
    let response = await fetch("/api/service/status");
    let body = await response.text();
    return body === "ready";
}
```

위 두 예제를 이해했다면 fetch() API를 사용하기 위해 알아야 할 것 중 80%는 알고 있는 겁니다. 이어지는 하위 절은 여기서 예를 든 것보다 더 복잡한 요청과 응답을 설명합니다.

> **📦 XMLHttpRequest, 이젠 안녕**
>
> fetch() API는 XML과는 아무 상관도 없으면서 이상한 이름이 붙은, 오래된 API인 XMLHttp Request를 대체합니다. 기존 코드에서 여전히 마주칠 수는 있겠지만 새로운 코드에서 이를 사용할 이유는 전혀 없으며 이 장에서 설명하지도 않습니다. 구시대적 자바스크립트 네트워크 예제가 필요하다면 13.1.3절을 보십시오.

HTTP 상태 코드, 응답 헤더, 네트워크 에러

15.11.1절에서 다룬 fetch() 예시에는 에러 처리 코드가 모두 빠져 있었습니다. 더 현실적인 버전을 봅시다.

```
fetch("/api/users/current")    // HTTP(HTTPS) GET 요청을 보냅니다.
    .then(response => {        // 응답이 오면, 먼저
        if (response.ok &&     // 성공한 코드이고 예상한 타입이 맞는지 확인합니다.
            response.headers.get("Content-Type") === "application/json") {
            return response.json();  // 바디로 이행될 프라미스를 반환합니다.
        } else {
            throw new Error(          // 아니면 에러를 일으킵니다.
                `Unexpected response status ${response.status} or content type`
            );
        }
    })
    .then(currentUser => {                // response.json() 프라미스가 해석되면
        displayUserInfo(currentUser);     // 파싱된 바디를 사용합니다.
    })
    .catch(error => {          // 문제가 있다면 에러 로그를 남깁니다.
        // 사용자의 브라우저가 오프라인이라면 fetch() 자체가 거부됩니다.
        // 서버에서 잘못된 응답을 반환했다면 위에서 이미 에러를 일으켰을 것입니다.
        console.log("Error while fetching current user:", error);
    });
```

fetch()가 반환하는 프라미스는 응답 객체로 해석됩니다. 이 객체의 status 프로퍼티는 HTTP 상태 코드이며 요청이 성공적일 때는 200, 찾을 수 없을 때는 404 등입니다. statusText 프로퍼티에는 각 상태 코드에 대응하는 영문 텍스트가 저장됩니다. 다행히 응답의 ok 프로퍼티는 status가 200~299 사이의 숫자일 때 true이고 다른 숫자일 때 false이므로 편리하게 쓸 수 있습니다.

fetch()는 서버의 응답이 도착하기 시작할 때, 즉 HTTP 상태와 응답 헤더를 받는 즉시 프라미스를 해석(resolve)합니다. 일반적으로 이 시점은 응답 바디 전체가 도착하기 전입니다. 두 번째 단계에서 바디가 도착하기 전이라도 헤더는 확인할 수 있습니다. 응답 객체의 headers 프로퍼티는 Headers 객체입니다. has() 메서드를 써서 헤더가 존재하는지 확인하거나 get() 메서드를 써서 헤더의 값을 읽을 수 있습니다. HTTP 헤더 이름은 대소문자를 구분하지 않으므로 이 메서드에는 헤더 이름을 소문자로 전달해도 되고 대소문자를 섞어 써도 됩니다.

Headers 객체는 이터러블이므로 필요하다면 다음과 같이 헤더를 읽을 수도 있습니다.

```javascript
fetch(url).then(response => {
    for(let [name,value] of response.headers) {
        console.log(`${name}: ${value}`);
    }
});
```

웹 서버가 fetch() 요청에 응답한다면 프라미스는 그 응답 객체로 이행(fulfill)됩니다. 설령 서버의 응답이 404(찾을 수 없음) 또는 500(서버 에러)이더라도 마찬가지입니다. fetch()가 프라미스를 거부하는 경우는 웹 서버에 전혀 접속할 수 없을 때뿐입니다. 사용자의 컴퓨터가 오프라인이거나, 서버가 다운됐거나, URL의 호스트 이름이 존재하지 않는 경우가 이에 해당합니다. 이런 일은 네트워크 요청에서 언제든 일어날 수 있는 일이므로 fetch()를 호출할 때는 항상 .catch()를 함께 사용하십시오.

요청 매개변수 설정

요청을 보내면서 URL과 함께 매개변수를 전달해야 한다면 URL 마지막 ? 뒤에 이름-값 쌍을 추가하면 됩니다. 11.9절에서 설명한 URL과 URLSearchParams 클래스를 사용하면 URL을 이런 형태로 만들기 쉽고, fetch() 함수는 첫 번째 인자로 URL 객체도 받으므로 다음과 같이 fetch() 요청에 요청 매개변수를 넣을 수 있습니다.

```
async function search(term) {
    let url = new URL("/api/search");
    url.searchParams.set("q", term);
    let response = await fetch(url);
    if (!response.ok) throw new Error(response.statusText);
    let resultsArray = await response.json();
    return resultsArray;
}
```

요청 헤더 설정

fetch() 요청을 보내면서 헤더를 설정해야 할 때도 있습니다. 예를 들어 자격 증명을 요구하는 웹 API에 요청을 보낼 때는 Authorization 헤더에 자격 증명을 담아 보내야 합니다. 이럴 때는 fetch()에 두 번째 인자를 사용합니다. 첫 번째 인자는 여전히 URL을 지정하는 문자열 또는 URL 객체입니다. 두 번째 인자는 요청 헤더를 포함해 추가 옵션을 지정하는 객체입니다.

```
let authHeaders = new Headers();
// HTTPS 연결이 아니라면 기본 인증을 쓰면 안 됩니다.
authHeaders.set("Authorization",
                `Basic ${btoa(`${username}:${password}`)}`);
fetch("/api/users/", { headers: authHeaders })
    .then(response => response.json())            // 에러 처리는 생략합니다.
    .then(usersList => displayAllUsers(usersList));
```

fetch()의 두 번째 인자에는 다양한 옵션을 쓸 수 있으며 이들에 대해서는 추후 다시 설명합니다. 다음과 같이 Request() 생성자에 인자 두 개를 쓰고 반환된 요청 객체를 fetch()에 전달해도 결과는 같습니다.

```
let request = new Request(url, { headers });
fetch(request).then(response => ...);
```

응답 바디 분석

fetch()의 두 번째 단계는 응답 객체의 json()이나 text() 메서드를 호출해서 그 메서드가 반환하는 프라미스 객체를 반환합니다. 그리고 세 번째 단계는 프라미스가 JSON 객체 또는 문자열로 파싱되면서 시작합니다.

거의 대부분 이런 식으로 진행되지만, 웹 서버의 응답을 얻는 다른 방법도 있습니다. 응답 객체에는 json(), text() 외에도 다음 세 가지 메서드가 존재합니다.

arrayBuffer()

이 메서드는 ArrayBuffer로 해석되는 프라미스를 반환합니다. 이진 데이터를 포함하는 응답을 받을 때 유용합니다. ArrayBuffer에서 형식화 배열(11.2절)이나 DataView 객체(11.2.5절)를 생성해 이진 데이터를 읽을 수 있습니다.

blob()

이 메서드는 Blob 객체로 해석되는 프라미스를 반환합니다. 블롭(Blob)은 '거대한 이진 객체(Binary Large Object)'의 약자입니다. 이 책에서 자세히 설명하지는 않겠지만 블롭은 대량의 이진 데이터를 받을 때 적합합니다. 응답 바디를 Blob으로 요청하면 브라우저는 응답 데이터를 스트림으로 임시 파일에 담아 두었다가 그 임시 파일을 나타내는 Blob 객체를 반환할 수도 있습니다. 따라서 Blob 객체는 ArrayBuffer와 같은 방법으로 응답 바디에 무작위로 접근할 수는 없습니다. 일단 블롭을 얻으면 URL.createObjectURL()로 그 블롭을 가리키는 URL을 만들 수 있고, 이벤트 기반 FileReader API를 써서 블롭 콘텐츠를 문자열이나 ArrayBuffer로 가져올 수도 있습니다. 이 글을 쓰는 시점에는 블롭 콘텐츠를 더 직접적인 경로로 가져오는 프라미스 기반 text(), arrayBuffer() 메서드를 정의한 브라우저도 있습니다.

formData()

이 메서드는 FormData 객체로 해석되는 프라미스를 반환합니다. 이 메서드는 응답 바디가 multipart/form-data 형식으로 인코드됐다고 확신할 때만 사용해야 합니다. 이 형식은 서버에 보내는 POST 요청에는 널리 쓰이지만 서버의 응답에서는 흔치 않으므로 이 메서드 역시 자주 사용되지는 않습니다.

응답 바디 스트리밍

응답 바디를 비동기적으로 완료해 반환하는 다섯 가지 메서드 외에 응답 바디를 스트리밍하는 방법도 있습니다. 이 방법은 응답 바디의 일부를 받을 때마다 처리하는 형태로 사용할 수 있으며, 다운로드 진행 상태를 알리는 인터페이스를 제공할 때도 유용합니다.

응답 객체의 body 프로퍼티는 ReadableStream 객체입니다. text()나 json() 같은 응답 메서드를 이미 호출했다면 body 스트림이 이미 읽혔음을 뜻하는 bodyUsed

가 true로 설정됩니다. 반면 bodyUsed가 false라면 아직 스트림를 읽지 않았다는 뜻입니다. 이런 경우 response.body에서 getReader()를 호출해 스트림 리더 객체를 얻고 이 리더 객체에 read() 메서드를 사용해 스트림에서 텍스트 덩어리를 비동기적으로 읽을 수 있습니다. read() 메서드는 done, value 프로퍼티가 있는 객체로 해석되는 프라미스를 반환합니다. done은 바디 전체를 읽었거나 스트림이 닫혔을 때 true가 됩니다. value는 Uint8Array 형태인 다음 덩어리이며 덩어리가 더는 없을 경우에는 undefined입니다.

async, await만 사용한다면 스트리밍 API를 비교적 단순하게 사용할 수 있지만, 프라미스 자체와 함께 사용한다면 상당히 복잡합니다. 예제 15-10은 이 API를 사용하는 streamBody() 함수입니다. 아주 큰 JSON 파일을 내려받을 때 사용자에게 진행 상태를 보고한다고 합시다. 응답 객체의 json() 메서드로는 이런 일이 불가능하지만, streamBody() 함수로는 가능합니다. HTML <progress> 요소의 value 속성을 설정하는 reportProgress() 함수는 다른 곳에서 만들었다고 가정합니다.

```
fetch('big.json')
    .then(response => streamBody(response, reportProgress))
    .then(bodyText => JSON.parse(bodyText))
    .then(handleBigJSONObject);
```

streamBody() 함수는 예제 15-10과 같이 만들 수 있습니다.

예제 15-10 fetch() 요청의 응답 바디 스트리밍

```
/**
 * fetch() 요청으로 받은 응답 객체의 바디를 스트리밍하는 비동기 함수.
 * 응답 객체를 첫 번째 인자로 받고 콜백 두 개를 선택 사항으로 받습니다.
 *
 * 두 번째 인자로 전달된 reportProgress 콜백은 덩어리를 받을 때마다 호출됩니다.
 * 이 콜백의 첫 번째 인자는 지금까지 수신된 바이트의 합계이며
 * 두 번째 인자는 다운로드가 얼마나 완료됐는지 나타내는 숫자입니다.
 * 하지만 응답 객체에 Content-Length 헤더가 없다면 두 번째 인자는 항상 NaN입니다.
 *
 * 데이터 덩어리를 받을 때마다 처리해야 한다면 세 번째 인자로 함수를 전달하십시오.
 * processChunk 콜백은 데이터 덩어리를 Uint8Array 객체로 받습니다.
 *
 * streamBody는 문자열로 해석되는 프라미스를 반환합니다. processChunk 콜백이 있다면
 * processChunk 콜백이 반환하는 값을 병합한 문자열이며, 그렇지 않다면 덩어리 값을
 * UTF-8 문자열로 변환한 값을 병합한 문자열입니다.
 */
```

```
async function streamBody(response, reportProgress, processChunk) {
    // 받아야 되는 바이트 숫자. 헤더가 없으면 NaN입니다.
    let expectedBytes = parseInt(response.headers.get("Content-Length"));
    let bytesRead = 0;                        // 지금까지 받은 바이트 숫자
    let reader = response.body.getReader();    // 이 함수로 바이트를 읽습니다.
    let decoder = new TextDecoder("utf-8");    // 바이트를 텍스트로 변환
    let body = "";                            // 지금까지 읽은 텍스트

    while(true) {                                    // 탈출 조건을 만족할 때까지 루프
        let {done, value} = await reader.read();  // 덩어리를 읽습니다.

        if (value) {                                  // 바이트 배열을 받았고
            if (processChunk) {                        // 콜백이 있으면
                let processed = processChunk(value);   // 바이트를 처리합니다.
                if (processed) {
                    body += processed;
                }
            } else {                                  // 콜백이 없으면
                body += decoder.decode(value, {stream: true}); // 바이트를 텍스트로,
            }

            if (reportProgress) {                     // 진행 상태 콜백이 있으면
                bytesRead += value.length;            // 호출해서 진행 상태를 표시합니다.
                reportProgress(bytesRead, bytesRead / expectedBytes);
            }
        }
        if (done) {                                   // 마지막 덩어리라면
            break;                                    // 루프를 빠져나갑니다.
        }
    }

    return body;    // 병합한 바디 텍스트를 반환합니다.
}
```

이 글을 쓰는 시점에 스트리밍 API는 새로운 기술이며, 앞으로 더 발전할 것으로 예상됩니다. 특히 ReadableStream 객체를 비동기 이터러블로 만들어 for/await (13.4.1절 참고)와 함께 사용할 수 있도록 하자는 제안이 있습니다.

요청 메서드와 요청 바디 지정

지금까지 보인 fetch() 예제에서는 HTTP나 HTTPS GET 요청을 썼습니다. POST, PUT, DELETE 같은 요청 메서드를 사용하려면 fetch() 두 번째 인자로 설정 객체를 전달하면서 그 객체에 method 프로퍼티를 넣으면 됩니다.

```
fetch(url, { method: "POST" }).then(r => r.json()).then(handleResponse);
```

POST와 PUT 요청은 일반적으로 서버에 보낼 데이터를 요청 바디에 넣습니다. 다음과 같이 설정 객체의 body 프로퍼티를 통해 요청 바디를 지정할 수 있습니다.

```
fetch(url, {
    method: "POST",
    body: "hello world"
})
```

요청 바디를 사용하면 브라우저는 자동으로 Content-Length 헤더를 요청에 추가합니다. 앞 예제처럼 바디가 문자열인 경우 브라우저는 콘텐츠 타입 헤더를 text/plain;charset=UTF-8로 설정합니다. text/html이나 application/json과 같이 더 구체적인 타입을 지정하고 싶다면 다음과 같이 브라우저가 설정한 기본 값을 덮어써야 합니다.

```
fetch(url, {
    method: "POST",
    headers: new Headers({"Content-Type": "application/json"}),
    body: JSON.stringify(requestBody)
})
```

fetch()의 설정 객체의 body 프로퍼티는 문자열일 필요는 없습니다. 콘텐츠 타입 헤더를 적절한 값으로 지정하기만 하면 형식화 배열의 이진 데이터, DataView 객체, ArrayBuffer 등도 body 프로퍼티에 담을 수 있습니다. 이진 데이터가 블롭 형태라면 body에 그 블롭을 할당하기만 하면 됩니다. 블롭에는 콘텐츠 타입을 지정하는 type 프로퍼티가 있으므로 이 프로퍼티의 값이 콘텐츠 타입 헤더의 기본 값으로 사용됩니다.

POST 요청에서는 요청 바디에 이름-값 매개변수 세트를 쓸 때가 많습니다. 방법은 두 가지입니다.

- 11.9절에서 설명한 URLSearchParams로 매개변수 이름과 값을 지정하고 body 프로퍼티의 값에 URLSearchParams 객체를 쓰는 방법입니다. 이렇게 하면 바디는 URL의 쿼리스트링 형태가 되고, 콘텐츠 타입 헤더는 자동으로 application/x-www-form-urlencoded;charset=UTF-8로 설정됩니다.

- FormData 객체를 사용해 매개변수 이름과 값을 지정한다면 바디는 더 복잡

한 멀티파트 인코딩을 사용하며 콘텐츠 타입은 바디에 일치하는 고유한 경계 (boundary) 문자열이 포함된 multipart/form-data; boundary=…로 설정됩니다. FormData 객체는 업로드할 값이 크거나, 고유한 콘텐츠 타입을 가진 파일 또는 블롭 객체일 때 적합합니다. FormData 객체는 FormData() 생성자에 <form> 요소를 전달해서 만들고 초기화할 수 있습니다. 인자 없이 FormData() 생성자를 호출하고 set(), append() 메서드를 써서 이름-값 쌍을 추가해 multipart/form-data 요청 바디를 만들 수도 있습니다.

fetch()를 이용한 파일 업로드

사용자의 컴퓨터에서 웹 서버로 파일을 업로드할 때는 FormData 객체를 요청 바디로 사용합니다. 파일 객체를 얻을 때는 웹 페이지에 <input type="file"> 요소를 사용하고 이 요소에 change 이벤트 리스너를 등록하는 방법을 흔히 사용합니다. change 이벤트가 일어나면 요소의 files 배열에는 파일 객체가 최소한 하나는 포함되어 있어야 합니다. HTML 드래그 앤 드롭 API를 통해 파일 객체를 얻을 수도 있습니다. 이 책에서 자세히 설명하지는 않겠지만, drop 이벤트의 이벤트 리스너에 전달된 이벤트 객체의 dataTransfer.files 배열에서 파일을 얻을 수 있습니다.

파일 객체도 일종의 블롭이며 블롭을 업로드하는 게 적합할 때도 있습니다. 사용자가 <canvas> 요소에 그림을 그리는 웹 애플리케이션을 만든다고 합시다. 다음과 같은 코드로 사용자의 그림을 PNG 파일로 업로드할 수 있습니다.

```
// canvas.toBlob() 함수는 콜백 기반입니다.
// 이 함수는 프라미스 기반 래퍼 함수입니다.
async function getCanvasBlob(canvas) {
    return new Promise((resolve, reject) => {
        canvas.toBlob(resolve);
    });
}

// 캔버스의 그림을 PNG 파일로 업로드합니다.
async function uploadCanvasImage(canvas) {
    let pngblob = await getCanvasBlob(canvas);
    let formdata = new FormData();
    formdata.set("canvasimage", pngblob);
    let response = await fetch("/upload", { method: "POST", body: formdata });
    let body = await response.json();
}
```

교차 출처 요청

fetch()는 보통 웹 애플리케이션이 자신의 웹 서버에 데이터를 요청할 때 가장 많이 사용합니다. fetch()에 전달되는 URL이 요청을 보내는 스크립트를 포함하는 문서와 같은 출처(프로토콜, 호스트 이름, 포트)를 사용하므로 이런 요청을 동일 출처 요청이라 부릅니다.

웹 브라우저는 일반적으로 보안을 위해 교차 출처 네트워크 요청을 거부합니다. (이미지와 스크립트는 대개 예외입니다.) 교차 출처간 자원 공유(CORS)를 사용하면 교차 출처 요청도 안전하게 보낼 수 있습니다. 교차 출처 URL에 fetch()를 사용하면 브라우저는 요청에 Origin 헤더를 추가해서 (이 헤더는 headers 프로퍼티로 덮어 쓸 수 없습니다) 웹 서버에 요청이 다른 출처에서 온 것임을 알립니다. 서버가 적절한 Access-Control-Allow-Origin 헤더와 함께 요청에 응답하면 요청이 계속 수행되지만, 그렇지 않고 서버에서 명시적으로 요청을 허용하지 않는다면 fetch()가 반환하는 프라미스는 거부됩니다.

요청 취소

사용자가 취소 버튼을 클릭하거나 요청이 너무 오랫동안 수행될 경우 fetch() 요청을 취소해야 할 수도 있습니다. fetch API는 AbortController와 AbortSignal 클래스를 사용해 요청을 취소할 수 있습니다. 이 클래스의 취소 메커니즘은 범용이므로 다른 API에서도 사용할 수 있습니다.

fetch() 요청을 취소 가능하게 하려면 요청 시작 전에 먼저 AbortController 객체를 만드십시오. 컨트롤러 객체의 signal 프로퍼티는 AbortSignal 객체입니다. 그리고 fetch()에 전달하는 설정 객체의 signal 프로퍼티에 이 시그널 객체를 값으로 할당하십시오. 이렇게 하면 컨트롤러 객체의 abort() 메서드를 호출해서 요청을 취소할 수 있고, 해당 요청과 관련된 프라미스 객체는 모두 예외와 함께 거부됩니다.

다음은 AbortController 메커니즘을 사용해 타임아웃을 적용한 예제입니다.

```
// 이 함수는 fetch()와 비슷하지만 설정 객체에 timeout 프로퍼티를 지원합니다.
// 이 프로퍼티에 밀리초 단위로 지정한 시간 안에 요청이 완료되지 않으면 요청을 취소합니다.
function fetchWithTimeout(url, options={}) {
    if (options.timeout) {  // timeout 프로퍼티가 존재하고 0이 아니면
        let controller = new AbortController();  // 컨트롤러를 만듭니다.
        options.signal = controller.signal;      // signal 프로퍼티를 설정합니다.
        // 지정된 밀리초가 지나면 취소 신호를 보내는 타이머를 시작합니다.
        // 이 타이머는 절대 취소하지 않습니다.
```

```
            //요청이 완료된 뒤에는 취소하더라도 효과가 없습니다.
            setTimeout(() => { controller.abort(); }, options.timeout);
    }
    // 이제 일반적인 요청을 보냅니다.
    return fetch(url, options);
}
```

소소한 요청 옵션

이미 설명했듯 fetch()나 Request() 생성자의 두 번째 인자로 설정 객체를 전달해 요청 메서드, 요청 헤더, 요청 바디를 지정할 수 있습니다. 이 요청 객체는 다음과 같이 다른 옵션도 지원합니다.

cache

> 브라우저의 기본 캐싱 동작을 덮어 씁니다. HTTP 캐싱은 이 책의 범위를 넘는 복잡한 주제지만, 간단히 말해 cache에 유효한 값은 다음과 같습니다.

> "default"
>> 기본 캐싱 동작을 지정하는 값입니다. 오래되지 않은 응답은 캐시에서 직접 전송하고, 오래된 응답은 확인 후 전송합니다.

> "no-store"
>> 브라우저가 캐시를 무시하게 합니다. 요청을 보낼 때 캐시에 일치하는 것이 있는지 체크하지 않고, 응답이 와도 캐시를 업데이트하지 않습니다.

> "reload"
>> 브라우저가 항상 캐시를 무시하고 네트워크 요청을 보내게 합니다. 하지만 응답을 받으면 캐시에 저장합니다.

> "no-cache"
>> 이름이 좀 오해의 소지가 있습니다. 이 값은 캐시에 저장된 값이 오래됐든 그렇지 않든 항상 확인 후에 전송합니다.

> "force-cache"
>> 캐시에 저장된 값이 오래됐더라도 항상 캐시의 값을 전송합니다.

redirect

> 서버에서 보내는 리다이렉트 응답을 처리할 방법을 지정합니다. 유효한 값은 세
> 가지입니다.

"follow"

> 기본 값이며, 서버의 리다이렉트 응답을 그대로 따릅니다. 이 값을 사용하면
> fetch()에서 가져오는 응답 객체에 300~399 범위의 status 값이 있어서는 안
> 됩니다.

"error"

> 서버가 리다이렉트 응답을 반환할 경우 프라미스를 거부합니다.

"manual"

> 리다이렉트 응답을 직접 처리하겠다는 의미입니다. fetch()가 반환하는 프라
> 미스는 status가 300~399 범위에 있는 응답 객체로 해석될 수도 있습니다. 이
> 런 경우 응답의 Location 헤더를 써서 리다이렉트를 직접 따라가야 합니다.

referrer

> 이 프로퍼티의 값은 HTTP Referer 헤더(원래 referrer가 올바른 표기인데, 정의
> 할 당시 referer로 잘못 입력한 것이 굳어져 HTTP referer라고 불립니다)의 값을
> 지정하는 상대 URL을 포함하는 문자열입니다. 이 프로퍼티를 빈 문자열로 설정
> 하면 요청에서 Referer 헤더를 생략합니다.

15.11.2 서버 전송 이벤트

HTTP 프로토콜의 기본적인 특징은 클라이언트가 요청을 보내고 서버가 이 요청에
응답한다는 것입니다. 웹은 이 특징을 기초로 만들어졌습니다. 하지만 일부 웹 애
플리케이션에서는 어떤 이벤트가 있을 때마다 서버가 알림을 보내는 게 적합할 때
도 있습니다. HTTP에는 이를 지원하는 기능이 없지만, 클라이언트가 서버에 요청
을 보내면 클라이언트와 서버 어느 쪽에서도 그 연결을 끊지 않는다는 점을 이용
한 일종의 편법입니다. 서버에서 클라이언트에 보낼 게 있으면 연결을 통해 데이터
를 보내지만 연결을 끊지는 않습니다. 결과적으로, 마치 클라이언트가 네트워크 요
청을 보내면 서버가 상당한 시간 동안 응답이 없다가 한꺼번에 많은 데이터를 보내
는 듯한 형태가 됩니다. 보통 이런 형태의 연결이 오래 지속되는 경우는 많지 않으

며, 클라이언트는 연결이 끊겼음을 감지하면 그냥 새로운 요청을 보내 다시 연결합니다.

이렇게 서버가 클라이언트에 메시지를 전송하는 방법은 대단히 효율적입니다. (서버 입장에서는 클라이언트 전체에 대한 연결을 계속 관리해야만 하므로 상당히 부담스러울 수도 있습니다.) 이 패턴은 대단히 유용하므로 클라이언트 사이드 자바스크립트에서는 EventSource API를 만들어 이 패턴을 지원합니다. 웹 서버에 이런 지속성 요청을 보낼 때는 EventSource() 생성자에 URL을 전달하기만 하면 됩니다. 서버가 그 연결에 적절한 형태의 데이터를 기록하면 EventSource 객체는 그 데이터를 이벤트로 일으킵니다.

```
let ticker = new EventSource("stockprices.php");
ticker.addEventListener("bid", (event) => {
    displayNewBid(event.data);
}
```

메시지 이벤트의 이벤트 객체에는 서버에서 응답으로 보낸 문자열이 data 프로퍼티로 담겨 있습니다. 이벤트 객체에는 모든 이벤트 객체가 그렇듯 type 프로퍼티도 있으며 이 프로퍼티에 이벤트의 이름이 저장됩니다. 이벤트 타입은 서버에서 결정합니다. 서버가 이벤트 이름을 생략하고 데이터만 보내면 이벤트 타입의 기본 값은 message입니다.

서버 전송 이벤트 프로토콜은 단순합니다. 클라이언트가 EventSource 객체를 생성해 서버에 연결을 보내면 서버는 이 연결을 열어 둡니다. 이벤트가 일어나면 서버는 이 연결에 텍스트를 보냅니다. 네트워크를 통해 전송되는 이벤트는 다음 코드에서 주석을 생략한 것과 같은 형태입니다.

```
event: bid   // 이벤트 객체의 타입
data: GOOG   // 데이터 프로퍼티 설정
data: 999    // 뉴라인 다음에 데이터를 추가합니다.
             // 빈 줄은 이벤트가 끝났음을 의미합니다.
```

이 프로토콜에는 이벤트에 ID를 할당하는 것, 연결이 끊긴 경우 클라이언트가 서버에 마지막 이벤트의 ID를 보내서 서버가 보내지 않은 이벤트를 다시 보내는 것 등 세부 사항도 있지만, 클라이언트에서 보이지 않으므로 여기서 설명하지 않습니다.

서버 전송 이벤트의 가장 확실한 예제는 온라인 채팅처럼 사용자 여럿이 참여하는 애플리케이션입니다. 채팅 클라이언트는 fetch()를 통해 채팅방에 메시지를 보내고 EventSource 객체를 통해 스트림을 구독합니다. 예제 15-11은 EventSource를 사용해 쉽게 채팅 클라이언트를 만드는 예제입니다.

예제 15-11 EventSource를 사용한 단순한 채팅 클라이언트

```html
<html>
<head><title>SSE Chat</title></head>
<body>
<!-- 채팅 UI는 텍스트 입력 필드 하나뿐입니다. -->
<!-- 새로운 채팅 메시지는 이 입력 필드 앞에 삽입됩니다. -->
<input id="input" style="width:100%; padding:10px; border:solid black 2px"/>
<script>
// UI 세부 사항 일부
let nick = prompt("Enter your nickname");      // 사용자의 별명
let input = document.getElementById("input");  // 입력 필드
input.focus();                                 // 키보드 포커스

// EventSource를 써서 새로운 메시지 알림을 등록합니다.
let chat = new EventSource("/chat");
chat.addEventListener("chat", event => {       // 채팅 메시지가 도착하면
    let div = document.createElement("div");   // <div> 요소를 만들고
    div.append(event.data);                    // 텍스트 메시지를 추가합니다.
    input.before(div);                         // 입력 필드 앞에 div를 추가합니다.
    input.scrollIntoView();                    // 입력 필드가 보이게 만듭니다.
});

// fetch()를 써서 사용자의 메시지를 서버에 보냅니다.
input.addEventListener("change", ()=>{         // 사용자가 엔터 키를 누르면
    fetch("/chat", {                           // HTTP 요청을 시작합니다.
        method: "POST",                        // POST 요청입니다.
        body: nick + ": " + input.value        // 사용자의 별명과 메시지
    })
    .catch(e => console.error);                // 응답은 무시하고 에러는 기록합니다.
    input.value = "";                          // 입력 필드를 비웁니다.
});
</script>
</body>
</html>
```

이 채팅 프로그램의 서버 사이드 코드도 클라이언트에 비해 그리 복잡하지 않습니다. 예제 15-12는 단순한 노드 HTTP 서버입니다. 클라이언트가 루트 URL /를 요청하면 서버는 예제 15-11의 채팅 클라이언트 코드를 전송합니다. 클라이언트가 /chat에 GET 요청을 보내면 서버는 응답 객체를 저장하고 연결을 열어 둡니다. 클라이언트가 /chat에 POST 요청을 보내면 서버는 요청 바디를 채팅 메시지로 간주

해 응답 객체에 text/eventstream 형식으로 저장합니다. 서버 코드는 포트 8080을 사용하므로, 노드 서버를 실행하면 브라우저에서 http://localhost:8080에 연결해 채팅을 시작할 수 있습니다.

예제 15-12 서버 전송 이벤트 채팅 서버

```javascript
// 이 코드는 노드에서 실행하도록 만든 서버 사이드 자바스크립트이며
// 아주 단순하고 완전히 익명인 채팅방을 만듭니다.
// /chat에 새로운 메시지를 POST로 보내거나 GET으로 text/event-stream 메시지를 받습니다.
// /에 GET 요청을 보내면 클라이언트 사이드 채팅 UI가 포함된 단순한 HTML 파일을 반환합니다.
const http = require("http");
const fs = require("fs");
const url = require("url");

// 아래에서 사용할 채팅 클라이언트 HTML 파일
const clientHTML = fs.readFileSync("chatClient.html");

// 이벤트를 보낼 ServerResponse 객체 배열
let clients = [];

// 새로운 서버를 생성하고 포트 8080을 사용합니다.
// http://localhost:8080/
let server = new http.Server();
server.listen(8080);

// 서버는 새로운 요청을 받으면 이 함수를 실행합니다.
server.on("request", (request, response) => {
    // 요청받은 URL을 분석합니다.
    let pathname = url.parse(request.url).pathname;

    // 요청이 /라면 클라이언트 사이드 채팅 UI를 전송합니다.
    if (pathname === "/") {  // 채팅 UI 요청
        response.writeHead(200, {"Content-Type": "text/html"}).end(clientHTML);
    }
    // /chat 경로가 아니거나 메서드가 GET, POST가 아니라면 404 에러를 전송합니다.
    else if (pathname !== "/chat" ||
            (request.method !== "GET" && request.method !== "POST")) {
        response.writeHead(404).end();
    }
    // /chat에 GET 요청이 들어왔다면 클라이언트가 연결하는 겁니다.
    else if (request.method === "GET") {
        acceptNewClient(request, response);
    }
    // 아니라면 /chat 요청은 새로운 메시지를 보내는 POST 요청입니다.
    else {
        broadcastNewMessage(request, response);
    }
});
```

```javascript
// 클라이언트가 새로운 EventSource 객체를 생성할 때, 또는 EventSource가 자동으로 다시
// 연결될 때 생성되는 /chat 엔드포인트의 GET 요청을 처리합니다.
function acceptNewClient(request, response) {
    // 나중에 메시지를 보낼 수 있도록 응답 객체를 기억합니다.
    clients.push(response);

    // 클라이언트가 연결을 끊으면 클라이언트 배열에서
    // 해당 클라이언트의 응답 객체를 제거합니다.
    request.connection.on("end", () => {
        clients.splice(clients.indexOf(response), 1);
        response.end();
    });

    // 헤더를 설정하고 이 클라이언트에 초기 채팅 이벤트를 전송합니다.
    response.writeHead(200, {
        "Content-Type": "text/event-stream",
        "Connection": "keep-alive",
        "Cache-Control": "no-cache"
    });
    response.write("event: chat\ndata: Connected\n\n");

    // 여기서는 의도적으로 response.end()를 호출하지 않았습니다.
    // 서버 전송 이벤트는 연결을 계속 유지해야 합니다.
}

// 이 함수는 사용자가 새로운 메시지를 보내는 /chat 엔드포인트에 대한
// POST 요청의 응답으로 호출됩니다.
async function broadcastNewMessage(request, response) {
    // 먼저 요청 바디를 읽어 사용자의 메시지를 가져옵니다.
    request.setEncoding("utf8");
    let body = "";
    for await (let chunk of request) {
        body += chunk;
    }

    // 바디를 읽으면 빈 응답을 보내고 연결을 닫습니다.
    response.writeHead(200).end();

    // 메시지를 text/event-stream 형식으로 바꾸고 각 행 앞에 "data: "를 붙입니다.
    let message = "data: " + body.replace("\n", "\ndata: ");

    // 메시지 데이터 앞에 채팅 이벤트임을 뜻하는 전치사를 붙이고 뉴라인 두 개를 이어붙여
    // 이벤트가 끝났음을 알립니다.
    let event = `event: chat\n${message}\n\n`;

    // 연결된 클라이언트 전체에 이 이벤트를 전송합니다.
    clients.forEach(client => client.write(event));
}
```

15.11.3 웹소켓

웹소켓 API는 복잡하고 강력한 네트워크 프로토콜의 단순한 인터페이스입니다. 브라우저는 웹소켓을 통해 텍스트나 이진 메시지를 서버와 쉽게 주고받을 수 있습니다. 서버 전송 이벤트와 마찬가지로 클라이언트가 연결을 시작해야 하지만, 일단 연결이 되면 서버는 비동기적으로 클라이언트에 메시지를 전송할 수 있습니다. 웹소켓은 서버 전송 이벤트와 달리 이진 메시지를 지원하며 서버에서 일방적으로 보내는 게 아니라 양방향 통신이 가능합니다.

웹소켓을 지원하는 네트워크 프로토콜은 일종의 HTTP 확장입니다. 웹소켓 API가 저수준 네트워크 소켓을 떠올리게 하긴 하지만, 연결 엔드포인트를 IP 주소와 포트로 식별하지는 않습니다. 웹소켓 프로토콜을 사용하는 서비스에 연결할 때는 일반적인 웹 서비스와 마찬가지로 URL을 사용합니다. URL이 https:// 대신 wss://로 시작할 뿐입니다. (브라우저는 일반적으로 웹소켓 연결을 https:// 연결을 통해 불러온 페이지로 제한합니다.)

웹소켓 연결을 시작할 때 브라우저는 먼저 HTTP로 연결한 다음, 서버에 Upgrade: websocket 헤더를 전송해 연결을 HTTP 프로토콜에서 웹소켓 프로토콜로 전환하도록 요청합니다. 즉 클라이언트 사이드 자바스크립트에서 웹소켓을 사용하기 위해서는 웹소켓 프로토콜을 지원하는 웹 서버가 있어야 하고, 웹소켓 프로토콜로 데이터를 주고받는 서버 사이드 코드가 필요합니다. 만약 이런 서버를 갖추고 있다면 이 절을 통해 클라이언트 사이드를 다루기 위해 필요한 것을 모두 알 수 있습니다. 서버가 웹소켓 프로토콜을 지원하지 않는다면 15.11.2절에서 설명한 서버 전송 이벤트 사용을 고려해 보십시오.

웹소켓 생성, 연결, 연결 끊기

웹소켓 서버와 통신하려면 서버와 서비스를 나타내는 wss:// URL을 전달해 웹소켓 객체를 만듭니다.

```
let socket = new WebSocket("wss://example.com/stockticker");
```

웹소켓 객체를 만들면 연결 프로세스는 자동으로 시작되지만 새로 생성한 웹소켓이 즉시 연결되지는 않습니다.

소켓의 readyState 프로퍼티는 연결 상태를 나타내며 값은 다음 중 하나입니다.

WebSocket.CONNECTING

웹소켓을 연결하는 중입니다.

WebSocket.OPEN

웹소켓이 연결됐으며 통신할 수 있습니다.

WebSocket.CLOSING

웹소켓 연결을 끊는 중입니다.

WebSocket.CLOSED

웹소켓 연결이 닫혔으며 더는 통신할 수 없습니다. 초기 연결이 실패했을 때도 이 상태가 반환됩니다.

웹소켓 연결이 CONNECTING이나 OPEN 상태가 되면 open 이벤트가 일어납니다. 웹소켓의 onopen 프로퍼티에 리스너를 연결하거나 addEventListener()를 사용해서 이벤트를 주시할 수 있습니다.

웹소켓 연결에 프로토콜 에러나 기타 에러가 일어나면 웹소켓 객체에서 error 이벤트를 일으킵니다. onerror 프로퍼티에 핸들러를 할당하거나 addEventListener()를 사용해서 이 이벤트를 주시할 수 있습니다.

웹소켓 사용이 끝나면 웹소켓 객체의 close() 메서드를 호출해 연결을 끊습니다. 웹소켓이 CLOSED 상태로 바뀌면 close 이벤트가 일어나므로 onclose 프로퍼티에 핸들러를 할당할 수 있습니다.

웹소켓으로 메시지 전송

웹소켓으로 연결된 서버에 메시지를 보낼 때는 웹소켓 객체의 send() 메서드를 호출하기만 하면 됩니다. send()는 문자열, 블롭, ArrayBuffer, 형식화 배열, DataView 중 하나를 메시지 인자로 받습니다.

send() 메서드는 지정된 메시지를 전송 버퍼에 담고 메시지가 실제로 전송되기 전에 종료합니다. 웹소켓 객체의 bufferedAmount 프로퍼티는 버퍼에 담겼지만 아직 전송되지는 않은 바이트 숫자입니다. 이 값이 0이 될 때 이벤트를 일으키면 좋겠지만 웹소켓은 그렇게 하지 않습니다.

웹소켓 메시지 수신

웹소켓을 통해 서버 메시지를 수신할 때는 message 이벤트에 이벤트 핸들러를 등록합니다. message 이벤트의 이벤트 객체는 MessageEvent 인스턴스이며 이 인스턴스의 data 프로퍼티에 서버의 메시지가 포함되어 있습니다. 서버가 UTF-8로 인코드된 텍스트를 보낸다면 event.data에 이 텍스트가 포함됩니다. 서버가 이진 데이터 메시지를 보낸다면 data 프로퍼티의 기본 값은 이 데이터를 나타내는 블롭 객체입니다. 이진 메시지를 블롭 말고 ArrayBuffer로 받고 싶다면 웹소켓 객체의 binary Type 프로퍼티에 문자열 arraybuffer를 할당하십시오.

다양한 웹 API가 MessageEvent 객체를 사용해 메시지를 주고받습니다. 이런 API 중 일부는 구조화된 클론 알고리즘(579페이지)을 사용해 복잡한 데이터 구조를 메시지로 보냅니다. 웹소켓 API는 이런 방식을 취하지 않습니다. 웹소켓을 통해 주고받는 메시지는 유니코드 문자열이거나, 블롭 또는 ArrayBuffer 형식의 바이트 문자열입니다.

프로토콜 교섭

웹소켓 프로토콜은 텍스트와 이진 메시지를 주고받지만 그 메시지의 구조나 의미에 대해서는 아무것도 주고받지 않습니다. 애플리케이션에서 웹소켓을 사용하려면 반드시 웹소켓 기반 통신 프로토콜을 만들어야 합니다. wss:// URL이 이 작업에 도움이 됩니다. 일반적으로 각 URL마다 메시지를 주고받는 규칙이 있습니다. wss://example.com/stockticker에 연결하는 코드를 작성한다면, 주식 가격에 관한 메시지를 받는다는 사실은 짐작할 수 있습니다.

하지만 프로토콜은 계속 진화합니다. 예를 들어 가상의 주식 거래 프로토콜이 업데이트됐을 때 wss://example.com/stockticker/v2로 연결하는 방식을 쓸 수도 있지만, 이런 URL 버전으로는 문제가 생길 수도 있습니다. 복잡한 프로토콜이 시간이 흐름에 따라 계속 진화한다면 언젠가는 분산된 서버에서 각각 여러 버전의 프로토콜을 담당하고, 클라이언트도 서로 다른 프로토콜 버전을 사용하도록 파편화될 수도 있습니다.

웹소켓 프로토콜과 API는 이런 상황을 예견하고 애플리케이션 레벨의 프로토콜 교섭 기능을 만들었습니다. WebSocket() 생성자를 호출할 때 첫 번째 인자인 wss:// URL 외에 두 번째 인자로도 문자열 배열을 전달할 수 있습니다. 이 배열은 여러분이 처리 방법을 알고 있는 애플리케이션 프로토콜 리스트이며, 서버에 이 중 하나를 택하도록 요청하는 것입니다. 서버는 연결 단계에서 이 프로토콜 중 하나를 선택하며, 클라이언트가 제시한 옵션 중 지원하는 것이 하나도 없으면 에러와 함께 실패합니다. 일단 연결이 성립되면 웹소켓 객체의 protocol 프로퍼티에 서버가 선택한 프로토콜 버전이 할당됩니다.

15.12 스토리지

웹 애플리케이션은 브라우저 API를 사용해 사용자의 컴퓨터에 데이터를 저장할 수 있습니다. 클라이언트 사이드 스토리지는 웹 브라우저의 메모리처럼 사용됩니다. 웹 애플리케이션은 사용자 설정을 저장하거나, 심지어 자신의 상태 전체를 저장해서 사용자가 마지막으로 방문했을 때를 정확히 재현할 수도 있습니다. 클라이언트 사이드 스토리지는 출처에 따라 구분되므로 다른 사이트의 페이지에서 저장한 데이터는 읽을 수 없습니다. 반면 같은 사이트 내 다른 페이지는 스토리지를 공유할 수 있고, 이를 페이지 사이의 통신 메커니즘으로 사용할 수도 있습니다. 예를 들어 어떤 페이지의 폼에 입력한 데이터를 또 다른 페이지의 테이블에서 표시할 수 있습니다. 웹 애플리케이션은 저장한 데이터의 수명을 지정할 수 있습니다. 창을 닫거나 브라우저를 빠져나가기 전까지만 임시로 유지할 수도 있고, 몇 달이나 몇 년 뒤에도 사용할 수 있도록 사용자의 컴퓨터에 영구히 저장할 수도 있습니다.

클라이언트 사이드 스토리지에는 다양한 형태가 있습니다.

웹 스토리지

웹 스토리지 API는 localStorage, sessionStorage 객체로 구성됩니다. 이들은 기본적으로 문자열 키와 문자열 값을 연결한 지속성 있는 객체입니다. 웹 스토리지는 아주 사용하기 쉽고 꽤 많은 데이터를 저장할 수 있지만, 방대한 양을 저장할 수는 없습니다.

쿠키

쿠키는 원래 서버 사이드 스크립트에서 사용하도록 설계된 메커니즘입니다. 클라이언트 사이드에서 쿠키를 다룰 수 없는 건 아니지만, 쉽지는 않으며 텍스트 데이터를 소량 저장하는 정도로만 쓸 수 있습니다. 또한 쿠키에 저장된 데이터는 서버에서 쓸모가 없더라도 HTTP 요청이 있을 때마다 항상 서버로 전송됩니다.

IndexedDB

IndexedDB는 인덱스를 지원하는 객체 데이터베이스의 비동기 API입니다.

> **⚠ 스토리지, 보안, 개인 정보**
>
> 웹 브라우저는 사용자의 편의를 위해 웹 비밀번호를 안전하게 암호화한 형태로 장치에 저장합니다. 하지만 이 장에서 설명하는 클라이언트 사이드 데이터 스토리지 중 어떤 것도 암호화를 지원하지 않습니다. 웹 애플리케이션에서 사용자의 장치에 저장하는 데이터는 모두 암호화되지 않는다고 생각해야 합니다. 따라서 의심스러운 사용자가 데이터에 접근할 수 있으며, 장치에 설치된 스파이웨어 같은 악의적 소프트웨어 역시 이 데이터에 접근할 수 있습니다. 따라서 클라이언트 사이드 스토리지를 비밀번호, 계좌 번호, 기타 민감한 정보에 사용해서는 절대 안 됩니다.

15.12.1 로컬스토리지와 세션스토리지

Window 객체의 localStorage, sessionStorage 프로퍼티는 스토리지 객체를 참조합니다. 스토리지 객체는 일반적인 자바스크립트 객체와 거의 비슷하지만 다음과 같은 차이가 있습니다.

- 스토리지 객체의 프로퍼티 값에는 문자열만 쓸 수 있습니다.
- 스토리지 객체에 저장된 프로퍼티에는 지속성이 있습니다. 로컬스토리지 객체의 프로퍼티 값을 변경한 후 사용자가 페이지를 새로고침하면 마지막으로 저장한 값을 그대로 사용할 수 있습니다.

로컬스토리지 객체는 다음과 같이 사용합니다.

```
let name = localStorage.username;         // 저장된 값을 검색합니다.
if (!name) {
    name = prompt("What is your name?");  // 사용자에게 질문합니다.
    localStorage.username = name;         // 사용자의 응답을 저장합니다.
}
```

delete 연산자를 써서 localStorage, sessionStorage의 프로퍼티를 제거할 수 있고, Object.keys()나 for/in 루프를 써서 스토리지 객체의 프로퍼티를 열거할 수 있습니다. 스토리지 객체의 프로퍼티를 모두 제거할 때는 clear() 메서드를 호출하면 됩니다.

```
localStorage.clear();
```

스토리지 객체에는 getItem(), setItem(), deleteItem() 메서드도 있습니다. 프로퍼티에 직접 접근하거나 delete 연산자를 쓰는 대신 이들 메서드를 사용해도 됩니다.

스토리지 객체의 프로퍼티에는 문자열만 저장할 수 있습니다. 문자열이 아닌 데이터를 저장할 때는 직접 인코드/디코드해야 합니다.

예를 들어 다음을 보십시오.

```
// 숫자를 저장하면 자동으로 문자열로 변환됩니다.
// 스토리지에서 값을 가져올 때 파싱을 잊지 마십시오.
localStorage.x = 10;
let x = parseInt(localStorage.x);

// 날짜를 저장할 때는 문자열로 변환하고 가져올 때는 파싱합니다.
localStorage.lastRead = (new Date()).toUTCString();
let lastRead = new Date(Date.parse(localStorage.lastRead));

// JSON을 이용하면 편리합니다.
localStorage.data = JSON.stringify(data);  // 인코드 후 저장합니다.
let data = JSON.parse(localStorage.data);  // 가져와서 디코드합니다.
```

스토리지 수명과 스코프

localStorage와 sessionStorage는 수명과 스토리지 범위에 차이가 있습니다. localStorage에 저장된 데이터는 만료되지 않으며, 웹 애플리케이션에서 삭제하거나 사용자가 브라우저 UI를 통해 삭제하지 않는 한 사용자의 장치에 계속 남습니다.

localStorage는 문서 출처에 종속됩니다. 481페이지의 동일 출처 정책에서 설명했듯 문서의 출처는 프로토콜, 호스트 이름, 포트로 정의됩니다. 같은 출처에서 불러온 문서는 localStorage에 실제로 접근하는 스크립트의 출처에 관계없이 같은 localStorage 데이터를 공유합니다. 이들은 서로의 데이터를 읽고 쓸 수 있습니다. 하지만 출처가 다른 문서는 절대 서로의 데이터를 읽거나 수정할 수 없습니다. 설령 실행 중인 스크립트가 같은 서드 파티 서버에서 가져온 스크립트라고 해도 불가능합니다.

localStorage는 브라우저에도 종속됩니다. 예를 들어 한 사이트를 파이어폭스로 방문했다가 다시 크롬으로 방문했다면, 처음 방문했을 때 저장한 데이터를 두 번째 방문에서 사용할 수는 없습니다.

sessionStorage에 저장된 데이터는 최상위 창이나 브라우저 탭이 닫힐 때 사라집니다. 하지만 최신 브라우저에는 최근에 닫은 탭을 다시 열고 마지막 세션을 복원하는 기능이 있으므로 이런 탭에 저장된 데이터는 더 오래 지속될 수 있습니다.

localStorage와 마찬가지로 sessionStorage 역시 문서 출처에 종속되므로 출처가 다른 문서는 절대 sessionStorage를 공유할 수 없습니다. 또한 sessionStorage는 창(탭)에도 종속됩니다. 사용자가 같은 출처의 문서를 브라우저 탭 두 개에 각각 열었다면 두 탭의 sessionStorage 데이터는 서로 구분됩니다. 탭 1에서 실행 중인 스크립트는 탭 2의 스크립트에서 저장한 데이터를 읽거나 수정할 수 없습니다. 설령 두 탭이 똑같은 페이지를 열었다고 해도 마찬가지입니다.

스토리지 이벤트

localStorage에 저장된 데이터가 변경될 때마다 그 데이터를 볼 수 있는 모든 Window 객체에서 스토리지 이벤트가 일어납니다. 데이터를 변경한 창(탭)에서는 이벤트가 일어나지 않습니다. 브라우저에 출처가 같은 문서를 연 탭이 두 개 있고 그 중 하나가 localStorage에 값을 저장하면 다른 탭은 스토리지 이벤트를 수신합니다.

window.onstorage에 핸들러를 할당하거나 window.addEventListener()를 호출해 스토리지 이벤트에 핸들러를 등록할 수 있습니다.

스토리지 이벤트 관련 이벤트 객체에는 몇 가지 중요한 프로퍼티가 있습니다.

key

이벤트 대상인 아이템의 이름 또는 키입니다. clear() 메서드가 호출됐다면 프로퍼티 값은 null입니다.

newValue

아이템에 저장된 새로운 값입니다. removeItem()이 호출됐다면 이 프로퍼티는 존재하지 않습니다.

oldValue

수정되거나 삭제된 아이템의 이전 값입니다. 새로운 프로퍼티를 추가했다면 이 프로퍼티는 존재하지 않습니다.

storageArea

변경된 스토리지 객체입니다. 보통 localStorage 객체입니다.

url

스토리지를 변경한 문서의 URL인 문자열입니다.

localStorage와 storage 이벤트는 같은 웹사이트를 방문 중인 창 전체에 메시지를 전송하는 일종의 방송(broadcast) 메커니즘처럼 사용할 수 있습니다. 예를 들어 사용자가 웹사이트의 애니메이션을 중지하도록 요청할 때, 사이트는 이에 관한 설정을 localStorage에 저장해서 사용자가 다음에 방문할 때도 애니메이션을 사용하지 않도록 할 수 있습니다. 또한 이 설정을 저장함과 동시에 같은 사이트를 표시하는 창 전체에 애니메이션을 중지하라는 요청을 보내는 효과도 있습니다.

다른 예를 들자면, 웹 기반 이미지 편집 애플리케이션이 있고 도구 팔레트를 별도의 창으로 표시한다고 합시다. 사용자가 도구를 선택하면 애플리케이션은 현재 상태를 localStorage에 저장하고, 도구 팔레트를 표시한 창에 새로운 도구가 선택됐음을 알릴 수 있습니다.

15.12.2 쿠키

쿠키는 특정 웹 페이지 또는 웹사이트와 연관된 소량의 이름 붙은 데이터이며 웹 브라우저에 저장됩니다. 쿠키는 서버 사이드 프로그램에 사용하도록 설계됐으며, 원래는 HTTP 프로토콜을 확장할 의도로 만들어졌습니다. 쿠키 데이터는 자동으로 웹 브라우저와 웹 서버 사이에서 전송되므로 서버 사이드 스크립트에서 클라이언트에 저장된 쿠키 값을 읽고 쓸 수 있습니다. 이 절에서는 클라이언트 사이드 스크립트에서 Document 객체의 cookie 프로퍼티를 통해 쿠키를 조작하는 방법을 설명합니다.

> **🎁 쿠키라는 이름의 유래**
>
> 쿠키라는 이름은 별로 중요해 보이지 않지만, 대충 지은 이름도 아닙니다. '쿠키' 또는 '매직 쿠키'라는 용어는 컴퓨팅 분야에서 오래 전부터 접근을 식별하거나 허용하는 데이터의 작은 덩어리, 특히 개인적이거나 비밀스러운 데이터를 가리키는 용도로 쓰였습니다. 자바스크립트에서 쿠키는 상태를 저장하고 웹 브라우저의 신분증 비슷한 용도로 쓰입니다. 하지만 자바스크립트의 쿠키는 어떤 종류의 암호화도 지원하지 않습니다. https: 연결이 조금 도움되긴 하지만 절대 안전하지 않습니다.

쿠키를 조작하는 API는 오래되기도 했고 이해하기도 어렵습니다. 지원되는 메서드도 없으므로 쿠키를 사용할 때는 특별한 형식을 사용하는 문자열을 써서 Document 객체의 cookie 프로퍼티에 저장해야 합니다. 각 쿠키의 수명과 범위는 쿠키 속성에 개별 지정합니다. 이 속성 역시 특별한 형식의 문자열을 사용하며 같은 cookie 프로퍼티에 저장합니다.

이어지는 하위 절은 쿠키 값과 속성을 검색하고 설정하는 방법을 설명합니다.

쿠키 읽기

document.cookie 프로퍼티는 현재 문서에 적용되는 쿠키 전체를 포함한 문자열을 반환합니다. 이 문자열은 이름-값 쌍을 세미콜론과 스페이스로 구분한 리스트입니다. 쿠키 값은 그저 값 자체이며 쿠키와 연관된 속성은 포함하지 않습니다. (속성에 대해서는 다음에 설명합니다.) document.cookie 프로퍼티를 사용할 때는 반드시 split() 메서드를 써서 이름-값 쌍 배열로 분리해야 합니다.

cookie 프로퍼티에서 쿠키 값을 추출한 다음에는 쿠키를 만든 사람이 사용한 인코딩 또는 형식을 기준으로 값을 해석해야 합니다. 예를 들어 쿠키 값을 decodeURIComponent()와 JSON.parse()에 전달할 수 있습니다.

다음 코드는 document.cookie 프로퍼티를 파싱해서 문서의 쿠키를 나타내는 프로퍼티로 이루어진 객체를 반환하는 getCookie() 함수입니다.

```javascript
// 문서 쿠키를 Map 객체로 반환합니다.
// 쿠키 값은 encodeURIComponent()로 인코드됐다고 가정합니다.
function getCookies() {
    let cookies = new Map();     // 반환할 객체
    let all = document.cookie;   // 쿠키 전체를 문자열로 가져옵니다.
    let list = all.split("; ");  // 이름-값 쌍으로 분리합니다.
    for(let cookie of list) {    // 리스트의 쿠키를 순회하면서
        if (!cookie.includes("=")) continue; // = 기호가 없으면 넘어갑니다.
        let p = cookie.indexOf("=");         // 첫 번째 = 기호를 찾습니다.
        let name = cookie.substring(0, p);   // 쿠키 이름
        let value = cookie.substring(p+1);   // 쿠키 값
        value = decodeURIComponent(value);   // 값을 디코드합니다.
        cookies.set(name, value);            // 쿠키 이름과 값을 기억합니다.
    }
    return cookies;
}
```

쿠키 속성: 수명과 범위

쿠키에는 수명과 범위를 결정하는 속성도 있습니다. 자바스크립트로 쿠키를 설정하는 방법을 살펴보기 전에 먼저 쿠키 속성을 알아야 합니다.

쿠키는 기본적으로 일시적입니다. 쿠키에 저장되는 값은 웹 브라우저 세션의 지속 시간 동안만 유지되며 사용자가 브라우저를 종료하면 사라집니다. 세션이 사라져도 쿠키가 남아 있길 원한다면 반드시 max-age 속성에 쿠키의 유지 시간을 초 단위로 지정해야 합니다. 수명을 지정하면 브라우저는 쿠키를 파일에 저장하며, 지정된 기간이 만료됐을 때만 삭제합니다.

localStorage, sessionStorage와 마찬가지로 쿠키의 범위는 문서 출처에 의해 결정되지만, 문서 경로의 영향도 받습니다. 범위는 쿠키 속성 path, domain을 통해 변경 가능합니다. 기본적으로 쿠키는 자신을 생성한 웹 페이지와 같은 디렉터리, 또는 그 서브디렉터리에 포함된 웹 페이지에서 볼 수 있고 접근할 수 있습니다. 예를 들어 웹 페이지 example.com/catalog/index.html에서 쿠키를 생성했다면, 그 쿠키는 example.com/catalog/order.html, example.com/catalog/widgets/index.html에서는 볼 수 있지만 example.com/about.html에서는 볼 수 없습니다.

대개는 이런 기본 동작이 우리가 원하는 동작과 일치합니다. 하지만 가끔은 어떤 페이지에서 쿠키를 생성했든 관계없이 웹사이트 전체에서 그 쿠키 값을 사용해야 할 때도 있습니다. 예를 들어 사용자가 어떤 페이지의 폼에 입력한 메일 주소를 저장해서 사용자가 다음에 방문할 때 기본 값으로 쓰고, 또 다른 페이지의 완전히 무관한 폼에서 청구 주소를 요청할 때도 기본 값으로 쓰고 싶을 수 있습니다. 이럴 때 쿠키의 path 속성을 지정하면 같은 웹 서버 내 웹 페이지 중 URL이 지정된 경로로 시작하는 페이지는 모두 그 쿠키를 공유할 수 있습니다. 예를 들어 example.com/catalog/widgets/index.html에서 설정한 쿠키의 경로를 /catalog로 설정한다면 그 쿠키는 example.com/catalog/order.html에서도 볼 수 있습니다. 또는 경로를 /로 설정하면 example.com 도메인의 모든 페이지에서 쿠키를 볼 수 있습니다.

기본적으로 쿠키의 범위는 문서 출처로 제한됩니다. 대형 웹사이트에서는 서브도메인에서도 쿠키를 공유해야 할 수도 있습니다. 예를 들어 catalog.example.com에서 설정한 쿠키 값을 order.example.com에서 읽어야 할 일도 있습니다. 이럴 때 domain 속성을 사용합니다. catalog.example.com의 페이지에서 쿠키를 생성하고 path 속성을 /로, domain 속성을 .example.com으로 설정하면 이 쿠키는 catalog.example.com, orders.example.com, 기타 example.com 도메인에 속하는 모든 서버의 웹 페이지에서 사용할 수 있습니다. 단, 쿠키의 도메인을 현재 서버의 부모 도메인이 아닌 도메인으로 설정할 수는 없습니다.

마지막 쿠키 속성은 secure라는 불 속성이며 쿠키 값을 네트워크로 전송하는 방법을 지정합니다. 기본적으로 쿠키는 보안이 되지 않으며 HTTP 연결을 통해 전송됩니다. 하지만 쿠키를 보안으로 지정하면 브라우저와 서버가 HTTPS 또는 보안 프로토콜로 연결됐을 때만 전송됩니다.

> **🎁 쿠키 제한**
>
> 쿠키는 서버 사이드 스크립트에서 사용할 작은 데이터를 저장할 의도로 만들어졌으며, 이 데이터는 관련된 URL을 요청할 때마다 서버에 전송됩니다. 쿠키 표준에서는 브라우저 제조사에서 쿠키의 개수나 크기를 제한하지 않기를 권하지만, 브라우저가 쿠키를 최소 300개는 유지해야 한다든지, 웹 서버 하나당 20개 이상의 쿠키를 허용해야 한다든지, 쿠키 하나당 이름과 값을 합쳐서 4KB 이상을 유지해야 한다는 규정도 없습니다. 현실적으로 브라우저는 300개가 훨씬 넘는 쿠키를 허용하지만, 일부 브라우저는 아직 4KB 제한을 적용하고 있습니다.

쿠키 저장

쿠키 값을 현재 문서에 연결할 때는 cookie 프로퍼티에 name=value 문자열을 할당하기만 하면 됩니다. 예를 들어 다음을 보십시오.

```
document.cookie = `version=${encodeURIComponent(document.lastModified)}`;
```

다음에 cookie 프로퍼티를 읽으면 저장했던 이름-값 쌍이 문서의 쿠키 리스트에 포함되어 있을 것입니다. 쿠키 값에는 세미콜론, 콤마, 공백을 쓸 수 없습니다. 따라서 쿠키에 값을 저장하기 전에 전역 함수 encodeURIComponent()로 인코드하는 편이 좋습니다. 쿠키 값을 읽을 때는 이에 대응하는 decodeURIComponent() 함수를 쓰면 됩니다.

단순히 이름-값 쌍만 사용해 작성한 쿠키는 현재 세션에 유지는 되지만 사용자가 브라우저를 닫으면 사라집니다. 세션이 끝나도 쿠키가 유지되게 하려면 max-age 속성으로 원하는 수명을 초 단위로 지정합니다. 속성을 설정할 때는 cookie 프로퍼티에 name=value; max-age=seconds 형태의 문자열을 할당합니다. 다음 함수는 선택 사항으로 max-age 속성을 받아 쿠키를 설정합니다.

```
// 이름-값 쌍을 쿠키로 저장하고 값을 encodeURIComponent()로 인코드해서 세미콜론, 콤마,
// 스페이스를 이스케이프합니다. daysToLive가 숫자이면 max-age 속성을 통해 쿠키를
// 그 날짜만큼 유지합니다. daysToLive가 0이면 쿠키를 삭제합니다.
function setCookie(name, value, daysToLive=null) {
    let cookie = `${name}=${encodeURIComponent(value)}`;
    if (daysToLive !== null) {
        cookie += `; max-age=${daysToLive*60*60*24}`;
    }
    document.cookie = cookie;
}
```

마찬가지로 ;path=value나 ;domain=value 형태의 문자열을 이어붙여 쿠키의 path, domain 속성도 설정할 수 있습니다. secure 프로퍼티를 설정할 때는 ;secure만 붙이면 됩니다.

쿠키의 값을 변경할 때는 같은 이름, 경로, 도메인으로 새로운 값을 설정하면 됩니다. 쿠키 값을 바꿀 때 max-age 속성 값도 바꿔서 수명을 갱신할 수 있습니다.

쿠키를 삭제할 때는 같은 이름, 경로, 도메인을 사용하면서 max-age 속성을 0으로 지정합니다. 값은 아무렇게나 써도 되고 비워도 됩니다.

15.12.3 IndexedDB

웹 애플리케이션 아키텍처는 전통적으로 클라이언트에서 HTML, CSS, 자바스크립트를 사용하고 서버에서 데이터베이스를 사용하는 형태를 유지했습니다. 따라서 자바스크립트 API를 사용해 사용자의 컴퓨터에 자바스크립트 객체를 저장하고 필요에 따라 가져올 수 있다는 사실이 생소할 수도 있습니다.

IndexedDB는 관계형 데이터베이스가 아니라 객체 데이터베이스이며 SQL 쿼리를 지원하는 데이터베이스에 비해 훨씬 단순합니다. 그러면서도 localStorage에서 제공하는 키-값 스토리지보다 훨씬 강력하고 효율적입니다. localStorage와 마찬가지로 IndexedDB 데이터베이스는 포함하는 문서의 출처에 종속됩니다. 출처가 같은 웹 페이지는 서로의 데이터에 접근할 수 있지만 출처가 다른 웹 페이지 간에는 불가능합니다.

각 출처마다 생성할 수 있는 IndexedDB 데이터베이스의 개수에는 제한이 없습니다. 데이터베이스 이름은 반드시 해당 출처 내에서 고유해야 합니다. IndexedDB API에서 데이터베이스는 단순히 이름 붙은 **객체 저장소**(object store)의 집합일 뿐입니다. 이름에서 짐작할 수 있듯 객체 저장소는 객체를 저장합니다. 객체는 579페

이지에서 설명한 구조화된 클론 알고리즘에 따라 직렬화해서 객체 저장소에 저장되므로, 프로퍼티 값이 맵, 세트, 형식화 배열인 객체도 저장할 수 있습니다. 각 객체에는 반드시 키가 있어야 하며 이 키에 따라 저장소에서 값을 정렬하고 가져옵니다. 키는 반드시 고유해야 합니다. 같은 저장소에 존재하는 두 객체가 저장소 키를 공유할 수 없으며, 키는 순서를 적용할 수 있는 값이어야 합니다. 자바스크립트 문자열, 숫자, Date 객체는 유효한 키입니다. IndexedDB 데이터베이스는 데이터베이스에 객체를 삽입할 때마다 자동으로 고유한 키를 생성합니다. 물론 객체 저장소에 삽입하는 객체에 이미 키로 쓰기 적합한 프로퍼티가 존재할 수도 있습니다. 이런 경우 객체 저장소를 생성할 때 해당 프로퍼티를 '키 경로(key path)'로 지정할 수 있습니다. 개념적으로 말해 키 경로는 객체에서 객체의 키를 추출하는 방법을 지정하는 값입니다.

객체 저장소에서 기본 키(primary key) 값을 통해 객체를 가져올 수도 있지만, 객체의 다른 프로퍼티 값을 가지고 검색해야 할 때도 있습니다. 이를 위해 객체 저장소에 **인덱스**를 개수 제한없이 정의할 수 있습니다. 객체 저장소에 인덱스를 쓸 수 있어서 'IndexedDB'라는 이름이 붙었습니다. 각 인덱스는 저장된 객체의 추가 키 역할을 합니다. 인덱스는 일반적으로 고유하지 않으며, 여러 객체가 인덱스 하나에 일치할 수 있습니다.

IndexedDB는 원자성(atomicity)을 보장합니다. 데이터베이스가 쿼리와 업데이트를 수행할 때 이 작업은 **트랜잭션**(transaction) 안에서 그룹으로 묶이므로, 이들은 전부 성공하거나 전부 실패하는 두 가지 경우만 있을 뿐, 절대 데이터베이스를 정의되지 않은 상태, 일부만 업데이트된 상태로 두지 않습니다.[12] IndexedDB의 트랜잭션은 다른 데이터베이스 API에 비해 단순합니다. 이에 대해서는 다시 언급합니다.

IndexedDB API의 개념은 아주 단순합니다. 데이터베이스를 검색하거나 업데이트할 때는 먼저 이름으로 데이터베이스를 지정합니다. 그리고 트랜잭션 객체를 생성하고 이 객체를 사용해 원하는 객체 저장소를 이름으로 검색합니다. 마지막으로

---

12 (옮긴이) 트랜잭션을 설명할 때 계좌 이체를 자주 예로 듭니다. A의 계좌에서 백만 원을 인출해 B의 계좌에 입금한다고 할 때, 인출은 실패하고 입금만 성공했다면 은행은 백만 원을 손해 보게 됩니다. 따라서 인출과 입금을 한 단위(트랜잭션)로 묶어서 인출과 입금이 둘 다 성공하든, 둘 다 실패하든 둘 중 하나의 결과만 있게 하는 것이 트랜잭션입니다. 트랜잭션은 결코 나눌 수 없는(둘 다 성공하든, 둘 다 실패하든) 한 단위이므로 물질의 원자와 비슷한 성격이 있고 따라서 원자성이 있다는 표현을 씁니다.

객체 저장소의 get() 메서드를 호출해 객체를 검색하거나 put() 메서드(기존 객체를 덮어 쓰는 걸 방지하고 싶을 때는 add() 메서드)로 새 객체를 저장합니다.

키 범위로 객체를 검색할 때는 범위 경계를 지정하는 IDBRange 객체를 만들고 객체 저장소의 getAll()이나 openCursor() 메서드에 전달합니다.

추가 키를 사용해 검색할 때는 객체 저장소의 이름 붙은 인덱스를 찾은 다음, 인덱스 객체의 get()이나 getAll(), openCursor() 메서드를 호출하면서 키 또는 IDBRange 객체를 전달합니다.

IndexedDB API의 개념은 이렇게 단순하지만, API가 비동기적이라는 사실 때문에 복잡해집니다. 웹 애플리케이션이 브라우저의 UI 스레드를 차단하지 않기 위해서는 비동기적이어야 합니다. IndexedDB는 프라미스가 널리 지원되기 전에 정의됐으므로 이 API는 프라미스 기반이 아니라 이벤트 기반이고 async, await는 사용할 수 없습니다.

트랜잭션을 만들고 객체 저장소와 인덱스를 검색하는 건 동기적 작업입니다. 반면 데이터베이스를 열고 객체 저장소를 업데이트하고 저장소나 인덱스를 검색하는 건 비동기 작업입니다. 이들 비동기 메서드는 모두 요청 객체를 즉시 반환합니다. 브라우저는 요청이 성공하거나 실패할 때 요청 객체에서 이벤트를 일으키며 onsuccess, onerror 핸들러를 정의할 수 있습니다. 동작의 결과는 onsuccess 핸들러 안에서 요청 객체의 result 프로퍼티로 사용할 수 있습니다. 트랜잭션이 성공적으로 완료됐을 때 트랜잭션 객체에서 일어나는 complete 이벤트도 유용합니다.

IndexedDB API는 트랜잭션 관리를 단순화합니다. IndexedDB API에서 쿼리와 업데이트를 수행할 객체 저장소를 가져오기 위해서는 트랜잭션 객체를 만들어야 합니다. 동기적 API였다면 commit() 메서드를 호출해 트랜잭션의 마지막을 명시적으로 지정해야 했을 것입니다. IndexedDB에서는 트랜잭션을 명시적으로 취소하지 않으면 onsuccess 이벤트 핸들러가 모두 실행되고, 해당 트랜잭션을 참조하는 대기 중인 비동기 요청이 없을 때 트랜잭션을 자동으로 커밋합니다.

IndexedDB API에서 중요한 이벤트가 한 가지 더 있습니다. 데이터베이스를 처음으로 열거나 기존 데이터베이스의 버전 번호를 올리면 IndexedDB는 indexedDB.open() 호출에서 반환하는 요청 객체에서 upgradeneeded 이벤트(upgrade-needed)를 일으킵니다. upgradeneeded 이벤트 핸들러의 목적은 새로운 데이터베이스(또는 기존 데이터베이스의 새로운 버전)의 스키마를 정의하거나 업데이트하는 것입니다. 즉, IndexedDB 데이터베이스에 대해서는 객체 저장소를 생성하고 인덱스를 정의한다는 의미입니다. 사실 IndexedDB API에서 객체 저장소나 인덱스를 생성하도록 허용하는 경우는 upgradeneeded 이벤트가 발생했을 때뿐입니다.

IndexedDB에 대한 설명을 충실히 읽었다면 예제 15-13을 이해할 수 있을 것입니다. 이 예제는 IndexedDB를 사용해 미국 우편 번호와 도시를 연결하는 데이터베이스를 만들고 검색합니다. IndexedDB의 기본 기능 중 상당수를 사용하지만 전체를 망라하지는 않습니다. 예제 15-13은 꽤 길지만 주석을 충분히 사용했습니다.

예제 15-13 미국 우편 번호의 **IndexedDB 데이터베이스**

```
// 이 유틸리티 함수는 비동기적으로 데이터베이스 객체를 가져와서 콜백에 전달합니다.
// 필요하다면 데이터베이스를 생성하고 초기화합니다.
function withDB(callback) {
    let request = indexedDB.open("zipcodes", 1); // 데이터베이스 버전 1을 요청합니다.
    request.onerror = console.error;              // 에러를 기록합니다.
    request.onsuccess = () => {    // 끝났으면 이 함수를 호출합니다.
        let db = request.result;   // 요청 결과는 데이터베이스입니다.
        callback(db);              // 데이터베이스를 전달해 콜백을 호출합니다.
    };

    // 데이터베이스 버전 1이 존재하지 않으면 이 이벤트 핸들러가 호출됩니다.
    // 이 핸들러는 데이터베이스를 처음으로 생성할 때 객체 저장소와 인덱스를 생성하고
    // 초기화할 목적으로, 또는 DB 스키마를 다른 버전으로 전환할 목적으로 사용합니다.
    request.onupgradeneeded = () => { initdb(request.result, callback); };
}


// 데이터베이스가 아직 초기화되지 않았으면 withDB()에서 이 함수를 호출합니다.
// 데이터베이스를 생성하고 데이터를 채운 다음 콜백 함수에 전달합니다.
//
// 우편 번호 데이터베이스에는 다음과 같은 형태의 객체를 저장하는 객체 저장소가 하나 있습니다.
//
// { zipcode: "02134", city: "Allston", state: "MA", }
//
// zipcode 프로퍼티를 데이터베이스 키로 사용하고 도시 이름을 인덱스로 사용합니다.
function initdb(db, callback) {
    // 저장소 이름을 지정하고 이 저장소의 기본 키가 될 프로퍼티 이름을 지정하는
    // '키 경로'가 포함된 설정 객체를 넘겨 객체 저장소를 생성합니다.
    let store = db.createObjectStore("zipcodes",  // 저장소 이름
                                     { keyPath: "zipcode" });

    // 도시 이름과 우편 번호를 객체 저장소의 인덱스로 만듭니다.
    // 이 메서드에는 키 경로 문자열을 설정 객체가 아닌 필수 인자로 직접 전달합니다.
    store.createIndex("cities", "city");

    // 이제 데이터베이스 초기화에 사용할 데이터를 가져옵니다.
    // zipcodes.json 파일은 www.geonames.org에서 공개한 데이터로 만들었습니다.
```

```
// https://download.geonames.org/export/zip/US.zip
fetch("zipcodes.json")                      // HTTP GET 요청을 보냅니다.
    .then(response => response.json())      // 바디를 JSON으로 분석합니다.
    .then(zipcodes => {                     // 40KB 우편 번호 레코드
        // 데이터베이스에 우편 번호 데이터를 삽입하기 위해서는 트랜잭션 객체가 필요합니다.
        // 트랜잭션 객체를 만들기 위해서는 사용할 객체 저장소가 있어야 하고(위에서
        // 만들었습니다), 지금부터 데이터베이스에 기록한다고 알려야 합니다.
        let transaction = db.transaction(["zipcodes"], "readwrite");
        transaction.onerror = console.error;

        // 트랜잭션에서 객체 저장소를 가져옵니다.
        let store = transaction.objectStore("zipcodes");

        // IndexedDB API에서 가장 좋은 점은 객체 저장소가 정말 단순하다는 점입니다.
        // 단 한 줄로 레코드를 추가하거나 업데이트할 수 있습니다
        for(let record of zipcodes) { store.put(record); }

        // 트랜잭션이 성공적으로 완료되면 데이터베이스 초기화가 끝났고
        // 사용할 수 있으므로 withDB()에 전달했던 콜백 함수를 호출해도 됩니다.
        transaction.oncomplete = () => { callback(db); };
    });
}

// 우편 번호를 받아 IndexedDB API를 써서 비동기적으로 도시를 검색한 다음
// 도시를 찾으면 지정된 콜백에 우편 번호를 전달하고, 찾은 도시가 없으면 null을 전달합니다.
function lookupCity(zip, callback) {
    withDB(db => {
        // 이 쿼리에 사용할 읽기 전용 트랜잭션 객체를 만듭니다.
        // 인자는 사용할 객체 저장소 배열입니다.
        let transaction = db.transaction(["zipcodes"]);

        // 트랜잭션에서 객체 저장소를 가져옵니다.
        let zipcodes = transaction.objectStore("zipcodes");

        // 지정된 키에 일치하는 객체를 요청합니다.
        // 앞서 사용한 코드는 동기적이었지만 이 코드는 비동기적입니다.
        let request = zipcodes.get(zip);
        request.onerror = console.error;  // 에러를 기록합니다.
        request.onsuccess = () => {        // 성공했다면 이 함수를 호출합니다.
            let record = request.result;  // 검색 결과입니다.
            if (record) {  // 일치하는 것이 있으면 콜백에 전달합니다.
                callback(`${record.city}, ${record.state}`);
            } else {       // 일치하는 것이 없으면 실패를 알립니다.
                callback(null);
            }
        };
    });
}
```

```javascript
// 도시 이름을 받아 IndexedDB API를 써서 비동기적으로 우편 번호를 모두 검색합니다.
// 도시 이름은 대소문자를 구분하며 모든 주에서 검색합니다.
function lookupZipcodes(city, callback) {
    withDB(db => {
        // 이번에도 트랜잭션을 생성하고 객체 저장소를 가져옵니다.
        let transaction = db.transaction(["zipcodes"]);
        let store = transaction.objectStore("zipcodes");

        // 이번에는 객체 저장소의 도시 인덱스도 가져옵니다.
        let index = store.index("cities");

        // 지정된 도시 이름에 일치하는 레코드를 모두 검색하고 결과를 콜백에 전달합니다.
        // 결과가 아주 많다면 openCursor()를 사용해야 할 수도 있습니다.
        let request = index.getAll(city);
        request.onerror = console.error;
        request.onsuccess = () => { callback(request.result); };
    });
}
```

15.13 워커 스레드와 메시지

자바스크립트의 가장 기본적인 특징 중 하나는 싱글 스레드라는 점입니다. 브라우저는 절대 두 가지 이벤트 핸들러를 동시에 실행하지 않으며, 이벤트 핸들러가 실행 중일 때 절대 타이머를 실행하지 않습니다. 애플리케이션 상태나 문서를 동시에 업데이트하는 것은 애초에 불가능하며, 클라이언트 사이드 프로그래머는 동시적 (concurrent) 프로그래밍에 대해 생각할 필요도 없고 심지어 그 개념을 이해할 필요도 없습니다. 따라서 클라이언트 사이드 자바스크립트 함수는 너무 오래 실행되어서는 안 됩니다. 함수가 너무 오래 실행된다면 이벤트 루프가 차단되고 웹 브라우저는 사용자의 입력에 응답할 수 없습니다. fetch() 같은 함수가 비동기 함수인 이유이기도 합니다.

웹 브라우저는 Worker 클래스의 싱글 스레드 요건을 아주 조심스럽게 완화합니다. Worker 클래스의 인스턴스는 메인 스레드, 이벤트 루프와 동시에 실행되는 스레드입니다. 워커는 독립된 실행 환경에서 실행되며 완전히 독립적인 전역 객체를 갖고, Window나 Document 객체에 접근하지도 않습니다. 워커는 비동기 메시지 전달을 통해서만 메인 스레드와 통신할 수 있습니다. 따라서 워커가 DOM을 즉시 수정하는 것은 불가능하지만, 대신 오랫동안 실행되는 함수가 이벤트 루프를 차단하는 일을 막을 수는 있습니다. 워커를 만드는 건 브라우저 창을 새로 만드는 것만큼 부하가 걸리는 일은 아니지만 그렇다고 무시할 정도로 가벼운 작업도 아닙니다. 따라서 간단한 작업을 위해 워커를 만드는 건 배보다 배꼽이 더 큰 경우가 되기 쉽습니다. 복잡한 웹 애플리케이션이라면 10여 개의 워커를 생성해서 사용자 경험을 향상시킬 수도 있겠지만 애플리케이션에서 워커를 수백, 수천 개 만드는 일은 현실적으로 불가능합니다.

워커는 애플리케이션에서 이미지 처리 같은 계산 집약적인 작업을 할 때 유용합니다. 워커에서 이런 작업을 메인 스레드 대신 수행한다면 브라우저는 사용자의 입력에 민첩하게 응답할 수 있습니다. 또한 워커를 통해 작업을 여러 스레드로 나누는 것도 가능합니다. 워커는 중간 강도의 계산 집약적인 작업을 빈번히 수행할 때도 유용합니다. 예를 들어 브라우저에서 단순한 코드 에디터 기능을 하는 애플리케이션을 만들고 있고 문법 강조 기능을 넣고 싶다고 합시다. 문법 강조 기능이 제대로 동작하려면 키를 누를 때마다 코드를 파싱해야 합니다. 메인 스레드에서 이 작업을 수행한다면 코드 파싱 작업 때문에 이벤트 핸들러가 사용자의 키 입력에 대한 반응을 차단할 가능성이 있고, 사용자 경험은 형편없는 수준으로 떨어질 겁니다.

스레드 API 대부분이 그렇지만 워커 API 역시 두 부분으로 나뉩니다. 첫 번째인 Worker 객체는 워커를 생성하는 스레드에서 바라보는 일종의 인터페이스입니다. 두 번째인 WorkerGlobalScope는 새로운 워커의 전역 객체이며 워커 스레드 내부에서 바라보는 자기 자신입니다.

이어지는 절은 Worker 객체와 WorkerGlobalScope에 대해 설명하고, 워커와 메인 스레드가 통신하는 메시지 전송 API에 대해서도 설명합니다. 문서와 <iframe> 요소도 같은 통신 API를 통해 메시지를 교환하므로 이에 관해서도 설명합니다.

15.13.1 Worker 객체

새로운 워커를 생성할 때는 워커가 실행할 자바스크립트 코드를 URL로 전달하면서 Worker() 생성자를 호출합니다.

```
let dataCruncher = new Worker("utils/cruncher.js");
```

상대 URL을 사용하면 Worker() 생성자를 호출하는 스크립트를 포함한 문서를 기준으로 해석합니다. 절대 URL을 사용하면 반드시 현재 문서와 같은 출처(같은 프로토콜, 호스트, 포트)여야 합니다.

Worker 객체를 만들었으면 postMessage()를 통해 데이터를 전송할 수 있습니다. postMessage()에 전달하는 값은 구조화된 클론 알고리즘(579페이지)을 통해 복사되며, 그 사본이 메시지 이벤트를 통해 워커에 전달됩니다.

```
dataCruncher.postMessage("/api/data/to/crunch");
```

여기서는 문자열 메시지만 전달했지만 객체, 배열, 형식화 배열, 맵, 세트 등도 전달할 수 있습니다. Worker 객체의 message 이벤트를 주시해 워커에서 메시지를 수신할 수 있습니다.

```
dataCruncher.onmessage = function(e) {
    let stats = e.data;   // 메시지는 이벤트의 data 프로퍼티입니다.
    console.log(`Average: ${stats.mean}`);
}
```

다른 이벤트 대상과 마찬가지로 Worker 객체 역시 표준인 addEventListener(), removeEventListener() 메서드를 지원하며 onmessage도 사용할 수 있습니다.

Worker 객체에는 위에서 설명한 postMessage(), 워커 스레드를 강제 종료하는 terminate() 메서드만 있습니다.

15.13.2 워커의 전역 객체

Worker() 생성자로 새로운 워커를 생성할 때는 자바스크립트 코드 파일의 URL을 전달합니다. 이 코드는 워커를 생성한 스크립트에서 분리된, 새롭고 깨끗한 자바스크립트 실행 환경에서 실행됩니다. 이 새로운 실행 환경의 전역 객체가 WorkerGlobalScope 객체입니다. WorkerGlobalScope는 코어 자바스크립트의 전역 객체에서 좀 더 발전한 형태지만 완전한 클라이언트 사이드의 Window 객체보다는 조금 떨어집니다.

WorkerGlobalScope 객체에는 Worker 객체와 마찬가지로 postMessage() 메서드와 onmessage 이벤트 핸들러 프로퍼티가 존재하지만 동작 방향은 반대입니다. 워커 안에서 postMessage() 메서드를 호출하면 워커 바깥에서 메시지 이벤트가 생성되며, 워커 바깥에서 전송된 메시지는 이벤트로 변환되어 onmessage 핸들러에 전달됩니다. WorkerGlobalScope는 워커의 전역 객체이므로 워커 코드는 postMessage(), onmessage를 전역 함수와 전역 변수처럼 사용합니다.

Worker() 생성자에 두 번째 인자로 객체를 전달했는데 그 객체에 name 프로퍼티가 있으면, 그 값이 워커의 전역 객체의 name 프로퍼티 값이 됩니다. 워커에서 console.warn()이나 console.error()를 사용할 때 이 이름을 메시지에 포함할 수 있습니다.

close() 함수는 워커를 종료하며 Worker 객체의 terminate() 메서드와 비슷한 효과를 갖습니다.

WorkerGlobalScope는 워커의 전역 객체이므로 JSON 객체, isNaN() 함수, Date() 생성자 등 코어 자바스크립트 전역 객체의 프로퍼티는 모두 가지고 있습니다. 또한 WorkerGlobalScope는 클라이언트 사이드 Window 객체의 프로퍼티도 일부 포함합니다.

- 전역 객체 자신을 참조하는 self. WorkerGlobalScope는 Window 객체가 아니므로 window 프로퍼티는 없습니다.
- 타이머 메서드 setTimeout(), clearTimeout(), setInterval(), clearInterval().
- Worker() 생성자에 전달된 URL인 location 프로퍼티. 이 프로퍼티는 Window 객체의 location 프로퍼티와 마찬가지로 Location 객체를 가리킵니다. Location 객체에는 href, protocol, host, hostname, port, pathname, search, hash 프로퍼티가 있습니다. 단, 워커에서 이들 프로퍼티는 읽기 전용입니다.
- Navigator 객체와 비슷한 프로퍼티를 가진 객체를 참조하는 navigator 프로퍼티. 워커의 Navigator 객체에는 appName, appVersion, platform, userAgent, onLine 프로퍼티가 있습니다.
- 일반적인 이벤트 타깃 메서드인 addEventListener(), removeEventListener()

마지막으로, WorkerGlobalScope 객체에는 Console 객체, fetch() 함수, IndexedDB API 같은 중요한 클라이언트 사이드 자바스크립트 API가 포함됩니다. WorkerGlobalScope에는 Worker() 생성자 또한 존재하므로 워커 스레드에서 다시 워커를 생성할 수도 있습니다.

15.13.3 워커로 코드 가져오기

워커는 자바스크립트에서 모듈 시스템을 수용하기 전에 정의됐으므로 워커만의 가져오기 시스템이 있습니다. WorkerGlobalScope에는 모든 워커에서 접근할 수 있는 importScripts() 전역 함수가 있습니다.

```
// 작업을 시작하기 전에 필요한 클래스와 유틸리티를 불러옵니다.
importScripts("utils/Histogram.js", "utils/BitSet.js");
```

importScripts()는 하나 이상의 URL 인자를 받는데, 이들은 모두 자바스크립트 코드 파일을 참조해야 합니다. 상대 URL은 현재 문서가 아니라 Worker() 생성자에 전달된 URL을 기준으로 해석됩니다. importScripts()는 이 파일들을 지정된 순서대로, 동기적으로 불러와서 실행합니다. 스크립트를 로드하는 동안 네트워크 에러가 일어나거나 실행 중에 어떤 종류의 에러라도 일어난다면 그 뒤의 스크립트는 모두 취소됩니다. importScripts()를 통해 불러온 스크립트 역시 importScripts()를 호출해 자신에게 필요한 파일을 불러올 수 있습니다. 하지만 importScripts()는 이미 불러온 스크립트를 추적하지 않으며, 의존하는 스크립트에서 순환 참조가 일어나더라도 이를 방지하지는 않습니다.

importScripts()는 동기적 함수이며 스크립트 전체를 불러와서 실행할 때까지 종료되지 않습니다. importScripts()가 종료되는 즉시 스크립트를 사용할 수 있습니다. 콜백, 이벤트 핸들러, then() 메서드, await 같은 것은 필요하지 않습니다. 이미 클라이언트 사이드 자바스크립트의 비동기성에 익숙해졌다면 단순한 동기적 프로그래밍으로 다시 돌아가는 게 어색할 수도 있지만, 이것이 스레드의 가장 큰 장점입니다. 워커에서는 함수가 메인 UI나 다른 워커를 차단하는 상황을 걱정할 필요 없이 함수를 사용할 수 있습니다.

> **🔖 워커의 모듈**
>
> 워커에서 모듈을 사용하려면 반드시 Worker() 생성자에 두 번째 인자를 전달해야 합니다. 두 번째 인자는 반드시 type 프로퍼티가 문자열 module인 객체여야 합니다. Worker() 생성자에서 type:"module" 옵션은 HTML <script> 태그의 type="module" 속성과 마찬가지로 이 코드를 모듈로 해석하며 import 선언을 허용하라는 의미입니다.
>
> 워커가 전통적인 스크립트 대신 모듈을 불러왔을 때는 WorkerGlobalScope에 importScripts() 함수가 정의되지 않습니다.
>
> 2020년 초반 기준으로 워커에서 진정한 모듈과 import 선언을 지원하는 브라우저는 크롬이 유일합니다.

15.13.4 워커 실행 모델

워커 스레드는 코드, 가져온 스크립트나 모듈을 동기적으로 위쪽에서 아래쪽으로 실행하며, 이벤트와 타이머에 응답할 때는 비동기 단계에 들어갑니다. 워커에서 등록한 message 이벤트 핸들러는 메시지 이벤트를 받을 가능성이 있을 때는 절대 종료되지 않습니다. 반면 워커가 메시지를 주시하지 않으면 fetch() 프라미스나 타이머 등 대기 중인 작업을 모두 처리하고 작업 관련 콜백을 모두 호출할 때까지 실행됩니다. 등록된 콜백이 모두 호출되면 워커가 새로운 작업을 시작할 방법이 없으므로 스레드를 종료해도 안전하고, 따라서 자동으로 종료됩니다. 워커는 전역 함수 close()를 호출해 자신을 직접 종료할 수도 있습니다. 단, Worker 객체에는 워커 스레드가 실행 중인지 아닌지 판단할 수 있는 프로퍼티나 메서드가 없으므로 부모 스레드와 통신하지 않은 채 스스로 종료하도록 두지 않아야 합니다.

워커의 에러

워커에서 예외가 발생했는데 이를 캐치할 catch 절이 없으면 워커의 전역 객체에서 error 이벤트가 일어납니다. 이 이벤트의 핸들러에서 이벤트 객체의 preventDefault() 메서드를 호출한다면 에러 전달은 거기서 멈춥니다. 그렇지 않다면 Worker 객체에서 error 이벤트가 일어납니다. Worker 객체에서 preventDefault()를 호출했다면 에러 전달은 끝납니다. Worker 객체에서도 preventDefault()를 호출하지 않았다면 개발자 콘솔에 에러 메시지가 출력되고 Window 객체의 onerror 핸들러가 호출됩니다.

```
// 캐치되지 않은 워커 에러를 워커 내부의 핸들러에서 처리합니다.
self.onerror = function(e) {
    console.log(`Error in worker at ${e.filename}:${e.lineno}: ${e.message}`);
    e.preventDefault();
};
```

```
// 워커 바깥에 있는 핸들러에서 캐치되지 않은 워커 에러를 처리할 수도 있습니다.
worker.onerror = function(e) {
    console.log(`Error in worker at ${e.filename}:${e.lineno}: ${e.message}`);
    e.preventDefault();
};
```

워커 역시 프라미스가 거부됐는데 이를 처리할 .catch() 함수가 없을 때 호출될 핸들러를 등록할 수 있습니다. self.onunhandledrejection 함수를 정의하거나, add

EventListener()를 써서 unhandledrejection 이벤트의 전역 핸들러를 등록하면
.catch() 함수 없이 거부된 프라미스를 감지할 수 있습니다. 이 핸들러에 전달되는
이벤트 객체에는 거부된 프라미스 객체가 값인 promise 프로퍼티가 있고 .catch()
함수에 전달됐을 값인 reason 프로퍼티가 있습니다.

15.13.5 postMessage(), MessagePort, MessageChannel

Worker 객체의 postMessage() 메서드와 워커 내부에 정의되는 전역 함수 post
Message()는 모두 워커와 함께 자동으로 생성되는 한 쌍의 MessagePort 객체의
postMessage() 메서드를 호출하는 방식으로 동작합니다. 클라이언트 사이드 자바
스크립트에서는 자동으로 생성되는 MessagePort 객체에 직접 접근할 수 없지만,
MessageChannel() 생성자를 써서 쌍으로 연결된 포트를 생성할 수는 있습니다.

```
let channel = new MessageChannel;            // 새로운 채널을 생성합니다.
let myPort = channel.port1;                  // 이 채널에는 서로 연결된
let yourPort = channel.port2;                // 포트가 두 개 있습니다.

myPort.postMessage("Can you hear me?");      // 한쪽에서 보낸 메시지는
yourPort.onmessage = (e) => console.log(e.data); // 다른 쪽에서 수신합니다.
```

MessageChannel에는 서로 연결된 MessagePort 객체 쌍을 참조하는 port1, port2
프로퍼티가 있습니다. MessagePort는 postMessage() 메서드와 onmessage 이벤트
핸들러 프로퍼티를 가진 객체입니다. 연결된 쌍의 한쪽 포트에서 postMessage()를
호출하면 반대쪽 포트에서 message 이벤트가 일어납니다. onmessage 프로퍼티나
message 이벤트 리스너로 이 이벤트를 수신할 수 있습니다.

포트에 전송된 메시지는 onmessage 프로퍼티가 정의되거나 포트에서 start() 메서
드가 호출될 때까지 큐에 남습니다. 따라서 한쪽에서 보낸 메시지를 다른 쪽에서 받
지 못하는 일은 없습니다. MessagePort에 addEventListener()를 사용할 때는 start()
를 호출하는 것을 잊지 마십시오. 호출하지 않으면 메시지를 전혀 받을 수 없습니다.

그동안 살펴본 postMessage() 예제는 모두 메시지 인자 하나만 사용했습니다. 하
지만 이 메서드는 선택 사항으로 두 번째 인자도 받을 수 있습니다. 두 번째 인자
는 채널의 반대편으로 이동할(복사가 아닙니다) 아이템 배열입니다. 이동을 지원
하는 값은 MessagePort와 ArrayBuffer입니다. 일부 브라우저에서 ImageBitmap과
OffscreenCanvas 같은 이동 가능 타입을 지원하기도 하지만, 모든 브라우저가 지

원하는 것은 아니며 이 책에서는 설명하지 않습니다. postMessage()의 첫 번째 인자인 메시지 객체 어디든 MessagePort가 포함되어 있으면 그 MessagePort는 반드시 두 번째 인자에도 있어야 합니다. 이렇게 하면 채널 반대편에서 그 MessagePort를 사용할 수 있게 되며, 전송한 쪽에서는 즉시 사용 불가능하게 됩니다. 워커를 만들고 워커와 통신할 채널이 두 개 있다고 합시다. 채널 하나는 일반적인 데이터 교환용 채널이고 다른 하나는 우선 순위가 매우 높은 메시지를 전달하는 채널입니다. 메인 스레드에서는 MessageChannel을 생성하고 워커에서는 postMessage()를 호출해서 MessagePort 중 하나를 메인 스레드의 MessageChannel에 전달할 수 있습니다.

```
let worker = new Worker("worker.js");
let urgentChannel = new MessageChannel();
let urgentPort = urgentChannel.port1;
worker.postMessage({ command: "setUrgentPort", value: urgentChannel.port2 },
                   [ urgentChannel.port2 ]);
// 이제 다음과 같이 워커의 중요 메시지를 수신할 수 있습니다.
urgentPort.addEventListener("message", handleUrgentMessage);
urgentPort.start();  // 메시지 수신을 시작합니다.
// 긴급한 메시지는 이렇게 전송합니다.
urgentPort.postMessage("test");
```

MessageChannel은 워커를 두 개 만들어 메인 스레드에 두 워커 간 메시지를 중계하는 코드 없이 두 워커가 직접 통신하도록 할 때 유용합니다.

ArrayBuffer를 복사하지 않고 워커 사이에 전달할 때도 postMessage()의 두 번째 인자를 사용할 수 있습니다. 이미지 데이터를 포함하는 커다란 ArrayBuffer에서 이 방법을 쓰면 성능을 크게 향상시킬 수 있습니다. MessagePort를 통해 ArrayBuffer를 이동시키면 해당 ArrayBuffer는 즉시 원래 스레드에서 사용할 수 없게 되므로 그 콘텐츠에 더는 접근할 수 없습니다. postMessage()의 첫 번째 인자에 ArrayBuffer 또는 ArrayBuffer를 포함하는 값이 들어 있다면, 그 버퍼는 두 번째 postMessage() 인자의 배열 요소에 포함될 수 있습니다. 그 버퍼가 두 번째 인자에 포함된다면 복사를 거치지 않고 이동합니다. 두 번째 인자에 포함되지 않는다면 ArrayBuffer는 복사됩니다. 626페이지 예제 15-14에 ArrayBuffer를 이동하는 기법이 포함되어 있습니다.

15.13.6 postMessage()를 통한 교차 출처 메시지

클라이언트 사이드 자바스크립트에서는 postMessage() 메서드를 다른 용도로 사용하기도 합니다. 이 방법은 워커가 아니라 브라우저 창 사이의 통신이지만, 두 방법이 상당히 비슷하므로 Window 객체의 postMessage() 메서드도 여기에서 설명합니다.

<iframe> 요소는 문서에 임베드됐지만 독립적인 창으로 동작합니다. <iframe>을 가리키는 Element 객체에는 임베드된 문서의 Window 객체인 contentWindow 프로퍼티가 있습니다. 또한 중첩된 아이프레임에서 실행되는 스크립트에서 window.parent 프로퍼티는 포함하는 Window 객체를 가리킵니다. 두 창이 같은 출처의 문서를 표시하고 있다면 두 창의 스크립트는 서로의 콘텐츠에 접근할 수 있습니다. 반면 두 문서의 출처가 다르다면 브라우저의 동일 출처 정책 때문에 하나의 창의 스크립트가 다른 창의 콘텐츠에 접근할 수 없습니다.

워커의 postMessage()는 독립적인 두 스레드가 메모리를 공유하지 않고 통신하는 안전한 방법입니다. 브라우저 창의 postMessage()는 출처가 다른 창끼리 안전하게 메시지를 교환하는 방법입니다. 설령 동일 출처 정책이 스크립트에서 다른 창의 콘텐츠를 볼 수 없게 막더라도 그 창의 postMessage()를 호출하는 것은 가능하며, 이 호출을 통해 그 창에서 message 이벤트가 일어나고 그 창의 이벤트 핸들러가 이에 응답할 수 있습니다.

하지만 브라우저 창의 postMessage() 메서드는 워커의 postMessage() 메서드와는 조금 다릅니다. 첫 번째 인자가 구조화된 클론 알고리즘을 통해 복사되는 임의의 메시지라는 점은 같지만, 워커 버전에서 선택 사항인 두 번째 인자로 사용했던 이동 대상 객체는 세 번째 인자로 밀려납니다. 브라우저 창의 postMessage() 메서드의 두 번째 인자는 문자열이며 필수입니다. 이 두 번째 인자는 메시지를 수신할 문서의 출처(프로토콜, 호스트 이름, 선택 사항인 포트)입니다. 예를 들어 두 번째 인자에 *https://good.example.com*을 사용했지만 해당 메시지를 받는 창이 사실은 *https://malware.example.com*의 콘텐츠를 포함하고 있다면 메시지는 전달되지 않습니다. 출처를 가리지 않고 메시지를 전송하고 싶을 때는 두 번째 인자에 와일드카드 *를 사용하십시오.

브라우저 창이나 아이프레임의 자바스크립트 코드는 해당 창의 onmessage 프로퍼티 또는 message 이벤트를 통해 메시지를 수신할 수 있습니다. 워커와 마찬가지로 브라우저 창의 message 이벤트를 수신하면 이벤트 객체의 data 프로퍼티가 받은 메시지입니다. 한편 창에 전달된 message 이벤트에는 source, origin 프로퍼티

도 있습니다. source 프로퍼티는 메시지를 보낸 Window 객체이며 event.source
.postMessage()를 써서 회신을 보낼 수 있습니다. origin 프로퍼티는 출처 창의 콘
텐츠 출처입니다. 메시지를 보내는 스크립트에서 이 정보를 조작하는 것은 불가능
하므로, message 이벤트를 받을 때는 이 프로퍼티를 확인해서 원하던 메시지인지
체크할 수 있습니다.

15.14 만델브로트 세트

워커와 메시지를 써서 계산 집약적인 작업을 병렬화하는 예제를 소개하며 15장을
마치겠습니다. 예제의 핵심이 워커와 메시지를 사용하는 것이긴 하지만 히스토리
관리, <canvas>와 ImageData 클래스, 키보드, 포인터, 크기 조절 이벤트 등 이 장에
소개한 API를 광범위하게 활용하는 고난도 웹 애플리케이션을 다룹니다. 이 장에
서 소개한 기능 외에 제너레이터와 프라미스 같은 코어 자바스크립트의 기능도 사
용합니다.

예제는 그림 15-16 같은 아름다운 이미지를 만들어 내는 복잡한 프랙탈인 만델브
로트 세트입니다.

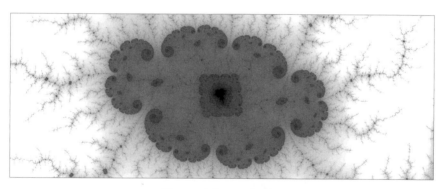

그림 15-16 만델브로트 세트의 일부

만델브로트 세트는 복소평면(complex plane)에 존재하는 점들의 집합이며, 각 포인
트는 복잡한 곱셈과 덧셈을 반복하고 벡터(magnitude)가 결합된 값입니다. 만델브
로트 세트의 외곽선은 대단히 복잡하며, 각 지점이 세트의 멤버인지 아닌지 판단하
는 작업은 대단히 계산 집약적입니다. 예를 들어 500×500 크기의 만델브로트 세트
이미지를 만들기 위해서는 반드시 이미지의 250,000픽셀을 개별적으로 계산해야
합니다. 또한 각 픽셀에 연관된 값을 검증하기 위해서는 복잡한 곱셈을 1,000번 이

상 반복해야 합니다. 반복 횟수가 많을수록 경계가 또렷해지며, 적을수록 경계가 흐릿해집니다. 만델브로트 세트를 고품질 이미지로 표현하려면 2억 5천만 번 가량의 복잡한 연산을 수행해야 하므로 반드시 워커를 사용해야 합니다. 예제 15-14는 우리가 사용할 워커 코드입니다. 이 파일은 더 큰 프로그램에 필요한 계산 일부만 담당하므로 비교적 간결합니다. 하지만 다음 두 가지는 알아두는 것이 좋습니다.

- 이 워커는 픽셀의 사각형 그리드인 ImageData 객체를 생성하며, 해당 그리드가 만델브로트 세트에 속하는지 판단합니다. 하지만 ImageData에 실제 픽셀 값을 저장하는 대신, 커스텀 형식화 배열을 사용해 각 픽셀을 32비트 정수로 취급합니다. 워커는 이 배열 안에 각 픽셀에 필요한 반복 횟수를 저장합니다. 각 픽셀에서 계산한 복소수 벡터가 4 이상으로 커지면 수학적으로 경계를 벗어난 것이 확실하므로, '벗어났다(escaped)'고 표현합니다. 따라서 이 워커가 각 픽셀에서 반환하는 값은 값이 벗어나기 전까지의 반복 횟수입니다. 워커에 각 값에서 반복할 최댓값을 전달하면, 이 최댓값에 도달한 픽셀은 세트의 멤버인 것으로 간주합니다.

- 워커는 이 ImageData와 연관된 ArrayBuffer를 메인 스레드에 되돌리므로 워커가 사용한 메모리를 복사할 필요는 없습니다.

예제 15-14 만델브로트 세트의 영역을 계산할 워커 코드

```javascript
// 부모 스레드에서 메시지를 받고 그 메시지에 지시된 계산을 한 다음,
// 계산 결과를 부모 스레드에 다시 보내는 단순한 워커입니다.
onmessage = function(message) {
    // 먼저 수신한 메시지를 분석합니다.
    //  - tile은 width와 height 프로퍼티가 있는 객체입니다.
    //       이 객체는 만델브로트 세트 멤버십을 계산할 사각형 크기를 지정합니다.
    //  - (x0, y0)은 타일(tile)의 좌측 상단 픽셀에 대응하는 복소평면의 지점입니다.
    //  - perPixel은 실수계와 허수계에 공동으로 사용하는 픽셀 크기입니다.
    //  - maxIterations는 해당 픽셀이 세트에 포함되는지 판단하기 전 최대 몇 회 반복할지
    //       지정합니다.
    const {tile, x0, y0, perPixel, maxIterations} = message.data;
    const {width, height} = tile;

    // 다음에는 픽셀의 사각형 배열을 나타내는 ImageData 객체를 생성하고,
    // 그 내부의 ArrayBuffer를 얻은 다음, 버퍼의 형식화 배열 뷰를 생성합니다.
    // 뷰를 만들면 각 픽셀을 네 개의 개별 바이트가 아니라 정수 하나로 취급할 수 있습니다.
    // 각 픽셀의 반복 횟수는 iterations 배열에 저장합니다.
    // 이 배열은 부모 스레드에서 픽셀 색깔로 변환됩니다.
    const imageData = new ImageData(width, height);
    const iterations = new Uint32Array(imageData.data.buffer);
```

```
// 이제 계산을 시작합니다. 루프는 삼중으로 중첩되어 있습니다.
// 외부의 두 루프는 각각 픽셀의 행과 열을 순회하며, 내부 루프는 각 픽셀이
// 경계를 '벗어나는지' 여부를 판단하며 순회합니다. 각 루프 변수의 의미는 다음과 같습니다.
//   - row와 column은 픽셀 좌표를 나타내는 정수입니다.
//   - x와 y는 각 픽셀의 복소수 부분을 나타냅니다. (x + yi)
//   - index는 현재 픽셀과 대응하는 iterations 배열의 인덱스입니다.
//   - n은 각 픽셀의 반복 횟수입니다.
//   - max와 min은 사각형의 픽셀에 대해 지금까지 확인된
//     반복 횟수의 최댓값과 최솟값입니다.
let index = 0, max = 0, min=maxIterations;
for(let row = 0, y = y0; row < height; row++, y += perPixel) {
    for(let column = 0, x = x0; column < width; column++, x += perPixel) {
        // 각 픽셀에서 복소수 c = x + yi로 시작합니다. 그리고 다음 재귀 공식에 따라
        // 복소수 z(n+1)을 반복적으로 계산합니다.
        //
        //    z(0) = c
        //    z(n+1) = z(n)^2 + c
        //
        // |z(n)|, 즉 z(n)의 벡터가 2를 초과하면 이 픽셀은 세트에 포함되지 않으므로
        // n회 반복 후 종료합니다.
        let n;                 // 지금까지 반복한 횟수
        let r = x, i = y;  // z(0)에 c를 할당하고 시작합니다.
        for(n = 0; n < maxIterations; n++) {
            let rr = r*r, ii = i*i; // z(n)의 두 부분을 제곱합니다.
            if (rr + ii > 4) {      // |z(n)|^2가 4를 초과한다면
                break;              // 벗어난 것이므로 반복을 멈춥니다.
            }
            i = 2*r*i + y;          // z(n+1)의 허수 부분
            r = rr - ii + x;        // z(n+1)의 실수 부분
        }
        iterations[index++] = n;   // 각 픽셀의 반복 횟수를 기억합니다.
        if (n > max) max = n;      // 반복 횟수 최댓값을 추적합니다.
        if (n < min) min = n;      // 최솟값도 추적합니다.
    }
}

    // 계산이 완료되면 결과를 부모 스레드에 전송합니다. imageData 객체는 복사되지만
    // 그에 포함된 ArrayBuffer는 이동하므로 성능은 크게 떨어지지 않습니다.
    postMessage({tile, imageData, min, max}, [imageData.data.buffer]);
};
```

다음으로 살펴볼 예제 15-15는 위 워커 코드를 사용하는 만델브로트 세트 뷰어 애
플리케이션입니다. 예제가 좀 길지만 코어와 클라이언트 사이드 자바스크립트의
중요한 기능을 한데 모았으니 이 장을 정리하기에 좋을 것입니다. 주석을 충분히
달았으니 주의 깊게 읽길 권합니다.

예제 15-15 만델브로트 세트를 표현하는 웹 애플리케이션

```javascript
/*
 * 이 클래스는 캔버스 또는 이미지에 속한 사각형을 나타냅니다.
 * Tile을 써서 캔버스를 사각형 영역으로 나누면 각 타일은 워커들이 독립적으로 처리합니다.
 */
class Tile {
    constructor(x, y, width, height) {
        // Tile 객체의 프로퍼티는 더 큰 사각형 안에 있는 타일의 위치와 크기를 나타냅니다.
        this.x = x;
        this.y = y;
        this.width = width;
        this.height = height;
    }

    // 이 정적 메서드는 지정된 너비(width)와 높이(height)의 사각형을
    // 지정된 행 수(numRows)와 열 수(numCols)만큼 분할해,
    // numRows*numCols개의 Tile 객체를 전달(yield)하는 제너레이터입니다.
    static *tiles(width, height, numRows, numCols) {
        let columnWidth = Math.ceil(width / numCols);
        let rowHeight = Math.ceil(height / numRows);

        for(let row = 0; row < numRows; row++) {
            let tileHeight = (row < numRows-1)
                ? rowHeight                       // 줄 높이(몫)
                : height - rowHeight * (numRows-1);  // 마지막 줄 높이(나머지)
            for(let col = 0; col < numCols; col++) {
                let tileWidth = (col < numCols-1)
                    ? columnWidth                 // 열 너비(몫)
                    : width - columnWidth * (numCols-1); // 마지막 열 너비(나머지)
                yield new Tile(col * columnWidth, row * rowHeight,
                                tileWidth, tileHeight);
            }
        }
    }
}

/*
 * 이 클래스는 같은 코드를 실행하는 워커 풀(pool)을 나타내는 클래스입니다.
 * 워커 코드는 반드시 수신하는 메시지에 응답해 계산을 수행하고
 * 계산 결과를 메시지로 회신해야 합니다.
 *
 * WorkerPool을 만들고 워커가 작업할 메시지가 준비됐다면 메시지를 인자로 전달해
 * addWork()를 호출하기만 하면 됩니다.
 * 현재 유휴 상태인 Worker 객체가 있다면 메시지는 즉시 그 워커에 전달됩니다.
 * 현재 유휴 상태인 Worker 객체가 없다면 메시지는 큐로 들어갔다가
 * 유휴 상태가 된 워커에 전달됩니다.
 *
 * addWork()가 반환하는 프라미스는 워커가 전송하는 메시지로 해석되며,
```

```
 * 워커가 처리되지 않은 에러를 일으킬 때는 거부됩니다.
 */
class WorkerPool {
    constructor(numWorkers, workerSource) {
        this.idleWorkers = [];        // 현재 작업 중이지 않은 워커
        this.workQueue = [];          // 현재 처리 중이지 않은 작업
        this.workerMap = new Map();   // 해석/거부 함수를 워커와 연결합니다.

        // 워커를 지정된 숫자만큼 생성하고 메시지 핸들러와 에러 핸들러를 추가한 다음
        // idleWorkers 배열에 저장합니다.
        for(let i = 0; i < numWorkers; i++) {
            let worker = new Worker(workerSource);
            worker.onmessage = message => {
                this._workerDone(worker, null, message.data);
            };
            worker.onerror = error => {
                this._workerDone(worker, error, null);
            };
            this.idleWorkers[i] = worker;
        }
    }

    // 워커가 작업을 마쳤을 때 메시지를 전송하거나 에러를 일으키는 내부 메서드
    _workerDone(worker, error, response) {
        // 워커에서 resolve()와 reject() 함수를 찾고 이 워커를 맵에서 제거합니다.
        let [resolver, rejector] = this.workerMap.get(worker);
        this.workerMap.delete(worker);
        // 큐에 작업이 없으면 워커를 유휴 워커 리스트에 넣습니다.
        // 큐에 작업이 있으면 큐에서 작업을 꺼내 워커에 전송합니다.
        if (this.workQueue.length === 0) {
            this.idleWorkers.push(worker);
        } else {
            let [work, resolver, rejector] = this.workQueue.shift();
            this.workerMap.set(worker, [resolver, rejector]);
            worker.postMessage(work);
        }

        // 마지막으로 워커의 프라미스를 해석하거나 거부합니다.
        error === null ? resolver(response) : rejector(error);
    }

    // 이 메서드는 워커 풀에 작업을 추가하고, 작업이 끝났을 때 워커의 응답으로 해석되는
    // 프라미스를 반환합니다. 작업은 postMessage()로 워커에 전달되는 값입니다.
    // 유휴 상태인 워커가 있으면 작업 메시지는 즉시 전달되며, 없다면 사용할 수 있는
    // 워커가 생길 때까지 큐에 보관됩니다.
    addWork(work) {
        return new Promise((resolve, reject) => {
            if (this.idleWorkers.length > 0) {
                let worker = this.idleWorkers.pop();
```

```
                        this.workerMap.set(worker, [resolve, reject]);
                        worker.postMessage(work);
                    } else {
                        this.workQueue.push([work, resolve, reject]);
                    }
                });
        }
    }


    /*
     * 이 클래스는 만델브로트 세트를 렌더링할 때 필요한 상태 정보를 관리합니다.
     * cx와 cy 프로퍼티는 이미지의 중앙인 복소평면 포인트의 좌표입니다.
     * perPixel 프로퍼티는 이미지의 각 픽셀에서 복소수의 실수 부분과 허수 부분이
     * 얼마나 바뀌는지 나타냅니다.
     * maxIterations 프로퍼티는 세트를 얼마나 정밀하게 계산하는지 나타냅니다.
     * 이 숫자가 크면 클수록 계산이 더 늘어나지만 이미지는 그만큼 선명해집니다.
     *
     * 캔버스 크기는 이 클래스에 저장하지 않습니다. cx, cy, perPixel 프로퍼티만 있으면
     * 캔버스의 현재 크기에 맞게 만델브로트 세트를 그릴 수 있습니다.
     *
     * 이 타입의 객체는 history.pushState()와 함께 사용하며 북마크나 공유된 URL을 통해
     * 원하는 상태를 읽을 수 있습니다.
     */
    class PageState {
        // 이 팩토리 메서드는 전체 세트의 초기 상태를 반환합니다.
        static initialState() {
            let s = new PageState();
            s.cx = -0.5;
            s.cy = 0;
            s.perPixel = 3/window.innerHeight;
            s.maxIterations = 500;
            return s;
        }


        // 이 팩토리 메서드는 URL에서 상태를 가져오고, URL에서 상태를 읽을 수 없을 때는
        // null을 반환합니다.
        static fromURL(url) {
            let s = new PageState();
            let u = new URL(url); // URL의 검색 매개변수를 통해 상태를 초기화합니다.
            s.cx = parseFloat(u.searchParams.get("cx"));
            s.cy = parseFloat(u.searchParams.get("cy"));
            s.perPixel = parseFloat(u.searchParams.get("pp"));
            s.maxIterations = parseInt(u.searchParams.get("it"));
            // 유효한 값을 얻었으면 PageState 객체를 반환합니다.
            // 유효한 값을 얻지 못했으면 null을 반환합니다.
            return (isNaN(s.cx) || isNaN(s.cy) || isNaN(s.perPixel)
                    || isNaN(s.maxIterations))
                ? null
                : s;
```

```
        }

        // 이 인스턴스 메서드는 현재 상태를 URL 검색 매개변수로 인코드합니다.
        toURL() {
            let u = new URL(window.location);
            u.searchParams.set("cx", this.cx);
            u.searchParams.set("cy", this.cy);
            u.searchParams.set("pp", this.perPixel);
            u.searchParams.set("it", this.maxIterations);
            return u.href;
        }
    }

// 다음 상수는 만델브로트 세트 계산의 병렬화를 제어합니다.
// 컴퓨터에서 최적의 성능을 얻으려면 이 값을 조절해야 할 수도 있습니다.
const ROWS = 3, COLS = 4, NUMWORKERS = navigator.hardwareConcurrency || 2;

// 만델브로트 세트 프로그램의 메인 클래스입니다. 사용할 <canvas> 요소를 인자로
// 생성자 함수를 호출하기만 하면 됩니다. 이 프로그램은 <canvas> 요소가 브라우저 창
// 전체를 사용한다고 가정합니다.
class MandelbrotCanvas {
    constructor(canvas) {
        // 캔버스를 저장하고 컨텍스트 객체를 가져오며 WorkerPool을 초기화합니다.
        this.canvas = canvas;
        this.context = canvas.getContext("2d");
        this.workerPool = new WorkerPool(NUMWORKERS, "mandelbrotWorker.js");

        // 나중에 사용할 프로퍼티를 정의합니다.
        this.tiles = null;          // 캔버스의 부속 영역
        this.pendingRender = null;  // 현재는 렌더링하고 있지 않습니다.
        this.wantsRerender = false; // 현재 요청된 렌더링이 없습니다.
        this.resizeTimer = null;    // 너무 자주 리사이즈하는 것을 방지합니다.
        this.colorTable = null;     // 데이터를 픽셀 값으로 변환할 때 사용합니다.

        // 이벤트 핸들러를 설정합니다.
        this.canvas.addEventListener("pointerdown", e => this.handlePointer(e));
        window.addEventListener("keydown", e => this.handleKey(e));
        window.addEventListener("resize", e => this.handleResize(e));
        window.addEventListener("popstate", e => this.setState(e.state, false));

        // URL에서 상태를 초기화하거나 초기 상태로 시작합니다.
        this.state =
            PageState.fromURL(window.location) || PageState.initialState();

        // 이 상태를 히스토리 메커니즘에 저장합니다.
        history.replaceState(this.state, "", this.state.toURL());

        // 캔버스 크기를 정하고 캔버스를 덮을 배열을 가져옵니다.
        this.setSize();
```

```
            // 만델브로트 세트를 캔버스에 렌더링합니다.
            this.render();
        }

        // 캔버스 크기를 정하고 Tile 객체 배열을 초기화합니다. 이 메서드는 생성자에서
        // 호출되며, 브라우저 창 크기가 바뀔 때 handleResize() 메서드에서도 호출됩니다.
        setSize() {
            this.width = this.canvas.width = window.innerWidth;
            this.height = this.canvas.height = window.innerHeight;
            this.tiles = [...Tile.tiles(this.width, this.height, ROWS, COLS)];
        }

        // 이 함수는 PageState를 변경하고 새로운 상태를 가지고 만델브로트 세트를 다시
        // 렌더링하며, history.pushState()를 통해 새로운 상태를 저장하기도 합니다.
        // 첫 번째 인자가 함수이면 그 함수는 상태 객체를 인자로 받아 호출되고 상태 또한
        // 그에 맞게 바꿉니다. 첫 번째 인자가 객체이면 그 객체의 프로퍼티를 상태 객체에
        // 복사하기만 합니다. 선택 사항인 두 번째 인자가 false이면 새로운 상태는
        // 저장되지 않습니다.
        // popstate 이벤트에 대한 응답으로 setState를 호출할 때 이 작업을 수행합니다.
        setState(f, save=true) {
            // 인자가 함수이면 호출해서 상태를 업데이트합니다.
            // 그렇지 않다면 그 프로퍼티를 현재 상태에 복사합니다.
            if (typeof f === "function") {
                f(this.state);
            } else {
                for(let property in f) {
                    this.state[property] = f[property];
                }
            }
            // 어느 쪽이든 새로운 상태를 즉시 렌더링하기 시작합니다.
            this.render();

            // 일반적으로는 새로운 상태를 저장하지만, 두 번째 인자가 false인 경우는
            // 예외입니다. (popstate 이벤트)
            if (save) {
                history.pushState(this.state, "", this.state.toURL());
            }
        }

        // 이 메서드는 PageState 객체에서 얻은 만델브로트 세트 일부를 비동기적으로
        // 캔버스에 그립니다. 상태가 바뀔 때는 생성자에서 setState()를 통해 호출하며,
        // 캔버스 크기가 바뀌었을 때는 resize 이벤트 핸들러에서 호출합니다.
        render() {
            // 때때로 사용자가 키보드나 마우스를 사용해 렌더링을 너무 빠르게 요청할 수도 있습니다.
            // 이에 대응하려면 렌더링 작업을 워커 풀에 전부 전송하는 대신 새로운 렌더링이
            // 필요하다는 노트를 남기고, 현재 렌더링이 완료됐을 때 현재 상태를
            // 렌더링합니다. 이 과정에서 중간 상태가 생략될 수 있습니다.
            if (this.pendingRender) {          // 이미 렌더링 중이라면
                this.wantsRerender = true;     // 나중에 다시 렌더링한다는 노트를 남기고
```

```
        return;                          // 지금 당장은 아무것도 하지 않습니다.
    }

    // 상태 변수를 가져오고, 캔버스의 좌측 상단 모서리에 해당하는 복소수를 계산합니다.
    let {cx, cy, perPixel, maxIterations} = this.state;
    let x0 = cx - perPixel * this.width/2;
    let y0 = cy - perPixel * this.height/2;

    // ROWS*COLS개의 타일 각각에 대해 addWork()를 호출하면서
    // mandelbrotWorker.js의 코드에 메시지를 보냅니다. 응답으로
    // 받은 프라미스 객체를 배열에 저장합니다.
    let promises = this.tiles.map(tile => this.workerPool.addWork({
        tile: tile,
        x0: x0 + tile.x * perPixel,
        y0: y0 + tile.y * perPixel,
        perPixel: perPixel,
        maxIterations: maxIterations
    }));

    // Promise.all()을 써서 프라미스 배열을 응답 배열로 전환합니다.
    // 각 응답은 타일의 계산 결과입니다. 워커의 응답에는 Tile 객체가 포함되며,
    // 이 객체는 픽셀 값이 아니라 반복 횟수, 그리고 해당 타일의 반복 횟수
    // 최댓값과 최솟값이 담긴 ImageData 객체입니다.
    this.pendingRender = Promise.all(promises).then(responses => {

        // 먼저 타일 전체의 전체적인 반복 횟수 최댓값과 최솟값을 찾습니다. 이 숫자는
        // 픽셀에 색깔을 할당할 때 사용합니다.
        let min = maxIterations, max = 0;
        for(let r of responses) {
            if (r.min < min) min = r.min;
            if (r.max > max) max = r.max;
        }

        // 이제 워커가 반환한 반복 횟수를 픽셀 색깔로 변환할 차례입니다.
        // 모든 픽셀은 반복의 최댓값과 최솟값 사이만큼 반복됐으므로 각 반복 횟수에
        // 대응하는 색깔을 colorTable 배열에 미리 계산해 둘 수 있습니다.

        // 색깔 테이블을 아직 만들지 않았거나 크기가 맞지 않다면 새로 만듭니다.
        if (!this.colorTable || this.colorTable.length !== maxIterations+1){
            this.colorTable = new Uint32Array(maxIterations+1);
        }

        // 최댓값과 최솟값을 사용해 색깔 테이블에 적절한 값을 채워 넣습니다.
        // 세트에 포함되는 픽셀은 완전히 불투명한 검은색을 쓰고, 세트에 포함되지
        // 않는 픽셀은 반투명한 검은색을 쓰되 반복 횟수가 높을수록 불투명도가
        // 올라갑니다. 반복 횟수가 최솟값에 해당하는 픽셀은 투명하므로
        // 흰색 배경이 비쳐 보입니다. 결과적으로 최종 이미지는 그레이스케일
        // 이미지로 표시됩니다.
        if (min === max) {                 // 모든 픽셀의 반복 횟수가 같은 경우
```

```
                    if (min === maxIterations) {  // 정해둔 최댓값이면 검은색으로 통일,
                        this.colorTable[min] = 0xFF000000;
                    } else {                       // 아니면 투명으로 통일합니다.
                        this.colorTable[min] = 0;
                    }
                } else {
                    // 일반적으로는 최댓값과 최솟값이 다를 것입니다. 로그 함수를 써서
                    // 각 반복 횟수를 0~255 범위에 있는 불투명도로 변환하고
                    // 왼쪽 시프트 연산자를 써서 픽셀 값으로 바꿉니다.
                    let maxlog = Math.log(1+max-min);
                    for(let i = min; i <= max; i++) {
                        this.colorTable[i] =
                            (Math.ceil(Math.log(1+i-min)/maxlog * 255) << 24);
                    }
                }


                // 이제 각 응답의 ImageData에 포함된 반복 횟수를 colorTable의
                // 색깔로 변환합니다.
                for(let r of responses) {
                    let iterations = new Uint32Array(r.imageData.data.buffer);
                    for(let i = 0; i < iterations.length; i++) {
                        iterations[i] = this.colorTable[iterations[i]];
                    }
                }
                // 마지막으로 putImageData()를 써서 imageData 객체를
                // 대응하는 캔버스 타일로 렌더링합니다.
                // 하지만 pointerdown 이벤트 핸들러 때문에 CSS 트랜스폼이 캔버스에
                // 적용됐을 수 있으니, 먼저 변환을 모두 제거합니다.
                this.canvas.style.transform = "";
                for(let r of responses) {
                    this.context.putImageData(r.imageData, r.tile.x, r.tile.y);
                }
            })
            .catch((reason) => {
                // 프라미스에 문제가 있다면 여기서 에러를 기록합니다.
                // 에러가 생기지는 않겠지만, 만약 에러가 있다면 디버깅이 쉬워집니다.
                console.error("Promise rejected in render():", reason);
            })
            .finally(() => {
                // 렌더링이 끝나면 pendingRender 플래그를 제거합니다.
                this.pendingRender = null;
                // 계산 중일 때 렌더링 요청이 들어왔다면 이제 다시 렌더링합니다.
                if (this.wantsRerender) {
                    this.wantsRerender = false;
                    this.render();
                }
            });
    }
```

```
// 사용자가 창 크기를 조절하면 이 함수가 반복적으로 호출됩니다.
// 캔버스 크기 조절이나 만델브로스 세트를 다시 그리는 작업은 계산이 많이 필요하므로
// 1초에 여러 번 수행할 수는 없습니다. 따라서 타이머를 써서 마지막 resize 이벤트에서
// 200밀리초가 지난 뒤로 이벤트 대응을 연기합니다.
handleResize(event) {
    // 이미 대응을 연기하고 있었다면 대기 중인 작업은 취소합니다.
    if (this.resizeTimer) clearTimeout(this.resizeTimer);
    // 새로 들어온 요청을 대기열에 넣습니다.
    this.resizeTimer = setTimeout(() => {
        this.resizeTimer = null;  // 대응이 완료됐다는 표시입니다.
        this.setSize();           // 캔버스와 타일 크기를 조정합니다.
        this.render();            // 새로운 크기로 다시 렌더링합니다.
    }, 200);
}


// 이 이벤트 핸들러는 사용자가 키를 누를 때 호출됩니다.
// setState()는 다양한 키에 응답해 새로운 상태를 렌더링하고 URL을 업데이트하며
// 브라우저 히스토리에 상태를 저장합니다.
handleKey(event) {
    switch(event.key) {
    case "Escape":      // 이스케이프를 누르면 초기 상태로 돌아갑니다.
        this.setState(PageState.initialState());
        break;
    case "+":           // +를 누르면 반복 횟수를 늘립니다.
        this.setState(s => {
            s.maxIterations = Math.round(s.maxIterations*1.5);
        });
        break;
    case "-":           // -를 누르면 반복 횟수를 줄입니다.
        this.setState(s => {
            s.maxIterations = Math.round(s.maxIterations/1.5);
            if (s.maxIterations < 1) s.maxIterations = 1;
        });
        break;
    case "o":           // o를 누르면 화면을 축소합니다.
        this.setState(s => s.perPixel *= 2);
        break;
    case "ArrowUp":     // 위쪽 화살표를 누르면 위로 스크롤
        this.setState(s => s.cy -= this.height/10 * s.perPixel);
        break;
    case "ArrowDown":   // 아래쪽 화살표를 누르면 아래로 스크롤합니다.
        this.setState(s => s.cy += this.height/10 * s.perPixel);
        break;
    case "ArrowLeft":   // 왼쪽 화살표는 왼쪽으로 스크롤
        this.setState(s => s.cx -= this.width/10 * s.perPixel);
        break;
    case "ArrowRight":  // 오른쪽 화살표는 오른쪽으로 스크롤합니다.
        this.setState(s => s.cx += this.width/10 * s.perPixel);
        break;
```

```
        }
    }

    // 이 메서드는 캔버스의 pointerdown 이벤트에 호출됩니다. pointerdown 이벤트는
    // 확대 제스처(클릭이나 탭)의 시작일 수도 있고 패닝 제스처(드래그)의 시작일 수도
    // 있습니다. 이 핸들러는 pointermove와 pointerup 이벤트의 핸들러를 등록해
    // 제스처에 응답합니다.
    // 이 두 핸들러는 pointerup 이벤트로 제스처가 끝날 때 제거됩니다.
    handlePointer(event) {
        // 최초로 포인터가 눌린 픽셀 좌표와 시간. 캔버스가 창 전체를 사용하므로
        // 이벤트 좌표는 캔버스 좌표와 동일합니다.
        const x0 = event.clientX, y0 = event.clientY, t0 = Date.now();

        // move 이벤트의 핸들러입니다.
        const pointerMoveHandler = event => {
            // 이동한 거리와 시간
            let dx=event.clientX-x0, dy=event.clientY-y0, dt=Date.now()-t0;

            // 포인터가 충분히 많이 움직였거나 누른 뒤 시간이 흘러서 일반적인 클릭이
            // 아니라고 판단한다면 CSS를 사용해 패닝 효과를 표시합니다.
            // pointerup 이벤트가 일어나면 다시 렌더링합니다.
            if (dx > 10 || dy > 10 || dt > 500) {
                this.canvas.style.transform = `translate(${dx}px, ${dy}px)`;
            }
        };
        // pointerup 이벤트 핸들러입니다.
        const pointerUpHandler = event => {
            // 포인터가 올라가면 제스처가 끝난 것이므로 다음 제스처가
            // 발생하기 전에 핸들러를 제거합니다.
            this.canvas.removeEventListener("pointermove", pointerMoveHandler);
            this.canvas.removeEventListener("pointerup", pointerUpHandler);

            // 포인터가 움직인 거리, 시간
            const dx = event.clientX-x0, dy=event.clientY-y0, dt=Date.now()-t0;
            // 상태 객체를 개별 상수로 분해합니다.
            const {cx, cy, perPixel} = this.state;

            // 포인터가 충분히 많이 움직였거나 일정한 시간이 지났다면 패닝 제스처로
            // 판단하고 상태를 업데이트해 중앙 포인트를 변경합니다. 그렇지 않다면
            // 클릭으로 간주하고 해당 포인트를 중앙으로 옮기고 확대합니다.
            if (dx > 10 || dy > 10 || dt > 500) {
                // 사용자가 이미지를 (dx, dy) 픽셀만큼 패닝했습니다.
                // 이 값을 복소평면의 오프셋으로 변환합니다.
                this.setState({cx: cx - dx*perPixel, cy: cy - dy*perPixel});
            } else {
                // 클릭입니다. 중앙이 몇 픽셀 움직여야 할지 계산합니다.
                let cdx = x0 - this.width/2;
                let cdy = y0 - this.height/2;
```

```
            // CSS를 사용해 빠르게, 일시적으로 확대합니다.
            this.canvas.style.transform =
                `translate(${-cdx*2}px, ${-cdy*2}px) scale(2)`;

            // 새로운 중앙 지점의 복소수 좌표를 설정하고 2배 확대합니다.
            this.setState(s => {
                s.cx += cdx * s.perPixel;
                s.cy += cdy * s.perPixel;
                s.perPixel /= 2;
            });
        }
    };

        // 사용자가 제스처를 시작하면 pointermove, pointerup 이벤트 핸들러를 등록합니다.
        this.canvas.addEventListener("pointermove", pointerMoveHandler);
        this.canvas.addEventListener("pointerup", pointerUpHandler);
    }
}

// 마지막으로 캔버스 설정 코드입니다. 필요한 것은 이 자바스크립트 파일에 모두 담겨 있으므로
// HTML 파일에는 <script> 하나만 포함하면 됩니다.
let canvas = document.createElement("canvas");  // 캔버스 요소를 생성합니다.
document.body.append(canvas);                   // 문서 바디에 삽입합니다.
document.body.style = "margin:0";               // <body>에는 마진을 주지 않습니다.
canvas.style.width = "100%";                    // 캔버스 너비를 바디에 맞춥니다.
canvas.style.height = "100%";                   // 높이도 마찬가지입니다.
new MandelbrotCanvas(canvas);                   // 렌더링을 시작합니다.
```

15.15 요약 및 추천 문서

이 장에서는 기본적인 클라이언트 사이드 자바스크립트 프로그래밍을 설명했습니다.

- 웹 페이지에 불러온 스크립트와 자바스크립트 모듈이 실행되는 순서와 방법
- 클라이언트 사이드 자바스크립트의 비동기, 이벤트 주도 프로그래밍 모델
- 자바스크립트 코드가 문서의 HTML 콘텐츠를 살펴보고 수정할 수 있게 하는 문서 객체 모델(DOM). DOM API는 클라이언트 사이드 자바스크립트 프로그래밍의 핵심입니다.
- 자바스크립트 코드로 문서 콘텐츠의 CSS 스타일을 조작하는 방법
- 자바스크립트 코드로 요소 좌표를 알아내는 방법
- 자바스크립트, HTML, CSS로 커스텀 요소와 섀도우 DOM API를 사용해 재사용 가능한 UI '웹 컴포넌트'를 만드는 방법

- SVG와 HTML \<canvas\> 요소를 사용해 그래픽을 동적으로 생성하고 표시하는 방법
- 웹 페이지에 녹음된 사운드 효과나 즉석에서 만든 사운드 효과를 추가하는 방법
- 자바스크립트로 브라우저에 새로운 페이지를 불러오거나 사용자의 히스토리를 이동하는 방법, 히스토리에 새로운 페이지 항목을 추가하는 방법
- HTTP, 웹소켓 프로토콜을 사용해 자바스크립트 프로그램이 웹 서버와 데이터를 교환하는 방법
- 자바스크립트 프로그램이 사용자의 브라우저에 데이터를 저장하는 방법
- 자바스크립트 프로그램에서 워커 스레드를 사용해 안전하게 동시성을 구현하는 방법

이 장은 책에서 가장 분량이 길었습니다. 그럼에도 불구하고 웹 브라우저에서 사용할 수 있는 API 전체를 설명하는 것은 전혀 불가능합니다. 웹 플랫폼은 끝없이 뻗어나가고 진화하고 있기 때문에, 이 장에서는 가장 중요한 코어 API를 소개하는 것을 목표로 삼았습니다. 책에서 설명한 내용을 충분히 익힌다면 새로운 API를 배우고 사용하고자 할 때 도움될 것입니다. 하지만 새로운 API가 존재하는지 조차 모른다면 배울 수 없을 테니, 추가로 공부해 볼 만한 웹 플랫폼 기능을 소개하며 15장을 마치겠습니다.

15.15.1 HTML과 CSS

웹은 HTML, CSS, 자바스크립트로 구성됩니다. 자바스크립트 한 가지만 공부한다면 부족할 수밖에 없습니다. 자바스크립트를 사용해 HTML 요소와 CSS 스타일을 조작하는 방법을 아는 것도 중요하지만, HTML 요소와 CSS 스타일을 사용하는 방법까지 알면 그 지식이 한층 빛을 발할 겁니다.

따라서 자바스크립트 API를 더 깊이 파고들기 전에 웹 개발자가 알아야 할 것을 익히는 데 시간을 투자하길 권합니다. 예를 들어 HTML의 폼과 input 요소는 동작 방식이 복잡하기 때문에 이들을 이해하는 것이 중요합니다. CSS의 플렉스박스와 그리드 레이아웃 역시 매우 강력합니다.

이 영역에서 특히 관심을 가져 볼 만한 주제는 ARIA 속성을 포함한 접근성과, 오른쪽에서 왼쪽 방향으로 쓰는 언어에 대한 지원을 포함한 국제화입니다.

15.15.2 성능

웹 애플리케이션을 만들어 세계에 선보였다면, 이제 그 애플리케이션을 더 빨리 동작하게 만드는 끝없는 임무가 시작된 것입니다. 하지만 성능을 측정할 수 없다면 최적화 역시 불가능하니 퍼포먼스 API에도 익숙해져야 합니다. Window 객체의 performance 프로퍼티는 이 API의 진입점입니다. 이 프로퍼티에는 정밀한 시간 기록 메서드인 performance.now(), 코드에서 중요한 포인트를 마크하고 지점 사이에서 경과한 시간을 재는 메서드 performance.mark(), performance.measure()가 있습니다. 이들을 호출하면 performance.getEntries()로 접근할 수 있는 Performance-Entry 객체가 생성됩니다. 브라우저는 새로운 페이지를 불러오거나 네트워크에서 파일을 받을 때 자동으로 PerformanceEntry 객체를 생성하고 애플리케이션의 네트워크 성능을 자세히 보고합니다. 또한 PerformanceObserver 클래스를 통해 새로운 PerformanceEntry 객체가 생성될 때 호출될 함수를 지정할 수 있습니다.

15.15.3 보안

이 장에서는 교차 사이트 스크립트(XSS) 취약점을 방어하는 방법을 간단히 소개했지만 자세히 다루지는 않았습니다. 웹 보안은 매우 중요한 주제이므로 반드시 시간을 들여 공부해야 합니다. XSS 외에도 Content-Security-Policy HTTP 헤더, 웹 브라우저가 자바스크립트 코드의 권한을 제한하는 CSP에 대해서도 알아두면 좋습니다. CORS(교차 출처 간 자원 공유) 역시 중요한 주제입니다.

15.15.4 웹어셈블리

웹어셈블리는 웹 브라우저의 자바스크립트 인터프리터와 잘 통합되도록 설계된 저수준 가상 머신 바이트코드 형식입니다. C, C++, 러스트(Rust) 프로그램을 웹어셈블리 바이트코드로 컴파일하고 브라우저의 샌드박스나 보안 모델을 위반하지 않으면서도 네이티브에 가까운 속도로 실행할 수 있게 해 주는 컴파일러도 있습니다. 웹어셈블리에서 내보내는 함수는 자바스크립트 프로그램에서 호출할 수 있습니다. 표준 C 언어 zlib 압축 라이브러리를 컴파일해서 자바스크립트 코드에서 고속 압축과 압축 해제 알고리즘을 사용할 수 있게 하는 것이 웹어셈블리의 대표적인 사용법 중 하나입니다. 자세한 내용은 *https://webassembly.org*에서 확인하십시오.

15.15.5 Document와 Window 객체의 기타 기능

Window와 Document 객체에는 이 장에서 설명하지 않은 다양한 기능이 있습니다.

- Window 객체에는 사용자에게 단순한 모달 대화 상자를 표시하는 alert(), confirm(), prompt() 메서드가 있습니다. 이들 메서드는 메인 스레드를 차단합니다. confirm() 메서드는 동기적으로 불 값을 반환하고 prompt()는 사용자가 입력한 문자열을 동기적으로 반환합니다. 이들은 상용 프로젝트에는 적합하지 않지만 단순한 프로젝트나 프로토타입에서는 유용하게 쓸 수 있습니다.

- Window 객체의 navigator, screen 프로퍼티를 이 장 초반에서 간단히 언급하긴 했지만, 설명하지 않은 기능 중에도 유용하게 쓸 수 있는 기능이 있습니다.

- <video>나 <canvas> 요소 등에는 해당 요소를 전체 화면 모드로 표시하도록 요청하는 requestFullscreen() 메서드가 있습니다. exitFullscreen() 메서드는 반대로 일반적인 모드로 전환합니다.

- Window 객체의 requestAnimationFrame() 메서드는 함수를 인자로 받고 브라우저가 다음 프레임 렌더링을 준비할 때 그 함수를 실행합니다. 화면 구성이 반복적으로 변하거나 애니메이션을 일으킬 때 코드를 requestAnimationFrame()으로 감싸면 브라우저가 최적화된 방법으로 부드럽게 렌더링합니다.

- 사용자가 문서의 텍스트를 선택할 때 Window 객체의 getSelection() 메서드로 선택한 텍스트에 대해 자세히 알 수 있고, 선택된 텍스트는 getSelection().toString()으로 가져올 수 있습니다. 일부 브라우저에서는 시스템 클립보드 콘텐츠를 읽고 쓰는 비동기 API navigator.clipboard 객체를 제공해 브라우저 바깥의 애플리케이션과 복사-붙여넣기를 원활히 할 수 있도록 합니다.

- contenteditable="true" 속성이 있는 HTML 요소의 콘텐츠는 편집할 수 있습니다. 이는 잘 알려지지 않은 웹 브라우저 기능입니다. document.execCommand() 메서드로 이런 콘텐츠에 편집 기능을 사용할 수 있습니다.

- MutationObserver로 요소의 변화를 모니터링할 수 있습니다. MutationObserver() 생성자로 MutationObserver를 생성하고 요소가 변할 때 호출할 콜백 함수를 전달합니다. 그리고 MutationObserver의 observe() 메서드를 호출해 요소의 어떤 부분을 모니터링할지 지정합니다.

- IntersectionObserver를 통해 어떤 요소가 화면에 있는지, 어떤 요소가 화면에 곧 나타날지 파악할 수 있습니다. 이 API는 사용자의 스크롤에 맞춰 콘텐츠를 동적으로 불러오는 애플리케이션에 특히 유용합니다.

15.15.6 이벤트

웹 플랫폼이 지원하는 이벤트는 엄청나게 다양하고 세분화되어 있어서 버겁게 느껴질 수 있습니다. 이 장에서 여러 가지 이벤트 타입을 설명했지만 유용한 이벤트 몇 가지를 더 소개합니다.

- 브라우저는 인터넷에 연결되거나 연결이 끊길 때 online, offline 이벤트를 일으킵니다.
- 문서가 보이거나 보이지 않게 될 때(보통 사용자가 탭을 전환할 때) Document 객체에서 visibilitychange 이벤트가 일어납니다. 자바스크립트에서 document.visibilityState를 체크해 문서가 현재 '보이는지' 파악할 수 있습니다.
- 브라우저는 드래그 앤 드롭 UI와 함께 다른 애플리케이션과 데이터를 교환하는 복잡한 API를 지원합니다. 이 API에는 dragstart, dragover, dragend, drop 등 다양한 이벤트가 포함됩니다. 이 API는 정확히 사용하기 어려운 편이지만 필요할 때는 유용합니다. 데스크탑에서 웹 애플리케이션으로 파일을 드래그하는 인터페이스를 만들기 위해서는 이 API를 이해해야 합니다.
- 포인터 락(Pointer Lock) API는 마우스 포인터를 숨기고 마우스 이벤트를 화면의 고정 좌표가 아니라 상대적인 움직임으로 파악합니다. 이 API는 일반적으로 게임에 적합합니다. 마우스 이벤트를 수렴할 요소에서 requestPointerLock() 메서드를 호출하면, 이후 그 요소에 전달되는 mousemove 이벤트에는 movementX, movementY 프로퍼티가 생깁니다.
- 게임패드 API는 게임 컨트롤러를 지원합니다. navigator.getGamepads()를 호출해 연결된 게임패드 객체를 가져올 수 있고, Window 객체의 gamepadconnected 이벤트를 주시해 새로운 컨트롤러가 연결됐을 때 이를 파악할 수 있습니다. 게임패드 객체에는 컨트롤러 버튼의 현재 상태를 검색하는 API가 포함되어 있습니다.

15.15.7 프로그레시브 웹 애플리케이션과 서비스 워커

프로그레시브(Progressive) 웹 애플리케이션이란 용어는 몇 가지 핵심 기술을 바탕으로 만들어진 웹 애플리케이션을 가리키는 일종의 유행어입니다. 이들 핵심 기술을 충분히 설명하려면 별도의 책이 필요합니다. 이 장에서 이들을 설명하지는 않았지만 이런 API가 존재한다는 건 알고 있어야 합니다. 또한 이들을 비롯해 강력한 최신 API는 대부분 HTTPS 연결에서만 동작하도록 설계됐습니다. 여전히 http:// URL을 사용하는 웹사이트는 다음 최신 기술을 이용할 수 없습니다.

- 서비스 워커(ServiceWorker)는 자신이 '서비스'를 제공하는 웹 애플리케이션의 네트워크 요청을 가로채고, 살펴보고, 응답할 수 있는 일종의 워커 스레드입니다. 웹 애플리케이션에서 서비스 워커를 등록하면 워커의 코드는 브라우저의 로컬 스토리지에 남고, 사용자가 웹사이트에 다시 방문하면 서비스 워커도 다시 활성화됩니다. 서비스 워커는 자바스크립트 코드 파일을 포함해 네트워크 응답을 캐시할 수 있으므로, 서비스 워커를 사용하는 웹 애플리케이션은 실질적으로 사용자의 컴퓨터에 '설치'되어 빠르게 시작하고 오프라인으로도 사용할 수 있습니다. *https://serviceworke.rs*의 '서비스 워커 쿡북'은 서비스 워커와 관련 기술을 잘 설명한 훌륭한 문서입니다.

- 캐시 API는 서비스 워커에서 사용되도록 설계됐습니다. 워커 외부의 자바스크립트 코드에서도 사용할 수 있긴 합니다. 이 API는 fetch() API에서 정의하는 요청과 응답 객체를 사용하며 요청/응답 쌍의 캐시를 만듭니다. 캐시 API는 서비스 워커가 웹 애플리케이션의 스크립트 및 기타 자원을 캐시해서 웹 애플리케이션을 오프라인으로 사용할 수 있게 합니다. 모바일 장치에서 특히 중요한 기능입니다.

- 웹 매니페스트(Manifest)는 웹 애플리케이션의 이름, URL, 다양한 크기의 아이콘 링크를 담은 JSON 형식의 파일입니다. 웹 애플리케이션에서 서비스 워커를 사용하고 .webmanifest 파일을 참조하는 `<link rel="manifest">` 태그를 포함한다면 브라우저(특히 모바일 장치의 브라우저)에서 웹 애플리케이션의 아이콘을 데스크탑이나 홈 화면에 추가할 수 있습니다.

- 알림 API는 모바일과 데스크탑 장치에서 운영 체제의 네이티브 알림 시스템을 통해 웹 애플리케이션이 알림을 표시할 수 있도록 허용하는 API입니다. 알림에는 이미지와 텍스트가 포함될 수 있고, 사용자가 알림을 클릭하면 그 이벤트를

수신할 수도 있습니다. 이 API를 사용하려면 반드시 먼저 알림을 표시할 수 있게 사용자의 허락을 얻어야 한다는 점이 까다로운 편입니다.

- 푸시 API는 서비스 워커를 사용하는 애플리케이션에서 사용자의 승인하에 이 서버의 알림을 구독하고 애플리케이션 자체가 실행 중이지 않을 때도 알림을 표시할 수 있게 허용하는 API입니다. 푸시 알림은 모바일 장치에서 널리 쓰입니다. 푸시 API는 웹 애플리케이션이 모바일 장치의 네이티브 애플리케이션에 더 가까워지게 합니다.

15.15.8 모바일 장치 API

모바일 장치에서 실행되는 웹 애플리케이션에 적합한 웹 API도 다양합니다. 안타깝게도 이런 API 상당수가 안드로이드에서만 동작하며 iOS 장치에서는 동작하지 않습니다.

- 지오로케이션(Geolocation) API는 사용자의 허가를 받고 사용자의 물리적 위치를 파악합니다. 지오로케이션 API는 데스크탑을 비롯해 iOS 장치를 포함한 모바일 장치에서 잘 지원됩니다. 사용자의 현재 위치를 얻을 때는 `navigator.geolocation.getCurrentPosition()`, 사용자의 위치가 바뀔 때 호출할 콜백을 등록할 때는 `navigator.geolocation.watchPosition()`을 사용합니다.

- `navigator.vibrate()` 메서드는 모바일 장치에서 진동을 일으킵니다. iOS는 지원하지 않습니다. 보통 이 기능은 사용자 제스처에 응답할 때만 허용됩니다. 사용자의 제스처를 인식했다는 피드백을 제공할 목적으로 이 메서드를 사용하곤 합니다.

- ScreenOrientation API는 모바일 장치의 화면이 현재 어느 방향을 향하고 있는지를 알려 주며, 장치를 가로 방향이나 세로 방향으로 고정하는 기능도 제공합니다.

- `devicemotion`, `deviceorientation` 이벤트는 지자기 센서(magnetometer), 가속도 센서(accelerometer) 데이터를 제공하므로 사용자가 어느 방향으로, 얼마나 빨리 움직이는지 알 수 있습니다. 이 이벤트는 iOS도 지원합니다.

- 센서 API는 아직 크롬과 안드로이드 장치 외에는 제대로 지원되고 있지 않지만, 자바스크립트에서 가속도, 지자기, 자이로스코프, 광원 센서 등을 포함한 모바일 장치의 센서에 접근할 수 있게 합니다. 이런 센서를 사용하면 자바스크립트

에서 사용자가 어느 방향을 향하는지, 장치를 흔들고 있는지 등을 판단할 수 있습니다.

15.15.9 이진 API

11.2절에서 설명한 형식화 배열, ArrayBuffer, DataView 클래스는 자바스크립트에서 이진 데이터를 다룰 수 있게 합니다. 이 장 초반에 설명했듯 fetch() API로 네트워크에서 이진 데이터를 불러올 수 있지만, 사용자의 로컬 파일시스템에서도 이진 데이터를 가져올 수 있습니다. 보안 문제로 자바스크립트는 로컬 파일에 직접 접근할 수는 없습니다. 하지만 사용자가 <input type="file"> 폼 요소를 써서 업로드할 파일을 선택했거나 웹 애플리케이션에 파일을 드래그했다면 자바스크립트도 그 파일의 파일 객체에 접근할 수 있습니다.

파일은 블롭의 서브클래스이므로 역시 데이터 덩어리로 간주합니다. FileReader 클래스를 통해 파일 콘텐츠를 ArrayBuffer나 문자열 형태로 비동기적으로 가져올 수 있습니다. 일부 브라우저에서는 FileReader 대신 블롭 클래스의 프라미스 기반 text(), arrayBuffer() 메서드를 사용하거나 stream() 메서드를 사용할 수도 있습니다.

이진 데이터, 특히 스트리밍 이진 데이터를 다룰 때는 바이트를 텍스트로 디코드하거나 텍스트를 바이트로 인코드해야 할 수 있습니다. 이런 경우에는 TextEncoder, TextDecoder 클래스가 도움이 됩니다.

15.15.10 미디어 API

navigator.mediaDevices.getUserMedia() 함수로 사용자의 마이크/카메라 접근 권한을 요청할 수 있습니다. 사용자가 이를 허락하면 MediaStream 객체가 만들어집니다. 비디오 스트림은 스트림의 srcObject 프로퍼티를 통해 <video> 태그에 표시할 수 있습니다. 비디오의 개별 프레임은 캔버스의 drawImage() 함수로 캡처할 수 있으며 이 사진의 해상도는 비교적 낮은 편입니다. getUserMedia()에서 반환하는 비디오/오디오 스트림은 MediaRecorder 객체를 통해 블롭으로 저장하고 인코드할 수 있습니다.

WebRTC API는 네트워크를 통해 MediaStream을 전송하므로, 이를 사용해 화상 회의 시스템 등을 만들 수 있습니다.

15.15.11 암호화 및 관련 API

Window 객체의 crypto 프로퍼티에는 암호화에 쓸 수 있을 만큼 안전한 의사 난수를 만드는 getRandomValues() 메서드가 있습니다. 암호화, 복호화, 키 생성, 디지털 서명 등에 사용할 수 있는 기타 메서드는 crypto.subtle에서 제공합니다. 이 프로퍼티의 이름에는 암호화 알고리즘을 제대로 사용하는 것이 매우 어려운 일이고, 지금 무슨 일을 하는지 정확히 알지 못한 채 이 메서드들을 사용하는 건 위험하다는 경고가 담겨 있습니다.[13] 또한 crypto.subtle의 메서드는 HTTPS 연결을 통해 불러온 문서의 자바스크립트 코드에서만 실행할 수 있습니다.

자격 증명 관리(Credential Management) API와 웹 인증(Authentication) API는 자바스크립트를 통해 공개 키를 비롯한 자격 증명을 생성하고, 저장하고, 가져오는 기능을 제공하므로 이를 통해 계정을 만들고 비밀번호 없이 로그인할 수 있습니다. 이 API에서 중요한 함수는 navigator.credentials.create(), navigator.credentials.get() 두 가지지만, 이 메서드를 사용하기 위해서는 서버에도 상당한 수준의 준비가 되어 있어야 합니다. 이들 API는 아직 널리 지원되지는 않지만 웹사이트에 로그인하는 방법을 혁신적으로 바꿀 가능성이 있습니다.

결제(Payment) 요청 API는 웹에서 신용카드로 결제할 수 있게 지원하는 API입니다. 이 API를 사용하면 사용자의 결제 관련 데이터를 브라우저에 안전하게 보관하므로 결제할 때마다 카드 번호를 입력할 필요가 없습니다. 결제를 요청하는 웹 애플리케이션은 PaymentRequest 객체를 생성하고 show() 메서드를 호출해 사용자에게 결제를 요청합니다.

---

13 (옮긴이) subtle은 명쾌하거나 명확하지 않고 애매하다는 뜻으로 가장 많이 사용되며, 여기에는 부정적인 뉘앙스가 담겨 있습니다.

16장

노드와 서버 사이드 자바스크립트

노드는 운영 체제와 연결된 자바스크립트이며 자바스크립트 프로그램에서 파일을 읽고 쓰고, 자식 프로세스를 실행하고, 네트워크를 통해 통신할 수 있게 합니다. 노드는 다음과 같은 용도로 쓸 수 있습니다.

- 배시나 기타 유닉스 셸의 복잡한 문법에서 해방된 최신 셸 스크립트
- 신뢰할 수 없는 코드를 다루는 웹 브라우저에 적용되는 보안 제한에서 벗어나, 신뢰할 수 있는 프로그램을 실행하는 범용 프로그래밍 언어
- 효율적이고 병렬화된 웹 서버 환경

노드의 가장 분명한 특징은 태생부터 비동기적인 API를 바탕으로 한, 싱글 스레드의 이벤트 기반 병렬 환경입니다. 다른 언어는 다뤄 봤으나 자바스크립트 코드 경험은 부족하거나, 웹 브라우저용 코드만 작성해 본 클라이언트 사이드 자바스크립트 프로그래머라면 노드에 익숙해지는 데 시간이 좀 필요할 것입니다. 이 장에서는 먼저 노드 프로그래밍 모델을 설명하며 노드의 동시성, 스트리밍 데이터를 다루는 API, 이진 데이터를 다루는 버퍼 타입에 중점을 둡니다. 이어서 파일과 네트워크, 프로세스, 스레드를 다루는 몇 가지 가장 중요한 노드 API에 대해 설명하고 예제를 살펴봅니다.

이 장에서 노드의 API 전체를 설명할 수는 없지만, 읽고 나면 노드를 생산적으로 사용할 수 있는 기본 지식을 어느 정도 갖출 수 있으며 언제든 새로운 API가 필요할 때 자신 있게 마스터할 수 있을 것입니다.

> **📦 노드 설치**
>
> 노드는 오픈 소스 소프트웨어입니다. *https://nodejs.org*에서 윈도우와 맥OS용 노드 설치 파일을 내려받을 수 있습니다. 리눅스에서는 시스템의 패키지 매니저로 설치할 수도 있고, *https://nodejs .org/en/download*에서 설치 파일을 내려받을 수도 있습니다. *https://hub.docker.com*에서 공식 노드 도커(Docker) 이미지를 받을 수도 있습니다.
>
> 노드를 설치하면 실행 파일 외에도 패키지 매니저 npm이 함께 설치되어 자바스크립트 도구와 라이브러리로 이루어진 방대한 생태계에 쉽게 접근할 수 있습니다. 이 장의 예제는 노드의 내장 패키지만 사용하며 npm이나 외부 라이브러리는 전혀 사용하지 않습니다.
>
> *https://nodejs.org/api*나 *https://nodejs.org/docs/guides*에서 노드의 공식 문서를 확인할 수 있습니다. 이들 문서는 자세하면서도 잘 정리되어 있습니다.

16.1 노드 프로그래밍 기본

먼저 노드 프로그램이 어떤 구조를 가지고 운영 체제와 어떻게 상호작용하는지 알아봅시다.

16.1.1 콘솔 출력

웹 브라우저의 자바스크립트 프로그래밍에 익숙하다면 노드의 console.log()가 단순히 디버깅에만 쓰이지 않고, 사용자에게 메시지를 표시하거나 표준 출력(stdout) 스트림에 출력하는 가장 쉬운 방법이라는 사실이 조금 낯설게 느껴질 수도 있습니다. 다음은 고전적인 'Hello World' 프로그램의 노드 버전입니다.

```
console.log("Hello World!");
```

표준 출력을 사용하는 더 저수준의 메서드가 없는 건 아니지만 가장 쉽고 공식적인 방법은 console.log()입니다.

웹 브라우저의 console.log(), console.warn(), console.error()는 일반적으로 로그 메시지 종류를 나타내는 작은 아이콘을 표시합니다. 노드에는 이런 기능이 없지만, console.error()는 표준 에러(stderr) 스트림에 기록한다는 점이 console.log()와 다릅니다. 프로그램에서 표준 출력을 파일이나 파이프에 리다이렉트한다면

console.log()의 텍스트는 사용자에게 보이지 않고 console.error()의 텍스트만 콘솔에 출력됩니다.

16.1.2 명령행 인자와 환경 변수

터미널이나 기타 명령행 인터페이스에서 실행되는 유닉스 스타일 프로그램을 만들어 봤다면 이런 프로그램이 일반적으로 명령행 인자와 환경 변수를 통해 입력을 받는다는 사실을 알고 있을 것입니다.

노드는 유닉스와 비슷한 방법을 사용합니다. 노드 프로그램은 문자열 배열인 process.argv에서 명령행 인자를 읽을 수 있습니다. 이 배열의 첫 번째 요소는 항상 노드 실행 파일의 경로입니다. 두 번째는 노드가 실행하고 있는 자바스크립트 코드 파일의 경로입니다. 남은 요소는 노드를 호출할 때 명령행에 쓴 인자를 공백으로 구분한 결과입니다.

예를 들어 다음 코드를 argv.js에 저장해 노드에서 실행한다고 합시다.

```
console.log(process.argv);
```

프로그램을 실행하면 다음과 같은 결과가 보입니다.

```
$ node --trace-uncaught argv.js --arg1 --arg2 filename
[
  '/usr/local/bin/node',
  '/private/tmp/argv.js',
  '--arg1',
  '--arg2',
  'filename'
]
```

이 결과에는 눈여겨볼 점이 있습니다.

- process.argv의 첫 번째와 두 번째 요소는 항상 노드 실행 파일과 자바스크립트 파일의 절대 경로이며, 명령행에 어떻게 타이핑했는지는 중요하지 않습니다.
- 노드 실행 파일 자체에서 사용하는 명령행 인자는 process.argv에 포함되지 않습니다. 명령행 인자 --trace-uncaught는 사실 아무 일도 하지 않습니다. 그저 process.argv에 포함되지 않음을 보여 주기 위해 넣었을 뿐입니다. --arg1, filename처럼 자바스크립트 파일 이름 다음에 있는 인자는 모두 process.argv에 포함됩니다.

노드 프로그램은 유닉스 스타일 환경 변수에서도 입력을 받을 수 있습니다. 이 변수는 process.env 객체에 포함됩니다. 이 객체의 프로퍼티 이름은 환경 변수 이름이고, 프로퍼티 값은 변수 값이며 항상 문자열입니다.

다음은 필자의 시스템에 적용된 환경 변수 일부입니다.

```
$ node -p -e 'process.env'
{
  SHELL: '/bin/bash',
  USER: 'david',
  PATH: '/usr/local/bin:/usr/bin:/bin:/usr/sbin:/sbin',
  PWD: '/tmp',
  LANG: 'en_US.UTF-8',
  HOME: '/Users/david',
}
```

명령행 인자 -p, -e의 역할이 궁금하면 node -h나 node --help를 사용해 알아볼 수 있습니다. 힌트를 드리자면, node --eval 'process.env' --print 명령으로도 같은 결과를 얻을 수 있습니다.

16.1.3 프로그램 수명

node 명령어는 실행할 자바스크립트 파일이 명령행 인자로 지정된다고 간주합니다. 일반적으로 이 파일에서 다른 자바스크립트 모듈을 가져오며, 자체 클래스나 함수를 정의하기도 합니다. 노드는 기본적으로 이 파일의 코드를 순서대로 실행합니다. 일부 노드 프로그램은 파일의 마지막 행을 실행한 뒤 종료되기도 하지만, 초기 파일의 실행을 모두 마친 뒤에도 계속 남아 있는 경우가 대부분입니다. 이어지는 절에서 설명하겠지만 노드 프로그램은 대부분 비동기적이며 콜백과 이벤트 핸들러를 바탕으로 동작합니다. 노드 프로그램은 초기 파일을 실행하고 콜백을 모두 호출한 뒤 남은 이벤트가 없을 때까지 종료되지 않습니다. 네트워크 연결을 주시하는 노드 기반 서버 프로그램은 항상 이벤트를 기다리고 있으므로 이론적으로는 영원히 실행됩니다.

process.exit()를 호출해 프로그램을 강제로 종료할 수 있습니다. 사용자가 노드 프로그램을 종료할 때는 보통 프로그램이 실행 중인 터미널 창에서 Ctrl+C를 누릅니다. 프로그램에서 process.on("SIGINT", ()=>{})로 시그널 핸들러 함수를 등록해 Ctrl+C를 무시할 수 있습니다.

프로그램에서 예외가 일어났는데 이를 캐치할 catch 절이 없다면 프로그램은 스택 추적을 출력하고 종료됩니다. 노드는 비동기적이므로 콜백이나 이벤트 핸들러에서 일어난 예외는 반드시 그 안에서 처리해야만 하며, 로컬에서 처리하지 않으면 처리할 방법이 전혀 없기 때문에 프로그램의 비동기 부분에서 일어나는 예외는 처리하기 쉽지 않습니다. 다음과 같이 전역 핸들러 함수를 등록해 프로그램이 충돌하는 일을 막을 수 있습니다.

```
process.setUncaughtExceptionCaptureCallback(e => {
    console.error("Uncaught exception:", e);
});
```

프로그램에서 생성한 프라미스가 거부되고 이를 처리할 .catch() 메서드가 없을 때도 비슷한 상황이 발생합니다. 노드 13에서는 이런 상황에도 프로그램이 종료되지는 않고 콘솔에 길고 장황한 에러 메시지가 출력되지만, 미래 버전에서는 처리되지 않은 프라미스를 치명적인 에러로 간주할 것으로 예상됩니다. 프라미스가 미처리 상태로 거부되어 에러 메시지를 출력하거나 프로그램을 종료하는 일을 막으려면 다음과 같이 전역 핸들러 함수를 등록하십시오.

```
process.on("unhandledRejection", (reason, promise) => {
    // reason은 .catch() 함수에 전달된 값이며
    // promise는 거부된 프라미스 객체입니다.
});
```

16.1.4 노드 모듈

10장에서 자바스크립트 모듈 시스템을 설명하면서 노드 모듈과 ES6 모듈에 대해 설명했습니다. 노드는 자바스크립트에서 모듈 시스템을 정립하기 전에 만들어졌으므로 자신만의 모듈 시스템을 가지고 있습니다. 노드의 모듈 시스템은 require() 함수로 모듈에 값을 가져오고, exports 객체나 module.exports 프로퍼티로 값을 내보냅니다. 이 시스템은 노드 프로그래밍 모델의 기본이며 10.2절에서 설명했습니다.

노드 13부터는 그동안 사용하던 require 기반 모듈(노드에서는 커먼제이에스 (CommonJS) 모듈이라 부릅니다) 외에도 ES6 모듈 표준도 추가로 지원합니다. 두 모듈 시스템은 완전히 호환되지 않으므로 이들을 함께 사용하기는 조금 까다롭습니다. 노드는 모듈을 불러오기 전에 해당 모듈이 require(), module.exports를 사용하

는지 import, export를 사용하는지 알아야 합니다. 노드는 자바스크립트 파일을 커먼제이에스 모듈로 불러올 때 자동으로 require() 함수와 더불어 exports, module 식별자를 정의하고 import, export 키워드는 활성화하지 않습니다. 반면, 파일을 ES6 모듈로 불러올 때는 import, export 선언을 활성화하며 require, module, exports 같은 추가 식별자는 정의하지 **않습니다**.

모듈 종류를 노드에 알리는 가장 단순한 방법은 파일 확장자로 구분하는 것입니다. 코드를 .mjs 확장자 파일에 저장하면 노드는 그 파일을 항상 ES6 모듈로 간주하고 import, export를 사용하리라 예상하며 require() 함수는 제공하지 않습니다. 반대로 .cjs 파일에 코드를 저장하면 노드는 이를 항상 커먼제이에스 모듈로 취급해서 require() 함수를 제공하며, import나 export 선언이 있다면 SyntaxError를 일으킵니다.

파일에 .mjs나 .cjs 확장자를 쓰지 않았다면 노드는 파일과 같은 디렉터리, 부모 디렉터리에서 package.json 파일을 찾습니다. 가장 가까운 package.json 파일을 찾으면 노드는 JSON 객체에서 최상위 type 프로퍼티를 체크합니다. type 프로퍼티의 값이 module이면 노드는 그 파일을 ES6 모듈로 간주합니다. type 프로퍼티 값이 commonjs이면 노드는 그 파일을 커먼제이에스 모듈로 간주합니다. 노드 프로그램을 실행할 때 package.json 파일이 반드시 필요한 건 아닙니다. package.json 파일을 찾지 못하거나 그 파일에 type 프로퍼티가 없으면 노드는 기본적으로 파일을 커먼제이에스 모듈로 간주합니다. package.json 파일을 사용하는 방법은 노드에서 ES6 모듈을 사용하면서 .mjs 확장자를 쓰지 않을 때만 필요합니다.

커먼제이에스 모듈 형식을 사용해 작성된 노드 코드가 헤아릴 수 없이 많으므로 노드는 ES6 모듈이 import 키워드를 써서 커먼제이에스 모듈을 불러올 수 있게 허용했습니다. 하지만 반대는 불가능합니다. 커먼제이에스 모듈은 require()를 사용해 ES6 모듈을 불러올 수 없습니다.

16.1.5 노드 패키지 매니저

노드를 설치하면 일반적으로 npm이라는 프로그램이 함께 설치됩니다. npm은 노드 패키지 매니저(Node Package Manager)를 말하며 프로그램에 필요한 라이브러리를 내려받고 관리하는 일을 돕습니다. npm은 의존하는 패키지와 프로그램에 관한 기타 정보를 프로젝트의 루트 디렉터리에 있는 package.json 파일에 저장합니다. 프로젝트에 ES6 모듈을 사용하고 싶다면 이 `package.json` 파일에 `type: module`을 추가하면 됩니다.

이 장에서 npm에 대해 설명하지는 않습니다(17.4절에서 조금 설명합니다). 여기서 npm을 언급하는 건, 외부 라이브러리가 전혀 없는 프로그램을 만들지 않는한 npm이나 그와 비슷한 도구가 꼭 필요하기 때문입니다. 예를 들어 웹 서버를 개발할 계획이고 작업을 단순화하기 위해 익스프레스 프레임워크(*https://expressjs.com*)를 사용한다고 합시다. 시작하려면 먼저 프로젝트 디렉터리를 만들고 그 안에서 `npm init` 명령을 내립니다. npm은 프로젝트 이름과 버전 번호 등을 묻고, 응답에 따라 `package.json` 파일을 생성합니다.

그리고 `npm install express` 명령을 내리면 익스프레스 라이브러리와 이 라이브러리가 의존하는 패키지를 모두 내려받아 node_modules/ 디렉터리에 설치합니다.

```
$ npm install express
npm notice created a lockfile as package-lock.json. You should commit this file.
npm WARN my-server@1.0.0 No description
npm WARN my-server@1.0.0 No repository field.

+ express@4.17.1
added 50 packages from 37 contributors and audited 126 packages in 3.058s
found 0 vulnerabilities
```

npm으로 패키지를 설치하면 npm은 의존하는 패키지, 즉 익스프레스에 필요한 패키지를 `package.json` 파일에 기록합니다. 의존하는 패키지가 `package.json`에 모두 기록되면, 다른 사람이 여러분의 프로그램을 사용할 때 `package.json`을 복사해서 `npm install` 명령을 내리기만 해도 npm이 자동으로 필요한 라이브러리를 모두 내려받아 설치합니다.

16.2 노드는 기본적으로 비동기적입니다

자바스크립트는 범용 프로그래밍 언어이므로 거대한 행렬 연산이나 복잡한 통계 분석 같은 CPU 집약적인 프로그램도 얼마든지 작성할 수 있습니다. 반면 노드는 네트워크 서버처럼 입출력 집약적인 프로그램에 맞게 설계되고 최적화됐습니다. 특히 노드는 최대한 많은 요청을 동시에 처리할 수 있는 서버를 쉽게 만들 수 있도록 설계됐습니다.

노드는 대부분의 프로그래밍 언어와 달리 동시성을 스레드로 구현하지 않습니다. 멀티스레드는 정확하게 프로그래밍하기 어렵고, 디버그하기도 대단히 어렵습니다. 또한 스레드는 비교적 무거운 작업이므로 수백 개의 스레드를 사용해 수백 개의 요청을 동시에 처리하려면 엄청난 메모리가 필요할 것입니다. 노드는 자바스크립트의 싱글스레드 프로그래밍 모델을 받아들였는데, 전문 지식을 오랫동안 공부하지 않고도 네트워크 서버를 만들 수 있을 정도로 단순화하기 위해서였습니다.

> **🎁 노드와 진정한 병렬화**
>
> 노드 프로그램은 운영 체제의 프로세스를 여러 개 실행할 수 있으며, 노드 10부터는 웹 브라우저에서 차용한 일종의 스레드인 Worker 객체(16.11절)를 지원합니다. CPU가 하나 이상인 시스템에서 프로세스를 여러 개 사용하거나 하나 이상의 워커 스레드를 생성하면, 그 프로그램은 더는 싱글스레드가 아니라 여러 개의 코드를 병렬로 실행하는 프로그램이 됩니다. 이런 기법은 CPU 집약적인 작업에는 잘 어울리지만 서버처럼 입출력 집약적인 프로그램에서는 그리 널리 쓰이지 않습니다.
>
> 하지만 프로세스 사이의 통신, 워커 사이의 통신은 메시지를 통해 이루어지고 메모리가 쉽게 공유되지 않으므로, 노드의 프로세스와 워커는 멀티스레드 프로그래밍의 복잡함을 상당히 덜 수 있습니다.

노드는 기본적으로 비동기, 비차단(nonblocking) 방식 API를 채택하여 싱글스레드 프로그래밍 모델을 유지하면서도 높은 수준의 동시성을 구현합니다. 노드는 비차단 방식을 대단히 중요하게 생각하며, 이를 놀라울 정도로 철저히 지킵니다. 네트워크에서 데이터를 읽고 쓰는 함수가 비동기적이라는 건 쉽게 와닿지만, 노드는 한 걸음 더 나아가 로컬 파일시스템의 파일을 읽고 쓰는 것에도 비차단, 비동기 함수를 지원합니다. 지금 시점에서는 조금 이해하기 어려울 수도 있지만, 노드 API는 하드 디스크가 표준일 때 설계됐으며 하드 디스크는 파일 작업을 실제로 시작하기 전에 몇 밀리초 정도 '탐색 시간(seek time)'을 필요로 합니다. 최신 데이터센터라 하더라도 '로컬' 파일시스템이 사실은 네트워크 위에 존재하며, 따라서 디스크의 지연 시간 외에도 네트워크 지연 시간이 생길 가능성이 있습니다. 파일을 비동기적으로 읽는 것을 자연스럽게 받아들이는 독자도 있겠지만 아마 노드는 더 철저할 것입니다. 심지어 노드는 네트워크 연결을 초기화하거나 파일의 마지막 변경 시간을 구하는 함수조차도 기본 함수는 비차단 방식으로 설계했습니다.

노드 API에는 동기적이면서 동시에 비차단인 함수도 있습니다. 이런 함수들은 완료될 때까지 다른 프로세스를 차단할 필요가 아예 없는 함수들입니다. 하지만 중요한 함수들은 대부분 어떤 형태로든 입출력이 있으므로 조금이라도 다른 프로세스를 차단하는 일이 없도록 비동기로 설계됐습니다. 노드는 자바스크립트가 프라미스 클래스를 도입하기 전에 만들어졌으므로 비동기 API는 콜백 기반입니다. (13장을 아직 읽지 않았거나 잊어버렸다면 다시 읽길 권합니다.) 비동기 노드 함수에 전달하는 마지막 인자는 일반적으로 콜백입니다. 노드는 일반적으로 인자 두 개로 호출되는 **오류 우선 콜백**(error-first callback)을 사용합니다. 오류 우선 콜백의 첫 번째 인자는 일반적으로 에러가 없음을 뜻하는 null이며, 두 번째 인자는 호출한 원래 비동기 함수의 데이터 또는 응답입니다. 에러 인자를 첫 번째로 쓰는 이유는 이를 생략할 수 없게 강제하기 위해서입니다. 이 인자에 null 아닌 값을 쓸 때는 항상 확인해야 합니다. 이 값이 Error 객체이든, 에러 메시지 문자열이든, 에러 코드 정수이든, null이 아니라면 뭔가 잘못되었을 것입니다. 이런 경우 콜백 함수의 두 번째 인자가 null일 때가 많습니다.

다음 코드는 설정 파일을 읽고 JSON으로 파싱한 뒤 설정 객체를 다른 콜백에 전달하는 비차단 readFile() 함수입니다.

```
const fs = require("fs");  // 파일시스템 모듈을 불러옵니다.

// 설정 파일을 읽고 콘텐츠를 JSON으로 파싱한 다음, 결과 값을 콜백에 전달합니다.
// 문제가 있다면 에러 메시지를 stderr에 출력하고 null과 함께 콜백을 호출합니다.
function readConfigFile(path, callback) {
    fs.readFile(path, "utf8", (err, text) => {
        if (err) {    // 파일을 읽을 때 문제가 발생했습니다.
            console.error(err);
            callback(null);
            return;
        }
        let data = null;
        try {
            data = JSON.parse(text);
        } catch (e) {  // 파일 콘텐츠를 파싱할 때 문제가 발생했습니다.
            console.error(e);
        }
        callback(data);
    });
}
```

노드는 프라미스가 표준화되기 전에 만들어졌지만 오류 우선 콜백이 아주 일관적으로 작동하므로 util.promisify() 래퍼를 사용해 프라미스 기반 콜백으로 쉽게 변형할 수 있습니다. 다음은 프라미스를 반환하도록 고쳐 쓴 readConfigFile() 함수입니다.

```javascript
const util = require("util");
const fs = require("fs");   // 파일시스템 모듈을 불러옵니다.
const pfs = {               // 일부 fs 함수의 프라미스 기반 변형
    readFile: util.promisify(fs.readFile)
};

function readConfigFile(path) {
    return pfs.readFile(path, "utf-8").then(text => {
        return JSON.parse(text);
    });
}
```

앞에서 만든 프라미스 기반 함수를 async, await를 사용하도록 다음과 같이 고쳐 쓸 수도 있습니다. (다시 말하지만, 13장을 충분히 읽지 않았다면 다시 읽어 보십시오.)

```javascript
async function readConfigFile(path) {
    let text = await pfs.readFile(path, "utf-8");
    return JSON.parse(text);
}
```

util.promisify() 래퍼는 노드 함수 상당수를 프라미스 버전으로 만들 수 있습니다. 노드 10 이후부터는 파일시스템을 다루는 함수를 프라미스 기반으로 미리 바꾼 함수가 fs.promises 객체에 상당수 존재합니다. 이에 관해서는 이 장 뒷부분에서 다시 설명하겠지만, 위 코드의 pfs.readFile()은 fs.promises.readFile()로 교체할 수 있습니다.

노드의 프로그래밍 모델은 기본적으로 비동기라고 설명했습니다. 하지만 노드는 프로그래머의 편의를 위해 상당수의 함수에 다른 프로세스를 차단하는 동기적 버전 역시 정의했으며, 특히 파일시스템 모듈에 그런 함수가 많습니다. 이런 함수들은 일반적으로 이름 뒤에 Sync가 붙어서 알아보기 쉽습니다.

서버를 처음 시작하고 설정 파일을 읽어들이는 동안에는 네트워크 요청을 처리할 수 없고 병렬 처리도 불가능합니다. 따라서 이 동안에는 굳이 차단을 피할 필요가 없으므로 fs.readFileSync() 같은 차단형 함수를 사용해도 안전합니다. 이 코드

에는 async, await를 쓸 필요가 없으므로 readConfigFile() 함수를 완전히 동기적으로 바꿔 써도 무방합니다. 이 함수는 콜백을 호출하거나 프라미스를 반환하지 않고 파싱된 JSON 값을 반환하거나 예외를 일으킵니다.

```
const fs = require("fs");
function readConfigFileSync(path) {
    let text = fs.readFileSync(path, "utf-8");
    return JSON.parse(text);
}
```

노드에는 인자 두 개를 쓰는 오류 우선 콜백 외에도 이벤트 기반 비동기성을 사용하는 API가 여럿 있으며 이들은 대개 스트리밍 데이터를 처리할 때 사용합니다. 노드 이벤트는 나중에 더 자세히 설명합니다.

노드의 적극적인 비차단 API에 대해 설명했으니 동시성으로 넘어갑시다. 노드에 내장된 비차단 함수는 운영 체제의 콜백과 이벤트 핸들러를 이용합니다. 이런 함수를 호출하면 노드는 해당 작업을 시작한 다음, 운영 체제에 일종의 이벤트 핸들러를 등록해서 작업이 완료됐을 때 알림을 받습니다. 노드 함수에 전달하는 콜백은 내부적으로 저장됐다가 운영 체제에서 노드에 이벤트를 전송할 때 호출됩니다.

이런 형태의 동시성을 이벤트 기반 동시성이라 부릅니다. 노드 코어에는 '이벤트 루프'를 실행하는 스레드가 하나 있습니다. 노드 프로그램이 시작되면 명령받은 코드를 실행합니다. 이 코드는 대개 운영 체제에 콜백이나 이벤트 핸들러를 등록하도록 하는 비차단 함수를 최소 하나 포함하는 경우가 많습니다. (비차단 함수가 하나도 없다면 동기적 프로그램을 만든 것이므로 노드는 코드 끝에 도달하면 종료합니다.) 노드는 프로그램의 끝에 도달하면 이벤트가 일어나길 대기하다가 운영 체제의 이벤트를 받고 재개합니다. 노드는 운영 체제 이벤트와 프로그래머가 등록한 자바스크립트 콜백을 연결하고 그 함수를 호출합니다. 콜백 함수에서 노드의 비차단 함수를 호출하면 운영 체제 이벤트 핸들러가 더 많이 등록됩니다. 콜백 함수의 실행이 끝나면 노드는 다시 대기하는 사이클을 반복합니다.

웹 서버나 기타 입출력 집약적인 애플리케이션은 입력과 출력을 대기하고 있는 시간이 대부분이므로 이런 스타일의 이벤트 기반 동시성이 잘 어울립니다. 비차단 API를 사용하는 웹 서버는 50개의 클라이언트 스레드를 만들지 않고도 50개의 클라이언트가 보내는 요청을 동시에 처리할 수 있으며, 네트워크 소켓에는 해당 소켓에서 어떤 이벤트가 일어날 때 호출될 자바스크립트 함수와의 내부적 연결이 존재합니다.

16.3 버퍼

노드에서 자주 사용하는 데이터 타입 중에는 버퍼(Buffer) 클래스가 있습니다. 버퍼 클래스는 파일이나 네트워크에서 데이터를 읽을 때 특히 자주 사용합니다. 버퍼는 문자열과 아주 비슷하지만 문자 시퀀스가 아니라 바이트 시퀀스라는 점이 다릅니다. 노드는 자바스크립트가 형식화 배열(11.2절)을 지원하기 전에 만들어졌는데, 당시에는 부호 없는 바이트 배열을 나타내는 Uint8Array 같은 것도 없었습니다. 노드는 이를 위해 버퍼 클래스를 만들었고, 이제는 Uint8Array가 자바스크립트 언어의 일부분이므로 노드의 버퍼 클래스는 Uint8Array의 서브클래스입니다.

버퍼가 Uint8Array와 다른 점은 자바스크립트 문자열과 상호 운용되도록 설계됐다는 점입니다. 버퍼의 바이트는 문자열에서 초기화할 수 있고 문자열로 변환할 수도 있습니다. 문자 인코딩에 따라 각 문자가 정수와 연결됩니다. 문자열과 문자 인코딩이 주어지면 문자열에 포함된 문자를 바이트 시퀀스로 **인코드**할 수 있습니다. 마찬가지로, 정상적으로 인코드된 바이트 시퀀스와 문자 인코딩이 주어지면 그 바이트를 문자 시퀀스로 **디코드**할 수 있습니다. 노드의 버퍼 클래스에는 인코딩과 디코딩을 처리하는 메서드가 있고, 이들은 사용할 인코딩을 지정하는 encoding 인자를 받습니다.

인코딩은 문자열로 된 이름으로 구별됩니다. 지원되는 인코딩은 다음과 같습니다.

"utf8"

인코딩을 지정하지 않았을 때 사용하는 기본 값이며, 아마 가장 자주 사용할 유니코드 인코딩입니다.

"utf16le"

리틀 엔디안 순서를 사용하는 2바이트 유니코드 문자입니다. \uffff를 넘어가는 코드 포인트는 2바이트 시퀀스 쌍으로 인코드됩니다. ucs2가 이 인코딩의 별칭입니다.

"latin1"

문자당 1바이트를 사용하는 ISO-8859-1 인코딩입니다. 서유럽 언어에 알맞은 문자셋을 정의합니다. 바이트와 라틴-1 문자가 1:1로 대응하므로 이 인코딩을 binary라고 부르기도 합니다.

"ascii"

영어로만 이루어진 7비트 ASCII 인코딩이며 utf8 인코딩의 부분 집합입니다.

"hex"

이 인코딩은 각 바이트를 ASCII 16진수 숫자 쌍으로 변환합니다.

"base64"

이 인코딩은 3바이트 시퀀스를 ASCII 문자 네 개로 변환합니다.

다음은 버퍼와 문자열을 상호 변환하는 예제입니다.

```
let b = Buffer.from([0x41, 0x42, 0x43]);        // <Buffer 41 42 43>
b.toString()                                     // => "ABC". 인코딩 기본 값은
                                                 //     "utf8"입니다.
b.toString("hex")                                // => "414243"

let computer = Buffer.from("IBM3111", "ascii");  // 문자열을 버퍼로 변환
for(let i = 0; i < computer.length; i++) {       // 버퍼를 바이트 배열로 사용
    computer[i]--;                               // 버퍼는 가변입니다.
}
computer.toString("ascii")                       // => "HAL2000"
computer.subarray(0,3).map(x=>x+1).toString()    // => "IBM"

// Buffer.alloc()으로 '빈' 버퍼를 생성합니다.
let zeros = Buffer.alloc(1024);                  // 1024개의 0
let ones = Buffer.alloc(128, 1);                 // 128개의 1
let dead = Buffer.alloc(1024, "DEADBEEF", "hex"); // 반복형 바이트 패턴

// 버퍼에는 어떤 오프셋에서든 멀티바이트 값을 읽고 쓰는 메서드가 있습니다.
dead.readUInt32BE(0)        // => 0xDEADBEEF
dead.readUInt32BE(1)        // => 0xADBEEFDE
dead.readBigUInt64BE(6)     // => 0xBEEFDEADBEEFDEADn
dead.readUInt32LE(1020)     // => 0xEFBEADDE
```

실제로 이진 데이터를 조작하는 노드 프로그램을 만든다면 버퍼 클래스를 아주 많이 사용하게 될 것입니다. 반면 파일이나 네트워크에서 텍스트를 읽고 쓰는 작업을 한다면 버퍼를 데이터의 임시적인 표현으로만 보게 될 것입니다. 노드 API 상당수가 문자열과 버퍼 객체를 모두 지원합니다. 일반적으로 이런 API에 문자열을 전달하거나 API로부터 문자열을 반환받을 것을 예상한다면 사용할 텍스트 인코딩 이름을 지정해야 합니다. 텍스트 인코딩 이름을 지정한다면 버퍼 객체를 사용할 필요가 전혀 없습니다.

16.4 이벤트와 이벤트이미터

이미 설명했듯 노드 API는 기본적으로 비동기입니다. 대부분의 API에서 비동기성은 요청한 작업이 완료될 때 호출되는, 인자 두 개를 받는 오류 우선 콜백의 형태입니다. 하지만 더 복잡한 API 중에는 이벤트 기반인 API도 있습니다. API가 객체 위주로 설계됐거나, 콜백 함수가 여러 번 호출되어야 하거나, 콜백 함수가 여러 가지 필요한 경우가 이에 해당합니다. net.Server 클래스를 예를 들어 봅시다. 이 클래스는 클라이언트가 보내는 연결을 받을 때 사용하는 서버 소켓입니다. 이 클래스는 연결을 처음으로 주시하기 시작할 때 listening 이벤트를, 클라이언트가 연결할 때마다 connection 이벤트를, 연결이 끊길 때 close 이벤트를 방사(emit)합니다.

노드에서 이벤트를 방사하는 객체는 이벤트이미터(EventEmitter) 또는 그 서브클래스의 인스턴스입니다.

```
const EventEmitter = require("events"); // 모듈과 클래스 이름이 꼭 일치하지는 않습니다.
const net = require("net");
let server = new net.Server();          // 서버 객체를 생성합니다.
server instanceof EventEmitter          // => true: 서버는 이벤트이미터입니다.
```

이벤트이미터의 핵심 기능은 on() 메서드를 통해 이벤트 핸들러 함수를 등록하는 것입니다. 이벤트이미터는 여러 타입의 이벤트를 방사할 수 있으며 이벤트 타입은 이름으로 구분됩니다. 이벤트 핸들러를 등록할 때는 이벤트 타입 이름과 그 타입의 이벤트가 일어날 때 호출될 함수를 전달해서 on() 메서드를 호출합니다. 이벤트이미터는 인자를 개수 제한없이 받아 핸들러 함수를 호출할 수 있습니다. 이벤트이미터와 이벤트에 어떤 인자가 전달될지 파악하려면 문서를 읽어야 합니다.

```
const net = require("net");
let server = new net.Server();            // 서버 객체를 생성합니다.
server.on("connection", socket => {       // connection 이벤트를 주시합니다.
    // 서버 connection 이벤트는 연결된 클라이언트에 해당하는 소켓 객체를 전달받습니다.
    // 여기서는 클라이언트에 약간의 데이터를 전송하고 연결을 끊습니다.
    socket.end("Hello World", "utf8");
});
```

이벤트 리스너를 등록할 때 더 명시적인 메서드 이름을 선호한다면 addListener()를 사용해도 됩니다. 기존에 등록된 이벤트 리스너를 제거할 때는 off()나 removeListener()를 사용합니다. on() 대신 once()를 사용하면 이벤트 리스너가 한 번 호출되는 즉시 제거되게 할 수 있습니다.

이벤트이미터 객체에서 이벤트가 일어나면 노드는 해당 이벤트이미터에서, 해당 이벤트 타입에 등록된 핸들러 함수를 모두 호출합니다. 핸들러 함수는 등록된 순서대로 호출됩니다. 핸들러 함수가 하나 이상 존재한다면 이들은 스레드 하나에서 순서대로 호출됩니다. 노드에서 이런 의미의 병렬화는 존재하지 않습니다. 또한 이벤트 핸들러 함수는 동기적으로 호출됨을 이해하는 것이 중요합니다. emit() 메서드는 이벤트 핸들러가 나중에 호출될 수 있도록 큐에 담지 않습니다. emit()는 등록된 핸들러 전체를 순서대로 호출하며, 마지막 이벤트 핸들러가 종료되기 전에는 종료되지 않습니다.

이 말의 현실적인 의미는 내장된 노드 API 중 하나가 이벤트를 방사할 때 해당 API가 이벤트 핸들러를 차단한다는 의미입니다. fs.readFileSync() 같은 차단 함수를 호출하는 이벤트 핸들러를 작성했다면, 동기적 파일 읽기가 완료되기 전에는 다른 이벤트 핸들러가 호출될 수 없습니다. 네트워크 서버처럼 반응성이 중요한 프로그램이라면 이벤트 핸들러 함수를 빠르게 실행되면서 비차단인 함수로 만드는 게 중요합니다. 이벤트가 일어날 때 계산을 아주 많이 해야 한다면 setTimeout() (11.10절)을 사용해서 그 계산을 비동기적으로 예약하는 핸들러를 사용하는 것이 최선일 때가 많습니다. 노드에는 대기 중인 콜백과 이벤트를 모두 처리하는 즉시 함수를 호출하도록 예약하는 setImmediate() 함수도 있습니다.

이벤트이미터 클래스에는 등록된 이벤트 핸들러 함수를 호출하는 emit() 메서드도 있습니다. 이 메서드는 이벤트 기반 API를 직접 정의할 때는 유용하지만 기존 API를 이용할 때는 그리 많이 쓰이지 않습니다. emit()는 반드시 이벤트 타입 이름을 첫 번째 인자로 호출해야 합니다. emit()에 전달하는 나머지 인자는 모두 등록된 이벤트 핸들러 함수의 인자로 전달됩니다. 핸들러 함수의 this 값은 이벤트이미터 객체 자체이며 이 값은 유용할 때가 많습니다. 하지만 화살표 함수는 항상 자신이 정의된 컨텍스트를 this 값으로 사용하며, 다른 this 값으로 호출될 수 없습니다. 화살표 함수는 이벤트 핸들러를 만드는 아주 편리한 문법이므로 이 함정에 빠지지 않게 주의하십시오.

이벤트 핸들러 함수가 반환하는 값은 모두 무시됩니다. 하지만 이벤트 핸들러 함수가 일으킨 예외는 emit() 호출의 외부로 전달되어 해당 핸들러 함수 다음으로 등록된 핸들러 함수의 실행을 막습니다.

노드의 콜백 기반 API는 오류 우선 콜백을 사용하므로 에러가 일어났는지 확인할 때는 항상 첫 번째 콜백 인자를 체크하는 것이 중요합니다. 이벤트 기반 API에서는 error 이벤트가 오류 우선 콜백의 첫 번째 인자와 동등합니다. 이벤트 기반 API는 네트워크와 기타 스트리밍 입출력에 자주 사용되므로 예기치 못한 비동기 에러에 취약하며, 대부분의 이벤트이미터에는 에러가 일어났을 때 방사할 error 이벤트가 정의되어 있습니다. 이벤트 기반 API를 사용할 때는 항상 error 이벤트의 핸들러를 등록하는 습관을 들여야 합니다. 이벤트이미터 클래스는 error 이벤트를 특별 취급합니다. error 이벤트를 방사하기 위해 emit()를 호출했고 이 이벤트 타입에 등록된 핸들러가 없다면 예외가 일어납니다. 이 과정은 비동기적으로 일어나므로 catch 블록에서 이 예외를 처리할 방법은 없습니다. 따라서 이런 종류의 에러는 일반적으로 프로그램을 종료하게 됩니다.

16.5 스트림

데이터를 처리하는 알고리즘을 구현할 때는 데이터 전체를 메모리에 읽어들이고, 이를 처리한 다음 데이터를 내보내는 방식이 항상 가장 쉽습니다. 예를 들어 파일을 복사하는 함수는 다음과 같이 만들 수 있습니다.[1]

```
const fs = require("fs");

// 비동기적이지만 스트림을 사용하지는 않는 (그래서 비효율적인) 함수
function copyFile(sourceFilename, destinationFilename, callback) {
    fs.readFile(sourceFilename, (err, buffer) => {
        if (err) {
            callback(err);
        } else {
            fs.writeFile(destinationFilename, buffer, callback);
        }
    });
}
```

이 copyFile() 함수는 비동기 함수와 콜백을 사용하므로, 차단적인 함수가 아니며 서버처럼 동시성이 중요한 프로그램에 알맞습니다. 하지만 이 함수는 반드시 파일의 콘텐츠 전체를 담기에 충분한 메모리를 할당받아야 합니다. 메모리가 충분하거

---

1 노드에는 fs.copyFile() 함수가 있으니 실제로 이런 함수를 만들 필요는 없습니다.

나 파일이 작다면 별로 문제되지 않겠지만, 복사할 파일이 아주 크거나 동시에 여러 파일을 복사한다면 실패할 수 있습니다. 이 copyFile()의 또 다른 단점은 원본 파일을 다 읽기 전에는 사본 파일의 기록을 시작할 수 없다는 점입니다.

이 문제의 해결책은 데이터가 프로그램으로 '흘러' 들어와서 처리되고 다시 흘러나가는 스트리밍 알고리즘입니다. 스트리밍 알고리즘의 요점은 데이터를 항상 작은 덩어리로 처리하며 절대 데이터 전체를 한 번에 메모리에 담지 않는다는 것입니다. 사용할 수만 있다면 스트리밍 솔루션은 항상 메모리 효율적인 데다 속도도 더 빠를 것입니다. 노드의 네트워크 API는 스트리밍 기반이고 노드의 파일시스템 모듈 역시 파일을 읽고 쓰는 스트리밍 API를 갖추고 있으므로, 노드 프로그램을 만들다 보면 스트리밍 API를 자주 사용하게 될 것입니다. 672페이지의 '플로 모드'에서 copyFile() 함수를 스트리밍 버전으로 다시 만듭니다.

노드는 다음과 같이 네 가지 기본 스트리밍 타입을 지원합니다.

리더블

리더블 스트림은 데이터 소스입니다. 예를 들어 fs.createReadStream()이 반환하는 스트림은 지정된 파일의 콘텐츠 스트림입니다. process.stdin 역시 표준 입력에서 데이터를 반환하는 리더블 스트림입니다.

라이터블

라이터블 스트림(Writable stream)은 데이터가 향하는 대상입니다. 예를 들어 fs.createWriteStream()의 반환 값은 라이터블 스트림이며 데이터를 덩어리 단위로 쓸 수 있게 하고, 그 데이터 전체를 지정된 파일에 출력합니다.

듀플렉스

듀플렉스 스트림(Duplex stream)은 리더블 스트림과 라이터블 스트림을 객체 하나에 조합합니다. 예를 들어 net.connect()를 비롯한 다른 노드 네트워크 API에서 반환하는 소켓 객체는 듀플렉스 스트림입니다. 소켓에 출력한 데이터는 네트워크를 통해 그 소켓에 연결된 컴퓨터로 전달됩니다. 또한 소켓으로부터 읽는 것은 소켓에 연결된 컴퓨터의 데이터에 접근하는 것을 말합니다.

트랜스폼

트랜스폼 스트림(Transform stream) 역시 읽고 쓸 수 있는 스트림이지만 듀플렉스 스트림과는 중요한 차이가 있습니다. 트랜스폼 스트림에 출력된 데이터는 (보통 다른 형태로 변형된 채) 같은 스트림에서 읽을 수 있습니다. 예를 들어 `zlib.createGzip()` 함수는 데이터를 gzip 알고리즘으로 압축한 트랜스폼 스트림을 반환합니다. 마찬가지로, `crypto.createCipheriv()` 함수는 데이터를 암호화하거나 복호화하는 트랜스폼 스트림을 반환합니다.

기본적으로 스트림은 버퍼를 읽고 씁니다. 리더블 스트림에서 `setEncoding()` 메서드를 호출하면 이 메서드는 버퍼 객체가 아니라 디코드된 문자열을 반환합니다. 또한 쓰기 가능한 버퍼에 문자열을 쓰면 그 문자열은 버퍼의 기본 인코딩 또는 지정된 인코딩으로 자동 인코드됩니다. 노드의 스트림 API는 스트림에서 버퍼나 문자열보다 복잡한 객체를 읽고 쓸 수 있는 '객체 모드' 역시 지원합니다. 현재 노드의 코어 API에는 이 객체 모드를 사용하는 것이 없지만 서드 파티 라이브러리 중에는 이 모드를 사용하는 것이 있을 수도 있습니다.

리더블 스트림은 어딘가에서 데이터를 읽어야 하고 라이터블 스트림은 어딘가에 데이터를 써야 합니다. 즉 모든 스트림에는 입력과 출력, 또는 소스와 대상이라는 양극이 존재합니다. 스트림 기반 API의 까다로운 점은 스트림의 양 끝에서 데이터가 흐르는 속도가 거의 항상 다르다는 점입니다. 스트림에서 데이터를 읽는 코드는 아마 데이터를 실제로 스트림에 쓰는 속도보다 더 빠르게 데이터를 읽고 처리하길 원할 것입니다. 반대로 데이터를 스트림에 쓰는 속도가 읽는 속도보다 빨라서 대기하고 있는 경우도 있습니다. 스트림 API는 거의 대부분 내부 버퍼를 포함하고 있습니다. 버퍼를 활용하면 데이터를 요청할 때는 바로 사용할 수 있고, 데이터를 써야 할 때는 공간이 확보됩니다. 하지만 어느 쪽도 완벽히 보장되는 건 아닙니다. 스트림 기반 프로그래밍에서는 스트림 버퍼가 비어 있어서 데이터를 읽는 코드가 대기해야 하는 경우도 있고, 스트림 버퍼가 꽉 차서 데이터를 쓰는 코드가 대기해야 하는 경우도 있습니다.

스레드 기반 동시성을 사용하는 프로그래밍 환경에서는 스트림 API가 일반적으로 차단적 호출을 사용합니다. 데이터를 읽는 호출은 데이터가 스트림에 도착할 때까지 종료되지 않으며, 데이터를 쓰는 호출은 스트림의 내부 버퍼에 새로운 데이터를 쓸 수 있는 공간이 확보될 때까지 종료되지 않습니다. 이벤트 기반 동시성 모델에서는 차단적 호출이 별 의미가 없으며, 노드의 스트림 API는 이벤트와 콜백을 모두 사용합니다. 따라서 다른 노드 API와는 달리 이 장 후반에서 설명하는 메서드에는 동기적('Sync'가 붙은) 버전이 존재하지 않습니다.

노드의 스트림 API는 이벤트를 통해 스트림에서 읽을 수 있게(버퍼가 비지 않게), 스트림에 쓸 수 있게(버퍼가 꽉 차지 않게) 관리해야 하므로 좀 복잡합니다. 이 복잡함은 시간이 지나고 API가 발전하면서 더 심화됐습니다. 현재 리더블 스트림에는 완전히 별개의 두 가지 API가 존재합니다. 이렇게 복잡해지긴 했지만 노드의 스트리밍 API는 프로그램의 입출력을 고성능으로 바꾸어 주므로 이해하고 마스터할 가치는 충분합니다.

이어지는 하위 절은 노드의 스트림 클래스에서 데이터를 읽고 쓰는 방법을 설명합니다.

16.5.1 파이프

때때로 스트림에서 데이터를 읽고, 같은 데이터를 다른 스트림에 쓰는 단순한 작업이 필요할 때도 있습니다. 예를 들어 정적 파일 디렉터리 역할을 하는 단순한 HTTP 서버를 만든다고 생각해 봅시다. 이런 서버에서는 파일 입력 스트림에서 데이터를 읽고, 네트워크 소켓에 출력해야 합니다. 하지만 데이터를 읽고 쓰는 코드를 직접 작성할 필요 없이, 두 소켓을 '파이프'로 연결하기만 하면 나머지 복잡한 작업은 노드가 알아서 처리합니다. 다음과 같이 리더블 스트림의 pipe() 메서드에 라이터블 스트림을 전달하기만 하면 됩니다.

```
const fs = require("fs");

function pipeFileToSocket(filename, socket) {
    fs.createReadStream(filename).pipe(socket);
}
```

다음 유틸리티 함수는 두 스트림을 파이프로 연결하고, 작업이 끝나거나 에러가 일어나면 콜백을 호출합니다.

```
function pipe(readable, writable, callback) {
    // 에러 처리 코드
    function handleError(err) {
        readable.close();
        writable.close();
        callback(err);
    }
```

```
    // 파이프를 정의하고 일반적인 상황을 처리합니다.
    readable
        .on("error", handleError)
        .pipe(writable)
        .on("error", handleError)
        .on("finish", callback);
}
```

트랜스폼 스트림은 파이프를 특히 유용하게 사용하며 두 개 이상의 스트림을 파이프라인으로 결합하는 경우도 있습니다. 다음은 파일을 압축하는 함수 예제입니다.

```
const fs = require("fs");
const zlib = require("zlib");

function gzip(filename, callback) {
    // 스트림 생성
    let source = fs.createReadStream(filename);
    let destination = fs.createWriteStream(filename + ".gz");
    let gzipper = zlib.createGzip();

    // 파이프라인 생성
    source
        .on("error", callback)      // 읽기 에러일 때 콜백 호출
        .pipe(gzipper)
        .pipe(destination)
        .on("error", callback)      // 쓰기 에러일 때 콜백 호출
        .on("finish", callback);    // 쓰기 작업이 완료됐을 때 콜백 호출
}
```

pipe() 메서드를 써서 데이터를 리더블 스트림에서 라이터블 스트림으로 복사하는 건 쉽지만, 현실적으로는 데이터가 프로그램 안에서 흐를 때 어떤 형태로든 처리해야 하는 경우가 많습니다. 이런 처리를 담당하는 트랜스폼 스트림을 직접 만들면 스트림을 일일이 읽고 쓰는 수고를 덜 수 있습니다. 예를 들어 다음은 유닉스 grep 유틸리티처럼 입력 스트림에서 텍스트 행을 읽고 지정된 정규 표현식에 일치하는 행만 쓰는 함수입니다.

```
const stream = require("stream");

class GrepStream extends stream.Transform {
    constructor(pattern) {
        super({decodeStrings: false});   // 문자열을 다시 버퍼로 변환하지 않습니다.
        this.pattern = pattern;          // 일치시킬 정규 표현식
        this.incompleteLine = "";        // 데이터의 마지막 덩어리에 남은 것
    }
```

```
    // 이 메서드는 변형할 준비가 된 문자열이 있을 때 호출됩니다.
    // 이 메서드는 변형한 데이터를 지정된 콜백 함수에 전달해야 합니다.
    // 이 메서드는 setEncoding()을 호출한 리더블 스트림에만 연결될 수 있도록
    // 문자열 입력을 받아야 합니다.
    _transform(chunk, encoding, callback) {
        if (typeof chunk !== "string") {
            callback(new Error("Expected a string but got a buffer"));
            return;
        }
        // 데이터 덩어리를 끝나지 않은 행에 이어 붙이고 행 단위로 나눕니다.
        let lines = (this.incompleteLine + chunk).split("\n");

        // 배열의 마지막 요소는 끝나지 않은 행입니다.
        this.incompleteLine = lines.pop();

        // 일치하는 행을 모두 찾습니다.
        let output = lines                          // 끝난 행 전체로 시작합니다.
            .filter(l => this.pattern.test(l))      // 일치하는 것을 찾아서
            .join("\n");                            // 다시 합칩니다.

        // 일치하는 것이 하나라도 있었다면 마지막에 뉴라인을 추가합니다.
        if (output) {
            output += "\n";
        }

        // 설령 일치하는 것이 전혀 없었어도 콜백은 항상 호출합니다.
        callback(null, output);
    }

    // 이 메서드는 스트림을 닫기 직전에 호출됩니다. 남은 데이터가 있으면
    // 여기서 씁니다.
    _flush(callback) {
        // 끝나지 않은 행이 있고 정규 표현식에 일치한다면 콜백에 전달합니다.
        if (this.pattern.test(this.incompleteLine)) {
            callback(null, this.incompleteLine + "\n");
        }
    }
}

// 이제 이 클래스로 grep과 비슷한 프로그램을 만들 수 있습니다.
let pattern = new RegExp(process.argv[2]);  // 명령행에서 정규 표현식을 받습니다.
process.stdin                               // 표준 입력으로 시작합니다.
    .setEncoding("utf8")                    // 유니코드 문자열로 읽습니다.
    .pipe(new GrepStream(pattern))          // GrepStream에 파이프로 연결합니다.
    .pipe(process.stdout)                   // 표준 출력으로 보냅니다.
    .on("error", () => process.exit());     // 표준 출력이 종료되면 에러 없이 종료합니다.
```

16.5.2 비동기 순회

노드 12 이후 버전의 리더블 스트림은 비동기 이터레이터이므로 async 함수 안에서 동기적 코드와 비슷한 구조를 가진 코드를 for/await 루프와 함께 써서 문자열이나 버퍼 덩어리를 읽을 수 있습니다(비동기 이터레이터와 for/await 루프는 13.4절 참고).

비동기 이터레이터는 거의 pipe() 메서드만큼이나 사용하기 쉽고, 읽어들인 각각의 덩어리를 어떤 형태로든 처리해야 할 때도 더 쉬운 방법을 제공합니다. 다음은 앞 절의 grep 프로그램을 async 함수와 for/await 루프로 고쳐 쓴 버전입니다.

```
// 입력 스트림에서 텍스트 행을 읽고 지정된 패턴에 일치하는 행을 대상 스트림에 씁니다.
async function grep(source, destination, pattern, encoding="utf8") {
    // 문자열을 읽을 소스 스트림을 준비합니다. 버퍼가 아닙니다.
    source.setEncoding(encoding);

    // 표준 출력이 예기치 못하게 닫히는 경우를 대비해 대상 스트림에 에러 핸들러를 등록합니다.
    destination.on("error", err => process.exit());

    // 읽어 들이는 덩어리가 뉴라인으로 끝날 확률은 매우 낮으므로 덩어리마다 덜 끝난 행이
    // 존재할 겁니다. 여기서는 그런 행을 추적합니다.
    let incompleteLine = "";

    // for/await 루프를 써서 입력 스트림에서 데이터 덩어리를 비동기적으로 읽습니다.
    for await (let chunk of source) {
        // 마지막 덩어리의 끝과 이 덩어리를 합친 다음 행으로 분리합니다.
        let lines = (incompleteLine + chunk).split("\n");
        // 마지막 행은 끝나지 않았습니다.
        incompleteLine = lines.pop();
        // 이제 행들을 순회하면서 일치하는 것을 대상 스트림에 씁니다.
        for(let line of lines) {
            if (pattern.test(line)) {
                destination.write(line + "\n", encoding);
            }
        }
    }
    // 마지막으로 남은 텍스트가 일치하는지 확인합니다.
    if (pattern.test(incompleteLine)) {
        destination.write(incompleteLine + "\n", encoding);
    }
}

let pattern = new RegExp(process.argv[2]);      // 명령행에서 정규 표현식을 받습니다.
grep(process.stdin, process.stdout, pattern)    // async 함수 grep()을 호출합니다.
    .catch(err => {                             // 비동기 예외를 처리합니다.
        console.error(err);
```

```
    process.exit();
  });
```

16.5.3 스트림 기록과 배압 처리

앞의 예제에 쓰인 비동기 grep() 함수는 리더블 스트림을 비동기 이터레이터로 읽는 방법과 함께, write() 메서드에 데이터를 전달해 라이터블 스트림에 쓰는 방법을 사용했습니다. write() 메서드는 첫 번째 인자로 버퍼나 문자열을 받습니다. (객체 스트림은 다른 객체를 받지만 이 장에서 설명하지는 않습니다.) 버퍼를 전달하면 그 버퍼의 바이트가 직접 기록됩니다. 문자열을 전달하면 버퍼로 인코드되고 그 버퍼의 바이트가 기록됩니다. write()에 인자로 문자열만 전달하면 라이터블 스트림은 기본 인코딩으로 보통 utf8을 사용하지만, 라이터블 스트림에서 setDefaultEncoding()을 호출해 직접 지정할 수도 있습니다. 아니면 write()에 첫 번째 인자로 문자열을 전달할 때 두 번째 인자에 인코딩 이름을 써도 됩니다.

write()는 선택 사항인 세 번째 인자로 콜백 함수를 받습니다. 이 함수는 데이터가 실제로 스트림에 기록되어 라이터블 스트림의 내부 버퍼에 존재하지 않을 때 호출됩니다. 이 콜백은 에러가 일어날 때도 호출될 수 있지만 반드시 그런다는 보장은 없습니다. 에러를 감지하려면 라이터블 스트림에 error 이벤트 핸들러를 등록하십시오.

write() 메서드에는 아주 중요한 반환 값이 있습니다. 스트림에서 write()를 호출하면 write()는 전달받은 데이터를 항상 수락하고 버퍼에 담습니다. 내부 버퍼가 아직 꽉 차지 않았으면 true를 반환하고, 버퍼가 지금 거의 꽉 찼거나 이미 차 있다면 false를 반환합니다. 반환 값은 일종의 조언이므로 무시해도 당장은 문제가 발생하지는 않습니다. 라이터블 스트림은 write()를 호출할 때 내부 버퍼를 필요한 만큼 늘립니다. 하지만 스트리밍 API를 사용하는 가장 중요한 이유는 대량의 데이터를 한 번에 메모리에 담는 부담을 줄이는 것이므로, 이 정보를 자주 무시해 버리면 스트리밍 API를 사용하는 의미가 희석됩니다.

write() 메서드의 false 반환 값은 스트림에서 처리할 수 있는 속도보다 더 빠르게 데이터를 보내고 있다는 메시지이며 일종의 **배압**(backpressure)입니다.[2] 이런 배압이 있을 때 올바른 반응은 스트림에서 버퍼에 다시 공간이 생겼다는 신호인

---

2 (옮긴이) backpressure를 배압이라고 번역했지만 '경고'라고 하는 편이 이해하기 쉽습니다.

drain 이벤트를 방사할 때까지 write() 호출을 멈추는 것입니다. 예를 들어 다음 함
수는 스트림에 데이터를 쓴 다음, 스트림에 데이터를 더 기록할 수 있을 때 콜백을
호출합니다.

```javascript
function write(stream, chunk, callback) {
    // 지정된 덩어리를 스트림에 기록합니다.
    let hasMoreRoom = stream.write(chunk);

    // write() 메서드의 반환 값을 체크합니다.
    if (hasMoreRoom) {                     // true를 반환했다면
        setImmediate(callback);            // 비동기적으로 콜백을 호출합니다.
    } else {                               // false를 반환했다면
        stream.once("drain", callback);    // drain 이벤트의 콜백을 호출합니다.
    }
}
```

어떤 때는 write()를 연달아 호출해도 괜찮을 때가 있고, 반대로 이벤트를 기다렸
다가 호출해야 할 때도 있다는 점 때문에 알고리즘이 우스꽝스러워지곤 합니다. 이
는 pipe() 메서드가 매력적인 다른 이유이기도 합니다. pipe() 메서드를 사용하면
노드에서 자동으로 배압을 처리합니다.

　프로그램에서 await, async를 사용하고 리더블 스트림을 비동기 이터레이터처럼
사용한다면, 앞에서 만든 유틸리티 함수 write()를 프라미스 버전으로 만드는 편이
배압을 처리하기 쉽습니다. 조금 전에 살펴본 비동기 grep() 함수에서는 배압을 처
리하지 않았습니다. 다음 예제의 비동기 copy() 함수는 배압을 정확히 처리하는 방
법을 보여 줍니다. 이 함수는 데이터 덩어리를 소스 스트림에서 대상 스트림으로
복사하기만 할 뿐, copy(source, destination)는 source.pipe(destination)과 거의
같습니다.

```javascript
// 이 함수는 지정된 데이터 덩어리를 지정된 스트림에 기록하며, 연달아 기록해도 될 때
// 이행되는 프라미스를 반환합니다. 이 함수는 프라미스를 반환하므로 await와 함께
// 사용할 수 있습니다.
function write(stream, chunk) {
    // 지정된 덩어리를 스트림에 기록합니다.
    let hasMoreRoom = stream.write(chunk);

    if (hasMoreRoom) {                          // 버퍼가 꽉 차지 않았으면
        return Promise.resolve(null);           // 해석된 프라미스 객체를 반환합니다.
    } else {
        return new Promise(resolve => {         // 버퍼가 꽉 찼으면 drain 이벤트로
            stream.once("drain", resolve);      // 해석되는 프라미스를 반환합니다.
```

```
        });
    }
}

// 대상 스트림의 배압에 유의하면서 소스 스트림에서 대상 스트림으로 데이터를 복사합니다.
// source.pipe(destination)을 호출하는 것과 거의 비슷합니다.
async function copy(source, destination) {
    // 표준 출력이 예기치 못하게 닫히는 경우를 대비해 대상 스트림에 에러 핸들러를 등록합니다.
    destination.on("error", err => process.exit());

    // for/await 루프를 써서 입력 스트림에서 데이터 덩어리를 비동기적으로 읽습니다.
    for await (let chunk of source) {
        // 버퍼에 빈 공간이 없을 때까지 데이터 덩어리를 기록합니다.
        await write(destination, chunk);
    }
}

// 표준 입력을 표준 출력에 복사합니다.
copy(process.stdin, process.stdout);
```

스트림에 기록하는 방법에 대한 논의를 마치기 전에, 배압을 너무 자주 무시하면 라이터블 스트림의 내부 버퍼가 넘칠 때마다 프로그램이 메모리를 필요 이상으로 남용하게 되어 점점 더 비대해진다는 점을 다시 한 번 상기하십시오. 네트워크 서버에서 이런 일이 일어난다면 보안 문제가 발생할 수 있습니다. 네트워크를 통해 파일을 전송하는 HTTP 서버를 만들 때 pipe()를 사용하지 않았고, write() 메서드의 배압을 신중하게 처리하지 않았다고 생각해 봅시다. 공격자는 이미지 같은 큰 파일을 요청하지만 요청 바디를 실제로 읽지는 않는 HTTP 클라이언트를 만들 수 있습니다. 이 클라이언트는 네트워크를 통해 데이터를 읽지 않고 서버는 배압에 대응하지 않으므로 서버의 버퍼는 결국 오버플로를 일으킵니다. 공격자가 충분히 많은 수의 연결을 동시에 유지한다면 이 요청은 서비스 거부 공격으로 바뀔 수 있어 서버가 느려지거나 심지어 다운될 수도 있습니다.

16.5.4 이벤트로 스트림 읽기

노드의 리더블 스트림에는 두 가지 모드가 있으며 각 모드에는 자신만의 API가 있습니다. 프로그램에서 파이프나 비동기 순회를 사용할 수 없다면 이 두 가지 이벤트 기반 API 중 하나를 택해 스트림을 처리해야 합니다. 이때 API 중 하나만 선택해야 하며 둘을 섞어 쓰지 말아야 합니다.

플로 모드

플로 모드(flowing mode)에서는 읽을 수 있는 데이터가 도착하는 즉시 data 이벤트 형태로 방사됩니다. 이 모드에서 스트림을 읽을 때 data 이벤트에 이벤트 핸들러를 등록하기만 하면 데이터 덩어리(버퍼 또는 문자열)를 사용할 수 있게 되는 즉시 스트림에서 데이터를 제공합니다. 플로 모드에서는 read() 메서드를 호출할 필요 없이 data 이벤트만 처리하면 됩니다. 새로 생성된 스트림은 플로 모드에서 시작할 수 없습니다. data 이벤트 핸들러를 등록하면 스트림이 플로 모드로 전환됩니다. 따라서 편리하게도, 스트림은 먼저 data 이벤트 핸들러를 등록하기 전에는 data 이벤트를 방사하지 않습니다.

플로 모드를 사용해 리더블 스트림에서 데이터를 읽고 처리한 다음, 라이터블 스트림에 기록한다면 라이터블 스트림의 배압을 직접 처리해야 합니다. 기록 버퍼가 꽉 차서 write() 메서드에서 false를 반환한다면 리더블 스트림에서 pause()를 호출해 임시로 data 이벤트를 중지할 수 있습니다. 그리고 라이터블 스트림에서 drain 이벤트를 방사하면 리더블 스트림에서 resume()을 호출해 data 이벤트를 다시 이어가면 됩니다.

플로 모드의 스트림은 스트림의 끝에 도달했을 때 end 이벤트를 방사합니다. 이 이벤트는 data 이벤트가 더는 방사되지 않을 것임을 알립니다. 또한 다른 스트림과 마찬가지로 에러가 일어나면 error 이벤트가 방사됩니다.

앞서 스트림을 사용하지 않는 copyFile() 함수를 선보이고, 나중에 개선된 버전을 보여 주겠다고 했습니다. 다음 함수는 플로 모드 API를 사용하고 배압을 처리하는, 스트림 버전의 copyFile() 함수입니다. pipe()를 사용하면 더 쉽게 만들 수 있지만, 이벤트 핸들러 여러 개를 써서 데이터가 한 스트림에서 다른 스트림으로 흐르게 하는 방법을 보여 주기 위해 이런 형태를 썼습니다.

```javascript
const fs = require("fs");

// 플로 모드를 써서 파일을 복사하는 함수의 스트림 버전입니다. 이 함수는 소스 파일의
// 콘텐츠를 대상 파일에 복사합니다. 복사에 성공하면 null 인자와 함께 콜백을 호출하고,
// 에러가 일어나면 Error 객체와 함께 콜백을 호출합니다.
function copyFile(sourceFilename, destinationFilename, callback) {
    let input = fs.createReadStream(sourceFilename);
    let output = fs.createWriteStream(destinationFilename);

    input.on("data", (chunk) => {            // 새로운 데이터를 받으면
        let hasRoom = output.write(chunk);   // 출력 스트림에 기록합니다.
```

```
        if (!hasRoom) {                    // 출력 스트림이 꽉 차면
            input.pause();                 // 입력 스트림을 일시 정지합니다.
        }
    });
    input.on("end", () => {                // 입력의 끝에 도달하면
        output.end();                      // 출력 스트림을 종료합니다.
    });
    input.on("error", err => {             // 입력에 에러가 있으면
        callback(err);                     // 에러와 함께 콜백을 호출하고
        process.exit();                    // 종료합니다.
    });

    output.on("drain", () => {             // 출력 스트림에 공간이 생기면
        input.resume();                    // 입력 스트림의 data 이벤트를 재개합니다.
    });
    output.on("error", err => {            // 출력에 에러가 있으면
        callback(err);                     // 에러와 함께 콜백을 호출하고
        process.exit();                    // 종료합니다.
    });
    output.on("finish", () => {            // 출력이 완료되면
        callback(null);                    // 에러 없이 콜백을 호출합니다.
    });
}

// 이제 다음과 같이 파일을 복사하는 명령행 유틸리티를 사용할 수 있습니다.
let from = process.argv[2], to = process.argv[3];
console.log(`Copying file ${from} to ${to}...`);
copyFile(from, to, err => {
    if (err) {
        console.error(err);
    } else {
        console.log("done.");
    }
});
```

일시 정지 모드

리더블 스트림에는 '일시 정지 모드(paused mode)'도 있습니다. 스트림은 기본적으로 이 모드로 시작합니다. data 이벤트 핸들러를 등록하지 않고 pipe() 메서드도 호출하지 않으면 리더블 스트림은 일시 정지 모드로 남습니다. 일시 정지 모드의 스트림은 data 이벤트 형태로 데이터를 전달하지 않으므로 read() 메서드를 직접 호출해 스트림에서 데이터를 가져와야 합니다. read() 메서드는 차단적인 호출이 아니며, 스트림에 데이터가 더 이상 없을 때는 null을 반환합니다. 데이터를 기다리는 동기적 API는 존재하지 않으므로 일시 정지 모드 역시 이벤트 기반입니다.

일시 정지 모드의 리더블 스트림은 스트림에서 데이터를 읽을 수 있을 때 readable 이벤트를 방사합니다. 그리고 이에 응답해 코드에서 read() 메서드를 호출해 데이터를 읽습니다. 이 과정은 반드시 루프 안에서 진행해서 read()가 null을 반환할 때까지 반복적으로 호출해야 합니다. 이런 식으로 스트림의 버퍼를 완전히 고갈시켜야만 새로운 readable 이벤트가 발생할 수 있습니다. 읽을 수 있는 데이터가 존재하는데도 read() 호출을 멈춘다면 readable 이벤트가 더는 일어나지 않으므로 프로그램도 멈춥니다.

일시 정지 모드의 스트림도 플로 모드와 마찬가지로 end와 error 이벤트를 방사합니다. 리더블 스트림에서 데이터를 읽고 라이터블 스트림에 기록하는 프로그램을 만들 때는 일시 정지 모드가 그리 좋은 선택이 아닙니다. 배압을 원활하게 처리하려면 출력 스트림이 꽉 차지 않은 상태일 때만 입력 스트림에서 읽을 수 있는 상태가 최선입니다. 즉, 일시 정지 모드에서는 read()가 null을 반환하거나 write()가 false를 반환하면 읽기와 쓰기를 일시 정지했다가, readable이나 drain 이벤트가 일어나면 재개해야 된다는 뜻입니다. 이는 결코 좋은 방법이 아니며, 플로 모드나 파이프를 선택하는 게 더 낫습니다.

다음 예제는 지정된 파일 콘텐츠의 SHA256 해시를 계산하는 코드입니다. 이 예제는 일시 정지 모드의 리더블 스트림에서 파일 콘텐츠를 덩어리 단위로 읽은 후 각 덩어리를 해시를 계산하는 객체에 전달합니다. 노드 12 이후 버전에서는 for/await 루프를 사용하면 더 편리합니다.

```javascript
const fs = require("fs");
const crypto = require("crypto");

// 파일 콘텐츠의 sha256 해시를 계산하고 문자열인 해시를 지정된 오류 우선 콜백에 전달합니다.
function sha256(filename, callback) {
    let input = fs.createReadStream(filename);  // 데이터 스트림
    let hasher = crypto.createHash("sha256");   // 해시 계산에 필요합니다.

    input.on("readable", () => {                // 데이터가 준비되면
        let chunk;
        while(chunk = input.read()) {           // 덩어리를 읽고, null이 아니라면
            hasher.update(chunk);               // hasher에 전달하고
        }                                       // 데이터를 읽을 수 없을 때까지 반복합니다.
    });
    input.on("end", () => {                     // 스트림의 끝에 도달하면
        let hash = hasher.digest("hex");        // 해시를 계산해서
        callback(null, hash);                   // 콜백에 전달합니다.
```

```
    });
        input.on("error", callback);            // 에러가 일어나면 콜백을 호출합니다.
}

// 다음과 같이 명령행에서 파일 해시를 계산할 수 있습니다.
sha256(process.argv[2], (err, hash) => {  // 명령행에서 파일 이름을 읽습니다.
    if (err) {                             // 에러가 일어나면
        console.error(err.toString());     // 표준 에러에 출력합니다.
    } else {                               // 그렇지 않다면
        console.log(hash);                 // 해시 문자열을 출력합니다.
    }
});
```

16.6 프로세스, CPU, 운영 체제 세부 사항

전역 객체 Process에는 현재 실행 중인 노드 프로세스의 상태에 관련된 유용한 프로퍼티와 함수가 많이 있습니다. 전체 내용을 자세히 알고 싶다면 노드 문서를 봐야 하지만, 알아 두어야 할 중요한 프로퍼티와 함수를 정리했습니다.

```
process.argv            // 명령행 인자 배열
process.arch            // x64 같은 CPU 아키텍처
process.cwd()           // 현재 작업 디렉터리
process.chdir()         // 현재 작업 디렉터리를 변경합니다.
process.cpuUsage()      // CPU 사용 현황을 보고합니다.
process.env             // 환경 변수 객체
process.execPath        // 노드 실행 파일의 파일시스템 절대 경로
process.exit()          // 프로그램을 종료합니다.
process.exitCode        // 프로그램을 종료할 때 보고할 정수 코드
process.getuid()        // 현재 사용자의 유닉스 사용자 ID
process.hrtime.bigint() // 정밀한 나노초 타임스탬프
process.kill()          // 다른 프로세스에 신호를 보냅니다.
process.memoryUsage()   // 메모리 사용 현황을 객체로 반환합니다.
process.nextTick()      // setImmediate()와 마찬가지로 함수를 곧 호출합니다.
process.pid             // 현재 프로세스의 프로세스 ID
process.ppid            // 부모 프로세스의 ID
process.platform        // 운영 체제. linux, darwin, win32 등
process.resourceUsage() // 자원 사용 현황을 객체로 반환합니다.
process.setuid()        // ID나 이름으로 현재 사용자를 변경합니다.
process.title           // ps 리스트에 나타나는 프로세스 이름
process.umask()         // 새로운 파일에 대한 기본 퍼미션을 설정하거나 반환합니다.
process.uptime()        // 노드 실행 시간을 초 단위로 반환합니다.
process.version         // 노드 버전 문자열
process.versions        // 노드가 사용하는 라이브러리의 버전 문자열
```

os 모듈은 process와 달리 require()로 직접 불러와야 하며 노드가 실행되고 있는

컴퓨터와 운영 체제에 관한 세부 사항을 제공합니다. os 모듈이 제공하는 정보 중 다수는 전혀 필요하지 않은 경우가 대부분이겠지만 노드를 통해 이런 기능을 사용할 수 있다는 점은 알고 있으면 좋습니다.

```
const os = require("os");
os.arch()              // CPU 아키텍처. x64, arm 등
os.constants           // os.constants.signals.SIGINT 같은 유용한 상수
os.cpus()              // 사용 시간을 포함한 시스템 CPU 코어 데이터
os.endianness()        // CPU의 네이티브 엔디안. BE 또는 LE
os.EOL                 // 운영 체제의 네이티브 줄바꿈 문자. \n 또는 \r\n
os.freemem()           // 가용 RAM의 양, 바이트 단위
os.getPriority()       // 프로세스의 운영 체제 스케줄링 우선 순위
os.homedir()           // 현재 사용자의 홈 디렉터리
os.hostname()          // 컴퓨터의 호스트 이름
os.loadavg()           // 1, 5, 15분 간격의 평균 부하
os.networkInterfaces() // 사용할 수 있는 네트워크 연결에 관한 세부 사항
os.platform()          // 운영 체제. linux, darwin, win32 등
os.release()           // 운영 체제의 버전 번호
os.setPriority()       // 프로세스의 스케줄링 우선 순위 설정을 시도합니다.
os.tmpdir()            // 기본 임시 디렉터리
os.totalmem()          // RAM의 전체 용량, 바이트 단위
os.type()              // 운영 체제 이름. Linux, Darwin, Windows_NT 등
os.uptime()            // 시스템 실행 시간, 초 단위
os.userInfo()          // 현재 사용자의 ID, 사용자 이름, 홈 디렉터리, 셸
```

16.7 파일 작업

노드의 fs 모듈은 파일과 디렉터리를 다루는 종합적인 API입니다. path 모듈은 파일과 디렉터리 이름을 다루는 유틸리티 함수를 정의해 fs 모듈을 보조합니다. fs 모듈은 파일을 쉽게 읽고, 쓰고, 복사하는 고수준 함수들을 포함합니다. 이 모듈의 함수 대부분은 유닉스 시스템 함수(이와 동등한 윈도우 함수)를 호출하는 저수준 자바스크립트 연결입니다. C나 기타 언어에서 저수준 파일시스템 호출 작업을 해 본 경험이 있다면 노드 API에도 익숙할 것입니다. 그런 경험이 없다면 fs 모듈 일부를 까다롭고 직관적이지 않다고 느낄 수 있습니다. 예를 들어 파일을 삭제하는 함수의 이름은 unlink()인데 이 이름에서 삭제를 떠올리기는 쉽지 않습니다.

　fs 모듈은 상당히 방대한 편인데 그 이유는 각각의 기본 동작에 여러 가지 변형이 존재하기 때문입니다. 이 장 처음에 설명했듯이 대부분의 함수가 fs.readFile() 처럼 비차단적이며 콜백 기반이고 비동기적이지만, 이들 함수는 대부분 fs.read

FileSync() 같은 동기적이고 차단적인 변형 역시 존재합니다. 노드 10 이후에는 이런 함수 중 다수에 fs.promises.readFile() 같은 프라미스 기반 비동기 변형이 추가됐습니다. fs 모듈의 함수는 대부분 작업할 파일의 경로(파일 이름과 선택 사항인 디렉터리 이름)인 문자열을 첫 번째 인자로 받습니다. 하지만 이들 함수 중 상당수에 정수인 '파일 서술자(file descriptor)'를 경로 대신 첫 번째 인자로 받는 변형 역시 존재합니다. 이런 변형 함수는 이름이 'f'로 시작합니다. 예를 들어 fs.truncate()는 경로로 지정된 파일을 비우고, fs.ftruncate()는 파일 서술자로 지정된 파일을 비웁니다. 프라미스 버전인 fs.promises.truncate()는 경로와 함께 파일 핸들(File-Handle) 객체의 메서드로 구현된 또 다른 프라미스 기반 버전을 인자로 받습니다. (파일 핸들 클래스는 프라미스 기반 API에서 사용하는 파일 서술자입니다.) 마지막으로, fs 모듈의 함수 중에는 이름 앞에 'l'이 붙은 변형도 많습니다. 이들은 기본 함수와 비슷하지만 파일시스템의 심볼릭 링크(symbolic link)를 따라가는 것이 아니라 심볼릭 링크 자체에서 동작합니다.

16.7.1 경로, 파일 서술자, 파일 핸들

fs 모듈의 함수로 파일 작업을 하려면 먼저 작업할 파일을 지정해야 합니다. 파일은 대부분 **경로**로 지정합니다. 경로는 파일 자체의 이름과 그 파일이 존재하는 디렉터리의 계층 구조로 구성됩니다. **절대** 경로는 파일시스템 루트에서 시작하는 디렉터리 전체가 경로에 명시돼 있다는 의미입니다. 반대로 **상대** 경로는 다른 경로(보통 현재 작업 디렉터리)와 연관된 경로를 말합니다. 경로는 조금 까다로울 수 있습니다. 운영 체제에 따라 디렉터리 이름 구분자가 다르고, 경로를 병합할 때 실수로 구분자를 이중으로 쓰기 쉬우며, 부모 디렉터리를 뜻하는 경로 ../는 특별히 취급해야 하기 때문입니다. 노드의 path 모듈과 기타 몇 가지 노드 기능이 경로 작업에 도움이 될 수 있습니다.

```
// 몇 가지 중요한 경로
process.cwd()       // 현재 작업 디렉터리의 절대 경로
__filename          // 현재 코드를 담은 파일의 절대 경로
__dirname           // __filename을 포함하는 디렉터리의 절대 경로
os.homedir()        // 사용자의 홈 디렉터리

const path = require("path");

path.sep                        // 운영 체제에 따라 / 또는 \
```

```
// path 모듈에는 간단한 파싱 함수도 들어 있습니다.
let p = "src/pkg/test.js";         // 예제 경로
path.basename(p)                   // => "test.js"
path.extname(p)                    // => ".js"
path.dirname(p)                    // => "src/pkg"
path.basename(path.dirname(p))     // => "pkg"
path.dirname(path.dirname(p))      // => "src"

// normalize()는 경로를 정규화합니다.
path.normalize("a/b/c/../d/")      // => "a/b/d": "../" 부분을 해석했습니다.
path.normalize("a/./b")            // => "a/b": "./" 부분을 잘라냈습니다.
path.normalize("//a//b//")         // => "/a/b/": 이중으로 사용된 슬래시를 제거했습니다.

// join()은 경로 조각을 조합하고 구분자를 추가해서 정규화합니다.
path.join("src", "pkg", "t.js")    // => "src/pkg/t.js"

// resolve()는 한 개 이상의 경로 조각을 받아 절대 경로를 반환합니다.
// 맨 마지막 인자에서 시작해 왼쪽으로 진행하면서 경로를 조합하고, 절대 경로를 완성했다고 판단하면
// 남은 인자는 버리고 종료합니다. (마지막 예제에서 '/a'를 버렸습니다.)
// 모든 인자를 조합해도 절대 경로를 완성하지 못한다면
// process.cwd()를 앞에 붙여 절대 경로를 만듭니다. (두 번째 예제를 보십시오.)
path.resolve()                     // => process.cwd()
path.resolve("t.js")               // => path.join(process.cwd(), "t.js")
path.resolve("/tmp", "t.js")       // => "/tmp/t.js"
path.resolve("/a", "/b", "t.js")   // => "/b/t.js"
```

path.normalize()는 단순히 문자열을 조작할 뿐 실제 파일시스템에 접근하는 함수는 아닙니다. fs.realpath(), fs.realpathSync()는 파일시스템에 기초해 정규화를 수행합니다. 이 함수들은 심볼릭 링크와 상대 경로를 현재 작업 디렉터리를 기준으로 해석합니다.

앞 예제는 코드를 유닉스 기반 운영 체제에서 실행하고 path.sep은 /라고 가정하고 만들었습니다. 윈도우 컴퓨터에서 유닉스 스타일 경로를 다뤄야 할 때는 path 대신 path.posix를 사용하십시오. 반대로, 유닉스 컴퓨터에서 윈도우 경로를 다뤄야 한다면 path.win32를 사용하십시오. path.posix, path.win32의 프로퍼티와 함수는 path와 동일합니다.

다음 절에서 설명할 fs 모듈의 함수 일부는 파일 이름 대신 **파일 서술자**를 받습니다. 파일 서술자는 파일을 열 때 운영 체제 레벨의 참조로 사용하는 정수입니다. fs.open()이나 fs.openSync()를 호출해 파일의 서술자를 얻을 수 있습니다. 프로세스에서 한 번에 열어 둘 수 있는 파일 개수에 제한이 있으므로 작업이 끝나면 파일 서술자에서 fs.close()를 호출하는 것이 중요합니다. 파일 안에서 움직이며 일부

만 읽고 쓰는 저수준 함수 fs.read(), fs.write()를 사용하려면 파일을 열어야 합니다. fs 모듈에는 파일 서술자를 사용하는 함수가 더 있긴 하지만, 이들은 모두 이름을 사용하는 버전도 존재합니다. 서술자 기반 함수가 필요한 경우는 파일을 읽거나 쓰기 위해 열 때뿐입니다.

마지막으로 fs.promises에 정의된 프라미스 기반 API에는 fs.open()과 동등한, 파일 핸들 객체로 해석되는 프라미스를 반환하는 fs.promises.open() 함수가 있습니다. 파일 핸들 객체는 파일 서술자와 같은 역할을 합니다. 다시 말하지만, 파일 핸들에서 저수준 read(), write() 메서드를 써야 하는 게 아니라면 굳이 파일 핸들 객체를 생성할 필요는 없습니다. 그리고 파일 핸들을 생성했다면 작업을 끝낸 뒤에 close() 메서드를 호출하는 것을 잊으면 안 됩니다.

16.7.2 파일 읽기

노드에서는 파일 콘텐츠를 한 번에 읽을 수도, 스트림을 통해 읽을 수도, 저수준 API를 이용해 읽을 수도 있습니다.

파일이 작거나 메모리/성능 문제가 없다면 파일 콘텐츠 전체를 한 번에 읽는 게 가장 편리합니다. 이 작업은 동기적으로 수행하거나, 콜백, 또는 프라미스를 통해 할 수 있습니다. 기본적으로 파일 콘텐츠는 버퍼로 읽지만 인코딩을 지정하면 문자열로 읽을 수 있습니다.

```
const fs = require("fs");
let buffer = fs.readFileSync("test.data");        // 동기적. 버퍼를 반환합니다.
let text = fs.readFileSync("data.csv", "utf8");   // 동기적. 문자열을 반환합니다.

// 파일 바이트를 비동기적으로 읽습니다.
fs.readFile("test.data", (err, buffer) => {
    if (err) {
        // 에러는 여기서 처리합니다.
    } else {
        // 파일 콘텐츠는 버퍼에 있습니다.
    }
});

// 프라미스 기반 비동기 읽기
fs.promises
    .readFile("data.csv", "utf8")
    .then(processFileText)
    .catch(handleReadError);
```

```
// 또는 비동기 함수 안에서 await와 함께 프라미스 API를 사용합니다.
async function processText(filename, encoding="utf8") {
    let text = await fs.promises.readFile(filename, encoding);
    // ... 텍스트를 여기서 처리합니다 ...
}
```

파일 콘텐츠를 연속적으로 처리할 수 있고, 파일 콘텐츠 전체를 메모리에 한 번에
담을 필요가 없다면 스트림을 통해 읽는 방법이 가장 효율적입니다. 스트림에 관해
서는 충분히 설명했습니다. 다음은 스트림과 pipe() 메서드를 사용해 파일 콘텐츠
를 표준 출력에 기록하는 방법입니다.

```
function printFile(filename, encoding="utf8") {
    fs.createReadStream(filename, encoding).pipe(process.stdout);
}
```

마지막으로 파일의 정확히 어느 부분을 언제 읽을지 저수준에서 제어하려면 다음
과 같이 파일을 열어서 파일 서술자를 가져온 다음 fs.read(), fs.readSync(), 또는
fs.promises.read()를 써서 원하는 위치에서 원하는 바이트만큼 읽은 후, 원하는
버퍼의 원하는 위치에 쓰면 됩니다.

```
const fs = require("fs");

// 데이터 파일의 일정 부분을 읽습니다.
fs.open("data", (err, fd) => {
    if (err) {
        // 에러 처리
        return;
    }
    try {
        // 새로 할당된 버퍼에 20~420바이트를 읽어 들입니다.
        fs.read(fd, Buffer.alloc(400), 0, 400, 20, (err, n, b) => {
            // err은 에러입니다(에러가 있다면).
            // n은 실제로 읽을 바이트 개수입니다.
            // b는 바이트를 읽어 들일 버퍼입니다.
        });
    }
    finally {            // 파일 서술자는 반드시 닫아야 하므로
        fs.close(fd);  // finally 절을 사용합니다.
    }
});
```

파일에서 데이터 덩어리를 하나 이상 읽어야 한다면 콜백 기반 read() API는 적절
하지 않습니다. 동기적 API를 사용할 수 있거나 await와 함께 프라미스 기반 API를

사용할 수 있다면 파일에서 덩어리 여러 개를 읽기가 쉬워집니다.

```
const fs = require("fs");

function readData(filename) {
    let fd = fs.openSync(filename);
    try {
        // 파일 헤더를 읽습니다.
        let header = Buffer.alloc(12);   // 12바이트 버퍼
        fs.readSync(fd, header, 0, 12, 0);

        // 파일의 매직 넘버를 확인합니다.
        let magic = header.readInt32LE(0);
        if (magic !== 0xDADAFEED) {
            throw new Error("File is of wrong type");
        }

        // 헤더에서 데이터 길이와 오프셋을 얻습니다.
        let offset = header.readInt32LE(4);
        let length = header.readInt32LE(8);

        // 파일에서 해당 바이트를 읽습니다.
        let data = Buffer.alloc(length);
        fs.readSync(fd, data, 0, length, offset);
        return data;
    } finally {
        // 설령 위에서 예외가 일어나더라도 파일은 항상 닫힙니다.
        fs.closeSync(fd);
    }
}
```

16.7.3 파일 쓰기

노드에서 파일 쓰기는 파일 읽기와 비슷하지만 추가로 알아야 할 점이 좀 있습니다. 그중 하나는 존재하지 않는 파일 이름을 사용해 파일을 쓰면 새로운 파일이 자동으로 만들어진다는 점입니다.

읽기와 마찬가지로 파일을 쓰는 방법도 세 가지입니다. 파일 콘텐츠 전체가 문자열이나 버퍼에 들어 있다면 콜백 기반인 fs.writeFile(), 동기적인 fs.writeFileSync(), 프라미스 기반인 fs.promises.writeFile()을 한 번만 호출해서 전체 내용을 기록할 수 있습니다.

```
fs.writeFileSync(path.resolve(__dirname, "settings.json"),
                JSON.stringify(settings));
```

파일에 기록하려는 데이터가 문자열이고 utf8 이외의 인코딩을 원한다면 선택 사항인 세 번째 인자에 인코딩을 전달하십시오.

fs.appendFile(), fs.appendFileSync(), fs.promises.appendFile()은 비슷한 방식으로 동작하지만, 지정된 파일이 이미 존재하면 덮어 쓰지 않고 뒤에 이어 붙인다는 점이 다릅니다.

파일에 쓰려는 데이터가 한 덩어리가 아니거나 동시에 메모리에 올리지 않는다면 라이터블 스트림을 쓸 수 있지만, 이 방법은 파일 안에서 이리저리 점프하는 일 없이 데이터를 처음부터 끝까지 기록한다는 전제가 필요합니다.

```
const fs = require("fs");
let output = fs.createWriteStream("numbers.txt");
for(let i = 0; i < 100; i++) {
    output.write(`${i}\n`);
}
output.end();
```

마지막으로, 여러 덩어리로 나뉜 데이터를 파일 하나에 기록하면서 각 덩어리를 기록할 정확한 위치를 직접 지정하려면 fs.open(), fs.openSync(), fs.promises.open()으로 파일을 연 다음 fs.write(), fs.writeSync() 함수와 함께 파일 서술자를 사용하면 됩니다. 이들 함수는 문자열과 버퍼의 동작 방식이 다릅니다. 문자열을 사용할 때는 파일 서술자와 문자열, 기록할 위치를 받고 선택 사항인 네 번째 인자로 인코딩을 받습니다. 버퍼를 사용할 때는 파일 서술자와 버퍼, 오프셋, 버퍼에 들어 있는 데이터 덩어리를 지정하는 길이 값과 함께 그 덩어리의 바이트를 기록할 위치를 인자로 받습니다. 기록할 버퍼 객체를 배열로 준비했다면 fs.writev()나 fs.writevSync()를 한 번만 호출해서 모두 기록할 수 있습니다. 이와 비슷하게 fs.promises.open()과 이 함수가 반환하는 파일 핸들 객체를 사용해 버퍼와 문자열을 기록하는 저수준 함수도 존재합니다.

> **📦 파일 모드 문자열**
>
> 파일을 읽는 저수준 API를 사용할 때 fs.open(), fs.openSync() 메서드도 함께 사용했습니다. 앞에서 본 예제에서는 파일 이름만 전달해도 충분했지만, 파일에 기록하려 할 때는 파일 서술자를 어떻게 사용할지 지정하는 두 번째 문자열 인자도 반드시 사용해야 합니다. 다음은 사용할 수 있는 플래그 문자열 중 일부입니다.

"w"

쓰기 모드로 파일을 엽니다.

"w+"

읽고 쓰기 모드로 파일을 엽니다.

"wx"

새로운 파일을 생성합니다. 해당 이름의 파일이 이미 존재한다면 실패합니다.

"wx+"

새로운 파일을 생성하며 읽기도 허용합니다. 해당 이름의 파일이 이미 존재한다면 실패합니다.

"a"

이어 붙이기(append) 모드로 파일을 엽니다. 기존 콘텐츠를 덮어 쓰지는 않습니다.

"a+"

이어 붙이기 모드로 파일을 열며 읽기도 허용합니다.

fs.open()이나 fs.openSync()를 사용할 때 플래그 문자열을 전달하지 않으면 기본 값인 r을 사용하며 파일 서술자는 읽기 전용이 됩니다. 이 플래그들은 파일에 기록하는 다른 메서드에도 유용하게 적용됩니다.

```
// 호출 한 번으로 파일에 기록하며, 이미 콘텐츠가 있다면 그 뒤에 이어 붙입니다.
// fs.appendFileSync()와 마찬가지로 동작합니다.
fs.writeFileSync("messages.log", "hello", { flag: "a" });

// 쓰기 스트림을 엽니다. 실수로 기존 내용을 덮어 쓰는 일을 방지하기 위해,
// 파일이 이미 존재하면 에러를 일으킵니다.
// 참고로 위 코드는 "flag"이고 여기는 "flags"입니다.
fs.createWriteStream("messages.log", { flags: "wx" });
```

fs.truncate(), fs.truncateSync(), fs.promises.truncate()로 파일의 끝부분을 잘라 낼 수 있습니다. 이 함수들은 첫 번째 인자로 파일 경로, 두 번째 인자로 길이 값을 받아 지정된 길이만 남기고 나머지는 잘라 냅니다. 길이 값을 생략하면 기본 값으로 0을 사용하므로 파일의 내용은 모두 사라집니다. 비운다는 뜻의 이름을 갖고 있긴 하지만, 이 함수들은 파일을 확장할 수도 있습니다. 길이 값으로 현재 파일 크기 이상을 지정하면 파일은 지정된 크기로 커집니다. 수정할 파일을 이미 연 상태

라면 파일 서술자나 파일 핸들과 함께 ftruncate(), ftruncateSync()를 사용할 수 있습니다.

지금까지 설명한 여러 가지 파일 기록 함수는 노드가 운영 체제에 파일 기록을 위임한 시점에서 제어권을 반환하거나, 콜백을 호출하거나, 프라미스를 해석합니다. 즉, 그 시점에서 데이터를 '기록했다'고 간주합니다. 하지만 노드가 데이터를 기록했다고 보고한다는 말이, 데이터가 실제로 스토리지에 안전하게 기록됐다는 말과 완전히 일치하는 건 아닙니다. 데이터 중 일부가 여전히 운영 체제 또는 장치 드라이버의 버퍼에 남은 상태에서 디스크에 기록되길 대기하는 중일 수도 있습니다. fs.writeSync()를 호출해 데이터를 동기적으로 파일에 기록했다 하더라도 그 직후 정전이 일어나면 데이터를 잃을 가능성은 여전히 존재합니다. 데이터를 확실히 안전하게 저장하려면 fs.fsync()나 fs.fsyncSync()를 사용하십시오. 이 함수들은 파일 서술자만 사용하며, 경로를 사용하는 버전은 없습니다.

16.7.4 기타 파일 작업

앞에서 노드의 스트림 클래스에 대해 설명하면서 copyFile() 함수의 두 가지 버전을 예로 들었습니다. 하지만 fs 모듈에는 자체 fs.copyFile(), fs.copyFileSync(), fs.promises.copyFile() 메서드가 있으므로 이 함수를 실제로 사용할 일은 없습니다.

이 메서드들은 첫 번째와 두 번째 인자로 원래 파일과 사본 파일의 이름을 받습니다. 파일 이름은 문자열이나 URL, 버퍼 객체로 지정할 수 있습니다. 선택 사항인 세 번째 인자는 copy 동작의 세부 사항을 제어하는 플래그를 지정하는 정수입니다. 콜백 기반인 fs.copyFile()의 마지막 인자는, 복사가 완료됐을 때 인자 없이 호출되거나 문제가 있을 때 에러 인자와 함께 호출되는 콜백 함수입니다. 다음 예제를 보십시오.

```
// 기본적인 동기적 파일 복사
fs.copyFileSync("ch15.txt", "ch15.bak");

// COPYFILE_EXCL 인자는 새 파일이 이미 존재하지 않는 경우에만 복사를 수행하므로
// 기존 파일을 덮어 쓰는 일을 방지합니다.
fs.copyFile("ch15.txt", "ch16.txt", fs.constants.COPYFILE_EXCL, err => {
    // 이 콜백은 완료됐을 때 호출되며, 에러가 있다면 err은 null 아닌 값입니다.
});
```

```
// 이 코드는 copyFile 함수의 프라미스 기반 버전의 동작 방식을 묘사합니다.
// 두 개의 플래그를 비트 OR 연산자 |로 조합했습니다.
// COPYFILE_EXCL 인자는 위에서 언급한 대로 기존 파일에 덮어 쓰는 일을 막으며,
// COPYFILE_FICLONE 인자는 파일시스템에서 이 기능을 지원할 경우 copy-on-write
// 사본을 생성하므로 원본이나 사본 중 하나가 수정되지 않는 한 스토리지 공간을
// 추가로 사용하지 않습니다.³
fs.promises.copyFile("Important data",
                     `Important data ${new Date().toISOString()}"
                     fs.constants.COPYFILE_EXCL | fs.constants.COPYFILE_FICLONE)
    .then(() => {
        console.log("Backup complete");
    });
    .catch(err => {
        console.error("Backup failed", err);
    });
```

fs.rename() 함수 및 동기적 버전, 프라미스 기반 버전은 파일을 이동시키거나 이름을 바꿉니다. 함수 인자는 파일의 현재 경로와 새로운 경로입니다. 플래그 인자는 존재하지 않지만, 콜백 기반 버전은 세 번째 인자로 콜백을 받을 수 있습니다.

```
fs.renameSync("ch15.bak", "backups/ch15.bak");
```

이 함수는 기존 파일을 덮어 쓰는 일을 방지하는 플래그를 제공하지 않으니 주의하십시오. 또한 파일 이름을 바꾸는 것은 파일시스템 안에서만 가능합니다.

　fs.link(), fs.symlink() 함수는 fs.rename()과 같은 인자를 받으며, 사본이 아니라 각각 링크와 심볼릭 링크를 생성한다는 점을 제외하면 fs.copyFile()과 비슷하게 동작합니다.

　마지막으로, fs.unlink(), fs.unlinkSync(), fs.promises.unlink()는 파일을 삭제하는 함수입니다. 이름이 좀 직관적이지 못한 이유는, 유닉스에서는 파일을 삭제한다는 것이 기본적으로 파일의 하드 링크를 생성하는 것의 반대 개념이었기 때문입니다. 삭제할 파일의 경로를 나타내는 문자열이나 버퍼, URL과 함께 호출하며 콜백 기반 버전을 사용할 때는 콜백을 함께 전달합니다.

```
fs.unlinkSync("backups/ch15.bak");
```

3　(옮긴이) 일종의 심볼릭 링크를 만드는 개념으로 이해했습니다. copy-on-write가 더 궁금하신 분은 노드 문서 *https://nodejs.org/api/fs.html#fs_fspromises_copyfile_src_dest_mode*를 참고하십시오.

16.7.5 파일 메타데이터

fs.stat(), fs.statSync(), fs.promises.stat() 함수는 지정된 파일이나 디렉터리의 메타데이터를 반환합니다. 예를 들어 다음을 보십시오.

```
const fs = require("fs");
let stats = fs.statSync("book/ch15.md");
stats.isFile()          // => true: 일반적인 파일
stats.isDirectory()     // => false: 디렉터리가 아닙니다.
stats.size              // 파일 크기(바이트 단위)
stats.atime             // 접근 시간: 마지막으로 파일을 읽은 시간
stats.mtime             // 변경 시간: 마지막으로 기록한 시간
stats.uid               // 파일 소유자의 id
stats.gid               // 파일 소유자의 그룹 id
stats.mode.toString(8)  // 파일 퍼미션(8진수 문자열)
```

함수가 반환하는 Stats 객체에는 다른 프로퍼티와 메서드도 포함되어 있긴 하지만 위에서 제시한 것들이 가장 많이 사용됩니다.

fs.lstat()과 그 변형들도 fs.stat()과 거의 비슷하게 동작하지만, 지정된 파일이 심볼릭 링크인 경우 링크를 따라가지 않고 링크 자체의 메타데이터를 반환한다는 점이 다릅니다.

이미 파일을 열어서 파일 서술자나 파일 핸들 객체를 얻은 상태라면 파일 이름을 다시 지정할 필요 없이 fs.fstat()이나 그 변형을 사용해 메타데이터 정보를 얻을 수 있습니다.

메타데이터를 얻는 fs.stat()이나 그 변형과는 별개로, 메타데이터를 변경하는 함수도 존재합니다.

fs.chmod(), fs.lchmod(), fs.fchmod()와 그 동기적/프라미스 기반 버전은 파일이나 디렉터리의 '모드'(퍼미션)를 변경합니다. 모드 값은 정수인데 각 비트에 정해진 의미가 있고, 8진수 표기법으로 생각하면 가장 이해하기 쉽습니다. 예를 들어 파일을 소유자에게는 읽기 전용으로 허용하고, 소유자가 아닌 사용자의 접근은 불허하고 싶다면 다음과 같이 0o400을 사용합니다.

```
fs.chmodSync("ch15.md", 0o400);  // 실수로 삭제하는 일을 방지합니다.
```

fs.chown(), fs.lchown(), fs.fchown() 및 그 동기적/프라미스 기반 버전은 파일이나 디렉터리의 소유자와 그룹 ID를 변경합니다. fs.chmod()로 변경한 퍼미션과 상호 작용하기 때문에 함께 변경해야 합니다.

마지막으로, fs.utimes(), fs.futimes() 및 그 변형으로 파일이나 디렉터리의 접근 시간과 변경 시간을 변경할 수 있습니다.

16.7.6 디렉터리 작업

노드에서 새로운 디렉터리를 생성할 때 fs.mkdir(), fs.mkdirSync(), fs.promises .mkdir()을 사용합니다. 이들 함수의 첫 번째 인자는 생성할 디렉터리의 경로입니다. 선택 사항인 두 번째 인자는 새로운 디렉터리의 모드(퍼미션 비트)를 지정하는 정수입니다. 또는 선택 사항인 mode, recursive 프로퍼티가 있는 객체를 전달할 수도 있습니다. recursive가 true이면 지정된 경로에 존재하지 않는 디렉터리는 모두 생성합니다.

```
// dist/와 dist/lib/을 모두 확인하고 존재하지 않으면 생성합니다.
fs.mkdirSync("dist/lib", { recursive: true });
```

fs.mkdtemp()와 그 변형 함수들은 경로 문자열을 받아서 임의의 문자 몇 개를 추가하고(보안을 위해 중요한 조치입니다), 그 이름으로 디렉터리를 생성한 후 디렉터리 경로를 반환하거나 콜백에 전달합니다.

디렉터리를 삭제할 때는 fs.rmdir()이나 그 변형을 사용합니다. 단, 디렉터리를 삭제하기 위해서는 디렉터리가 반드시 비어 있어야 합니다.

```
// 무작위의 임시 디렉터리를 생성하고 그 경로를 받은 다음, 작업을 마치면 삭제합니다.
let tempDirPath;
try {
    tempDirPath = fs.mkdtempSync(path.join(os.tmpdir(), "d"));
    // 디렉터리에서 수행할 작업
} finally {
    // 작업이 끝나면 임시 디렉터리를 삭제합니다.
    fs.rmdirSync(tempDirPath);
}
```

fs 모듈에는 디렉터리 콘텐츠를 열거하는 두 가지 함수가 있습니다. 먼저 fs.read dir(), fs.readdirSync(), fs.promises.readdir()는 디렉터리 전체를 한 번에 읽고, 문자열 배열 또는 각 아이템의 이름과 타입(파일이나 디렉터리)을 가진 Dirent 객체의 배열을 반환합니다. 이들 함수가 반환하는 파일 이름은 경로 전체를 포함하지 않는 로컬 이름입니다. 다음 예제를 보십시오.

```
let tempFiles = fs.readdirSync("/tmp");   // 문자열 배열을 반환합니다.

// 프라미스 기반 함수를 사용해 Dirent 배열을 얻고 서브디렉터리 경로를 출력합니다.
fs.promises.readdir("/tmp", {withFileTypes: true})
    .then(entries => {
        entries.filter(entry => entry.isDirectory())
            .map(entry => entry.name)
            .forEach(name => console.log(path.join("/tmp/", name)));
    })
    .catch(console.error);
```

디렉터리에 파일이 수천 개 있어야 하는 경우라면 스트림을 사용하는 fs.opendir()
과 그 변형이 적합합니다. 이들 함수는 지정된 디렉터리를 나타내는 Dir 객체를 반
환합니다. Dir 객체의 read(), readSync() 메서드를 사용해 Dirent를 한 번에 하나
씩 읽을 수 있습니다. read()에 콜백 함수를 전달하면 그 콜백이 호출되고, 콜백을
생략하면 프라미스가 반환됩니다. 디렉터리 항목 나열이 끝나면 Dirent 객체 대신
null이 반환됩니다.

　Dir 객체를 사용하는 가장 쉬운 방법은 for/await 루프를 통한 비동기 이터레이
터로 사용하는 것입니다. 예를 들어 다음 함수는 스트리밍 API를 사용해 디렉터리
컨텐츠를 순회하면서 각 항목에서 stat()을 호출하고 파일과 디렉터리의 이름과
크기를 출력합니다.

```
const fs = require("fs");
const path = require("path");

async function listDirectory(dirpath) {
    let dir = await fs.promises.opendir(dirpath);
    for await (let entry of dir) {
        let name = entry.name;
        if (entry.isDirectory()) {
            name += "/";   // 서브디렉터리 이름 뒤에 슬래시를 추가합니다.
        }
        let stats = await fs.promises.stat(path.join(dirpath, name));
        let size = stats.size;
        console.log(String(size).padStart(10), name);
    }
}
```

16.8 HTTP 클라이언트와 서버

노드의 http, https, http2 모듈은 HTTP 프로토콜의 모든 기능을 갖추긴 했지만 비교적 저수준으로 구현됐습니다. 이들 모듈은 HTTP 클라이언트와 서버를 만들 수 있는 포괄적인 API를 제공합니다. API 역시 비교적 저수준이므로 이 장에서 이들을 모두 설명할 수는 없지만, 예제를 통해 기본적인 클라이언트와 서버를 만드는 방법을 설명하겠습니다.

HTTP GET 요청을 보내는 가장 단순한 방법은 http.get()이나 https.get()입니다. 이들 함수의 첫 번째 인자는 가져올 URL입니다. http:// URL에는 반드시 http 모듈을, https:// URL에는 반드시 https 모듈을 사용해야 합니다. 두 번째 인자는 서버의 응답이 도착하기 시작했을 때 IncomingMessage 객체와 함께 호출되는 콜백입니다. 이 콜백이 호출되는 시점에 HTTP 상태와 헤더는 확인할 수 있지만 바디는 사용할 수 없을 때도 있습니다. IncomingMessage 객체는 리더블 스트림이며 이장 앞부분에서 설명한 방법으로 응답 바디를 읽을 수 있습니다.

13.2.6절 마지막의 getJSON() 함수에서 Promise() 생성자를 설명하면서 http.get() 함수를 사용했습니다. 이제 노드 스트림과 노드 프로그래밍 모델에 대해 더 알게 됐으니 그 예제에서 http.get()을 어떻게 사용했는지 다시 살펴봐도 좋습니다.

http.get(), https.get()은 사실 더 일반적인 http.request(), https.request() 함수를 단순화한 변형입니다. 다음 postJSON() 함수는 https.request()를 써서 JSON 요청 바디를 포함하는 HTTPS POST 요청을 보내는 방법을 보여 줍니다. 13장의 getJSON() 함수와 마찬가지로, 이 함수는 JSON 응답을 예상하며 응답을 파싱한 버전으로 이행되는 프라미스를 반환합니다.

```
const https = require("https");

/*
 * body 객체를 JSON 문자열로 변환해서 지정된 API 호스트의 엔드포인트에 HTTPS POST로
 * 보냅니다. 응답이 도착하면 응답 바디를 JSON으로 파싱하고, 반환된 프라미스를 파싱된 값으로
 * 해석합니다.
 */
function postJSON(host, endpoint, body, port, username, password) {
    // 즉시 프라미스 객체를 반환하며 HTTPS 요청의 성공 또는 실패에 따라
    // resolve 또는 reject를 호출합니다.
    return new Promise((resolve, reject) => {
        // body 객체를 문자열로 변환합니다.
        let bodyText = JSON.stringify(body);
```

```javascript
// HTTPS 요청 옵션을 설정합니다.
let requestOptions = {
    method: "POST",        // GET, PUT, DELETE 등도 사용 가능합니다.
    host: host,            // 연결할 호스트
    path: endpoint,        // URL 경로
    headers: {             // 요청의 HTTP 헤더
        "Content-Type": "application/json",
        "Content-Length": Buffer.byteLength(bodyText)
    }
};

if (port) {                        // 포트가 지정됐다면
    requestOptions.port = port;    // 그 포트로 요청을 보냅니다.
}
// 자격 증명이 지정됐다면 권한 부여(Authorization) 헤더를 추가합니다.
if (username && password) {
    requestOptions.auth = `${username}:${password}`;
}

// 설정 객체를 바탕으로 요청을 생성합니다.
let request = https.request(requestOptions);

// POST 요청 바디를 만들고 요청을 끝냅니다.
request.write(bodyText);
request.end();

// 네트워크 연결이 없는 등의 이유로 요청 에러가 일어나면 거부합니다.
request.on("error", e => reject(e));

// 응답이 도착하기 시작하면 응답을 처리합니다.
request.on("response", response => {
    if (response.statusCode !== 200) {
        reject(new Error(`HTTP status ${response.statusCode}`));
        // 이 예제에서는 응답 바디에 아무 일도 하지 않지만, 버퍼에 그냥 둘 수는
        // 없으므로 data 핸들러를 등록하지 않고 스트림을 플로 모드로 바꿉니다.
        response.resume();
        return;
    }

    // 바이트가 아니라 텍스트를 원합니다. 텍스트가 JSON 형식일 것으로 가정하지만
    // 콘텐츠 타입 헤더를 체크하지는 않습니다.
    response.setEncoding("utf8");

    // 노드에는 스트림 JSON 파서가 없으므로 응답 바디 전체를 문자열로 읽습니다.
    let body = "";
    response.on("data", chunk => { body += chunk; });

    // 응답이 완료되면 처리합니다.
    response.on("end", () => {              // 응답이 완료되면
```

```
        try {                           // JSON 파싱을 시도하고
            resolve(JSON.parse(body));  // 그 결과로 해석합니다.
        } catch(e) {                    // 뭔가 문제가 있다면
            reject(e);                  // 에러와 함께 거부합니다.
        }
    });
  });
}
```

http와 https 모듈을 써서 HTTP, HTTPS 요청에 응답하는 서버를 만들 수도 있습니다. 기본적인 접근 방식은 다음과 같습니다.

- 새로운 서버 객체를 생성합니다.
- listen() 메서드를 호출해 지정된 포트로 들어오는 요청을 주시합니다.
- request 이벤트의 이벤트 핸들러를 등록하고, 이 핸들러를 통해 클라이언트의 요청(특히 request.url 프로퍼티)을 읽고 이에 응답하는 프로그램을 작성합니다.

다음 코드는 로컬 파일시스템에서 정적 파일을 전송하고 클라이언트의 요청을 그대로 돌려보내 응답하는 디버깅 엔드포인트를 갖춘 단순 HTTP 서버를 만듭니다.

```javascript
// 지정된 디렉터리에서 파일을 전송하는 단순한 정적 HTTP 서버입니다.
// /test/mirror는 들어오는 요청을 그대로 돌려보내며
// 클라이언트 디버깅에 유용한 엔드포인트입니다.
const http = require("http");   // 인증서가 있다면 https를 사용하십시오.
const url = require("url");     // URL 파싱에 필요합니다.
const path = require("path");   // 파일시스템 경로 조작에 필요합니다.
const fs = require("fs");       // 파일 읽기에 필요합니다.

// 지정된 포트를 주시하는 HTTP 서버를 통해 지정된 루트 디렉터리에서 파일을 전송합니다.
function serve(rootDirectory, port) {
    let server = new http.Server();  // 새로운 HTTP 서버를 생성합니다.
    server.listen(port);             // 지정된 포트를 주시합니다.
    console.log("Listening on port", port);

    // 요청이 들어오면 이 함수에서 처리합니다.
    server.on("request", (request, response) => {
        // 요청 URL의 경로 부분을 가져옵니다. 쿼리 매개변수는 무시합니다.
        let endpoint = url.parse(request.url).pathname;

        // 요청이 /test/mirror였다면 요청을 있는 그대로 되돌립니다.
        // 요청 헤더와 바디를 봐야 할 때 유용합니다.
        if (endpoint === "/test/mirror") {
            // 응답 헤더를 설정합니다.
```

```
        response.setHeader("Content-Type", "text/plain; charset=UTF-8");

        // 응답의 상태 코드를 지정합니다.
        response.writeHead(200);  // 200 OK

        // 응답 바디를 시작합니다.
        response.write(`${request.method} ${request.url} HTTP/${
                        request.httpVersion
                    }\r\n`);

        // 요청 헤더를 출력합니다.
        let headers = request.rawHeaders;
        for(let i = 0; i < headers.length; i += 2) {
            response.write(`${headers[i]}: ${headers[i+1]}\r\n`);
        }

        // 빈 줄을 추가해 헤더를 끝냅니다.
        response.write("\r\n");

        // 이제 요청 바디를 응답 바디에 복사해야 합니다.
        // 둘 다 스트림이므로 파이프를 사용할 수 있습니다.
        request.pipe(response);
    }
    // 요청이 /test/mirror가 아니라면 로컬 디렉터리에서 파일을 전송합니다.
    else {
        // 엔드포인트를 로컬 파일시스템의 파일과 연결합니다.
        let filename = endpoint.substring(1);  // 맨 앞의 슬래시를 삭제
        // 경로에 ../ 문자를 허용하면 루트 디렉터리 외부에서 파일을 전송하는
        // 보안 문제가 생길 수 있으므로 허용해서는 안 됩니다.
        filename = filename.replace(/\.\.\// g, "");
        // 파일 이름을 절대 경로로 변환합니다.
        filename = path.resolve(rootDirectory, filename);

        // 확장자를 바탕으로 파일 콘텐츠 타입을 추정합니다.
        let type;
        switch(path.extname(filename))  {
        case ".html":
        case ".htm": type = "text/html"; break;
        case ".js":  type = "text/javascript"; break;
        case ".css": type = "text/css"; break;
        case ".png": type = "image/png"; break;
        case ".txt": type = "text/plain"; break;
        default:     type = "application/octet-stream"; break;
        }

        let stream = fs.createReadStream(filename);
        stream.once("readable", () => {
            // 스트림이 리더블이 되면 콘텐츠 타입 헤더와 200 OK 상태를 설정합니다.
            // 그리고 파일 리더 스트림과 응답을 파이프로 연결합니다.
```

```
            // 파이프는 스트림이 끝날 때 자동으로 response.end()를 호출합니다.
            response.setHeader("Content-Type", type);
            response.writeHead(200);
            stream.pipe(response);
        });

        stream.on("error", (err) => {
            // 스트림을 열 때 에러가 일어났다면 파일이 존재하지 않거나 읽을 수 없는
            // 상태일 것입니다. 에러 메시지와 함께 '404 찾을 수 없음' 응답을 보냅니다.
            response.setHeader("Content-Type", "text/plain; charset=UTF-8");
            response.writeHead(404);
            response.end(err.message);
        });
    }
    });
}

// 명령행에서 실행할 때는 serve() 함수를 호출합니다.
serve(process.argv[2] || "/tmp", parseInt(process.argv[3]) || 8000);
```

노드의 내장 모듈만 사용해도 단순한 HTTP, HTTPS 서버를 만들 수 있습니다. 일반적으로 실무 서버를 이런 모듈만 가지고 만드는 일은 거의 없습니다. 아주 기본적인 서버를 제외하면 '미들웨어'를 비롯해 백엔드 웹 개발자가 필요로 하는 유틸리티를 제공하는, 익스프레스 프레임워크 같은 외부 라이브러리를 사용해 만듭니다.

16.9 HTTP를 사용하지 않는 네트워크 서버와 클라이언트

웹 서버와 클라이언트가 워낙 널리 쓰이고 있어서, HTTP를 사용하지 않는 클라이언트와 서버를 만드는 게 가능하다는 사실조차 잊을 때가 많습니다. 노드는 웹 서버를 만들기 좋은 환경을 제공하지만, 다른 형태의 네트워크 서버와 클라이언트도 충분히 지원할 수 있습니다.

스트림을 다루는 일에 충분히 익숙하다면 네트워크도 비교적 단순하게 느껴질 것입니다. 네트워크 소켓은 사실 일종의 듀플렉스 스트림일 뿐이기 때문입니다. 노드의 net 모듈에는 서버와 소켓 클래스가 정의되어 있습니다. 서버를 생성할 때는 net.createServer()를 호출하고 반환된 객체에서 listen() 메서드를 호출하여 주시할 포트를 지정합니다. 클라이언트가 그 포트에 연결되면 서버 객체는 connection 이벤트를 생성하며, 이벤트 리스너에 전달되는 값은 소켓 객체입니다. 소켓 객체는 듀플렉스 스트림이며, 이 객체를 사용해 클라이언트에서 데이터를 읽고 쓸 수 있습니다. 연결을 끊을 때는 소켓에서 end()를 호출합니다.

클라이언트는 더 간단합니다. net.createConnection()에 포트 번호와 호스트 이름을 전달하기만 하면, 해당 호스트에서 해당 포트를 주시하고 있는 서버와 통신하는 소켓을 생성할 수 있습니다. 그 소켓을 사용해 서버에서 데이터를 읽고 씁니다.

다음 코드는 net 모듈을 통해 서버를 만드는 방법입니다. 클라이언트가 연결되면 서버는 농담을 전송합니다.

```javascript
// 포트 6789로 대화형 농담을 전송하는 TCP 서버
// (왜 6이 7을 무서워 하냐고? 7이 9를 먹어치웠기(eight → ate) 때문이지!)
const net = require("net");
const readline = require("readline");

// 서버 객체를 생성하고 연결을 주시하기 시작합니다.
let server = net.createServer();
server.listen(6789, () => console.log("Delivering laughs on port 6789"));

// 클라이언트가 연결되면 농담을 보냅니다.
server.on("connection", socket => {
    tellJoke(socket)
        .then(() => socket.end())   // 농담이 끝나면 소켓을 닫습니다.
        .catch((err) => {
            console.error(err);     // 에러가 일어나면 모두 기록합니다.
            socket.end();           // 하지만 소켓은 항상 닫습니다.
        });
});

// 보낼 농담은 이게 전부입니다.
const jokes = {
    "Boo": "Don't cry...it's only a joke!",
    "Lettuce": "Let us in! It's freezing out here!",
    "A little old lady": "Wow, I didn't know you could yodel!"
};

// 이 소켓을 통해 대화형으로 농담을 보내고 차단은 하지 않습니다.
async function tellJoke(socket) {
    // 랜덤으로 농담을 선택합니다.
    let randomElement = a => a[Math.floor(Math.random() * a.length)];
    let who = randomElement(Object.keys(jokes));
    let punchline = jokes[who];

    // readline 모듈을 써서 사용자의 입력을 행 단위로 읽습니다.
    let lineReader = readline.createInterface({
        input: socket,
        output: socket,
        prompt: ">> "
    });
```

```
// 텍스트 한 행을 클라이언트에 출력하고 (기본적으로) 프롬프트를 표시하는
// 유틸리티 함수입니다.
function output(text, prompt=true) {
    socket.write(`${text}\r\n`);
    if (prompt) lineReader.prompt();
}

// 이 함수에서 사용하는 농담은 호출과 응답 구조를 가집니다.
// 스테이지마다 사용자의 입력이 다를 거라고 예상하고 그에 따라 다르게 반응합니다.
let stage = 0;

// 전통적인 방법으로 시작합니다.
output("Knock knock!");

// 농담이 끝날 때까지 클라이언트의 입력을 비동기적으로 읽습니다.
for await (let inputLine of lineReader) {
    if (stage === 0) {
        if (inputLine.toLowerCase() === "who's there?") {
            // 사용자가 스테이지 0에서 정확한 응답을 보낸다면 농담의 첫 번째 부분을
            // 보내고 스테이지 1로 이동합니다.
            output(who);
            stage = 1;
        } else {
            // 사용자의 응답이 정확하지 않다면 이 농담을 주고받는 방법을 설명합니다.
            output('Please type "Who\'s there?".');
        }
    } else if (stage === 1) {
        if (inputLine.toLowerCase() === `${who.toLowerCase()} who?`) {
            // 스테이지 1에서 사용자의 응답이 정확하다면 펀치라인을 보내고,
            // 농담이 완료됐으므로 종료합니다.
            output(`${punchline}`, false);
            return;
        } else {
            // 사용자의 플레이를 유도합니다.
            output(`Please type "${who} who?".`);
        }
    }
}
```

이런 형태의 단순한 텍스트 기반 서버는 일반적으로 커스텀 클라이언트가 필요하지 않습니다. 시스템에 nc(netcat) 유틸리티가 설치돼 있다면 다음과 같이 서버와 통신하게 만들 수 있습니다.

```
$ nc localhost 6789
Knock knock!
>> Who's there?
```

```
A little old lady
>> A little old lady who?
Wow, I didn't know you could yodel!
```

농담 서버와 함께 사용할 커스텀 클라이언트를 만드는 것도 어렵지 않습니다. 서버에 연결한 다음 서버의 출력을 표준 출력에, 표준 입력을 서버의 입력에 파이프로 연결하기만 하면 됩니다.

```javascript
// 명령행에서 지정한 서버의 6789 포트에 연결합니다.
let socket = require("net").createConnection(6789, process.argv[2]);
socket.pipe(process.stdout);              // 소켓 데이터를 표준 출력에 파이프로 연결
process.stdin.pipe(socket);               // 표준 입력 데이터를 소켓에 파이프로 연결
socket.on("close", () => process.exit());  // 소켓이 닫히면 종료합니다.
```

노드의 net 모듈은 TCP 기반 서버 이외에도, 포트 번호가 아니라 파일시스템 경로로 식별되는 '유닉스 도메인 소켓'의 프로세스 간 통신도 지원합니다. 이 장에서 이런 소켓에 대해 설명하지는 않겠지만 노드 문서에 자세한 설명이 있습니다. 그 외에도 노드는 UDP 기반 클라이언트와 서버를 지원하는 dgram 모듈, net 모듈에 보안을 추가한 tls 모듈 역시 지원합니다. tls.Server, tls.TLSSocket 클래스는 위에서 설명한 농담 서버 같은 TCP 서버에서 HTTPS 서버와 마찬가지로 SSL 암호화를 사용하게 만들 수 있습니다.

16.10 자식 프로세스

노드로 동시성이 높은 서버를 만들 수도 있지만 다른 프로그램을 실행하는 스크립트도 만들 수 있습니다. 노드의 child_process 모듈은 다른 프로그램을 자식 프로세스로 실행할 때 필요한 함수를 갖추고 있습니다. 이 절에서는 이런 함수 일부를 단순한 것부터 설명하겠습니다.

16.10.1 execSync()와 execFileSync()

다른 프로그램을 실행하는 가장 쉬운 방법은 child_process.execSync()입니다. 이 함수는 첫 번째 인자로 실행할 명령어를 받습니다. 이 함수는 자식 프로세스를 생성하고 그 프로세스 안에서 셸을 실행하며, 셸 안에서 전달받은 명령어를 실행합니다. 그리고 명령어와 셸이 종료될 때까지 다른 프로세스를 차단합니다. 명령어가 에러와 함께 종료되면 execSync()도 예외를 일으킵니다. 명령어가 에러 없이 종료

되면 execSync()는 명령어가 표준 출력 스트림에 출력 내용을 그대로 반환합니다. 반환 값은 기본적으로 버퍼지만, 선택 사항인 두 번째 인자로 인코딩을 지정하면 문자열을 받을 수 있습니다. 명령어가 표준 에러에 무언가 출력하면 부모 프로세스의 표준 에러 스트림에 전달됩니다.

예를 들어 성능이 중요하지 않은 스크립트를 작성하고 있다면, fs.readdirSync() 함수를 사용하는 대신 다음과 같이 child_process.execSync()와 함께 더 익숙한 유닉스 셸 명령어를 써서 디렉터리 내용을 출력할 수 있습니다.

```
const child_process = require("child_process");
let listing = child_process.execSync("ls -l web/*.html", {encoding: "utf8"});
```

execSync()는 완전한 유닉스 셸을 생성하므로 이 함수에 전달하는 문자열에는 명령어 여러 개를 세미콜론으로 구분해서 쓸 수도 있고, 파일 이름 와일드카드나 파이프, 출력 리다이렉션 같은 셸 기능 역시 활용할 수 있습니다. 이는 execSync()에는 사용자 입력이나 이와 비슷한 신뢰할 수 없는 소스에서 가져온 것을 전달하면 절대 안 된다는 뜻이기도 합니다. 셸 명령어의 복잡한 문법 때문에 공격자가 임의의 코드를 실행하기 쉬워지기도 합니다.

셸의 기능이 필요하지 않다면 child_process.execFileSync()를 써서 셸을 새로 기동하는 부하를 피할 수 있습니다. 이 함수는 셸을 기동하지 않고 프로그램을 직접 실행합니다. 하지만 셸을 기동하지 않으므로 명령행을 분석할 수 없고, 반드시 실행 파일을 첫 번째 인자로, 명령행 인자 배열을 두 번째 인자로 전달해야 합니다.

```
let listing = child_process.execFileSync("ls", ["-l", "web/"],
                                         {encoding: "utf8"});
```

> #### 📦 자식 프로세스 옵션
>
> execSync()를 비롯해 child_process 함수 상당수가 자식 프로세스가 어떻게 실행될지 지정하는 두 번째나 세 번째 인자를 선택 사항으로 받습니다. 이 객체의 encoding 프로퍼티는 명령어의 출력 결과를 문자열로 받을 때 사용할 인코딩을 지정하는 용도로 이미 살펴봤습니다. 그 밖에 중요한 프로퍼티는 다음과 같습니다. 이 옵션들을 자식 프로세스 함수 전체에 사용할 수 있는 건 아닙니다.
>
> • cwd는 자식 프로세스의 작업 디렉터리를 지정합니다. 이 옵션을 생략하면 자식 프로세스는 process.cwd()의 값을 사용합니다.

- env는 자식 프로세스가 접근할 수 있는 환경 변수를 지정합니다. 기본적으로 자식 프로세스는 process.env만 상속하지만, 원한다면 다른 객체를 지정할 수 있습니다.

- input은 자식 프로세스의 표준 입력으로 사용될 입력 데이터의 문자열 또는 버퍼를 지정합니다. 이는 ChildProcess 객체를 반환하지 않는 동기적 함수에만 사용할 수 있습니다.

- maxBuffer는 exec 함수에서 수집할 바이트를 제한합니다. 스트림을 사용하는 spawn(), fork()에는 적용되지 않습니다. 자식 프로세스에서 이 값을 초과하여 출력하면 에러와 함께 종료됩니다.

- shell은 셸 실행 파일의 경로 또는 true입니다. 일반적으로 셸 명령어를 실행하는 자식 프로세스 함수에서 이 옵션으로 사용할 셸을 지정할 수 있습니다. 일반적으로 셸을 사용하지 않는 함수에서는 true를 사용해 셸을 사용하도록 지정하거나, 원하는 셸을 정확히 지정할 수도 있습니다.

- timeout은 자식 프로세스에 허용하는 실행 시간을 밀리초 단위로 지정합니다. 이 시간이 지날 때까지 자식 프로세스가 종료되지 않으면 에러와 함께 강제 종료됩니다. 이 옵션은 exec 함수에는 적용되지만 spawn()과 fork()에는 적용되지 않습니다.

- uid는 프로그램을 실행할 사용자 ID를 숫자로 지정합니다. 부모 프로세스가 권한 있는(privileged) 계정에서 실행 중이라면 이 옵션을 써서 자식 프로세스의 권한을 낮출 수 있습니다.

16.10.2 exec()와 execFile()

execSync(), execFileSync() 함수는 이름에서 짐작할 수 있듯 동기적이므로 자식 프로세스가 종료되기 전까진 종료되지 않으며 다른 프로세스를 차단합니다. 이 함수들은 터미널 창에서 유닉스 명령어를 직접 입력하는 것과 마찬가지로, 한 번에 한 가지 명령을 실행할 수 있습니다. 하지만 프로그램에서 다양한 작업을 수행하고 각 작업이 다른 작업의 결과에 의존하지 않는다면 이들을 동시에 여러 개 실행할 수도 있습니다. 비동기 함수인 child_process.exec(), child_process.execFile()을 사용하면 됩니다.

  exec(), execFile()은 동기적 버전과 비슷하게 동작하지만, 오류 우선 콜백을 마지막 인자로 받고 실행 중인 자식 프로세스를 나타내는 ChildProcess 객체를 반환한 즉시 종료된다는 점이 다릅니다. 이 콜백은 자식 프로세스가 종료될 때 호출되며 인자 세 개를 받습니다. 첫 번째는 에러이며, 프로세스가 정상적으로 종료될 경우에는 null입니다. 두 번째 인자는 자식 프로세스의 표준 출력 스트림에 출력된 내용입니다. 세 번째 인자는 자식 프로세스의 표준 에러 스트림에 출력된 내용입니다.

exec(), execFile()이 반환하는 ChildProcess 객체를 통해 자식 프로세스를 닫거나 자식 프로세스에 데이터를 보낼 수 있습니다. 자식 프로세스는 표준 입력을 통해 이 데이터를 읽을 수 있습니다. ChildProcess는 child_process.spawn() 함수를 설명할 때 더 자세히 살펴보겠습니다.

자식 프로세스 여러 개를 동시에 실행하려고 한다면, 자식 프로세스가 에러 없이 종료될 때 exec()의 프라미스 버전을 사용하는 게 좋습니다. 이는 stdout, stderr 프로퍼티를 가진 객체로 해석되는 프라미스 객체를 반환합니다. 예를 들어 다음은 셸 명령어 배열을 받고 명령어 전체의 결과로 해석되는 프라미스를 반환하는 함수입니다.

```
const child_process = require("child_process");
const util = require("util");
const execP = util.promisify(child_process.exec);

function parallelExec(commands) {
    // 명령어 배열을 사용해 프라미스 배열을 생성합니다.
    let promises = commands.map(command => execP(command, {encoding: "utf8"}));
    // 개별 프라미스의 이행된 값의 배열로 이행되는 프라미스를 반환합니다.
    // stdout과 stderr 프로퍼티가 있는 객체를 반환하지 않고
    // 단순히 stdout 값만 반환합니다.
    return Promise.all(promises)
        .then(outputs => outputs.map(out => out.stdout));
}

module.exports = parallelExec;
```

16.10.3 spawn()

지금까지 설명한 exec 함수들은 빠르게 실행되고 출력 내용이 그렇게 많지 않은 자식 프로세스와 함께 사용하도록 설계됐습니다. 비동기인 exec(), execFile()도 스트림을 사용하지 않으며, 프로세스가 종료된 뒤에야 출력 내용을 반환합니다.

child_process.spawn() 함수는 자식 프로세스가 실행 중일 때도 그 출력에 스트림으로 접근할 수 있습니다. 또한 자식 프로세스에 데이터를 보낼 수도 있으며, 자식 프로세스는 표준 입력 스트림을 통해 이 데이터를 받습니다. 즉, 이를 통해 자식 프로세스와 동적으로 상호작용하면서 자식 프로세스의 출력에 따라 입력을 보낼 수 있습니다.

spawn()은 기본적으로 셸을 사용하지 않으므로, execFile()과 마찬가지로 실행 파일과 실행 파일에 전달할 명령행 인자 배열을 구분해서 전달해야 합니다. spawn()도 execFile()과 마찬가지로 ChildProcess 객체를 반환하지만 콜백 인자는 받지 않습니다. 콜백 함수를 사용하지 않으므로 ChildProcess 객체와 그 스트림의 이벤트를 사용해야 합니다.

spawn()이 반환하는 ChildProcess 객체는 이벤트이미터입니다. exit 이벤트를 주시하면 자식 프로세스가 종료될 때 알 수 있습니다. ChildProcess 객체에는 세 가지 스트림 프로퍼티도 있습니다. stdout과 stderr는 리더블 스트림입니다. 자식 프로세스가 표준 출력이나 표준 에러 스트림에 데이터를 출력하면 그 출력은 Child-Process 스트림에서 읽을 수 있습니다. 프로퍼티 이름을 혼동하지 않게 유의하십시오. 자식 프로세스에서 '표준 출력'은 라이터블 스트림이지만, 부모 프로세스의 입장에서 볼 때 ChildProcess 객체의 stdout 프로퍼티는 리더블 스트림입니다.

마찬가지로, ChildProcess 객체의 stdin 프로퍼티는 라이터블 스트림입니다. 이 스트림에 출력하는 데이터는 모두 자식 프로세스에서 표준 입력을 통해 읽을 수 있습니다.

ChildProcess 객체에는 자신의 프로세스 id를 반환하는 pid 프로퍼티도 있습니다. kill() 메서드는 자식 프로세스를 종료할 때 사용합니다.

16.10.4 fork()

child_process.fork()는 자식인 노드 프로세스에서 자바스크립트 코드 모듈을 실행하는 데 특화된 함수입니다. fork()는 spawn()과 동일한 인자를 받지만, 첫 번째 인자는 이진 실행 파일의 경로가 아니라 자바스크립트 코드 파일의 경로를 받습니다.

fork()로 생성한 자식 프로세스는 앞 절에서 설명한 spawn()과 마찬가지로 표준 입력, 표준 출력 스트림을 통해 부모 프로세스와 통신합니다. 하지만 fork()에는 부모와 자식 프로세스가 훨씬 쉽게 통신할 수 있는 또 다른 채널이 있습니다.

fork()로 자식 프로세스를 생성하면 반환된 ChildProcess 객체의 send() 메서드를 사용해 자식 프로세스에 객체의 사본을 전송할 수 있습니다. 그리고 ChildProcess의 message 이벤트를 주시해서 자식 프로세스로부터 메시지를 받을 수 있습니다. 자식 프로세스의 코드는 process.send()를 사용해 부모 프로세스에 메시지를 보내고, process의 message 이벤트를 주시해 부모 프로세스의 메시지를 받습니다.

예를 들어 다음은 fork()를 사용해 자식 프로세스를 만들고, 메시지를 보낸 다음 응답을 기다리는 코드입니다.

```
const child_process = require("child_process");

// child.js 코드를 실행하는 노드 프로세스를 시작합니다.
let child = child_process.fork(`${__dirname}/child.js`);

// 자식 프로세스에 메시지를 보냅니다.
child.send({x: 4, y: 3});

// 자식 프로세스에서 응답이 오면 출력합니다.
child.on("message", message => {
    console.log(message.hypotenuse);   // 5가 출력됩니다.
    // 메시지를 하나만 보냈으므로 응답도 하나만 있습니다.
    // 응답을 받으면 disconnect()를 호출해 프로세스 사이의 연결을 끊습니다.
    // 이렇게 해야 두 프로세스가 깔끔하게 종료됩니다.
    child.disconnect();
});
```

다음은 자식 프로세스 코드입니다.

```
// 부모 프로세스의 메시지를 기다립니다.
process.on("message", message => {
    // 메시지를 받으면 계산을 실행하고 결과를 부모 프로세스에 전송합니다.
    process.send({hypotenuse: Math.hypot(message.x, message.y)});
});
```

자식 프로세스를 만드는 건 꽤 비용이 드는 작업입니다. 이렇게 비용을 들여 fork()를 호출하고 프로세스 간 통신하도록 하는 일이 효과를 거두려면, 자식 프로세스에서 훨씬 더 많은 계산을 수행해야 합니다. 시간이 오래 걸리는 계산을 하면서도 들어오는 이벤트에 매우 높은 반응성을 보이는 프로그램을 작성해야 한다면, 자식 프로세스가 계산을 담당하게 만들어 이벤트 루프가 차단되는 일을 막고 부모 프로세스의 반응성을 보존하는 방향을 고려해 볼 수 있습니다. 다만 16.11절에서 설명할 워커 스레드가 자식 프로세스보다 더 좋은 선택일 수도 있습니다.

send()의 첫 번째 인자는 JSON.stringify()로 직렬화되고 자식 프로세스에서는 JSON.parse()로 이를 역직렬화하므로, JSON 형식에서 지원하는 값만 사용해야 합니다. send()에는 net 모듈의 소켓과 서버 객체를 자식 프로세스에 보낼 수 있는 특별한 두 번째 인자가 있습니다. 네트워크 서버는 대개 계산보다는 입출력 집약적입니다. 하지만 서버에서 CPU 하나로 감당하기 어려운 계산을 수행해야 해서, 그 서버를 CPU 여러 개를 사용하는 컴퓨터에서 실행한다면 fork()를 통해 자식 프로세스를 여러 개 생성해서 요청을 처리할 수 있습니다. 이런 경우 부모 프로세스에서는 서버 객체의 connection 이벤트를 주시하고, connection 이벤트가 일어나면 반환되는 소켓 객체를 send()의 두 번째 인자를 사용해 자식 프로세스에 보냄으로써 자식 프로세스가 요청을 처리하도록 할 수 있습니다. 다만, 이는 흔치 않은 상황에 대한 비현실적인 해결책입니다. 자식 프로세스로 포크(fork)하는 서버를 만들기보다는 싱글 스레드 서버 인스턴스를 여러 개 만들어 부하를 감당하게 하는 편이 더 단순한 방법일 때가 많습니다.

16.11 워커 스레드

이 장 처음에도 언급했지만 노드의 동시성 모델은 싱글 스레드이며 이벤트 기반입니다. 하지만 노드 버전 10부터는 웹 브라우저의 웹 워커 API(15.13절)를 거의 그대로 반영한 멀티스레드 프로그래밍 모델 역시 지원합니다. 멀티스레드 프로그래밍은 어렵기로 악명 높은데, 여러 스레드가 공유 메모리에 접근하는 것을 주의 깊게 조율해야 하기 때문인 경우가 대부분입니다. 하지만 자바스크립트 스레드는 노드나 브라우저 모두 기본적으로 메모리를 공유하지 않으므로, 멀티스레드 프로그래밍의 위험성이나 어려움은 자바스크립트 '워커'에는 적용되지 않습니다.

자바스크립트 워커 스레드는 메모리를 공유하지 않고 메시지를 전달하는 방식으로 통신합니다. 메인 스레드는 스레드를 나타내는 Worker 객체의 postMessage() 메서드를 호출해 워커 스레드에 메시지를 보냅니다. 워커 스레드는 message 이벤트를 주시해서 부모 스레드의 메시지를 수신합니다. 워커는 자신의 postMessage()를 통해 메인 스레드에 메시지를 전송하며, 메인 스레드는 message 이벤트 핸들러를 통해 이 메시지를 수신합니다.

노드 애플리케이션에서 워커 스레드를 사용하는 이유는 크게 세 가지입니다.

- 애플리케이션에서 CPU 코어 하나로 감당하기 어려운 계산을 해야 한다면 스레드를 통해 부하를 코어 여러 개로 분산할 수 있습니다. 최신 컴퓨터는 대부분 코어 여러 개를 갖추고 있습니다. 노드에서 과학 계산, 머신 러닝, 그래픽 처리 등을 해야 한다면 스레드를 사용하기만 해도 컴퓨터의 성능을 더 끌어올릴 수 있습니다.
- 애플리케이션에서 CPU 하나의 최대 성능을 필요로 하지 않더라도, 스레드를 사용하면 메인 스레드의 반응성을 더 높일 수 있습니다. 대규모 요청을 비교적 드

문드문 처리하는 서버가 있다고 생각해 보십시오. 이 서버는 초당 한 개의 요청을 받고, 각 요청을 처리하기 위해 약 0.5초의 시간이 걸리며 이 시간 동안 다른 프로세스에서 CPU를 사용할 수 없습니다. 평균적으로 말한다면 이 서버는 동작 시간의 50% 정도는 유휴 상태입니다. 하지만 만약 두 요청이 몇 밀리초 간격으로 들어온다면, 서버는 첫 번째 응답을 완료하기 전에는 두 번째 요청에 대한 응답은 시작조차 못합니다. 이 서버에서 워커 스레드를 사용하도록 바꾼다면 두 요청에 즉시 응답을 시작할 수 있으므로 클라이언트의 사용자 경험은 개선될 것입니다. 서버에 CPU 코어가 하나 이상 존재한다면 두 응답을 병렬로 계산할 수도 있겠지만, 설령 코어가 하나뿐이더라도 워커를 사용하면 반응성이 개선됩니다.

- 워커를 사용하면 차단적이고 동기적인 동작이 비차단적이고 비동기적인 작업으로 바뀝니다. 프로그램이 동기적으로밖에 사용할 수 없는 구형 코드에 의존하더라도, 워커를 사용하면 구형 코드가 다른 프로세스를 차단하는 일을 막을 수 있습니다.

워커 스레드는 자식 프로세스만큼 부하가 크지는 않지만 그래도 가벼운 작업은 아닙니다. 워커에 맡길 일이 무거운 작업이 아니라면 굳이 워커를 사용할 필요는 없습니다. 일반적으로, 프로그램이 CPU 집약적인 작업을 처리하지 않고 반응성 문제도 없다면 워커 스레드를 사용할 필요는 거의 없습니다.

16.11.1 워커 생성과 메시지 전달

워커를 담당하는 노드 모듈은 worker_threads입니다. 이 절에서는 식별자 threads가 이 모듈을 뜻합니다.

```
const threads = require("worker_threads");
```

이 모듈은 워커 스레드를 나타내는 Worker 클래스를 정의하며, 새로운 스레드를 생성할 때는 threads.Worker() 생성자를 사용합니다. 다음 코드는 이 생성자를 사용해 워커를 생성하고, 메인 스레드와 워커가 메시지를 주고받는 방법을 묘사합니다. 메인 스레드 코드와 워커 스레드 코드를 같은 파일에 저장하는 팁도 포함되어 있습니다.[4]

---

4 대개는 워커 코드를 별도의 파일로 저장하는 편이 단순하고 명확합니다. 하지만 필자는 유닉스의 fork() 시스템 호출을 처음 접했을 때 두 스레드가 같은 파일의 서로 다른 섹션을 실행하는 걸 보고 신선한 충격을 받았습니다. 색다르지만 우아한 방법이므로 여기에서 소개할 가치가 있다고 생각합니다.

```
const threads = require("worker_threads");
// worker_threads 모듈은 불인 isMainThread 프로퍼티를 내보냅니다.
// 이 프로퍼티는 노드가 메인 스레드로 실행 중일때는 true, 워커로 실행 중일때는 false입니다.
// 이를 이용해 메인 스레드와 워커 스레드를 같은 파일에 저장할 수 있습니다.
if (threads.isMainThread) {
    // 메인 스레드에서 실행할 때는 함수를 내보내는 것 외에 하는 일이 없습니다.
    // 이 함수는 메인 스레드에서 계산 집약적인 작업을 수행하지 않고 작업을 워커에 전달한
    // 다음, 워커가 작업을 완료할 때 해석되는 프라미스를 반환합니다.
    module.exports = function reticulateSplines(splines) {
        return new Promise((resolve,reject) => {
            // 같은 파일을 불러와서 실행하는 워커를 생성합니다.
            // 특별한 변수인 __filename을 사용했습니다.
            let reticulator = new threads.Worker(__filename);

            // splines 배열의 사본을 워커에 전달합니다.
            reticulator.postMessage(splines);

            // 워커에서 보내는 메시지나 에러에 따라 프라미스를 해석하거나 거부합니다.
            reticulator.on("message", resolve);
            reticulator.on("error", reject);
        });
    };
} else {
    // 이 절을 실행한다는 건 현재 워커로 실행한다는 의미이므로 메인 스레드에서
    // 메시지를 수신할 핸들러를 등록합니다. 이 워커는 메시지 하나만 받도록
    // 설계됐으므로 on()이 아니라 once()를 써서 이벤트 핸들러를 등록합니다.
    // 이렇게 하면 작업이 끝났을 때 워커가 자연스럽게 종료됩니다.
    threads.parentPort.once("message", splines => {
        // 부모 스레드에서 splines 배열을 받고 이를 순회하면서
        // 작업(reticulate)을 수행합니다.
        for(let spline of splines) {
            // 이 예제의 spline 객체에는 대개 계산을 아주 많이 수행하는
            // reticulate() 메서드가 존재한다고 가정합니다.
            spline.reticulate ? spline.reticulate() : spline.reticulated = true;
        }

        // splines 배열에서 작업이 모두 완료되면 메인 스레드에 사본을 전달합니다.
        threads.parentPort.postMessage(splines);
    });
}
```

Worker() 생성자의 첫 번째 인자는 스레드에서 실행할 자바스크립트 코드를 담은 파일의 경로입니다. 앞 예제에서는 미리 정의된 __filename 식별자를 써서 메인 스레드와 같은 파일을 불러와서 실행하는 워커를 만들었습니다. 하지만 일반적으로는 파일 경로를 전달하는 일이 많을 것입니다. 유의할 점은 상대 경로를 전달했을 때 이 경로가 현재 실행 중인 모듈이 아니라 process.cwd()를 기준으로 해석

된다는 점입니다. 현재 모듈을 기준으로 한 경로를 쓰고 싶다면 path.resolve(__
dirname, 'workers/reticulator.js') 같은 코드를 써야 합니다.

  Worker() 생성자는 두 번째 인자로 객체를 받을 수 있으며, 이 객체의 프로퍼티는
워커의 옵션을 설정하는 데 사용됩니다. 앞으로 옵션 중 상당수를 설명하겠지만,
일단 지금은 Worker()의 두 번째 인자로 {eval: true}를 전달하면 첫 번째 인자를
그대로 사용하지 않고, 자바스크립트 코드 문자열로 간주하고 이를 평가해 파일 이
름으로 사용한다는 점을 기억하십시오.

```
new threads.Worker(`
    const threads = require("worker_threads");
    threads.parentPort.postMessage(threads.isMainThread);
`, {eval: true}).on("message", console.log);  // false가 출력됩니다.
```

노드는 postMessage()에 전달된 객체를 워커 스레드와 직접 공유하지 않고 사본을
만듭니다. 이를 통해 워커 스레드와 메인 스레드가 메모리를 공유하지 못하도록 막
습니다. 11.6절에서 설명한 JSON.stringify(), JSON.parse()로 사본을 만들 거라고
예상할 수도 있지만, 노드는 웹 브라우저의 구조화된 클론 알고리즘을 사용합니다.

  구조화된 클론 알고리즘은 Map, Set, Date, RegExp 객체와 형식화 배열을 포함
해 대부분의 자바스크립트 타입을 직렬화할 수 있지만 소켓이나 스트림처럼 노드
호스트 환경에서 정의하는 타입은 일반적으로 복사하지 못합니다. 하지만 버퍼 객
체는 부분적으로 지원됩니다. 버퍼를 postMessage()에 전달하면 Uint8Array 형식으
로 수신되며, Buffer.from()을 써서 다시 버퍼로 변환할 수 있습니다. 구조화된 클
론 알고리즘에 대해서는 579페이지를 참고하십시오.

16.11.2 워커 실행 환경

노드 워커 스레드의 자바스크립트 코드는 대부분 메인 스레드에서와 마찬가지로
실행되긴 하지만, 알아둬야 할 차이가 몇 가지 있습니다. 그중 일부는 Worker() 생
성자의 두 번째 인자로 제공된 객체의 프로퍼티에 관한 것입니다.

- 이미 언급했듯 threads.isMainThread는 메인 스레드에서는 true이고 워커 스레
  드에서는 false입니다.
- 워커 스레드에서는 threads.parentPort.postMessage()를 통해 부모 스레드에 메
  시지를 보내고 threads.parentPort.on을 통해 부모 스레드의 메시지를 받을 이

벤트 핸들러를 등록합니다. 메인 스레드에서 threads.parentPort는 항상 null입니다.

- 워커 스레드에서 threads.workerData는 Worker() 생성자의 두 번째 인자의 workerData 프로퍼티의 사본입니다. 메인 스레드에서 이 프로퍼티는 항상 null입니다. workerData 프로퍼티를 사용해 워커에 초기 메시지를 전달하면, 워커가 기동된 후 message 이벤트를 기다리지 않고 바로 작업을 시작할 수 있습니다.

- 기본적으로 워커 스레드의 process.env는 부모 스레드의 process.env의 사본입니다. 하지만 부모 스레드는 Worker() 생성자의 두 번째 인자의 env 프로퍼티를 설정해 워커에 전달할 환경 변수를 임의로 조절할 수 있습니다. 잠재적인 위험이 있긴 하지만, 부모 스레드에서 env 프로퍼티를 threads.SHARE_ENV로 설정하면 두 스레드가 한 가지 환경 변수를 공유하므로 한 스레드에서 변경한 내용을 다른 스레드에서 볼 수 있게 됩니다.

- 기본적으로 워커의 process.stdin 스트림에는 읽을 수 있는 데이터가 절대 존재하지 않습니다. Worker() 생성자의 두 번째 인자에서 stdin: true를 통해 이 설정을 바꿀 수 있습니다. 이렇게 하면 Worker 객체의 stdin 프로퍼티는 라이터블 스트림이 되고, 부모 스레드에서 worker.stdin에 기록하는 데이터는 워커에서 process.stdin을 통해 읽을 수 있습니다.

- 기본적으로 워커의 process.stdout, process.stderr 스트림은 부모 스레드와 대응하는 스트림에 파이프로 연결되기만 합니다. 예를 들자면, console.log()와 console.error()는 워커 스레드에서도 메인 스레드와 똑같이 동작한다는 뜻입니다. Worker() 생성자의 두 번째 인자에서 stdout:true나 stderr:true를 설정해 이 기본 값을 덮어 쓸 수 있습니다. 이렇게 하면 워커에서 이 스트림에 기록하는 내용은 부모 스레드의 worker.stdout과 worker.stderr에서 읽을 수 있습니다. 스트림 방향이 좀 혼란스러울 수 있는데, 이 장에서 비슷한 과정을 이미 봤습니다. 워커 스레드의 출력 스트림은 부모 스레드의 입력 스트림이고, 워커의 입력 스트림은 부모의 출력 스트림입니다.

- 워커 스레드가 process.exit()를 호출하면 해당 스레드만 종료될 뿐 전체 프로세스가 종료되지는 않습니다.

- 워커 스레드는 자신이 속한 프로세스의 공유된 상태를 변경할 수 없습니다. 워커에서 process.chdir(), process.setuid() 같은 함수를 호출하면 예외가 일어납니다.

- SIGINT, SIGTERM 같은 운영 체제 신호는 메인 스레드에만 전달됩니다. 워커 스레 드에서는 이들을 수신하거나 처리할 수 없습니다.

16.11.3 통신 채널과 MessagePort

새로운 워커 스레드가 생성되면 그와 함께 통신 채널이 생성되고, 이 채널을 통해 워커와 부모 스레드가 메시지를 주고받습니다. 이미 살펴봤듯 워커 스레드는 threads.parentPort를 사용해 메시지를 보내고 받으며, 부모 스레드는 Worker 객체를 통해 메시지를 보내고 받습니다.

워커 스레드 API는 웹 브라우저가 정의한 MessageChannel API(15.13.5절)를 사용해 커스텀 통신 채널을 만들 수도 있습니다. 해당 절을 읽었다면 다음에 설명하는 내용은 대부분 익숙할 것입니다.

메인 스레드의 두 가지 모듈이 워커 하나에 서로 다른 메시지를 보냈다고 가정해 봅시다. 이 두 모듈이 기본 채널을 공유하고 worker.postMessage()로 메시지를 보낼 수도 있지만, 각 모듈이 워커에 메시지를 보내는 비공개 채널을 갖는다면 혼란이 덜할 것입니다. 아니면 반대로 메인 스레드에서 독립적인 워커 두 개를 생성하는 경우를 생각해 볼 수도 있습니다. 커스텀 통신 채널을 사용해 두 워커가 부모 스레드를 거치지 않고 직접 통신할 수 있습니다.

새로운 메시지 채널을 생성할 때는 MessageChannel() 생성자를 사용합니다. MessageChannel 객체에는 port1, port2 프로퍼티가 있습니다. 이 프로퍼티는 MessagePort 객체 쌍을 참조합니다. 이 포트에서 postMessage()를 호출하면 반대편에서 message 이벤트가 일어나고, 그 데이터는 메시지 객체의 구조화된 클론입니다.

```
const threads = require("worker_threads");
let channel = new threads.MessageChannel();
channel.port2.on("message", console.log);  // 받는 메시지를 모두 기록합니다.
channel.port1.postMessage("hello");         // hello가 출력됩니다.
```

어느 포트에서든 close()를 호출해 연결을 끊을 수 있습니다. 연결이 끊기면 더는 메시지를 주고받을 수 없으며, 두 포트에 모두 close 이벤트가 일어납니다.

위 예제에서는 MessagePort 객체의 쌍을 생성하고, 그 객체를 사용해 메인 스레드와 메시지를 주고받았습니다. 워커에서 커스텀 통신 채널을 사용하기 위해서는 포트를 만든 스레드에서 사용할 스레드로 반드시 두 포트 중 하나를 옮겨야 합니다. 다음 절에서 이 방법을 설명합니다.

16.11.4 MessagePort와 형식화 배열 전송

postMessage() 함수는 구조화된 클론 알고리즘을 사용하며, 이미 언급했었지만 이 알고리즘으로는 소켓이나 스트리밍 같은 객체는 복사할 수 없습니다. post Message() 함수가 MessagePort 객체를 처리할 수는 있지만 특별한 경우에 특별한 방법을 사용해야만 가능합니다. Worker 객체, threads.parentPort, MessagePort 객체의 postMessage() 메서드는 선택 사항으로 두 번째 인자를 받습니다. 이 인자는 transferList라 불리며 스레드 사이에서 복사가 아니라 이동될 객체 배열입니다.

MessagePort 객체를 구조화된 클론 알고리즘으로 복사하는 것은 불가능하지만 이동시키는 것은 가능합니다. postMessage()의 첫 번째 인자에 하나 이상의 Mes-sagePort가 포함되어 있다면(메시지 객체 안에 얼마나 깊이 중첩됐는지는 중요하지 않습니다), 이 MessagePort 객체들은 반드시 두 번째 인자인 배열에도 포함되어 있어야 합니다. 이렇게 하면 노드는 MessagePort를 복사하지 않고 다른 스레드로 옮기기만 합니다. 여기서 이해해야 할 핵심은, 어떤 값을 스레드 사이에서 일단 이동시키고 나면 postMessage()를 호출 스레드에서 더 이상 사용할 수 없다는 것입니다.

다음은 새로운 MessageChannel을 생성하고 그 MessagePort 중 하나를 워커로 이동시키는 예제입니다.

```
// 커스텀 통신 채널을 생성합니다.
const threads = require("worker_threads");
let channel = new threads.MessageChannel();

// 워커의 기본 채널을 사용해 새로운 채널의 한쪽 끝을 워커로 이동합니다.
// 워커가 이 메시지를 받으면 즉시 새로운 채널의 메시지 이벤트를 주시한다고 가정합니다.
worker.postMessage({ command: "changeChannel", data: channel.port1 },
                   [ channel.port1 ]);

// 커스텀 채널을 사용해 워커에 메시지를 보냅니다.
channel.port2.postMessage("Can you hear me now?");

// 워커의 응답을 기다립니다.
channel.port2.on("message", handleMessagesFromWorker);
```

MessagePort 객체만 이동할 수 있는 건 아닙니다. 형식화 배열, 또는 하나 이상의 형식화 배열이 중첩 깊이에 상관없이 포함된 메시지를 postMessage()로 보내면 해당 형식화 배열(들)은 구조화된 클론 알고리즘을 통해 복사됩니다. 하지만 형식화 배열은 아주 큰 객체일 수도 있습니다. 예를 들어 워커 스레드를 써서 수백만 픽셀의 이미지 처리를 한다고 가정해 보십시오. 이런 작업의 효율을 개선하기 위해 postMessage()에는 형식화 배열을 복사하지 않고 이동시키는 옵션이 있습니다. (스레드는 기본적으로 메모리를 공유합니다. 자바스크립트의 워커 스레드는 일반적으로 공유 메모리를 사용하지 않으려 하지만, 이런 형태의 제어된 이동 작업에서는 공유 메모리가 아주 효율적입니다.) 형식화 배열을 다른 스레드로 이동시키면 원래 스레드에서는 사용할 수 없게 되므로 이렇게 이동시켜도 안전합니다. 이미지 처리 작업에서는 메인 스레드에서 이미지의 픽셀 일부를 워커 스레드로 이동하고, 워커 스레드는 픽셀 작업을 완료한 뒤 다시 메인 스레드로 보내는 방식으로 작업할 수 있습니다. 메모리를 복사할 필요는 없으며, 두 스레드에서 동시에 접근하는 일도 절대 없습니다.

형식화 배열을 이동할 때는 대응하는 ArrayBuffer를 postMessage()의 두 번째 인자 배열에 넣습니다.

```
let pixels = new Uint32Array(1024*1024);  // 메모리 4메가바이트

// 이 형식화 배열에 픽셀 데이터를 담아 워커로 이동시켰다고 가정합니다.
// 두 번째 인자 배열엔 배열 자체가 아니라 배열의 버퍼 객체를 담았습니다.
worker.postMessage(pixels, [ pixels.buffer ]);
```

MessagePort를 이동시켰을 때와 마찬가지로, 이동한 형식화 배열은 원래 스레드에서는 사용할 수 없습니다. 이미 이동한 MessagePort나 형식화 배열에 접근하려 해도 예외는 일어나지 않습니다. 그저 아무 반응 없을 뿐입니다.

16.11.5 스레드 간 형식화 배열 공유

스레드 사이에서 형식화 배열을 이동시킬 수도 있지만 사실 공유할 수도 있습니다. 원하는 크기로 SharedArrayBuffer를 생성하고 이 버퍼를 사용해 형식화 배열을 만들면 됩니다. SharedArrayBuffer를 통해 생성된 형식화 배열을 postMessage()를 사용해 옮기면 해당 메모리가 스레드 사이에서 공유됩니다. 이렇게 사용할 때는 postMessage()의 두 번째 인자에 공유 버퍼를 넣으면 안 됩니다.

공유가 가능하긴 하지만 실제로 해선 안 됩니다. 자바스크립트는 결코 스레드 안정성(thread safety)을 염두에 두고 설계된 언어가 아니며, 멀티스레드 프로그래밍은 제대로 하기가 매우 어렵습니다. (11.2절에서 SharedArrayBuffer를 설명하지 않

은 이유도 이 때문입니다. 괜찮아 보이지만 제대로 구현하긴 어렵습니다.) 아주 단순한 ++ 연산자조차도, 값을 읽고 증가시킨 뒤 다시 기록하는 방식으로 동작하기 때문에 멀티스레드에서는 제대로 동작한다고 보장하기 어렵습니다. 예를 들어 두 스레드에서 값 하나를 동시에 증가시키려고 해도 한 번만 적용되는 경우가 대부분입니다. 다음 예제를 보십시오.

```javascript
const threads = require("worker_threads");

if (threads.isMainThread) {
    // 메인 스레드에서는 요소가 하나만 있는 형식화 배열을 만들어 공유합니다.
    // 두 스레드는 sharedArray[0]를 동시에 읽고 쓸 수 있습니다.
    let sharedBuffer = new SharedArrayBuffer(4);
    let sharedArray = new Int32Array(sharedBuffer);

    // 워커 스레드를 생성하고 초기 workerData 값으로 공유 배열을 전달하면
    // 메시지를 주고받을 필요가 없습니다.
    let worker = new threads.Worker(__filename, { workerData: sharedArray });

    // 워커가 실행을 시작하길 기다렸다가 공유된 정수 값을 1천만 번 증가시킵니다.
    worker.on("online", () => {
        for(let i = 0; i < 10_000_000; i++) sharedArray[0]++;

        // 작업이 끝나면 워커의 작업이 끝났다는 메시지 이벤트를 주시합니다.
        worker.on("message", () => {
            // 공유된 정수의 값은 2천만 번 증가하지만, 실제 값은 그보다 작습니다.
            // 필자의 컴퓨터에서는 일반적으로 1천2백만보다 작은 값이 나왔습니다.
            console.log(sharedArray[0]);
        });
    });
} else {
    // 워커 스레드에서는 workerData에서 공유 배열을 가져와 1천만 번 증가시킵니다.
    let sharedArray = threads.workerData;
    for(let i = 0; i < 10_000_000; i++) sharedArray[0]++;
    // 작업을 끝내면 메인 스레드에 알립니다.
    threads.parentPort.postMessage("done");
}
```

두 스레드가 공유 메모리에서 완전히 구분된 부분을 사용하는 경우라면 Shared ArrayBuffer를 유용하게 사용할 만합니다. 공유된 버퍼에서 겹치지 않는 두 영역의 뷰로 동작하는 형식화 배열 두 개를 만들고, 두 스레드에서 형식화 배열을 사용하게 하면 이런 상황을 만들 수 있습니다. 병합 정렬(merge sort)을 병렬로 진행하는 것이 한 가지 예가 될 수 있습니다. 스레드 하나는 배열의 아래쪽 절반을, 다른 스

레드는 배열의 나머지 절반을 정렬하는 것입니다. 또는 이미지 처리 알고리즘에서도 활용 가능합니다. 여러 개의 스레드가 이미지의 각 영역을 처리하되 그 영역이 겹치지 않으면 됩니다.

여러 스레드가 공유된 배열의 같은 영역에 접근하는 것을 반드시 허용해야 한다면, Atomics 객체에 정의된 함수를 써서 스레드 안정성을 도모할 수 있습니다. Atomics는 공유 배열의 요소에 가장 기본적인(atomic) 동작을 정의하고자 자바스크립트에 SharedArrayBuffer를 추가할 때 함께 추가됐습니다. 예를 들어 Atomics.add() 함수는 공유된 배열에서 지정된 요소를 읽고, 거기에 지정된 값을 합친 다음 그 결과를 배열에 다시 기록합니다. 이 작업은 단 한 번의 동작인 것처럼 수행되며, 이 작업이 이루어지는 동안에는 어떤 스레드도 값을 읽거나 쓸 수 없습니다. Atomics.add()를 사용해서 조금 전의 병렬 증가 예제를 정확히 2천만 번 수행되도록 수정할 수 있습니다.

```
const threads = require("worker_threads");

if (threads.isMainThread) {
    let sharedBuffer = new SharedArrayBuffer(4);
    let sharedArray = new Int32Array(sharedBuffer);
    let worker = new threads.Worker(__filename, { workerData: sharedArray });

    worker.on("online", () => {
        for(let i = 0; i < 10_000_000; i++) {
            Atomics.add(sharedArray, 0, 1);  // 스레드에서도 안전한 증가
        }

        worker.on("message", (message) => {
            // 두 스레드가 작업을 마치면 스레드 세이프(threadsafe) 함수를 써서
            // 공유 배열을 읽고 예상대로 20,000,000인지 확인합니다.
            console.log(Atomics.load(sharedArray, 0));
        });
    });
} else {
    let sharedArray = threads.workerData;
    for(let i = 0; i < 10_000_000; i++) {
        Atomics.add(sharedArray, 0, 1);      // 스레드에서도 안전한 증가
    }
    threads.parentPort.postMessage("done");
}
```

수정된 코드는 정확히 20,000,000을 출력하지만, 부정확한 결과를 낸 앞의 코드보

다 9배 느리게 동작합니다. 단순히 2천만 번 증가시키는 게 목적이라면 스레드 하나만 쓰는 편이 훨씬 단순하고 빠릅니다. 또한 이미지 처리 알고리즘 같은 경우도 배열의 각 요소가 다른 요소와 아무 상관없는 개별 값이므로 스레드 안정성이 보장된다고 볼 수 있습니다. 하지만 실제 사용하는 프로그램에서는 배열 요소들이 서로 연관된 경우가 대부분이므로 어떤 형태로든 스레드 동기화가 필요합니다. 저수준 함수인 `Atomics.wait()`, `Atomics.notify()`가 이 문제에 도움이 될 수도 있지만 이 책의 범위를 벗어납니다.

16.12 요약

자바스크립트는 웹 브라우저에서 실행되도록 설계됐지만 노드 덕분에 범용 프로그래밍 언어로 탈바꿈했습니다. 노드는 웹 서버를 만들 때 특히 자주 사용되지만, 운영 체제와 밀접하게 연결되므로 셸 스크립트를 대체하는 용도로 사용할 수도 있습니다.

이 장에서 가장 중요한 주제는 다음과 같습니다.

- 기본적으로 비동기적이고 싱글 스레드이며, 콜백과 이벤트를 기반으로 동시성을 구현하는 노드 API
- 노드의 기본적인 데이터 타입, 버퍼, 스트림
- 파일시스템을 다루는 `fs`, `path` 모듈
- HTTP 클라이언트와 서버를 다루는 `http`, `https` 모듈
- HTTP가 아닌 클라이언트와 서버를 다루는 `net` 모듈
- 자식 프로세스를 생성하고 통신하는 `child_process` 모듈
- 메모리 공유 대신 메시지 전송을 통해 멀티스레드 프로그램을 만드는 `worker_threads` 모듈

17장

자바스크립트 도구와 확장

책의 마지막 장에 도달한 것을 축하합니다. 16장까지의 모든 내용을 읽었다면 자바
스크립트 언어를 깊이 이해했고 노드와 웹 브라우저에서 사용하는 방법도 알고 있
을 겁니다. 이 장은 일종의 졸업 선물입니다. 이 장에서는 자바스크립트 프로그래
머가 널리 사용하는 중요한 프로그래밍 도구를 몇 가지 소개하고, 최근 코어 자바
스크립트 언어의 두 가지 확장에 대해 설명합니다. 프로젝트에 이 도구와 확장을
사용할지는 여러분의 선택이지만, 다른 프로젝트에 활용되는 모습을 볼 것이 분명
하므로 최소한 무엇인지는 알고 있어야 합니다.

이 장에서 설명하는 도구와 확장은 다음과 같습니다.

- 코드에서 잠재적인 버그와 스타일 문제를 발견하는 ES린트(ESLint)
- 자바스크립트 코드를 표준 형식으로 바꿔 주는 프리티어(Prettier)
- 자바스크립트 단위 테스트를 작성하는 제스트(Jest)
- 프로그램에 필요한 소프트웨어 라이브러리를 설치하고 관리하는 npm
- 자바스크립트 코드 모듈을 웹에서 사용하기 알맞은 자바스크립트 코드 번들로
  바꾸는 웹팩(webpack), 롤업(Rollup), 파셀(Parcel) 같은 코드 번들링 도구
- 최신 기능이나 확장을 사용하는 자바스크립트 코드를 웹 브라우저에서 사용할
  수 있게 바꿔 주는 바벨(Babel)
- HTML 마크업과 비슷한 자바스크립트 표현식을 써서 사용자 인터페이스를 만드
  는 확장인 JSX(리액트 프레임워크에서 사용합니다)

- 자바스크립트 코드에 타입 주석을 추가하고 코드의 타입 안정성을 체크하는 확장인 플로(Flow)(타입스크립트와 비슷합니다).

이 장에서 이들 도구나 확장을 자세히 설명하지는 않습니다. 이 장의 목적은 이런 도구의 어떤 기능이 유용한지, 언제 사용하는지 이해할 정도로만 설명하는 것입니다. 이 장에서 설명하는 내용은 자바스크립트 프로그래밍 세계에서 널리 쓰이고 있으므로 여기 소개된 도구나 확장을 채택했다면 온라인 문서와 교육 자료를 쉽게 찾을 수 있습니다.

17.1 ES린트를 이용한 린팅

프로그래밍에서 **린트**(lint)란 동작 자체는 의도한 대로 수행되지만 버그에 가깝거나, 버그를 일으킬 수 있거나, 아니면 좀 비효율적인 코드를 말합니다. **린터**(linter)는 코드의 린트를 찾는 도구이고, **린팅**(linting)은 코드에 린터를 실행해 린터에서 지적하는 문제를 제거하는 행위를 말합니다.

현재 자바스크립트에서 가장 널리 쓰이는 린터는 ES린트(*https://eslint.org*)입니다. ES린트를 실행하고 시간을 투자해서 ES린트가 지적하는 문제를 수정한다면 코드는 깔끔해지고 버그가 생길 가능성도 낮아집니다. 다음 코드를 보십시오.

```
var x = 'unused';

export function factorial(x) {
    if (x == 1) {
        return 1;
    } else {
        return x * factorial(x-1)
    }
}
```

이 코드에 ES린트를 실행하면 다음과 같은 결과를 보게 됩니다.

```
$ eslint code/ch17/linty.js

code/ch17/linty.js
1:1   error   Unexpected var, use let or const instead     no-var
              // var 대신 let이나 const를 사용하십시오.
1:5   error   'x' is assigned a value but never used        no-unused-vars
              // 'x'에 값을 할당했지만 사용되지 않았습니다.
```

```
1:9    warning  Strings must use doublequote              quotes
                // 문자열은 큰따옴표로 둘러싸야 합니다.
4:11   error    Expected '===' and instead saw '=='       eqeqeq
                // '==' 대신 '==='를 사용하십시오.
5:1    error    Expected indentation of 8 spaces but found 6  indent
                // 들여쓰기로 스페이스 8개가 있어야 하는데 6개가 쓰였습니다.
7:28   error    Missing semicolon                         semi
                // 세미콜론이 빠졌습니다.

✘ 6 problems (5 errors, 1 warning)
  3 errors and 1 warning potentially fixable with the `--fix` option.
```

이따금 린터가 바보같아 보일 때도 있습니다. 문자열에 큰따옴표를 쓰는 것과 작은 따옴표를 쓰는 것 사이에 정말로 차이가 있긴 할까요? 반면 들여쓰기를 정확히 하면 프로그램의 가독성이 아주 좋아지고, ==와 var 대신 ===와 let을 쓰면 미묘한 버그를 예방할 수 있습니다. 사용되지 않은 변수는 쓸모없는 군살이나 마찬가지므로 남겨둘 이유가 없습니다.

ES린트에는 여러 가지 린트 규칙이 있고, 기능을 추가하는 플러그인도 많이 존재합니다. ES린트는 규칙을 강제하지 않으므로 여러분이 원하는 규칙만 체크하도록 설정 파일을 만들 수 있습니다.[1]

17.2 프리티어를 사용한 자바스크립트 포맷

프로젝트에서 린터를 사용하는 이유 중에는 프로그래머들이 팀과 코드를 공유할 때 일관된 형식을 쓰려는 이유도 있습니다. 이런 일관된 형식에는 코드 들여쓰기 규칙도 있지만, 어떤 따옴표를 선호한다거나 for 키워드와 여는 괄호 사이에 스페이스를 쓰느냐 쓰지 않느냐 하는 것도 있습니다.

최근에는 린터를 사용해 코드 형식을 강제하는 것보다는 프리티어(*https://prettier.io*) 같은 도구를 사용해 코드를 자동으로 분석하고 포맷하는 것이 일반적입니다.

다음과 같은 함수를 만들었다고 합시다. 이 함수는 제대로 동작하지만 일반적인 형식을 따르지는 않았습니다.

---

1 (옮긴이) 대부분의 책에서 ES린트를 --save-dev로 설치하고 빌드 프로세스에 포함시켜 자동으로 린트하는 방법을 설명하고 권장하지만, 필요하다면 전역으로 설치하고 설정 파일을 따로 불러와서 단일 파일만 검사하는 방법도 있습니다. *https://eslint.org/docs/user-guide/command-line-interface*를 참고하세요.

```
function factorial(x)
{
        if(x===1){return 1}
          else{return x*factorial(x-1)}
}
```

이 코드에 프리티어를 실행하면 들여쓰기 문제를 해결하고, 생략된 세미콜론을 추가하고, 2항 연산자 양옆에 스페이스를 추가하고, { 뒤와 } 앞에 줄바꿈을 삽입해 일반적인 형식으로 바꿉니다.

```
$ prettier factorial.js
function factorial(x) {
  if (x === 1) {
    return 1;
  } else {
    return x * factorial(x - 1);
  }
}
```

프리티어를 실행할 때 --write 옵션을 추가하면 바꾼 결과를 보여 주는 대신 지정된 파일에 직접 저장합니다. git을 사용해 소스 코드를 관리한다면 커밋하기 전에 --write 옵션과 함께 프리티어를 실행해 체크인 전에 자동으로 변환할 수 있습니다.

사용하는 에디터에서 코드를 저장할 때마다 프리티어를 실행하도록 설정하면 훨씬 더 편리합니다.[2] 필자는 형식에 얽매이지 않고 자유롭게 코드를 작성한 다음 자동으로 수정되는 것을 보며 일종의 해방감을 느끼기도 합니다.

프리티어도 옵션을 설정할 수 있지만 변경 가능한 부분이 많지는 않습니다. 설정할 수 있는 옵션은 한 행의 최대 길이, 들여쓰기 정도, 세미콜론 사용 여부, 문자열에 사용할 따옴표 선택 등 몇 가지가 있습니다. 일반적으로 프리티어의 기본 옵션을 그대로 써도 무난합니다. 일단 프로젝트에 프리티어를 도입하기만 하면 코드를 작성할 때 형식에 대해 고민할 필요가 없어진다는 점이 가장 큰 매력입니다.

필자는 자바스크립트 프로젝트를 진행할 때 프리티어를 자주 사용하며, 항상 만족합니다. 하지만 이 책의 코드에는 사용할 수 없었는데, 필자는 주석을 세로로 정렬하기 위해 세심하게 작성했지만 프리티어는 이걸 전부 바꿔 놓기 때문입니다.

---

2 (옮긴이) 요즘 널리 쓰이는 비주얼 스튜디오 코드에서도 프리티어 플러그인을 설치하면 자동 수정 옵션을 쓸 수 있습니다. *https://velog.io/@mollang/vscode에서-Prettier-설정하는-법*을 참고하십시오.

17.3 제스트를 통한 단위 테스트

취미로 하는 프로젝트가 아니라면 테스트 작성은 매우 중요합니다. 자바스크립트 같은 동적 언어는 테스트 작성에 드는 노력을 극적으로 줄이고, 심지어 재미있게 만들 수도 있는 프레임워크를 지원합니다. 자바스크립트에는 테스트 도구와 라이브러리가 아주 많으며, 상당수는 모듈식으로 작성되어 A 라이브러리를 테스트 진행자로, B 라이브러리를 어서션 테스트 용도로, C 라이브러리를 모형(mocking) 테스트 용도로 사용할 수도 있습니다. 하지만 이 절에서는 필요한 기능을 패키지 하나에 전부 담은, 인기 있는 프레임워크 제스트(*https://jestjs.io*)에 대해 설명합니다.

다음과 같은 함수를 만들었다고 합시다.

```
const getJSON = require("./getJSON.js");

/**
 * getTemperature()는 도시 이름을 받고 그 도시의 현재 기온을 화씨 단위로
 * 나타낸 값으로 해석되는 프라미스를 반환합니다. 이 함수는 세계 기온을 섭씨 단위로
 * 제공하는 가상의 웹 서비스를 사용하도록 만들었습니다.
 */
module.exports = async function getTemperature(city) {
    // 웹 서비스에서 기온을 섭씨 단위로 가져옵니다.
    let c = await getJSON(
        `https://globaltemps.example.com/api/city/${city.toLowerCase()}`
    );
    // 화씨 단위로 변환해서 반환합니다.
    return (c * 5 / 9) + 32;  // TODO: 이 공식 다시 확인하기
};
```

이 함수를 제대로 테스트하려면 getTemperature()가 정확한 URL을 가져오는지, 기온을 정확히 변환하는지 확인할 수 있어야 합니다. 다음과 같이 제스트를 써서 테스트를 만들 수 있습니다. 이 코드는 getJSON()의 모형을 만들어 진행한 것이므로 실제로 네트워크 요청을 보내지는 않습니다. 또한 getTemperature()가 비동기 함수이므로 테스트 역시 비동기여야 합니다. 비동기 함수 테스트는 좀 어려울 수도 있지만 제스트에서는 비교적 쉽습니다.

```
// 테스트할 함수를 가져옵니다.
const getTemperature = require("./getTemperature.js");

// getTemperature()가 의존하는 getJSON() 모듈의 모형을 만듭니다.
jest.mock("./getJSON");
const getJSON = require("./getJSON.js");
```

```
// 모형인 getJSON() 함수가 이행된 값 0으로 이미 해석된 프라미스를 반환하게 만듭니다.
getJSON.mockResolvedValue(0);

// getTemperature() 테스트는 여기서 시작합니다.
describe("getTemperature()", () => {
    // 첫 번째 테스트입니다. getTemperature()가 getJSON()을 원하는 URL로 호출하는지 확인합니다.
    test("Invokes the correct API", async () => {
        let expectedURL = "https://globaltemps.example.com/api/city/vancouver";
        let t = await(getTemperature("Vancouver"));
        // 제스트 모형은 자신이 어떻게 호출됐는지 기억하고 있습니다.
        expect(getJSON).toHaveBeenCalledWith(expectedURL);
    });

    // 두 번째 테스트는 getTemperature()가 섭씨를 화씨로 정확히 변환하는지 확인합니다.
    test("Converts C to F correctly", async () => {
        getJSON.mockResolvedValue(0);                   // getJSON이 0을 반환하면
        expect(await getTemperature("x")).toBe(32);     // 32로 변환해야 맞습니다.

        // 섭씨 100도는 화씨 212도로 변환되어야 합니다.
        getJSON.mockResolvedValue(100);                 // getJSON이 100을 반환하면
        expect(await getTemperature("x")).toBe(212);    // 212로 변환해야 맞습니다.
    });
});
```

테스트를 작성하면 jest 명령어로 실행할 수 있습니다. 다음과 같이 테스트 하나가
실패하는 걸 발견할 것입니다.

```
$ jest getTemperature
 FAIL  ch17/getTemperature.test.js
  getTemperature()
    ✓ Invokes the correct API (4ms)
    × Converts C to F correctly (3ms)

  • getTemperature() › Converts C to F correctly

    expect(received).toBe(expected)  // Object.is 비교

    Expected: 212
    Received: 87.55555555555556

      29 |          // 섭씨 100도는 화씨 212도로 변환되어야 합니다.
      30 |          getJSON.mockResolvedValue(100); // getJSON이 100을 반환하면
    > 31 |          expect(await getTemperature("x")).toBe(212); // 212를 예상
         |                                             ^
      32 |      });
      33 | });
      34 |
```

```
       at Object.<anonymous> (ch17/getTemperature.test.js:31:43)

Test Suites: 1 failed, 1 total
Tests:       1 failed, 1 passed, 2 total
Snapshots:   0 total
Time:        1.403s
Ran all test suites matching /getTemperature/i.
```

현재 getTemperature()는 섭씨를 화씨로 바꾸는 공식을 잘못 적용했습니다. 원래는 9를 곱하고 5로 나눠야 하지만 5를 곱하고 9로 나눴습니다. 이 부분을 수정하고 제스트를 다시 실행하면 모든 테스트가 성공합니다. jest를 실행할 때 --coverage 인자를 추가하면 코드 커버리지 역시 보고합니다.

```
$ jest --coverage getTemperature
 PASS  ch17/getTemperature.test.js
  getTemperature()
    ✓ Invokes the correct API (3ms)
    ✓ Converts C to F correctly (1ms)

------------------|--------|---------|---------|---------|------------------|
File              | % Stmts| % Branch| % Funcs | % Lines| Uncovered Line #s|
------------------|--------|---------|---------|---------|------------------|
All files         |  71.43|     100|   33.33|   83.33|                  |
 getJSON.js       |  33.33|     100|      0|     50|                 2|
 getTemperature.js|    100|     100|    100|    100|                  |
------------------|--------|---------|---------|---------|------------------|
Test Suites: 1 passed, 1 total
Tests:       2 passed, 2 total
Snapshots:   0 total
Time:        1.508s
Ran all test suites matching /getTemperature/i.
```

테스트한 모듈의 코드 커버리지는 원하는 대로 100%로 나타났습니다. getJSON()의 코드 커버리지는 100%가 아니지만 이것은 모형일 뿐 테스트 대상이 아니므로 상관없습니다.

17.4 npm을 통한 패키지 관리

최근에는 소프트웨어를 개발할 때 서드 파티 소프트웨어 라이브러리를 사용하는 경우가 많습니다. 예를 들어 노드에서 웹 서버를 만든다면 익스프레스 프레임워크를 쓸 것입니다. 마찬가지로, 웹 브라우저에 표시될 사용자 인터페이스를 만들 때는 리액트나 LitElement, 앵귤러 같은 프론트엔드 프레임워크를 주로 사용합니다. 패키지 매니저를 쓰면 이런 서드 파티 패키지를 쉽게 찾아서 설치할 수 있습니다. 또한 패키지 매니저는 여러분의 프로그램에서 의존하는 패키지 정보를 파일에 저장하므로, 프로그램을 사용하려는 사람은 의존하는 패키지 리스트만 내려받고 자신의 패키지 매니저를 써서 필요한 패키지를 모두 받을 수 있습니다.

npm은 노드에 포함된 패키지 매니저이며 16.1.5절에서 간단히 소개했습니다. npm은 클라이언트 사이드 자바스크립트 프로그래밍에서도 노드를 사용한 서버 사이드 프로그래밍에서만큼 유용합니다.

다른 사람의 자바스크립트 프로젝트를 사용하고자 할 때 그 프로젝트를 내려받은 뒤 가장 먼저 하는 일은 npm install입니다. 이 명령은 package.json 파일에 기록된 의존하는 패키지 리스트를 읽고 node_modules 디렉터리에 저장합니다.

또한 npm install <package-name> 명령으로 원하는 패키지를 여러분의 프로젝트 node_modules 디렉터리에 설치할 수도 있습니다.[3]

```
$ npm install express
```

npm install <package-name> 명령은 패키지를 설치할 뿐만 아니라 package.json 파일에 패키지에 관한 정보 역시 기록합니다. 이렇게 의존하는 패키지를 기록했으므로 다른 사람들이 패키지 이름 없이 단순히 npm install이라고만 명령해도 의존하는 패키지를 설치할 수 있습니다.

의존하는 패키지 중에는 프로젝트를 진행하는 개발자에게는 필요하지만 실제로 그 코드를 실행할 때는 필요하지 않은 패키지도 있습니다. 예를 들어 프로젝트에서 소스 코드의 일관성을 위해 프리티어를 사용한다면 프리티어는 "개발자가" 의존하는 패키지입니다. 이를 나타내기 위해 --save-dev 옵션으로 설치합니다.

```
$ npm install --save-dev prettier
```

현재 진행하는 프로젝트뿐만 아니라 항상 사용하고 싶은 개발자 도구가 있을 수도 있습니다. 이런 경우에는 -g (전역) 옵션을 사용해서 설치합니다.

```
$ npm install -g eslint jest
/usr/local/bin/eslint -> /usr/local/lib/node_modules/eslint/bin/eslint.js
```

---

3 (옮긴이) 간단히 npm i라고 명령해도 됩니다.

```
/usr/local/bin/jest -> /usr/local/lib/node_modules/jest/bin/jest.js
+ jest@24.9.0
+ eslint@6.7.2
added 653 packages from 414 contributors in 25.596s

$ which eslint
/usr/local/bin/eslint
$ which jest
/usr/local/bin/jest
```

npm에는 '설치' 명령어뿐만 아니라 '삭제(uninstall)', '업데이트(update)' 명령어도 있습니다. npm에는 의존하는 패키지에 보안 취약점이 있는지 찾아서 수정하는 '감사(audit)' 명령어도 있습니다.

```
$ npm audit --fix

                    === npm audit security report ===

found 0 vulnerabilities
 in 876354 scanned packages
```

ES린트 같은 도구를 프로젝트에 로컬로 설치하면 eslint 스크립트는 ./node_modules/.bin/eslint에 설치되는데, 이렇게 설치되면 명령어를 사용하기가 무척 까다로워집니다. 다행히 npm에는 npx eslint나 npx jest 같은 형태로 로컬에 설치된 도구를 실행하는 npx 명령어도 있습니다. 아직 설치하지 않은 도구를 npx 명령어로 호출하면 자동으로 설치합니다.

　npm을 지원하는 기업들은 패키지 저장소 *https://npmjs.com*에서 수십만 개의 오픈 소스 패키지를 관리하고 있습니다. 하지만 꼭 npm 패키지 매니저가 있어야만 이 패키지 저장소에 접근할 수 있는 건 아닙니다. 얀(yarn)(*https://yarnpkg.com*), pnpm(*https://pnpm.js.org*)으로도 이 패키지 저장소를 이용할 수 있습니다.

17.5 코드 번들링

웹 브라우저에서 실행할 대규모 자바스크립트 프로그램을 만들었다면 코드 번들링 도구가 필요할 것입니다. 외부 라이브러리를 모듈 형태로 사용한다면 코드 번들링 도구의 필요성이 더 커집니다. 웹 개발자들은 import, export 키워드가 웹에서 지원되기 훨씬 전부터 ES6 모듈(10.3절)을 사용해 왔습니다. 이들이 사용한 방식은 코드 번들링 도구를 프로그램의 진입점(entry point)으로 설정하고 import 지시자의 트리를 따라 내려가면서 프로그램이 의존하는 모듈을 모두 찾는 방식입니다. 코드 번들러는 이렇게 찾은 개별 모듈 파일을 자바스크립트 코드 번들 하나로 조합한다음, import, export 지시자를 재작성해 조합된 형태에서 작동할 수 있게 바꿉니다. 이렇게 하면 모듈을 지원하지 않는 웹 브라우저에서도 쓸 수 있는 코드 파일이 완성됩니다.

현재는 거의 모든 웹 브라우저에서 ES6 모듈을 지원하지만, 웹 개발자들은 실무코드를 배포할 때 여전히 코드 번들러를 사용하는 경향이 있습니다. 사용자가 웹사이트에 처음 방문할 때 중간 크기의 코드 번들 하나를 내려받는 편이 작은 모듈 여러 개를 받는 것에 비해 더 빠르기 때문입니다.

 웹 성능 최적화는 매우 어려우며 고려해야 할 변수도 많습니다. 브라우저 제조사가 브라우저를 계속 개선하고 있다는 점도 고려해야 하므로, 유일한 방법은 충실히 테스트하고 주의 깊게 계측하는 것뿐입니다. 프로그래머가 통제할 수 있는 부분은 코드의 크기뿐이라는 점을 염두에 두십시오. 작은 코드는 항상 큰 코드보다 빠르게 읽히고 빠르게 실행됩니다.

훌륭한 자바스크립트 번들러가 많이 있습니다. 널리 쓰이는 도구로는 웹팩(*https://webpack.js.org*), 롤업(*https://rollupjs.org/guide/en*), 파셀(*https://parceljs.org*) 등이 있습니다. 번들러의 기본 기능은 대개 엇비슷하지만 설정 방법이 조금 다르며, 어떤 것은 사용이 쉽고 어떤 것은 조금 어렵습니다. 웹팩은 꽤 오랫동안 사랑받았으므로 플러그인도 방대하고, 설정도 다양하게 수정 가능하며 모듈이 아닌 오래된 라이브러리도 지원합니다. 대신 좀 복잡하고 설정도 어려운 편입니다. 웹팩과 반대로 파셀은 아무것도 설정하지 않아도 그냥 잘 되는 번들러를 목표로 하고 있습니다.

번들러는 기본적인 번들링 기능 외에 몇 가지 기능을 더 제공합니다.

- 일부 프로그램은 진입점을 하나 이상 설정할 수 있습니다. 예를 들어 여러 개의 페이지로 구성되는 웹 애플리케이션이 각 페이지마다 다른 진입점을 갖도록 만들 수 있습니다. 번들러는 일반적으로 진입점 하나에 번들 하나를 생성하거나, 여러 개의 진입점을 번들 하나가 지원하는 형태를 띱니다.

- 번들러 프로그램은 프로그램을 시작할 때 모듈 전체를 한 번에 불러오는 대신 import()를 함수형(10.3.6절)으로 사용해 실제로 필요할 때만 동적으로 불러올

수 있습니다. 이렇게 하면 프로그램의 시동 시간을 줄일 수 있습니다. import()를 지원하는 번들러는 시작할 때 불러오는 번들 하나, 필요할 때 동적으로 불러오는 하나 이상의 번들을 만들 수 있습니다. 이런 방식은 프로그램에서 import()를 호출하는 횟수가 많지 않고 호출할 때 불러오는 모듈이 비교적 독립적인 패키지들로 구성될 때 가장 알맞습니다. 동적으로 불러오는 모듈이 공유하는 패키지가 여럿이라면 번들을 얼마나 만들어야 하는지 파악하기 어려우므로 이를 직접 설정해야 할 수도 있습니다.

- 번들러는 일반적으로 번들에 포함된 코드와 원래 소스 파일의 코드를 연결하는 **소스 맵**(source map) 파일을 생성합니다. 이를 통해 브라우저 개발자 도구는 자바스크립트 에러가 일어났을 때 번들로 합쳐지지 않은 원래 파일의 위치를 자동으로 표시할 수 있습니다.

- 프로그램에서 모듈을 가져오더라도 일부 기능만 사용할 때도 있습니다. 좋은 번들러는 코드를 분석해서 사용되지 않는 부분을 찾아내고 번들에서 제외할 수 있습니다. 이 기능에는 '트리 쉐이킹'이라는 기발한 이름이 붙었습니다.

- 번들러는 일반적으로 플러그인을 기반으로 하는 구조를 지니며, 실제로 자바스크립트 코드 파일이 아닌 '모듈'을 가져오고 번들에 포함시키는 플러그인을 지원합니다. 프로그램에서 JSON 호환인 대규모 데이터를 사용한다고 합시다. 이런 데이터 구조를 별도의 JSON 파일로 이동시킨 다음 import widgets from "./big-widget-list.json" 같은 선언으로 프로그램에 가져오도록 코드 번들러를 설정할 수 있습니다. 마찬가지로, 자바스크립트 프로그램에서 CSS를 사용한다면 CSS 파일을 import 지시자로 가져오는 플러그인을 쓸 수 있습니다. 하지만 자바스크립트 파일이 아닌 다른 걸 가져온다면 비표준 자바스크립트 확장을 사용하는 결과가 되고, 해당 번들러에 의존하게 된다는 점을 기억하십시오.

- 자바스크립트처럼 컴파일이 필요 없는 언어에서는 번들러를 실행하는 게 컴파일 단계처럼 느껴질 수 있습니다. 코드를 수정할 때마다 브라우저에서 실행해 보기 전에 번들러를 실행해야 한다면 아주 번거로울 것입니다. 번들러는 일반적으로 프로젝트 디렉터리에 있는 모든 파일이 수정될 때 감지할 수 있는 파일시스템 감시자를 지원하며, 수정될 때마다 필요한 번들을 자동으로 다시 생성합니다. 이 기능을 활용하면 코드를 저장하는 즉시 브라우저 창을 새로고침해서 테스트해 볼 수 있습니다.

- 일부 번들러는 번들이 다시 생성될 때마다 자동으로 브라우저에서 불러오는 '모듈 핫스왑' 기능도 지원합니다. 이 기능은 개발자에게는 마법과도 같은 경험이 겠지만, 이 기능이 동작하기 위해서는 이면에서 몇 가지 작업이 이루어져야 하므로 모든 프로젝트에 적합하지는 않습니다.

17.6 바벨을 이용한 트랜스파일

바벨(Babel)(*https://babeljs.io*)은 최신 기능을 사용해 작성된 자바스크립트를, 그 기능을 지원하지 않는 버전으로 컴파일하는 도구입니다. 바벨은 자바스크립트를 자바스크립트로 컴파일하므로 '트랜스파일러'라고 불리기도 합니다. 바벨은 ES5만 지원하는 웹 브라우저에서 ES6의 새로운 기능을 활용할 수 있게 하려는 목적으로 개발됐습니다.

지수 연산자 **나 화살표 함수는 비교적 쉽게 Math.pow()와 function 표현식으로 변환할 수 있지만, class 키워드를 비롯해 변형 과정이 훨씬 복잡한 기능들도 있습니다. 또한 일반적으로 바벨이 컴파일한 코드는 사람이 읽는 상황을 가정하고 만들어지지 않습니다. 하지만 바벨은 번들러와 마찬가지로 변형된 코드의 위치와 원래 소스의 위치를 연결하는 소스 맵 역시 제공할 수 있으므로, 변형된 코드를 디버그하기가 그리 어렵지 않습니다.

브라우저 제조사에서 자바스크립트 언어의 발전 속도를 잘 따라잡고 있으므로 최근에는 화살표 함수나 클래스 선언을 컴파일할 필요가 별로 없습니다. 하지만 숫자 리터럴의 구분자로 사용하는 밑줄 같은 최신 기능은 여전히 바벨이 필요하기도 합니다.

이 장에서 설명한 대부분의 도구와 마찬가지로 바벨 역시 npm으로 설치하고 npx로 실행할 수 있습니다. 바벨은 .babelrc 설정 파일에서 자바스크립트 코드 변형 규칙을 읽어들입니다. 바벨에는 어떤 자바스크립트 확장을 사용하는지, 기능을 얼마나 적극적으로 변환할지 정할 수 있는 '프리셋'이 있습니다. 이 중에는 코드 최소화(주석과 공백 제거, 변수 이름 변경 등)를 지원하는 흥미로운 프리셋도 있습니다.

바벨과 코드 번들러를 모두 사용한다면 코드 번들러에서 번들을 만들 때마다 자바스크립트 파일에 바벨을 자동으로 실행하게끔 설정할 수 있습니다. 이렇게 하면 실행 가능한 코드를 만드는 과정이 단순해지므로 편리합니다. 예를 들어 웹팩은 번들을 만들 때마다 자바스크립트 모듈에서 바벨을 실행하는 `babel-loader` 모듈을 지원합니다.

최근에는 자바스크립트 언어를 변환해야 하는 경우가 별로 없지만, 표준이 아닌 자바스크립트 확장을 지원할 의도로 바벨을 쓰는 경우는 여전히 많습니다. 이어지는 절에서 확장 두 가지를 소개합니다.

17.7 JSX: 자바스크립트의 마크업 표현식

JSX는 HTML 스타일의 문법을 써서 요소 트리를 정의하는 코어 자바스크립트의 확장입니다. JSX는 웹 사용자 인터페이스에 사용하는 리액트 프레임워크와 밀접하게 연관돼 있습니다. 리액트에서 JSX로 정의된 요소 트리는 결국 웹 브라우저에서 HTML로 렌더링됩니다. 여러분이 직접 리액트를 사용할 일이 없더라도, 리액트는 워낙 많이 사용되므로 JSX가 쓰인 코드를 자주 보게 될 겁니다. 이 절에서는 JSX를 이해하는 데 필요한 내용을 설명합니다. 이 절은 언어 확장인 JSX에 관한 절이지 리액트에 관한 절이 아니며, 리액트는 JSX 문법을 이해하는 데 꼭 필요한 만큼만 설명합니다.

JSX 요소는 새로운 타입의 자바스크립트 표현식 문법이라고 생각해도 됩니다. 자바스크립트 문자열 리터럴은 따옴표로 구분하고 정규 표현식 리터럴은 슬래시로 구분합니다. 마찬가지로, JSX 표현식은 꺾쇠로 구분합니다. 다음 예제를 보십시오.

```
let line = <hr/>;
```

JSX를 사용한다면 바벨이나 그 비슷한 도구를 사용해 JSX 표현식을 일반 자바스크립트로 컴파일해야 합니다. 변환하기가 무척 쉬워 JSX를 쓰지 않고 리액트만 사용하는 개발자도 있습니다. 바벨은 위 할당문의 JSX 표현식을 다음과 같이 함수 호출로 변경합니다.

```
let line = React.createElement("hr", null);
```

JSX 문법은 HTML과 비슷하며, 리액트 요소는 HTML 요소와 마찬가지로 다음과 같은 속성을 가질 수 있습니다.

```
let image = <img src="logo.png" alt="The JSX logo" hidden/>;
```

요소에 하나 이상의 속성이 있다면 그 속성들은 다음과 같이 createElement()의 두 번째 인자로 전달되는 객체의 프로퍼티가 됩니다.

```
let image = React.createElement("img", {
            src: "logo.png",
            alt: "The JSX logo",
            hidden: true
        });
```

HTML 요소와 마찬가지로 JSX 요소 역시 문자열이나 다른 요소를 자식으로 가질 수 있습니다. 자바스크립트의 산술 연산자만 써도 얼마든지 복잡한 산술 표현식을 만들 수 있는 것처럼, JSX 요소도 얼마든지 깊이 중첩해 요소 트리를 만들 수 있습니다.

```
let sidebar = (
  <div className="sidebar">
    <h1>Title</h1>
    <hr/>
    <p>사이드바 컨텐츠입니다</p>
  </div>
);
```

자바스크립트 함수 호출이 무한히 중첩될 수 있듯, 중첩된 JSX 표현식은 중첩된 createElement() 호출로 변환됩니다. JSX 요소에 자식이 있다면(보통 문자열 또는 다른 JSX 요소) 세 번째와 그 이후 인자로 전달됩니다.

```
let sidebar = React.createElement(
    "div", { className: "sidebar"},  // <div>를 생성합니다.
    React.createElement("h1", null,  // <div>의 첫 번째 자식인 <h1>
                    "Title"),       // <h1>의 첫 번째 자식
    React.createElement("hr", null), // <div>의 두 번째 자식
    React.createElement("p", null,   // <div>의 세 번째 자식
                "사이드바 컨텐츠입니다"));
```

React.createElement()가 반환하는 값은 일반적인 자바스크립트 객체이며 리액트는 이 객체를 써서 브라우저 창에 결과물을 렌더링합니다. 이 절은 리액트가 아니라 JSX 문법에 관한 절이므로, 반환되는 Element 객체나 그 렌더링 과정에 대해 자세히 설명하지는 않습니다. 다만 바벨이 JSX 요소를 컴파일할 때 다른 함수를 호출하도록 설정할 수 있으므로, JSX 문법이 다른 종류의 중첩된 데이터 구조를 표현하기에 적합하다고 생각한다면 JSX를 리액트 이외의 용도로 사용할 수도 있다는 점

은 알아 두면 좋습니다.

JSX 문법에는 일반적인 자바스크립트 표현식을 JSX 표현식 안에 쓸 수 있다는 중요한 특징이 있습니다. JSX 표현식 안에서 중괄호 내부의 텍스트는 자바스크립트로 해석됩니다. 이렇게 중첩된 표현식으로 속성 값과 자식 요소를 만들 수 있습니다. 예를 들어 다음을 보십시오.

```
function sidebar(className, title, content, drawLine=true) {
  return (
    <div className={className}>
      <h1>{title}</h1>
      { drawLine && <hr/> }
      <p>{content}</p>
    </div>
  );
}
```

sidebar() 함수는 JSX 요소를 반환합니다. 이 함수는 JSX 요소 안에서 사용되는 인자 네 개를 받습니다. 이 중괄호 문법을 보면 문자열 안에 자바스크립트 표현식을 쓰는 ${} 템플릿 리터럴이 떠오를 것입니다. JSX 표현식이 함수 호출로 컴파일된다는 사실을 알고 있으므로, 임의의 자바스크립트 표현식을 쓸 수 있다는 건 별로 놀랄 일은 아닙니다. 임의의 표현식으로 함수 호출 문을 만들 수 있음을 상기하십시오. 바벨은 위 예제 코드를 다음과 같이 컴파일합니다.

```
function sidebar(className, title, content, drawLine=true) {
  return React.createElement("div", { className: className },
                      React.createElement("h1", null, title),
                      drawLine && React.createElement("hr", null),
                      React.createElement("p", null, content));
}
```

이 코드는 읽고 이해하기 쉽습니다. 중괄호가 사라졌고, 나머지 코드는 들어오는 함수 매개변수를 React.createElement()에 자연스럽게 전달합니다. drawLine 매개변수와 단축 평가 && 연산자를 사용한 부분을 보십시오. sidebar()를 호출할 때 인자를 세 개만 전달했다면 drawLine은 기본 값인 true로 설정되며 외부의 createElement()에 전달되는 네 번째 인자는 <hr/> 요소입니다. 반면 sidebar()의 네 번째 인자로 false를 전달한다면 외부의 createElement()에 전달되는 네 번째 인자 역시 false로 평가되므로 <hr/> 요소는 절대 생성되지 않습니다. && 연산자를 써서 조건에 따라 자식 요소를 포함하거나 포함하지 않도록 하는 건 JSX에서 널리 쓰이는 문법입니다. 리액트는 false나 null인 자식을 무시하고 아무것도 생성하지 않으므로 이 문법은 리액트에서도 쓸 수 있습니다.

JSX 표현식 안에 자바스크립트 표현식을 쓸 때 앞의 예제처럼 문자열이나 불 값 같은 단순한 값만 쓸 수 있는 건 아닙니다. 자바스크립트 값이라면 무엇이든 허용되며, 실제로 리액트 프로그래밍에서는 객체나 배열, 함수를 쓰는 경우가 많습니다. 예를 들어 다음 함수를 보십시오.

```javascript
// 콜백 함수는 <li> 요소 배열을 자식으로 가진 HTML <ul> 요소를 나타내는 JSX 요소를
// 반환한다고 가정합니다.
function list(items, callback) {
  return (
    <ul style={ {padding:10, border:"solid red 4px"} }>
      {items.map((item,index) => {
        <li onClick={() => callback(index)} key={index}>{item}</li>
      })}
    </ul>
  );
}
```

이 함수는 <ul> 요소의 style 속성의 값으로 객체 리터럴을 사용합니다(따라서 중괄호는 이중으로 써야 합니다). <ul> 요소는 자식이 하나뿐이지만 그 값은 배열입니다. 자식 배열은 입력 배열에 map() 함수를 사용해 생성된 <li> 요소의 배열입니다.

리액트 라이브러리는 요소의 자식을 렌더링할 때 평탄화하므로 이 함수는 리액트에서도 동작합니다. 배열인 자식 하나를 갖는 요소는, 해당 배열의 각 요소를 자식으로 가진 요소와 동등합니다. 마지막으로, 중첩된 <li> 요소에는 onClick 이벤트 핸들러 속성이 있으며 그 값은 화살표 함수입니다. 이 JSX 코드는 다음과 같은 순수한 자바스크립트 코드로 컴파일됩니다. 프리티어를 사용한 코드입니다.

```javascript
function list(items, callback) {
  return React.createElement(
    "ul",
    { style: { padding: 10, border: "solid red 4px" } },
    items.map((item, index) =>
      React.createElement(
        "li",
        { onClick: () => callback(index), key: index },
        item
```

```
        )
      )
    );
}
```

6.10.4절에서 설명한 객체 분해 연산자를 사용해 속성 여러 개를 한 번에 지정할 수도 있습니다. 똑같은 속성 세트를 사용하는 JSX 표현식을 아주 많이 쓰고 있다고 합시다. 속성을 객체의 프로퍼티로 정의하고 JSX 요소에 '분해해 넣어서' 표현식을 단순화할 수 있습니다.

```
let hebrew = { lang: "he", dir: "rtl" };  // 언어와 방향 지정
let shalom = <span className="emphasis" {...hebrew}>שלום</span>;
```

바벨은 _extends() 함수를 써서(설명은 생략합니다) className 속성과 hebrew 객체에 포함된 속성을 조합합니다.

```
let shalom = React.createElement("span",
                                _extends({className: "emphasis"}, hebrew),
                                "\u05E9\u05DC\u05D5\u05DD");
```

마지막으로, JSX에는 아직 설명하지 않은 중요한 기능이 하나 더 있습니다. 이미 살펴봤듯 JSX 요소는 모두 시작하는 꺾쇠 바로 다음에 식별자가 있습니다. 이 식별자의 첫 번째 글자가 소문자라면(그동안 살펴본 예제에서는 모두 소문자였습니다) 이 식별자는 createElement()에 문자열로 전달됩니다. 반대로 식별자의 첫 번째 글자가 대문자라면 실제 식별자로 간주되며, 이 식별자의 자바스크립트 값이 createElement()의 첫 번째 인자로 전달됩니다. 즉 JSX 표현식 <Math/>는 전역 객체 Math를 React.createElement()에 전달하는 자바스크립트 코드로 컴파일됩니다.

리액트에서 문자열 아닌 값을 createElement()의 첫 번째 인자로 전달하는 기능은 **컴포넌트**를 만들 때 쓰입니다. 컴포넌트는 대문자 컴포넌트 이름을 사용하는 단순한 JSX 표현식을 써서, 소문자 HTML 태그 이름을 사용하는 더 복잡한 표현식을 만드는 수단입니다.

리액트에서 새 컴포넌트를 정의하는 가장 단순한 방법은 props 객체를 인자로 받고 JSX 표현식을 반환하는 함수를 만드는 것입니다. **props 객체**는 createElement()의 두 번째 인자로 전달한 객체와 마찬가지로 속성 값을 나타내는 단순한 자바스크립트 객체입니다. 예를 들어 다음은 sidebar() 함수의 다른 버전입니다.

```
function Sidebar(props) {
  return (
    <div>
      <h1>{props.title}</h1>
      { props.drawLine && <hr/> }
      <p>{props.content}</p>
    </div>
  );
}
```

고쳐 쓴 Sidebar() 함수는 이전 버전과 거의 비슷하지만, 이번에는 이름이 대문자로 시작하며 분해된 인자 대신 객체 인자 하나를 받습니다. 따라서 리액트 컴포넌트로 사용할 수 있고, JSX 표현식에서 HTML 태그 이름 대신 쓸 수 있습니다.

```
let sidebar = <Sidebar title="Something snappy" content="Something wise"/>;
```

<Sidebar/> 요소는 다음과 같이 컴파일됩니다.

```
let sidebar = React.createElement(Sidebar, {
  title: "Something snappy",
  content: "Something wise"
});
```

단순한 JSX 표현식이지만 리액트가 이 표현식을 렌더링할 때는 두 번째 인자인 Props 객체를 첫 번째 인자인 Sidebar() 함수에 전달하고, 함수가 반환하는 JSX 표현식을 <Sidebar> 표현식 대신 사용합니다.

17.8 플로를 이용한 타입 체크

플로(*https://flow.org*)는 자바스크립트 코드에 타입 정보를 메모(annotation)하고, 자바스크립트 코드에 타입 에러가 있는지 체크하는 도구입니다. 플로를 사용하려면 플로 확장을 사용해 타입 메모를 추가합니다. 그리고 플로를 실행해 코드를 분석하고 타입 에러를 보고 받습니다. 에러를 수정하고 코드를 실행할 준비가 되면 바벨을 써서(코드 번들링 프로세스의 일부분으로 자동으로 실행되게 하는 게 좋습니다) 플로의 타입 메모를 삭제합니다. 플로의 장점 중에는 플로에서 컴파일하거나 변형해야 할 새로운 문법이 없다는 점도 있습니다. 플로 확장을 써서 코드에 메모를 추가하면, 바벨이 할 일은 메모를 전부 제거해서 표준 자바스크립트 코드로 되돌리는 것뿐입니다.

> 🎁 **타입스크립트 vs 플로**
>
> 타입스크립트는 플로와 비슷한 일을 하지만 아주 널리 쓰입니다. 타입스크립트는 자바스크립트에 타입을 추가할 뿐만 아니라 다른 기능도 추가해서 확장합니다. 타입스크립트 컴파일러 tsc는 타입스크립트 프로그램을 자바스크립트 프로그램으로 컴파일하며, 그 과정에서 코드를 분석하고 플로와 거의 비슷한 방식으로 에러를 보고합니다. tsc는 바벨 플러그인이 아니라 독립된 컴파일러입니다.
>
> 타입스크립트의 단순한 타입 메모는 플로와 똑같은 형식으로 작성됩니다. 고급 타입 메모에서는 두 확장의 문법이 달라지지만, 그 의도와 가치는 동등합니다. 이 절의 목표는 타입 메모와 정적 코드 분석의 장점을 설명하는 것입니다. 이 절의 예제에는 플로를 사용했지만, 간단한 문법 변경만으로 타입스크립트에서도 똑같이 할 수 있습니다.
>
> 타입스크립트는 ES6가 발표되기 이전인 2012년에 출시됐고, 당시 자바스크립트에 class 키워드, for/of 루프, 모듈, 프라미스 등은 존재하지 않았습니다. 플로는 자바스크립트에 타입 메모를 추가할 뿐 다른 기능은 없습니다. 반면 타입스크립트는 새로운 언어나 마찬가지입니다. 이름에서 짐작할 수 있듯 타입스크립트의 주된 목적은 자바스크립트에 타입을 추가하는 것이고, 사람들이 타입스크립트를 사용하는 목적도 그렇습니다. 하지만 타입스크립트는 자바스크립트에 타입만 추가하지 않습니다. 타입스크립트에는 자바스크립트에는 아예 존재하지 않는 enum, namespace 키워드가 존재합니다. 2020년 현재 타입스크립트는 플로에 비해 IDE나 코드 에디터(특히, 타입스크립트와 마찬가지로 마이크로소프트에서 만든 VSCode)에서 지원이 더 잘됩니다.
>
> 하지만 이 책은 자바스크립트에 관한 책입니다. 필자가 여기서 타입스크립트 대신 플로를 소개하는 이유는 자바스크립트에 계속 초점을 두길 원해서입니다. 하지만 이 절을 읽으면서 배운 내용은 나중에 프로젝트에 타입스크립트를 사용하기로 결정하더라도 여전히 도움이 될 것입니다.

플로를 사용하려면 시간과 노력이 좀 필요하지만 중간 규모 이상의 프로젝트에서는 그만한 가치가 있습니다. 코드에 타입 메모를 추가하고, 코드를 수정할 때마다 플로를 실행하고, 플로가 보고하는 타입 에러를 수정하려면 시간이 소모됩니다. 하지만 결과적으로 코드 품질이 더 좋아지며, 잠재적인 버그를 예방할 수 있습니다. 필자는 프로젝트에 플로를 사용해 봤을 때 플로가 지적한 에러 개수를 보고 놀란 적도 있습니다. 이런 문제들이 버그가 되기 전에 수정할 수 있어 매우 안심이 되었고, 정확한 코드를 작성했다고 확신할 수 있었습니다.

처음에는 플로가 에러를 많이 지적하기도 했고, 이를 잘 이해하지 못해서 여러 군데를 수정해야만 했습니다. 하지만 점차 경험이 쌓이고 익숙해진 뒤로는 플로가 에러를 지적하는 일이 줄었고, 에러를 지적하더라도 곧 깨닫고 일부만 수정하여 더 안전한 코드를 작성할 수 있게 됐습니다.[4] 아직 자바스크립트 자체를 배우는 중이라면 플로를 추천하지는 않습니다. 하지만 일단 자바스크립트에 익숙해졌다면, 자바스크립트 프로젝트에 플로를 도입하여 프로그래밍 능력을 한층 더 높일 수 있을 것입니다. 이 책의 마지막 절에서 플로를 다루는 이유도 그 때문입니다. 자바스크립트의 타입 시스템에 대해 배우면 프로그래밍의 또 다른 단계, 또는 또 다른 스타일을 엿볼 수 있습니다.

이 절에서는 간단한 사용 지침만 제시할 뿐 플로를 자세히 설명하지는 않습니다. 플로를 사용해 보고 싶다면 *https://flow.org*에 있는 문서를 읽길 권합니다. 하지만 플로를 프로젝트에서 실제로 사용하기 전에 타입 시스템을 마스터할 필요는 없습니다. 여기서 설명하는 단순 사용법만 익혀도 어느 정도는 활용 가능합니다.

17.8.1 플로 설치와 실행

이 장의 다른 도구처럼 플로의 타입 체크 도구 역시 `npm install -g flow-bin`이나 `npm install --save-dev flow-bin` 같은 패키지 매니저 명령어로 설치할 수 있습니다. `-g` 옵션을 사용해 전역으로 설치했다면 `flow` 명령으로 실행합니다. `--save-dev` 옵션으로 프로젝트 로컬에 설치했다면 `npx flow` 명령으로 실행합니다. 플로의 타입 체크를 사용하기 전에 먼저 프로젝트 루트 디렉터리에서 `flow --init` 명령으로 설정 파일인 `.flowconfig` 파일을 만들어야 합니다.[5] 이 파일에 아무것도 추가하지 않아도 플로 사용에는 문제없지만, 플로에서 프로젝트 루트가 어디인지 알도록 하기 위해서는 필수입니다.

플로를 실행하면 프로젝트에 포함된 자바스크립트 소스 코드를 모두 검색하지만, 파일 맨 위에 `// @flow` 주석을 써서 타입 체크를 '선택'한 파일의 에러만 보고합니다. 이런 선택 방식은 플로를 기존 프로젝트에 도입하려 할 때, 아직 변환하지 않은 파일에서 에러와 경고가 쏟아지는 일을 막고 한 번에 파일 하나씩만 변환하는 방식으로 작업할 수 있다는 점에서 매우 중요합니다.

---

4 자바 프로그래밍 경험이 있다면 타입 매개변수를 사용하는 범용 API를 처음 작성했을 때 이와 비슷한 느낌을 받았을 겁니다. 필자는 플로에 적응하면서, 2004년에 자바에 제네릭(generic)이 추가됐을 때와 거의 비슷한 경험을 했습니다.
5 (옮긴이) 책을 번역하는 시점에서 플로 초기화 명령어는 flow --init이 아니라 flow init입니다. (*https://flow.org/en/docs/install/*)

파일에 // @flow 주석을 추가했을 뿐 아무것도 하지 않았더라도 플로는 코드에서 에러를 검사할 수 있습니다. 플로 확장을 사용하지 않고 코드에 타입 메모를 추가하지 않았어도 플로 타입 체크 도구는 프로그램에서 사용된 값들을 살펴보고, 일관성 없이 사용된 값이 있다면 경고합니다.

다음 에러 메시지를 보십시오.

```
Error ─────────────────────────────────────── variableReassignment.js:6:3

Cannot assign 1 to i.r because:

• property r is missing in number [1].

      2| let i = { r: 0, i: 1 };    // 복소수 0+1i
  [1] 3| for(i = 0; i < 10; i++) {  // 이런! 루프 변수가 i를 덮어 썼습니다.
      4|     console.log(i);
      5| }
      6| i.r = 1;                   // 플로는 여기서 에러를 감지했습니다.
```

위 코드는 변수 i를 선언하고 객체를 할당했습니다. 그리고 다시 i를 루프 변수로 사용하면서 객체를 덮어 썼습니다. 플로는 이 점을 감지하고, i에 여전히 객체가 할당된 것처럼 사용하려 한 부분을 에러로 지적했습니다. for(let i = 0;을 써서 루프 변수를 루프에 로컬로 만들면 문제가 해결됩니다.

다음 역시 플로가 타입 메모 없이도 감지할 수 있는 에러입니다.

```
Error ─────────────────────────────────────────────── size.js:3:14

Cannot get x.length because property length is missing in Number [1].

      1| // @flow
      2| function size(x) {
      3|     return x.length;
      4| }
  [1] 5| let s = size(1000);
```

플로는 size() 함수가 인자를 하나 받음을 인식합니다. 인자의 타입은 모르지만, 인자에 length 프로퍼티가 있어야 한다는 건 파악했습니다. size() 함수에 숫자 인자를 넘겨 호출하면, 숫자에는 length 프로퍼티가 없으므로 에러로 지적합니다.

17.8.2 타입 메모 사용

플로를 사용할 때는 자바스크립트 변수 선언 시, 변수 이름 다음에 콜론과 타입을 써서 타입 메모를 추가합니다.

```
let message: string = "Hello world";
let flag: boolean = false;
let n: number = 42;
```

플로는 타입 메모를 쓰지 않아도 각 변수에 어떤 값이 할당되는지 보고 기억하는 방식으로 각 변수의 타입을 파악합니다. 하지만 타입 메모를 추가하면 플로는 변수의 타입을 인식할 뿐 아니라, 그 변수는 항상 그 타입이라고 명시하려는 의도까지 인식합니다. 따라서 타입 메모를 사용하면, 플로는 그 변수에 다른 타입의 값을 할당했을 때 에러로 지적합니다. 변수를 사용하기 전에 함수 맨 위에서 모든 변수를 선언하는 방식을 선호한다면 타입 메모가 특히 유용합니다.

함수 인자의 타입 메모도 변수와 마찬가지로 함수 인자 이름 다음에 콜론을 쓰고 타입 이름을 씁니다. 함수에 메모를 할 때는 일반적으로 함수가 반환하는 값의 타입을 메모합니다.

함수 메모는 닫는 괄호와 여는 중괄호 사이에 씁니다. 아무것도 반환하지 않는 함수에는 void 타입을 씁니다.

앞의 예제는 length 프로퍼티가 있는 인자를 예상하는 size() 함수를 정의했습니다. 다음은 그 함수가 문자열 인자를 받고 숫자를 반환한다고 명시적으로 지정하는 예제입니다. size() 함수에 배열을 전달해도 함수는 정상적으로 동작하지만 플로는 에러를 지적합니다.

```
Error ─────────────────────────────────────────── size2.js:5:18

Cannot call size with array literal bound to s because array literal [1]
is incompatible with string [2].

[2] 2| function size(s: string): number {
    3|     return s.length;
    4| }
[1] 5| console.log(size([1,2,3]));
```

화살표 함수에도 타입 메모를 남길 수 있습니다. 다만 화살표 함수의 특징인 간결한 문법이 조금 복잡해집니다.

```
const size = (s: string): number => s.length;
```

자바스크립트 값 null은 플로 타입 null에 대응하고, 자바스크립트 값 undefined는 플로 타입 void에 대응합니다. 하지만 두 값은 다른 어떤 타입에도 (직접 추가하지 않는 한) 속하지 않습니다. 함수 매개변수가 문자열이라고 선언했다면 그 값은 반드시 문자열이이어야 하며, 그 인자에 null이나 undefined를 전달하거나 생략하는 건(기본적으로 undefined와 같습니다) 에러입니다.

```
Error ───────────────────────────────────────────────── size3.js:3:18

Cannot call size with null bound to s because null [1] is incompatible
with string [2].

    1|  // @flow
[2] 2|  const size = (s: string): number => s.length;
[1] 3|  console.log(size(null));
```

변수나 함수 인자의 값이 null, undefined여도 된다고 허용하려면 타입 앞에 물음표를 씁니다. 예를 들어 string, number 대신 ?string, ?number를 사용합니다. size() 함수가 ?string 타입을 받는다고 수정하면 함수에 null을 전달해도 플로는 에러를 지적하지 않습니다. 하지만 다른 부분을 지적할 것입니다.

```
Error ───────────────────────────────────────────────── size4.js:3:14

Cannot get s.length because property length is missing in null or
undefined [1].

    1|  // @flow
[1] 2|  function size(s: ?string): number {
    3|      return s.length;
    4|  }
    5|  console.log(size(null));
```

여기서 플로가 지적하는 것은 s가 null 또는 undefined일 수 있는데, 이 경우 length 프로퍼티가 없기 때문에 s.length는 안전하지 않다는 뜻입니다. 이런 부분이 플로가 잠재적인 에러를 막는 부분입니다. 값이 null이 될 수 있다면, 플로는 값이 null일 경우 문제가 생기는 코드를 작성하기 전에 먼저 null인 경우를 배제해야 한다고 지적합니다.

위 예제의 경우 함수 바디를 다음과 같이 수정하면 문제를 해결할 수 있습니다.

```
function size(s: ?string): number {
    // 이 시점에서 s는 문자열, null, undefined 중 하나입니다.
    if (s === null || s === undefined) {
        // 플로는 이 블록에서 s가 null 또는 undefined임을 인식합니다.
        return -1;
    } else {
        // 플로는 이 블록에서 s가 문자열임을 인식합니다.
        return s.length;
    }
}
```

이 함수를 처음 호출했을 때 매개변수는 하나 이상의 타입이 될 수 있었습니다. 이제는 타입 체크 코드를 추가함으로써 코드 안에 매개변수가 문자열임을 플로가 확신할 수 있는 블록을 만들었습니다. 이 블록 안에서 s.length를 사용하면 플로는 아무 경고도 하지 않습니다. 꼭 이렇게 복잡해 보이는 코드를 작성해야만 하는 건 아닙니다. size() 함수의 바디를 return s ? s.length : -1;로 바꿔도 플로는 아무런 지적을 하지 않습니다.

플로 문법에서는 타입 메모 앞에 물음표를 붙여서 지정된 타입 외에 null이나 undefined도 허용된다고 선언할 수 있습니다. 물음표를 매개변수 이름 뒤에 붙이면 해당 매개변수 자체가 선택 사항임을 나타냅니다. 즉 매개변수 s를 선언할 때 s: ?string을 s? : string으로 바꾸면 size()를 호출할 때 인자를 전달하지 않거나 undefined를 전달해도 되지만, undefined가 아닌 인자를 사용한다면 그 값은 반드시 문자열이어야 합니다. 이 경우 null은 유효한 값이 아닙니다.

지금까지는 기본 타입인 string, number, boolean, null, void에 대해 설명했고 이들을 사용해 변수, 함수 매개변수, 함수의 반환 값의 타입을 선언하는 방법을 예시했습니다. 이제 플로가 지원하는 더 복잡한 타입에 대해 알아봅시다.

17.8.3 클래스 타입

플로는 자바스크립트의 기본 타입 외에도 내장 클래스 전부를 인식하며 클래스 이름을 타입으로 사용할 수 있습니다. 예를 들어 다음 함수의 타입 메모는 Date 객체와 RegExp 객체를 하나씩 써서 호출해야 함을 나타냅니다.

```
// @flow
// 지정된 날짜의 ISO 표현이 지정된 패턴과 일치하면 true를, 아니면 false를 반환합니다.
// (const isTodayChristmas = dateMatches(new Date(), /^\d{4}-12-25T/);)
```

```
export function dateMatches(d: Date, p: RegExp): boolean {
    return p.test(d.toISOString());
}
```

class 키워드를 써서 직접 정의한 클래스는 자동으로 유효한 플로 타입으로 인정됩니다. 이 기능을 사용하려면 클래스에 타입 메모를 써야 합니다. 특히, 클래스의 각 프로퍼티에 반드시 타입 메모가 있어야 합니다. 다음 복소수 클래스를 보십시오.

```
// @flow
export default class Complex {
    // 클래스에서 사용하는 모든 프로퍼티에 타입 메모가 있어야 합니다.
    i: number;
    r: number;
    static i: Complex;

    constructor(r: number, i:number) {
        // 생성자가 초기화한 프로퍼티에는 반드시 타입 메모가 있어야 합니다.
        this.r = r;
        this.i = i;
    }

    add(that: Complex) {
        return new Complex(this.r + that.r, this.i + that.i);
    }
}

// 클래스 내부에 i의 타입 메모가 없다면 플로는 이런 할당을 허용하지 않습니다.
Complex.i = new Complex(0,1);
```

17.8.4 객체 타입

객체를 나타내는 플로 타입은 객체 리터럴과 거의 비슷하지만 프로퍼티 값 대신 프로퍼티 타입을 쓴다는 점이 다릅니다. 예를 들어 다음은 숫자인 x, y 프로퍼티가 있는 객체를 받는 함수입니다.

```
// @flow
// 숫자인 x, y 프로퍼티가 있는 객체를 받고 원점과 (x, y) 지점 사이의 거리를 반환합니다.
export default function distance(point: {x:number, y:number}): number {
    return Math.hypot(point.x, point.y);
}
```

이 코드의 {x:number, y:number}는 string이나 Date와 마찬가지로 플로 타입입니다. 다른 타입과 마찬가지로 앞에 물음표를 붙여 null, undefined도 허용된다고 지정할 수 있습니다.

객체 타입 안에서 프로퍼티 이름 뒤에 물음표를 붙이면 해당 프로퍼티가 선택 사항이므로 생략할 수 있다는 뜻입니다. 예를 들어 다음과 같이 2차원 또는 3차원 지점을 나타내는 객체를 만들 수 있습니다.

```
{x: number, y: number, z?: number}
```

객체 타입에서 프로퍼티를 옵션으로 표시하지 않았다면 해당 프로퍼티는 필수가 되므로, 실제 값에 프로퍼티가 없다면 플로에서 에러로 지적합니다. 반면 플로는 선언되지 않은 프로퍼티를 지적하지는 않습니다. 예를 들어 distance() 함수에 w 프로퍼티가 있는 객체를 전달해도 플로에서 에러를 지적하지 않습니다.

타입에서 명시적으로 선언되지 않은 프로퍼티가 포함된 객체를 에러로 지적하게 하려면 다음과 같이 중괄호 안에 파이프(|)를 추가해 **엄격한 객체 타입**(exact object type)으로 선언하면 됩니다.

```
{| x: number, y: number |}
```

자바스크립트 객체는 때때로 일종의 사전, 또는 문자열과 값의 매핑으로 사용되기도 합니다. 이렇게 사용하는 객체에서는 프로퍼티 이름을 미리 알 수 없으므로 플로 타입으로 선언할 수도 없습니다. 하지만 이런 사용 방식에서도 플로로 데이터 구조를 선언하는 방법은 존재합니다. 프로퍼티 이름은 세계의 주요 도시 이름이고 그 값은 해당 도시의 경도와 위도를 나타내는 객체인 어떤 객체가 있다고 합시다. 이런 데이터 구조는 다음과 같이 선언할 수 있습니다.

```
// @flow
const cityLocations : {[string]: {longitude:number, latitude:number}} = {
    "Seattle": { longitude: 47.6062, latitude: -122.3321 },
    // TODO: 주요 도시 추가
};
export default cityLocations;
```

17.8.5 타입 별칭

객체는 많은 프로퍼티를 가질 수 있습니다. 프로퍼티가 많은 객체를 표현하는 플로 타입을 선언하려면 그만큼 타이핑도 길어질 것입니다. 비교적 짧은 객체 타입도 객체 리터럴과 거의 비슷해 보이므로 혼란스러울 수 있습니다. number, ?string

같은 단순한 타입 이상을 사용하게 되면 플로 타입에 이름 붙이는 방법이 유용할 때가 많습니다. 실제로 플로에는 정확히 이런 기능을 하는 type 키워드가 있습니다. type 키워드 다음에 식별자와 등호(=), 플로 타입을 쓰면 됩니다. 이렇게 하면 사용한 식별자가 그 타입의 별칭이 됩니다. 예를 들어 다음은 앞 절의 distance() 함수를 명시적으로 정의된 Point 타입으로 고쳐 쓴 예제입니다.

```
// @flow
export type Point = {
    x: number,
    y: number
};

// Point 객체를 받고 원점으로부터의 거리를 반환합니다.
export default function distance(point: Point): number {
    return Math.hypot(point.x, point.y);
}
```

이 코드는 distance() 함수와 함께 Point 타입을 내보냅니다. 다른 모듈에서 이 타입 정의를 사용하고 싶다면 import type Point from './distance.js'를 쓰면 됩니다. 단, import type은 플로 확장의 기능이며 자바스크립트의 가져오기 지시자가 아님을 염두에 두십시오. 타입 가져오기와 내보내기는 플로 타입 체커에서 사용하지만, 플로 확장의 다른 부분과 마찬가지로 실행하기 전에 코드에서 제거됩니다.

마지막으로, 한 지점을 나타내는 플로 객체 타입의 이름을 정의하기보다는 Point 클래스만 정의하고 이 클래스를 타입으로 사용하는 편이 더 단순하고 깔끔합니다.

17.8.6 배열 타입

배열을 나타내는 플로 타입은 배열 요소 타입을 포함하는 복합 타입입니다. 예를 들어 다음은 숫자 배열을 받는 함수, 이 함수를 숫자가 아닌 요소로 구성된 배열로 호출했을 때 플로가 보고하는 에러를 보여 줍니다.

```
Error ─────────────────────────────────────────────── average.js:8:16

Cannot call average with array literal bound to data because string [1]
is incompatible with number [2] in array element.
```

```
[2]   2 | function average(data: Array<number>) {
      3 |     let sum = 0;
      4 |     for(let x of data) sum += x;
      5 |     return sum/data.length;
      6 | }
      7 |
[1]   8 | average([1, 2, "three"]);
```

배열을 나타내는 플로 타입은 Array 다음에 꺾쇠를 쓰고 그 안에 요소 타입을 쓰는
형태입니다. 배열 타입은 요소 타입 뒤에 여닫는 대괄호를 쓰는 형태로도 표현할
수 있습니다. 즉, 이 예제는 Array<number> 대신 number[]라고 써도 됩니다. 살펴보
겠지만, 플로 타입 중에는 꺾쇠 문법을 사용하는 타입이 더 있으므로 꺾쇠 표기법
을 선호하는 편입니다.

배열 타입 문법은 모든 요소가 같은 타입이기만 하면 요소 개수와 무관하게 동작
합니다. 플로는 **튜플**, 즉 요소 개수가 고정되어 있고 각 요소의 타입이 다를 수 있
는 타입에는 다른 문법을 사용합니다. 튜플 타입은 각 요소의 타입을 콤마로 구분
해 쓴 후 전체를 대괄호로 감쌉니다.

예를 들어 HTTP 상태 코드와 메시지를 반환하는 함수를 다음과 같은 형태로 만
들 수 있습니다.

```
function getStatus():[number, string] {
    return [getStatusCode(), getStatusMessage()];
}
```

분해 할당을 사용하지 않는다면 튜플을 반환하는 함수는 사용하기 까다롭습니다.

```
let [code, message] = getStatus();
```

분해 할당에 플로의 타입 별칭 기능을 조합하면 단순한 데이터 타입에서는 튜플이
클래스를 대체할 수 있을 정도로 쉬워집니다.

```
// @flow
export type Color = [number, number, number, number];  // [r, g, b, opacity]

function gray(level: number): Color {
    return [level, level, level, 1];
}

function fade([r,g,b,a]: Color, factor: number): Color {
```

```
        return [r, g, b, a/factor];
}

let [r, g, b, a] = fade(gray(75), 3);
```

배열 타입을 표현할 수 있게 됐으니 앞에서 만든 size() 함수로 돌아가서 문자열 인자 대신 배열 인자를 받도록 수정해 봅시다. 이 함수는 길이에 제한이 없는 배열을 받아야 하므로 튜플 타입은 어울리지 않습니다. 하지만 이 함수가 같은 타입의 요소로 구성된 배열에서만 동작할 수 있도록 제한하고 싶지는 않습니다. 해결책은 Array<mixed> 타입입니다.

```
// @flow
function size(s: Array<mixed>): number {
    return s.length;
}
console.log(size([1,true,"three"]));
```

mixed 요소 타입은 배열의 요소 타입을 제한하지 않는다는 뜻입니다. 이 함수가 실제로 배열 요소 일부를 사용한다면 플로는 배열 요소에 '안전하지 않은' 작업을 하기 전에 먼저 typeof 등의 테스트를 먼저 해야 한다고 주장할 것입니다. 타입 체크를 생략하고 싶다면 mixed 대신 any를 쓰면 됩니다. 이 키워드는 배열 요소가 예상한 타입인지 검사하지 않아도 어떤 작업이든 허용합니다.

17.8.7 기타 매개변수화 타입

값이 Array라고 메모할 때는 배열 요소 타입을 꺾쇠 안에 명기해야 한다는 건 알아 봤습니다. 이 추가적인 타입을 타입 매개변수라 부르며, 매개변수화(parameterize)가 필요한 자바스크립트 클래스는 배열 외에도 더 있습니다.

　　Set 클래스는 배열과 마찬가지로 요소로 이루어진 집합이고 세트 자체를 타입으로 사용할 수는 없지만, 세트에 포함된 값의 타입을 지정하려면 꺾쇠 안에 타입 매개변수를 써야 합니다. 세트에 여러 가지 타입이 포함된다면 mixed나 any를 쓸 수 있습니다. 다음 예제를 보십시오.

```
// @flow
// 입력받은 숫자 세트의 정확히 두 배인 요소로 구성된 세트를 반환합니다.
function double(s: Set<number>): Set<number> {
    let doubled: Set<number> = new Set();
    for(let n of s) doubled.add(n * 2);
```

```
        return doubled;
}
console.log(double(new Set([1,2,3])));  //  "Set {2, 4, 6}"
```

맵 역시 매개변수화 타입입니다. 맵은 반드시 키와 값의 타입을 모두 지정해야 합니다.

```
// @flow
import type { Color } from "./Color.js";

let colorNames: Map<string, Color> = new Map([
    ["red", [1, 0, 0, 1]],
    ["green", [0, 1, 0, 1]],
    ["blue", [0, 0, 1, 1]]
]);
```

직접 정의한 클래스에도 타입 매개변수를 정의할 수 있습니다. 다음 코드는 Result 클래스를 정의하고 Error 타입과 Value 타입으로 매개변수화합니다. 코드 안에서는 이 타입 매개변수를 각각 E, V로 표현합니다. 이 클래스의 사용자가 Result 타입의 변수를 선언한다면 E, V를 대체할 실제 타입을 지정해야 합니다. 변수 선언은 다음과 같은 형태가 될 것입니다.

```
let result: Result<TypeError, Set<string>>;
```

매개변수화된 클래스 자체는 다음과 같이 정의합니다.

```
// @flow
// 이 클래스는 작업의 결과인 타입 E인 에러 또는 타입 V인 값을 나타냅니다.
export class Result<E, V> {
    error: ?E;
    value: ?V;

    constructor(error: ?E, value: ?V) {
        this.error = error;
        this.value = value;
    }

    threw(): ?E { return this.error; }
    returned(): ?V { return this.value; }

    get():V {
        if (this.error) {
            throw this.error;
```

```
        } else if (this.value === null || this.value === undefined) {
            throw new TypeError("Error and value must not both be null");
        } else {
            return this.value;
        }
    }

}
```

함수에도 타입 매개변수를 정의할 수 있습니다.

```
// @flow
// 두 배열의 요소를 조합해 요소 쌍의 배열을 만듭니다.
function zip<A,B>(a:Array<A>, b:Array<B>): Array<[?A,?B]> {
    let result:Array<[?A,?B]> = [];
    let len = Math.max(a.length, b.length);
    for(let i = 0; i < len; i++) {
        result.push([a[i], b[i]]);
    }
    return result;
}

// 결과는 [[1,'a'], [2,'b'], [3,'c'], [4,undefined]]
let pairs: Array<[?number,?string]> = zip([1,2,3,4], ['a','b','c'])
```

17.8.8 읽기 전용 타입

플로로에는 매개변수화된 '유틸리티 타입'이 있으며 이들의 이름은 $로 시작합니다. 이런 타입은 대부분 이 책의 범위를 넘어가는 고급 수준이지만, 두 가지는 매우 유용하게 쓸 수 있습니다. 만약 객체 타입 T가 있고 이 타입의 읽기 전용 버전을 만들고 싶다면 $ReadOnly<T>라고만 하면 됩니다. 마찬가지로, 타입이 T인 요소로 이루어진 배열의 읽기 전용 버전을 만들 때는 $ReadOnlyArray<T>를 사용합니다. 이런 타입을 사용한다고 해서 객체나 배열이 변경 불가가 되는 건 아닙니다. 실제로 읽기 전용인 객체를 만들 때는 14.2절에서 설명한 Object.freeze()를 사용해야 합니다. 플로에서 이런 유틸리티 타입을 제공하는 이유는 의도치 않은 수정 때문에 생기는 버그를 막기 위해서입니다. 객체나 배열인 인자를 받고 그 프로퍼티나 요소를 전혀 수정하지 않는 함수를 작성한다면 함수 매개변수에 읽기 전용 타입 메모를 사용하면 됩니다. 이렇게 하면 읽기 전용임을 잊고 입력 값을 실수로 수정하려 할 때 플로가 에러를 지적합니다. 다음 예제를 보십시오.

```
// @flow
type Point = {x:number, y:number};

// 이 함수는 Point 객체를 받지만 수정하지는 않습니다.
function distance(p: $ReadOnly<Point>): number {
    return Math.hypot(p.x, p.y);
}

let p: Point = {x:3, y:4};
distance(p)   // => 5

// 이 함수는 숫자로 이루어진 배열을 받으며 그 배열을 수정하지 않습니다.
function average(data: $ReadOnlyArray<number>): number {
    let sum = 0;
    for(let i = 0; i < data.length; i++) sum += data[i];
    return sum/data.length;
}

let data: Array<number> = [1,2,3,4,5];
average(data) // => 3
```

17.8.9 함수 타입

함수 매개변수와 그 반환 값에 타입 메모를 붙여 타입을 지정하는 방법은 알아봤습니다. 하지만 함수의 매개변수 중 하나가 그 자체로 함수인 경우에는 해당 함수 매개변수의 타입을 지정할 방법이 필요합니다.

플로에서 함수의 타입을 지정할 때는 각 매개변수 타입을 콤마로 구분해 괄호 안에 쓰고 그 뒤에 화살표와 함수의 반환 값 타입을 씁니다.

다음은 콜백 함수로 전달할 함수 예제입니다. 콜백 함수의 타입에 대한 타입 별칭을 정의한 부분을 보십시오.

```
// @flow
// fetchText()에 사용할 콜백 함수의 타입
export type FetchTextCallback = (?Error, ?number, ?string) => void;

export default function fetchText(url: string, callback: FetchTextCallback) {
    let status = null;
    fetch(url)
        .then(response => {
            status = response.status;
            return response.text()
        })
        .then(body => {
            callback(null, status, body);
```

```
    })
    .catch(error => {
        callback(error, status, null);
    });
}
```

17.8.10 유니온 타입

size() 함수로 다시 돌아갑시다. 배열의 길이만 반환하고 다른 일을 하지 않는 함수는 만들 필요가 없습니다. 배열에는 length 프로퍼티가 있으니까요. 하지만 size()가 배열이나 세트, 맵 같은 집합형 객체라면 무엇이든 받고, 그 객체에 포함된 요소 개수를 반환할 수 있다면 유용할 것입니다. 타입이 없는 일반적인 자바스크립트에서는 그런 기능을 하는 size() 함수를 만들기 쉽습니다. 플로에서 그런 함수를 만들기 위해서는 배열과 세트, 맵은 허용하지만 다른 타입은 허용하지 않는 타입을 정의할 방법이 필요합니다.

플로는 이런 타입을 유니온 타입이라 부릅니다. 유니온 타입을 정의할 때는 다음과 같이 원하는 타입을 파이프로 구분해서 씁니다.

```
// @flow
function size(collection: Array<mixed>|Set<mixed>|Map<mixed,mixed>): number {
    if (Array.isArray(collection)) {
        return collection.length;
    } else {
        return collection.size;
    }
}
size([1,true,"three"]) + size(new Set([true,false])) // => 5
```

유니온 타입은 '배열 또는 세트 또는 맵'이라고 읽을 수 있으므로, 자바스크립트의 OR 연산자와 똑같은 파이프를 쓴 건 의도적입니다.

타입 앞에 물음표를 붙이면 null과 undefined 값도 허용됩니다. 이제 앞에 붙인 물음표는 |null|void의 단축 표현임을 알게 됐습니다.

일반적으로 값에 유니온 타입이란 메모를 붙이면 플로는 실제 값의 타입이 무엇인지 체크한 후 사용하길 요구합니다. 앞의 size() 예제에서는 인자의 length 프로퍼티에 접근하기 전에 인자가 배열인지 명시적으로 체크해야 합니다. 하지만 세트 인자와 맵 인자를 구분할 필요는 없습니다. 두 클래스에는 모두 size 프로퍼티가 있으므로, 인자가 배열이 아니기만 하면 else 절의 코드는 안전합니다.

17.8.11 열거 타입과 차별 결합

플로에서는 값이 단 하나뿐인 경우 기본 리터럴을 타입처럼 사용할 수 있습니다. 예를 들어 let x:3이라고 선언하면 이 변수에는 3 이외의 값을 할당할 수 없습니다. 요소가 하나뿐인 타입을 정의할 일은 별로 없지만 리터럴 타입을 결합하는 건 유용할 때가 있습니다. 예를 들어 다음을 보십시오.

```
type Answer = "yes" | "no";
type Digit = 0|1|2|3|4|5|6|7|8|9;
```

리터럴로 구성된 타입을 사용하려면 리터럴 값만 허용된다는 사실을 이해해야 합니다.

```
let a: Answer = "Yes".toLowerCase(); // 에러: Answer에 문자열을 할당할 수 없습니다.
let d: Digit = 3+4;                   // 에러: Digit에 숫자를 할당할 수 없습니다.
```

플로는 타입을 체크할 때 계산의 타입을 체크할 뿐 실제로 계산을 수행하지는 않습니다. 플로는 toLowerCase()는 문자열을 반환하며, 피연산자가 숫자인 + 연산자는 숫자를 반환한다는 건 알고 있습니다. 비록 우리는 코드를 보고 계산 결과가 타입에 허용되는 값임을 알 수 있지만 플로는 계산 결과를 알 수 없으므로 두 행을 모두 에러로 지적했습니다.

Answer, Digit 같은 리터럴의 유니온 타입을 **열거 타입**(enumerated type)이라 부릅니다. 다음과 같은 카드 스위트도 열거 타입의 한 예입니다.

```
type Suit = "Clubs" | "Diamonds" | "Hearts" | "Spades";
```

HTTP 상태 코드도 열거 타입으로 쓸 수 있습니다.

```
type HTTPStatus =
    | 200    // OK
    | 304    // Not Modified(변경되지 않음)
    | 403    // Forbidden(권한 없음)
    | 404;   // Not Found(찾을 수 없음)
```

초보 프로그래머가 자주 듣는 조언 중에는 코드 안에 리터럴을 직접 쓰지 말고 그 값을 나타내는 상수를 쓰라는 말이 있습니다. 리터럴을 피하고 상수를 쓰는 이유는 오타로 인한 문제를 피하기 위해서입니다. Diamonds 같은 문자열 리터럴에 오타를 내면 자바스크립트는 에러를 내지 않지만 코드는 원하는 대로 동작하지 않을 수 있습니다. 반면 식별자에 오타를 내면 자바스크립트에서 에러를 일으킬 확률이 높으므로 쉽게 알 수 있습니다. 하지만 플로에서는 이런 조언이 큰 의미가 없습니다. Suit 타입의 변수를 만들면 그 변수에 할당하는 값에 오타가 있을 때 플로에서 에러를 지적합니다.

또한 리터럴 타입에는 **차별 결합**(discriminated union)을 만들 수 있다는 중요한 용례가 있습니다. 리터럴이 아니라 실제로 다른 타입이 섞인 유니온 타입을 사용할 때는 일반적으로 사용 가능한 타입을 구별해서 코드를 작성해야 합니다. 앞 절에서 우리는 인자로 배열이나 세트, 맵을 받을 수 있는 함수를 만들었고, 그 바디에서 인자가 배열인 경우와 인자가 세트 또는 맵인 경우를 구분했습니다. 객체 타입을 결합한다면, 각 객체 타입 안에 리터럴 타입을 써서 이들을 쉽게 구별할 수 있습니다.

예제를 보면 쉽게 이해할 수 있습니다. 노드에서 워커 스레드(16.11절)를 사용하면서, postMessage()와 message 이벤트를 사용해 메인 스레드와 워커 스레드가 객체 기반 메시지를 주고받는다고 합시다. 워커가 메인 스레드에 전송할 수 있는 메시지에는 여러 가지 타입이 있겠지만, 가능한 메시지를 모두 표현하는 플로 유니온 타입을 만들고 싶습니다. 다음 예제를 보십시오.

```
// @flow
// 워커가 작업을 마쳤을 때 보내는 메시지 타입
export type ResultMessage = {
    messageType: "result",
    result: Array<ReticulatedSpline>, // 이 타입은 다른 곳에서 정의했다고 가정합니다.
};

// 예외가 일어났을 때 보내는 메시지 타입
export type ErrorMessage = {
    messageType: "error",
    error: Error,
};

// 사용 현황을 보고할 때 보내는 메시지 타입
export type StatisticsMessage = {
    messageType: "stats",
    splinesReticulated: number,
    splinesPerSecond: number
};

// 워커에서 보내는 메시지를 WorkerMessage라고 부릅니다.
export type WorkerMessage = ResultMessage | ErrorMessage | StatisticsMessage;

// 메인 스레드에는 WorkerMessage를 처리하는 이벤트 핸들러 함수가 필요합니다.
```

```
// 각 메시지 타입에 리터럴 타입인 messageType 프로퍼티를 세심히 만들었으므로
// 이벤트 핸들러는 받은 메시지가 어떤 메시지인지 쉽게 구별할 수 있습니다.
function handleMessageFromReticulator(message: WorkerMessage) {
    if (message.messageType === "result") {
        // messageType 프로퍼티의 값이 result라면 메시지 타입은 반드시
        // ResultMessage이며, message.result에 접근해도 안전합니다.
        // 다른 프로퍼티를 사용하려 하면 플로가 에러를 지적합니다.
        console.log(message.result);
    } else if (message.messageType === "error") {
        // messageType 프로퍼티의 값이 error라면 반드시 ErrorMessage 타입이므로
        // message.error에 접근해도 안전합니다.
        throw message.error;
    } else if (message.messageType === "stats") {
        // messageType 프로퍼티의 값이 stats라면 반드시 StatisticsMessage
        // 타입이므로 message.splinesPerSecond에 접근해도 안전합니다.
        console.info(message.splinesPerSecond);
    }
}
```

17.9 요약

자바스크립트는 현재 세계에서 가장 널리 쓰이는 프로그래밍 언어입니다. 계속해서 진화하고 개선되는 '살아 있는' 언어이며 수많은 라이브러리와 도구, 확장이 자바스크립트를 지원합니다. 이 장에서 그중 일부를 소개했지만 그 밖에도 알아둬야할 것은 훨씬 많습니다. 자바스크립트 생태계가 계속 발전하는 이유는 자바스크립트 개발자 커뮤니티가 아주 활기차고, 자신의 지식을 블로그 포스트와 동영상, 컨퍼런스 발표 등 여러 가지 형태로 공유하는 사람들로 가득 차 있기 때문입니다. 책을 덮고 이런 커뮤니티에 참가한다면 자바스크립트에 대해 배우고 열의를 북돋울만한 정보를 끝없이 얻을 수 있을 것입니다.

건투를 빕니다.

– 2020년 3월, 데이비드 플래너건